근대국어 연구

송민(宋敏)

1937년, 전라북도 익산시 출생. 성장, 滿洲國 牧丹江省 寧安縣 鹿道村.
학력, 1963년 서울대학교 문리과대학 국어국문학과 졸업. 1985년 동대학원 문학박사.
전문은 국어와 일본어의 음운사 및 어휘사.
경력, 성심여자대학(현 가톨릭대학교) 교수. 東京大學 文學部 外國人研究員. 東京言語研究所 研究員. 국민대학교 문과대학 교수. 한국일본학회 회장. 국어심의회 위원(언어순화분과 위원장). 국민대학교 문과대학장. 국립국어연구원 원장. 국어학회장. 國際日本文化研究센터 客員敎授. 국민대학교 대학원장. 延邊大學校 朝鮮-韓國學學院 講義派遣敎授.
현재, 국민대학교 명예교수. 사단법인 한국어문회 이사. 재단법인 일석학술재단 이사.
저서, 『日本語의 構造』, 『前期近代國語 音韻論 研究』, 『韓國語と日本語のあいだ』 외에 한·일양국어의 계통 및 관계사 분야와 국어음운사, 국어어휘사 분야의 공저와 논문 다수.
수상, 동숭학술연구상. 홍조근정훈장. 일석국어학상. 옥관문화훈장.

근대국어 연구

초판 인쇄   2022년 10월 24일
초판 발행   2022년 11월 14일

지은이   송 민
펴낸이   박찬익
편집   이기남
책임편집   권효진
펴낸곳   ㈜박이정
주소   경기도 하남시 조정대로 45 미사센텀비즈 F749호
전화   031-792-1195
팩스   02-928-4683
홈페이지   www.pjbook.com
이메일   pijbook@naver.com
등록   2014년 8월 22일 제2020-000029호
ISBN   979-11-5848-828-4 (93710)

* 책의 정가는 뒷표지에 있습니다.

근대국어 연구

송 민 지음

논고집을 상재(上梓)하면서

일찍이 19세기 후반, 서양에서 비롯된 역사·비교언어학은 인구어의 계통연구로 이어지면서 그 연구성과는 한 동안 학계를 풍성하게 장식하였다. 그 여파가 동양으로 확산된 것은 일본에서였다. 남들보다 한 발 앞서 서양에 눈을 뜨게 된 일본학자들은 자국어의 계통에 관심을 보이기 시작했는데, 여기서 비롯된 것이 국어와 일본어의 비교연구였다. 이에 저자는 공부를 시작하면서부터 계통론에 적지 않은 관심을 가지게 되었다.

저자가 대학의 문으로 들어선 1950년대 전후의 국어학계는 사적(史的) 연구의 전성시대였다. 이숭녕(李崇寧) 선생님을 처음 만나 그러한 학계의 흐름을 배우는 동안 우연히도 국어와 일본어의 비교연구를 접하게 되었다. 그 과정에서 특히 비교연구의 기본원리인 음운대응(音韻對應) 규칙은 매력덩어리가 아닐 수 없었다. 자연히 사적음운론(史的音韻論)에 관심을 쏟게 되었다. 그러나 실질적 연구는 험난한 길이었다. 일본 현지에 직접 가서야 그 점을 뼈저리게 깨달았다. 언어 간의 역사적 비교연구를 순조롭게 수행하기 위해서는 고대언어 자료와 방언 자료, 거기에 동계언어와 같은 실효성이 분명한 자료에 의존해야 한다. 그러나 국어는 고대 자료와 동계언어를 주변에 거느리지 못하고 있는 언어여서 이를 일본어와 비교하는 작업은 무수한 난관을 넘어야 하는 과정이었다.

저자는 세 차례에 걸친 1년씩의 일본 현지연구를 통하여 한 가지 사실을 새로 발견하였다. 근대일본어 시대에 태어난 한자어 중에는 서양문화에 대한 번역형 신조어가 엄청나게 많다는 점이었다. 그런데 바로 그렇게 태어난 신생한자어의 어형이나 의미가 구한말에서 식민지시대에 걸쳐 그때그때의 국어에 적지 않은 영향을 끼쳤다는 사실도 알게 되었다. 그러다 보니 이번에는 그러한 신생한자어에 나도 모르게 흥미를 느끼게 되면서 국어사어휘사의 연구과제로도 충분한 가치가 있으리라고 여기게 되었다.

국어와 일본어의 경우, 막연하고도 불확실하나마 계통적 관계를 보이는 같기도 하지만, 다른 한편으로는 선사시대를 비롯하여 고대에서 현대에 이르기까지 눈에 보이지 않는 상호 간의 접촉과 간섭을 거듭했던 것으로 추정된다. 그러한 사실을 역사적으로 밝혀보고 싶어진 저자는 오랫동안 국어와 일본어 사이를 넘나들며 그나름의 노력을 기울여 온 바 있다. 이 논고집에는 그러한 노력의 일단이 그런대로 반영되어 있다고 믿는다.

공부라고 하긴 했지만 스스로 생각할 때 그 성과는 그리 신통하지 못하여 세상에 내놓을 만한 것이 못된다고 여겨왔다. 그래서 그동안에는 뒤를 돌아볼 여유도 없이 그때그때 발표하기에만 급급했을 뿐 자신의 연구성과를 논고집으로 정리할 생각도 해본 적도 없다. 사실, 옛 선현들은 살아있는 동안 문집을 스스로 엮은 사람이 거의 없다고 해도 과언이 아니다. 당연한 일이다. 누구나가 자신의 머리에서 나온 고핵(考覈)의 조각들을 문집에 모아 천하에 내보이기는 멋쩍기도 하거니와 무엇보다도 두려울 수밖에 없었을 것이다. 그럼에도 불구하고 저자는 결국 염치를 무릅쓰고 여기에 만용을 부리게 되었다. 평생에 걸쳐 한 눈 팔지 않고 국어의 주변을 맴돌며 공부한 결과를 뒤늦게나마 정리해 보기로 한 것이다.

그 발단은 같은 대학에서 함께 봉직한 김주필(金周弼) 교수에게서 비롯되었다. 정년을 맞아 학교를 떠난 후 김 교수가 말을 꺼냈다. 후진들이 저자의 논고를 읽어보고 싶어도 여기저기에 흩어져 있어 일일이 찾아내자면 번거로움이 이만저만이 아닐 것이니 그들의 편의를 위해서라도 연구성과를 저서로 한데 묶어놓아야 한다는 의견이었다. 말이 좋아서 남의 연구성과를 찾아 읽는다고 하지만 그 말을 믿기에는 세상이 너무 급변하고 있다. 학술상의 이론과 연구자의 취향이 하루가 다르게 새롭게 바뀌고 있는데 구태여 지난 시절의 연구성과를 찾을 연구자가 있을 것 같지 않기 때문이었다.

거기다가 지난 시절의 모든 연구성과는 원고지에 손으로 쓰여진 후 활판인쇄를 거쳐 세상에 나왔다. 그러나 지금은 전산기에 입력되는 절차를 통해야 세상에 나올 수 있다. 과거의 연구성과는 입력절차 없이 저서가 되어 나올 수 없는 것이다. 이 절차부터가 손쉬운 일이 아니어서 출판은 엄두를 내기도 어려웠다. 그러나 김주필 교수는 까다롭고 번거로운 입력작업을 마무리할 수 있도록 온갖 번거로운 수고를 마다하지 않았다. 자신의 연구실과 인연이 닿는 대학원생들의 협력을 얻어 입력작업을 마치도록 힘써 준 것이다. 그게 바로 2013년이었다.

입력파일을 넘겨받고 보니 출판을 위한 교정을 시작하지 않을 수 없었다. 그러나 해결해야 할 문제가 한 둘이 아니었다. 우선 당초의 연구성과 중에는 발표시기가 반세기를 넘어선 것도 있었다. 오랜 기간에 걸쳐 있다 보니 논고 하나하나의 체제(體裁)나 형식 등도 그때그때 제 각각이어서 통일되어 있지 않았다. 무엇보다도 문제는 한자혼용이었는데 요즈음은 한글전용이 대세인지라 이에 대한 해결책이 그리 쉽지 않았다. 왜냐하면 저자의 논고에 나타나는 인용문의 원문에 한자가 섞여 있거나 연구과제 자체가 한자어일 경우, 그 한자를 그대로 살려 쓸 수밖에 없기 때문이다. 또한, 본문의 한자만은 한글표기로 바꾸고 싶었으나 입력자에 따라 생각이 다른 바람에 통일을 기하지 못하고 논고에 따라 여전히 들쭉날쭉한 모습을 드러내고 있다. 서양어나 한문으로 쓰여진 원문을 인용할 경우, 과거에는 외국어를 번역 없이 그대로 제시하고 넘어갔으나 오늘날의 관점으로는 문제가 될 수도 있다. 주석 또는 참고문헌의 제시방식도 일정한 기준을 따르지 못한 채 남아있어 아쉽게 느껴진다.

각 논고의 체재(體裁)는 그렇다 치더라도 또 하나의 커다란 문제는 발표당시의 본문에 나타나는 비문(非文)이나 오탈자(誤脫字), 저자의 무지에서 비롯된 오류(誤謬), 잘못된 판단이나 해석이 아닐 수 없다. 비문이나 오탈자는 발견되는 족족 적절한 수정을 가하는 선에서 해결이 되었으나, 저자가 저지른 오류는 어떻게 대처해야 할지 판단이 쉽지 않았다. 발표당시의 모습을 그대로 남겨두는 것이 연구자의 양심적 도리라는 말을 들은 적이 있긴 하지만, 무조건 그렇게 밀어붙이기도 어렵기 때문이었다. 이에 그때그때 저자의 판단에 따라 잘못된 점에 대해서는 어느 정도 손을 대기도 했지만, 비록 잘못일지라도 저자가 책임을 진다는 뜻에서 당초대로 남겨둔 경우도 없지 않다. 요컨대 발표당시의 원문에 수정이 가해져 당초와는 달라진 경우도 있지만 잘못인 줄 알면서도 그대로 놓아둔 경우도 있다는 뜻이다. 대체로 발표시기가 오래된 논고일수록 수정이 많이 이루어졌다고 보면 좋을 것이다. 학술용어, 국제음성부호(IPA)와 같은 전사기호, 그밖의 부가기호, 심지어 띄어쓰기에 이르기까지 논고마다 다른 점도 문제가 아닐 수 없다. 가령 저자는 논고에 따라 '한국어'와 '국어'라는 용어를 번갈아 쓴 바 있다. '일본어'라는 용어와의 대비를 위해서는 '한국어'가 적절하다고 생각되었으나 관용이라는 측면에서 본다면 '국어'가 자연스러웠기 때문이다. 이와 같은 혼용이 이 논고집에 그대로 남아있다는 점도 아쉬움이라면 아쉬움일 것이다.

또 하나의 커다란 문제점이라면 이른바 자기표절이라고 할 수 있다. 적어도 과거에는 특별히 문제가 되지 않았는데 비교적 근래에 불거진 이 기준에서 자유로울 수 있는 연구자는 아마도 별로 없으리라 생각된다. 왜냐하면 공부란 스스로의 온축(蘊蓄)을 발판으로 삼아 그 위에 새로운 연구내용을 쌓아 올리는 과정이다. 새로운 결론을 이끌어내자면 어쩔 수 없이 자신이 과거에 얻은 연구성과를 이용해야 할 때가 많아진다. 이를 무조건 표절이라고 한다면 이 세상 어느 누구도 연구 때마다 완전무결하고도 독창적인 성과를 내놓기는 불가능할 것이다. 연구성과를 모아놓은 이 논고집에도 어쩔 수 없는 중복이 여기저기에서 드러난다. 연구자로서는 결코 떳떳한 일이 아니겠지만 이미 저질러진 지난 시절의 과오라 더 이상 어쩔 수 없음을 고백하면서 하해와 같은 관용(寬容)을 구할 수 밖에 없다.

여기까지 작업이 진행되는 동안 주변의 많은 도움을 받은 바 있다. 우선 입력작업에 힘을 보태준 당시의 대학원생들로는 국민대학교 박사과정의 김성기, 박순란, 윤희선, 이민아, 홍성지 재학생, 그리고 석사과정의 박주언, 이재림 재학생 등이 있다. 저자의 논고에는 한자에 나타나는 각종 벽자(僻字)와 서양제어, 까다롭고도 특수한 전사기호와 부가기호에 이르기까지 전산기의 글자판만으로는 찾아볼 수 없는 기호가 많아 입력에 어려움이 많았을 것이다. 특히 박순란 재학생의 경우 입력작업을 총괄하는 역할까지 맡아 남다른 노고가 컸을 뿐 아니라, 박사학위를 받은 후에도 2016-2017년에 걸쳐 저자의 개인연구실을 출입하면서까지 파일 원고의 교정작업을 계속 돕는 노력을 아끼지 않았다. 나아가 그녀는 그 후에도 국제음성부호(IPA)와 같은 까다로운 입력작업을 도맡아 일감을 집에까지 들고 가는 성의를 마다하지 않았다. 그 고마움을 기억하면서 여기에 기록으로 남겨두고 싶다.

일부의 자료 입력작업과 교정작업에는 저자의 아내 윤수영과 딸내미 송나리도 그때그때 동원되어 적지 않은 힘을 보탰다. 식구들까지 이모저모로 고생을 시켰다는 점에서 미안한 마음을 금하기 어렵다. 그럼에도 불구하고 이 논고집에 어떤 과오나 결함이 남아있다면 이는 모두가 저자의 무지와 불성실에서 비롯된 책임이 아닐 수 없다.

끝으로 이번 논고집 출판에 즈음하여 박이정의 박찬익 사장님과 한국외대 일본연구소의 손경호 박사, 그리고 편집부의 관계자 한 분 한 분에게도 각자의 노고와 열정을 되새기면서 감사의 인사를 전하지 않을 수 없다.

2022년 8월 1일, 저자 적음

논고집 1. "근대국어 연구"의 내용에 대하여

　여기에는 제1부 근대국어 음운사 논고와 제2부 개화기 어휘사 논고가 포함되어 있다. 먼저 제1부에서 저자는 근대국어의 음운사 중에서도 'ㆍ'의 비음운화와 'ㄷ'의 구개음화에 대하여 집중적인 관심을 기울인 바 있다. 이를 위한 근대국어 연구자료로는 대마도의 번사(藩士) 출신이었던 아메노모리 호오슈(雨森芳洲, 1668-1755)의 필사고본(筆寫稿本) 『全一道人』(1729)이 있다. 이 자료에는 18세기 초엽의 국어문장이 일본어의 가타가나(片假名)로 전사되어 있는데, 이는 곧 당시 국어의 음성현실을 살펴볼 수 있는 최적의 자료로 평가된다.

　다시 말하자면 이 자료는 국어문헌의 표기에 잘 드러나지 않는 음성현실 정보를 보여주고 있다. 실제로 저자는 이 자료에 나타나는 음성현실 정보를 이모저모로 면밀히 분석한 결과 당시 국어의 음운론적 해석에 적지 않은 도움을 받을 수 있었다. 이에 저자는 이 자료를 근대국어 음운사 해명에 최초로 활용한 연구자로서 흔쾌한 심정을 숨길 수 없다.

　그밖에도 제1권에는 근대국어 말엽의 장음표기에 대한 개략적 고찰이 포함되어 있다. 빠리외방전교회 조선선교사단의 편찬으로 일본 요코하마(橫濱)에서 출판된 바 있는 『한불ㅈ뎐/韓佛字典』(1880)에는 소략하나마 당시국어의 장음현실이 반영되어 있다. 국어의 장음음소가 기록으로 나타나기는 이 자전이 처음이었다는 점에서 주목되는 자료가 아닐 수 없다. 이에 그 성격을 간략히 정리한 저자의 견해가 이 논고에 나타나 있다.

　제1부의 마지막 논고는 음운사를 기준으로 살펴본 국어사의 시대구분이다. 여기에는 근대국어가 전기와 후기로 구분되어야 할 필요성 있다는 저자의 견해가 제시되어 있다. 그 구분 시점은 18세기 중엽으로 전기에는 아래 'ㆍ'의 비운운화에 따른 6모음체계의 확립되었고, 후기에는 'ㅔ, ㅐ'의 단모음화와 그에 따른 8모음체계가 자리 잡은 사실이 드러나기 때문이다.

　제2부에는 구한말에서 개화기에 걸치는 기간의 국어어휘사 논고가 정리되어 있다. 이 시기의 국내문헌에는 기존의 전통적 한자어와는 성격이 다른 한자어가 다양한 모습으로 등장하는데, 그 가운데에서도 유난히 큰 비중을 차지하고 있는 존재가 일본어에서 신조되거나 번역으로 태어난 서구문물 내지 서구문화 관련 신생한자어들이다. 이들 신생어들은 개화기와 더불어 국어에 수용되기 시작하면서 현대국어의 한자어휘체계에 적지 않은 변혁을 불러 일으킨 일본식 한자어들이라고 할 수 있다. 그 발단은 19세기의 70년대로 소급된다. 한일수

호조약에 따라 1876년 수신사 김기수(金綺秀)가 일본을 돌아보면서 이전과는 확연히 달라진 새로운 문물이 새로운 한자어와 더불어 국내에 알려지기 시작한 것이다.

그후 갑오경장(甲午更張, 1894), 통감부 시대, 한일합병으로 인한 식민지시대를 통하여 국어에는 일본식 한자어가 밀물처럼 수용되기에 이르렀다. 이에 저자는 일본수신사들이 남긴 기록, 당시의 사전류와 같은 자료를 통하여 국어에 수용된 일본식 한자어의 뿌리를 찾아보는 한편, 갑오경장의 관제에 반영된 일본식 관직 명칭이 구한말의 한국식 관직 명칭에 어떠한 영향을 끼쳤으며, 결과적으로 국어의 한자어휘체계에 어떠한 개신이 일어났는지를 살펴본 바 있다. 이로써 일찍부터 국어에 자리 잡았던 전통적 중국식 한자어들이 개화기를 통하여 급격히 늘어난 일본식 한자어와의 접촉과 간섭에 따라 그 어형이나 의미가 어떠한 변화를 경험했으며 어떠한 개신을 겪었는지 살필 수 있었다.

요컨대 개화기의 신생한자어로 인한 국어한자어의 어휘체계가 겪은 개신의 전모는 특히 정운복(鄭雲復)의 『獨習日語正則』(廣學書舖, 1907)과 같은 일한(日韓) 대역학습서에 잘 나타난다. 이에 저자는 이 책을 통하여 개화기 국어의 한자어휘체계에 대하여 종합적으로 살펴 보았다. 우선 이 책은 개화기 당시의 국어에 이미 수많은 한자어가 일본어에서 수용된 모습을 보여주는 동시에, 그들 가운데 대부분은 현대국어 한자어로 정착되었음을 보여준다. 그 유형도 형태론적으로는 2음절형의 기본어, 3음절형의 파생어, 4음절형의 복합어까지 다양하게 나타나며, 문법적 층위로는 형태층위와 통사층위에까지 걸쳐 있었음을 알려준다.

한 가지 재미있는 사실은 개화기의 일본한자어 중에는 국어로 정착되는 과정에서 일시적이나마 저항에 부딪힌 적이 있었음을 보여주기도 한다. 가령 일본어 '見本, 交際, 金融, 貸出, 小賣, 失敗, 營業, 取扱, 必要, 現金' 등에 대응되는 국어는 각기 '看色, 相從, 錢政, 放債, 散賣, 逢敗, 生涯, 處理, 所用, 直錢'으로 나타나는 것이다. 현대국어라면 위의 일본어형이 그대로 국어에서 통용될 수 있으나, 개화기에는 국어에 일본어와는 다른 어형의 한자어가 있어 저항을 보인 것이다. 이처럼 두 언어가 접촉하는 과정에는 차용이라는 간섭이 나타나게 마련이지만 때로는 일시적인 저항이 일어나는 수도 있었다는 점이 흥미를 더해준다.

끝으로 이 제1권의 초교지 교정에는 성신여자대학의 박부자 교수가 한 여름의 무더위를 무릅써 가며 기꺼이 힘을 보태주었으니 고마운 일이 아닐 수 없다. 학부 시절 저자의 연구실에서 공부한 적이 있는 박 교수인지라 이번 도움으로 지난 시절의 인연이 다시 이어졌다는 점에서 더욱 흔쾌한 일로 여겨진다.

2022년 9월 1일, 저자 적음

제1부   근대국어 음운사 논고

제2부   개화기 어휘사 논고

開化 初期의 新生漢字語 受容

開化期의 新生語 研究 ―『獨習日語正則』에 반영된 國語單語를 중심으로―

제**1**부

근대국어
음운사 논고

近代國語의 音韻論的 認識

1. 서 언

　國語史的 측면에서 볼 때 近代國語라 함은 대체로 17세기에서 19세기에 걸치는 시간을
이른다. 좀더 구체적으로 보자면 그 시기는 임진왜란(1592) 이후 갑오경장(1894)에 이르기까
지의 3세기 동안에 해당된다.

　이 시기의 국어자료에 대한 음운론적 접근은 당초 국어사의 일환인 音韻史 연구에서 비롯
되었다. 자연히 그 연구방향은 기본적으로 通時論的 접근이 주축을 이루어왔다. 여기에다
문헌자료에 대한 정밀하고도 실증적인 접근방식 위에서 근대국어에 대한 음운사적 연구의
기틀이 어느 정도 잡히기 시작한 것은 지난 60년대부터였다. 그 대표적 성과 중의 하나가
이기문(1961: 159~170)이라고 할 수 있다. 여기에 제시된 바 있는 근대국어의 음운사적 인식은
매우 중요한 의미를 지니고 있다.

　우선 거기에는 文字와 表記法에 대한 검토를 위시하여 자음체계 및 母音體系의 변화, 聲
調의 소멸, 그리고 특징적인 音韻變化 몇 가지에 대한 논의가 간결하면서도 정연하게 전개되
어 있다. 이를 좀더 구체적으로 살펴보면 다음과 같은 내용으로 정리된다.

　우선 자음체계에서는 중세국어의 'ㅸ, ㅿ, ㆅ, ㆁ'과 같은 음소가 소멸되었고,[1] 'ㅂ'계 어두
자음군은 된소리로 발전하였다. 다음으로 모음체계에서는 'ㆍ'가 제2단계의 소멸(제1음절 위치
에서의 소멸)을 거쳤으며, 이중모음 'ㅐ, ㅔ, ㅚ' 등이 單母音化의 길을 걷게 되었다. 그 뒤를
이어 'ㅣ'의 역행동화작용인 움라우트 현상이 일어나게 되었다.

　한편 超分節音素에 속했던 聲調는 이미 16세기에 소멸되었으나, 上聲에 내포되어 있던

---

[1] 이 책의 초판에는 'ㅸ(β), ㅿ(z), ㆅ(h²)'만이 나타날 뿐, 'ㆁ(ㆁ)'이 포함되어 있지는 않으나, 이는 교정상의 착오였
　던 것으로 보인다. 왜냐하면 이듬해에 나온 재판(1962)에는 'ㆁ'이 추가되어 있기 때문이다. 이에 본고는 재판을
　기준으로 삼았다.

音長만은 그대로 유지되었다. 이밖에도 치경음의 구개음화가 일어났으며, 순음 아래에서 '一'가 원순모음화하여 'ㅜ'로 변하였다. 대체로 이상과 같은 음운변화 하나하나는 지금까지 근대국어에 대한 음운론적 연구의 주요과제가 되어왔다. 이기문(1961)은 말하자면 그러한 길잡이로서 중요한 역할을 다했다고 평가될 수 있다.

근대국어 음운론은 다시 金亨奎(1963: 380~390), 許雄(1965: 414~461), 李基文(1972a: 191~204), 許雄(1985: 461~514), 崔範勳(1985: 167~170), 朴炳采(1989: 228~242) 등으로[2] 이어지면서 그 기반이 다져졌다. 이에 따라 근대국어에 나타나는 갖가지 음운변화는 그것이 체계적인 것이거나 산발적인 것이거나 한층 더 정밀한 검증을 거치게 되었다. 이 과정에서 음운변화에 대한 통시적인 해석과 공시적 기술이 점차 조화를 이루기에 이르렀다. 특히 세기별로 이루어진 종합적 검토 과정에 그러한 성격이 분명하게 나타나 있다. 田光鉉(1967), 李崇寧(1971) 등은 17세기의 문헌자료, 田光鉉(1971, 1978), 郭忠求(1980) 등은 18세기 문헌자료에 대한 정밀하고도 포괄적인 조사연구로서 여기에는 각기 새로운 발견이나 해석이 적지 않게 제시되어 있어 크게 주목된다.

특정문헌에 대한 국어사적 검토 속에 음운론적 해석이 끼어 있는 경우도 적지 않다. 이러한 접근 방법은 개별적인 문헌을 검토의 대상으로 삼고 있기 때문에 스스로의 한계를 지니고 있지만, 그 가운데에도 귀중한 발견이나 새로운 해석이 상당히 포함되어 있어 주목될 때가 많다. 그 몇 가지 성과만 들어본다면 『御製常訓諺解』(1745)와 『御製訓書諺解』(1756)를 대상으로 18세기 중엽의 음운과 문법을 분석해 본 許雄(1963), 『敬信錄諺釋』(1796)을 대상으로 삼아 18세기 말엽의 음운변화와 어휘를 분석한 南廣祐(1970), 『翻譯朴通事』(16세기 초엽)와 『朴通事諺解』(1677)를 대상으로 하여 언어변화를 추적해 본 金完鎭(1975), 『東國新續三綱行實圖』(1617)를 대상으로 삼아 근대국어의 초기 모습을 분석해 본 李崇寧(1978) 등이 그 대표적인 사례가 될 것이다.[3]

그러나 근대국어 음운론 연구의 핵심이라면 그것은 아무래도 심도 있는 주제별 논의가

---

2) 이기문(1972a)는 이기문(1961)의 개정증보판이며, 허웅(1985)는 허웅(1965)의 개정증보판이다. 따라서 양자 모두의 초판과 개정판 사이에는 근본적 차이가 없으나 그 내용은 훨씬 정밀하고도 풍부해졌다.

3) 특정문헌에 대한 음운사적 검토는 문헌해제의 일부분으로 나타나는 경우가 많으나, 그 내용은 아무래도 단편적이거나 산발적인 지적에 그칠 수밖에 없는 한계를 지니기가 쉽다. 그럼에도 불구하고 개별문헌에 대한 검토분석은 70년대에서 80년대에 이르는 동안 엄청나게 이루어진 바 있다. 특히 시대별 문헌자료의 해제나 서지에 대한 목록의 일단은 崔範勳, 『중세국어문법』(이우출판사, 1981)의 권말부록 2에 1979년까지의 성과가 정리되어 있어 참고할 만하다. 그 이후의 성과에 대해서는 홍윤표(1993)의 부록격인 『국어사 관계 문헌연구논저 목록』에 잘 정리되어 있어 큰 도움이 된다.

아닐 수 없을 것이다. 그러한 주제별 논의의 대상으로서는 먼저 자음체계와 모음체계 및 그와 관련된 여러 가지 변화, 'ㄷ' 구개음화와 그밖의 설단자음이 겪은 바 있는 구개음화, 그리고 연구개자음의 구개음화, 'ㅡ'의 원순모음화와 'ㅜ' 또는 'ㅗ'의 비원순모음화, 이중모음 'ㅐ, ㅔ' 또는 'ㅚ, ㅟ'의 단모음화와 그 뒤에 일어난 움라우트 현상, 어말음 'ㅅ, ㄷ'의 중화와 어두폐쇄·마찰음의 경음화나 유기음화, 그리고 성조의 소멸 등이 꼽힐 수 있을 것이다.

2. 近代國語 音韻論의 새 方向

앞에서도 지적한 바 있지만 音韻史 연구에서 비롯된 근대국어 음운론의 당초 관심은 주로 문헌 검색을 통한 특정변화의 시기추정에 집중된 바 있다. 말하자면 음운변화의 절대연대에 관심이 모아졌고[4] 어떤 변화가 어느 시기의 문헌에 나타나는지를 검색하기 위하여, 모든 문헌을 뒤지며 그 실례를 모은 후, 이를 토대로 한 절대연대 추정이 열심히 행해진 것이다. 그러나 이러한 방법이나 태도가 경우에 따라서는 피상적인 사실의 발견에 그칠 우려를 내포하고 있다는 점에도 충분히 주의할 필요가 있다.

왜냐하면 모든 음운변화가 그때 그때의 문헌에 정직하게 반영된다고는 볼 수 없으며, 문헌 또한 시대적 공백이 없이 충분히 남아 있는 경우는 없으므로 한정된 문헌만으로 어떤 변화의 시기를 결정하기는 지극히 어려운 일이 아닐 수 없기 때문이다.

더구나 하나하나의 음운변화는 그 내면에 갖가지 요인이 잠재하고 있어 그 발생시기와 완결시기가 따로 있을 뿐 아니라, 그 기간 또한 각양각색이어서 짧게는 수십 년, 길게는 수백 년에 걸치는 수도 있다. 가령 중세국어의 脣輕音 'ㅸ'은 비교적 짧은 기간 중에 변화를 마쳤지만, 半齒音 'ㅿ'은 그보다는 좀 긴 기간에 걸쳐 변화가 진행되었고, 모음 'ㆍ'는 적어도 몇 세기에 걸쳐 변화가 이루어졌으며, 語頭位置의 폐쇄음·마찰음의 경음화나 유기음화는 15세기부터 지금까지도 그 변화가 진행되고 있는 사례에 속한다.

이처럼 한마디로 음운변화의 시기라 할지라도 그 기준을 발생 시기에 두어야 할지, 완결 시기에 두어야 할지 난감할 때가 허다하다. 더구나 음운변화란 어떤 사건이나 사고처럼 그

---

4) 구체적으로 그 사례를 들자면 許雄(1965: 460~461)이나 許雄(1985: 512~514)에는 각기 15세기 이후의 각종 음운 변화가 시기별 일람표로 일목요연하게 정리되어 있다.

발생시기가 표면에 분명히 드러나지 않는다는 특성을 지니고 있다. 모든 음운변화는 언어구조의 내면에서 은밀히 진행되기 때문에 어느 시점을 변화의 시기로 보느냐에 대해서는 번번이 학자에 따라 의견이 달라질 수도 있다.

이러한 난점을 극복하기 위해서는 새로운 방향 모색이 요구될 수밖에 없었다. 실제로 근대국어 음운론도 그러한 방향으로 크게 기울어져 왔다. 그것이 구체적으로는 음운변화 상호간의 有機性, 이를 통하여 추정될 수 있는 共時的 音韻體系, 공시적 체계기술을 위한 通時的 해석, 음운현상이나 음운변화 규칙에 나타나는 음운론적·비음운론적 제약, 음운변화의 내면적 과정이나 그 원인, 음운변화 상호간의 相對年代(relative chronology) 등으로 확대되어 왔다.

구조주의와 생성이론이 국어음운론 연구에 널리 정착되면서 70년대부터 본격적으로 나타나기 시작한 위와 같은 경향은 80년대에 들어오면서 그 농도가 더욱 짙어졌다. 말하자면 피상적인 사실의 발견 그 자체보다는 모든 음운현상이나 음운변화에 대한 체계화, 그 체계의 기반에 대한 합리적이고도 투명한 해석이 한층 더 중시되기에 이른 것이다.

이에 따라 본고에서는 근대국어 음운론 연구의 그러한 흐름 속에서 얻어진 몇 가지 의미 있는 성과에 대하여 그 가치와 의의를 되새겨 정리해 보면서 아직까지 남아 있는 문제점이나 과제가 무엇인지를 찾아 앞으로의 연구가 나아가야 할 길을 더듬어 보기로 한다.

3. 音韻變化의 相互有機性

한 언어의 내부에서 일어나는 대부분의 음운현상이나 음운변화는 개별적으로 발생한다기보다 상호 유기적 관계 속에서 표면화하는 경우가 많다. 따라서 겉으로는 아무런 관계가 없어 보이는 음운변화들이 내면적으로는 밀접하고도 필연적인 관계를 가질 때가 많다. 이를 음운변화의 相互有機性이라고 부를 수 있다. 가령 중세국어의 순경음 'ㅸ'은 15세기 중엽에 이르는 동안 원칙적으로 'w'로 변하면서 그 자신은 음운목록에서 소멸되었다. 짧은 기간에 걸쳐 예외없이 이루어진 이 변화의 원인을 이해하자면 그보다 좀 늦게 변화가 시작되어 16세기 중엽에는 변화가 끝난 것으로 추정되는 반치음 'ㅿ'이나 후두마찰음 'ㆁ'의 소멸을 함께 연관시킬 필요가 있다.

곧 15세기 중엽에는 유성마찰음으로 'ㅸ, ㅿ, ㆁ'이 한 계열을 이루고 있었던 것으로 추정되는데 이들은 매우 제한된 분포를 가지고 있어 유성적 환경에만 출현하였다. 이들이 조만간 소실되고 만 것은 그러한 偏在로 구조적 압력을 받았기 때문이었으리라고 추정된다(李基文1972a: 125). 다시 말해 'ㅸ, ㅿ, ㅇ'의 소멸은 개별적인 변화가 아니라 상호유기적인 관계 속에서 이루어진 체계적 변화가 아닐 수 없다. 결국 이들 세 음소의 소멸은 음운체계의 내면적 유기성으로 해석될 수 있는 음운변화라고 할 수 있다. 이를 본고에서는 체계적 유기성이라고 불러 두기로 한다.[5]

음운변화의 체계적 유기성은 음운사 해명에 매우 값있는 역할을 보일 때가 많다. 그러나 음운변화의 유기성에는 또 다른 차원의 성격을 지닌 것이 두 가지쯤 더 있을 수 있다. 본고에서는 이들을 각기 繼起的 유기성과 共起的 유기성이라고 부르기로 한다. 지금부터는 이 두 가지 상호유기성이 근대국어의 음운론적 인식에 어떤 의의를 지니는지 살펴보기로 한다.

1) 繼起的 有機性

주로 형태소 내부에서 'ㅡ'가 'ㅜ'로 변하는 이른바 원순모음화는 順行同化作用에 의한 음운변화로서, 조음음성학적으로는 지극히 자연스러운 과정이 아닐 수 없다. 그러나 음운사적 측면에서 본다면 그러한 해명만으로는 이해되지 않는 한 가지 의문점에 부딪친다. 중세국어에서 찾아볼 수 없었던 원순모음화가 어찌하여 근대국어라는 특정시기에 나타나기 시작했을까 하는 점이다.

지금까지의 검색으로 보면 원순모음화는 17세기 초엽부터 그 모습이 하나 둘씩 산발적으로 문헌에 나타나다가(田光鉉1967: 85, 南廣祐1974: 33~34, 白斗鉉1988: 195이하) 18세기 말엽에는 그 실례가 거의 모든 문헌에 다량으로 나타난다.[6] 이 사실을 모음체계의 변화에 처음으로 연결시켜 그 원인을 유기적으로 설득력 있게 해명한 것이 金完鎭(1963)이었다.

중세국어는 모음체계상 'ㅜ'와 'ㅗ', 'ㅡ'와 'ㆍ', 'ㅓ'와 'ㅏ'가 각기 中和的 對立關係를 유지

---

5) 유성마찰음 'ㅸ, ㅿ, ㅇ'의 소멸은 전통적 개념에 따라 각기 自生的 변화로 분류될 수 있다. 그러나 이렇게 분류하고 나면 이들은 각기 개별적인 변화에 머물고 만다. 이러한 의미에서 이들을 체계적 유기성으로 파악하는 것이 합리적이다.

6) 중간본 『杜詩諺解』(1632), 『勸念要錄』(1637), 『語錄解』(1657)처럼 17세기 중엽 전후의 문헌에도 원순모음화의 실례가 나타나기는 하지만, 앞에 제시된 두 문헌은 남부방언 요소를 반영하고 있을 가능성이 크다. 이러한 사실을 통하여 백두현(1988: 196)은 원순모음화가 남부방언에서 먼저 일어난 현상일 것으로 추정하고 있다.

하고 있었다. 이 체계 하에서는 적어도 '_'의 원순모음화는 일어나기 어려울 수밖에 없다. '_'와 'ㅜ'는 중화적 대립관계에 놓여있지 않았기 때문이다. 그렇다고 그것이 전혀 불가능한 것은 아니었다. 白斗鉉(1988: 198)은 '님금 → 님굼'처럼 脣子音 앞에서 일어나는 '_ → ㅜ'의 실례를 통하여 17세기 이전에도 원순모음화가 '미약한 규칙'으로 존재했다고 보고 있다.

확실히 그 존재 자체를 부인하기는 어렵다. 다만 이때의 원순모음화는 '규칙'에 의한 결과라기보다는 '수의적 음성변이'나 '표면적 음성동화'의 결과로 풀이될 수 있다. 그때까지는 '_'와 'ㅜ'가 모음체계상 아직 대립의 짝 관계를 이루지 못했기 때문이다. 뿐만 아니라 후대의 원순모음화는 순행동화현상임에 반하여 '님금 → 님굼'에 나타나는 '_ → ㅜ'는 역행동화여서 이들까지를 모두 원순모음화에 포함시키기에는 난점이 따른다.

우선 순행동화로서의 원순모음화는 脣音 아래의 모든 '_'를 'ㅜ'로 바꾸어 놓았으나 역행동화로서의 원순모음화는 순음 앞의 '_'를 산발적으로만 'ㅜ'로 변화시켰을 뿐 일반성이 매우 미약하였다. 더구나 그러한 예외적, 산발적 원순모음화도 사적으로는 매우 유동적이어서 안정성을 거의 보이지 않았다. 이러한 사실을 감안할 때 역행동화로서의 원순모음화를 '규칙'으로 보기에는 아무래도 무리가 따른다고 할 수밖에 없다.

이를 좀더 구체적으로 검토해보기로 한다. 실제로 '말슴 → 말솜'에 나타나는 역행동화 'ㆍ → ㅗ'와 같은 원순모음화도 규칙에 의한 변화현상이라기보다는 수의적 변이로 해석된다. 그때까지는 'ㆍ'와 '_'가 중화적 대립의 짝을 이루고 있었기 때문에 'ㆍ'와 'ㅗ'는 체계상 중화관계를 이룰 수 없었다. 이로써 '말슴'이 일시적으로 '말솜'으로 실현되었음에도 불구하고 후대에 그대로 굳어지지 못하고 오히려 '사슴〉사슴, 가슴〉가슴'과 함께 '말씀'으로 굳어진 이유가 이해된다. 다시 말하자면 '말슴 → 말솜'과 같은 사례는 공시적, 수의적 음성동화로서 산발적인 변이에 속할 뿐, 모음체계상의 대립관계에 기반을 둔 통시적 변화는 아니었다고 할 수 있다.

그러나 'ㆍ'가 非音韻化하면서[7] 각 모음간의 대립관계가 크게 달라져 '_'와 'ㅜ'는 새로 대립의 짝을 이루게 되었다. 이른바 脣音性의 有無에 의한 대립관계를 이룬 셈이다. 이러한 체계에서 원순모음화가 일어날 수 있다는 사실은 당연한 결과가 아닐 수 없다.

---

[7] 잘 알려진 바와 같이 'ㆍ'의 비음운화는 길고 긴 과정 속에서 이루어졌다. 시기적으로도 'ㆍ'의 비음운화는 이미 15세기에 그 초기적 모습이 드러난다. 이른바 제2음절 이하의 'ㆍ'가 '_'로 나타나기 때문이다. 그러나 실질적인 'ㆍ'의 비음운화는 제1음절에 나타나는 'ㆍ'의 소멸로 완성되었다고 볼 수 있다. 이 과정 또한 그렇게 단순히 이루어지지는 않았던 것으로 풀이되는데 여기에 대해서는 후술하게 될 것이다.

결국 '_'의 원순모음화는 'ㆍ'의 비음운화, 그로 인하여 나타난 모음체계의 추이, 곧 하나 하나의 모음들이 새로운 대립관계를 가지게 된 데에 그 내면적인 원인이 있었다고 볼 수 있다. 따라서 '_'의 원순모음화는 개별적 음운변화가 아니라 'ㆍ'의 비음운화에 뒤따라 발생한 현상이라고 할 수 있다. 그만큼 '_'의 원순모음화는 'ㆍ'의 비음운화와 필연적인 관계를 지니고 있다. 이러한 관계는 통시적 성격을 띠고 있으므로 본고에서는 이를 繼起的 有機性이라고 불러 둔다.

한편 전설모음 'ㅣ'나 口蓋性 轉移音 'y' 앞에 나타나는 'ㄷ'이 'ㅈ'으로 바뀌는 구개음화는 이기문(1972b: 66-67)에서 제기된 바대로 'ㅈ'의 구개음화를 전제로 하는 음운변화라고 할 수 있다. 따라서 'ㅈ'의 구개음화와 'ㄷ'의 구개음화는 또 하나의 계기적 유기성을 보이는 음운변화들이다.

또한 19세기 후반의 문헌에 널리 나타나는 'ㅣ'의 역행동화, 곧 움라우트 현상도 이중모음 'ㅐ, ㅔ' 등의 단모음화가 일어난 후에나 나타날 수 있는 음운변화에 속한다. 李基文(1961: 167)에서는 일찍이 국어의 움라우트 현상이 이중모음의 단모음화가 이루어진 이후의 일일 것으로 추정하면서, 문헌상으로 이런 변화에 대해서 확실한 조사가 없어 단정할 수는 없으나 움라우트는 대체로 19세기에 이루어진 것이 아닐까 하고 추정한 바 있다. 이 추정은 후일 李秉根(1970)에서 실증적으로 사실임이 입증되었다. 여기에는 19세기 후반의 문헌에 나타나는 움라우트 현상의 실례가 정밀하게 수집되어 있어,[8] 이 현상이 이중모음의 단모음화 이후에 나타난 음운변화임을 간접적으로 밝힐 수 있는 근거가 제시된 셈이다. 이에 따라 'ㅣ'의 역행동화 현상 역시 'ㅐ, ㅔ' 등의 단모음화보다 나중에 일어난 음운변화로서 이들 두 가지 변화는 분명히 계기적 유기성을 보이는 또 하나의 사례임이 밝혀진 것이다.

지금까지 보아온 음운변화의 계기적 유기성은 어떤 두 가지 음운변화의 상대적 선후관계를 나타내 준다는 의미에서 적지 않은 값을 지닌다고 볼 수 있다. 앞에서 잠시 살핀 대로 대부분의 음운변화에 대하여 그 절대연대를 밝히는 일이란 지극히 난감한 과제가 아닐 수 없으며, 그 자체가 거의 불가능할 때도 많다. 그 때문에 어떤 음운변화의 발생이나 완성시기를 절대연대로 추정한다고 하더라도 실제로는 그 연대에 상당한 시간 폭이 개입되기 마련이다. 다시 말하자면 엄밀한 의미에서의 음운사적 절대연대란 추정이 불가능한 것이다. 이러

---

8) 사실 19세기의 국어문헌에 대해서 그때까지 관심을 기울인 사람은 거의 없었다. 그러다가 이병근(1970)에서 처음으로 19세기 후반의 문헌이 음운사적으로 종합적이면서도 철저한 검토대상에 올라 여러 가지 값진 발견이 이루어진 것이다.

한 난점을 해소해줄 수 있는 길이 상대연대라고 할 수 있다. 실제로 음운사적 상대연대는 어떤 두 가지 음운변화의 계기적 상호유기성으로 밝혀지기 때문에 음운사 해명에 나름대로 가치가 크다고 할 수 있다.

2) 共起的 有機性

근대국어의 음운변화 가운데에는 위에서 본 계기적 유기성과는 전혀 다른 성격의 유기성을 보이는 경우도 있다. 어떤 두 가지 음운변화가 시기적으로 거의 동시에 나타나는 일이 있는 것이다. 본고에서는 이를 공기적 유기성이라고 부르기로 한다.

그 일례로서 17세기 중엽부터 형태소 내부의 'ㅟ'가 'ㅢ'로 바뀌는 현상이 나타난다. 田光鉉 (1967: 84~85)에는 '불휘(根) → 불희, 뷔-(空, 割) → 븨-, 술위(車) → 수릐, 퓌-(焚, 發) → 픠-'와 같은 실례가 제시되어 있다. 『東國新續三綱行實圖』(1617)에 '香픠오고'와 같은 실례가 나타나는 사실로 미루어 볼 때 이 현상은 적어도 17세기 초엽까지 거슬러 올라가는 것으로 추정된다.

그런데 여기에 나타나는 'ㅟ → ㅢ' 변화는 원칙적으로 語頭音節이면서 脣音이라는 조건 하에서 일어났으므로[9] 음운사적으로는 이를 일종의 비원순모음화라고 할 수 있을 것이다. 이렇게 볼 수 있는 이유로서는 이 현상이 중세국어에는 나타나지 않다가 근대국어에 이르러 'ㅡ'의 원순모음화와 비슷한 시기에 나타나기 시작했다는 점을 들 수 있다. 따라서 이들 두 가지 음운변화는 서로 밀접한 관계를 이루고 있는 것으로 보인다. 다만 이들 두 가지 변화는 시기적으로 거의 동시에 나타나기 때문에 그 관계는 공시적 성격을 띠고 있다. 이에 본고에서는 이와 같은 두 가지 음운변화의 관계를 共起的 有機性이라고 부르기로 한다. 이러한 성격을 보이는 두 가지 음운변화는 동일한 음운체계 위에서 동시에 이루어지는 相互逆行的 行態라고 할 수 있다.

그런데 'ㅟ → ㅢ'라는 비원순모음화와 'ㅡ → ㅜ'라는 원순모음화가 공기적 유기성으로 연결된다는 사실은 'ㅡ'와 'ㅜ'가 모음체계상 중화적 대립관계에 놓여 있었음을 뒷받침하고 있다. 곧 근대국어의 모음체계로는 'ㅡ'와 'ㅜ'가 원순성 자질의 유무에 의한 대립의 짝 관계

---

9) 다만 '불휘 → 불희, 술위 → 수릐'에 나타나는 'ㅟ → ㅢ'의 변화는 순음환경과 관계가 없으나, 비어두음절에서는 순음과 관계없이 그와 같은 비원순모음화가 일어날 수도 있었음을 보여준다. 현재로서는 그 이유를 명쾌하게 밝히기가 어려워 후일의 과제로 미루어 둔다.

에 놓여 있었다는 뜻이 된다.[10] 이처럼 공기적 유기성을 보이는 두 가지 음운변화는 그 속에 포함되어 있는 특정 음소들이 공시적 체계상 어떠한 대립관계에 놓여 있는지를 간접적으로 밝혀준다. 따라서 음운변화의 공기적 유기성은 공시적 음운체계를 해명하는데 기여할 수 있는 현상이 아닐 수 없다.

경우에 따라서는 음운변화와 유추가 공기적 유기성으로 연결되어 나타나는 수도 있다. 예를 들자면 『譯語類解』(1690)에는 '티-(打) → 치-'와 같은 구개음화가 '지-(負) → 디-'와 같은 역행성 유추와 동시에 나타난다. 이때의 '티- → 치-'는 음운변화에 속하나 '지- → 디-'는 類推에 의한 形態素의 再構造化에서 생겨난 결과에 속한다. 실제로 '지- → 디-'는 'ㄷ → ㅈ'이라는 구개음화에 역행하여 일어난 유추적 변화로서 필자는 이를 '心理的 過剩修正'이라고 부른 바 있다(宋敏1986: 88). 하여튼 'ㄷ → ㅈ'이라는 음운변화와 'ㅈ → ㄷ'이라는 유추현상이 같은 문헌에 동시에 나타난다는 사실은 이들 두 가지 현상이 공기적 유기성으로 묶일 수 있음을 알려주고 있다. 이와 같은 공기적 유기성은 'ㄷ → ㅈ'이라는 음운변화가 당시에 실재했음을 간접적으로 뒷받침하고 있다.

근대국어의 비어두음절에서 널리 나타나는 'ㆍ → ㅡ'와 같은 음운변화와 그 역행성 유추인 'ㅡ → ㆍ'도 위와 똑같은 공기적 유기성을 보이는 사례로 꼽힐 수 있다. 근대국어에서는 일반적으로 '며느리, 거듭(重), 기름(油), 여슷(六), 기츰(咳)'이 각기 '며ᄂᆞ리, 거듧, 기ᄅᆞᆷ, 여ᄉᆞᆺ, 기ᄎᆞᆷ'으로 나타나지만 이때의 'ㅡ → ㆍ'는 음운변화가 아니라 'ㆍ → ㅡ'라는 음운변화에 역행하여 일어난 유추에 속한다.[11] 이러한 유추 또한 'ㆍ → ㅡ'의 변화가 실재하고 있음을 뒷받침하고 있다.

다만 음운변화와 유추 사이에 나타나는 공기적 유기성은 고정적인 것이라기보다 잠정적인 것이어서 이때에 나타나는 유추는 후일까지 그 모습이 그대로 유지되는 일은 매우 드물다.[12] 비록 '지-(負)'가 한 때나마 '디-'로 나타났다 할지라도 결국은 자신의 본연 그대로인

---

10) 'ㅡ'와 'ㅜ'는 당연히 후부고위모음에 해당한다. 그렇다면 그와 같은 체계에서는 후부고위모음으로 'ㅓ'와 'ㅗ'의 대립이 존재하게 된다. 실제로 근대국어의 모음체계는 그러한 대립을 보이는 것으로 추정되고 있다. 그렇다면 근대국어 시기에 일찍부터 'ㅡ → ㅜ'와 같은 원순모음화가 나타나므로 'ㅓ → ㅗ'와 같은 원순모음화도 나타날 법 하나 실제로 'ㅓ → ㅗ'와 같은 변화는 나타나지 않는다. 따라서 'ㅡ → ㅜ'와 'ㅓ → ㅗ'라는 원순모음화가 공기적 유기성 속에서 실재하지 않는다. 그 대신 '몬져 → 먼저, 본도기 → 번데기, 보션 → 버선' 등처럼 일부 어휘의 순음 하에서 'ㅗ → ㅓ'와 같은 부분적 비원순모음화만은 국어에 존재한다. 그런데 이러한 'ㅗ → ㅓ' 비원순모음화는 이론상 'ㅡ → ㅜ' 원순모음화와 공기적 유기성으로 연결될 법 하나 실제로는 'ㅗ → ㅓ'가 19세기 후반에야 그 모습을 드러낸다(이병근1970: 386).

11) 다만 이때의 유추는 주로 설단자음 환경 아래에서 일어나고 있다(송민1986: 30~31).

12) 그러나 연구개음의 구개음화 'ㄱ → ㅈ'에 대한 역행성 유추 'ㅈ → ㄱ'이 후일 그대로 굳어져버린 경우도 있다.

'지-'로 되돌아 갔기 때문이다. 이러한 의미에서 음운변화 상호간의 공기적 유기성은 음운변화와 유추간의 공기적 유기성과는 상당히 다른 성격을 보이고 있다.

한편 17세기에는 비어두음절에서 'ㅜ → ㅗ', 'ㅗ → ㅜ'와 같은 상호역행적 음운변화가 시대적으로 거의 동시에 나타난다. 田光鉉(1967: 86~87)에는 그러한 실례로서 '너무 → 너모, 더욱 → 더옥, 얼굴 → 얼골'과 함께 '대쵸 → 대츄' 등이 제시되어 있다. 모음조화의 와해에 따른 'ㅜ ~ ㅗ'의 상통으로 해석되기도 하는 이들 두 가지 역행성 변화 역시 또 하나의 공기적 유기성으로 연결되어 있는 사례라고 할 수 있다, 이들이 같은 시대의 문헌에 함께 나타난다는 사실은 이들 상호간에 공시적 관계가 존재함을 암시하기 때문이다.

실상 'ㅜ → ㅗ'와 'ㅗ → ㅜ' 사이에 나타나는 공기적 유기성은 일종의 공모현상(conspiracy)으로 해석될 수 있다. 양성모음화인 'ㅜ → ㅗ'는 '너무, 더욱, 얼굴'처럼 음성모음의 결합으로 이루어진 형태소에서 나타나며, 음성모음화인 'ㅗ → ㅜ'는 '대쵸'처럼 양성모음의 결합으로 이루어진 형태소에서 나타나기 때문이다. 이들 두 가지 변화는 실상 형태소 구조 내부에 존재하는 모음조화를 파괴한다는 점에서 동일한 방향으로 움직이고 있다. 이점에서 'ㅜ → ㅗ'와 'ㅗ → ㅜ'는 力動的 내면에 공모성을 나타내고 있다. 그러나 음운사적으로 'ㅜ → ㅗ'는 결국 그 역동성을 잃고 말았다. 그리하여 일시나마 '너모, 더옥, 얼골'로 나타났던 '너무, 더욱, 얼굴'은 그 본연의 모습대로 현대국어에 이어졌다.

이에 대하여 'ㅗ → ㅜ'는 그 역동성이 그대로 유지되어 현대국어에 이르렀다. '대쵸'가 '대츄'를 거쳐 '대추'로 굳어진 사실이 'ㅗ → ㅜ'의 역동성을 잘 나타내 준다. 그렇다면 'ㅗ → ㅜ'와 같은 음운변화는 어간형태소의 모음조화까지 파괴하면서 그 위력을 과시한 셈인데 그와는 공기적 유기성으로 연결되어 있는 'ㅜ → ㅗ'는 어찌하여 그러한 역동적 위력을 발휘하지 못했을까? 그것은 조음음성학상 모음의 하강(lowering)보다는 상승(raising)이 발음노력의 절약이라는 경제적 측면에서 자연스럽기 때문이었던 것으로 이해된다. 그 때문에 모음하강 현상인 'ㅜ → ㅗ'는 그 역동성을 잃었으나 모음의 상승현상인 'ㅗ → ㅜ'는 꾸준히 역동성을 발휘하여 많은 어간형태소 내부에서 모음조화를 파괴하기에 이르렀다고 할 수 있다.

지금까지의 논의를 재정리한다면 표면상 서로 달라 아무런 관계가 없어 보이는 어떤 음운

'질드리- → 길드리-, 짗(羽) → 깃, 질삼 → 길삼, 디새 → 지새 → 기와, 딤치 → 짐칙 → 김치, 치(舵) → 키' 등에 나타나는 'ㅈ → ㄱ', 'ㅊ → ㅋ'이 그러한 사례에 속한다(송민1986: 76). 다만 이때의 유추는 일부의 어휘형태소에만 한정적으로 나타났는데, 이들이 후일까지 그 모습을 그대로 유지한 것은 남부방언에 대한 심리적 저항감 때문이었을 것으로 이해된다. 물론 이때의 심리적 저항감이란 무의식적 존재에 가깝다.

변화나 음운현상이라 할지라도 그들 내면에는 계기적이건 공기적이건 간에 상호유기성이 존재한다는 사실을 알 수 있다. 이러한 유기성이야말로 자연어의 음운변화 속에 잠재하고 있는 通時的, 共時的 力動性을 합리적으로 구명할 수 있게 해주는 기반이 될 수 있을 것이다.

4. 音韻變化의 內面的 과정

일반적으로 하나의 음운변화가 완결되는 데에는 상당한 기간이 필요하다. 자연히 그 내면에는 세세한 과정이 개입되어 있기 마련이다.

이론적으로는 하나의 음운변화가 수의적 變異에서 출발하는 것으로 파악되고 있다. 이러한 수의적 변이는 시간이 흐름에 따라 음성규칙으로 발전하고 거기서 다시 음운규칙이 성립되어 음운변화를 유발한다. 그러나 이러한 이론은 지극히 추상적이고 획일적이어서 복잡하고 다양한 음운변화의 과정을 정밀하게 해명해 주기에는 모자라는 점이 많을 수밖에 없다.

실제로 근대국어의 음운변화 하나하나를 검토해 보면 그 내면적 과정이 그렇게 간단히 해명되는 경우란 거의 없다고 해도 과언이 아니다. 더구나 하나하나의 개별적 음운변화는 모두가 각자의 내면적 과정을 따로 지니기 마련이다. 이에 지금부터는 근대국어의 음운론적 연구에서 밝혀진 몇 가지 음운변화의 내면적 과정을 좀더 면밀하게 음미함으로써 근대국어 음운사 해명이 얼마만큼 정밀해질 수 있는지를 가늠해 보기로 한다.

먼저 洪允杓(1985)에서는 근대국어의 'ㄷ' 구개음화를 대상으로 하여 그 내면적 과정을 면밀하게 추적하고 있다. 여기에 그 내용을 잠시 요약해 보면 다음과 같다.

치경음 'ㄷ'의 구개음화는[13] 문헌상 다음과 같은 4가지 유형으로 나타난다.

	디 다		디 나 다			티 다	
A형	디	디	디	나	디	티	디
B형	디	지	디	나	지	티	지
C형	지	디	지	나	디	치	디
D형	지	지	지	나	지	치	지

---

13) 여기에는 당연히 'ㅌ, ㅼ(ㄸ)'도 포함되어야 한다. 이를 'ㄷ'만으로 나타낸 것은 번거로움을 피하기 위함이다.

이때의 A, B, C, D형은 곧 시대별 출현 순서를 나타낸다. 이 과정을 면밀히 분석해 보면 'ㄷ'의 구개음화는 먼저 비어두음절에서 일어나 어두음절로 확대되어 간다. 뿐만 아니라 이 변화는 형태소 경계에서와 어휘형태소의 내부에서 먼저 일어난 후 문법형태소 내부로 확산되어 간다. 따라서 ㄷ의 구개음화는 다음과 같은 4가지 규칙으로 설명될 수 있다.

첫째, 형태소 경계에서 일어남(R1).
둘째, 비어두음절의 어휘형태소 구조 내부에서 일어남(R2).
셋째, 비어두음절의 문법형태소 구조 내부에서 일어남(R3).
넷째, 어두음절의 어휘형태소 구조 내부에서 일어남(R4).

이에 따라 'ㄷ'의 구개음화는 다음과 같은 내면적 과정을 거친 것으로 파악되고 있다.

	긑 + 이	고티 + 디	티 다
R_1	ᄀ 치	——	——
R_2	——	고 치 디	——
R_3	——	고 치 지	——
R_4	——	——	치 다
	ᄀ 치	고 치 지	치 다

이중에서도 18세기 초에는 구개음화 규칙에 R1과 R4만 남게 되었는데, 이로써 방언문헌에만 나타나는 'ㄱ, ㅎ'의 구개음화가 어두음절에서 일어난 이유를 설명할 수 있다는 것이다.

이러한 해석이 과연 얼마만큼 타당한지에 대해서는 좀더 정밀한 검증이 필요하겠지만, 하나의 음운변화에 대한 내면적 과정을 이처럼 철저하게 구명해 내려는 노력은 그 자체만으로도 값진 것이 아닐 수 없다.

다만 위에 제시된 'ㄷ' 구개음화의 내면적 과정에 대해서는 좀더 타당한 해석이 가해져야 할 것이다. 사실 ㄷ의 구개음화를 불러일으킨 4가지 규칙이 왜 그러한 순서를 이루게 되었는지, R2가 R3에 앞설 수밖에 없었던 합리적 이유가 무엇인지, 어째서 최종적으로는 R1과 R4만 남게 되었는지 아직은 투명하게 설명되지 않기 때문이다.

실제로 오늘날의 음운사는 어떤 현상에 대한 단순한 발견보다 그 현상의 내면적 과정에 대한 합리적 해석을 요구한다. 발견보다 해석이 당연히 중요시될 수밖에 없다. 요컨대 음운사에 대한 해명은 객관적으로 타당한 해석이 뒤따를 때에만 바람직한 성과로 평가될 것이다.

음운변화의 내면적 과정은 변별적 자질과 같이 좀더 미시적인 기준으로도 정밀하게 추구될 수가 있다. 이 자리에서는 그 일례로서 필자의 'ㆍ'비음운화 과정에 대한 논의(宋敏1986: 132~134)를 다시 한번 살펴보기로 한다.

어두음절의 'ㆍ'가 'ㅏ'로 변하기 시작한 것은 16세기 말엽의 일이지만, 그 때까지의 'ㆍ'중에는 'ㅎㄺ → 흙'과 같은 변화에 나타나는 'ㆍ → ㅡ'처럼 前代의 中和的 대립관계에 따라 'ㅡ'에 합류된 것도 있다. 이 경우의 'ㆍ'는 음절위치라는 조건에 따라 'ㅏ'로 변하는 길을 택한 것이 아니라, 변화시기라는 조건에 따라 'ㅡ'로 변하는 길을 택한 실례에 해당한다.14)

하여튼 17세기 말엽까지는 'ㆍ'의 비음운화가 'ㅎㄺ → 흙' 이외에도 'ㄱㆍ마니(瀸) → 가마니, ㅎㆍ야(히야, 毁) → 하야(해야)'와 같은 실례를 통하여 확인된다. 그런데 이때의 'ㆍ'비음운화는 'ㅎ, ㄱ' 아래라는 특정 환경 하에서 이루어진 것이다. 문제는 비슷한 시기의 문헌에 '싸히-(拔) → 샏이-, 간나히(女) → ㄱㆍ나희'와 같은 역행성 유추표기가 나타난다는 사실이다. 이때의 'ㅏ → ㆍ'는 앞에 보인 'ㆍ → ㅏ'와 공기적 유기성으로 연결되는 사례로서 주목된다. 그런데 'ㅏ → ㆍ'는 'ㅆ, ㄱ' 아래라는 특정 환경 하에서 일어나고 있다.

결국 'ㆍ'의 비음운화는 'ㅎ, ㄱ, ㅆ'와 같은 환경 아래에서 가장 먼저 이루어졌다고 볼 수 있다. 이들 자음부류는 [-鼻音性, -舌端性, -粗擦性]과 같은 자질로 이루어진다. 그러므로 이러한 조건 아래에서의 'ㆍ'비음운화는 18세기 초엽 이전에 이미 완성되었을 것으로 추정된다. 일본문자로 전사된 국어자료『全一道人』(1729)에는 실제로 'ㅎ, ㄱ, ㅂ, ㅍ' 아래에 나타나는 'ㆍ'의 거의 전부가 a로 전사되어 있어 국어문헌에 나타나는 'ㆍ'의 비음운화를 적극적으로 뒷받침해주기 때문이다.

한편 17세기 말엽에는 'ㅊㆍ-(寒) → 차-'처럼 'ㅊ' 아래에서 일어난 'ㆍ'의 비음운화 실례도 나타난다. 이로써 'ㆍ'비음운화는 설단자음 환경으로 확산되어 갔음을 알 수 있다. 그런데『全一道人』에는 'ㄷ, ㅌ, ㅆ' 아래에 나타나는 어두음절의 'ㆍ'가 거의 모두 a로 전사되어 있다. 이와 같은 사실은 'ㆍ'의 비음운화가 설단자음 중에서도 [-조찰성] 자음부류 아래에서 먼저 일어났음을 암시해준다. 이 자음부류에는 'ㄹ'도 포함된다. 그것은 'ㄹ' 아래에 나타나는

---

14) 실상 'ㆍ'가 'ㅡ'로 변하는가 'ㅏ'로 변하는가에는 음절위치가 중요한 요인으로 작용하고 있다. 그러나 극히 일부의 어휘에 나타나는 'ㆍ'는 이러한 음절위치라는 조건으로 설명되지 않는 경우도 있다. 'ㅎㄺ → 흙'처럼 제1음절의 'ㆍ'가 'ㅡ'로 변했는가 하면 'ㅂㆍ룸 → 바람, 사룸 → 사람, 다ㅁㆍ → 다만'처럼 제2음절의 'ㆍ'가 'ㅏ'로 변한 경우도 있기 때문이다. 이러한 예외적 존재를 金完鎭(1963)에서는 변화시기라는 조건으로 투명하게 해석한 바 있다.

'ㆍ'가 일찍부터 'ㅏ'로 변하고 있기 때문이다. 실제로 17세기 중엽의 국어문헌에는 'ㅂ름(風) → ㅂ람'이 자주 나타나며, 『全一道人』에도 'ㅂ름'은 물론 '사름, -ㅼ름'과 같은 'ㄹ' 아래의 'ㆍ'가 거의 예외없이 a로 전사되어 있다. 이로써 'ㆍ'의 비음운화는 'ㄷ, ㅌ, ㅼ, ㄹ'과 같은 설단자음 환경으로 확산되어 갔음을 알 수 있다.

『全一道人』에는 'ㅅ, ㅺ, ㅈ, ㅊ' 아래에 나타나는 'ㆍ'의 대부분이 o로 전사되어 있었으나, 몇 개의 형태소에 나타나는 'ㆍ'만은 a로도 전사되어 있다. 그 가운데에도 '슬(肉), 숢-(烹), 촛-(尋)'과 같은 몇몇 형태소의 'ㆍ'는 a와 o 양쪽으로 전사되어 있어 주목된다. 이 사실은 'ㆍ'의 비음운화가 이들 자음부류 환경으로 확산되기 시작했음을 알려 준다. 이들은 [-비음성, +설단성, +조찰성] 자질로 묶일 수 있는 자음부류인 셈이다.

결국 18세기 초엽의 'ㆍ'비음운화는 [-비음성] 자음부류 아래까지만 확산되는 데 머물렀다. 그런데 위와 같은 'ㆍ'비음운화 과정은 비음 아래에서의 'ㆍ'비음운화까지를 추리할 수 있게 해준다.

우선 [+비음성] 자음 중 'ㅁ'은 [-설단성, -조찰성], 'ㄴ'은 [+설단성, -조찰성]으로 특징지워진다. 결국 'ㅁ'과 'ㄴ'을 구별해주는 변별적 자질은 [설단성]이며 [조찰성]은 잉여적 자질에 불과하다. 그런데 [-비음성] 자음부류 아래에서의 'ㆍ'비음운화는 다시 [-설단성] 환경에서 [+설단성] 환경으로 확산되는 과정을 드러내고 있다. 따라서 이러한 내면적 과정은 [+비음성] 환경에도 그대로 적용되었으리라고 추정된다. 다시 말하자면, 비음 하의 'ㆍ'비음운화는 이론상 'ㅁ' 아래에서 먼저 일어났을 것이며, 그 후 다시 'ㄴ' 아래에까지 확산되었으리라고 생각된다. 이러한 과정을 최종적으로 정리하면 다음과 같은 내용이 된다.

	비음성	설단성	조찰성
제 1 단계	-	-	-
제 2 단계	-	+	-
제 3 단계	-	+	+
제 4 단계	+	-	-
제 5 단계	+	+	-

결국 'ㆍ'의 비음운화는 일단 위와 같은 내면적 과정을 거치며 완성되었으리라고 추정된다. 18세기 초엽에는 그중 제3단계까지 'ㆍ'의 비음운화가 확산되었으며, 이러한 사실은 일본문자로 전사된 국어자료를 통해서 확인된다. 곧 제3단계까지의 'ㆍ'비음운화는 문헌상으로

실증되는 과정이라고 할 수 있다.

물론 이로써 'ㆍ'비음운화의 내면적 과정이 완벽하게 해명된 것은 아니다. 무엇보다도 'ㆍ'비음운화의 5단계 과정 중 3단계까지의 과정 곧 [-비음성] 자음부류 하의 'ㆍ'비음운화는 문헌적인 뒷받침을 얻을 수 있으나, 그 나머지 두 단계의 과정 곧 [+비음성] 자음부류 하의 'ㆍ'비음운화는 문헌적 뒷받침을 얻기 어렵기 때문이다.

그밖에도 해명되어야 할 문제점은 많이 남아 있다. 우선 각 단계의 과정은 각기 세 가지 자질의 지배를 받고 있는데, 그 음운론적 동기가 아직은 투명하게 밝혀지지 않기 때문이다. 다시 말해서 위에 제시된 5단계의 과정은 왜 그러한 순서로 진행되었는지 현재로서는 합리적이면서도 투명한 해석이 찾아지지 않는다. 이러한 의미에서 'ㆍ'비음운화의 내면적 과정에 대한 합리적인 해석은 아직도 완벽하지 못하다고 할 수 있다.

경우에 따라서는 특정 자질의 유무가 서로 다른 음운현상이나 변화를 동시에 지배하는 경우도 있다. 가령 'ㆍ'비음운화의 제1단계와 제2단계 과정은 [설단성]의 유무로 구분되는데 이 자질은 'ㅣ'의 역행동화 곧 움라우트를 막는 음운론적 제약이기도 하다. 결국 [+설단성]은 'ㆍ'의 비음운화의 제1단계 과정에 대한 제약인 동시에 움라우트 현상에 대한 제약이 되는 셈이다. 그렇다면 [설단성]의 유무로 구분되는 국어의 자음부류는 'ㆍ'의 비음운화와 움라우트 현상을 함께 지배한 셈이기도 하다. 현재로서는 이것이 음운론적으로 어떤 의미를 갖는지 알 수 없어 후일의 과제로 남겨두는 수밖에 없다.

5. 결 어

지금까지 근대국어의 음운론 연구를 여러 가지 측면에서 되새겨 가며 어떻게 하는 것이 좀더 타당하고 유효한 연구방향일까를 나름대로 찾아보았다. 그 한 두 가지 결론으로 음운변화 상호간의 유기성과 음운변화의 내면적 과정을 좀더 중시해야할 필요성을 깨닫게 되었다.

근대국어의 음운론 연구에 대한 이러한 인식은 어떤 현상이 통시적 음운변화에 관련되어 있건 공시적 음운체계에 관련되어 있건 간에 거기에 관련되어 있는 모든 음운론적 사실들은 좀더 유기적으로 해석되어야 한다는 데 그 뜻이 있을 수밖에 없다.

실제로 음운변화 상호간에는 여러 가지 有機性이 존재한다. 이러한 상호유기성을 본고에서는 먼저 體系的 유기성으로 파악할 필요가 있으며, 다른 한편으로는 繼起的 유기성과 共起的 유기성으로 구분하여 파악할 수도 있음을 보이면서, 특히 나중의 두 가지 유기성에 대해서는 그 가치와 중요성을 구체적으로 검토한 바 있다.

그 결과 음운변화 상호간의 계기적 유기성은 상대연대 확립을 통한 음운사 구명에 매우 유효적절한 것이며, 공기적 유기성은 그때 그때의 음운체계 수립에 분명히 공헌하리라는 사실이 밝혀졌다. 그러므로 계기적 유기성은 통시적 차원에서, 공기적 유기성은 공시적 차원에서 그 중요성이 좀더 새롭게 인식될 필요가 있다.

한편 모든 음운변화는 내면적 과정을 지니고 있다. 이에 따라 음운사에 대한 해명은 어떤 현상의 단순한 발견보다 그 과정에 대한 합리적 해석을 요구하고 있다. 이렇게 될 때에만 음운사는 좀더 정밀한 방향으로 전환될 수 있을 것이다.

결국 앞으로의 음운사 연구는 당연히 위와 같은 방향으로 전개되어야할 것이다. 이러한 방향은 어떤 음운변화나 음운현상을 유기적 차원에서 파악하는 것이기 때문에 방법론적으로는 거시적 태도라고 부를 수도 있다.

그렇다고 해서 근대국어의 음운론 연구가 위와 같은 방향 속에서만 이루어지기는 현실적으로 어렵다. 어떤 언어건 그 내부에는 개별적이며 산발적인 갖가지 음운론적 행태가 적지 않게 내포되어 있다. 여기에는 지극히 작은 음운론적 사실도 얼마든지 있다. 이렇게 아주 작은 음운론적 사실, 예컨대 하나의 형태소나 몇몇 형태소에만 한정적으로 나타나는 음운변화는 위에 보인 거시적 관점만으로 일일이 해석되지 않을 때가 더 많을 것이다. 자연히 거시적 관점도 필요하겠지만 미시적 관점 또한 가벼이 여겨서는 안될 것이다.

이밖에도 과제는 얼마든지 남아 있다. 자료의 탐색이나 정리, 표기법에 대한 검토처럼 기초적인 작업도 아직은 많이 남아 있다고 볼 수 있다. 기존의 연구 업적에 대한 다각적인 검토와 재평가 작업도 아직은 크게 미진한 편이다.

이에 따라 앞으로의 근대국어 음운론연구에서는 좀더 미시적인 관점에서 모든 문제가 분석됨과 동시에 한층 더 거시적인 관점에서 모든 결과가 종합되기를 기대한다.[15]

---

15) 본고는 단국대학교 부설 동양학연구소가 주최한 제21회 동양학학술회의(1991.10.26. 공동주제: 한국근대문화의 특성; 조선왕조후기(Ⅶ)─근대국어의 특징과 연구사 검토─)에서 필자가 「근대국어의 음운론적 인식」이라는 제목으로 발표한 내용을 수정한 것이다.

참고문헌

곽충구(1980), 十八世紀國語의 音韻論的 硏究, 『국어연구』 43.

_____(1984), 體言語幹末 舌端子音의 摩擦音化에 對하여, 『국어국문학』 91, 국어국문학회.

기세관(1987), 구개음화의 공시태와 통시태, 『鄭炳昱先生華甲紀念論文集』, 학문사.

金東彦(1990), 'ㄷ'口蓋音化에 대하여, 『韓國語學新硏究』(于雲朴炳采敎授停年退任紀念), 한신문화사.

金文雄(1984), 근대국어의 표기와 음운, 『한글』 185, 한글학회.

金尙敦(1990), 'ㅈ'구개음화에 대하여, 『韓國語學新硏究』, 한신문화사.

金完鎭(1963), 國語母音體系의 新考察, 『震檀學報』 24, 진단학회.

_____(1967), 韓國語發達史 上, 音韻史, 『韓國文化史大系』 V, 고려대 민족문화연구소.

_____(1975), 飜譯朴通事와 朴通事諺解의 比較硏究, 『東洋學』 5, 단국대 동양학연구소.

_____(1976), 『老乞大諺解에 대한 比較硏究』, 한국연구원.

金周弼(1985), 口蓋音化에 대한 通時論的 硏究, 『國語硏究』 68.

金亨奎(1959), 口蓋音化의 硏究, 『서울대 論文集』 9, 인문사회과학.

_____(1963), 『增補 國語史 硏究』, 일조각).

南廣祐(1970), 敬信錄諺譯 硏究, 『국어국문학』 49·50.

_____(1974), 圓脣母音化 現象에 관한 硏究, 『國語學』 2, 국어학회.

_____(1975), 單母音化·陰性母音化 硏究, 『東洋學』 5.

朴炳采(1989), 『국어발달사』, 세영사.

朴鐘熙(1986), t系口蓋音化의 通時的 硏究, 『원광대 論文集』 20.

_____(1993), 『국어음운론 연구』(II), 원광대 출판국.

白斗鉉(1988), 'ㆍ, 오, 으, 우'의 대립관계와 圓脣母音化, 『國語學』 17.

宋 敏(1974), 母音 'ㆍ'의 非音韻化 時期, 『성심여대 論文集』 5.

_____(1975), 十八世紀前期 韓國語의 母音體系, 『성심여대 論文集』 6.

_____(1982), 近代韓國語의 發話現實 數三, 『聖心語文論集』 6, 성심여대 국어국문학회.

_____(1985), 近代韓國語 音韻論의 諸問題, 『語文學論叢』 4, 국민대 어문학연구소.

_____(1986), 『前期近代國語 音韻論 硏究－특히 口蓋音化와 'ㆍ'音을 中心으로－』, 탑출판사.

_____(1991), 근대국어의 음운론적 인식, 『第二十一回 東洋學學術會議講演鈔』, 단국대 동양학연구소.

吳貞蘭(1988), 『硬音의 國語史的 硏究』, 한신문화사.

吳鐘甲(1986), 閉音化와 그에 따른 音韻現象－18世紀後期國語를 중심으로－, 『嶺南語文學』 13, 영남어문회.

_____(1988), 『國語音韻의 通時的 硏究』, 계명대 출판부.

劉昌惇(1961), 『國語變遷史』, 통문관.

_____(1964), 『李朝國語史 硏究』, 선명문화사.

李基文(1961), 『國語史槪說』, 민중서관.

_____(1972a), 『改訂 國語史槪說』, 민중서관.

_____(1972b), 『國語音韻史 硏究』, 서울대 한국문화연구소.

李明奎(1974), 口蓋音化에 對한 文獻的 考察, 『국어연구』 31.

_____(1981), 語頭脫落의 時期에 대한 考察—'t' 口蓋音化 時期와 관련하여—, 『人文論叢』 1, 한양대 문과대.

_____(1982), 近代國語의 音韻現象에 관한 연구, 『人文論叢』 3.

李秉根(1970), 19世紀後期國語의 母音體系, 『學術院 論文集』 9, 인문사회과학.

_____(1976), 19世紀國語의 母音體系와 母音調和, 『국어국문학』 72·73.

이상억(1979), 국어음운론에 있어서의 공모성에 대한 재론, 『한글』 165.

李崇寧(1971), 十七世紀國語의 音韻史的 考察, 『東洋學』 1.

_____(1977), /·/音의 消失期 推定에 對하여, 『學術院 論文集』 16.

_____(1978), 東國新續三綱行實圖의 음운사적 고찰, 『학술원 논문집』 17.

장세경(1961), 국어의 입천장소리되기에 대한 연구(연세대 석사논문), 『우리말 연구』 II, 홍문각.

田光鉉(1967), 十八世紀國語의 研究, 『國語研究』 19, 서울대대학원 국어연구회.

_____(1971), 十八世紀後期國語의 一考察, 『전북대 論文集』 13.

_____(1978), 十八世紀前期國語의 一考察, 『어학』 5, 전북대 어학연구소.

정길남(1989), 19세기 국어의 /t/구개음화 현상, 『백석조문제박사정년기념논문집』.

鄭然粲(1981), 近代國語音韻論의 몇가지 問題, 『東洋學』 11.

趙世用(1983), 圓脣母音化 現象에 對한 通時的 研究, 『韓國語文學探究』(李慶善博士回甲紀念), 민족문화사.

崔範勳(1985), 『韓國語發達史』, 통문관.

崔鈴承(1978), 국어의 i-umlaut현상의 통시적 고찰, 『國語國文』 19, 전북대 국어국문학회.

_____(1987), 이중모음 '외', '위'의 단모음화 과정과 모음체계의 변화, 『어학』 14.

許 雄(1963), 英祖의 '常訓'과 '訓書'에 대한 國語史的 考察, 『陶南趙潤濟博士回甲紀念論文集』.

_____(1965), 『國語音韻學』(개고신판), 정음사.

_____(1985), 『국어음운학 – 우리말 소리의 오늘·어제 – 』, 샘문화사.

洪允杓(1985), 口蓋音化에 대한 歷史的 研究, 『震檀學報』 60.

_____(1986), 近代國語의 表記法 研究, 『民族文化研究』 19, 고려대 민족문화연구소.

_____(1993), 『國語史 文獻資料 研究』(近代篇 I), 太學社.

_____(1994), 『근대국어 연구』(I), 태학사.

出處 〈단국대 동양학연구소(1991. 10.), 『제21회 동양학학술회의 강연초』: 11~23.〉

〈단국대 동양학연구소(1994. 10.), 『東洋學』 24: 25-42(재록).〉

〈李秉根·朴昌遠회편(1998. 9.), 『國語學講座5 音韻 II』(대학사): 35-58(재록).〉

近代國語音韻論의 諸問題

1. 서 언

1.1. 通時的 音韻變化는 形態素의 音韻配合構造에 변모를 가져 오지만, 국어의 경우, 대부분의 변화는 형태소의 첫 음절 이하나, 형태소 결합 시 그 경계 전후에 배분되는 음운에 나타나는 것이 보통이었다. 자연히 형태소의 첫 자음이나 모음이 변화의 물결에 휩쓸리는 일은 드물었다.[1] 많은 국어 형태소가 제 1음절의 자음이나 모음만으로 다른 형태소와 구별될 수 있었던 것도 그 때문이다.

근대국어에 들어와 일어난 구개음화, 원순모음화, 'ᆞ'의 非音韻化 등은 형태소의 첫 자음이나 모음을 덮친 음운변화라는 점에서 주목된다. 이들이 근대국어 음운론에서 어떤 개별적 변화보다 우선적으로 다루어져야 함은 당연한 일일 수밖에 없다.[2]

1.2. 음운변화의 문헌 출현은 문자표기의 보수성 때문에 실제보다 항상 늦을 수밖에 없다. 이러한 보수성은 여러 가지 복합적 원인에 그 뿌리를 두고 있지만, 이 보수성을 더욱 흐리게 만드는 또 하나의 중대한 요인이 音韻體系의 변화라고 할 수 있다. 이 체계적 변화가 형태소 구조나 음운현상에 반영되어 현실로 나타나기까지는 상당한 시간이 요구되며,[3] 그것도 일거

---

1) 이미 15세기부터 그 모습을 드러내는 無聲子音의 有氣音化나 喉頭音化는 형태소의 첫 자음에 변화를 가져온 대표적 사례라고 할 수 있지만 그 성격은 매우 특이한 것이어서 그 변화의 내면적 원인이나 과정이 음운론적으로 충분하게 해명된 일은 없다. '고ㅎ(鼻), 갈ㅎ(刀), 볼ㅎ(臂)'이 'ㅋ'의 역행동화로 '코, 칼, 팔'이 되었다면 '길ㅎ(道), 돌ㅎ(石)'은 왜 이 변화에서 제외되었으며, '고ㅎ, 갈ㅎ, 볼ㅎ'은 유기음화의 길을 택했는데 '빙-(撒), 딯-(搗)'는 왜 '쎙-, 찧-'와 같은 후두음화의 길을 걸었는지 해명되지 않고 있다. 유기음화나 후두음화가 15세기부터 현대에 이르기까지 수백 년에 걸쳐 계속 진행 중인 것도 그러한 변화원인이 음운론적인 것만은 아니었음을 암시하고 있을 뿐이다. 이러한 의미에서 이 변화는 음성환경에 의한 음운변화와는 성격을 달리 한다.
2) 형태소의 제1음절 구조에 변모를 가져온 또 다른 음운변화로서 18세기 후반에 나타나기 시작하는 움라우트, 그보다 앞서 일어났던 下降的 이중모음 iy, əy, ay의 단모음화 등이 있다. 근대국어 음운론은 이상 5가지 큰 과제를 포괄하고 있다.
3) 후기중세국어의 모음조화는 당시의 실제 모음체계와 일치하지 않는다. 모음조화는 후기중세국어의 모음체계를 따르는 것이 아니라 그 이전인 전기중세국어 모음체계의 지배를 받고 있기 때문이다(李基文1968, 1971).

에 현실화하는 것이 아니라 완만하게 이루어진다. 이 때문에 한 음운의 비음운화를 고립적으로 추적하는 데에는 과오가 따르기 쉽다.

일반적으로 개별적 음운변화처럼 보이는 경우라도 거기에는 음운론적 환경과 같은 표면적 조건 이외에 그 변화가 그 시점에서 일어날 수밖에 없었던 내면적 이유가 있기 마련이다. 가령 脣子音 환경 하에서 일어난 'ㅡ'의 원순모음화가 그 일례일 수 있다. 이 음운변화의 원인을 脣子音이라는 표면적 환경에서만 찾는다면, 어째서 15세기나 16세기에는 동일한 환경에서 그러한 변화가 일어나지 않았는지에 대한 해명이 불가능해진다. 실제로 'ㅡ'의 원순모음화는 17세기경부터 시작된 모음체계의 변화에 보다 근본적인 원인이 있었으며, 그러한 체계적 변화의 일단이 원순모음화를 유발하게 되었으므로 그것이 17세기에 나타나기 시작할 수밖에 없었던 것이다.

뿐만 아니라 'ㆍ'의 비음운화도 근본적으로는 모음체계의 변화에 그 원인을 두고 있다. 결국 'ㅡ'의 원순모음화와 'ㆍ'의 비음운화는 서로 독립적인 것이 아니라 매우 밀접한 관계를 가진다. 이 때문에 여러 항목의 음운변화에 대한 有機的 관계는 그들 변화의 相對的 시기를 밝혀 준다. 이러한 방법으로 음운사에 접근할 때 문헌의 문자표기가 가지는 집요한 보수성을 어느 정도 극복할 수 있게 된다.

1.3 생성음운론의 대두는 통시론에 대한 소쉬르式 접근방법을 격하시켰다고 할 수 있다. 그만큼 음운사는 관심의 대상에서 멀어진 감이 없지 않다. 음운변화의 絶對時期, 그를 위한 정밀한 문헌검색 등이 소홀히 다루어지는 반면, 변화의 相對時期, 그 원인이나 과정에만 관심이 집중되고 있다. 특히 근래에 활발해진 방언의 음운체계 再構나 음운현상 기술에 음운사가 원용되는 경우, 어떤 변화의 절대시기에 별다른 비중을 두지 않는 경향이 있다. 자연히 절대시기를 본분으로 하는 음운사가 경시되기에 이른 것이다.

음운사에서 상대시기가 아무런 의미를 갖지 않는다는 뜻은 아니다. 경우에 따라서는 상대시기가 중요한 의미를 가질 때도 있다. 그러나 음운사도 역사의 일부임을 부인하기는 어렵다. 역사는 우선 절대시기 究明을 本領으로 한다. 물론 어떤 음운변화가 언제 시작되어 언제 끝난다는 확답을 얻기는 불가능할 때도 많다. 음운사에 등장하는 변화 하나하나가 그 시발점과 종착점을 문자 표면에 드러내는 일은 거의 없기 때문이다.

모든 음운변화는 점진적으로 이루어지는데다가 그를 표기해 주는 문자체계 또한 추상적이고 보수적이어서 어떤 변화가 즉각 문헌에 나타나는 일은 거의 없다. 그렇다고 하더라도 음운사 추적을 상대시기만으로 끝낼 수는 없다. 근대국어의 대표적 음운변화 몇 항목을 다루면서 절대시기에 다시 한번 집착해 보고 싶은 것도 그 때문이다.

　절대시기 추정에는 자료에 대한 세심한 검증이 요구된다. 이에 본고는 근대국어음운론 최대과제의 일부인 형태소 제1음절 구조의 변화, 즉 설단음 부류의 구개음화, 脣子音 下에 배분되는 'ㅡ'의 원순모음화 그리고 'ㆍ'의 비음운화에 대한 문헌상의 자료를 다시 한번 검토하면서 지금까지의 문헌검색에서 소홀히 다루어졌거나 누락되었던 점을 반성 겸 정리해 보려는 것이다.

2. 舌端音의 口蓋音化

　2.1. 국어자료에 중앙어의 구개음화가 분명히 나타나는 시기는 18세기의 30년대 전후이다. 『女四書諺解』(1736)에 나타나는 'ㄷ, ㅌ, ㄸ'의 구개음화가 우선 주목된다.

　(1) a. ㄷ〉ㅈ
　　　　節을 직히엿더니(四 26a)
　　　　官이 歎ᄒ야 굴ᄋ디 어지다……ᄒ고(四 11a)
　　　　엇지 가히 받긔 낫타내여(二 35a)
　　　　可히 降티 못ᄒᆯ지니(四 33b)
　　　　빙호지 말올띠니(二 5a)
　　　　버히지 몯ᄒ고(三 23a)
　　　b. ㅌ〉ㅊ
　　　　王 죽긴 자를 쳐 죽기니라(四 9a)
　　　　ᄆᆞ음이 돌쳐로 가히 구울리지 몯ᄒ리란 말이오(三 18a)
　　　　能히 고침을 貴히 너기시고(一 22b)
　　　　忠치 몯ᄒᆫ 줄이 앗가온디라(四 56b)

　이미 18세기 전반기에 'ㄷ, ㅌ'은 물론 ㄸ도 구개음화하고 있음을 보여준다. 'ㄸ' 구개음화는 표면에 나타나지 않으나 (1)a의 '못ᄒᆯ지니'는 '못ᄒᆯ띠니'의 구개음화 실현이 분명하므로 'ㄸ'도 구개음화되어 'ㅉ'로 실현되었음을 알려준다. 또한 이 시기에는 어휘적 형태소나 문법적 형태소, 형태소의 첫 자음위치나 제1음절 이하의 위치 어디서든 구개음화가 실현되었다.

다만 『女四書諺解』에 나타나는 구개음화의 양은 지극히 미미한 것이다. 그러나 단 하나의 실례라도 문헌에 존재한다는 것은 중요한 의미를 지닌다. 이러한 추론을 지지해 주는 증거가 같은 문헌에 나타난다.

> (2) a. 네가디 힝실은 곧 네가딧 德이라(一 10b)
> 　　　그 患이 스스로 귿티리라(三 82b)
> 　　　뎌애 이셔는 아텨홈이 업스며(一 24a)
> 　　b. 네가지 힝실이 이시니(一 12a)
> 　　　그치지 아니ᄒᆞ면(一 10a)
> 　　　사름의 아쳐ᄒᆞᆷᄅᆞᆯ 블너(二 8b)

이 때의 '네가디, 귿티리라, 아텨홈'은 각기 (2)b에 보이는 '네가지, 그치-, 아쳐홈'의 또 다른 표기이다. 不正回歸에 속하는 이 변화는 음운변화가 아니라 類推變化로서 이러한 변화는 ㄷ, ㅌ 구개음화가 존재할 때에만 가능한 것이다.

『女四書諺解』에는 또 하나의 의미있는 구개음화 실례도 나타난다.

> (3) a. 廣布ᄒᆞᄂᆞᆫ 쓰지리오(一 女四書序 6a)
> 　　　가슴의 부쳐 외오고(一 女誡序 4b)
> 　　b. 地지下하(四 41b)

우선 (3)a의 '쓰지리오, 부쳐'는 形態素 末의 'ㄷ' 또는 'ㅌ'이 高位母音 'ㅣ'나 轉移音 y와 형태소 경계를 사이에 두고 결합될 때도 구개음화되었음을 알려준다. 곧, (1)a, b는 통시적 음운변화이고 (3)a는 공시적 음운현상인 셈이다. 끝으로 (3)b는 한자음의 구개음화를 하나만 뽑아본 것이다. 이로서 『女四書諺解』는 구개음화의 모든 유형을 보이는 셈이다.

2.2. 『女四書諺解』를 앞서는 문헌으로서 구개음화를 전면적으로 보여주는 것은 倭語 자료뿐이다. 雨森芳洲(1668~1755)의 손으로 이룩된 친필본 『全一道人』(1729)이 구개음화사를 밝혀 주는 자료이다. 이 문헌에는 18세기 초엽의 發話現實을 담고 있는 口語的 國語[4]가 倭文字로 轉寫되어 있는데, 거기에 구개음화가 노출되어 있다. 간간히 전사를 읽는 데 도움이 되도록

---

[4] 구어적 국어라 해서 문법에까지 구어가 반영되어 있다는 뜻은 아니다. 문법은 다분히 문어적 요소를 띄고 있지만 형태소 하나하나의 발음이나 형태소 결합 시에 일어나는 음운현상을 전사로 나타내기 위하여 雨森芳洲는 상당히 고심한 듯하다. 凡例에도 그 사실이 구체적으로 밝혀져 있을 뿐 아니라, 형태소 내부의 鼻腔音 다음에 배분되는 'ㅂ, ㄷ, ㅈ, ㄱ'를 각기 b, d, z, g로 전사하기도 하고, 심지어 음성적 잉여자질까지를 전사에 반영시키기도 하였다.

국어표기를 곁들인 예도 있는데, 거기에도 구개음화가 크게 반영되어 있다(宋敏1982).

(4) a. 지야(를)　　　ʧiyaruru(115)[5]
　　맛져　　　　maᵠʧiya(88)
　　황졔　　　　hagᵘzei(50)
　　치(며)　　　ʧimⁱyo(67)
　　붓치고　　　puᵠʧiko(56)
　b. 뎔(寺)　　　tseru(61)
　　티(니)　　　ʧini(45)
　　티(治)료　　ʧirⁱyo(77)

　　우선 (4)a에 보이는 바와 같이 雨森芳洲의 국어표기에는 'ㄷ, ㅌ'의 구개음화가 그대로 노출되어 있다. (4)b처럼 'ㄷ, ㅌ'을 쓴 경우에도 전사에는 한결같이 ts[6] 또는 ʧ로 시작되는 문자를 대응시키고 있다. 일본어 음운사에 의하면 고위모음 앞에 배분되는 t, d는 각기의 환경에 따라 ti〉ʧi, di〉dʒi, tu〉tsu, du〉dzu처럼 前部母音 앞에서는 구개음화, 後部母音 앞에서는 閉擦音化하여 오늘에 이르렀다. 그러한 변화가 완성된 시기는 16세기 중엽(大野 晋 1977: 263~264) 아니면 16세기 말엽(中田祝夫1972: 192~193)으로 추정되고 있다. 따라서 18세기 초엽에 倭文字 ʧi로 전사될 수밖에 없었던 국어 형태소의 첫 자음은 'ㅈ, ㅊ'였으리라고 생각된다. 실제로 雨森芳洲는 국어의 '지, 쟈, 죠, 쥬, 치'와 같은 음절 전사에 倭文字 ʧi를 동원하고 있다.

　　『全一道人』의 국어표기에는 『女四書諺解』에 나타난 바와 같은 부정회귀도 보인다. 雨森芳洲가 '됴곰(27), 됴고만(102)'으로 표기한 형태소는 실상 '죠곰, 죠고만'으로 표기되었어야할 것이다. 이러한 부정회귀까지 국어문헌과 성격을 같이 하고 있는 점을 고려할 때, 『全一道人』에 나타나는 구개음화는 당시의 구어적 현실을 반영하고 있음에 틀림없다.

　　2.3. 문제는 여기에 반영되어 있는 구개음화가 당시의 중앙어에 대한 현실일까 하는 점이다. 그것이 중앙어의 현실이라는 직접적 증거는 물론 없다. 그렇다고 해서 『全一道人』에 동남방언 요소가 들어있다는 증거도 없다. 동남방언에는 'ㅂ, ㅅ' 변칙동사가 없는데, 『全一

---

5) 倭文字 표기를 로마자로 轉字한다. 괄호 속의 數字는 安田 章(1964)에 附錄된 영인복제본의 面數를 나타낸다. 국어표기중 괄호 부분은 원문에 나타나지 않으나 전사부분과 맞추기 위하여 필자가 보충한 것이다.

6) 倭文字에는 여기에 해당하는 것이 물론 존재하지 않는다. 雨森芳洲는 국어의 '져, 쳐'를 전사하는 데 te(テ)에 해당되는 문자의 어깨에 3개의 점을 찍어 'テ'''처럼 나타내고 있다. 이때의 표기를 로마자로 전자하기 위하여 ts를 이용해본 것이다.

道人』에는 'ㅂ, ㅅ' 변칙동사가 나타난다. 이 사실은 단적으로 『全一道人』이 당시의 중앙어를 반영하고 있는 것으로 이해된다(宋敏1974).

『全一道人』에 중앙어가 반영되어 있으리라는 증거로서 또 하나의 어휘형태소가 추가될 수 있다. 그것은 '길드리기'라는 어형이다.

> (5) a. 馴 질드린 슌(『新增類合』 羅孫本 下 16b)
>   b. kir^utorikiruru 길드리(기를)(70)
>   馴 길드린 슌(『倭語類解』 下 24a)

『全一道人』의 '길드리기'는 (5)a로 알 수 있는 바와 같이 '질드리-'의 부정회귀형이다. 이 부정회귀는 연구개음 'ㄱ'이 전부고위모음 'ㅣ' 앞에서 구개음화하여 'ㅈ'으로 바뀐 후에나 나타날 수 있는 성격을 지닌 것인데, 18세기 말엽에는 동일한 범주에 속하는 부정회귀가 다음과 같이 나타난다.

> (6) a. 범의 깃(羽)(『三譯總解』 九 15b)
>   b. 舵 키(『漢淸文鑑』 十二 21a)

이 때의 '깃, 키'는 각기 '짗, 치'의 부정회귀인데, 이는 'ㄱ, ㅋ'의 구개음화에 역행하는 유추변화로서 중앙어에서는 그것이 18세기 말엽 이전에 나타나고 있음을 알 수 있다. 그런데 오늘날의 남부방언에는 이와 같은 부정회귀형이 나타나지 않는다. 남부방언에는 처음부터 '질드리-'가 그대로 유지되었으므로 어느 시기에도 '길드리-'란 어형이 존재했을 가능성은 없다.7) 이렇게 볼 때 『全一道人』의 '길드리기'도 중앙어의 모습을 반영한다고 볼 수 있다. 『全一道人』에 반영된 국어가 위와 같은 논리에 따라 중앙어의 모습에 가까운 것이었다면, 여기에 반영된 'ㄷ, ㅌ'의 구개음화도 중앙어의 현실이었다고 생각된다.

2.4. 『全一道人』에 나타나는 구개음화가 당시 중앙어라는 사실을 뒷받침하기 위해서는 그보다 이전 문헌에서 'ㄷ, ㅌ'의 구개음화에 대한 증거를 찾아낼 필요가 있다. 실제로 『五倫全備諺解』(1720)에는 數三의 구개음화 실례가 나타난다.

---

7) 崔泰榮(1983: 70)에는 전주지역어에서 일어난 'ㄱ'계 구개음화의 사례에 čitᄀ(깃), čimčhi(김치), čils'am(길쌈), čia(기와)를 포함시키고 있으나, 이들의 첫 자음 'ㅈ'도 본래는 '질드리-'의 첫 자음처럼 'ㅈ'였거나, 'ㄷ〉ㅈ'와 같은 구개음화를 거쳐 이룩된 것이다. 이들이 부정회귀에 의하여 'ㅈ〉ㄱ'으로 굳어진 것은 중앙어에만 보이는 현상일 뿐, 이 지역어에는 해당되지 않는다. 실제로 중앙어의 '길드리-'에 대응하는 이 지역어는 '질드리-'이다. 따라서 통시적으로는 서남방언의 '짗(羽), 짐치, 질쌈, 지야, 질드리-' 등에 관한 한 'ㄱ〉ㅈ' 구개음화와는 관계가 없다.

(7) a. 이즈러지디 아니ᄒᆞ야(四 18b)

　　　 슨허지디 아니ᄒᆞ야(四 21b)

　 b. 옴기지 못ᄒᆞ다 ᄒᆞᄂᆞ니(三 27a)

　 c. 혓긋치 무듸여(一 25b)

　 d. 진짓(五 40b)

우선 (7)a '이즈러지디-, 슨허지디-'의 '지-'는 '이저디-(『釋譜詳節』 九 6a), 그처디-(『月印釋譜』 二 74b)'의 '디-'와 관계되므로 '디-'의 구개음화형이 분명하다. (7)b '옴기지'의 '-지' 역시 부사화 접미사 '-디'의 구개음화형이 확실하다. (7)c는 '긑' 또는 '슱'의 'ㅌ'이 주격 접미사 '-이'와 결합될 때 구개음화가 일어나고 있음을 보여준다. 『女四書諺解』의 '뜯 → 쓰지리오'와 함께 어간과 문법적 접미사의 경계에서 일어나는 공시적 음운현상의 실례로서 주목된다. (7)d는 15세기에 이미 '진딧, 진짓'으로 나타나기 때문에(劉昌惇1961: 119), 과연 구개음화에 포괄될 수 있을지 없을지 의심스럽다.[8]

불과 몇 예에 지나지 않으나 『五倫全備諺解』는 구개음화에 관한 주요한 증거를 보이고 있다. 한편 이들이 구개음화임을 암시하는 'ㅈ〉ㄷ' 부정회귀가 『五倫全備諺解』에는 상당히 출현한다.

(8) a. 즁(和尚)(一 7b)　　　　　　 b. 듕(一 9b)

　　　 짐(賴)(二 4a)　　　　　　　　 딤(一 52b)

　　　 가져시면(持)(六 21a)　　　　　 가디면(一 23a)

　　　 ᄀᆞᄅ치쇼셔(敎)(一 25b)　　　　 ᄀᆞᄅ틸ᄊᆡ니(五 17b)

　　　 ᄀᆞᄅ츠니(替)(六 6a)　　　　　　 ᄀᆞᄅ틱 아니코(四 4b)

　　　 맛치디(中)(一 17b)　　　　　　 맛티디(三 4b)

　　　 안치라(坐)(二 4a)　　　　　　　 안티라(七 14b)

　　　 닙고져 ᄒᆞ여도(一 38a)　　　　　 기ᄃᆞ리고뎌 홈이로다(五 38b)

구개음화의 실례가 數三에 지나지 않음에 비하여 (8)b와 같은 'ㅈ〉ㄷ' 부정회귀의 실례는 상당히 많다는 사실이 대조적이다. 이 시기에 이미 구개음화가 틀림없이 존재했음을 보여주는 사실이 아닐 수 없다.

현재로서는 18세기 초엽의 문헌이 零星하여 이 이상의 문헌적 검토가 어려우나 중앙어에

---

8) 우선 그 구성 자체가 불투명하다. 첫 음절 '진'은 한자 '眞'임에 틀림없으나 둘째 음절 '딧'의 어원이 명확하지 않기 때문이다.

서의 'ㄷ, ㅌ' 구개음화는 다분히 17세기 말엽으로 거슬러 올라간다. 『譯語類解』(1690)는 그러한 실례를 보여주고 있다.

(9) a. 打背公 곡뒤치다(下 49b)
    b. 使黑心 숨숫치다(下 49b)
    c. 撚釘打 칙에 됴희심 박다(下 50b)

단지 몇 사례에 불과하지만 이들은 제각기 다른 성격을 보이고 있어 흥미롭다, (9)a의 '치다'는 '티-'의 구개음화를 보여주는 것이다. (9)b는 '심술궂다'는 뜻인데 이때의 어간말 자음이 ㅈ이었는지는 확실하지 않다. ㅈ이었다면 '숨궂+히다'와 같은 구성이 '숨숫치다'로 표기되었을 테니까 구개음화와는 관계가 없지만, ㄷ이었다면 '숨굳+히다'와 같은 구성에서 '숨숫치다'가 나왔을 것이므로 형태소 경계에서 융합된 ㅌ의 구개음화일 수 있다. (9)c는 본래 '죠희'(紙)였으므로 『五倫全備諺解』나 『女四書諺解』 등 18세기 전반기 문헌에서 찾아볼 수 있었던 'ㅈ〉ㄷ' 부정회귀의 선두주자인 셈이다.

국어의 'ㄷ, ㅌ' 구개음화는 중세국어의 'ㅈ, ㅊ'이 [ts], [tsʰ]에서 구개음화되어 [tʃ], [tʃʰ]가 된 이후에나 일어날 수 있는 변화인데 『譯語類解』는 'ㅈ, ㅊ'의 구개음화를 示唆하는 '자, 저, 조, 주'와 '쟈, 져, 죠, 쥬'의 혼란까지도 분명히 보여준다(李基文1972: 198). 이로써 'ㄷ, ㅌ'의 구개음화는 최소한 17세기 말엽까지 거슬러 올라감을 문헌상으로도 입증할 수가 있다. 『全一道人』에 나타나는 구개음화가 당시 중앙어의 현실이었다고 하더라도 이상한 것이 아님을 알 수 있다.

3. /ㆍ/의 비음운화

3.1. 문헌상으로 어간형태소 제1음절 /ㆍ/의 비음운화가 확실하게 그 모습을 드러내는 시기는 18세기의 70년대 전후이다. 그 이전의 개별적인 실례는 물론 15세기부터 출현한다. 그러나 17세기까지의 문헌에 나타나는 제1음절 /ㆍ/의 비음운화는 10여개의 어간형태소에 국한되어 있다.[9] 이를 정리해 보면 다음과 같다.

(10) a. ᄎᆞ리-(析)~차리-, ᄂᆞᆫ호-(分)~난호-, ᄆᆞᆰ-(淸)~말갛-, ᄒᆡ-(白)~하얗-~허옇-, ᄀᆞ마니(漠)~가마니, ᄀᆞᅀᆡ(剪子)~가ᄋᆡ, ᄒᆡ야디-(敗)~해야디-.
가지-(持)~ᄀᆞ지-, (손)-가락~ᄀᆞ락

b. ᄀᆞᆺ-(斷)~긋-, ᄇᆞᅀᆞ-(碎)~브ᅀᅳ-, ᄀᆞᄂᆞᆯ(陰)~그늘, ᄒᆞᆰ(土)~흙, ᄉᆡ-(酸)~싀-, ᄎᆡᆨᄎᆡᆨᄒᆞ-(密)~츽츽ᄒᆞ-, ᄭᆡ-(覺)~ᄭᅴ-, ᄇᆡᆨ번(白礬)~븩번, ᄒᆡ-(白)~희-.
흐르-(流)~ᄒᆞ르-, 듧(穿)-~ᄃᆞᆲ-.

c. ᄉᆞ매(袂)~소매.

d. ᄌᆞ올-(睡)~조올-, ᄃᆞ외-(爲)~도외-, ᄂᆞ외야(更)~노외야, ᄒᆞ오자(獨)~호오자, ᄒᆞ올(獨)~호올, ᄀᆞ외(袴)~고외, ᄀᆞ올(村)~고올, ᄠᆞ로(殊)~ᄠᅩ로, -ᄃᆞ록~-도록, -ᄋᆞ로~-오로, -ᄅᆞ외다~-로외다, -ᄌᆞ와~-조와, -ᄒᆞᆸ다~-홉다.

e. ᄇᆞ리-(排)~버리-, ᄇᆞᆯ(件)~벌.

f. ᄐᆞᆨ(頤)~ᄐᆡᆨ.

이상이 17세기 말엽까지의 문헌에 나타나는 실례의 거의 전부이다. (10)a는 ‘ㆍ〉ㅏ’와 같은 변화를 시사하는 듯한 실례들이지만 17세기 말엽의 『譯語類解』에 나타나는 ‘가ᄋᆡ’를 제외하고는 여러 가지 문제점을 안고 있다. 가령 15세기의 문헌에서 확인되는 ‘ᄎᆞ리-’와 ‘차리-’, ‘ᄂᆞᆫ호-’와 ‘난호-’ 등이 과연 의미상 동일한 형태소인지도 문제이지만 ‘차리-’와 ‘난호-’가 유일한 예라는 점도 문제시될 여지를 남기고 있다. ‘ᄆᆞᆰ-’과 ‘말갛-’, ‘ᄒᆡ-’와 ‘하얗-~허옇-’는 파생어 형성에 나타나는 공시적 음운현상일뿐 통시적 변화와는 관계가 없을지도 모르는 일이다. (10)b는 ‘ㆍ〉ㅡ’와 같은 변화를 암시하는 듯한 실례들이지만 ‘ㆍ’와 ‘ㅡ’의 相關的 對立에 기인하는 中和現象일지도 모른다. 국어에는 일찍부터 ‘ㅏ’와 ‘ㅓ’, ‘ㅗ’와 ‘ㅜ’, ‘ㆍ’와 ‘ㅡ’의 대립에 의한 형태소의 분화가 존재했는데, 이때의 두 형태소간에는 미세한 의미차이밖에 없으므로 개인어에 따라서는 의미를 달리할 수도 있다. 그 결과가 ‘ᄀᆞᆺ-~긋-’과 같이 나타났다면 이를 통시적 변화로만 해석할 수는 없을 것이다. 다만 16세기 말엽의 『小學諺解』(陶山本)에 처음 나타나는 ‘흙’만은 그 후에도 실례가 계속적으로 나타나다가 현대국어에까지 이어졌으므로 통시적 변화로 간주될 수 있다. (10)c의 ‘소매’는 ‘ㅁ’ 앞에서 ‘ㆍ〉ㅗ’의 변화를 보이는 것으로 특이한 길을 걸은 사례가 된다. 제2음절의 경우이기는 하지만 16세기 문헌에 보이는 ‘말ᄊᆞᆷ〉말솜’도 같은 유형에 속한다. 그러나 ‘소매’는 그대로 굳어진 반면 ‘말솜’은 어째서 ‘말씀’이 되어버렸는지 불분명하다. 뿐만 아니라 ‘ᄉᆞ매, 말ᄊᆞᆷ’에 나타나는 ‘ㆍ’와 똑같은 음성환경으로 이루어졌음에도 불구하고 ‘ᄉᆞᄆᆞᆾ-(通), 가ᄉᆞᆷ(胸), 사ᄉᆞᆷ’ 등의 ‘ㆍ’는 어째서 ‘ㅗ’로 변화하

9) 15~16세기의 실례에 대해서는 劉昌惇(1961: 182-191), 17세기에 대해서는 田光鉉(1967: 82~84), 李崇寧(1977: 122~134)에 자세히 조사된 바 있다.

지 않았는지도 의심스럽다. (10)d는 'ᆞ〉ㅗ'와 같은 변화를 거친 것들이지만, 이는 음성적 환경에 의한 동화를 입은 것들이어서 'ᆞ'의 비음운화와는 직접적인 관련이 없다. (10)e와 (10)f 역시 특이한 변화유형에 속하는데 이에 대한 해명은 여전히 과제로 남아 있다. '볼(件)'은 '벌'로 변화했는데 '볼ㅎ(臂)'은 어째서 '풀〉팔'로 변화했는지가 여전히 불분명하기 때문이다(金完鎭1974:133).

이상으로 17세기 말엽까지의 문헌자료를 다시 한 번 정리해본 셈이지만 아직까지 지적된 적이 없는 실례도 있다. 『譯語類解』의 '寒酒 술차다'(上 59a)가 그러한 사례에 속한다. 그렇다고 하더라도 17세기 말엽까지의 문헌만으로 'ᆞ'의 비음운화를 논의하기는 매우 어렵게 되어 있다.

3.2. 18세기 전기의 문헌에는 'ᆞ'의 비음운화에 관련된 새로운 자료가 거의 나타나지 않는다. 18세기 후기에 이르러서야 'ᆞ'의 비음운화를 알려주는 실례들이 터져 나오는 것이다. 이 때문에 'ᆞ'의 비음운화를 18세기 중엽으로 보는 경우가 가장 일반적이었다(李基文1961, 1972b, 田光鉉1971, 郭忠求1980). 그러나 18세기 초엽으로 보는 경우도 있고(金完鎭1963, 1967, 宋敏1974), 그 시기를 훨씬 끌어올려 16세기 후기에서 17세기 초기에 걸친 것으로 보는 경우도 있다(李崇寧1977).

18세기 전기의 문헌으로서 제1음절 'ᆞ'의 비음운화를 암시하는 자료를 보여주는 것은 『同文類解』(1748) 뿐이다. 李崇寧(1977: 118)에 의하면 '가이(剪子), 갈가마괴(寒鴉), 그늘(陰), 스애(骰子), 붓그럽다(可醜)'가 여기에 나타나는데, 이들은 각기 'ᄀᆞ새, 글가마괴, ᄀᆞ늘, 사ᅀᆞ, 붓그럽다'의 변화형이다. 그러나 '가이, 그늘'은 17세기 말엽 이전에 나타나고 있어 새로운 사례는 아니다. 『同文類解』는 이밖에도 몇 가지 재미있는 자료를 보여준다. '마야지'가 그 중 하나이다.

(11) a. 16세기
　　　駒 ᄆᆞ야지(『訓蒙字會』 叡山本 上 10a)
　　b. 17세기
　　　馬駒子 미야지(『譯語類解』 下 29a)
　　c. 18세기
　　　馬駒子 마야지(『同文類解』 下 37b)
　　　매야지(『淸語老乞大』 五 13a)

이때의 '마야지'는 'ᄆᆞ야지/ᄆᆡ야지'의 변화형이 분명하지만 제1음절의 'ᆞ'가 전이음 y 앞에 배분된다는 점에서 단모음 'ᆞ'와는 환경을 달리 하고 있다. 이중모음 'ᆡ'를 구성하는 음절주음 'ᆞ'가 단모음 'ᆞ'보다 일찍 비음운화의 길을 택했으리라는 점은 'ᄒᆡ야디->해야디-'와 같은 16세기의 변화사례로도 짐작이 가지만, 사실이 그렇게 단순한 것만은 아니다. 특히 '마야지'의 경우 한자 '馬(마)'에 의한 유추일 수도 있기 때문이다.

『同文類解』에 나타나는 '骰子 ᄉᆞ애(下 32b)'는 매우 중요한 존재라고 생각된다. 이때의 'ᆞ'는 본래 'ㅏ'였던 것이 'ᆞ〉ㅏ'와 같은 변화 속에서 길을 잃고 오히려 'ᆞ'로 역행표기 되었으리라고 믿어지기 때문이다. 18세기 후기에는 이러한 부정회귀로서의 역행표기가 허다하게 나타나지만 'ᄉᆞ애'는 (10)a에 제시된 16세기의 'ᄆᆞ지-, (손)ᄀᆞ락' 이후 처음 나타나는 사례가 된다. 그런데 'ᄉᆞ애'의 'ᆞ'가 음성상 [a] 이외의 음성으로 실현되었으리라고는 생각되지 않는다.

3.3. 『同文類解』에 나타나는 'ᆞ'표기 중에는 그 음성실현이 [a]일 수밖에 없음을 시사하는 근거가 있다.

(12) a. 15세기
         雜말 업시(『釋譜詳節』 九 10b)
      b. 16세기
         使用無詞 쓰게 ᄒᆞ야도 잡말 몯ᄒᆞ리니(『飜譯老乞大』 下 17a)
         잡마리 업더라(『二倫行實圖』 玉山書院本 15b)
         잡말 아니ᄒᆞ야(『小學諺解』 陶山本 六 1a)
      c. 17세기
         使用無詞 잡말 못ᄒᆞ리라(『老乞大諺解』 下 15b)
         口穩 잡말 아니타(『譯語類解』 下 43a)
         談說 잡말ᄒᆞ다(『譯語類解』 下 44a)
      d. 18세기
         休閑說 잡말 말고(『五倫全備諺解』 二 11b)〈1720〉
         잡마리 업더라(『二倫行實圖』 重刊本 15b)〈1727〉
         잡말 못ᄒᆞ리라(『老乞大諺解』 平安監營重刊本 下 15b)〈1745〉
         嘴碎人 ᄌᆞ말ᄒᆞᄂᆞ 사ᄅᆞᆷ(『同文類解』 上 13b)〈1748〉

이 자료에 의하면 『同文類解』의 'ᄌᆞ말'은 그 이전의 '잡말'에 이어진다. 그러나 여기에 나타나는 'ㅏ〉ᆞ'는 음운변화일 수가 없다. '사ᄉᆞ〉ᄉᆞ애'와 같은 과정을 거친 실례에 속하기 때문이다. '잡말〉ᄌᆞ말'이란 변화는 결국 유추일 수밖에 없는데 이러한 유추적 부정회귀는 'ᄌᆞ

말의 'ㆍ'가 음성상 [a]였기 때문에 가능했던 것으로 해석된다. '잡말 → 잠말 → 잔말 → 즌말'과 같은 과정을 염두에 둘 때, 마지막의 '잔말'이 '즌말'로 넘어갈 수 있는 길은 '즌말'의 'ㆍ'가 'ㅏ'로 실현될 때에만 가능하기 때문이다. 이 사실을 통하여 『同文類解』에 'ㆍ'로 표기된 제1음절 위치의 'ㆍ'중에서 [a]로 실현되는 것이 있었음을 확인할 수 있다.

3.4. 『同文類解』에 나타나는 제1음절의 'ㆍ'가 어느 정도의 비율로 비음운화하였는지 국어 문헌으로서는 더 이상 추적할 길이 없다. 이러한 벽을 뛰어 넘을 수 있게 해주는 자료가 倭文字로 전사된 국어자료 중의 하나인 『全一道人』(1729)이다. 이 문헌이 당시의 중앙어를 반영하고 있으리라는 근거에 대해서는 이미 앞에서 논의한 바 있다. 그러므로 이 문헌의 전사법에 대한 분석은 18세기 20년대의 국어음운에 관한 중요한 정보가 될 수 있다.

『全一道人』은 비음 뒤에 배분되는 'ㆍ'를 제외하고는 대부분의 제1음절 'ㆍ'가 원칙적으로 [a]로 실현되었음을 알려 준다. 이중모음 ㆎ는 환경에 관계없이 [a'i]로 전사되어 있다. 이러한 사실을 토대로 하여 필자는 'ㆍ'의 비음운화를 18세기의 초엽으로 추정했던 것이다(宋敏 1974).

그러나 'ㆍ'의 비음운화 시기를 'ㆍ'에 대한 고립적 해명만으로 추적하기는 불가능하다. 한 음운의 소멸은 체계와 관계되므로 'ㆍ'의 비음운화 역시 모음체계와 불가분의 관계를 갖는다. 그러므로 'ㆍ'의 비음운화를 모음체계에 연계시켜 파악할 수 있는 길이 있다면 그 이상 좋은 방법은 없을 것이다. 金完鎭(1974)은 그러한 방법론이 거둘 수 있는 성과를 대변해준다. 거기에는 'ㆍ'의 비음운화와 모음체계의 관계가 정밀하게 논의되어 있지만 그 시기에 대해서는 별로 관심이 던져진 바 없다. 그러므로 여기서는 'ㆍ'의 비음운화 시기와 밀접한 관계에 있는 원순모음화 현상을 문헌으로 추적하면서 모음체계의 변화와 'ㆍ'의 비음운화 시기를 연계시켜보기로 한다.

4. 脣音環境 下의 圓脣母音化

4.1. 脣子音 뒤에 배분되는 'ㅡ'가 'ㅜ'로 변화하는 이른바 원순모음화가 모음체계의 추이와 관계된다는 사실은 일찍부터 주목되어 왔다(金完鎭1963).

원순모음화는 'ㆍ'와 짝을 이루고 있던 'ㅡ'가 'ㆍ'와의 대립관계를 청산하고 'ㅜ'와 짝을 맺으면서 새로운 대립관계를 맺게 되는 과정을 보여준다. 이러한 원순모음화는 17세기 초엽 극히 산발적으로 문헌에 등장하지만(田光鉉1967), 그것이 음운사적으로 유의미한 모습을 띄게 되는 것은 17세기 말엽이다. 『譯語類解』(1690)에는 다음과 같은 실례가 나타난다.

(13) a. 放水 믈트다(上 7b)　　　　　　　水酒 무술(上 49b)
　　　　　　　　　　　　　　　　　　水桶 물통(下 14a)
　　　　　　　　　　　　　　　　　　江䱐 물아치(下 38a)
　　　　　　　　　　　　　　　　　　苦理木 무프레(下 42a)
　　　　扎艍子 므즈미ᄒᄂ 사름(下 22a)　余水 무즈미ᄒ다(下 22a)
　　　　爛煮 믈으게 솖다(上 53a)　　　爛飯 무른밥(上 49a)
　　　　　　　　　　　　　　　　　　口軟馬 아귀무른ᄆᆯ(下 29a)
　　　　咬 므다(上 54a)　　　　　　　咬人馬 사름무ᄂ ᄆᆯ(下 29a)
　　b.　　　　　　　　　　　　　　　告示 榜부티다(上 10a)
　　　　　　　　　　　　　　　　　　欽差 皇듭로 부리인 이(上 13a)
　　　　　　　　　　　　　　　　　　竈火門 부엌아귀(上 18b)
　　　　　　　　　　　　　　　　　　哾更的 更부르ᄂ 사름(上 23b)
　　　　　　　　　　　　　　　　　　醸酒 술붓다(上 59a)
　　　　　　　　　　　　　　　　　　起泡 부롯다(上 62a)
　　　　　　　　　　　　　　　　　　從他 무던히 너기다(下 46a)
　　　　　　　　　　　　　　　　　　不怯氣 무셔워 아니타(下 49b)
　　c. 下葬 믓다(上 42b)　　　　　　　種火 블믓다(上 54a)
　　　　陪者 무다(上 66a)　　　　　　追陪 믈리다(上 66a)
　　　　　　　　　　　　　　　　　　打倒 흥졍 므르다(上 69a)
　　　　特將來 부러오다(下 52a)　　　專來 블어오다(下 48a)
　　　　　　　　　　　　　　　　　　牙框 니ㅅ블희 븟튼딕(上 33b)
　　　　　　　　　　　　　　　　　　遮羞 븟그림 ᄀ리오다(上 38b)
　　d. 紡車 믈레(下 18a)　　　　　　　釘笄子 물렛가락(下 18a)

　이 자료는 형태소의 제1음절에 나타나는 원순모음화의 여러 가지 모습을 보여준다. 왼쪽이 본래의 모습, 오른쪽이 그 후의 모습임을 나타낸다. (13)a와 b는 명실공히 脣子音 下에서 '_〉ㅜ'와 같은 변화가 일어나고 있음을 보여준다. 다만 脣子音 중에서도 주로 'ㅁ'과 'ㅂ' 뒤에서 원순모음화가 이루어지고 있음이 주목된다. 더구나 '물'처럼 頻度가 큰 형태소일지라도 몇 개의 합성어에서만 원순모음화를 보일 뿐 대부분의 경우에는 그냥 '믈'로 남아있다. '블, 플, 쓸'도 원순모음화를 보여주지 않는다. (13)c는 a나 b와는 반대로 오히려 'ㅜ〉_'와 같은 비원순모음화를 보여주는 실례들이다. 이들은 원순모음화가 이 시기에 이미 상당히 진척되었기 때문에 화자의 어휘목록 인식에 상당한 동요가 일어나고 있었음을 보여준다. (13)d는 어느 쪽이 전대의 어형인지 불분명하지만 이 역시 화자의 어휘목록이 원순모음화로 흔들리고 있음을 보여준다. 그러나 전반적으로는 어휘목록에 혼란을 가져다 준 경우보다는 그렇지 않은 경우가 훨씬 많다고 할 수 있다.

이러한 사실을 감안할 때 '_'는 체계상 아직도 'ㆍ'와의 대립관계를 유지한 상태에서 부분적으로만 'ㅜ'와의 대립관계를 구축했던 것으로 믿어진다. 따라서 'ㆍ'의 비음운화가 이 시기에 이루어졌을 가능성은 매우 희박하다.

4.2. 원순모음화를 'ㆍ'의 비음운화에 연계시킬 수 있는 이유는 어째서 그러한 변화가 17세기 초엽에 비롯되었고, 시대와 함께 눈에 띄지 않을 정도로 완만하게 확대되어, 17세기 말엽에는 상당한 어휘목록에 동요를 가져올 정도에까지 이르렀을까 하는 데에 있다. 원순모음화가 단순히 표면상의 음성적 환경에 의한 동화였다면, 15세기나 16세기에도 그러한 변화가 일어났어야 한다. 결국 15세기나 16세기에 원순모음화가 일어날 수 없었던 이유는 모음체계상의 대립관계에서 찾을 수밖에 없다. 원순모음화는 '_'와 'ㅜ'가 대립의 짝이 되면서 나타나기 시작하였고, 그것은 대립의 짝이었던 '_'와 'ㆍ'의 관계가 무너지기 시작하는 시기와 일치하는데, 그 때가 17세기 초엽이 아니었을까 한다. 그러므로 그 이전까지의 'ㆍ'는 대립의 짝, 곧 자연부류를 이루고 있던 '_'로 변화했던 것이다. 그러나 17세기 초엽부터는 '_'가 'ㅜ'와 자연부류를 형성하기 시작하면서 'ㆍ'는 'ㅏ'로 변화하기 시작한다. '_'와 'ㆍ'의 대립이 서서히 무너지면서 '_'와 'ㅜ'의 대립이 서서히 이루어져 간 것이다.

李基文(1959: 45)은 16세기 후반의 '사ᄅᆞᆷ〉사름'을 예로 삼아 당시에는 [sarɯm]과 [saram]이 공존하다가 [saram]으로 고정되었을 것이라고 추정한 바 있는데, 이 사실을 직접 확인시켜 주는 실례도 있다.

(14) a. 다ᄆᆞᆫ(只)(『釋譜詳節』 十三 49b)
　　 b. 다믄(『小學諺解』 陶山本 六 40b)〈1587〉
　　　　 (『東國新續三綱行實』 忠信圖一 77b)〈1617〉
　　 c. 다만(『老乞大諺解』 上 5a)〈1670〉
　　　　 (『伍倫全備諺解』 一 18b)〈1720〉

이 자료는 형태소의 제2음절과 관계되는 것이긴 하지만 17세기 초엽까지는 '_'에 합류되던 'ㆍ'가 17세기 후기부터는 'ㅏ'로 방향이 바뀌었음을 알려준다. 17세기에 들어와 나타나기 시작하는 형태소 제1음절의 'ㆍ'가 모두 'ㅏ'로 합류되는 사실과 일치하고 있다. 'ᄀᆞ마니〉가마니(漠), ᄀᆞ새(剪子)〉가애, ᄎᆞ-(寒)〉차-'가 모두 그러한 실례들이다. 그렇다고 하더라도 원순모음화가 17세기 말엽까지는 어휘목록 전체를 뒤흔들 만큼 진척되지 않았다는 사실은 'ㅡ'와 'ㅜ'가 17세기 말엽까지도 완전한 자연부류를 이루지 못했음을 뜻한다. 그와 함께 17세기 말엽까지 'ㆍ〉ㅏ'의 실례가 數三에 머무르고 있다는 사실은 'ㆍ'의 비음운화가 여전히 약간밖에 진척되지 않았음을 알려준다.

4.3. 18세기 초엽에 이르면 脣子音 하에서는 'ㅡ'와 'ㅜ'가 거의 본래의 모습을 지킬 수 없을 정도에 이른다. 『伍倫全備諺解』는 보수성을 강하게 띠고 있음에도 불구하고 원순모음화에 관한 한 거의 모든 어휘목록에서 동요를 보인다.

(15) a. 므슴(何)(一 2b)　　　무슴(一 11a)
　　　 므던ᄒ다(一 25b)　　무던ᄒ다(一 10b)
　　　 므릇(六 6a)　　　　무릇(八 5b)
　　　 므러(咬)(六 13b)　　무러(七 32b)
　　　 블러(一 2a)　　　　불러(五 19a)
　　　 브르니라(飽)(二 28b)　부르다(二 40b)
　　　 브즈런이(勤)(五 31a)　부즈런ᄒ도다(三 39a)
　　b.　　　　　　　　　부억(廚)(四 5a)
　　　　　　　　　　　　쓸(角)(五 24a)
　　c. 무리(輩)(一 28a)　　믈이(一 22a)
　　　 무르라(問)(六 21b)　므르리라(四 8a)
　　　 븟그림(羞)(三 8b)　　븟그러움(八 5a)
　　　 부리(嘴)(一 43a)　　브리(七 16a)

왼쪽이 본래의 형태이고 오른쪽이 후대의 모습인데 (15)a와 b는 원순모음화를 보이는 것이고 (15)c는 반대로 비원순모음화를 보이는 것이다. '믈, 블, 플'이 원순모음화를 보이지 않음은 『譯語類解』와 같으나 '쓸'만은 원순모음화를 보이고 있어 『譯語類解』와는 차이를 보인다. 그러나 비원순모음화가 『譯語類解』보다 확대되어 脣子音 下의 'ㅡ'와 'ㅜ'로 이루어지는 어휘목록의 동요는 『譯語類解』보다 크게 늘어났음을 보인다.

이때 쯤에는 'ㅡ'와 'ㅜ'가 고위모음으로서 원순성에 의한 대립의 짝으로 굳어졌다고 할 수 있다. 그에 따라 'ㅡ'와 대립의 짝을 이루고 있던 'ㆍ'는 새로 이루어진 대립의 짝인 'ㅏ'에 거의 대부분 합류되었다. 『全一道人』에 나타나는 국어자료는 이 사실을 잘 뒷받침하고 있다. 결국 'ㆍ'의 비음운화는 18세기 초엽보다 다소 늦은 시기 그러니까 늦어도 18세기 30년대까지는 결말에 이르렀다고 생각된다.

5. 결 어

雨森芳洲가 남긴 『全一道人』(1729)은 국어음운사에 중요한 자료를 제공한다. 같은 시대의 국어문헌에 나타나지 않는 'ㄷ, ㅌ'의 구개음화와 'ㆍ'의 비음운화에 관계되는 실례를 풍부하게 보여주기 때문이다. 따라서 이를 국어자료와 조화시킨다면 『全一道人』은 국어음운사에 문헌적 근거를 보강해주는 일익을 맡아줄 것이다.

본고에서는 'ㄷ, ㅌ'의 구개음화와 'ㆍ'의 비음운화 시기를 추정함에 있어 『全一道人』이 차지하고 있는 비중을 다시 한번 검증해 보았다. 그 과정에서 과거에 소홀히 다루어진 국어문헌도 다시 점검하면서 『全一道人』에 반영된 'ㄷ, ㅌ'의 구개음화와 'ㆍ'의 비음운화 관계자료가 당시 국어의 현실적 모습임을 확인하고자 하였다.

아울러 'ㆍ'의 비음운화를 유발한 脣子音 하의 'ㅡ〉ㅜ' 원순모음화 과정을 문헌으로 검증하면서 거기에 나타나는 자료의 성격을 분석함으로써 국어음운사 탐구가 문헌적 기반 위에서 수행되어야함을 내세운 셈이다.

문헌자료에 비중을 두다 보니 자료간의 유기적 관계를 충분히 기술하지 못한 아쉬움을 남기게 되었다. 그러나 지금까지 근대국어음운론에서 도외시되었던 몇 가지 문헌적 실례만은 나름대로 뜻이 있으리라고 믿는다.

참고문헌

곽충구(1980), 十八세기국어의 음운론 연구, 『국어연구』 43.
_____(1984), 체언어간말 설단자음의 마찰음화에 대하여, 『국어국문학』 91.
김완진(1963), 국어모음체계의 신고찰, 『진단학보』 24.
_____(1967), 한국어발달사 상, 음운사, 『한국문화사대계』 V(고대 민족문화연구소).
_____(1971), 『국어음운체계의 연구』, 일조각.
_____(1974), 음운변화와 음소의 분포, 『진단학보』 38.
_____(1978), 모음체계와 모음조화에 대한 반성, 『어학연구』 14. 2.
박종희(1983), 『국어음운론연구』, 원광대 출판국.
송 민(1974), 모음 ‘ㆍ’의 비음운화 시기, 『성심여대 논문집』 5.
_____(1975), 十八세기전기 한국어의 모음체계, 『성심여대 논문집』 6.
_____(1982), 근대한국어의 발화현실 數三, 『성심어문논집』 6.
유창돈(1961), 『국어변천사』, 통문관.
_____(1964), 『이조국어사 연구』, 선명문화사.
이기문(1959), 十六세기국어의 연구, 『문리논집』 4(고려대).
_____(1961), 『국어사개설』, 민중서관.
_____(1968), 모음조화와 모음체계, 『이숭녕박사송수기념논총』.
_____(1971), 모음조화의 이론, 『어학연구』 7. 2.
_____(1972a), 『국어음운사연구』, 한국문화연구소.
_____(1972b), 『개정국어사개설』, 민중서관.
_____(1979), 중세국어 모음론의 현상과 과제, 『동양학』 9.
_____·김진우·이상억(1984), 『국어음운론』, 학연사.
이명규(1974), 구개음화에 대한 문헌적 고찰, 『국어연구』 31.
이병근(1970), 十九세기후기국어의 모음체계, 『학술원 논문집』(인문·사회) 9.
_____(1979), 『음운현상에 있어서의 제약』, 탑출판사.
이숭녕(1971), 十七세기국어의 음운사적 고찰, 『동양학』 1.
_____(1977), ‘ㆍ’의 소실시기 추정에 대하여, 『학술원 논문집』 16.
_____(1981), 『중세국어문법』(개정증보판), 을유문화사.
전광현(1967), 十七세기국어의 연구, 『국어연구』 19.
_____(1971), 十八세기전기국어의 일고찰, 『전북대 논문집』 13.
_____(1978), 十八세기전기국어의 일고찰, 『어학』(전북대 어학연구소) 5.
정연찬(1980), 『한국어음운론』, 개문사.
최태영(1983), 『방언음운론』, 형설출판사.
허 웅(1975), 『우리옛말본』(형태론), 샘문화사.

出處 〈國民大 語文學硏究所(1985. 2.), 『語文學論叢』 4: 131~148.〉
〈태학사(2021. 12.), 국어사대계간행위원회, 국어사대계3: 『국어사 논문 걸작선』: 777-798(재록).〉

모음 'ㆍ'의 非音韻化 시기

1. 전사 자료의 효용

1.1. 중세한국어 모음체계의 史的 再構過程에서, 音韻史家들의 관심을 독점한 음운은 'ㆍ'였다. 모음 'ㆍ'의 一動一靜은 그 시대의 모음체계에 직결되었으므로, 史家들의 관심은 필연적인 것이었다. 그런데 모음의 'ㆍ'의 非音韻化(dephonologisation)[1]는 18세기 중엽에 완성된 것으로 추정되고 있다. 실상 모음 'ㆍ'가 어두음절 위치에서 표기의 혼란을 노골화하는 시기는 18세기 말엽이다. 『漢淸文鑑』, 正祖朝의 綸音 자료, 『敬信錄諺釋』(1796), 『五倫行實圖』(1797) 등이 모음 'ㆍ'의 혼란을 구체적으로 보여주는 문헌이지만, 문자표기의 보수성과 申景濬(1712~1781), 柳僖(1773~1837) 두 사람의 증언을[2] 감안하여, 모음 'ㆍ'의 非音韻化 시기를 18세기 중엽으로 추정한 것이다.[3] 그러나 문헌의 보수성을 음운사에 제대로 반영한다는 일은

---

1) 모음 'ㆍ'의 非音韻化를 파악하는 음운사가들의 태도는 다양하였다. 우선 이 모음의 非音韻化를 소실이란 명칭으로 불러왔다. 그러나 이 명칭에는 음운변화를 개별적인 차원에서 이해하던 지난 시대의 개념이 반영되어 있다. 음운론이나 음운사를 위한 술어가 되기에 부적당하다. 프라그학파의 기능음운론적 원리가 통시적 음운변화에 적용되어 그 보편성이 실증된 바 있거니와, 음운변화를 체계적인 음운대립의 소멸이나 변질 속에서 파악하고자 할 때, 소실이란 명칭은 非音韻化를 뜻하는 것인지 재음운화(rephonologisation)을 뜻하는 것인지, 아니면 대립의 중화를 포괄하는 것인지 그 개념이 애매하기 때문이다. 모음 'ㆍ'의 非音韻化 시기추적에도 소실이란 명칭의 모호한 개념이 작동하고 있다. 非音韻化는 어떤 음운이 체계내의 대립을 잃고 음운론적 기능을 상실함에 따라 음운 목록에서 제거될 때 완성되므로, 그 시기는 원칙적으로 하나뿐이다. 여기에 단계가 있다면, 그것은 중화적 대립이 구조화되고, 거기에 다시 대립의 변질이 생겨 非音韻化에 이르는 과정상의 단계일 뿐, 非音韻化 그 자체에는 단계가 없다. 말을 바꾸면 제1단계(비어두음절의 'ㆍ'소실)는 중화적 대립이 원심적 경향을 띄게 됨으로써, 'ㆍ'와 ㅡ의 중화가 구조화된 시기일 뿐이다. 이 단계를 非音韻化라고 할 수는 없을 것이다. 註18) 참조. 그렇다면 'ㆍ'의 非音韻化는 제2단계(어두음절의 'ㆍ'소실)의 완성과 시기를 함께한다. 모음 'ㆍ'는 제2단계가 완성될 때까지 의연히 음운목록에 등록될 수 있었기 때문이다. 이처럼 그 성격과 내용이 다른 두 단계를 소실이란 명칭으로 포괄하기는 어려울 것이다. 따라서 본고의 非音韻化는 제2단계의 소실만을 지칭할 뿐, 제1단계를 포괄하지 않는다. 이숭녕(1954, 1959), 이기문(1959, 1961, 1972b), 유창돈(1961, 1964), 김완진(1967), 전광현(1967, 1971) 등 참조.

2) 申景濬, 我東方以・作中聲者頗多 而ㆍ則. 全無 惟方言八日ㅇ듦 此節而已(訓民正音韻解), 柳僖, 東俗不明於・多混於ㅏ〈如兒事等字從・今俗誤呼如阿些〉亦或混一〈如흙土 今讀爲흙土〉(諺文志).

장님 코끼리 만지기식이 되기 쉽다. 이를 실감시켜 주는 자료가 일본문자 假名으로 전사되어 전하는 數三의 한국어 관계 자료다. 『和漢三才圖會』, 『全一道人』[4], 『朝鮮物語』[5]가 그것들인데 『全一道人』은 어느 정도 종합적인 정보를 제공해 주는 자료이나, 나머지 둘은 단편적이어서 신중하게 다루어야 할 자료다. 그런데 이들 자료는 18세기 초엽의 한국어 음성 실현을 비교적 솔직하게 전해 주고 있는 것들로 생각된다. 18세기 중엽의 『同文類解』(1748)에 거의 혼란을 보이지 않는 어두 음절의 'ㆍ'가 이들 자료에는 벌써 개신된 모습으로 나타나기 때문이다. 따라서 이 자료들은 한국어 문헌 자료의 보수성을 웅변으로 대변해 주는 동시에, 모음 'ㆍ'의 非音韻化가 적어도 18세기 초엽 이전에 완성되었을 가능성을 제시해 주는 것으로 생각된다.[6]

1.2. 문자 표기의 보수성은 음운사가의 시야를 흐리게 한다. 외국문자로 정착된 한국어 관계자료에 큰 비중을 부여하는 所以가 여기에 있다. 지금껏 한국어 음운사가 한국문자로 전사된 외국어(예컨대 중국어, 몽고어, 만주어, 일본어 등) 관계 자료는 물론 외국문자(예컨대 한자, 일본문자 등)로 전사된 한국어 관계 자료에 힘입은 바 적지 않지만, 한국어 음운사의 입장에서 보면 전자는 단편적이고 간접적인 반면, 후자는 종합적이고 직접적인 정보가 될 수 있다. 전자에는 외국어에 대한 음성층위의 정보가 반영되어 있지만, 후자에는 한국어에 대한 음성 층위의 정보가 직접 반영되어 있기 때문이다. 그러나 이것은 전사에 이용된 문자가 개별적인 기호(discrete symbol)로 구성된 표음문자일 경우에 한한다. 뿐만 아니라 문자에 기반을 둔 전사가 아니고, 구어 또는 음성실현의 청각적 특징에 기반을 둔 전사에 한한다.[7] 따라서 한자나 일본문자로 전사된 자료에서 완전한 것을 기대하기는 힘들다. 한자는 외형으로서의

---

3) 이기문1961: 164~165, 1972a: 120~122, 1972b: 201. 전광현1971: 55. 이밖에 그 시기를 17세기로 보는 견해가 있으나 문헌의 뒷받침을 받고 있는 것은 아니다. 이숭녕(1954: 270, 1971: 69), 유창돈(1964: 28).

4) 安田 章1964 참조. 이 책에는 『全一道人』의 母胎인 王廷訥의 『勸懲故事』가 『全一道人』 全文과 함께 영인되어 있어, 『全一道人』의 일본어역문과 더불어 假名으로 전사표기된 한국어 부분을 해석하는데 큰 도움을 준다.

5) 京都大學(編) 1970. 『朝鮮物語』(영인본).

6) 모음 'ㆍ'의 非音韻化는 18세기 초반기(넉넉잡아 1750)에 완결되었을 것이나, 급진적인 idiolect들에 있어서는 17, 18 양세기의 고비를 경계로 했으리라는 여운을 곁들인 견해가 제기된 바 있다. 김완진(1967: 150). 이 견해는 17세기 중엽에 완결된 모음추이와 正祖 어필에서 발견되는 i의 역행동화 예를 바탕으로 추정된 것이다. 18세기 초엽의 문헌에 憑據한 추정은 아니었으나, 여운의 의미는 본고를 통하여 한층 명확해질 것이다.

7) 전사자료 그 자체가 음운사를 형성하는 것은 아니다. 그것은 음성층위의 정보제공자로서의 역할에 그칠 뿐이다. 그 역할을 다하기 위해서는 다음과 같은 조건구비가 바람직하다. 첫째 표음문자로 전사된 경우. 둘째 구어를 직접 듣고 채록한 경우. 셋째 전사문자의 母語와 被寫語의 음운체계나 음절구성이 유사한 경우. 넷째 전사문자의 모어 또는 피사어의 음운체계가 사적으로 再構되어 있는 경우. 다섯째 음성 또는 형태음운 층위의 현실을 기록자가 직접 인식한 경우. 그러나 이와같은 전사자료를 과거의 문헌에서 기대하기는 어렵다. 일반적으로 전사 문자와 피사어 간에는 參差不齊가 無常하여 음운사가들을 괴롭히는 것이 보통이다.

표음과는 거리가 멀어 음성표기에 미흡한 문자이고, 일본문자는 표음적이긴 하나 음절단위 문자인데다가 음운체계가 한국어보다 단순하여 한국어의 다양한 음운과 음절구성을 전사로 감당하기 어려운 성격을 띠고 있기 때문이다. 그러나 이들 전사자료는 한국어 음운사 보강에 그 나름대로 활용할 가치가 있다. 『계림유사』나 『조선관역어』가 한국음운사 재구에 기여한 공로를 상기한다면, 18세기 초엽의 한국어 음운체계 재구를 위한 새로운 정보를『全一道人』 등의 전사자료에서 기대하는 것도 결코 과욕은 아닐 것이다.

1.3. 그러나 본고는 대상을 한정시켜 18세기 초엽의 전사자료에 반영된 모음 'ㆍ'의 음성 실현을 파악함으로써, 'ㆍ'의 非音韻化 시기추정을 위한 하나의 디딤돌을 구축하는 작업에 그칠 것이다. 非音韻化란 본질적으로 개별 음운의 독자적인 행태가 아니기 때문에, 한 음운의 문헌상 혼란을 핑계 삼아 일방적으로 그 시기를 劃할 수 없는 것이다. 따라서 모음 'ㆍ'의 非音韻化 시기 역시 모음체계의 변질과 표리를 이루어야 하므로, 본고는 그 예비작업이란 테두리에 국한될 수밖에 없다.

2. 假名 전사자료의 성격

2.1. 18세기 전반기에 일본에서 나온 『和漢三才圖會』, 『全一道人』, 『朝鮮物語』 등이 한국어학계에 낯설은 존재는 결코 아니다. 그러나 이들이 한국어사에서 이렇다 할 대우를 받아본 적도 없다. 따라서 이들의 형식과 내용을 소략히 정리하여, 자료로서의 효용성을 평가해 둘 필요를 느낀다.

朝鮮國語. 寺島良安의 『和漢三才圖會』(1712) 卷十三 異國人物 朝鮮의 마지막 分門 (16v~18v)이다. 標題語 112項을 漢字로 열거하고 各項에 해당하는 韓國語를 平假名과 萬葉式 假名으로 기입하였다. 平假名은 表題語 옆에, 萬葉式 假名은 밑에 위치한다. 平假名과 萬葉式 假名 轉寫는 사실상 완전히 일치한다. 차후에는 『和漢』으로 약칭한다.

『全一道人』(1729). 雨森芳洲(1668~1755)가 저술한 일종의 韓國語 敎本이다. 韓國語 文章을 단락으로 구분하여 片假名으로 전사한 후, 필요한 곳에는 韓國語로 添記하고, 平假名으로 된 日本語 譯文을 잇대어 놓았다.[8]

朝鮮の國語. 木村理右衛門의 이름으로 간행된 『朝鮮物語』(1750) 卷五의 마지막 分門 (8v~16v)이다. 標題語 298項을 漢字로 열거하고 日本語訓을 平假名으로 並記한 후 各項에 해당하는 韓國語를 역시 平假名으로 기입하였다. 韓國語는 各項의 밑에 위치한다. 앞으로는 『朝物』로 약칭한다.

2.2. 그런데 『和漢』과 『朝物』은 그 성격과 내용이 유사하다. 『和漢』의 표제어 112항 중 '鶴, 鳧, 海鰮, 大口魚, 紗綾'을 제외한 107항이 『朝物』에 그대로 등장한다. 뿐만 아니라 표제어의 한자도 거의 동일하여 『和漢』의 '船, 燈'이 『朝物』에는 각기 '舟, 燈火'로 나타나는 차이를 보일 뿐이다. 그리고 한국어 전사표기에도 유사점이 많은 것으로 보아, 『朝物』은 『和漢』에 의거했거나 아니면, 양자가 어떤 공통자료에 기반을 둔 것이라고 볼 수밖에 없다.[9] 그러나 양자의 관계는 그렇게 단순한 것 같지 않다. 두 문헌에 공통되는 한국어 전사표기를 자세히 검토해 보면, 하나하나의 차이는 미세하지만 양적으로는 3분의 1 이상이 차이를 보이고 있다. 일본 문자 淸濁 표기의 차이를 제외하더라도 40여 항목에 차이가 보이는데, 그 중에는 어형이 완전히 다른 것도 있다. 앞이 『和漢』, 뒤가 『朝物』이다(이하에서도 같음).

地	すたぐ	須太具(16v)	たぐ(8v)
波	こる	古留(17r)	むるける(9r)
梅	ばいはい	波伊波以(17r)	まばい(9v)
弓	はり	波利(17v)	くい(12r)
矢	はるたい	波留太伊(17v)	さつ(12r)
士	ほぱん	保波牟(17v)	りつたい(11v)
男	なんざう	奈牟左宇(17v)	そんなへ(11r)
綿	めぐそ	女久曾(18v)	くん(12v)

이러한 차이는 『朝物』이 『和漢』을 직접 보고 移記한 것이 아님을 말해 주는 것으로 해석된다. 뿐만 아니라 『和漢』에도 왜곡된 어형이 드러나 있다. 앞에든 실례 중에도 '波, 梅'에 해당하는 한국어형이 어색하지만, 그밖에도 다음과 같이 어형이 보인다.

露	おる	平留(17r)	をる(9r)
鳩	いふち	以不知(18r)	いふち(14r)

---

8) 그 밖의 자세한 내용에 대해서는 安田 章(1964) 참조.
9) 京都大學(編) 1970. 『朝鮮物語』(影印本)의 開題(浜田 敦) 참조.

鳥	とり	止里(18r)	とり(14r)
蚊	ぽる	保留(18r)	ぽる(14r)

2.3. 『和漢』은『朝物』보다 비교적 한국어 표기에 충실하나, 여기에 든 예로 보건데『和漢』을 최초의 원형이라고 단정할 수도 없을 듯하다. 그것이 최초의 원형이라면 '鳥, 蚊'에 해당하는 한국어가 이처럼 엉뚱할 리 없다. '鳥'는 완전히 일본어로 탈바꿈한 것이고, '蚊'은 '蜂'의 착오로 보인다. 이러한 사실을 종합할 때『和漢』이 원형에 가깝기는 하지만,『朝物』은『和漢』을 직접 계승한 것이 아니라, 그와는 계통이 다른 異本에 기반을 두었거나, 복사가 수차 되풀이 되었기 때문에 그때마다 착오가 가중되었다고 볼 수밖에 없다. 이렇게 볼 때에만 앞에 보인 두 문헌의 차이와 혼란이 합리적으로 이해될 것이다.

2.4. 하여튼 두 문헌에 공통되는 항목은 적어도 1712년 이전의 한국어 자료가 될 수 있다. 이들은 원칙적으로 내용이 동일하기 때문이다. 그러나 두 문헌에 공통되지 않은 항목 즉, 『朝物』에만 등장하는 한국어의 시대적 배경은 五里霧中이다. 1750년 이전인 것만은 확실하나,『和漢』과의 상대적 연대 등은 알 길이 없다. 결국『朝物』은 모든 내용이 균등하게 같은 시기를 배경으로 한 한국어라고 보기 어려울 것이다. 따라서 이 자료를 다룰 때에는 時期性에 대한 배려가 뒤따라야 할 것이다. 그러나『全一道人』은 저자의 稿本이므로, 시기에 별다른 위험이 따르지 않는다.

2.5. 음운사 추적에서 빼놓을 수 없는 요건이 자료의 현실성과 지역성에 대한 推尋이다. 『全一道人』에 대해서는 후술하기로 하고, 여기서는『和漢』과『朝物』에 대하여 一瞥하기로 한다. 한 마디로 단정하기는 어려우나, 두 문헌은 대체로 일반한국어의 현실음성에 기반을 두고 있는 것으로 보인다. 그 근거는 먼저 한국어 전사표기를 조건적 잉여자질(redundant feature)이 간섭하고 있기 때문이다.

水	ぶる	不留	ふり(9r)
墨	ぽく	保久	もく(12r)
四	とい	止伊	どをい(15v)

한국어 비음 'ㅁ, ㄴ'은 형태소 頭位에서 폐쇄성 on-glide를 동반하는 수가 있다. 주로 #-i, #-u와 같은 환경에서 'ㅁ, ㄴ'은 각기 [ᵇml], [ᵈn]로 실현되는데,[10] 위에 보인 예들은 이러한

___
10) 현대한국어 방언에 나타나는 [m]~[ᵇml], [n]~[ᵈn]의 변이는 환경적이기는 하나 그 분포는 상보적이 아니라 포괄적

음성실현의 史的인 증거라고 볼 수 있다. 일본인들은 한국어 비음 'ㅁ, ㄴ'의 변이음 [ᵇm], [ᵈn]을 잉여자질에 불과한 폐쇄성 glide b, d만으로 받아들였기 때문에, 敍上의 예와 같이 p~b, t~d로 전사하게 된 듯하다.[11) 따라서 후술할 모음 'ㆍ'의 음성실현과 아울러 생각할 때, 이 자료들은 현실음성에 기반을 둔 것이다. 한편 이들의 지역성을 밝히기는 불가능하나, 방언적인 특징으로 보이는 표기가 나타나기도 한다. 특히 『朝物』은 주목된다.

親	おばい	於婆伊(17v)	おばい(11v)
兄	へき	閉岐(17v)	せぎ(11r)
弟	あし	阿之(18r)	あじ(11r)
喰			むくれ(13r)
賣			さちや(11r)
買			はるか(11r)
湯	とおんぶる	止乎無布留(18r)	とほんぶり(12v)

『朝物』은 '兄'을 'せぎ', '喰'을 'むくれ'로 표기하고 있는데, 이것이 정확하다면, 남부방언의 '셩, 묵-'을 연상할 때 주목할 만한 예임에 틀림없다. '賣'와 '買'는 각기 청유형과 의문형인 듯한데, 의미가 본래의 뜻과는 반대로 되어 있다. 이는 곡물거래에 한하여 '賣'와 '買'의 의미가 반대로 바뀌는 남부방언형처럼 보이나, 어떤 착오일 수도 있어 정확한 것은 알 수 없다. '弟'를 뜻하는 'あじ'가 중세한국어 'ㅿ'의 방언형인 'ㅅ'을 반영하고 있는 것인지는 확실치 않다. 'ㅅ'이 기대되는 여타의 예들이 우리의 기대를 역행하기 때문이다. '里 もうるか(10r)', '町 もうが(10r)', '秋 こおる(10v)', '冬 けをる(10v)'. 이들은 모두 일반한국어를 나타내고 있는

(incorporating)인 것이다. 그렇다면 환경의 보편성(L. communis)과 독자성(L. proprius)의 관계가 음성 또는 음운 층위의 일반론적 기술로 구명되어야 하는데, 그러한 일반론적 기술이 용이한 것 같지 않아 음운론적으로 미묘한 문제점을 내포하고 있다.

11) 이러한 경향은 『金一道人』에도 나타나 있다. 安田章1964: 25~26. 그런데 일본어 유성자음 b, d, z, g가 어중에서는 사적으로 비강성 on-glide를 동반하는 [ᵐb], [ⁿd], [ⁿz], [ᵑg](또는 [ŋ]이었던 것으로 생각된다. 따라서 한국어의 비음변이음 [ᵇm], [ᵈn]을 일본인들이 p~b, t~d와 같이 不一하게 받아들였다기보다는, b, d로 받아들였으나 전사에 혼란이 나타났다고 해석하는 편이 사실에 가까울 것이다. 그런데 한국어의 비음변이음 [ᵇm], [ᵈn]을 일본인들이 b, d로 청취하였다면, 그 시기까지는 적어도 일본어 유성자음 b, d에 鼻腔性 on-glide가 남아있었다는 증거가 될 수 있다. 일본어 음운사는 유성자음의 비강성 on-glide가 室町時代(1336~1573)에 z, b, d, g 순으로 소멸하기 시작하여, 江戸時代(1603~1868) 초기에 이르러 거의 소멸하였다고 가르친다. 방언적인 배려가 따라야 할 것이나, 敍上의 예들은 18세기 초엽까지 일본어 유성자음 b, d에 비강성 on-glide가 남아 있었음을 보이고 있는 점에서 일본어 음운사와 大差가 없다. 馬淵和夫(1971: 126~128), 井上史雄(1971: 35~38), 中田祝夫(1972: 183~186, 241~242).

것으로 보인다. 'とほんぶり'의 'とほん'은 어중에서 [ɸ]를 나타내고 있어 주목되나, 이것이 한국어 방언형 '더븐'(熱)의 'ㅂ'을 반영하고 있다고 보기는 어렵다.[12] '親'을 뜻하는 おばい도 방언형이라고 단정할 근거는 없다.

이상의 사실을 종합해 볼 때, 『和漢』, 『朝物』은 대체로 18세기 초엽의 현실적인 일반한국어에 가까운 자료라고 생각된다. 그러나 본고에서 이 문헌을 보조 자료로 이용할 때에는 위와 같은 배경을 십분 고려하기로 한다.

3. 『全一道人』의 음운사적 성격

3.1. 『和漢』이나 『朝物』에 비하면, 『全一道人』은 한국어 음운사에서 월등한 대우를 받을 만한 문헌이다. 여기에 나타나는 한국어 그 자체는 18세기 초엽의 문어적인 일반한국어에 기반을 두고 있으나, 전사에는 음성실현이 그대로 반영되어 있기 때문이다.

3.2. 『全一道人』의 배경이 된 18세기 초엽(江戸時代 中期)의 일본어 단모음체계는 다음과 같다.

$$
\begin{array}{ll}
i & u \\
e & o \\
\quad a &
\end{array}
$$

이 체계는 근본적으로 현대표준어의 단모음체계와 같은 것인데, 기능음운론적 관점에서 볼 때, 음색의 대립에서 전부모음 i, e와 후부모음 u, o의 2부류, sonority의 대립에서 고위모

---

12) 일본어 양순마찰음 ɸ는 나타나는 환경과 방언에 따라 차이가 있으나, 18세기 초엽에는 대체로 후두마찰음 h로 변해 있었다고 생각된다. 中田祝夫(1972: 245~6). 그런데 이들 전사 자료가 양순마찰음 ɸ를 유지하고 있는 상황에서 이룩되었다고 하더라도, 어중 위치의 ɸ는 이미 平安時代부터 원순성 glide로 실현되었기 때문에, 18세기 초엽에는 어중의 ɸ가 [ɸ]였을 리 없다. 中田祝夫(1972: 26~30, 194, 215, 244~247). 따라서 oɸo와 같은 음성연결이 일본어의 음성개념상 [oɰo]였다고 하더라도, 'とほん'의 ɸ는 [ɰ](=[w])였을 것이므로, 이것이 한국어 양순폐쇄음 ㅂ을 나타냈다고 보기는 어려울 것이다. 이 사실은 『朝物』보다 연대가 앞서는 『和漢』에서 동일한 어형을 'とおん'으로 표기하고 있음을 보아 명백하다. 『和漢』의 萬葉式假名 '乎'는 'お' 또는 'を'를 나타내는 문자였다. '烏鰍をそかい 乎曾賀伊(18r)', '衣服 をす 乎須(18r)'. 그러나 이들 자료가 청탁의 구별을 엄밀하게 지키지 않고 있으므로, 'とほん'의 'ほ'가 'ぼ'를 나타낸 것이라고 본다면 문제는 달라질 것이다.

음 i, u와 중위모음 e, o와 저위모음 a의 3단계 구조로 되어 있다. 開口度가 가장 큰 고위모음, 즉 sonority가 가장 큰 모음 a에 음색의 대립을 가진 전부모음이 비어 있으므로, 이 체계는 결국 2부류 3단계의 전형적인 삼각체계라고 할 수 있다.

3.3. 『全一道人』의 전사에 나타난 한국어와 일본어의 단모음 대당관계는 원칙적으로 다음과 같다.

ㅣ → i	ㅡ → u	ㅜ → u
ㅓ → o	ㅗ → o	
ㅏ → a	ㆍ → a 또는 o	

이 결과는 우선 18세기 초엽의 한국어 'ㅡ, ㅜ'가 고위모음, 'ㅓ, ㅗ'가 중위모음, 'ㅏ'가 저위모음임을 알려 준다. 그리고 'ㆍ'는 중위와 고위를 넘나든다.[13] 따라서 이 전사표기는 한국어 모음의 높이, 즉 단계(degree)만을 알려 줄 뿐, 'ㅣ'를 제외한 모음의 부류(class)에 대해서는 묵묵부답이다. 모음의 절대수가 부족하기 때문에 야기되는 필연적인 결과가 아닐 수 없다. 체계상의 이러한 제약은 한국어의 구개성 off-glide 이중모음에도 그대로 반영되어 음절주음의 전사는 단모음의 전사와 평행을 이룬다.

ㅢ → ui	ㅟ → ui
ㅔ → oi	ㅚ → oi
ㅐ → ai	ㆎ → ai

그러나 구개성 on-glide 이중모음은 대당문자를 가지고 있기 때문에, 그 부류의 구별이 가능하였다.

	ㅠ → yu
ㅕ → e	ㅛ → yo
ㅑ → wa	

3.4. 이상과 같은 원칙은 어디까지나 모음체계를 기준으로 한 기계적인 원칙일 뿐, 실제로

---

13) 이는 모음 'ㆍ'의 非音韻化를 반영하는 혼란인데, 이에 대해서는 후술하기로 한다.

는 형태소 내부 또는 형태소 경계에 나타나는 음성이나 형태음운 층위의 동화작용이 전사표기를 간섭하여, 원칙의 굴절이 무상해진다. 예를 들면 한국어 '드, 두'와 같은 음절이 일본문자로 전사될 때 둘 다 'ㅏ'[to]가 되는데, 이 때 'ㅡ, ㅜ'의 부류 구분은 불가능하므로 접어두더라도, 구별이 가능한 단계마저 무시되어 일견 의아스럽다. 그러나 이것은 모음을 기준으로 생각했기 때문이다. 자음을 기준으로 생각한다면, 일본어 치경폐쇄음 t는 i를 포함한 고위모음 앞에 나타날 수 없기 때문에, 한국어 'ㄷ'을 전사에 살리기 위해서는, 'ㅡ, ㅜ'와 같은 고위모음을 단계가 낮은 중위모음 o로 대치시킬 수밖에 없었기 때문이다. 다시 말하면, '드, 두'는 일본문자 'ツ, ㅏ' 어느 것에도 대당되지 않기 때문에, 자음을 위주로 하여 'ㅏ'가 선택된 셈이다. 이 결과 한국어 '도'를 담당하게 되어 있는 일본문자 'ㅏ'는 '드, 두'까지 배당받게되어, 모음전사 원칙에 굴절을 일으키는데, 이것은 당시 일본어 음운배열을 제약하는 구조상의 틈(structural gap) 때문이었으므로 불가피한 일이었다.

3.5. 『全一道人』의 자음 전사에 대해서는 비교적 치밀한 검토가 행해진 바 있을 뿐 아니라,[14] 본고와는 직접적인 관련이 없으므로 사양하기로 하고, 여기서는 『全一道人』의 음운사적 성격을 찾아 자료로서의 효용성을 더듬어 보기로 한다. 이 자료의 효용성은 크게 두 가지로 나눌 수 있다.

첫째는 한국어를 완전히 假名으로 전사하고, 필요한 곳에는 단편적이나마 한국어를 添記하고 있다는 것이다.

コンヂニ(44)	ツコンノンヂラ(47)	チニ
건디	죽엇ᄂ지라	티

이와같은 방식은 의식적으로 취해진 것인데, 저자는 범례 제1조에서 그 목적을 다음과 같이 밝히고 있다.

> 이 책이 日本假名으로 朝鮮말을 적고, 肯繁한 곳에 諺文을 곁들여 적음은, 諺文에 매달려 말에 익숙하지 않은 者, 말하기가 어렵고, 말에만 힘을 써 諺文을 모르는 者, 말이 귀에 거슬리기 때문에, 假名으로 적은 것을 보고 말을 알고, 諺文으로 곁들여 적은 것을 보고 말의 根本을 알게 하려 함이니라. 다만 이는 사람을 이끄는 捷徑일뿐 材를 만드는 正法이 아니니라. 진정한 正法으로 말하자면 聰明한 사람을 뽑아 七八歲부터 彼國으로

---

14) 安田 章(1964: 20~52).

건너가 처음부터 諺文으로 말을 배우게 하는 도리밖에 없느니라.15)

이를 보면 雨森芳洲는 한국어의 문자표기와 음성실현에 차이가 나타남을 인식하고 있었다. 그 때문에 그는 假名, 즉 음성실현을 통하여 말을 익힘과 동시에, 언문 즉 문자를 통하여 표기의 규범을 알게 하기 위하여 위와 같은 방식을 택한 것이다. 요컨대 말과 문자는 합치하지 않으므로, 양자를 아울러 배워야 완전하다는 뜻일 것이다. 따라서 肯繁한 곳에 언문을 곁들인 것이, 전사의 불완전성을 보완하기 위한 의도만은 아니었던 것으로 생각된다. 그의 의도는 한국어 학습의 正法이 "칠팔 세부터 彼國으로 건너가 언문으로 말을 배우게 하는 것"이라고 한 데에 잘 나타나 있다. 그런데 전사와 한국어 添記는 전자가 음성실현에, 후자가 표기의 규범에 의거하고 있음을 잘 보여준다. 곧 한국어 添記는 당시의 표기 관용을 따르고 있어 보수적이나, 전사는 음성실현에 따르고 있어 진취적이다. 저자는 이 사실을 범례 제2조에서 다음과 같이 밝히고 있다.

> 韓語 가운데 諺文으로 쓰는 것과 말로 하는 것이 다를 때가 많으니라 ......(中略)...... 少年들이 諺文을 대충 알고 諺文冊을 읽으므로 말에 틀리는 일이 많으니라. 諺文冊을 읽음이 나쁘다는 것은 아니니라. 開合, 淸濁, 音便을 알지 못하고 함부로 읽는 것이 나쁘다는 것이니라.16)

開合, 淸濁, 音便이란 결국 음성실현을 뜻하는 것인데, 그는 이것을 중시하고 있었음을 보여준다. 『全一道人』은 이처럼 문자표기와 음성실현의 차이를 보여 주는 점에서, 언어현실을 추적하는 음운사가들에게 독특한 정보를 제공하고 있다.

3.6. 둘째는 전사표기에 일종의 구두점을 베풀어 discourse에 나타나는 내적, 외적 휴지를 보여 주고 있다는 점이다. 이는 新Bloomfield 학파의 일부학자들이 내세웠던 음운론적 어구

---

15) 原文을 적어 둔다. 句讀點은 理解를 위해서 筆者가 적당히 添入한 것이다.
　　此書, 日本かなにて朝鮮言葉をしるし, 肯繁の所にはかたわらに諺文をしるせしは, 諺文になつみ, 言葉にうときものはその言葉しふりてかたく, 言葉に專らにして, 諺文をしらさるものは, その言葉あやまりてくるし. しかるゆへ, かなにてかけるを見て言葉をしり, 諺文にてかたわらにかきしを見て言葉の本をしらしめんとの事なり. たゝし, 是は人をみちひくの捷徑にして, 才をなすの正法にあらす. まことの正法をいわは, 聰明の人をゑらひ, 七八歲より彼國にわたしおき, はしめより諺文にて言葉をならわす外はあるまし.
16) 韓語の内 諺文にてかけると言葉にいへるとはちかひたる事おゝし. …(中略)…少年の人 諺文をそこそこにしり, 諺文の書よみて言葉をあやまる事おゝし. 諺文の書をよむをあししとするにはあらす. 開合, 淸濁, 音便をしらすしてみたりによむをあししとするなり.

(phonemic phrase)를 연상시켜 주는 존재다. Bloomfield, Swadesh, Pike 등은 단어나 형태소를 음운분석의 기준으로 삼았다. 곧 음운분석에도 형태론 층위의 단위가 기준이 된 것이다. 그러나 Bloch 등은 단어나 형태소를 형태론 층위의 단위로 돌리고, 음운분석에서는 단순한 음운론 층위의 단위를 기준으로 삼자고 나섰다. 이것이 음운론적 어구인데 이 단위는 현실적인 言述에 나타나는 음성동화를 분석하는데 유용하였다. 여기에 형태음운이란 중간층위가 필요하게 되지만 음운론적 어구는 형식경계(formative boundary=FB)나 단어경계(word boundary=WB)와는 意趣를 달리하고 있다. 『全一道人』의 구두점(。표)은 단순히 읽는데 편리하도록 베풀어진 것이겠지만, 결과적으로는 음운론적 어구에 상당한 성격을 보이게 되었다.

アビ。クマルゝ。ヲチリ︵ネ︵ヰ︵ヨ。ヲミ。ストハン。スゝロ。ド゛^ヨ^ッザ゛゛。(19)[17]
　　어지리녀기고　　　　쏘흔　　　　뉘웃처

구두점이 일괄성을 띄고 있는 것은 아니나 흥미있는 정보를 제공하고 있음에 틀림없다. 이와 더불어 전사에는 음절단위 표시가 나타나기도 한다. 곧, 위의 '︵ネ︵ヰ︵ヨ'에 보이는 弧(⌒) 하나하나는 '녀, 기, 고'처럼 각기 1음절로 실현됨을 나타내며, 아래의 'ハ゛゛゛^ル^ク'는 '븕그-'와 같은 2음절, 'ミ^ヨ'는 '-며'와 같은 1음절임을 나타낸다.[18]

ハ゛゛゛^ル^ク︵ミ^ヨ(49)　　ウロイハミ^ヨ(52)
　　　　미오　　　　　　　우레

결국 전자는 '븕으미오', 후자는 '우레ᄒ며'를 전사한 것이다. 같은 'ミヨ'라도 전자는 'ミ'와 'ヨ'가 각기 1음절, 후자는 'ミヨ' 전체가 1음절 구성임을 표시한 것이다. 이로써 저자가 음절단위를 표기에 반영시키려 한 의도는 이해되나, 구두점 표시에 비하여 소홀하게 처리된 점이 많다.

3.7. 이상과 같은 특성을 감안할 때, 『全一道人』은 18세기 초엽의 현실언어 자료로서의 자격을 갖추고 있는 문헌임에 틀림없다.[19] 물론 'スタル'(쌀), 'ズ゛ソ'(뼈)와 같은 예는 문자에

---

17) 출전표시는 영인본 면수를 따른다.

18) 원문에는 'ハ゛ル゛ク'나 'ミヨ' 전체에 걸쳐 각기 하나의 弧(⌒)가 그려져 있으나 본고에서는 이를 'ハ゛゛゛^ル^ク'나 'ミ^ヨ'처럼 꺾쇠(' ^ ') 표로 옮겨둔다.

19) 모음 'ㆍ'는 16세기부터 어두음절 이하에서 'ㅡ'와 중화적 대립을 보이기 시작한다. 이것은 構造的으로 條件된(structurally conditioned) 중화이며, 遠心的(centrifugal)인 것이다. 따라서 16세기 이후부터는 모음대립의 最大區別處(place of the maximal variety)가 어두음절이며 여기서는 'ㆍ'가 不變的 對立을 보이고 있다. 즉 비어두음절에 나타나는 'ㆍ'는 原音素(archiphoneme) 자격을 가질 뿐이다. 'ㆍ'의 非音韻化를 추적하면서 어두음절만을 대상으로 택하는 이유가 바로 여기에 있다. 어두음절이란 단어 또는 형태소의 첫음절(제1음절)을 뜻한다. 그러

이끌린 보수적 표기로 보인다. 그러나 『全一道人』은 현실언어로서의 특징이 보다 명확할 뿐 아니라, 일반한국어의 청각적 특징에 기반을 두고 있으므로, 한국어음운사에 보탬을 주는 자료라고 생각된다.

4. 어두음절 모음 'ᆞ'의 전사

위에서 검토한 전사자료를 통하여 어두음절 모음을 推尋해 보면, 한국어 문헌에서 외면당한 'ᆞ'의 진취성이 의외로 많이 드러난다.

『全一道人』의 한국어 添記가 관용적이며 보수적인 표기를 보이고 있음은 앞에서 지적한 바 있다. 어두음절음 'ᆞ' 표기 역시 거의 혼란을 보이지 않는다. 15, 16, 17세기를 통하여 'ᆞ'를 유지하고 있던 형태는 여기서도 'ᆞ'를 견지하고 있다. 그러나 16, 17세기에 이미 '흙 (〈ᄒᆞᆰ, 土), 되-(〈ᄃᆞ외-, 化)'가 된 것은 여기서도 그렇게 나타난다.

> #フルクロ゚^ソ# 흙(58), #フル#ク^モ^グカヲンダイ# 흙 그멍(59).
> #トヤ^ツトニ# 되엿ᄃᆞ니(42), #トヱンサラミ二# 된(109), #ケイモイトヤ# 되여 (21).
> #ヒ^ヨゾト^ヤ# 되여(22), #ヒ^ユ^グ子ントイムル# 되믈(93).

'흙'은 『和漢』에 'ᄒᆞᆯ 不留(17r)', 『朝物』에도 'ᄒᆞᆯ(9v)'로 나타난다. 한국어 添記는 없으나, '#コヲルイ#(48)'도 '고올'로 굳어진 상태를 나타내고 있을 것이다.

본래의 'ᆞ'가 'ㅏ'로 표기된 것은 'ᄀᆞᄅ치-(敎)' 1예 뿐인 듯하다.

> #カロ^ッチコ# ᄀᆞᄅ치고(75), #カロ^ッチムル#(62), #カロ^ッチ二#(117).

한국어 添記는 한번 뿐이나, 添記가 없는 경우도 어두음절은 모두가 a를 보여주고 있어,

나 여기서는 원칙적으로 『全一道人』의 구두점 다음에 나타나는 음절을 어두음절로 지칭해 둔다. 편의상 구두점 표시는 #表를 대용한다. 그러나 /#/ 즉 [-seg, -FB, +WB]와 같은 뜻은 아니다. 문장의 단락이 시작되거나 행이 바뀔 때에는 구두점이 첫머리에 나타나지 않으나, 잠재하고 있는 것으로 판단될 때에는 #표를 인정하기로 한다.

모음 'ᆞ'의 非音韻化 시기 63

그 음성실현이 添記와 일치한다. 『朝物』에 'まろちた(14v)'로 나타나는 것도 왜곡된 어형이나마 어두음절모음이 a였음을 보여준다. 한편 'ᆞ'가 'ㅗ, ㅓ'로 표기된 예가 각기 하나씩 있으나, 이에 대해서는 후술하게 될 것이다. 이 밖에 '타-(和)(110)'가 나타나나, 이는 부사형이다. 따라서 이를 형태음운론적인 모음연결규칙 'ㅏ〉ㅓ'로 볼 수도 있으나 모음 'ᆞ'의 非音韻化로 '투아〉타아〉타'가 되었다고 볼 수도 있을 것이다. 한편 본래는 '쌔히-〉빠이-'(『東國新續三綱行實』孝子圖 八5v)였던 것이 '쌘이-'로 나타나나, 17세기에 '쌘이-'(『朴通事諺解』中 46r)가 보이므로 특이한 것은 아니다. 『全一道人』의 전사로 보아 '쌘이-'의 'ᆞ'는 a로 실현되었음이 분명하다. '#ハ゛ヤ^ッタニ# 쌘엿더니(32), #ス゛ハ゛イコ# 쌘이고(119), #チンソヲイスハヤ# 쎄여(41)'. 따라서 『全一道人』의 '쌘이-'라는 표기는 당시의 관용이었을 것이다.

그런데 한국어 添記에는 본래의 'ㅗ'가 'ᆞ'로 표기된 예가 보인다. '#イムソロ# 임ᄉ(〈任所)(42), #コ^ッソ゛# 고ᄎᆞ(〈초)(〈苦楚)(30), #シヨイソロイ# 쇠ᄉ(〈소)릭(122), #ノムイサホイトヤ# 사히(〈회)(〈墻)(38), #ハンモブスルノミ# 못뿔ᄂᆞᆷ(〈놈)이(72)'. 어두음절에 나타나는 것은 아니지만, 당시의 'ᆞ'가 o로 실현되는 수가 많았기 때문에 본래의 'ㅗ'를 'ᆞ'로 오인한 예가 될 것이다. 이와는 달리 본래의 'ㅓ'가 'ᆞ'로 표기된 예도 있다. 먼저 어두음절의 예로 '#ソ^ツコ# ᄉᆺ(〈섯)고(〈거)(〈混)(54)'가 있다. 이 때의 'ᄉᆺ고'는 '섯거'의 잘못이다. 비어두음절의 예로는 다음과 같은 것이 있다. '#アホブソロイ# 아홉ᄉ(〈서)릭(〈歲)(29), #ドイソル#(82)'. 후자에는 한국어 添記가 없으나 있었다면 '네 술'로 적혔을 것이다. 이 경우 '설'을 '술'로 오인한 것이라고 볼 수도 있으나, 모음의 대당관계를 보면 중위모음 'ㅓ'가 o로 전사되므로, '설'이 'ソル'로 전사됨에 따라 'ㅓ' = o = 'ᆞ'와 같은 착오를 일으켰음에 틀림없다. '섯거'를 'ᄉᆺ고'로 오기한 것도 같은 이유로 이해할 수 있다. 어느 경우나 'ㅗ'를 'ᆞ'로 오인한 것과 같은 범주에 드는 실례다.

결국 17세기까지 유지되던 어두음절의 'ᆞ'가 표기에서도 'ㅏ'로 바뀐 것은 '가ᄅ치-' 1예뿐이다. 그밖의 것들은 원칙적으로 'ᆞ'로 표기되어 있다. 그러나 전사는 그렇지 않다. 단모음 'ᆞ'는 a 또는 o, 구개성 off-glide 이중모음의 음절주음 'ᆞ'는 a로 전사되어, 같은 'ᆞ'라도 경우에 따라 음성실현이 달랐음을 보여준다. 이하에 그 실례를 고유어와 한자음으로 나누고, 이를 다시 단모음과 이중모음으로 나누어 정리하기로 한다. 한국어 添記가 전혀 없는 예라도 본래 'ᆞ'였던 것은 여기에 포함시키고 그 추정형을 '⟨' 표로 나타낸다. 첫머리의 한자는 해당 형태소의 일반적인 의미를 표시한다.

1) 고유어

가. 단모음에서

(1) a로 전사된 예

① 邊. #ムルカヲイ#(37)〈ᄀᆞ. 어두음절은 아니나 'ᄀᆞ'가 a로 나타나 있다. 그러나 o로 보이는 예도 있다. #ムルコヲイ# ᄀᆞ의(31), #ムルコヲイ# ᄀᆞ의(42). 역시 어두음절은 아니다.

② 横. #カルラヤ# ᄀᆞᆯ래여(42). 의미가 확실하지 않으나, 일본어역문 '魏國夫人の乘船よこたわりくつがゑらんとせしを……'의 'よこたわり', 『勸懲故事』의 原文 '舟横欲覆(一 11v)'의 '横에 해당되는 것으로 보아 15세기의 부사 'ᄀᆞᄅᆞ'(横)에서 파생된 동사의 피동형인 듯하다. 15세기에는 'ᄀᆞᄅᆞ티-'라는 능동형이 보인다. 'ᄀᆞᄅᆞ믈 ᄀᆞᄅᆞ텨'(截江. 『杜詩諺解』初刊 十六 62r). 부사 'ᄀᆞᄅᆞ'는 동사어간 *'ᄀᆞᄅᆞ-'의 零交替形으로 보이는데, 현대 한국어의 '가르-'(分)가 이를 말해 준다. 'ᄀᆞᆯ래여'가 'ᄀᆞᄅᆞ' 또는 *'ᄀᆞᄅᆞ-'와 관계가 있다면, 이는 본래 'ᄋᆞ'를 가졌던 형태소가 된다.

③ 日. #カロトイ#(18, 20, 24, 26 등 30여 용례)〈ᄀᆞ로ᄃᆡ-, ᄀᆞᆯ오ᄃᆡ-. 한국어 添記는 없으나 어두음절 'ᄋᆞ'가 예외 없이 a로 나타난다.

④ 蔽. #カリヲチモ^ツハカイハコ# ᄀᆞ리오지(30), #カリヲチ# ᄀᆞ리오(76).

⑤ 密. #カマニ#〈ᄀᆞ마니. 16, 17세기에 '가마니'가 나타나는 것으로 보아 당시에는 '가마니'가 일반적이었을지도 모른다. '가마니(冲, 漢)(『新增類合』下 55r)(『東國新續三綱行實』忠信圖 一37v)'.

⑥ 最. #カザグ#(41, 85), #カザク#(72)〈ᄀᆞ장.

⑦ 具. #カ^ツゾ゛゛^ワチラ# ᄀᆞ초와(78).

⑧ 蘆. #カルコ^ツツル# ᄀᆞᆯ꼿츨(17).

⑨ 擇. #カルホヤ# ᄀᆞᆯ히여(100).

⑩ 浴. #カムゴ# ᄀᆞᆷ고(54), #カ^ムゴ# ᄀᆞᆷ고(74).

⑪ 閉. #ヌゝルカムリラ# ᄀᆞᆷ므(25). 'ᄀᆞᆷ므' 앞에 구두점이 없어 어두음절이 아니나 형태소의 頭音節이 될 수 있으므로 포함시켜 둔다.

⑫ 藏. #カムゾ゛゛ワ^ツタカ# ᄀᆞᆷ초(27), #カムゾ゛゛コ# ᄀᆞᆷ초고(39), #カムヅンコキルゝ# ᄀᆞᆷ

촌(40), #カムソ゚コ#(87), #カムソ゚ワトコ#(123). 세 번째 예의 'ヅ'는 'ソ゚'의 오기일 것이다.

⑬ 如. #カ゚ッチアニハヤイダ#(49), #カ^ッチ#(32), #カ^イカ^ツタン# 개ㅈ튼(74).

⑭ 走. #タラナ# 드라(28), #タラトラ# 드라드러(42), #タラカ# 드라(58). 이에 대하여 '#トラカ#(99)'는 '들-(入)'의 뜻이다. 한편 '#タンニミ^ヨ(105)'가 나타나는데 이는 '드니며'를 전사한 것이다. '드라나-, 드라들-, 드라가-'의 '들-'과 '드니며'의 '든-'은 모두 '들-'에 기원을 두고 있다.

⑮ 耳矢. #タラミラ#(21), #フルリルタロミロラ# 쯔름이(122).

⑯ 別. #タロ# 쯔로(100).

⑰ 從. #タラカラハニ# 쯔라(118).

⑱ 月. #タルパムイ# 들(91), #ハンダリ# 들이(56).

⑲ 女. #ᄉタ^ルイチ^ブイ# 쫄의(50), #ᄉタルゝ#(52, 53), #ハンᄉタリラ#(88), #ト^ウッタルゝ# 두쫄(102).

⑳ 捨. #パリコ# 브리(70), #パリトイ#(64), #パリコ#(99), #パリコチ^ヤ#(93), #パリチモツハヤ#(94), #パリチアニハナ#(113), #ノハパレニ#(18). 『朝物』에 '捨 ぱれら(15r)'. 이는 명령형일 것이다.

㉑ 風. #パラミ#(40)〈브름, #パラム#(59), #パラムク^ワ#(115), 『全一道人』에는 한국어 첨기가 없다. 『和漢』에 '風 ぱらん 波良牟(17r)', 『朝物』에 'ぱらみ(8v)'.

㉒ 方 #パヤフロ#(46)〈브야호로. 이 단어는 15, 16세기에 '뵈야ᄒ로, 보야호로, 뵈야호로, 뵈야흐로'였으나 17세기에는 '비야ᄒ로, 브야흐로, 빙야흐로, 보야흐로, 보야호로, 보야흐로'와 같이 어두음절에 'ㆍ'가 나타난다. 따라서 이 'ㆍ'는 17세기에 생겨난 표기인데 『全一道人』은 이것이 a였음을 보여준다. '女'를 뜻하는 '갓나히'도 17세기에 'ᄀ나희'(『朴通事諺解』上 49v)로 나타나는데, 이 'ㆍ'의 음성실현은 a였을 것이다. '女 かんなへ(『朝物』11r). '바야흐로'라는 표기가 문헌에 나타나는 것은 18세기 후반이다. '바야흐로(『倭語類解』上 27v)(『御製諭京畿洪忠全羅慶尙原春咸鏡六道綸音』5r). 그러나 전사 자료들은 15, 16세기의 'ㅏ'가 17세기에 'ㆍ'로 표기되었을지라도, 그 음성실현은 분명히 a였음을 보여준다.

㉓ 明. #パ^ル^ク゚ミ゚ヨ# 미오(49)〈*붉-. 한국어 첨기는 어미에만 붙어 있으나 뜻으로 보

아 '붉-'이 분명하다.

㉔ 烹. #サルマ# 솔마(38). 이 형태소는 o로 나타나기도 한다. #ソムギリラ# 숨기이리라
(106). 이 예는 일본어역문 'さつそく參 にられ申さんといへるに……'의 'にられ', 『勸
懲古事』의 原文 '卽來就烹'(二3v)의 '烹'으로 보아 '숨-'(烹)이 분명하다.

㉕ 肥. #サルチニ# 솔지니(107). 그러나 명사는 o를 보여준다. #ソル# 솔(〈肉)(55).

㉖ 滿. #サ ゙チモ^ツハカ^イハヤ# 츠지(30), #サ ゙ッチモツハヤ^ツタ# 츠치(〈지)(86).

㉗ 佩. #サ ゙コ# 츠(47).

㉘ 寒. #サ ゙# 츠(18), #サ ゙ンコスル# 츤(77).

㉙ 尋. #サ ゙^ツトニ# 춧(91). 이 형태는 o로 나타나는 경우가 더 많다. #ソ ゙ヅニ# 츠즈니
(28), #ソ ゙ザ# 츠자(50, 65), #ソ ゙ザホニ# 츠자(95), #ソ ゙ツカイハノラ# 춧게(89), #ソ ゙
ザトイ#(90), #モ^ツソ ゙ザハノラ#(91).

㉚ 乘. #タコ#(42), #ハ ゙^イタコカノンサラミ# 트고(37), #ウイク〵ブ ゙インタンハ ゙イ#
튼(42).

㉛ 賣. #ハ ゙ラツトニ# 프랏(80), #ス^ト^ヲハ ゙ラモ^クコ# 프라(80), #モムルハ ゙ラ# 푸
(77). 마지막 예의 한국어 첨기 '푸'는 '프'의 잘못이다. 『朝物』에 '買 하루카(11r)'. 이는
의문형을 옮긴 것. '賣'와 '買'의 의미가 바뀐 것에 대해서는 2.5. 참조.

㉜ 臂. #ハ ゙ル〵# 폴(105).

㉝ 爲. 범례에 '亽읍닉 ハヲムノイ(9), 亽엿노라 ハヤンノラ(9)'가 보인다. '亽-'의 '·'가
a로 실현되고 있음을 알 수 있다. 그러나 '亽-'는 제2차 어간형성 접미사로 사용되는
경우가 많은데, 그 경우에는 어두 음절이라고 하기 어려우나 '亽-'의 '·'는 어두, 비어
두를 가리지 않고 원칙적으로 a임을 보여 준다. '#ウ^イハヤ#(20, 84, 105), #ミンソヌ
ロハヤコム#(18)'과 같은 비어두 및 '#ハトンゴシマイ#(78), #ハチアニハニ#(60), #ハ
ルキリヲブソ#(80), #ハイシニ# 亽이시니(101)'와 같은 어두. 『全一道人』에는 '亽-'가
모두 470餘例 나타나는데 그 대부분은 a로 전사되고 있으며 그 중 20餘例는 o로도
나타난다. '#ソラグホコ#(17) #ソ ゙ルホコ# 졀(23), #カナンホコ#(85), #アニラホコ
#(90)'와 같은 비어두 및 '#サ^グ毛#ホコ# 喪母(17), #クリハマ#ホコ# 亽마(45), #テ ゙^
ンド^グ#ホコ#(81), #ソ ゙ルアニハンダ#ホコ# 졀(103)'과 같은 어두. 요컨대 '亽-'의
'·'는 a, o 두 가지로 나타남을 알 수 있다.

㉞ 一. #ハナヒイ#(41), #ハナフルヲト#(36), #ハナフルナフニ#(123)〈ᄒᆞ나. #ハンバヌイ# ᄒᆞ번의(34), #ハンコヲルイ# ᄒᆞᆫ(55), #ハンナルト# ᄒᆞᆫ알(87), #ハムサ゛゛゛ᵔクル# 홈작(89), #ハムサ゛゛ク# ᄒᆞᆷ작(91). 基數詞形의 예는 셋뿐인데 비하여 관형사형의 예는 근 40에 이른다. 어느 것이나 예외없이 a로 나타난다. 『和漢』에 '一 はんな 波牟奈(18v)', 『朝物』에 'はな(15v)'.

㉟ 一日. 범례에 'ᄒᆞᆯᄂᆞᆫ 一日 ハルロン(9)'이 보이며 한국어 첨기가 없는 '#ハルロン#'이 10餘例 나타난다. 그밖에도 다음과 같은 예가 있다. #ハルロン# ᄒᆞᆯᄂᆞᆫ(24), #ハルロイ# ᄒᆞᆯ릭(83), #ハロ^ツハ゛゛ムルサ゛゛コ# ᄒᆞᆯ밤(51).

㊱ 癒. #ハリニラ# ᄒᆞ리(56), #ク^ワ^イヒ^イハリタ# 쾌히ᄒᆞ리(54), 'ᄒᆞ리-'란 형태소가 어느 시기까지 소급되는지 알 수 없으나, 17세기에는 분명히 존재하고 있었다. 'ᄒᆞ리-'(『捷解新語』三3v). 이 때 'ᄒᆞ리-'는 일본어 원문 'したいになおるやうにこされとも'의 'なおる'에 해당되므로 '癒'의 뜻임이 분명하다.

(2) o로 전사된 예

① 粉. #コ^ᵔルロ^ルメンドラ# 굴을ᄆᆡᆫᄃᆞ라(56).

② 纔. #コ^ツ# ᄀᆞᆺ(95). 이에 대하여 '#カ^ツ# 곳(66)'이 보인다. 이 '곳'은 일본어역문 'ひとりの男を生ける. すなはち元貞(〈貞의 오기)禎なり'의 'すなはち', 『勸懲古事』의 原文 '生一子卽良禎(一15v)'의 '卽'에 해당하므로 'ᄀᆞᆺ'과는 의미를 달리하고 있다. 이것이 a로 전사된 데에 어떤 이유가 있는지 얼른 알기가 어렵다.

③ 菜. #ノムルクキラト# ᄂᆞ믈국이(82).

④ 下. #ノリチアニハトニ#(42)〈ᄂᆞ리-.

⑤ 分. #ノンフルソイ# ᄂᆞᆫ홀(100), #ノンハ#(100), #ノンフンイルゝ# 논흔(90). 마지막 예의 한국어 첨기는 본래의 'ᆞ'를 'ㅗ'로 적고 있어 특이하다. 이 경우의 'ᆞ'가 o로 실현되었기 때문에 음성실현대로 적은 것인지, 아니면 방언의 간섭인지 알 수가 없다.

⑥ 飛. #ノルリ^ᵔヤ# ᄂᆞᆯ려(59).

⑦ 他. #ノムイ#(112)〈ᄂᆞᆷ, #ノムイサホイトヤ# 사ᄒᆡ(〈회)(38). 이 단어에 대한 한국어 첨기는 없으나 'ᄂᆞᆷ'이 분명하다.

⑧ 顔. #ノ^ᵔツᢙキコ# ᄂᆞᆺ시기고(23).

⑨ 爭. #ト^ットワ# 드토와(110). 범례3에 '도토와'로도 표기하고 있다.

⑩ 終. #モ^ツチ#(46)〈믓-, #モ^ツチモ^ツハヤシ^ヤ#(69), #モ^ツツンフヲイ#(90). 한국어 첨기는 없다.

⑪ 終. #モ^ツツ^ムナイ# 믓촘내(51), #モ^ツツ^ムナイ#(81), #モ^ツツムナイ#(104, 113).

⑫ 村. #モヲル# 무을(47), #モヲル#(53, 83, 90), #モヲルイ#(25), モヲルサラミ#(55, 71, 116). 『朝物』의 '里 もうか(10r), 町 もうが(10r)'도 같은 것으로 생각된다.

⑬ 心. #モヲムイ#(22, 50)〈무음, #モヲムル#(21), #アンモヲムイ#(18). 한국어 첨기는 보이지 않는다.

⑭ 伯. #モトン# 믓은(120).

⑮ 馬. 범례2에 '믈쇼 馬牛 モシ^ヨ(8)'가 있다. 『和漢』에 '馬 もる 毛留(18r)', 『朝物』에 'もる(10r)'.

⑯ 碎. #ホ゛ワチ^ヨ# 부아져(123).

⑰ 愛. #ソラグホコ#(17)〈ᄉ랑ᄒ-, #ソラグハキルゝ#(32), #ソラグハヤ#(89, 90, 113), #ソラグハノンバ^イラ#(108).

⑱ 徹. #ソモ^ツソ゛# ᄉ믓차(71).

⑲ 察. 범례2에서 '슬퍼と가키てそるひやといひ(10)'라는 설명이 보인다. 어두음절 'ᆞ'가 o로 실현되었음을 단적으로 알려주고 있다. #ソ^ルヒ゛゛^ヤ# 슬퍼(18), #ソルヒ゛゛ラ#(26), #ソルヒ゛゛^ヤ#(110).

⑳ 白. #ソロカロトイ#(49)〈슬오-. 한국어 첨기는 없으나 일본어 역문 '申せしば'에 해당되는 부분이다.

㉑ 値. #ブ゛゛^ソンヂラ# 빤지라(72).

㉒ 米. #ブ゛゛^ソル20)ゝツヲモキトラ# 주어(60)〈ᄡᆯ. 『全一道人』에는 한국어 첨기가 없다. 『和漢』에 '米 ぴさる 比゜佐留(17r)', 『朝物』에 'ひさり(9v)'. 『全一道人』이 o를 보이고 있는 반면, 나중 둘은 a를 보이고 있다.

㉓ 長. #ソ゛゛^シキソ゛゛ラ^ツコトン# ᄌ라거든(89).

㉔ 頻. #ソ゛゛ロ# ᄌ로(65, 101), #ソ゛゛ロ#(102).

㉕ 頗. #ソ゛モ^ツ# ᄌ믓(39, 114).

---

20) 처음에는 제1음절을 'ブ゛ソ'로 했다가 'ス゛ソ'로 고친 흔적이 보인다.

㉖ 斷. #ソ゛゛ルロ# 절로(36), #マ^クソ゛゛ルロ# 막줄라(51, 86). 첫 번째 예는 본래의 'ㆍ'가 'ㅓ'로 표기된 특이한 예이다. 앞에서 '설'을 '술'로, '섯거'를 '슷고'로 오인한 예를 지적하고 그 이유를 더듬어 보았거니와, '줄라'가 '절로'로 표기된 것은 그 이유를 역으로 적용하면 이해될 것이다.

㉗ 忍. #ソ゛゛゛マ# 츠마(34), #ソ゛゛゛マ#(27, 44, 89, 94, 99, 123).

㉘ 第. #ソ゛レイアナイ# 츠례(85). 이는 한자음에 기원을 두고 있으나, 한국어화한 형태를 가지고 나타나므로 여기에 포함시켜 둔다.

나. 이중모음에서

(1) a로 전사된 예

① 覺. #ㇲ^カ^イタラ# 싯드라(27), #ㇲカイタラ# 싣드라(32), #ㇲカイトラ# 싣드라(110).

② 常. #マヤグ# 밍양(35), #マヤグ#(78, 83, 112). 한국어 첨기 '밍양'은 '미양'의 잘못일 것이다. 한자어에서 기원한 것이나 15세기 이래 '미샹, 미양'으로 표기되어 왔으므로 여기에 포함시켜 둔다.

③ 結. #マヤ# 미여(35, 58).

④ 腹. #ハ゛゛^イ工# 빅(30), #ハ゛゛イ工#(68), #ハ゛゛^イコ^ツブ゛゛゛ンコスル# 곳픈(87).

⑤ 舟. #ハ゛゛イタコ# 트고(37), #ハ゛゛イルルツ゛゛ヲ# 비를 저어(45), #ハ゛゛イ#(41, 43), #ハ゛゛イ工#(43), #ハ゛゛イブ゛゛リノンサラミラ# 브리(44). 『和漢』에 '船 ぱい 波伊(17v)', 『朝物』에 '舟 ぱい(10r)'.

⑥ 孕. #ハ゛゛゛ヤ^ツトニ# 빗엿더니(67), #ソ゛゛シクハ゛゛^インテ゛゛^ブイ# 빈(69).

⑦ 蛇. #ハ゛゛ヤムン#(41), #クンハ゛゛ヤム#(41), #クンハ゛゛ヤミロラ# 빅얌이(41).

⑧ 學. #ハ゛゛イハ#(70)〈빅화-, #クルハ゛゛イホルソイ#(118). 한국어 첨기는 없다. 『朝物』에 '學 はいはた(14v)'.

⑨ 思. #サ^グガ゛^クハヤ# 싱각(20), #サンガ゛^クハヤ#(30), #サグガクハヤ#(33, 38), #サグガクチアニホコ#(104). 한자어에서 기원했을지도 모르나, 15세기에도 '싱각'으로 표기되었기 때문에 여기 포함시켜 둔다.

⑩ 滿. #サ゛゛イワ# 치(113)〈치오-.

(2) e로 전사된 예

① 素. #メンバ^ブルモクトラ# 믠밥(76).

② 造. #メンドラ# 믠드라(36), #ロルロルメドラ# 믠드라(56).

(3) u로 전사된 예

① 白. #フインコ^ツブ゙ルロ# 흰(56). 『朝物』에 '白 ふいた(10v)'.

2) 한자음

가. 단모음에서

(1) a로 전사된 예

① 恨. #ハント^インニラハンダ^イ# 흔(113). 그러나 o로 전사된 예가 셋이다. #ホヌル サマ^ツトラ# 흔을 삼엇더라(36), #ホンハヤ# 흔(52), #ホンハトニ# 흔(63). '恨'의 현실음은 '흔'(『新增類合』羅孫本 下 35r).

(2) o로 전사된 예

① 四. #ソシブイ# 〈십의(67)〈四十, #ソメヌル# 〈면을(74)〈四面, '四'의 현실음은 '〈'(『訓蒙字會』叡山本 下 14v).

② 私事. #ソ〵ル〵#(105)〈私事. '私'의 현실음은 '〈'(『類合』下 4r), '事'의 현실음도 '〈'(『類合』下 63r).

③ 使. #ソチ^ヤルヽ#(115)〈使者. '使'의 현실음은 '〈'(『類合』上 17v).

④ 士. #ソタ^イウワ# 〈태우와(105)〈士大夫. '士'의 현실음은 '〈'(『字會』中 1v).

⑤ 辭. #ソヤ^グハヤ#(82)〈辭讓. '辭'의 현실음은 '〈'(『類合』下 9v).

⑥ 仕. #ソデ゙クイ# 〈뎍의(113)〈仕籍. '仕'의 현실음은 '〈'(『類合』下 22r).

⑦ 字. #ゾノン#(17)〈字. '字'의 현실음은 '즛'(『字會』上 18r).

⑧ 子. #ゾ^コ^ニニ# 즛건이니(17)〈子騫, #ゾセイ# 즛시히(90)〈子細 또는 仔細, #ゾ

シ^ク#(32, 65)〈子息. 이밖에도 '子息'의 곡용형이 15여회 나타나는데 '子'는 언제나 'ゾ'로 전사되어 있다. '子'의 현실음은 'ᄌᆞ'(『字會』上 16v).

⑨ 自. #ゾシ^ユハヤ#(48)〈自首. '自'의 현실음은 'ᄌᆞ'(『字會』下 10v).

⑩ 姉. #ゾモイ# ᄌᆞ민(103)〈姉妹. #ゾモイウ^イデ゙^グル# ᄌᆞ민(의)졍(을)(104). '姉'의 현실음은 'ᄌᆞ'(『字會』上 16v).

⑪ 次. #ゾレイアナイ# ᄎᆞ례(85). 한자어 기원. '次'의 현실음은 'ᄎᆞ'(『類合』上 3r).

나. 이중모음에서

(1) a로 전사된 예

① 改. #カイカハヤ# ᄀᆡ가(120)〈改嫁. '改'의 현실음은 'ᄀᆡ'(『類合』上 4v).

② 來. #ワ^グナイハトイ# 왕ᄅᆡ(37). 어두음절은 아니나 한자는 하나하나가 형태소의 기능을 가지기 때문에 여기에 포함시킨다. '來'의 현실음 'ᄅᆡ'(『類合』下 19r). 『朝物』은 '明日 ないる(14r)'.

③ 代. #タイハヤ# ᄃᆡ(107), #タ^イハヤチラハニ#(109). '代'의 현실음은 'ᄃᆡ'(『字會』中 1r).

④ 對. #タイハヤ# ᄃᆡ(31)〈對, #タ^イタブハヤ#(91)〈對答. '對'의 현실음은 'ᄃᆡ'(『字會』下 14v).

⑤ 待. #タ^イデ゙^ブ#(118)〈待接, #タ^イデ゙^ブハキルゝ#(19, 30), #タイデ゙^ブハトニ#(39). '待'의 현실음은 'ᄃᆡ'(『類合』下 34v).

⑥ 每. #マヤグ# 믹((믹)양(35). 한자어 기원. '每'의 현실음은 'ᄆᆡ'(『字會』下 11r).

⑦ 百. #バ^グメニナ# ᄇᆡ민이나(72)〈百緡. '百'의 현실음은 'ᄇᆡ'(『字會』下 14v). 『和漢』에 '農夫 ぱくせぎ 波°久世岐(17v), 百 いるばく 以留婆久(18v)', 『朝物』에 '農夫 ぱきせぐ(11v), 百 ばいく(15v)'라 하여 '百'의 음절주음을 a로 나타내고 있다.

⑧ 生. #サグヲブル# ᄉᆡᆼ업을(38)〈生業, #サグ^モヱシ^ヤ#(66)〈生母, #サグセン#(30)〈生鮮, #サ^グケ^イルゝ#(94)〈生計, #サグアイハラハニ#(121)〈生涯. '生'의 현실음은 'ᄉᆡᆼ'(『字會』上 17v).

⑨ 財. #ザイムルゝ#(55, 100, 110, 111)〈財物. #ザイムリ#(102). #ザイムルン#(113). '財'의 현실음은 'ᄌᆡ'(『字會』下 8v).

⑩ 册. #ザ˝^クル# 칙(118)〈册. '册'의 현실음은 '칙'(『字會』上 18r).

⑪ 責. #ザ˝^クハトニ# 칙(103)〈責. '責'의 현실음은 '칙'(『類合』下 19v).

⑫ 骸. #ヲメニマイコリトヤ# 엄연히 미골(60)〈骸骨. 이 부분은 『勸懲故事』의 원문 '儼成 骷髏(一14r)'나 일본어역문 '儼然たるしやりこうへとなり'로 보아 '엄연히 히골이 되어' 의 뜻이다. 따라서 轉寫나 한국어 添記가 '骸'의 음독을 '미'로 誤認한 듯하다. '骸'의 현실음은 '히'(『字會』上 14v). 다만, '미골'을 '埋骨'로 보더라도 '埋'의 현실음 또한 '미'(『類 合』下 60a)였다.

⑬ 行. #ハ^グハニ# 힝(62), #ハ^ギシルゝ#(70)〈行實. '行'의 현실음은 '힝'(『字會』下 11v, 13v).

(2) o로 전사된 예

① 梓. #ソ˝^イト^グテ˝^イクニ#(115)〈梓潼帝君. '梓'의 현실음은 '지'(『字會』上 6r).

5. 전사내용의 종합

5.1. 『全一道人』의 어두음절모음의 'ㆍ'의 전사내용을 종합하기 전에 『和漢』과 『朝物』의 어두음절모음 'ㆍ'의 전사를 여기에 정리해 둘 필요를 느낀다. 이들은 보충자료로서, 크건 작건 암시해 주는 바가 있기 때문이다.

標題語	『和漢』	『朝物』	韓國語 推定形
① 敎		まろちた(14v)	ᄆᆞ르치다
② 秋		こおる(10v)	ᄀᆞ올
③ 明日		ないる(14r)	ᄂᆡ일
④ 橋		そり(9r)	ᄃᆞ리
⑤ 雞	とるき 止留木(18r)	とるき(14r)	ᄃᆞᆰ
⑥ 內		かをんだい(10v)	가온ᄃᆡ
⑦ 所		とい(10r)	ᄃᆡ
⑧ 里		もうか(10r)	ᄆᆞ올

⑨	町		もうが(10r)	ᄆᆞ올
⑩	馬	もる 毛留(18r)	もる(10r)	믈
⑪	梅	ばいはい 波伊波以(17r)	まばい(9v)	믹화(梅花)
⑫	風	ばらん 波良牟(17r)	ばらみ(8v)	ᄇᆞ름
⑬	壁		ぱらんぴよく(10r)	ᄇᆞ람벽
⑭	捨		ぱれら(15r)	ᄇᆞ려라
⑮	船	ぱい 波伊(17v)	ぱい(10r)	ᄇᆡ
⑯	學		はいはた(14v)	빈호다
⑰	農夫	ぱくせぎ 波°久世岐(17v)	ぱきせぐ(11v)	ᄇᆡᆨ셩(百姓)
⑱	百	いるばく 以留婆久(18v)	ばいく(15v)	일ᄇᆡᆨ(一百)~ᄇᆡᆨ(百)
⑲	男	なんざう 奈牟左宇(17v)	そんなく(11r)	남ᄌᆞ(男子)~ᄉᆞ나히
⑳	泉		しよん(9r)	심
㉑	米	ぴさる 比°佐留(17r)	ひさり(15r)	ᄡᆞᆯ
㉒	賣		さちや(11r)	사쟈
㉓	貫		はるか(11r)	ᄑᆞᆯ가
㉔	小豆	ぱつ 波°豆(17r)	ぱつ(9v)	ᄑᆞᆺ
㉕	慇懃		くんきんはた(15r)	은근ᄒᆞ다
㉖	强		かぐはた(10v)	강ᄒᆞ다
㉗	弱		やくはた(11r)	약ᄒᆞ다
㉘	一	はんな 波牟奈(18v)	はな(15v)	ᄒᆞ나
㉙	土	ふる 不留(17v)	ふる(9v)	ᄒᆞᆰ
㉚	濱		はいず(?)ん(9r)	ᄒᆡ변(海邊)
㉛	白		ふいた(10v)	ᄒᆡ다

5.2. ①은 'かろちた'의 잘못일 것이다. 그런대로 어두음절모음이 a였음을 보여준다. ④는 'とり'의 잘못으로 보인다. 어두음절모음은 o였음을 보여준다. ⑥과 ⑦은 'ᄃᆡ'의 음절주음 'ㆍ'가 어두에서 o, 비어두에서 a였음을 알려준다. ⑧과 ⑨는 'もうる' 정도의 잘못일 것이다. ⑪은 '梅花'의 음독일텐데, 양편이 다 불완전하나 『朝物』이 사실에 가까울 것이다. 그런대로 '梅'의 음성실현에 대한 암시를 던진다. '梅'의 현실음은 '믹'(『字會』上 4r)였다. ⑭는 명령형을 적은 것이다. ⑰은 양편 모두 '百姓'의 음독을 적은 것이므로 ⑧과 함께 '百'의 음성실현을 나타낸다. ㉒와 ㉓은 본래의 뜻과 반대임을 이미 지적한 바 있다. 의미는 바뀌었으나 'ᄑᆞᆯ-'의 모음이 a였음을 보여준다. ㉕~㉗은 접미사로 쓰인 'ᄒᆞ-'를 위해서 여기에 넣은 것이다. ㉙와 ㉚은 당시의 음성실현을 그대로 보여준다. 한국어 문헌들도 'ᄒᆞᆰ'과 'ᄒᆡ다'가 17세기에는 각기

'흙, 희다'였음을 보여준다. ㉛은 '海邊'의 음독이라고 생각되는데 불완전하나마 어두음절만은 '海'의 음성실현을 암시해 준다. '海'의 현실음은 '히'(『字會』上 2v)였다.

5.3. 『和漢』, 『朝物』에 공통되는 항목은 ⑲를 제외하면, 어두음절모음 'ㆍ'의 전사로 볼 때 본질적으로 동일하다. 즉 'ᄇᄅᆷ, 빙, ᄈᆞᆯ, 픗, ᄒᆞ나' 그리고 한자음 '梅, 百'의 'ㆍ'는 a, 'ᄃᆞᆰ, ᄆᆞᆯ'은 o, '흙'은 u로 나타난다. '픗, ᄃᆞᆰ' 그리고 한자음 '梅'는 『佺一道人』에 보이지 않으므로 새로운 추가 예가 된다. 이 추가 예와 'ᄈᆞᆯ'을 제외하면, 어두음절모음 'ㆍ'의 전사는 『佺一道人』과 완전히 일치한다. 여기에 a로 전사되어 있는 'ᄈᆞᆯ'은 『佺一道人』에 o로 전사되어 있으나 唯一例이기 때문에 어느 쪽이 진실인지 알 수 없다. 양 문헌과 『佺一道人』의 위와 같은 합치점을 고려할 때 오히려 'ᄈᆞᆯ'의 'ㆍ'는 a일 가능성이 있다. 그렇지 않다면 연대가 앞서는 『和漢』에 a로 나타난 'ㆍ'가 『佺一道人』에 o로 나타나는 이유를 순조롭게 설명할 수 없기 때문이다.[21]

표 1. 어두음절모음 'ㆍ'의 음성실현 환경별 분류

		[a]로 전사된 것		[o]로 전사된 것		비 고
		고유어	한자음	고유어	한자음	
양순폐쇄음	단모음	◎		○		
	이중모음	◎	◎			
치경폐쇄음	단모음	◎		○		
	이중모음	△	◎	△		
연구개폐쇄음	단모음	◎		○		
	이중모음	○	○			
마찰·폐찰음	단모음	○		◎	◎	
	이중모음	○	◎	△		
후두음	단모음	◎	○	○	○	[u]가 1例. 韓國語添記로는 ㅡ
	이중모음		◎			
비음	단모음			◎		
	이중모음	○	○			[e]가 2例. 韓國語添記로는 ㅓ

<凡例> ◎표는 優勢, ○표는 弱勢, △는 『和漢』, 『朝物』에만 例가 나타나는 것

한편 『朝物』에만 나타나는 예도 不備하나마 示唆的이다. 'ᄀᆞ르치-, ᄇᆞ람(壁), ᄇᆞ리-, 빙호-, 풀-(여기에서는 '買'의 뜻), ᄒᆞ-(爲)' 그리고 한자음 '來, 海'의 어두음절 모음 또는 主音 'ㆍ'가 a임

---

21) 다만 방언의 영향이라면 문제가 달라진다. 그러나 『佺一道人』의 'ㆍ'에 관한 한 방언과 결부시킬 수는 없는 것으로 보인다. 이미 제시한 'ㆍ'의 전사에서 방언적인 특징을 찾을 수 없기 때문이다. 'ㅁ'을 제외한 양순음에 후행하는 'ㆍ'가 대부분 a로 전사되어 있는 사실이 그 단적인 증거가 되기에 충분할 것이다.

을 보여준다. 그리고 'ᄆᆞ을, ᄃᆞ리, ᄆᆞ음, ᄉᆞ나히, 십'은 o, '희-'는 u로 나타난다. 'ᄇᆞ름, ᄆᆞ을, ᄃᆞ리, ᄉᆞ나히, 십' 그리고 한자음 '海'가 『全一道人』에 나타나지 않는 추가 예가 되는데, 이들을 제외한 어두음절 모음 'ᆞ'의 전사는 『全一道人』과 모두 일치한다. 『全一道人』은 어두의 이중모음 'ᅵ'에서 결코 o를 보이지 않는데 『朝物』의 '십'의 'ᆞ'가 o를 보이고 있음은 특이하나 '來'의 'ᆞ'가 a를 보여주는 것은 示唆的이다.

5.4 『和漢』, 『朝物』의 어두음절모음 'ᆞ'의 전사가 이처럼 『全一道人』에 暗合한다는 사실은 이들 자료가 廢石만은 아님을 뜻한다. 이러한 의미에서 假名 轉寫 자료는 한국어 문헌이 놓쳐버린 'ᆞ'의 일면을 포착하고 있음에 틀림없다. 이에 지금까지 무의미하게 열거해 온 자료를 'ᆞ'의 환경 즉 선행자음별로 분류 정리하여 그 결과를 분석하기로 한다. 어두음절모음 'ᆞ'를 환경별로 분류하여 전사내용을 재정리하면 〈표 1〉과 같은 결과를 얻는다. 그 細目은 〈표 2〉와 같다.

표 2. 어두음절모음 'ᆞ'의 음성실현 환경별 실례

환경 / 전사례		[a]로 전사된 예 =고유어//한자음	[o]로 전사된 예 =고유어/한자음	비고
양순음	단모음	ᄇᆞ리-(捨)[ぱれら], *ᄇᆞ름(風)[はらん/ばらみ], *ᄇᆞ야흐로(方), *ᄇᆞᆰ-(明), ᄲᆞ이-(拔), ᄑᆞ라-(賣)[買はるか], 풀(臂)[壁ぱらんぴよく], [小豆ぱつ/ぱつ]	ᄇᆞ아져-(碎)	①*'ᄇᆞ야흐로'는 17세기의 관용표기 ②'ᄲᆞ이-'는 17세기 관용표기
	이중모음	ᄇᆡ(腹), ᄇᆡ(舟)[ぱい/ばい], ᄇᆡ-(孕), ᄇᆡ얌(蛇), *ᄇᆡ호-(學)[學はいはた]//ᄇᆡᆨ(百)[百ぱく/ぱき], [ぱく/ばいく]		
치경음	단모음	ᄃᆞᆯ-(走), ᄃᆞ니(行), ᄯᆞ라-(從), ᄯᆞ름(耳矣), ᄯᆞ로(別), ᄯᆞᆯ(女), ᄐᆞ고-(乘)	ᄃᆞ토와-(爭), ᄯᆞ라-(從), [雞とるき/とるき], [橋そり]	
	이중모음	[內かをんだい]//ᄃᆡ(代, 對, 待)	[所とい]	①朝物[內かをんだい]의 だ는 [a] ②되-(化)가 표기상 나타남
연구개음	단모음	ᄀᆞ(邊), ᄀᆞᆯ래여-(橫截), *ᄀᆞᆯ오딕-(日), ᄀᆞ리오지-(蔽), *ᄀᆞ마니(密), *ᄀᆞ장(最), ᄀᆞᆺ초와-(具), ᄀᆞᆯ(蘆), ᄀᆞᆯ히여-(擇), ᄀᆞᆷ고(浴), ᄀᆞᆷ-(閉眼), ᄀᆞᆷ초-(藏), ᄀᆞᆺᄐᆞᆫ-(如), 가릭치-(敎)[敎まろちた]	ᄀᆞ(邊), ᄀᆞᆯ(粉), ᄀᆞᆺ(纔), [秋こおる]	①'ᄀᆞ'는 비어두에만 나타남 ②'ᄀᆞᆷ-'(閉眼)은 비어두에만 나타남 ③'ᄀᆞ마니'는 17세기에 '가마니'
	이중모음	ᄭᆡᄃᆞ라-(覺)//ᄀᆡ(改)		
마	단모음	술지니-(肥), 술마-(烹), ᄎᆞ지-	술(肉), 솖기이리라(烹),	①'ᄌᆞ라'를 '졀로'로 표기한

ㆍ 폐 찰 음		(滿), ᄎ-(佩), ᄎ-(寒), ᄎ-(尋), [米ぴさる/ひさり]	*ᄉᆞ랑ᄒ-(愛), ᄉᆞ뭇차-(徹), 슬퍼-(察), *술오-(白), 븐지라-(値), *ᄡᆞᆯ(米), [男そんなへ], ᄌᆞ라거든-(長), ᄌᆞ로(頻), ᄌᆞ믓(頗), 즐라-(斷), ᄎᆞ마(忍), ᄎᆞ례(第), ᄎᆞ자-(尋)//ᄉᆞ(四, 私, 使, 士, 辭, 仕), ᄌᆞ(字, 子, 自, 姉), ᄎᆞ(次)	것 1例 ②'ᄎᆞ례'는 한자어 기원
	이중모음	ᄉᆡᆼ각(思), 치오-(滿)//ᄉᆡᆼ(生), ᄌᆡ(財), ᄎᆡᆨ(冊, 責)	[泉しよん]//ᄌᆡ(梓)	①'ᄉᆡᆼ각'은 한자어 기원(?)
후 두 음	단모음	ᄒᆞ-(爲)[はた], ᄒᆞᆫ(一)[一はんな/はな], ᄒᆞᆯ(一日), ᄒᆞ리-(癒)//ᄒᆞᆫ(恨)	ᄒᆞ-(爲)//ᄒᆞᆫ(恨)	①朝物의 [はた]는 비어두 ②'ᄒᆞᆰ'이 표기상 나타남. 朝物에도 [ふる]
	이중모음	ᄒᆡ(骸), ᄒᆡᆼ(行), ᄒᆡ[海はい]		①'ᄒᆡ-'(白)는 [u]로 나타남. 朝物에도 [ふいた]
비 음	단모음		ᄂᆞ믈(菜), ᄂᆞ리-(下), ᄂᆞ흘-(分), ᄂᆞ리-(飛) *ᄂᆞᆷ(他), ᄂᆞᆾ(顔), *ᄆᆞᆾ-(終), ᄆᆞᄎᆞᆷ내(終), ᄆᆞᄋᆞᆯ(村)[里もうか/町もうが], *ᄆᆞ음(心), ᄆᆞᆾ(伯), ᄆᆞᆯ(馬)[馬もる/もる]	①'ᄂᆞ흘-'은 '논혼-'이라는 표기로 1例
	이중모음	ᄆᆡ여-(結), ᄆᆡ양/ᄆᆡᆼ양(常)//ᄂᆡ[來ない], ᄆᆡ(每), ᄆᆡ(梅ばい/ま)		①'ᄆᆡᆫ'(素), 'ᄆᆡᆫᄃᆞ라-'(造)는 [e]로 나타남. ②'ᄆᆡᆼ양'은 'ᄆᆡ양'의 잘못이며 한자어기원

<범례>
① 어형은 『全一道人』의 한국어 添記 중 어간형태소에 가까운 것을 골라 썼으며 첨기가 없어 추정한 것은 앞에 *표를 달았다.
② 和漢·朝物에 나타나는 것을 [ ]속에 보충하였다. 앞쪽이 和漢/뒤쪽이 朝物을 나타낸다. 하나뿐인 것은 朝物에만 나타나는 것이다.
③ 동일한 단어가 [a]~[o]로 자유변이를 보이는 것은 양편에 다 포함시켰다.
④ '-'표는 용언표시일뿐 용언의 어간표시가 아니다.
⑤ [e], [u]로 나타나는 예는 비고에 포함시켰다.

이에 따르면 『全一道人』은 다음과 같은 전사경향을 보여준다. 먼저 단모음의 경우, 폐쇄음 및 후두음에 연결된 'ㆍ'는 a로 전사된 것이 원칙이다. 다만 'ᄇᆞ아지-(碎), ᄃᆞ토-(爭), ᄀᆞᆯ(粉), ᄌᆞ(纏)'의 'ㆍ'만은 o로 나타난다. 그러나 'ᄀᆞ(邊), ᄒᆞ-(爲)'의 'ㆍ'는 a, o 두 가지를 모두 보여준다. 한자음 'ᄒᆞᆫ(恨)'도 a, o 두 가지로 나타난다. 한편 마찰음, 폐찰음 및 비음에 연결된 'ㆍ'는 o로 전사된 것이 원칙이다. 다만 'ᄎ-(滿, 佩, 寒)'의 'ㆍ'는 a로 나타난다. 그러나 '슬(肉), ᄉᆞᆲ-(烹), ᄎ-(尋)'의 'ㆍ'는 a, o 두 가지로 나타난다. 비음과 한자음에는 예외가 없다. 이중모음의 경우, 음절주음 'ㆍ'는 선행자음 여부에 구애됨이 없이 모두가 a로 전사된 것이 원칙이다.

단모음 'ㆍ'를 제약한 마찰음, 폐찰음, 비음 등도 이중모음의 음절주음 'ㆍ'에 대해서는 아무런 제약을 가하지 않고 있다. 다만 'ㅁ'에 후행하는 일부의 'ㅓ' 곧 '민(素), 민돌-(造)'의 'ㅓ'가 e로 전사되었을 뿐이다. 한자음도 예외없이 이 원칙에 순응하고 있어, 마찰음, 폐쇄음, 비음에 후행하는 'ㅓ'의 음절주음 'ㆍ'도 모두가 a로 전사되었다.

이상의 결과를 다시 한번 咀嚼해 보면 몇 가지 사실이 눈앞에 정리된다. 먼저 단모음 'ㆍ'는 환경에 따라 a 또는 o 두 가지로 실현될 수 있는 성격을 가진 모음이었다는 점이고, 다음에는 고유어와 한자음이 'ㆍ'의 음성실현에 차이를 보이지 않는다는 점이다. 그러나 이보다 더 중요한 사실은 구개성 glide 앞에 o가 결코 나지 않는다는 점이다. 이 사실은 구개성 off-glide로서의 이중모음 'ㅓ'가 존재하지 않았음을 뜻한다. 『朝物』에만 나타나는 'とい(所), しよん(泉)'이 구개성 glide 앞에서 o를 보이고 있으나, 이를 그대로 믿기는 어렵다. 이중모음 'ㅓ'가 존재하지 않았다면, 문제는 단모음 'ㆍ'의 존재여부에 집중되는 셈이다.

6. 모음 'ㆍ'의 非音韻化 시기

6.1. 단모음 'ㆍ'가 환경에 따라 a 또는 o로 실현되었다는 사실 그 자체는 음성층위의 정보에 불과하다. 그러므로 이 사실을 음성학적으로 분석하고 기술한다면, 'ㆍ'의 존재여부를 판단하기가 어려울 것이다. 그러나 이들을 음운층위로 끌어올려, 기능적 관점에서 'ㆍ'의 성격을 분석해 보면 사정이 크게 달라진다. 앞에서 정리한 바에 의하면 폐쇄음, 후두음에 후행하는 'ㆍ'는 a로, 마찰음, 폐쇄음, 비음에 후행하는 'ㆍ'는 o로 실현되었다. 그러나 여기에는 약간의 예외가 있었다. 비음은 결코 예외를 보여주지 않으나, 기타의 경우에는 모두 예외를 가지고 있다. 그런데 그 예외들이 대부분 예외 아닌 예외여서 주목된다. 'ㄱ(邊), ㅎ-(爲), 흔(恨), 술(肉), 숢-(烹), 춫-(尋)' 등의 'ㆍ'는 동일한 형태소 내에서 자유변이가 가능하여 a 또는 o 두 가지로 실현될 수 있었다. 이야말로 소수 속에 진실이 숨어 있음을 보여 주는 표본임에 틀림없다. 왜냐하면 동일한 음성 환경 내에서 위와 같은 자유변이가 가능하였다면, 이 때의 자유변이음 a, o는 음성층위의 異音에 불과하므로 음운층위의 대립을 갖지 못하는 것이다.[22] 즉 a와 o는 서로 바뀌더라도 의미에 차이를 초래하지 않으므로, 음운으로서의 기능에 차이가 없는 것이다. 이 사실을 일반론적으로 정리하면, 폐쇄음, 후두음에 연결된 'ㆍ'는 물

론, 마찰음, 폐찰음에 연결된 'ㆍ'도 이미 음운론적인 기능단위가 아니었다고 할 수밖에 없다. 따라서 마찰음, 폐찰음 밑에서 o로 실현된 'ㆍ'는 異音이었다고 해석할 수 있다. 'ㅂ, ㄷ, ㅈ'에 후행하는 'ㆍ'는 자유변이를 보이지 않으나, 이는 문헌자료의 한계성에서 기인한 우연의 소치일 뿐, 근본적인 이유가 따로 있다고 생각되지 않는다. 『和漢』에 a로 전사된 '쏠'의 모음 'ㆍ'가 『全一道人』에 o로 나타난 것도 근본적으로는 마찰음 뒤에서 자유변이가 가능했기 때문이었다고 해석할 수 있다.

6.2. 폐쇄음, 후두음, 마찰음, 폐찰음 밑에서 o로 실현된 'ㆍ'가 기능적 단위인 음운이 아니었다면, 단모음 'ㆍ'의 존재여부는 비음 밑에서 o로 실현된 'ㆍ'의 기능부담 여부로 판단할 수밖에 없다. 비음 밑에서 'ㆍ'가 결코 자유변이를 보이지 않기 때문이다. 그런데 『全一道人』의 'ㆍ'는, 구조상의 틈을 제외하고는 어떠한 자음 뒤에도 연결될 수 있는 제주방언의 'ㆍ'와는 그 성격이 전혀 달랐다. 이 때문에 단순음 'ㆍ'의 존재는 음운론적인 해석으로 거부될 수 있다. 비음 밑에서 o로 실현된 'ㆍ'이외의 모든 'ㆍ'는 음운이 될 수 없음을 앞에서 밝혔다. 그렇다면 비음 뒤에서 o로 실현된 'ㆍ'는 그밖의 모든 'ㆍ'와 상보적인 분포를 보인다고 할 수 있다. 분포가 상보적이라면, 그것은 서로 다른 2개의 음운이 될 수 없는 것이다.[23] 물론 분포가 상보적이라고 하여 무조건 동일한 음운이 되는 것은 아니다. 상보적 관계에 있는 두 음운이라도 유사성이 없다거나, 그것들이 음성집단(groupe phonique)의 구성분자로서 나란히 나타나는 일이 있다면, 이들 두 음성은 한 음운의 변이음이라고 할 수 없기 때문이다.[24] 그런데 a, o의 음성상 유사성은 확인할 길은 없으나, 'ㆍ'는 변이음 a나 o와 나란히 나타나는 일이 결코 없다. 그렇다면 순음 밑에서 o로 실현된 'ㆍ'에도 음운기능을 부여할 수 없게 된다. 이렇게 하여 『全一道人』에서 o로 실현된 'ㆍ'를 음운론적 층위에서 재평가하자면, 그것은 모두 'ㅏ'의 이음이었다고 할 수밖에 없다. 따라서 한국어 添記에 정연하게 유지된 'ㆍ'는

---

22) 이것이 Trubetzkoy가 내세운 음운 정립 規準 第一條인데 미국식 phonemics의 자유변이음(free variant)이란 개념은 Trubetzkoy의 隨意變異音(variant facultatif) 바로 그것이라고 할 수 있다. (Trubetzkoy, N. S. 1939) = (Cantineau, J. 1949: 47).

23) 상보적 분포란 Trubetzkoy의 음운 정립 規準 제3항과 맞먹는 개념이다. 그는 어떤 언어에서 청각적으로나 조음상으로나, 서로 관계되는 두 음성이 동일한 음성환경 내에 나타나는 일이 없을 때, 이들 두 음성은 동일한 음소의 結合變異音(variant combinatoire)이라고 하였다. (Trubetzkoy, N. S. 1939) = (Cantineau, J. 1949: 51).

24) Deux sons, bien que satisfaisant aux conditions de la règle Ⅲ, ne peuvent malgré cela être considérés comme des variantes d'un même phonème si dans la langue en question ils peuvent se trouver l'un à côté de l'autre, autrement dit être les terms d'un groupe phonique, et cela dans les conditions où l'un des deux sons apparaît isolément. (Trubetzkoy, N. S. 1939) = (Cantineau, J. 1949: 52). 이것이 音韻定立 規準 제4항에 해당하는 것이다. 'règle Ⅲ'라 함은 본고의 각주23)에 예시한 結合變異音에 관한 規準이다.

음운기능을 부담하는 문자가 아니었다고 볼 수밖에 없다.

6.3. 지금까지의 추론에 근본적인 오류가 없다면, 『全一道人』은 모음 'ㆍ'의 非音韻化가 이미 완성되었음을 보여 준다. 따라서 그 시기는 1729년 이전으로 소급될 수밖에 없다. 우리는 『和漢』의 'ㆍ'음 전사가 『全一道人』과 일치됨을 지적한 바 있다. 『全一道人』에 나타나지 않는 語例 2개 중, '닭'(雞)은 o로 전사되어 있지만, '팥'(小豆)은 a로 전사되어 있다. 『朝物』에는 또 다른 語例가 나타나나 년대가 뒤지는 것이므로 덮어둔다고 하더라도, 『和漢』과 『全一道人』이 'ㆍ'음 전사에 보조를 같이 하고 있는 사실만은 우연의 일치라고 가볍게 보기 어렵다. 그렇다면 이 사실은 'ㆍ'의 非音韻化 시기를 1712년 이전으로 밀어 올릴 수 있는 가능성을 내포하고 있다. 雨森芳洲의 行狀을 더듬어 보면, 그가 대마도에 온 것이 1693년이었다. 한국어를 배우기 위하여 우리나라에 온 것이 36세 때였다고 하니, 그 때가 1704년인 셈이다. 그는 3년간 한국에 머물면서 한국어를 배웠으므로, 『全一道人』은 결국 1710년 전후의 한국어 현실을 반영하고 있다고 보아 무방할 것이다. 그런데 1712년 이전의 한국어 현실을 보일 수밖에 없는 『和漢』은 'ㆍ'의 존재를 부인하고 있는 것으로 보인다. 이러한 사실을 근거로 할 때 단모음 'ㆍ'의 非音韻化 시기는 적어도 18세기 초엽까지 소급된다고 결론할 수 있을 것이다.

7. 결 어

언어의 변화는 言語運用(performance) 변화가 아니라 言語能力(competence)의 변화라고 한다. 말하자면 사람의 무의식 속에 내재하는 문법규칙에 새로운 규칙의 추가나 消去가 생길 때, 언어변화가 나타난다는 뜻이다. 서두에서 밝힌 바 있거니와, 한 음운의 非音韻化라는 사적인 현상을 개별음운만으로 추적하는 것은 어리석은 일이다. 전체의 문법규칙에서 유리된 개별 규칙이 존재할 수 없기 때문이다. 체계가 중시되는 것도 바로 이 때문이다.

본고는 지금까지 『全一道人』의 'ㆍ'음을 기능적, 구조적 관점에서 분석하여 그것이 음운단위가 될 수 없음을 밝혔다. 그러나 『全一道人』이 'ㆍ'의 非音韻化를 반영하고 있다고 하더라도, 그 시기가 어디까지 소급된다는 것까지 가르쳐 주지는 않는다. 17세기의 한국어 문헌은 어두음절 'ㆍ'의 표기 혼란을 거의 보여 주지 않는다. 이미 16세기에 싹이 튼 '흙(〈ᄒᆞᆰ), 소매

((ᄉ매), 되-((ᄃ외-), 고을((ᄀ올), 가마니((ᄀ마니), 희-((희-)'를 제외하면 '가이((ᄀ새)' 정도가 'ㅏ'로 표기되었을 뿐이다. 그러나 'ㆍ'의 非音韻化가 완성된 후 간행된 『同文類解』(1748)가 'ㆍ'를 그대로 고집하고 있을 뿐 아니라, 『全一道人』조차도 한국어 표기에는 'ㆍ'를 墨守하고 있으므로, 17세기의 'ㆍ'가 표기에 혼란을 보이지 않는다고 해서, 그것이 곧 'ㆍ'의 음운론적 기능을 보장하는 것은 아니다. 그러므로 'ㆍ'의 非音韻化가 17세기까지 소급될 가능성이 완전히 배제된 것은 아니다. 다만 非音韻化란 기능적인 대립상의 성질이므로 이것을 모음체계로부터 분리시킬 수는 없다. 뿐만 아니라 언어의 변화는 시간 속에서 파악되어야 하기 때문에 항상 전대와 후대의 체계를 계산에 넣어야 한다. 그러나 본고는 이러한 조건을 구비하지 못한 채 'ㆍ'의 非音韻化를 고립적으로 추적해 왔다. 이것은 말하자면 작지 않은 약점이다. 따라서 본고의 결론은 새로운 측면의 검토를 기다리고 있다고 볼 수밖에 없을 것이다.

참고문헌

金完鎭(1963 → 1971), 國語母音體系의 新考察, 『震檀學報』 24, pp.63~99.

_____(1964 → 1971), 中世國語 二重母音의 音韻論的 解釋에 對하여, 『學術院論文集』 4, pp.49~66.

_____(1967), 韓國語發達史 上, 音韻史, 『韓國文化史大系 Ⅴ, 言語·文學史』, 高麗大 民族文化研究所編, pp.115~164.

_____(1971), 『國語音韻體系의 研究』, 一潮閣.

金芳漢(1964), 國語母音體系의 變動에 關한 考察, 『東亞文化』 2, 서울大 文理科大學 東亞文化研究所, pp.29~80.

李基文(1959), 16世紀 國語의 研究, 『文理論集』 4, 고려대, pp.19~88.

_____(1961), 『國語史概說』, 民衆書館.

_____(1972a), 『國語音韻史研究』, 韓國文化研究所.

_____(1972b), 『改訂國語史概說』, 民衆書館.

李秉根(1970), 19世紀後期國語의 母音體系, 『學術院論文集』 9, pp.375~390.

李崇寧(1954), 『國語音韻論研究 第一輯』 增補版, 乙酉文化史.

_____(1955), 『音韻論研究』, 民衆書館.

_____(1959), 'ㆍ'音攷再論, 『學術院論文集』 1, pp.41~154.

_____(1971), 17世紀國語의 音韻史的 考察, 『東洋學』 1, 檀國大 東洋學研究所, pp.49~83.

劉昌惇(1961), 『國語變遷史』, 通文舘.

_____(1964), 『李朝國語史研究』, 宣明文化社.

田光鉉(1967), 17世紀國語의 研究,『國語研究』19. 서울大 大學院 國語研究會.

_____(1971), 18世紀後期 國語의 一考察,『全北大論文集』13, pp.39~70.

崔鉉培(1959), 'ㆍ'자의 소리값 상고,『東方學志』4, 延世大 東方學研究所, pp.1~98.

許　雄(1968),『國語音韻學』, 正音社.

井上史雄(1971), ガ行音の分布と歴史,『國語學』86, pp.26~43.

中田祝夫(編)(1972),『講座國語史 2, 音韻史・文字史』, 東京 大修館書店.

橋本進吉(1966),『國語音韻史』, 東京 岩波書店.

馬淵和夫(1971),『國語音韻論』, 東京 笠間書店.

安田 章(1964),『『全一道人』の研究』, 京都大學 文學部.

ローランド・ラング(1971),「文献資料に反映した中世日本語ェ列音の口蓋性」,『國語學』85, pp.36~42.

Cho Seung-Bog(1967), *A Phonological Study of Korean,* Uppsala.

Kim Chin-Wu(1968), The Vowel System of Korean. *Lg.* 44, pp.516~527.

Lee Ki-Moon(1964), Mongolian Loan-Words in Middle Korean, *Ural-Altaische Jahrbücher* 35. Fasc. B, pp.188~197.

Martin, S.(1951). Korean Phonemics. *Lg.* 27, pp.519~533.

Trubetzkoy, N. S.(1939), *Grundzüge der Phonologie,* Prague.= Cantineau, J.(1949), *Principes de Phonologie,* Paris.

Umeda Hiroyuki(1957), The Phonemic System of Mordern Korean.『言語研究』32, pp.60~82.

出處　〈聖心女大(1974. 5.),『論文集』5: 15~38.〉

　　　　〈大提閣(1981. 5.),『國語學資料論文集 第一輯 音聲學・音韻論』: 615~638(再錄).〉

18세기 전기 한국어의 모음체계

1. 근대한국어의 모음체계는 'ㆍ'의 비음운화, 이중모음의 단모음화와 같은 변화를 거치는 동안 중세한국어의 모음체계와는 사뭇 다른 성격을 가지게 되었다. 다만 17세기 말엽에 이르기까지 모음음소 'ㆍ'의 비음운화가 완성되었다는 確證이 없으므로 17세기 한국어의 모음체계에는 'ㅣ/i/, ㅡ/ɨ/, ㅓ/ə/, ㆍ/ʌ/, ㅏ/a/, ㅜ/u/, ㅗ/o/' 등 모두 7개의 단모음 음소가 包括되는 것으로 推定된다. 이 목록에 등록되어 있는 음소들의 대립관계는 다음과 같이 解釋되고 있는 듯하다. 곧 'ㅣ'가 전설모음, 'ㅡ ㅓ ㅏ'가 중설모음, 'ㅜ ㅗ ㆍ'가 후설모음 부류(class)를 구성하는 한편 'ㅣ ㅡ ㅜ'가 高位모음, 'ㅓ ㅗ'가 中位모음, 'ㅏ ㆍ'가 低位모음 段階(degree)를 구성한다는 해석이 그것이다. 따라서 17세기의 한국어 모음체계를 3부류 3단계의 체계로 보는 것이다.

그러나 이러한 체계는 모음체계의 一般類型上 부자연스러운 것이다. 혀의 상대적 높이를 고위, 중위, 저위라는 資質로 區分하는 데에는 문제점이 있을 수 없으나 혀의 전후위치를 전설, 중설, 후설이란 자질로 구분하는 데에는 우선 약간의 문제점이 있을 수 있다. 중설모음은 知覺的으로 後舌非圓脣母音과 類似하여 양자는 일반적으로 대립을 갖지 못하기 때문이다.[1] 결국 혀의 전후위치는 전부와 후부라는 두 가지 자질로 양분되는 것이다. 그 대신 전부와 후부자질은 다시 비원순과 원순자질로 再分되어 모두 4부류의 구분을 갖게 된다. 그렇다면 17세기 한국어의 모음음소도 일차적으로는 전부모음 'ㅣ'와 후부모음 'ㅡ ㅓ ㆍ ㅏ ㅜ ㅗ'로 분류될 수 있다. 후부모음은 다시 비원순모음과 원순모음으로 분류되어야 하는데 'ㅡ ㅓ ㅏ'를 포괄하는 모음부류는 비원순모음으로 자연적 부류(natural class)를 형성한다고 볼 수 있

---

1) The phonetics literature sometimes mentions central (between front and back) unrounded vowels, and a is not infrequently referred to as such a vowel. Central vowels are perceptually similar to back unrounded ones. Although there is a phonetic difference between the two types, languages rarely exploit this difference as a means for differentiating vowel phonemes, so that central and back unrounded do not generally contrast (although Swedish is reported to have such a contrast). Schane1973: 12.

지만 'ㅜ ㅗ ㆍ'를 포괄하는 모음부류는 자연적 부류를 형성한다고 볼 수 없다. 'ㅜ ㅗ ㆍ'가 자연적 부류를 형성하려면 이들이 모두 원순모음이어야 하기 때문이다. 그런데 'ㆍ'는 원순모음이 아니다. 뿐만 아니라 'ㅡ'와 'ㅜ'는 원순성을 자질로 하여 대립되고 있으나 'ㅓ'와 'ㅗ', 'ㅏ'와 'ㆍ'는 그렇지 못하다. 다시 말해서 'ㅡ'와 'ㅜ'는 서로 원순성에 의한 대립의 짝 (counterpart)을 이루고 있으나 'ㅓ'와 'ㅗ', 'ㅏ'와 'ㆍ'는 원순성에 의한 대립의 짝을 이루지 못하고 있다. 이러한 부자연성은 17세기 한국어의 모음체계를 3부류 3단계로 해석하는 태도가 無理임을 알려주는 것으로 보인다.

2. 『捷解新語』(1676)의 轉寫方式에 따르면 일본어의 모음 i, e, a, u, o는 각기 한국어 'ㅣ, ㅖ(ㅕ), ㅏ, ㅜ, ㅗ'로 표기된다. 이 사실은 우선 한국어 모음 'ㅜ'가 [u] 즉 후부고위모음, 'ㅗ'가 [o] 즉 後部非高位母音임을 가르쳐 주는 것으로 보인다. 그런데 한국어 모음 'ㅜ, ㅗ'는 원순모음임이 분명하며 이 사실은 15세기 후기까지 거슬러 올라가는 것으로 보인다. 兩脣有聲摩擦音 'β(ㅸ)'의 변화공식은 이를 端的으로 보여 주는 예가 될 것이다.

(1) 셔볼 → 셔울, 어려본 → 어려운
(2) 스ᄀᆞ볼 → 스ᄀᆞ올, 사오나볼 → 사오나온

이들은 각기 'βɨ > wɨ > u, βʌ > wʌ > o'와 같은 변화를 暗示하는 것이다. 문자에 숨겨져 'wɨ, wʌ'가 표기에 露出되지 않으나 이들은 다음과 같은 규칙의 誘導를 가능하게 해 준다.

(3) [ɨ] + [+round] → [u]
(4) [ʌ] + [+round] → [o]

이 규칙들은 'ㅜ'와 'ㅗ'가 기능상으로는 각기 'ㅡ'와 'ㆍ'의 원순성에 의한 대립의 짝임을 알려 준다. 뿐만 아니라 이 규칙은 16~17세기에도 그대로 適用된다. 먼저 (3)에 該當되는 예들을 찾아본다.

(5) 무ᄌᆞ미ᄒᆞ다(『譯語類解』下 22v), 무던타(前同下 46r), 부티다(前同上 10r), 부억(前同上 18v), 붓그럽다(前同上 38r), 붓다(前同上 59r)

『新傳取焰煮硝方諺解』 重刊本(1698)에는 '부어(注), -부터(自), 풀(卉), 픗남그로(雜柴)' 등이

나타난다(이숭녕1971: 75). 원순모음화라고 불리우는 이 변화는 단순한 동화작용에 그치는 것이 아니라 모음체계상으로는 'ㅜ'가 'ㅡ'의 원순성에 의한 대립의 짝임을 보여 주는 것으로 이해된다. 이러한 推定은 순음에 후행하는 이중모음 'ㅟ'가 'ㅢ'로 변화하는 사실에 의하여 逆으로도 뒷받침된다.

(6) 븨면(『朴通事諺解』上 48r), 븨트러(『譯語類解』上 47r), 픠오다(『譯語類解』上 13v, 25v)

이들은 본래 '뷔-(㠪), 뷔틀-, 퓌-(燃)'였던 것인데 반모음 y에 이끌려 音節主音인 원순모음 'ㅜ'가 원순성을 잃으면서 'ㅡ'로 변했음을 보여 준다. 이러한 변화 역시 'ㅜ'와 'ㅡ'가 모음체계상 원순성에 의한 대립관계에 있었음을 말해 주고 있다. 뿐만 아니라 15세기에 '그위(官)'였던 것이 그 후 '구위, 구의' 등으로 변화한 것도 같은 원리로 설명할 수 있다. 'ㅡ'에 후행하는 'ㅜ'가 원순모음이기 때문에 'ㅡ'가 거기에 동화된 것인데 본질적으로는 (3)과 同軌의 것이다.

한편, (4)에 該當되는 예들은 다음과 같다.

(7) 말솜(『飜譯朴通事』上 14r)
    소매(『東國新續三綱行實』忠臣圖一 20v, 烈女圖四 14v)

이들은 '말ᄉᆞᆷ(言), ᄉᆞ매(袖)'였던 것인데 순음에 선행하는 'ㆍ'가 'ㅗ'로 固定된 예들이다. 이 사실은 'ㅗ'가 'ㆍ'의 원순성에 의한 대립의 짝이었음을 보여 주는 것으로 해석된다. 이와 아울러 다음과 같은 예들도 같은 사실을 보여 주고 있다.

(8) 노의여(『飜譯朴通事』上 37r), 노외야(『譯語類解』下 47v)
    고올(『譯語類解』上 9v)

'ᄂᆞ외야(更), ᄀᆞ올(郡)'의 'ㆍ'가 'ㅗ'에 동화되었다 함은 'ㅗ'의 원순성에 의한 것일 수밖에 없으므로 'ㆍ'와 'ㅗ' 間에는 원순성에 의한 대립이 존재했음을 想定하지 않을 수 없게 한다. 'ᄲᆞ로 → 또로, ᄃᆞ외- → 도외-'와 같은 변화도 이렇게 설명할 때 비로소 자연스러운 것이 된다.[2]

---

2) 중세한국어에는 'ㆍ+ㅗ→ㅗ, ㅡ+ㅜ→ㅜ, ㆍ+ㅏ→ㅏ, ㅡ+ㅓ→ㅓ'로 대표되는 모음연결규칙이 있었다(이기문 1972b: 140). 형태소 경계를 사이에 두고 나타나는 이 음운규칙도 결국은 원순성과 密接한 관계에 있음을 보여

3. '一'와 '一', 'ㆍ'와 'ㅗ'가 원순성에 의한 대립관계를 가졌다면 'ㆍ'는 '一'와 동일한 부류에 속하는 모음이 된다. 그렇다면 後部非圓脣 母音部類는 4개의 모음으로 구성되어야 한다. 이들은 혀의 상대적 높이에 따라 4단계의 구분을 가지게 되어[3] 17세기 한국어의 모음체계는 결국 다음과 같이 볼 수도 있을 것으로 생각된다.

(9)　　　i　　i̠　　u
　　　　　　　ə
　　　　　　　ʌ　　o
　　　　　　　a

이 체계는 유일한 전부모음 'ㅣ'와 6개의 후부모음 '一 ㅓ ㆍ ㅏ ㅜ ㅗ'로 구성되어 있다. 후부모음은 다시 비원순모음 '一 ㅓ ㆍ ㅏ'와 원순모음 'ㅜ ㅗ'로 구성되어 있으며 '一'와 'ㆍ'는 원순성에 의한 대립의 짝을 가지고 있으나 'ㅓ'와 'ㅏ'는 그것을 缺하고 있다. 그리고 'ㅣ 一 ㅓ ㅜ'는 고위모음, 'ㆍ ㅏ ㅗ'는 비고위모음을 구성한다. 따라서 이 체계를 [Back, Round, High, Mid]라는 4개의 二分的 資質(binary feature)로 明細化하면 7개의 단모음음소를 모두 구별할 수 있게 된다.[4]

준다. 즉 'ㆍ'와 '一'가 원순모음에 선행할 때에는 원순성에 의하여 동화되지만 비원순모음에 선행할 때에는 비원순성에 의하여 동화되고 만다. 이 사실은 또한 'ㆍ 一 ㅏ ㅓ'가 비원순모음, 'ㅗ ㅜ'가 원순모음임을 보여 주는 것이다. 한편 형태소 내부에서는 'ㄱㅗ(魔), ㄱㅗㄹ(郡), ㅎㅗㅅ(單), ㅎㅗㅅㅏ(獨), ㄱㅗㅣ(袴), ㅅㅗㅣ(琵)' 등이 보여 주는 바와 같이 'ㆍ+ㅗ→ㅗ'란 연결규칙이 疎外되는 것처럼 보인다. 그러나 이것은 'ㆍ'에 후행하는 'ㅗ'가 문자 그대로 [o]가 아니었기 때문이라고 볼 수 있다. 즉 이들의 형태소 構造는 純粹한 모음의 연결이 아니라 'ㆍ'와 'ㅗ' 사이에 某種의 자음요소가 개재되어 있었기 때문이다. 이러한 경우에 문자(grapheme) 'ㅇ'은 자음요소를 代辨해 주는 것이므로 하나의 음소가 될 수 있는 것이다. 그러므로 중세한국어의 형태소 내부에서는 'ㆍ'와 'ㅗ'의 직접적인 연결이 없었던 것이다. 그러나 'ㆍ'와 'ㅗ' 間에 개재하고 있던 자음요소가 비음운화함에 따라 'ㆍ'와 'ㅗ'는 직접적으로 연결이 가능해졌으며 그렇게 되자 'ㆍ+ㅗ→ㅗ'의 규칙이 작동하여 'ㄱㅗㅣ→고의, ㄱㅗㄹ→고올, ㅎㅗㅅ→홋, ㅎㅗㅅㅏ→호자'로 나타나게 된 것이다.

3) 일반적으로 모음은 3단계의 구분을 가진다. 그러나 4단계의 구분을 가지는 경우도 드물게나마 존재한다. 따라서 17세기 한국어의 後部非圓脣母音이 4단계의 구분을 갖는다는 것은 一般類型論上 지극히 드문 예에 속하는 것이다.

German is another language with three vowel heights and pairs of tense-lax vowel. Twi, a West African language, also has both types. So it would appear that three vowel heights are all that ever need to be recognized. However, Kiparsky cites a Swiss German dialect with four front unrounded vowels which he calls a four-height system, as there is no evidence in support of any tense-lax distinction. In any case if there are vowel systems with more than three heights, they are rare. Schane1973: 13-14.

4) 중세한국어의 모음체계를 이와 같은 유형으로 해석한 견해가 최근에 제기된 바 있다(문양수1974: 13-14). 그에 따르면 중세한국어의 7모음은 2개의 主資質(major feature) High와 Back으로 분류될 수 있는데 [i, i̠, u, ə]는 [+high], [ɐ, o, a]는 [-high]가 되며, [i̠, u, ə, ɐ, o, a]는 [+back], [i]는 [-back]이 된다. 여기에 후부모음을 분류하기

4. 18세기 전기 한국어의 모음체계는 17세기의 모음체계를 토대로 하여 성립된다. 다만 음운변화는 점진적인 것이므로 여기서 17세기, 18세기라 함은 兩世紀의 명확한 경계를 전제로 하는 것이 아니다. 하여튼 우리는 앞에서 17세기의 한국어 모음체계에 'ㆍ'가 包含되는 것으로 보았다. 그러나 18세기에 이르면 사정이 달라진다.

문자표기상 어간형태소의 제1음절 모음 'ㆍ'의 비음운화가 문헌에 노출되는 시기는 18세기의 80년대를 고비로 하는 듯하다.[5] 즉『女四書諺解』(1736),『御製常訓諺解』(1745),『同文類解』(1748),『譯語類解補編』(1755),『御製訓書諺解』(1756),『御製戒酒綸音』(1757),『淸語老乞大新釋』(1765),『重刊三譯總解』(1774),『小兒論』(1774),『八歲兒』(1774)에 이르기까지는 결정적인 'ㆍ'의 변화가 보이지 않으나『方言集釋』(1778)에 이르면 사정이 상당히 달라지게 된다.

(10) 팔(臂)(三 6r), 차례(班)(一 30v, 30r), 가리오다(蔽)(一 4r), 살지다(皺)(一 19r), 살(皮)(二 23r, 三 4r), 나믈(菜)(三 28r), 날(刃)(二 12v), 날(緯)(二 28r), 남(他)(一 35v, 36r), 배(船)(四 4r), 재샹(宰相)(一 32v), 캐다(掘)(三 29r)

(11) 둣다(閉)(二 19v), ᄆᆞ푸른(傾)(一 10r), 스기다(消化)(三 2v), 스리ᄒᆞ다(居)(二 1v), 슴(麻)(二 2r), ᄂᆞ타(娩)(二 2r), ᄢᅴ(時)(一 8v), ᄢᅴ(油麻)(三 26r), ᄆᆡ(鷹)(四 8r, 11r)

(10)은 'ㆍ→ㅏ', (11)은 'ㅏ→ㆍ'의 혼란을 보여 주는 것인데 어느 것이나 'ㆍ'의 변화가 이미 決定的임을 暗示하고 있다.『方言集釋』만은 못하나『漢淸文鑑』도 중요한 예를 더해 준다.

(12) 다리(羊桃)(十三 5v), 달팡이(蝸牛)(十四 49v), 타다(乘)(六 57v), 잠을쇠(鎖)(十一 31v), 가이(鋏)(十 36r, 49r, 十一 25v), 삼키지(呑)(十二 50r), 매오(甚)(一 10v), 매이(甚)(一 3r)

위한 자질 Round와 Mid가 追加되어 7모음은 완전히 구별되는데 후부비원순 모음부류 [i, ə, ɐ, a]는 결국 혀의 높이에 따라 4단계의 구분을 갖게 된다.

5) 李基文(1961: 163~164), 許雄(1968: 431~432), 田光鉉(1971: 54~55). 어간형태소의 第一音節母音이 이미 15세기에 혼란되고 있음을 例示함으로써 'ㆍ'의 비음운화가 일찍이 15세기에 비롯되었다는 견해가 있으나(劉昌惇1961: 181~187. 劉昌惇1964: 28~29) 이를 믿기는 어렵다. 어느 시대보다 尨大한 한국어 문헌 속에서 불과 20개 未滿의 混亂例가 발견된다고 하여 그것을 비음운화에 연결시킬 수는 없기 때문이다. 그것은 오히려 誤謬가 아니면 個人語(idiolect)의 특징이거나 음성동화의 노출일 것이다. 17세기에 어간형태소 第一音節 'ㆍ'의 혼란이 극히 드물게밖에 認識되지 않는다는 사실(田光鉉1967: 82~83)은 우리의 判斷을 크게 뒷받침해 준다. 17세기 문헌에서 認識되는 變化例는 '가마니(漢), 소매(袖), 해야다-. 해야ᄇᆞ리-(破), 흙(土), 가이(鋏)' 등이지만 '가이'를 제외한 나머지 예들은 이미 16세기에 나타나므로 事實的인 變化例는 '가이' 1例 뿐이다.

(13) 쓴(築)(十五 6r), 뭍 쪽(橛)(十 38r), ᄂᆞ로다(運)(六 49v)

역시 (12)는 'ㆍ→ㅏ', (13)은 'ㅏ→ㆍ'의 혼란을 보여 주는 것이다. 여기에 이르면 어간형 태소의 제1음절모음 'ㆍ'는 전후환경에 구애됨이 없이 'ㅏ'로 변화할 수 있었다는 사실을 알게 된다. 더구나 본래 'ㅏ'였던 것이 'ㆍ'로 표기될 수 있었다는 사실은 화자의 심리적 의식 속에서 'ㆍ'가 'ㅏ'와 동일하게 인식되고 있었음을 보여 준다. 그리하여 『漢淸文鑑』에서는 다음과 같은 혼동표기가 속출되어도 이를 막을 길이 없었던 것이다.

(14) ᄆᆡ이(甚)(一 12r) ~ 매이(一 3r)
  ᄭᅵ여지다(破)(十一 54v) ~ 깨여지다(十一 54v)
  ᄉᆞᆫ흔고기(十二 29r) ~ 싸흔국수(十二 33v)
  ᄉᆞᆷ키다(十二 49r) ~ 삼키지못ᄒᆞ다(十二 50r)
  ᄉᆞᆰ흐다(十二 57r) ~ 싸흐다(十二 57r)
  ᄃᆞ래(十二 24r) ~ 다리(十三 5v)

이에 따르면 'ㆍ'와 'ㅏ'는 문자상의 대립을 가질 뿐 기능상으로는 대립을 이미 잃은 것이다. 'ㆍ'와 'ㅏ'는 이미 의미를 구별해 줄 능력을 갖지 못한 것이다. 이러한 경향은 18세기 말엽의 여러 문헌에서 확인된다. 正祖年間의 綸音 자료는 '팔-(賣), 단니-(行), ᄶᅡ-(織), ᄶᅡ-(醎), 가물-(旱), 가을(秋), 가르치-(敎), 가다듬-, 만들-, 나물, 낡-, 날개' 등을 보여 주며(田光鉉1971: 54), 『敬信錄諺解』(1796)도 '발금(明), 하로(一日), 살피니, 사로며(燒), 맛게(卒), 마츰ᄂᆡ(終), 맑은, 난호여(分), 나리오지(降), 낫출(顔), 나로(津)' 등을 더해 준다(南廣祐1970: 96). 여기에 다시 『五倫行實圖』(1797)는 '바람(風), 자라다, 감초다, 함쯰, 만지다' 등을 추가해 준다(劉昌惇1961: 190). 이러한 실례들은 18세기 말엽 이전에 모음 'ㆍ'의 비음운화가 완성되었음을 분명하게 보여 준다. 이처럼 한국어로 표기된 문헌은 18세기 말엽에야 모음 'ㆍ'의 비음운화를 노출시켜 준다. 그러나 이 사실 자체만으로 모음 'ㆍ'의 비음운화 시기를 결정하기는 어렵다. 문자 기록의 검토만으로 음운론적인 변화를 추적할 수는 없기 때문이다.

5. 어느 시대의 문헌을 완전무결하게 분석한다고 하더라도 그것이 음성자질에 기반을 두고 있지 않은 한 그 결과가 곧 음운론적으로 완전한 결론이 될 수는 없다. 그러므로 음운체계를 논함에 있어 무엇보다도 중요한 것은 文字(grapheme)들의 音聲資質을 정확히 파악하는 일이다.[6] 음성자질 자체가 음운체계를 전적으로 좌우하는 것은 아니지만 어느 시기의 음운

체계를 추적할 때 우선적으로 필요한 것은 믿음직스러운 음성자료가 아닐 수 없다. 이를 위해서 發音式 綴字(pronunciation-spelling)로 된 자료가 필요하게 되는데 외국어로 轉寫된 자료가 第一次的으로 이용될 수 있는 이유는 그것이 發音式 綴字로 되어 있다는 데 있다. 물론 어떤 전사자료는 綴字式 發音(spelling-pronunciation)으로 되어 있는 수도 있다. 그러한 전사자료는 보수적인 문헌과 하등의 차이를 갖지 못할 것이다. 그러나 전사자료는 일반적으로 청각적, 음향적, 지각적 음성자질을 반영하고 있는 수가 많다. 그러한 성격을 가진 전사자료는 문헌에서 찾아보기 힘든 음성층위의 정보를 제공해 주는 것이다.

18세기 전기 한국어의 음성자질을 반영해 주는 전사자료는 數三에 불과하지만 그 중에서도 『全一道人』(1729)은 중요한 것이다(송민1974: 20~24). 한국어의 形態素構造 즉 音素結合은 일본어의 그것보다 훨씬 다양하고 복잡하여 한국어의 음성현실을 일본어문자로 전사할 때 정밀성을 기대하기는 어렵다. 그러나 『全一道人』의 저자인 雨森芳州(1668~1755)는 한국어에 능통한 사람이었을 뿐 아니라 당시의 한국어 표기규범이 음성현실과 차이가 있음을 잘 인식하고 있었다. 그는 한국어 학습서인 『全一道人』의 凡例에서 이 사실을 강조하고 있으므로[7] 『全一道人』의 한국어는 일본어문자로 전사되어 있으나 그 특징은 綴字式 發音이 아닌 것을 알 수 있다. 따라서 『全一道人』이 보여 주는 일본어문자 전사에 의한 한국어는 18세기 초엽의 음성현실에 대한 聽覺的 자질을 반영하고 있는 것으로 볼 수 있다. 그러므로 『全一道人』의 모음전사방식을 검토함으로써 18세기 초기 한국어 모음들이 보여 주는 몇 가지 음성자질을 정리할 수 있다.

單母音은 원칙적으로 다음과 같이 전사되어 있다.

---

6) In determining the phonemic system of a language, only phonetic data are relevant. Historical phonology is not relevant. To base one's spelling of a word on the form of the word in a known or reconstructed parent language neither benefits historical study of language nor provides a dependable method of accurate phonemic analysis. Historical etymology in a matter of phonemics is an acceptable aid only when one is dealing with an inadequately recorded non-contemporary language. Of course, phonemes are a historical product and a step in a historical development, but to argue from phonetic law to descriptive fact is discovering the arguments from the conclusion when the procedure should always be the opposite. M. Swadesh1934. → Makkai(ed.)1972: 38=Fudge(ed.)1973: 44~45.

7) 『全一道人』의 凡例 第一條에 '此書 日本かなにて朝鮮言葉しるし, 肯繁の所にはかたわらに諺文をしるせしは, 諺文になつみ言葉にうときものは, その言葉しふりてかたく, 言葉に專らにして諺文をしらさるものは, その言葉あやまりてくるし. しかるゆへ, かなにてかけるを見て言葉をしり, 諺文にてかたわらにかきしを見て言葉の本をしらしめんとの事なり(以下略)'라고 한 것이나 第二條에 '韓語の内, 諺文にてかけると言葉にいへるとはちかひたる事おゝし(以下略)'라고 한 것이 그 사실을 말해주고 있다.

(15) ㅣ → i   ㅡ → u   ㅜ → u
ㅓ → o   ㅗ → o
·→ a 또는 o
ㅏ → a

　이러한 轉寫方式은 우선 18세기초엽의 한국어 母音 'ㅣ ㅡ ㅜ'가 高位母音, 'ㅓ ㅗ'가 中位母音, 'ㅏ'가 低位母音임을 가르쳐 준다. 'ㅡ ㅓ'가 각기 u o로 전사되어 있으나 이는 'ㅡ ㅓ'에 대응될만한 母音이 일본어에 없었기 때문이지 'ㅡ ㅓ'의 음성자질이 [u] [o]였기 때문은 아니다. 어쨌든 이 轉寫表記는 적어도 調音的으로나 聽覺的으로 'ㅣ'가 前部非圓脣高位母音, 'ㅜ'가 後部圓脣高位母音, 'ㅗ'가 後部圓脣中位母音, 'ㅏ'가 後部非圓脣低位母音이었음을 가르쳐 줌과 동시에 'ㅡ'는 後部非圓脣高位母音, 'ㅓ'는 後部非圓脣中位母音이었음을 類推시켜 준다. 그런데 문제는 모음 'ㆍ'의 轉寫表記에서 提起된다. 'ㆍ'에 대응될만한 모음이 일본어에는 물론 存在하지 않는다. 그러나 사정이 비슷한 'ㅡ ㅓ'가 각기 u o로 전사되어 特殊한 경우를 제외하고는[8] 전사표기에 일관성을 보이고 있는데 반하여 'ㆍ'의 전사는 그 양상을 달리하고 있다. 즉 'ㅡ ㅓ'는 각기 혀의 높이에 따라 高位母音인 u와 中位母音인 o로 전사되고 있어 혀의 높이에 별다른 混亂을 보이지 않는다. 그러나 語幹形態素의 第一音節에 나타나는 'ㆍ'는 원칙적으로 低位母音인 a로 전사되어 있으면서도 경우에 따라서는 中位母音인 o로 전사되어 있는 것이다. 대체적으로 摩擦·閉擦音 'ㅅ ㅄ ㅈ ㅊ'과 鼻音 'ㅁ ㄴ'에 後行하는 'ㆍ'가 o로 전사되는 傾向이 강하고 그밖의 자음에 후행하는 'ㆍ'는 a로 전사되는 경향이 강하다. 여기에 그 內容을 정리해 본다(詳細한 내용은 송민1974: 25-35).

(16) a로 轉寫되어 있는 例
ᄇᆞ리-(捨), *ᄇᆞ람(風), *ᄇᆞᆰ-(明), ᄑᆞᆯ-(賣), ᄑᆞᆯ(臂)
ᄃᆞᆮ-(走), ᄃᆞᆯ(月), ᄯᆞ르-(從), ᄯᆞ름(耳矣), ᄯᆞ로(別), ᄯᆞᆯ(女), ᄐᆞ-(고)(乘)
ᄀᆞ(邊), ᄀᆞ리-(橫截), *ᄀᆞ오-(曰), ᄀᆞ리오-(蔽), *ᄀᆞ장(最), ᄀᆞ초-(具), ᄀᆞᆯ(蘆), ᄀᆞᆯ히-(擇), ᄀᆞᆷ-(閉眼), ᄀᆞᆷ-(浴), ᄀᆞᆷ초-(藏), ᄀᆞᇀ-(如), 가ᄅᆞ치-(敎)
ᄉᆞᆯ지-(肥), ᄉᆞᆷ-(烹), ᄎᆞ-(지)(滿), ᄎᆞ-(고)(佩), ᄎᆞ-(ㄴ)(寒), ᄎᆞᆽ-(尋)
ᄒᆞ-(爲), ᄒᆞᆫ-(一), ᄒᆞᄅᆞ(一日), ᄒᆞ리-(癒), 漢字音 ᄒᆞᆫ(恨)

---

8) 예를 들면 한국어 '드, 두'와 같은 음절은 tu로 전사되는 것이 원칙이다. 그러나 일본어 齒莖閉鎖音 t는 당시에도 高位母音 앞에 나타날 수 없었기 때문에 ti, tu와 같은 음절은 존재할 수가 없었다. 이러한 構造上의 틈(structural gap) 때문에 한국어에는 존재할 수 있는 음절 '드, 두'를 일본문자로는 to로 전사할 수밖에 없었다. 이에 따라 'ㅡ ㅜ'가 o로 전사되는 예외가 생겨나기도 한 것이다.

(17) o로 轉寫되어 있는 例

ㅂ아지-(碎)

ㄷ토-(爭)

ㄱ(邊), ᄀᆞᆯ(粉), ᄀᆞᆺ(纏)

ᄉᆞᆯ(肉), ᄉᆞᆷ-(烹), *ᄉᆞ랑ᄒᆞ-(愛), ᄉᆞ못치-(徹), ᄉᆞᆯ피-(察), *ᄉᆞᆯ오-(白), ᄡᆞ-(ㄴ지라)(値), *ᄡᆞᆯ(米), ᄌᆞ라-(長), ᄌᆞ로(頻), ᄌᆞ믓(頗), ᄌᆞ르-(斷), ᄎᆞ마(忍), ᄎᆞ례(第), ᄎᆞᆺ-(尋), 漢字音 ᄉᆞ(四, 私, 使, 士, 辭, 仕), ᄌᆞ(字, 子, 自, 姊), ᄎᆞ(次)

ᄒᆞ-(爲), 漢字音 ᄒᆞᆫ(恨)

ᄂᆞᄆᆞᆯ(菜), ᄂᆞ리-(下), ᄂᆞ호-(分), ᄂᆞᆯ-(飛), *ᄂᆞᆷ(他), ᄂᆞᆾ(顔), *ᄆᆞᆾ-(終), ᄆᆞᆾ춤내(終), ᄆᆞᄋᆞᆯ(村), *ᄆᆞᄋᆞᆷ(心), ᄆᆞᆯ(伯), ᄆᆞᆯ(馬)

以上이 어간형태소 第一音節에 單母音 'ㆍ'가 나타나는 實例인데 星標(*)가 달려 있는 예들은 그것이 『全一道人』에 한국어 표기로 나타나지 않음을 뜻한다. 여기에 例擧한 것 외에도 '*ᄇᆞ야흐로(方), ᄲᆡ이(拔), *ᄀᆞ마니(密)'의 'ㆍ'가 a로 전사되어 있으나 'ᄀᆞ마니'는 이미 16, 17세기에 '가마니'로 나타나며(전광현1967: 82), 'ᄇᆞ야흐로'는 15, 16세기에 '뵈야ᄒᆞ로, 뵈야호로, 뵈야호로, 보야호로'였던 것이 17세기에 '빈야ᄒᆞ로, ᄇᆞ야ᄒᆞ로, 빈야호로, ᄇᆞ야호로, 보야호로, 보야호로'와 같이 第一音節에 'ㆍ'가 나타나 혼란을 보이고 있는 형태소이며, 'ᄲᆡ이-' 역시 본래 '쌔히-'였으므로 'ᄀᆞ마니, ᄇᆞ야흐로, ᄲᆡ이-'는 표기상의 혼란일 뿐 18세기초엽에는 '가마니, 바야흐로, 쌔이-'였을 것이다. 이들 형태소의 'ㆍ'에 대한 『全一道人』의 전사표기가 a를 보이고 있음은 당시의 진실을 遺憾없이 雄辯해 주고 있다.

결과적으로 'ㆍ'에 대한 『全一道人』의 전사표기는 혀의 높이에 혼란을 보이는 셈이다. 'ㅡ'가 高位母音인 'ㅜ'와 함께 u로, ㅓ가 중위모음인 'ㅗ'와 함께 o로 전사되어 있음에 반하여, 'ㆍ'는 o로 전사되어 중위모음 'ㅓ ㅗ'와 유사한 음성자질을 가졌던 것처럼 보이는 경우가 있는가 하면, a로 전사되어 저위모음 'ㅏ'와 유사한 음성자질을 가졌던 것처럼 보이는 경우도 있기 때문이다. 이러한 사실은 'ㆍ'를 전사표기할 만한 모음이 일본어에 없었다는 데에도 그 원인이 있겠지만 그보다 더 큰 원인은 'ㆍ'의 음성현실이 어간형태소의 제1음절에서까지 매우 애매해졌다는 데에 있는 것으로 보인다. 그렇지 않다면 'ㅡ ㅓ'의 전사표기가 혀의 높이에 一貫性을 보이고 있음에 반하여 'ㆍ'가 그렇지 못한 이유를 설명하기가 어렵다. 다시 말해서 'ㆍ'가 調音的으로나 聽覺的으로 자질이 분명한 음성이었다면 'ᄀᆞ(邊), ᄒᆞ-(爲), ᄉᆞᆯ(肉), ᄉᆞᆷ-(烹), ᄎᆞᆺ-(尋)'의 전사표기에서 어느 경우에는 a로, 다른 경우에는 o로 전사되어 동일한 형태소 내에서 自由變異를 보일 리가 없기 때문이다. 그런데 동일한 형태소 내에서 自由變異를 보이지 않는 예들은 형태소에 따라 a 또는 o 어느 한쪽으로 전사되어 있다. 대체적으로 볼 때 兩脣閉鎖音, 齒莖閉鎖音, 軟口蓋閉鎖音, 喉頭音에 후행하는 단모음 'ㆍ'는 대부분 a로 전사되어 있으나 'ᄇ아지-(碎), 두토-(爭), 굴(粉), ᄌ(纑)'만이 o로 전사되어 있고, 'ᄀ(邊), ᄒ-(爲), ᄒ(恨)'은 a, o를 넘나들고 있다. 이에 대하여 摩擦·閉擦音에 후행하는 단모음 'ㆍ'는 대부분 o로 전사되어 있으나 'ᄎ-(지)(滿), ᄎ-(고)(佩), ᄎ-(ㄴ)(寒)'은 a로 전사되어 있고 'ᄉᆞᆯ(肉), ᄉᆞᆷ-(烹), ᄎᆞᆺ-(尋)'은 a, o를 넘나들고 있다. 그리고 鼻音에 후행하는 단모음 'ㆍ'는 예외없이 o로 전사되어 있다.

6. 모든 음성이 환경에 따라 異音을 가질 수 있겠으나 단모음 'ㆍ'의 경우에는 그 성격이 약간 특이하였다. 단모음 'ㆍ'의 음성실현이 환경의 지배를 받는 것이었다면 摩擦·閉擦音과 鼻音에 후행하는 'ㆍ'가 동일하게 o로 전사된 이유가 분명하지 않다. 다시 말해서 摩擦·閉擦音과 鼻音은 自然的 音聲部類를 이루지 못하는 異質的 음성들인데 그에 후행하는 'ㆍ'가 동일하게 o로 전사되어 있다는 사실은 단모음 'ㆍ'가 周圍音聲의 영향에 따라 a 또는 o에 가까운 음성을 異音으로 가졌기 때문에 그에 따라 a 또는 o로 전사된 것이 아님을 뜻한다. 단모음 'ㆍ'가 환경에 따라 다르게 실현되었다면 그 환경은 脣音에 국한되어야 한다. 17세기까지 'ㆍ'에 對立되는 圓脣性의 짝이 'ㅗ'였으므로 脣音에 후행하거나 선행하는 'ㆍ'가 圓脣化되어 圓脣性母音 [o]로 실현될 수는 있었기 때문이다. 현대한국어의 남부방언 '몰(馬), 볿-(踏), 폿(小豆)' 등은 그렇게 성립된 것이다. 그러나 『全一道人』의 전사는 그 성격이 남부방언과는 다르다. 같은 脣音일지라도 無聲音 'ㅂ ㅍ'에 후행하는 단모음 'ㆍ'는 a로 전사되는 傾向이 강하나 有聲音 'ㅁ'에 후행하는 단모음 'ㆍ'는 o로만 전사될 뿐 결코 a로 전사되지 않는다. 이러한 사실은 『全一道人』에 o로 전사된 단모음 'ㆍ'가 圓脣性 때문이 아니었음을 보여 준다. 그것이 圓脣性 때문이었다면 모든 脣音環境에서 단모음 'ㆍ'가 동일하게 전사되었어야 할 텐데 실제로는 그렇지 않았기 때문이다. 뿐만 아니라 'ㅅ ㅆ ㅈ ㅊ'에 후행하는 단모음 'ㆍ'의 대부분과 'ㄴ'에 후행하는 단모음 'ㆍ'가 예외 없이 o로 전사되었으나 현대한국어의 어떤 방언으로도 그것이 圓脣性에 의한 것이었음을 증명하기는 어렵다.

결국 『全一道人』에 단모음 'ㆍ'가 a 또는 o로 전사된 이유는 일정한 음성환경 때문에 나타난 차이가 아니라 'ㆍ'自體의 음성자질 때문에 나타난 차이로 볼 수밖에 없다. 한걸음 나아가 단모음 'ㆍ'가 o로 전사된 경우라 하더라도 그것은 圓脣性에 기인하는 것이 아니었을 뿐만 아니라 'ㆍ'自體가 圓脣性母音이었다고 생각할 수도 없는 일이다. 그렇다면 단모음 'ㆍ'는 이미 音聲上으로 'ㅏ'와 異音領域을 함께 하고 있는 한편 'ㅓ'와도 異音領域을 함께 하고 있었다고 볼 수밖에 없다. 그리하여 'ㅓ'와 異音領域을 함께 하는 단모음 'ㆍ'의 異音은 o로 전사할 수밖에 없었을 것이고 'ㅏ'와 異音領域을 함께 하는 단모음 'ㆍ'의 이음은 a로 전사될 수 있었을 것이다. 'ᄀᆞ(邊), ᄒᆞ-(爲), 혼(恨), 숧(肉), ᄉᆞᆷ-(烹), ᄎᆞᆽ-(尋)' 등이 a와 o 두 가지로 전사될 수 있었던 이유도 실상은 단모음 'ㆍ'의 음성자질이 때로는 중위모음에 가깝게, 때로는 저위모음에 가깝게 실현될 수 있었기 때문이었을 것이다. 따라서 단모음 'ㆍ'가 o로 전사되었다고 하더라도 그것은 'ㆍ'가 圓脣性을 가졌기 때문이었다고 생각할 수 없으며 오히려 중위모음 'ㅓ'에 가깝게 실현되었기 때문이었다고 볼 수 있다. 물론 'ㅁ'에 후행하는 단모음 'ㆍ'가 o로 전사된 것만은 그것이 圓脣性과 관계된 것이라고 생각할 수도 있으나 'ㅂ, ㅍ'에 후행하는 단모음 'ㆍ'가 a로 전사되었음을 勘案할 때 'ㅁ'에 후행하는 'ㆍ'만을 圓脣性과 결부시킬 수는 없을 것이다. 'ㅁ'에 후행하는 'ㆍ'가 18세기 이후에 'ㅗ'로 고정되지 못하고 'ㅏ'로 변했다는 사실을 상기할 때 저간의 사정은 더욱 분명해질 것이다. 따라서 단모음 'ㆍ'는 非圓脣母音이었으나 'ㅓ'에 가깝게 실현될 때 o로 전사되었고 'ㅏ'에 가깝게 실현될 때 a로 전사되었다고 볼 수밖에 없으며 그 실현은 형태소나 주위의 음성환경에 따라 약간의 제약을 받기도 했으나 원칙적으로는 隨意的인 것이었다고 볼 수밖에 없다. 즉 단모음 'ㆍ'는 어간형태소의 제1음절에서 실현될 때에도 그때마다 變異音을 가질 수 있었으며 그 發音規範(the norm of pronunciation of a given sound)은 後部非圓脣 中位母音 'ㅓ'와 저위모음 'ㅏ' 사이를 벗어날 수 없는 것이었다. 현대한국어의 다음과 같은 방언적 분화는 그러한 사실을 반영해 주는 것으로 보인다.

(18) 15~17세기　　　남부방언　　　標準語

15~17세기	남부방언	標準語
ᄀᆞᇀ-(如)	겉-	같-
ᄒᆞ-(爲)	허-	하-
ᄂᆞ물(菜)	너물	나물
ᄂᆞᆯ-(飛)	널-	날-
ᄂᆞᆷ(他)	넘	남
ᄑᆞ리(蠅)	퍼리	파리

단모음 'ㆍ'의 發音規範은 雨森芳州 자신의 認識 속에서도 혼란을 보이고 있다. 『全一道人』의 전사표기는 발음환경에 기반을 두었으나, 전사표기 옆에 때때로 나타나는 한국어 표기는 당시의 표기규범 즉 一般貫用을 따랐으므로 어간형태소의 제1음절 단모음 'ㆍ'는 한국

어 표기에 충실하게 維持되어 있다. 그럼에도 불구하고 雨森芳州는 약간의 예에서 단모음 'ㆍ'에 대한 誤謬를 犯하고 있다. 'ㄱ르치-'를 '가르치고'(75)로 표기한 예는 오히려 당연한 예라고 볼 수 있으나 다음과 같은 예는 오류임이 분명하다.

(19) 못쌜늡이(72)<*놈, 쇠스리(122)<*소릭, 임스(42)<*임소(任所), 고츠(30)<*고초(苦楚), 사회(38)<*사회(壻)
(20) 숫고(54)<*섯거, 아홉스리(29)<*설
(21) 논호(90)<*ᄂᆞ호, 절로(36)<*즐라

(19)는 'ㅗ'를 'ㆍ'로, (20)은 'ㅓ'를 'ㆍ'로, 그리고 (21)은 'ㆍ'를 'ㅗ' 또는 'ㅓ'로 인식함으로써 惹起된 오류라고 볼 수 있다. 그러나 이들 오류는 중요한 의미를 지니고 있다. 'ㅓ'를 'ㆍ'로 인식한 혼란이나 'ㆍ'를 'ㅓ'로 인식한 혼란은 말할 필요도 없거니와 'ㅗ'를 'ㆍ'로 인식한 혼란이나 'ㆍ'를 'ㅗ'로 인식한 혼란도 窮極的으로는 'ㆍ'와 'ㅓ'의 인식에 혼란이 있었기 때문이다. 이 사실은 다시 o로 전사된 단모음 'ㆍ'가 圓脣性과는 관계가 없음을 뒷받침해 준다. 그러므로 단모음 'ㆍ'가 摩擦·閉擦音과 鼻音에 후행할 때 o로 전사되긴 하였지만 그것은 오히려 非圓脣中位母音 'ㅓ'에 가까운 음성자질을 가지고 있었음이 분명해진다. 『全一道人』에 o로 전사된 어간형태소의 제1음절 모음 'ㆍ'가 18세기 말엽부터 한결같이 'ㅏ'로 나타나기 시작하였으며 'ㅁ'에 후행하는 'ㆍ' 역시 'ㅗ'로 고정되지 못하고 'ㅏ'로 변하고 말았다는 사실이 이를 뒷받침해 준다.

7. 단모음 'ㆍ'의 發音規範은 口蓋性 off-side 二重母音의 전사에서 더욱 분명해진다. 우선 18세기 전기 한국어는 外形上 口蓋性 off-side 二重母音 'ㅢ ㅔ ㆎ ㅐ ㅟ ㅚ'를 가지고 있었다.

(22) 에엿비(『女四書諺解』四 14v)　　　~ 어엿비(同四 22v)
　　　 민들며(『女四書諺解』三 67r)　　　~ ᄆᆞᄃᆞ랏더니(同四 10v)
　　　 새볘(『女四書諺解』二 33r)　　　~ 사볘(同三 19r), 사벽(同二 4r)
　　　 쒸여넘다(『同文類解』上 26v)　　　~ 쑤여들어(『女四書諺解』四 19r)
　　　 외오니(誦)(『女四書諺解』四 23r)　　　~ 오요며(同三 58r)

『女四書諺解』(1736)는 이처럼 'ㅔ ㆎ ㅐ ㅟ ㅚ'가 각기 'ㅓ ㆍ ㅏ ㅜ ㅗ'를 音節主音으로 하는 二重母音이었음을 잘 보여 주고 있다. 한국어 문헌은 'ㅚ'가 이중모음이었음을 쉽사리 노출시켜 주지 않으나『全一道人』에 ui로 전사되어 있어 그것이 이중모음이었음을 말해 주고 있다. 이러한 口蓋性 off-side 二重母音에 대한『全一道人』의 전사표기는 원칙적으로 다음과 같다.

(23) ㅢ → ui   ㅟ → ui
     ㅔ → oi   ㅚ → oi
     ㆎ → ai
     ㅐ → ai

이는 단모음의 전사표기와 平行을 이루는 것인데 'ㆎ'만은 성격을 달리하고 있다. 즉 口蓋性 off-side 二重母音 'ㆎ'의 音節主音 'ㆍ'는 언제나 a로 전사되어 있을 뿐 o로 전사된 예가 보이지 않는다. 다음과 같은 예들이 a로 전사된 것들이다.[9]

(24) ㅴ(腹, 舟), 비-(孕), ㅄ얌(蛇), *ㅄ호-(學), 빅(百)
     ㄷㆎ(代, 對, 待)
     ㅄ돌-(覺), 기(改)
     ㅅㆎ각(思), ㅅㆎ(生), ㅈㆎ(財, 梓), 치오-(滿), 칙(冊, 責), ㅎㆎ(骸), ㅎㆎ(行)
     ㄴㆎ(來), ㅁㆎ-(結), ㅁㆎ양(常), ㅁㆎ(每)

이와 같은 예들은 이중모음 'ㆎ'가 표기상으로 존재할 뿐 음성상으로는 이미 존재하지 않았음을 보여 준다. 즉 口蓋性 半母音 y 앞에서는 'ㆍ'가 이미 [a]로만 실현되었을 뿐이다. 'ㅁㆎ야지'(『譯語類解』下 29r)가 '마야지'(『同文類解』下 37v)로 쓰일 수 있었던 것도 그 때문이었다.

어간형태소의 제1음절에 나타나는 단모음 'ㆍ'와 이중모음 'ㆎ'의 음성자질은『和漢三才圖會』(1712) 卷十三의 '朝鮮國語'와『朝鮮物語』(1750) 卷五의 '朝鮮の國語'에서도 찾아 볼 수 있는데 그 결과는 대체적으로『全一道人』와 일치한다(송민1974: 31~34). 여기에 그 전사표기를 종합해 보면 다음과 같다.

---

9) 다만 'ㅎㆎ-'(白)(56)의 'ㆎ'가 ui로 전사된 예가 있으나 이는 이미 '희-'가 된 狀態를 나타내는 것이므로 문제가 되지 않는다. 특이한 예외로서 'ㅁㆎ'(接頭辭)(76)과 'ㅁㆎ돌-'(造)(36,56)의 제1음절 이중모음 'ㆎ'는 e로 전사되어 있다. 한편 'ㆍ'와 'ㅣ'가 형태소 경계를 사이에 두고 연결될 때에는 'モゾイ'(*ㅁ조지=母子ㅣ)(42), 'プゾイ'(*부지=父子 ㅣ)(114)처럼 oi로 전사되고 있다. 그러나 'ㅎㅣ시니'는 'ハイシニ'(101)로 전사되어 있어 동사어간 'ㅎ-'와 使役形接尾辭 '-이' 사이의 형태소 경계는 명사와 主格接尾辭 사이의 형태소 경계와 다른 성격을 보여 준다.

(25) 단모음 'ㆍ'의 경우

意味	『和漢三才圖會』(卷十三)	『朝鮮物語』(卷五)	韓國語形
風	ぱらん 波良牟(17r)	ぱらみ(8v)	ㅂ람
壁		ぱらんぴよく(10r)	ㅂ람벽
捨		ぱれら(15r)	ㅂ려라
買		はるか(11r)10)	ㆍ가
小豆	ぱつ 波゜豆(17r)	ぱつ(9v)	ㆍ
橋		そり(9r)	ㆍ리
雞	とるき 止留木(18r)	とるき	ㆍㄺ
敎		まろちた(14v)	ㆍㄹ치다
秋		こおる(10v)	ㆍ올
爲		くんきんはた(15r)	은근ㅎ다
		かぐはた(10v)	강ㅎ다
		やくはた(11v)	약ㅎ다
一	はんな 波牟奈(18v)	はな(15r)	ㅎ나
米	ぴさる 比゜佐留(17r)	ひさり(9v)	ㆍ
男	なんざう 奈牟左宇(17v)	そんなへ(11r)	남ㆍ~ㅅ나히
里		もうか(10r)	ㆍ을
町		もうが(10r)	ㆍ을
馬	もる 毛留(18r)	もる(10r)	ㆍ

(26) 이중모음 'ㆎ'의 경우

意味	『和漢三才圖會』(卷十三)	『朝鮮物語』(卷五)	韓國語形
船	ぱひ 波伊(17v)	ぱひ(10r)	ㆎ
學		はひはた(14v)	ㆎ호다
農夫	ぱくせぎ 波.久世岐(17v)	ぱきせぐ(11v)	ㆎㅇ셩(百姓)
百	いるばく 以留婆久(18v)	ばいく(15v)	일ㆎㄱ(一白)~ㆎㄱ(百)
所		かをんだい(10v)	가온ㆎ
		とい(10r)	ㆎ
濱		はいず(?)ん(9r)	ㆎ변(海邊)
泉		しょん(9r)	심
明日		ないる(14r)	ㆎ일(來日)
梅	ばいはい 波伊波以(17r)	まばい(9v)	ㆎ화(梅花)

---

10) '賣'가 'さちや(11r)', '買'가 'はるか(11r)'로 되어 있는데 이 둘은 뜻이 반대로 적혀 있는 셈이다. 이는 穀物去來에 한하여 '賣'와 '買'의 의미가 뒤바뀌는 남부방언형처럼 보이기도 하나 확실한 것은 알 수 없다. 송민1974: 20.

『和漢三才圖會』나 『朝鮮物語』는 『全一道人』만큼 성격이 분명한 자료가 아니다. 특히 『朝鮮物語』는 그 성격이 불분명하여 이용에 주의를 요하나 이들 두 자료는 모음 'ㆍ'의 전사에서 『全一道人』과 공통되는 점을 보여 준다. 우선 단모음 'ㆍ'의 경우 'ㅂ람(風), ㅂ람벽(壁), ㅂ리-(捨), 폴-(賣), ㅍ(小豆), ㄱㄹ치-(敎), ㅎ-(爲), ㅎ나(一), ㅄㄹ(米)'에 해당되는 어간형태소의 제1음절 모음 'ㆍ'가 a로 전사되어 있다. 'ㅂ람벽, ㅍ'은 『全一道人』에 보이지 않으므로 새로운 예가 될 것이며 'ㅄㄹ'의 'ㆍ'는 『全一道人』에 o로 전사되어 있는데 여기서는 a로 전사되어 있어 특이하나 『全一道人』보다 연대가 앞서는 『和漢三才圖會』에 a로 전사되어 있는 점이 示唆的이다. 한편 'ㄷ리(橋), 둙(鷄), ㄱ올(秋), ㅅ나히(男), ㅁ올(里), ㅁㄹ(馬)'에 해당되는 어간형태소의 제1음절 모음 'ㆍ'는 o로 전사되어 있다. 다음에 이중모음 'ㆎ'의 경우 'ㅂ(船), 비호-(學), 빅(百), 히(海), ㄴ(來), 미(梅)'에 해당되는 어간형태소의 제1음절의 이중모음 'ㆎ'가 ai 또는 a로 전사되어 있어 音節主音 'ㆍ'는 a로 나타난다. 한자음 '히, 미'가 『全一道人』에 보이지 않으므로 새로운 예가 되는데 'ㅂ, 비호-, 빅'의 이중모음 'ㆎ'는 『全一道人』의 전사에도 ai 또는 a로 나타난다. 'ㄷ(所), 십(泉)'에 해당되는 어간형태소 제1음절의 이중모음 'ㆎ'가 oi로 전사되어 있으나 『朝鮮物語』에만 나타나므로 이를 額面 그대로 받아들이기는 어려울 것이다.

결국 18세기 전기 한국어의 전사자료들은 이중모음 'ㆎ'의 존재를 支持해 주지 않는다. 'ㆎ'가 한결같이 ai로 전사된 사실과 함께 '미야지→마야지'와 같은 변화는 'ㆎ'의 존재를 否定하는 동시에 구개성 반모음 y에 선행하는 'ㆍ'가 단모음 위치에서보다 먼저 'ㅏ'로 변할 수 있었음을 보여 준다. 한편 어간형태소 제1음절의 단모음 'ㆍ'가 경우에 따라 a 또는 o로 전사되어 일관성을 잃고 있을 뿐 아니라 약간의 어간형태소에서는 자유변이마저 보이고 있다는 사실은 단모음 'ㆍ'가 최소의 開口度(aperture minima) 'ㅓ'에서 최대의 開口度(aperture maxima) 'ㅏ'에 걸쳐 실현될 수 있는 모음이었음을 보여 준다. 단모음 'ㆍ'의 이러한 성격은 그것이 비록 음성상으로는 'ㅓ'와 'ㅏ'의 중간 높이에서 실현되고 있었을지라도 음운론적으로는 이미 음소의 機能을 잃고 있었다고 볼 수밖에 없다. 'ㄱ(邊), ㅎ-(爲), ㅎ(恨), 술(肉), ㅁ-(烹), 춫-(尋)' 등의 'ㆍ'가 a로도 전사될 수 있었고 o로도 전사될 수 있었다는 사실은 이들 어간형태소의 단모음 'ㆍ'가 음성적으로 'ㅏ'에 가까운 異音과 'ㅓ'에 가까운 異音으로 실현될 수 있었음을 뜻한다. 동일한 형태소 내에서 이러한 자유변이가 가능하였다는 사실과 단모음 'ㆍ'가 18세기 말엽의 문헌에 'ㅏ'로 변해있다는 사실은 단모음 'ㆍ'가 전사자료에서 a로 把握된 사실과 더불어 'ㆍ'의 비음운화가 이미 완성되었음을 보여준다. 뿐만 아니라 後述할 바와 같이 18세기 전기에는 圓脣母音 'ㅗ'에 대립되는 非圓脣母音이 'ㅓ'였던 것으로 보인다. 이는 'ㅗ'에 대립되는 비원순모음이 'ㆍ'였던 17세기와는 다른 성격을 보여 주는 대립관계의 변화인데 이러한 변화는 'ㆍ'가 비음운화된 상태였음을 반영하고 있는 것이다. 따라서 일부형태소나 특수한 음성환경 속에 'ㆍ'가 음성상으로 남아있었을지라도 그것은 이미 음운론적인 대립기능을 負擔할 수 없는 음성단위였다고 볼 수밖에 없다. 따라서 18세기 말엽의 문헌에 비로소 露骨化되는 단모음 'ㆍ'의 혼란표기는 18세기초엽에 이미 완성된 단모음 'ㆍ'의 비음운화에서 緣由하는 것이었다(송민1974: 35~37).

8. 제주도방언은 오늘날까지 모음음소 'ㆍ'를 維持하고 있는 유일한 방언으로 알려져 있다. 주로 어간형태소의 제1음절에 配分되는 단모음 'ㆍ'는 모든 자음과 반모음 y 뒤에 나타난다.

(27)　pʌri-(塗)　　　pʔʌri-(速)　　　pʰʌt(小豆)
　　　mʌr-(捲)
　　　tʌr(月)　　　tʔʌr(女)　　　tʰʌgari(頤)
　　　nʌr-(飛)
　　　cˇʌrok(柄)　　cʔʌi-(斷)　　　cʰʌ-(滿, 凍)
　　　sʌraŋ(愛)　　sʌr(米)
　　　kʌr-(代)　　　kʔʌnir-(細)　　kʰʌrkʰʌrhʌ-(淨)
　　　yʌdəp(八)

構造上의 틈 때문에 'ㄹ'과 'ㅇ' 뒤에서는 단모음 'ㆍ'가 나타나지 않지만 제주도방언의 단모음 'ㆍ'는 18세기 전기 한국어의 단모음 'ㆍ'와는 그 성격이 크게 다르다. 제주도방언의 단모음 'ㆍ'는 음성자질로나 배분관계로나 他母音과의 대립관계로 보아 음소가 될 자격이 충분하지만 18세기 전기의 전사자료가 보여 주는 단모음 'ㆍ'는 음소의 자격이 충분치 못하기 때문이다. 전사자료가 보여 주는 단모음 'ㆍ'는 동일한 형태소내에서 自由變異音을 가질 수 있는 모음이었고 그 異音領域은 'ㅓ'를 上限으로, 'ㅏ'를 下限으로 하는 것이었다. 외국인들은 이러한 自由變異音을 聽覺的으로 파악하여 전사로 옮겼기 때문에 전사표기는 때에 따라 다르게 나타날 수 있었겠지만 그러한 변이음들이 의미를 구별해 주는 기능적 대립을 가질 수 있었다고 보기는 어렵다. 이것이 사실이었다면 17세기에 혀의 상대적 높이에 따라 4단계로 구분될 수 있었던 後部非圓脣 母音部類가 18세기 전기에는 3단계로 구분될 수밖에 없게 된다. 뿐만 아니라 단모음의 전사표기로 보나 이중모음의 전사표기로 보나 18세기 후기에 나타나는 음운변화로 보나 단모음 'ㆍ'의 변이음들은 非圓脣 低位母音 'ㅏ'와 같은 기능을 가지고 있었다고 해석된다.

지금까지 검토해 온 음성자료에 기반을 둘 때 18세기 전기 한국어는 6개의 단모음 i ɨ ə a u o를 가지고 있었다고 말할 수 있게 된다. 이들은 다시 구개성 전이음 y 및 원순성 전이음 w와 결합되어 이중모음 yə ya yu yo ɨy əy ay uy oy wə wa를 구성하였다.

9. 음성자료에 의해서 정리된 음성들은 選擇的 對立(paradigmatic opposition)에 따라 음운론적으로 구분되고 조직되어야 한다. 음성적 현실이 감각적 존재라면 음운체계는 抽象的 존재여서 兩者가 반드시 일치된다고는 볼 수 없기 때문이다.[11]

---

11) 가령 調音的 觀點에서 볼 때 Hungary語의 모음은 다음과 같이 분류된다.

	Front				Central	Back	
	Lips spread		Lips rounded		Lips neutral	Lips rounded	
Close	i	i:	y	y:		u	u:
Half-close		e:		ɸ:			o:
Half-open	ɛ		œ			ɔ	
Open					a:	ɒ	

이들의 分類音素論的 觀點에서 다음과 같이 체계화된다.

	Front				Back	
	Unrounded		Rounded		Rounded	
High	i	i:	y	y:	u	u:
Mid	e[ɛ]	e:	ɸ[œ]	ɸ:	o[ɔ]	o:
Low			a[ɒ]	a:		

이 체계는 이미 調音的 현실을 상당히 무시하고 있다. 그러나 이 체계 역시 완전한 것이라고는 할 수 없다. 그것은 모음조화를 만족시켜 주지 않기 때문이다.

主　　格	/doboz/(箱子)	/ke:z/(손)
① 一人稱複數 所有格	/dobozunk/	/kezynk/
② 二人稱複數 所有格	/dobozotok/	/kezɸtɸk/
③ 三人稱單數 所有格	/doboza/	/keze/
④ 三人稱單數 處　格	/doboza:ban/	/keze:ben/

①의 /u/ 對 /y/, ②의 /o/ 對 /ɸ/는 위의 체계로 잘 설명이 된다. 그러나 ③의 /a/ 對 /e/, ④의 /a:/ 對 /e:/는 위의 체계로 설명이 되지 않는다. 따라서 Mid와 Low를 한데 묶어 모음체계를 재조정할 수밖에 없는데 그 결과 다음과 같은 체계를 갖게 된다.

18세기 전기 한국어의 단모음 i ɨ ə a u o는 전사자료에 의한 청각적 관점에서 우선 다음과 같이 분류될 수 있을 것이다.

(28)　　　　　　　　　前舌　　　　中舌　　　　後舌
　　　　高位　　　　　i　　　　　ɨ　　　　　u
　　　　中位　　　　　　　　　　ə　　　　　　o
　　　　低位　　　　　　　　　　a

이들 가운데 중설모음 'ㅡ'와 'ㅓ'는 원순성에 의하여 후설모음 'ㅜ'와 'ㅗ'에 각각 대립된다. 17세기 말엽에는 (5)가 보여 주는 실례와 같이 'ㅡ'가 순음 아래에서 원순모음화하여 문헌에 'ㅜ'로 나타나기 시작하였다. 18세기에 접어들면 이러한 統合的 현상은 더욱 활발해진다. 『女四書諺解』(1736)에서 그 實例를 찾아보기로 한다.

(29) 무릇(凡)(二 4r), 물(水)(四 51r), 뮈워(憎)(三 22r)
　　　부르고(呼)(三 83r), 불(火)(四 49r)
　　　쑤려(灑)(二 29v)
　　　풀은(靑)(二 37v)

이들은 (3)의 규칙에 따라 생성된 예로서 'ㅡ'와 'ㅜ'가 원순성에 의한 대립관계에 있었음을 보여 준다. 원순모음화란 결국 'ㅡ'에 원순성을 추가하면 'ㅜ'가 생성될 수 있음을 보여주는 통합적 현상이기 때문이다. 한편 17세기까지는 'ㆍ'의 원순성에 의한 대립의 짝이 'ㅗ'였다. 그러나 18세기에 들어와 'ㆍ'가 비음운화하면서 'ㅓ'가 유일한 非圓脣中位母音의 자리를 차지하게 되었다. 그 결과 'ㆍ'와 'ㅗ' 사이에 존재했던 원순성에 의한 대립관계는 자동적으로 消滅되고 'ㅓ'와 'ㅗ'가 새로 그러한 대립관계를 가질 수밖에 없게 되었다. 'ㅓ'는 비원순모음,

---

	Front				Back			
	Unrounded		Rounded		Unrounded		Rounded	
High	i	i:	y	y:			u	u:
Low	e	e:	φ	φ:	a	a:	o	o:

이 체계는 단모음 /a/가 음성적으로는 원순모음이면서도 기능적으로는 비원순모음임을 가르쳐 주는데 이는 음성적 분류와 음운론적 분류가 일치하지 않음을 보여 주는 좋은 예가 될 것이다. Fudge1967.→Makkai(ed.) 1972: 505.

'ㅗ'는 원순모음인데다가 전사자료는 이들이 다같이 中位母音的 성격을 가지고 있었음을 보여주고 있기 때문에 원순성에 의한 'ㅓ'와 'ㅗ'의 대립관계는 음성적으로도 자연스럽게 성립될 수 있는 조건을 구비하고 있었던 것이다. 다만 'ㅓ'와 'ㅗ' 사이에 생겨난 이러한 선택적 대립관계를 반영해 주는 통합적 현상이 문헌에 노출되는 것은 19세기 후기인 것으로 생각된다(이병근,1970). 문헌과 현대방언은 그러한 사실을 다음과 같은 實例로 알려 주고 있다.

(30) 몬져 → 먼저, 몬지 → 먼지
　　　본도기 → 번데기, 보션 → 버선

(31) 뫼아리 → 메아리, 뫼초리 → 메추리, 묏도기 → 메뚜기
　　　뵈 → 베, 뵈짱이 → 베짱이

이들은 'ㅗ'에서 원순성을 제거하면 'ㅓ'가 생성될 수 있음을 보여 주는 통합적 현상으로 'ㅓ'와 'ㅗ'가 원순성에 의한 대립관계에 있었음을 알려주는 실례들이다. 다만 (31)은 제1음절이 이중모음이었던 예들로서 시기적으로는 (30)보다 후대에 나타나는 듯하지만 音節主音 'ㅓ'와 'ㅗ'의 원순성에 의한 대립은 이중모음의 단모음화 시기와는 무관했을 것이다. (31)과 같은 통합적 현상이 반드시 단모음 'ㅚ, ㅔ'를 전제조건으로 한다고 볼 수는 없기 때문이다. 한편 18세기 말엽의 다음과 같은 변화도 근본적으로는 'ㅓ'와 'ㅗ'의 원순성에 의한 대립관계를 보여주는 통합적 현상이었던 것으로 해석된다.

(32) 볼(襲, 件) → 벌(『譯語類解』補編 36r)(『倭語類解』下 39r)
　　　ᄇᆞ리-(棄) → 버리-(『御製養老務農頒行小學五倫行實饗飲儀式鄉約條例綸音』6r)

대부분의 어간형태소 제1음절의 'ㆍ'가 'ㅏ'로 변화 고정되었음에 대하여 (32)는 순음에 후행하는 'ㆍ'가 'ㅓ'로 고정된 사실을 보여주는 실례들인데 여기에는 '볼셔(旣) → 벌서'와 같은 예가 추가된다. 이들을 단순한 'ㆍ → ㅓ'의 변화로 처리하기에는 그럴듯한 이유가 발견되지 않는다. 따라서 이들을 (30) 및 현대 남부방언적 분화에 關聯지어 볼 때 그 이유가 어느 정도 밝혀지는 것으로 보인다.

(33)　① 블셔　→　　→　벌서
　　　　　블　　→　　→　벌
　　　　　브리-　→　　→　버리-
　　　② 　　　　　 몬져　→ 먼저
　　　　　　　　　 보션　→ 버선
　　　③ 믈(馬)　→　몰
　　　　　븗-(踏)　→　봙-
　　　　　폴(臂)　→　폴

　이들 가운데 ③은 남부방언적 분화를 대표하는 예들이거니와 ②와 ③을 참작할 때 'ㆍ → ㅓ'의 변화는 결국 'ㅗ'와 'ㅓ'가 원순성에 의한 대립관계에 있었다는 전제조건을 기반으로 하는 변화였다고 생각된다. 즉 이들은 다음과 같은 順序를 거쳐 방언적으로 분화되었을 것이다.

(34)　　　　　　　　　블셔　　　보션　　　븗-
　圓脣母音化　　　 -　　　 -　　　봙-
　非圓脣母音化　　벌서　　　버선　　　 -

　즉 '블셔→벌서'의 변화는 그 중간에 *'볼셔'라는 단계를 가정할 때 그 이유가 자연스럽게 이해된다. 따라서 순음 환경 속에 나타나는 'ㆍ → ㅓ'의 변화는 직접적인 것이라기보다 'ㆍ → *ㅗ → ㅓ'와 같은 단계를 거친 것이며 이것은 곧 'ㅗ'의 비원순모음화 과정과 동일한 것이다. 이렇게 볼 때 'ㅗ'와 'ㅓ'는 원순성에 의한 대립관계에 있을 수밖에 없게 된다. 이로써 (28)에 보인 中舌母音部類와 後舌母音部類는 비원순모음과 원순모음의 대립이었음을 알게 된다. 다만 非圓脣低位母音 'ㅏ'는 원순모음의 짝을 缺하고 있어 前舌母音 'ㅣ'와 함께 체계상의 틈(systemic gap)을 보이고 있다.

　10. 이상과 같은 결과를 정리하면 18세기 전기 한국어의 모음체계는 다음과 같은 3部類 3段階의 類型을 가진 체계였으리라고 생각된다.

(35)

	Front	Back	
	Unrounded	Unrounded	Rounded
High	i	ɨ	u
Mid		ə	o
Low		a	

이들 6개의 단모음 음소들은 [High, Low, Back, Round]라는 이분적 자질에 의해서 완전히 구별된다.

(36)

	i	ɨ	ə	a	u	o
High	+	+	-	-	+	-
Low	-	-	-	+	-	-
Back	-	+	+	+	+	+
Round	-	-	-	-	+	+

그러나 이 行列表에는 다음과 같은 剩餘性이 내포되어 있다. ① [+high]이거나 [+round]인 모음은 언제나 [-low]이다. ② [+low]인 모음은 언제나 [-high]인 동시에 [-round]이다. ③ [-high]이거나 [+round]인 모음은 언제나 [+back]이다. ④ [-back]인 모음은 언제나 [+high]인 동시에 [-round]이다. 이와 같은 잉여성을 규칙화하면 다음과 같이 될 것이다.

(37) ① $\left\{ \begin{array}{l} \text{[+high]} \\ \text{[+round]} \end{array} \right\} \rightarrow \text{[-low]}$

② $\text{[+low]} \rightarrow \left[\begin{array}{l} \text{[-high]} \\ \text{[-round]} \end{array} \right]$

③ $\left\{ \begin{array}{l} \text{[-high]} \\ \text{[+round]} \end{array} \right\} \rightarrow \text{[+back]}$

④ $\text{[-back]} \rightarrow \left[\begin{array}{l} \text{[+high]} \\ \text{[-round]} \end{array} \right]$

①과 ②, ③과 ④는 각기 逆으로 조화를 이루고 있다. 이러한 잉여성을 (36)에 適用하면 18세기 전기 한국어의 단모음 음소는 다음과 같은 明細化로 완전히 구별되기에 이른다.

(38)	i	ɨ	ə	a	u	o
High		+	-		+	-
Low			-	+		
Back	-	+				
Round			-	-	+	+

11. 한 시기의 음운체계는 공시적으로 기술되는 것이지만 그것이 선행시기나 후행시기의 체계와 조화를 이루지 못한다면 그것은 음운사라는 하나의 연결체 속에서 타당성을 잃고 만다. 이러한 의미에서 18세기 전기 한국어의 모음체계는 17세기의 그것이나 18세기후기 내지 19세기의 그것과도 모순되지 않는 조화를 이루어야 한다.

본고는 앞에서 17세기 한국어의 단모음체계를 3부류 4단계로 해석할 수 있다고 본 바 있다. 이 체계를 구성하고 있는 모음음소들은 [High, Low, Back, Round]라는 4개의 이분적 자질로 완전히 구별되는 것이다. 이러한 해석은 17세기 한국어의 단모음체계가 기능적으로는 高位와 非高位라는 비음성적 기준(non-phonetic criteria)에 의하여 이원적으로 구분될 수 있었음을 뜻한다[12]. 그럼에도 불구하고 17세기 한국어는 형태소 구조상으로나 형태음운론적으로 高位 대 非高位라는 대립적 기능을 가질 수 없었다. 그것은 어간형태소의 제2음절 이하에서 'ㅡ'와 'ㆍ'가 구조적 중화를 일으키게 됨에 따라 'ㅡ'와 'ㆍ'의 대립적 기능이 약화되고 그 여파가 'ㅓ'와 'ㅏ', 'ㅜ'와 'ㅗ'의 대립에도 比例的으로 播及되면서 전반적으로는 어간형태소의 내부 또는 어간형태소와 굴절접미사 간에 존재하던 모음조화가 와해되었기 때문이다. 따라서 17세기 한국어의 모음음소들은 혀의 상대적 높이에 의하여 4단계로 구분될 수 있었으나 그러한 변별성은 어간형태소의 제1음절에서 형태소의 의미구별을 지배하는 대립적 기능으로 나타날 뿐 또다른 비음성적 기준의 뒷받침을 받을 수 없는 것이었다. 다시 말해서 17세기 한국어 모음체계의 高位對立은 형태음운론적으로 결정될 수 없는 것이었다. 이러한 의미에서 17세기 한국어의 모음체계는 중세한국어의 그것과 성격을 달리하는 것이었다.

혀의 상대적 높이에 따라 4단계로 구분되던 후부비원순 모음부류가 18세기에는 'ㆍ'의 비

---

12) 중세한국어의 모음조화가 開閉調和(open-close harmony)였다는 견해(服部四郎1974)도 결국은 [+high] 대 [-high]라는 비음성적 기준으로 설명될 수 있는 형태음운론적 현상이었으며, 이러한 비음성적 기준은 음운체계를 결정하는 데 있어서 청각적 유사성보다 훨씬 중요한 역할을 하는 것이다.

If there are no other bases for establishing such relationships, acoustic similarity will be considered, though any other type of patterning which is indicated will be taken as more important. Fudge1967.→ Makkai(ed.) 1972: 504.

음운화와 더불어 3단계의 구분을 가지게 되었다. 이에 따라 18세기 전기 한국어의 모음체계에는 高位 대 非高位라는 이원적 대립이 존재할 수 없게 되었다. 결국 18세기 전기 한국어의 모음음소들은 高位, 中位, 低位라는 음성적 자질에 의하여 구분될 수밖에 없었다. 이러한 자질들의 유일한 대립적 기능은 어간형태소의 제1음절에서 의미구별을 지배하는 것이었다. 그 반면 입술모양에 의한 자질 즉 원순성의 유무가 형태소구조를 動的으로 지배하게 되었다. 원순모음화라는 통합적 현상은 형태소구조를 지배하는 모음음소들의 대립적 기능이 원순성에 있었음을 보여 주고 있다. 따라서 18세기 전기 한국어의 모음체계를 결정해 주는 비음성적 기준은 순음에 후행하는 '_'의 원순모음화라는 통합적 현상이 유일한 것일 수밖에 없게 된다. 이로써 '_'와 'ㅜ'는 원순성의 유무에 의한 대립관계를 가졌던 것으로 해석되며 比例的으로 'ㅓ'와 'ㅗ'도 원순성의 유무에 의한 대립관계를 가졌던 것으로 이해된다.

원순모음화라는 통합적 현상의 뒤를 이어 18세기 말엽경에는 이중모음 'ㅚ, ㅔ, ㅐ'가 단모음화함으로써 새로운 前部비원순 모음부류가 형성되었을 것이다. 이에 따라 'ㅣ'의 역행동화, 摩擦·閉擦音에 후행하는 '_'의 前部모음화와 같은 통합적 현상이 형태소 구조를 동적으로 지배하기 시작하였을 것이다. 17세기 이후의 모음체계가 겪어온 변화는 그러한 사적 배경을 반영하고 있는 것으로 보인다.

(39)

	17세기	18세기	19세기[13]	20세기[14]
	i ɨ u	i ɨ u	i ɨ u	i y ɨ u
	ə	ə o	e ə o	e ø ə o
	ʌ o			
	a	a	ɛ a	ɛ a

이미 17세기에 혀의 높이에 의한 자질의 변별성은 어간형태소의 제2음절 이하에서 와해되어 있었다. 이 위치에서는 모음의 단계별 대립의 짝이었던 '_'와 'ㆍ', 'ㅓ'와 'ㅏ', 'ㅜ'와 'ㅗ'가 隨意的으로 교체되어 표기상의 혼란을 초래하는 원인이 되었다. 그 반면 17세기 말엽의 문헌에 노출되는 원순모음화나 19세기 후기의 문헌에 노출되는 'ㅣ'음의 역행동화현상은 어느 것이나 모음체계상의 부류별 대립을 반영해 주고 있다. 다시 말해서 중세한국어의 모음체계가 수직적으로 高位관계에 의한 대립 즉 모음의 단계별 대립을 특징으로 하는 체계였다

---

13) 이병근(1970: 388).
14) 김완진(1963→1971: 29). 허웅(1968: 196). Ha Chong-on(1969: 46).

면 18세기 이후의 모음체계는 水平的으로 전후관계에 의한 대립 즉 모음의 부류별 대립을 특징으로 하는 관계였으며 한국어의 모음체계는 적어도 비음성적 기준으로 볼 때 중세한국어 이래 高位관계에 의한 대립에서 전후관계에 의한 대립으로 변천해 왔다고 볼 수 있을 것이다. 16세기 말엽부터 어간형태소의 제1음절 이하에서 'ㅡ'에 중화되기 시작한 'ㆍ'가 18세기 이후부터는 제1음절에서 'ㅏ'에 합류된 것도 결국은 高位관계에 의한 대립의 소멸에 그 원인이 있는 것으로 보인다. 즉 'ㅡ'와 'ㆍ'가 高位 대 非高位의 대립관계를 유지하고 있는 동안에는 'ㆍ'가 'ㅡ'에 中和될 수 있었으나 기능적으로 高位母音이었던 'ㅓ'와 非高位母音이었던 'ㅗ'가 원순성에 의한 대립관계를 가지게 되면서 高位 대 非高位의 대립이 와해됨에 따라 'ㅡ'와 'ㆍ'의 대립도 와해되어 제1음절에 남아있던 'ㆍ'는 'ㅡ'에 합류되지 못하고 'ㅏ'에 합류되어 비음운화의 길을 걷게 된 것으로 보인다. 이러한 의미에서 'ㆍ'의 비음운화는 중세한국어 모음체계의 성격을 一新한 것이며 18세기 전기 한국어의 모음체계는 17세기의 그것과는 물론 18세기후기 이후의 그것과도 성격을 달리하는 것이었다고 말할 수 있을 것이다.

참고문헌

金完鎭(1963), 韓國語母音體系의 新考察, 『震檀學報』 24, pp.63~99.
_____(1964), 中世國語 二重母音의 音韻論的 解釋에 對하여, 『學術院 論文集』 4, pp.49~66.
_____(1967), 韓國語發達史 上. 音韻史, 高麗大 民族文化研究所編, 『韓國文化研究大系 Ⅴ 言語·文學史』, pp.115~164.
_____(1971), 『韓國音韻體系의 研究』, 一潮閣.
金芳漢(1964), 韓國母音體系의 變動에 關한 考察, 『東亞文化』 2, 서울大文理大 東亞文化研究所, pp.29~80.
南廣祐(1970), 敬信錄諺解 研究, 『國語學文學』 49·50, pp.87~104.
宋 敏(1974), 母音 'ㆍ'의 非音韻化 時期, 『聖心女大 論文集』 5, pp.15~38.
李基文(1959), 16世紀 國語의 研究, 『高麗大 文理論集』 4, pp.19~88.
_____(1961), 『國語史槪說』, 民衆書館.
_____(1972a), 『國語音韻史研究』, 韓國文化研究所.
_____(1972b), 『改訂國語史槪說』, 民衆書館.
李秉根(1970), 19世紀 後期國語의 母音體系, 『學術院 論文集』 9, pp.375~390.
李崇寧(1954), 『國語音韻論研究, 第一輯 'ㆍ'音攷(增補版)』, 乙酉文化社.

_____(1955), 『音韻論研究』, 民衆書舘.

_____(1959), "ㆍ"音攷再論, 『學術院 論文集』 1, pp.41~154.

_____(1971), 17世紀國語의 音韻史的 考察, 『東洋學』 1, 檀國大 東洋學研究所, pp.49~83.

劉昌惇(1961), 『國語變遷史』, 通文館.

_____(1964), 『李朝國語史研究』, 宣明文化社.

田光鉉(1967), 17世紀國語의 研究, 『國語研究』.

_____(1971), 18世紀後期國語의 一考察, 『全北大 論文集』 13, pp.39~70.

崔鉉培(1968), "ㆍ"字의 소리값 상고, 『東方學志』 4, 延世大 東方學研究所, pp.1~98.

許 雄(1968), 『國語音韻學』, 正音社.

中田祝夫(編)(1972), 『講座國語史 2, 音韻史·文字史』, 東京 大修舘書店.

馬淵和夫(1971), 『國語音韻論』, 東京 笠間書店.

安田 章(1964), 『『全一道人』の研究』, 京都大學 文學部.

Cho Seung-Bog(1967), *A Phonological Study of Korean,* Uppsala.

Fudge, E.C.(1967), The Nature of Phonological Primes, *Journal of Linguistics* 3, pp.1~36, Reprinted in Makkai(ed.)(1972), pp.500~521.

_____(ed.)(1973), *Phonology,* Selected Readings. Penguin Modern Linguistics Readings.

Ha Chong-On(1969), Generative Approach to Korean Phonology, 『漢陽大 論文集』 1969, pp.43~56.

Hattori Shirô(1974), Vowel Harmony and the Vowel System of Middle Korean, Read at the 20th Anniversary of the National Academy of Sciences, R.O.K.

Kim Chin-Wu(1968), The Vowel System of Korean, *Lg.* 44, pp.516~527.

Lee Ki-Moon(1964), Mongolian Loan-Words in Middle Korean, *Ural-Altaische Jahrbücher* 35, Fasc. B, pp.188~197.

Makkai, V. B.(ed.)(1972), *Phonological Theory,* Evolution and Current Practice. New York: Holt, Rinehart and Winston, INC.

Martin, S.(1951), Korean Phonemics, *Lg.* 27, pp.519~533.

Moon Yang-Soo(1974), Phonological Problems of Korean, 『學術院 論文集』 13, pp.313~333.

Schane, S.A.(1973), *Generative Phonology,* New Jersey: Prentice-Hall, INC.

Swadesh, M.(1934), The Phonemic Principle, *Lg.* 10, pp.117~129, Reprinted in Makkai(ed.)(1972), pp.32~39 and Fudge(ed.)(1973), pp.35~46.

Umeda Hiroyuki(1957), The Phonemic System of Modern Korean, 『言語研究』 32, pp.60~82.

出處 〈聖心女大(1975. 5.), 『論文集』 6: 3~24).〉
　　　〈大提閣(1981. 5.), 『國語學資料論文集 第一輯 音聲學·音韻論』: 639~660(再錄).〉

근대한국어의 發話現實 數三

1. 發話現實과 文字表記의 乖離

文字生活에 익숙해진 현대인들에게는 한 언어의 發話現實과 文字表記가 똑같은 언어현실로 인식되는 것이 보통이다. 그러나 음운론 연구자들은 발화현실과 문자표기를 엄밀하게 구별한다. 문자표기란 발화현실에 대한 제2차적 표상이기 때문이다. 이러한 의미에서 한 언어의 발화현실이 直接的, 具象的 성격을 보이는 언어라면, 그에 대한 문자표기는 間接的, 抽象的 성격을 지니는 언어라고 할 수 있다. 표현을 바꾼다면 발화현실이 기본적 언어이고 문자표기는 부차적 언어라고 할 수 있을 것이다. 자연히 음운론 연구는 청각적 발화현실을 기본 자료로 삼게 된다. 口頭語의 음성현실이 음운론 탐구의 직접 자료가 된다는 뜻이다. 그러나 망각 속에 묻혀버린 과거의 발화현실에 대한 음운론적 해명은 숙명적으로 시각적 문자표기라는 간접 자료에 의존하는 길밖에 없다. 이러한 의미에서 문자 자료에 의존하는 음운론을 문헌음운론이라고 부를 수 있을 것이다. 문헌음운론은 그것이 史的 접근이건 記述的 접근이건 간에 문자표기에 전적으로 매달릴 수밖에 없기 때문에 시각적 표기체계의 분석을 통하여 그 속에 잠재하고 있는 청각적 발화현실을 추출하는 절차를 밟게 된다. 그러므로 문헌음운론이 극복해야 할 첫 번째 관문이 문자표기 체계의 추상성이라고 할 수 있다.

아무리 잘 고안된 음성기호 체계라 할지라도 그것으로 한 언어의 발화현실을 자연 그대로 완전무결하게 옮겨 놓기는 불가능하다. 발화란 본질적으로 물리적 음향의 복합적 연속체이기 때문에, 이를 불연속적 단위로 잘라 낼 수가 없는 것이다. 비유해서 말하자면 발화란 매듭과 같은 존재이지 염주와 같은 존재가 아니라고 할 수 있다. 그럼에도 불구하고 사람들은 모든 발화가 一定數의 不連續的 음성단위로 구성되어 있는 것처럼 인식한다. 그러한 인식을 토대로 하여 사람들은 자신들의 청각적 발화현실을 분석하고 이를 시각적 문자표기로 옮겨 놓을 수 있는 음성기호 체계를 고안할 수 있게 된 것이다. 이것이 발화현실과 음성기호를

1대 1로 對當시킨 음소문자 체계인데, 이 체계는 문자발달사상 가장 나중 단계에 이르러 개발된 것이다.

한 언어의 발화현실이 문자표기로 옮겨질 때에는 여러 가지 요인의 작용으로 양자간에 乖離가 생겨난다. 그 첫 번째 요인은 문자체계 자체에 내재하는 기호의 有限性에서 찾을 수 있다. 음성기호 체계인 문자의 수는 분석자가 한 언어의 발화현실을 어떻게 분석하느냐에 따라 그 목록이 결정된다. 분석자는 한 언어의 발화현실에 나타나는 무한한 음향 요소를 一定數의 단위로 압축하여 그 단위 하나하나에 기호 하나씩을 부여하는 것이다. 그러므로 한 언어의 표기를 위한 문자의 수는 분석자의 태도에 따라 달라질 수도 있다. 엄밀하게 말하자면 한 언어의 발화현실 속에는 無限數의 分節的 음성이 내포되어 있다. 뿐만 아니라 거기에는 다양한 超分節的 음성요소, 즉 액센트, 聲調, 音長, 連接, 抑揚과 같은 요소가 동시적으로 덧붙게 된다. 이러한 발화현실을 음성층위에서 완전히 분석하여 기호화하려면 무한수에 가까운 문자가 필요하게 된다. 그와 같은 문자체계는 아무런 실질적 의미도 갖지 못한다. 무한수의 문자 고안이란 실제로 거의 불가능할 뿐 아니라, 설사 그러한 문자체계가 마련된다 할지라도 모든 사람이 그 목록을 기억하거나 사용하기는 불가능하기 때문이다. 흥미로운 점은 사람들이 일찍부터 한 언어의 발화현실을 불과 30~40 정도의 음성단위로 분석하여 그 수만큼의 음성기호를 만들어 써왔다는 사실이다. 이것은 현대음운론의 출현 이전에 이미 사람들이 무의식적으로 자신의 발화현실을 음운층위에서 분석할 줄 알았음을 보여주는 사실이 아닐 수 없다. 그러므로 음소문자 체계가 출현할 수 있었던 토대는 소박하나마 음운층위에 대한 무의식적 인식이었다고 볼 수도 있다. 음운단위에 대한 사람들의 무의식적 인식은 발화현실을 유한수의 음성으로 분석하여 그 수만큼의 문자를 마련할 수 있게 해 주었지만, 무한한 음성요소를 유한한 기호로 완전히 옮겨 적기는 처음부터 불가능한 일이 아닐 수 없다. 발화현실과 문자표기 간에 괴리가 나타날 수밖에 없는 첫 번째 요인이 바로 이러한 문자 수의 유한성에 있는 것이다.

그 두 번째 요인은 문자체계가 지니고 있는 사회적 관습성에서 찾을 수 있다. 유한수의 고정적 문자체계가 마련되고 나면 그것은 점차 사회적 현상으로 굳어지게 되며, 사람들은 그 문자표기를 저항 없이 받아들이게 된다. 자신의 발화현실과 문자체계 간에 어떠한 괴리가 있다고 할지라도 문자표기의 사회적 관습에 일단 익숙해지기만 하면, 사람들은 별다른 불편이나 갈등을 자각할 필요도 없이, 자신의 발화현실을 관습에 따라 문자표기로 바꿀 수도 있고 문자표기를 발화현실로 바꿀 수도 있다. 이른바 말하고 들을 수 있는 언어행위와 쓰거나 짓고 읽을 수 있는 문자행위를 어렵지 않게 영위하는 것이다. 발화현실과 문자표기 간에 나타나는 괴리의 두 번째 요인은 이와 같이 예측이 가능한 규칙으로 양자를 맺어주는 사회적 관습에서 비롯된다고 볼 수 있다.

음성기호 체계가 지니고 있는 유한성과 관습성은 발화현실과 문자표기 간에 어쩔 수 없는 괴리를 惹起시키는 근본적 요인이라고 할 수 있다. 그러나 양자의 괴리는 거기서 끝나지 않는다. 그 괴리의 일반적 성격을 좀 더 細目化해 보면 다음과 같아질 것이다.

發話現實	文字表記
進取的	保守的
自然的	規範的
現實的	傳統的
具象的	抽象的
流動的	固定的
實質的	形式的
直接的	間接的
無意識的	意識的
口語的	文語的
對話的	修辭的
俗物的	權威的

문자표기에 나타나는 이상과 같은 속성은 공시적으로나 통시적으로 문헌음운론에서 특히 문제될 때가 많다.

2. 近代韓國語의 發話現實

문자표기의 사회적 관습에 한번 익숙해진 사람들에게 발화현실과 문자표기 간의 괴리는 별다른 문제를 불러일으키지 않는다. 발화현실과 문자표기는 일정한 관습적 규칙으로 연결되어 있어 문자표기에 익숙해진 사람들은 그 규칙에도 숙달되어 있기 때문이다. 문자표기는 위에서 정리해 본 것처럼 보수적, 규범적 전통성을 벗어날 수 없으므로 발화현실에 나타나는 진취적, 자연적 현실성과의 괴리가 불가피하지만, 그 시대를 사는 사람들은 문자표기에 나타나는 抽象性을 사회관습적 규칙에 따라 具象性으로 옮길 수 있는 능력을 갖추고 있다. 따라서 한 시대의 문자표기에 나타나는 추상성이 당시 사람들에게 이해되지 않는 일은 없다고 할 수 있다. 그러나 시대의 흐름과 더불어 발화현실은 변화를 입게 된다. 그런데 발화현실의 변화 하나하나가 그때 그때의 문자표기에 정직하게 투영된다는 보장은 없다. 발화현실보다는 전통적 사회관습이 언제나 문자표기를 먼저 지배하고 있기 때문이다. 후대인들이 문자표기만으로 그 시대의 발화현실을 일일이 예측할 수 없는 것도 그 때문이다. 문헌음운론의 난점은 우선 여기서 비롯되는 것이다.

근대 한국어 자료는 중세 한국어 자료에 비하여 표기법에 많은 유동성을 보인다. 훈민정음이 창제되면서 처음으로 마련된 표기법은 비교적 정연한 질서를 갖춘 것으로서 그 전통은 거의 그대로 16세기말까지 지속되었으나 17세기로 들어서면서 정연하던 표기법에 많은 변모가 일어나는 것이다. 그러한 변모의 가장 큰 원인은 물론 음운변화를 비롯한 여러 가지 언어변화에서 찾을 수 있다. 그러나 다양한 변모를 보이는 근대 한국어의 표기법에도 발화현실이 그대로 반영되어 있다는 보장은 거의 없다. 그 단적인 증언이 『全一道人』(1729)의 범례 첫 항에 명쾌하게 나타난다.

> 이 책이 日本假名으로 朝鮮말을 적고, 肯繁한 곳에 諺文을 곁들여 적음은 諺文에 매달려 말에 익숙하지 않은 者, 말하기가 어렵고, 말에만 힘을 써 諺文을 모르는 者, 말이 귀에 거슬리기 때문에 假名으로 적은 것을 보고 말을 알고, 諺文으로 곁들여 적은 것을 보고 말의 根本을 알게 하려 함이니라.

雨森芳洲(1688~1755)의 이러한 증언에 의하면 적어도 18세기 前期 한국어 표기법과 발화현실 간에는 여러 가지 괴리가 있었음을 알 수 있다. 이러한 괴리의 성격에 대하여 범례 둘째 항은 다음과 같이 풀이하고 있다.

> 韓語 가운데 諺文으로 쓰는 것과 말로 하는 것이 다를 때가 많으니라. ...... (中略) .... 少年들이 諺文을 대충 알고 諺文冊을 읽으므로 말에 틀리는 일이 많으니라. 諺文冊을 읽음이 나쁘다는 것은 아니니라. 開合, 淸濁, 音便을 알지 못하고 함부로 읽는 것이 나쁘다는 것이니라.

雨森芳洲는 당시의 문자표기가 발화현실과 괴리되어 있음을 적절히 지적하고 있다. 그렇다면 문자표기에 나타나는 보수성은 과연 그 深度가 얼마나 되는 것일까? 한국어 자료만으로는 이를 검증하기가 어렵지만, 『金一道人』과 같은 轉寫 자료에는 근대 한국어 中期, 좀더 구체적으로는 18세기 전기 한국어의 발화현실이 그 나름으로 투영되어 있다. 이러한 자료에 의존한다면 한국어 표기 자료의 보수성을 어느 정도만이라도 점검해 볼 수 있을 것이다.

3. 口蓋音化

한국어 음운사에 따르면 'ㄷ, ㅌ'이 前部高位母音 'ㅣ'또는 y 앞에서 'ㅈ, ㅊ'으로 변화하는 이른바 구개음화는 18세기 초엽 또는 17세기와 18세기의 교체기에 이루어졌을 것으로 추정되고 있다(이기문1972: 197, 곽충구1980: 32). 이러한 추정은 어디까지나 문헌적 검증에서 비롯된다. 지금까지의 추적에 따르면 중앙어에서 'ㄷ, ㅌ'이 'ㅈ, ㅊ'으로 나타나는 분명한 시기는 18세기의 30년대로까지 거슬러 올라간다. 『御製內訓』(1736) 卷三末尾의 小識諺解 部分과 『女四書』(1736)의 序文諺解 부분에 주로 否定形 副動詞 접미사 '-디, -티'가 한정적으로나마 '-지, -치'로 나타나고 있어 이들이 문헌상 구개음화의 선두주자로 인정되기 때문이다. 『倭語類解』에는 광범위한 구개음화가 나타나지만, 그것은 『倭語類解』의 간행 시기로 추정되는 18세기 말엽의 모습을 반영하고 있기 때문으로 이해된다. 구개음화를 보다 전면적으로 보여주는 문헌은 『同文類解』(1748)이다. 여기에는 語頭의 '디-, 티-'까지 '지-, 치-'로 나타나 있어, 구개음화가 이미 완성단계에 들어섰음을 보여준다.

한국어 자료에 의지하는 한, 구개음화의 분명한 출처는 이처럼 18세기의 30년대까지 밖에 거슬러 올라가지 못한다. 따라서 구개음화의 시기를 18세기 초엽으로까지 올려 잡은 것은 문헌의 보수성을 적당히 勘案한 자의적 추정이라고 볼 수밖에 없다.

『同文類解』의 실례를 놓고 볼 때, 18세기의 40년대까지는 구개음화가 완성되었으리라는 추정이 충분한 설득력을 지니고 있다. 그러나 한국어 자료만으로 그 시기를 18세기의 30년대까지 끌어올리기에는 약간 무리가 따른다고 할 수 있다. 『御製內訓』이나 『女四書』에 나타나는 구개음화는 그 범위가 매우 한정되어 있으므로, 이들 자료만으로는 18세기의 30년대에 과연 구개음화가 양적으로나 질적으로 어느 정도 진전되어 있었는지를 실증하기가 난처하기 때문이다.

『御製內訓』은 중간본이지만 본문에는 구개음화가 나타나지 않는다. 초간본 『內訓』이래 한문으로만 전하던 卷三末尾의 小識는 『御製內訓』 간행시(1736)에 비로소 언해가 이루어졌는데, 구개음화는 바로 이 부분에서만 확인된다. 그러므로 그 내용은 양적으로나 질적으로 한정적 범위에 그치고 있다. 이 점에 있어서는 『女四書』도 비슷한 성격을 보여준다. 흥미로운 점은 구개음화가 『女四書』 全四卷 본문에는 인색하리만큼 어쩌다 나타날 뿐인데, 서문 일부에 그것이 집중적으로 나타난다는 사실이다. 『女四書』 卷一 初頭에는 세 종류의 서문 즉 '神宗御製女誡序, 御製女四書序, 女誡原序'가 차례로 얹혀 있는데, 구개음화는 이중에서도 두 번째 서문에만 전면적으로 나타난다. 이 세 가지 서문에 나타나는 구개음화의 실태를 점검해 보기 위하여, 서문별로 그 全例를 추출해 보면 다음과 같다. 오른쪽이 구개음화의 실례이며 왼쪽은 潛在的인 것이다.

女誡序	
ᄂᆞ리디 아녀도(3a)	가ᄉᆞᆷ의 부쳐 외오고(4a)
어디니ᄅᆞᆯ 親히 ᄒᆞ며(3a)	
뎌 즈음ᄢᅴ(3b)	
ᄇᆞᆰ디 몯ᄒᆞᆯ가 저으샤(3b)	
法ᄒᆞ샤믈 디내여실ᄉᆡ(4a)	
어딘 德을(4a)	
坤維ᄅᆞᆯ 뎡ᄒᆞ며(4a)	
업디 아니ᄒᆞ리니라(4b)	
御製序	
말올씨어다(6b)	道ㅣ 큰지라(4a)
	다ᄉᆞ지 몯ᄒᆞᆷ(4a)
	齊치 몯ᄒᆞ매(4a)
	重치 아니ᄒᆞ냐(4b)
	漸漸 푸러져(5a)
	下치 몯ᄒᆞ거든(5a)
	엇지(6a, 6b)
	잇지 아니ᄒᆞ리오(6a)
	ᄉᆡᄃᆞᆺ지 못ᄒᆞ야(6b)
	刊치 못ᄒᆞᆫ 前과(6b)
	ᄂᆞᆰ지 아닌 前과(6b)
	廣布ᄒᆞᄂᆞᆫ ᄯᅳ지리오(6b)
	忽치 말올씨어다(6b)

女誡原序
    敏티 몯ᄒ나(2b)
    生티 아니ᄒ더니(2b)
    근심ᄒᄃᆡ 아니ᄒ거니와(3a)
    더으디 몯ᄒ야(3b)
    듣디 몯ᄒ니(3b)
    돕게 ᄒᆯ 디니라(4a)
    갈 디어다(4a)

동일한 문헌이 부분에 따라 이와 같은 차이를 보이는 이유는 御製序의 번역자가 女誡序나 女誡原序의 번역자와 다를 가능성밖에 없다. 그러므로 구개음화에 관한 한 御製序에는 우선 번역자의 個人語的 발화현실이 그대로 반영되었다고도 볼 수 있다. 이때의 구개음화가 당시 중앙어의 발화현실인지, 개인차 또는 지역차에 의한 것인지는 알 길이 없다. 결국 御製序에 집중되어 있는 구개음화를 진취적 개인어의 반영으로 보고 잠시 덮어 둔다면, 『女四書』의 나머지 부분에서 발견되는 구개음화는 통틀어 보아야 극히 미미한 정도에 그친다. 이것만으로 구개음화의 시기가 18세기의 30년대까지 소급된다고 해석하기에는 무리가 따른다. 그러나 『女四書』의 御製序가 보여주는 구개음화가 개인어적인 것이 아니라 당시의 보편적 발화현실을 반영하고 있는 것이라면 사정은 달라진다. 그러므로 御製序 부분의 구개음화가 얼마나 충실하게 발화현실을 반영하고 있는지가 문제의 관건이 된다.

이때의 구개음화가 당시의 발화현실이라는 사실을 확인할 수 있는 길은 적어도 『女四書』보다 시기상으로 앞서는 문헌에서 구개음화에 대한 실증을 확보하는 도리밖에 없다. 현재로서는 이러한 문헌적 뒷받침을 한국어 자료에서 기대하기가 어려운 듯하다. 그런데 『全一道人』은 『女四書』의 御製序에 나타나는 구개음화가 당시의 보편적 발화현실이었으리라는 추리를 뒷받침해 준다. 비록 일본문자로 전사되어 있어 해석상의 난점이 없는 것은 아니지만, 『全一道人』에 나타나는 구개음화는 양적으로나 질적으로 『女四書』의 어제서가 보여주는 구개음화보다 농도가 훨씬 짙은 것이다. 접미사는 물론 어간과 한자음 등에 나타나는 '디, 댜, 뎌, 됴, 듀, 티, (탸), 텨, (툐), (튜)'와 같은 음절이 전면적인 구개음화를 반영하는 것으로 이해되기 때문이다. 어두 또는 어간의 'ㄷ, ㅌ'가 구개음화를 경험한 것으로 믿어지는 실례의 일부를 여기에 정리해 보기로 한다. 일본문자로 轉寫되어 있는 한국어는 편의상 로마자에 의한 轉字(transliteration)로 대신하며 출전은 安田章(1964)의 영인본 面數로 표시한다.

中世韓國語	日本語轉寫	韓國語標記
디새(瓦)	ʧiyaruru(155)	지야(를)
디르-(刺)	ʧiruro(48)	질러
어딜-(賢)	woʧiri(19)	어리지
	woʧita(60)	어지다
맛디-(任)	maqʧiya(88)	맛져
댱(長)	ʧiyagusonpuini(32)	(댱손부인이)
댱(張)	ʧiyaguminira(38)	(댱민이라)
뎔(寺)	tseru(61)	절
뎨(帝)	haguzei(50)	황졔
됴(趙)	ʧiyosi(47)	(됴시)
둏-(好)	ʧiyohi(70)	(됴히)
듕(仲)	ʧiyuhumoi(65)	듕민
티-(打)	ʧiriyahani(27)	치(랴ㅎ니)
	ʧini(45)	티(니)
	ʧirahasinira(46)	티(라ㅎ시니라)
	ʧimiyo(67)	치(며)
	ʧiriya(73)	치(랴)
	ʧimururu(99)	치믈
	ʧiʧi(194)	치지
	tsetsukiko(87)	쳐(죽이고)
	mairo tse(31, 70)	매(로) 쳐
티(治)	ʧiriyo(77)	티료
내티-(斥)	naiʧini(99)	내치(니)
가티-(繋獄)	kaqʧiyaqtoni(49)	갓치엇더니
	kaqʧiyo(111)	갓쳐
브티-(付)	puqʧiko(56)	붓치고
텬(天)	tsensegi(26)	천셩이

우선 『全一道人』의 한국어 표기 자체에 'ㄷ, ㅌ'의 구개음화가 크게 반영되어 있다. 표기상으로는 '듕민(仲媒), 티료(治療), 티-(打)'처럼 구개음화하지 않은 상태를 보여주는 경우도 있지만, 이들도 일본문자로 전사될 때에는 한결같이 ʧi로 시작되고 있다. 일본어 음운사에 의하며 高位 모음 앞에 놓이는 t, d는 각기 환경에 따라 ti〉ʧi, di〉ʤi, tu〉tsu, du〉dzu처럼 구개음화 또는 閉擦音化를 거쳐 오늘에 이르렀는데, 그러한 변화가 완성된 시기는 16세기 중엽(大野晋1977: 263~4) 아니면 16세기 말엽(中田祝夫1972: 192~3)으로 추정되고 있다. 따라서 18세기

초엽에 일본문자 ʧi로 전사될 수 있었던 한국어 음절의 頭子音은 'ㅈ, ㅊ'였으리라고 생각된다. 실제로『全一道人』은 한국어 '지, 쟈, 죠, 쥬, 치'와 같은 음절의 轉寫에 일본문자 ʧi를 동원하고 있다. 다만 한국어 음절 '져, 쳐'만은 te에 해당하는 일본문자의 어깨에 세 개의 점을 친 특이한 문자 'テ'''(그대로 轉寫한다면 te''' 와 같이 될 것이다)로 轉寫되어 있다. 한국어 '황졔(皇帝)'의 '졔'가 zei로 轉寫되어 있음을 감안할 때, '져, 쳐'의 轉寫에 이용된 특이한 문자 te''' 의 頭子音은 한국어 'ㅈ, ㅊ'에 對當되는 것임에 틀림없다. 본고에서는 이를 tse로 轉字해 두었지만, 바로 위에 제시된 자료에 일본문자 ʧi, tse로 轉寫된 한국어 음절의 頭子音은 모두가 구개음화를 경험한 것들로 이해된다. 다음과 같은 실례 또한 위와 같은 해석을 잘 뒷받침해 준다.

中世 韓國語	日本語 轉寫	韓國語 表記
죠셔(詔書)	ʧiyoseruru(25)	됴셔(를)
죠곰	ʧiyokomu(27)	됴곰
죠고만	ʧiyokoman(102)	됴고만

『全一道人』의 한국어 표기에 나타나는 '됴셔, 됴곰, 됴고만'의 頭音節은 중세 한국어로 볼 때 모두가 '죠'였던 것들이다. 이들 음절에 대한 轉寫가 일본문자 ʧi로 시작되고 있다는 사실은『全一道人』의 한국어 표기가 일종의 착각 곧 不正回歸의 所産임을 분명히 알려준다. 이러한 부정회귀는 당시에 '됴〉죠'와 같은 구개음화가 공시적으로 매우 생산적이었음을 전제로 하는데 실제로『全一道人』은 '됴〉죠'를 반영하고 있다. 그러므로 부정회귀의 실례까지를 염두에 둘 때『全一道人』에 나타나는 구개음화는 당시의 발화현실을 그대로 반영한 것이라고 믿어진다.

『全一道人』의 한국어에 남부방언 요소가 가미되었다는 뚜렷한 근거는 아직 발견되지 않는다. 그것이 사실이라면 18세기의 20년대 중앙어에는 이미 'ㄷ, ㅌ'의 구개음화라는 통시적 음운변화가 확립되어 있었다는 결론이 가능하다. 이러한 사실을 토대로 삼는다면『女四書』의 御製序에 국한되어 나타나는 구개음화 또한 단순한 개인어적 특징에 그치는 것이 아니라 당시의 보편적 변화였다고 볼 수 있다.

한국어의 구개음화는 이렇게 문헌상 18세기의 20년대 후반까지 거슬러 올라가는 것이 확실하지만, 10년대까지는 거슬러 올라가지 않는 것으로 보인다.『伍倫全備諺解』(1721)에는 구개음화가 전혀 나타나는 일이 없기 때문이다. 다만 다음과 같은 實例는 약간의 문제점이 될 수도 있다.

    伸寃利枉코뎌 ᄒᆞ노니 (『伍倫』一 40a)

이때의 '-코뎌'는 본래 '-고뎌'에서 온 것인데, 이것이 부정회귀인지 방언의 영향인지, 아니면 오류인지에 대해서는 단정이 쉽지 않다. 다른 곳에서는 거의 언제나 '-고뎌'로 일관되어 있기 때문이다.

    母親을 付託고뎌 ᄒᆞ더니라 (『伍倫』四 35a)
    妻ᄅᆞᆯ 밧고고뎌 ᄒᆞ거든 (『伍倫』三 21a)

다른 문헌에 '-고뎌'가 나타나지 않은 것은 아니다. 가령 『杜詩諺解』 重刊本(1632)에는 '-고뎌'와 '-고뎌'가 함께 나타난다.

    됴ᄒᆞᆫ 바미 醉호믈 쇠ᄒᆞ고뎌 ᄒᆞ노니 (『杜詩』重十一 36b)
    梅花ᄅᆞᆯ 퓌우고뎌 ᄒᆞ놋다 (『杜詩』重十一 34a)

『杜詩諺解』 중간본에 동남방언 요소로서의 구개음화가 반영되어 있다함은 널리 알려진 사실이므로, 바로 위에 나타나는 '-고뎌'는 분명히 구개음화의 존재 때문에 생겨난 부정회귀이다. 이에 대하여 『伍倫全備諺解』의 '-코뎌'는 부정회귀로 설명이 되지 않는다. 용례 자체가 고립적일 뿐 아니라 실제의 구개음화는 전혀 나타나지 않기 때문이다. 이러한 사실을 감안할 때 한국어의 전면적 구개음화는 18세기의 20년대까지밖에 소급되지 않는다. 『全一道人』은 여기에 대해서 실증적 정보를 제공해 준다.

이러한 결론은 구개음화의 시기를 18세기 초엽으로 추정해 온 종래의 결론과 크게 다를 바가 없지만 추정에 그쳤던 시기를 실증적으로 구체화할 수 있게 되었다는 데에 그 의의가 있을 것이다.

4. 第1音節의 母音 'ㆍ'

한국어 문헌들은 구개음화보다 어간형태소 제1음절 모음 'ㆍ'의 발화현실에 대하여 더욱 끈질긴 보수성을 보인다. 이 때문에 모음 'ㆍ'의 비음운화 시기에 대한 논의가 오랫동안 계속되어 왔다.

한국어 자료에 어간형태소 제1음절 모음 'ㆍ'의 비음운화가 구체적으로 나타나기 시작하는 시기는 18세기의 70년대를 고비로 한다. 劉昌惇(1961), 南廣祐(1970), 田光鉉(1971), 宋敏(1974), 李崇寧(1977) 등에 모아진 바 있는 제1음절 모음 'ㆍ'의 비음운화 실태를 編年式으로 대략 정리해 보면 這間의 사정이 분명해진다.

『方言集釋』(1778)
(1) 팔(臂), 차례, 가리오-(蔽), 살(肉), 나믈(菜), 날(刃, 緯), 남(他), 배(船,) 재샹(宰相), 캐 -(掘)
(2) 닷다(閉,) ᄀ푸른(傾), 스기다(消化), 스리ᄒ다(居), 슴(麻), 늣타(娩), 씨(時), 씨(油麻), 믹(鷹)

『漢淸文鑑』(刊年未詳)
(1) 다릭(羊桃), 달팡이(蝸牛), 타다(乘), 잠을쇠(鎖), 가익(鋏), 삼키지(呑), 매오(甚)
(2) 쓴(築), 믈 쪽(檝), ᄂ로다(運)

『綸音』資料(正祖 年間)
(1) 팔-(賣), 단니-(行), 짜-(織, 醎), 가물-(旱), 가을(秋), 가ᄅ치-(敎), 가다듬-, 만들-, 나물, 낡-, 날개

『敬信錄諺解』(1796)
(1) 발금(明), 하로, 살피니, 사로며(燒), 맛게(卒), 마ᄎ닉, 맑은, 난호여(分), 나리오지 (降), 낫츨(顔), 나로(津)

『五倫行實圖』(1797)
(1) 바람(風), 자라다, 감초다, 함ᄭᅴ, 만지다

이처럼 제1음절 모음 'ㆍ'의 비음운화가 문헌에 본격적으로 노출되는 시기는 18세기 말엽이다. 실제로 18세기의 70년대 이전 문헌에서 모음 'ㆍ'가 결정적인 동요를 보이는 일은 거의 없다. 『同文類解』(1748)의 '마야지'(下 37b)는 순음에 후행하는 'ㆍ'의 동요라는 점에서 주목

되는 실례라고 할 수 있지만, 이는 이중모음 'ㅓ〉ㅔ'와 관련이 있어 단모음 'ㆍ〉ㅏ'와는 경우가 다르다. 이러한 문헌적 실증과 함께 문자기록의 보수성을 감안하여 모음 'ㆍ'의 비음운화 시기를 보통 18세기 중엽으로 추정해 온 것이다(李基文1961: 164~5, 田光鉉1971: 55, 李基文1972: 201, 郭忠求1980: 81 등등).

여기서 또다시 문제되는 점이 발화현실과 문자표기의 괴리라고 할 수 있다. 다시 말하면 문자표기의 보수성에 얼마만큼의 시간폭을 인정해야 할 것인가 하는 점이다. 그런데 제1음절 모음 'ㆍ'의 발화현실을 어느 한국어 자료보다 잘 반영하고 있는 문헌이 『全一道人』이다. 이 문헌으로 검증해 보는 한 제1음절 모음 'ㆍ'는 18세기의 20년대에 이미 비음운화 단계에 들어섰음을 알 수 있다. 여기에 대해서는 일찍이 논의한 바 있음으로(宋敏1974, 1975) 그 결과만을 다시 한번 정리해 보기로 한다.

『全一道人』의 轉寫를 검토해 보면 제1음절 모음 'ㆍ'의 발화현실은 다음과 같이 구분된다. 語形은 『全一道人』에 나타나는 한국어 표기를 따르겠지만 한국어 표기가 나타나지 않아 한국어 자료에 나타나는 어형으로 보완해 넣은 것에는 별표(*)를 달아둔다.

(1) a로만 轉寫된 것
   ᄇ리-(捨), *ᄇ람(風), *ᄇᆰ-(明), 풀-(賣), 풀(臂), ᄃᆞᆫ-(走), ᄃᆞᆯ(月), ᄯᆞ르-(從), ᄯᆞ름(耳矣), ᄯᆞ로(別), ᄯᆞᆯ(女), ᄐᆞ-(고)(乘), ᄀᆞᆯ리-(橫截), *ᄀᆞᆯ오-(曰), ᄆᆞ리오-(蔽), *ᄆᆞ장(最), ᄀᆞᆺ초-(具), ᄀᆞᆯ(蘆), ᄀᆞᆯ히-(擇), ᄀᆞᆷ-(閉眼), ᄀᆞᆷ-(浴), ᄀᆞᆷ초-(藏), ᄀᆞᇀ-(如), 가르치-(敎), ᄎᆞ-(지)(滿), ᄎᆞ-(고)(佩), ᄎᆞ-(ㄴ)(寒), ᄒᆞᆫ(一), ᄒᆞ르(一日), ᄒᆞ리-(癒).
(2) o로만 轉寫된 것
   ᄇ아지-(碎), ᄃᆞ토-(爭), ᄀᆞᆯ(粉), ᄀᆞᆺ(纏), *ᄉᆞ랑(愛), ᄉᆞᄆᆞ치-(徹), 슬피-(察), *ᄉᆞᆯ오-(白), ᄡᆞ-(ㄴ지라)(値), *ᄡᆞᆯ(米), ᄌᆞ라-(長), ᄌᆞ로(頻), ᄌᆞᄆᆞᆺ(頗), ᄌᆞ르-(斷), ᄎᆞ마(忍), ᄎᆞ례, ᄉᆞ(四, 私, 使, 士, 辭, 仕), ᄌᆞ(字, 子, 自, 姊), ᄎᆞ(次), ᄂᆞ믈(菜), ᄂᆞ리-(下), ᄂᆞ호-(分), ᄂᆞᆯ-(飛), *ᄂᆞᆷ(他), ᄂᆞᆾ(顔), *ᄆᆞᆾ(終), ᄆᆞᆾ춤내(終), ᄆᆞ을(村), *ᄆᆞᆷ(心), ᄆᆞᆯ(伯), ᄆᆞᆯ(馬).
(3) a~o를 넘나드는 것
   ᄀᆞ(邊), ᄒᆞ-(爲), ᄒᆞᆫ(恨), ᄉᆞᆯ(肉), ᄉᆞᆷ-(烹), ᄎᆞᆾ-(尋)

극소수의 예외가 없는 것은 아니지만 雨森芳洲는 제1음절 모음 'ㆍ'에 대한 한국어 표기를 거의 정확히 알고 있었다. 그럼에도 불구하고 일본문자 轉寫에는 위와 같은 차이가 나타난다. 이미 앞에서 제시해 둔 범례에 의하면 雨森芳洲는 한국어의 문자표기와 발화현실에 차이가 있음을 똑똑히 인식하고 있었으며 한국어 학습시에는 양쪽을 모두 알아야 한다고 강조하였다. 그는 『全一道人』의 일본문자 轉寫를 통하여 말, 곧 발화현실을 알게 하고, 한국어표기를 통하여 말의 근본, 곧 표기규범을 알게 하려 했던 것이다. 실제로 일본문자 轉寫는 한국어 표기에 전혀 나타나지 않는 여러 가지 발화현실을 제공하고 있다. 그렇다면 제1음절 모음 'ㆍ'의 轉寫에도 발화현실이 분명이 반영되어 있음에 틀림없다. 모음체계가 단순한 일본어 발음으로 한국어의 발화현실을 정밀히 옮기기는 어려웠겠지만, 위와 같은 轉寫 결과는 적어도 제1음절 모음 'ㆍ'의 발화현실이 調音的으로나 聽覺的으로 최소한 두 갈래로 구분되었음을 알려준다. 그것이 규칙적인 것이었는지, 수의적인 것이었는지를 엄밀하게 밝히기는 어려우나 대체적으로는 摩擦·閉擦音과 鼻音에 후행하는 'ㆍ'가 o로 轉寫되어 있고, 나머지 경우의 'ㆍ'는 a로 轉寫되어 있다. 특히 鼻音 환경의 'ㆍ'는 예외없이 o로 轉寫되었다. 그리고 몇몇 형태소의 'ㆍ'는 수의적으로 양쪽을 넘나든다.

이러한 사실이 음운론적으로 무엇을 의미하는지는 본고의 한계를 벗어나는 문제이다. 본고에서 중시하고 싶은 점은 제1음절 모음 'ㆍ'에 대한 18세기 70년대의 발화현실이 한국어의 문자표기와는 상당히 달랐다는 사실이다. 발화현실과 문자표기 간의 괴리가 다시 한번 실증된 셈인데, 이 경우만은 구개음화보다 더 큰 시간폭을 보인다는 사실이 주목된다. 18세기의 70년대에나 한국어 표기에 노출되기 시작하는 제1음절 모음 'ㆍ'의 동요가 최소한 반세기나 거슬러 올라가기 때문이다.

5. 『全一道人』의 凡例

雨森芳洲는 『全一道人』의 범례 둘째 항에 발화현실과 문자표기 간에 나타나는 차이를 약간의 實例로 정리해 보이고 있다. 그 내용은 꽤 잡다하지만 그중에는 한국어 표기에 잘 나타나지 않는 발화현실의 존재를 알려주는 것도 있다. 주로 한자 형태소와 관계되는 발화현실의 實例가 주축을 이루고 있는데 이를 정리해 보면 다음과 같은 네 가지 음운현상으로 압축된다.

첫째는 한자 형태소의 말음 'ㄴ'이 후행하는 한자형태소의 두음 'ㄹ'에 동화되어 'ㄹ'로 실현되는 음운현상이다.

한림(翰林)	harurimu
만리(萬里)	maruri
신령(神靈)	siruriyogu
순류(順流)	siyururiyu
난리(亂離)	naruri
린리(隣里)	niruri

한자 형태소의 결합시에만 나타나는 이 현상의 史的 과정은 아직 밝혀진 바가 없다. 개개의 독립성이 매우 강한 한자형태소들은 결합시에 일어나는 음운현상을 여간해서는 문자표기에 노출시키지 않기 때문에 한국어 자료에서 위와 같은 음운현상을 확인한다는 것은 난감한 일에 속한다. 다만 이 음운현상은 그 시기가 꽤 오래전으로 거슬러 올라갈 가능성을 지니고 있다. 이 음운현상은 한국어의 음소 결합상 'ㄴ'이 'ㄹ'의 앞뒤 어디에도 배분될 수 없다는 제약에서 말미암은 것이기 때문이다. 한편 이 현상과 관련시켜 볼 때 근대 한국어에 '실노, 흘노, 열니고'로 표기되는 'ㄴ'도 발화현실을 반영한다고 믿기는 어렵다. 이때의 'ㄴ'은 배분될 수 없는 자리에 놓여있기 때문이다. 『全一道人』의 범례에는 또한 '운미관'(運米官) ur-umiguwan이란 예가 보이는데, 이때의 'ㄴ'은 특이하게도 'ㅁ' 앞에서 'ㄹ'로 실현될 때가 있었음을 보여준다. 규칙적용의 환경이 때에 따라 확대될 수 있었음을 보이는 실례로서 '눚므를'이 '눖므를'(『杜詩』重刊六 2b)로 나타날 때와 궤를 함께하는 것이다.

둘째는 형태소 결합시에 'ㄹ'이 설단음 앞에서 탈락을 일으키는 음운현상이다.

물쇼(馬牛)	mosiyo
활살(弓箭)	hasaru
블도(不道)	puto
블지(不知)	piʧi

이 현상은 한국어 자료에도 그 발화현실이 거의 그대로 반영되는 것이어서 雨森芳洲의 한국어 표기가 오히려 부자연스럽다. 다만 현대 한국어 문법에서는 이 규칙이 소멸되었다. 한편 범례에는 '알픠'(前) aqpi와 같은 예가 포함되어 있어 '앒'의 'ㄹ'이 탈락됨을 보이고 있는데, 이는 이미 17세기에 나타나기 시작한 현상이다(田光鉉1967: 74). 따라서 18세기의 '앒'이란 표기는 발화현실과 일치한다고 보기가 어려울 것이다.

셋째는 한자형태소의 말음으로 나타나는 연구개음이 구개적 상승이중모음 사이에서 탈락되는 음운현상이다.

송양(松陽)	siyoyagu
종용히(從容)	ʧiyoyogi
셕양(夕陽)	seyagu

제1음절말의 연구개음 'ㅇ, ㄱ'은 전설성이 짙은 이중모음 사이에 끼어있다. 그 때문에 연구개음은 자신의 후설성을 잃고 앞뒤 모음의 전설성에 동화되면서 약화 또는 탈락에까지 이를 수도 있는 것이다. 다만 이 현상이 당시 중앙어의 보편적 발화현실인지 방언적인 것인지는 알 수가 없는데, 현대 한국어에서는 이 현상이 방언적 발화현실에 나타날 뿐이다. 범례에는 이와 비슷한 실례로 '흉악(兇惡) hiyunak'이란 예가 하나 더 보이는데, 이것이 발화현실을 옳게 나타낸 것이라면, 연구개음 탈락현상 전체를 새로 해석해야 할 만큼 중요한 의미를 가지지만 여기서는 이 문제에 더 이상 매달리지 않기로 하겠다.

넷째는 'ㅎ'이 유성음 사이에서 탈락되는 음운현상이다.

안해(妻)	anai
심히(甚)	simi
감히(敢)	kami
친히(親)	ʧini
엄연히(儼然)	womeni
완연히(宛然)	waneni
나만히(壽)	namani

이 현상은 한국어 자료에도 반영될 때가 많지만, 그 보편성은 생각보다 높았던 것임을 알만하다. 한편 雨森芳洲는 'ㅎ'이 평폐쇄음이나 평폐찰음 앞뒤에 놓일 때 인접 자음과 융합되어 유기음화하는 음운현상을 예시하기 위하여 '급히(急), 극히(極)'의 두 예를 범례에 제시하고 있는데, 일본문자 轉寫로는 이 현상을 제대로 나타내기가 불가능하기 때문에 무의미한 예시에 그치고 말았다.

이상 네 가지 음운현상 중 세 번째를 제외한 나머지 현상들은 한국어 자료에 산발적으로밖에 반영되어 있지 않기 때문에 이들의 문자표기와 발화현실간의 괴리가 어느 정도인지를 예측하기는 매우 어렵다. 그런데 『全一道人』의 범례는 몇 가지 유형의 발화현실에 대한 궁금증을 풀어준다.

6. 결 어

문헌음운론의 대상인 문자표기가 발화현실과 얼마만큼의 괴리를 보일까에 대해서 간략하나마 數三의 경우를 통하여 실증적으로 검증해 본 셈이다. 검증의 디딤돌로서는 일본문자 轉寫 자료인 『全一道人』을 잡아보았다. 그 결과 문자표기의 보수성은 경우에 따라 다름을 알게 되었다. 가령 구개음화는 18세기의 40년대부터 본격적으로 문헌에 노출되지만, 실제로는 20년대까지 거슬러 올라가는 것이었고, 제1음절 모음 'ㆍ'의 비음운화는 18세기의 70년대부터 결정적인 실례가 문헌에 나타나지만 실제로는 최소한 20년대로 소급되는 것이었다. 그밖에도 한국어 자료로 그 발화현실을 확인하기 어려운 몇 가지 유형의 음운현상을 실증할 수 있었다.

이상과 같은 발화현실은 轉寫 자료에 의해서만 그 확인이 가능한데, 본고에서는 정밀한 정도를 기대하기 어려운 일본문자 轉寫 자료에 의지할 수밖에 없었다. 그런데 雨森芳洲는 한국어에 능통했던 인물로 알려져 있다. 따라서 그의 한국어 발화현실에 대한 관찰과 轉寫 표기는 근대 한국어의 음운론적 탐색에 나름대로 정보를 제공해 주리라고 믿는다.

다만 여기서 한 가지 유의해 둘 점이 있다. 雨森芳洲가 아무리 한국어에 능통했다 하더라도 역시 외국인이었다. 당연히 그의 한국어 문법에는 일본어 문법의 무의식적 간섭이 있었을 것이다. 그의 轉寫 표기에 당시 한국어의 발화현실이 어느 정도 반영되어 있다고 할지라도, 거기에 일본어의 발음이나 음운현상과 같은 문법적 간섭이 潛在하고 있다면, 그것만을 통해서 한국어의 문법을 논의하기는 어려울 수밖에 없다. 결국 발화현실이 아무리 잘 투영되어 있는 轉寫資料가 있다고 할지라도, 그에 대한 결론적 해석은 일일이 한국어 자료를 통해서 이루어져야 할 것이다. 한국인의 머리 속에 내면화된 문법은 한국어 자료를 통해서만 추출이 가능하기 때문이다.

참고문헌

郭忠求(1980), 十八世紀國語의 音韻論的 研究,『國語研究』43, 서울大 大學院 國語研究會.

南廣祐(1970), 敬信錄諺解 研究,『국어국문학』49.50.

_____(1977), 女四書 研究,『李崇寧先生古稀記念國語國文學論叢』, 塔出版社.

宋　敏(1974), 母音 ‘ㆍ’의 非音韻化 時期,『論文集』5, 聖心女大.

_____(1975), 十八世紀 前期韓國語의 母音體系,『論文集』6, 聖心女大.

劉昌惇(1961),『國語變遷史』, 通文舘.

李基文(1961),『國語史槪說』, 民衆書舘.

_____(1972),『改訂國語史槪說』, 民衆書舘.

李崇寧(1977), ‘ㆍ’의 消失期推定에 對하여,『學術院 論文集』16.

田光鉉(1967), 十七世期國語의 研究,『國語研究』19, 서울大大學院 國語研究會.

_____(1971), 十八世期後期國語의 一考察,『全北大 論文集』13.

_____(1978), 十八世期前期國語의 一考察,『語學』3, 全北大 語學研究所.

大野晋(編)(1977),『岩波講座 日本語 5 音韻』, 東京 岩波書店.

中田祝夫(編)(1972),『講座 國語史 2, 音韻史・文字史』, 東京 大修館書店.

安田章(1964),『全一道人의 研究』, 京都大學 文學部.

出處 〈聖心女大 國語國文學科(1982. 12.),『聖心語文論集』6: 1~21.〉

近代國語 音韻史와 '가나' 表記 資料

1. 서 언

音韻史 연구는 文字表記라는 視覺的 言語資料를 대상으로 삼는 수밖에 다른 방도가 없기 때문에 해당문헌의 保守的 표기여부를 제대로 파악하지 못할 경우 올바른 결론을 기대하기가 사실상 불가능하다. 거기다가 자국문자 표기로 이루어진 문헌만으로 과거의 實際發音이나 音韻規則과 같은 音聲實現의 실상을 파악하는 데에도 갖가지 어려움이 뒤따른다. 문헌으로 전하는 언어자료의 경우, 音韻史 해명에 필수적인 聽覺的 音聲情報의 대부분은 文字表記의 保守性이라는 그늘에 가려져 그 실체가 쉽게 드러나지 않기 때문이다. 자연히 音韻史 탐구에서는 구체적 音聲資質이나 發話現實이 반영되어 있는 언어자료가 절실히 요구된다. 이 때에 유용하게 동원될 수 있는 존재가 외국문자로 轉寫(transcription)된 문헌이라고 할 수 있다. 다만, 한 가지 명심해야 할 점은 해당자료가 轉寫로 이루어져 있는지 轉字(transliteration)로 이루어져 있는지를 판단하는 일이다. 해당자료가 단순히 하나하나의 문자를 模寫(replica)하는 데 그친 轉字라면 대상언어의 보수적 표기를 그대로 옮긴 결과나 다름이 없기 때문에 음성정보로서의 가치는 그만큼 떨어지기 때문이다.

일반적으로 사람들은 자신의 母語를 청취할 때보다 외국어를 청취할 때 음성층위의 발화 현실에 민감하게 반응하는 듯하다. 다시 말해서 외국인의 경우, 모어화자가 미처 인식하지 못하는 미세한 음성정보까지를 예민하게 인식한다는 뜻이다. 해당언어를 모국어처럼 완벽하게 구사하기 전까지는 음성실현을 제대로 청취해야만 그 의미를 충분히 파악할 수 있기 때문일 것이다. 따라서 외국인의 손으로 이루어진 轉寫資料에는 직접적이건 간접적이건 音聲層位의 資質이 반영되어 있게 마련이다. 그 때문에 國語音韻史에서도 외국문자에 의한 轉寫資料는 그때그때 다각도로 활용되어 왔다. 거기에는 일본문자 '가나'(假名)에 의한 轉寫資料도 포함되는데, 雨森芳洲(1668~1755)의 손으로 저술된 일종의 조선어 학습서『全一道人』(1729)과 같은 문헌도 그 중 하나로 꼽힐 수 있다.

국어와 일본어는 子音體系나 母音體系부터 적지 않은 차이를 보이는데다가 일본문자인 '가나'는 開音節 單位의 文字이기 때문에, 그 文字로 국어의 폐음절을 轉寫하기에는 처음부터 적지 않은 난관이 뒤따른다. 거기다가, '가나' 문자만으로는 국어의 平音과 硬音과 有氣音의 구별, 'ㅡ'와 'ㅜ', 'ㅓ'와 'ㅗ'와 같은 單母音의 구별, 근대국어라면 'ㅢ'와 'ㅟ', 'ㅐ'와 'ㅚ'와 같은 二重母音의 구별 등을 나타낼 길이 없다. 나아가 국어의 모든 閉音節은 日本語式 音節 單位 표기로 나타날 수밖에 없다. 그럼에도 불구하고 『全一道人』의 '가나' 문자 轉寫로 남아 있는 국어자료는 그 나름의 중요한 가치를 지닌다.

우선 雨森芳洲는 현실언어와 문자표기 사이에는 여러 가지 차이가 있음을 분명히 인식하고 있었다. 그만큼 그의 손으로 직접 이루어진 『全一道人』의 轉寫에는 당시 국어의 발화현실이 반영되어 있는 것으로 판단된다. 이에 필자는 『全一道人』이 특히 국어문헌과는 달리 'ㆍ'음의 변화단계에 대한 결정적인 증거를 제공한다는 점에서 중시되어야 자료라고 판단하고 있다.[1]

2. 雨森芳洲의 朝鮮語 능력

雨森芳洲가 스승인 木下順庵(1621~1698)의 천거를 받아 朝鮮外交의 직무를 담당하는 藩士로서 對馬島에 부임한 것은 1693年(그의 나이 26才)이었다. 1703년(36才)부터는 釜山에 건너와 倭館에 머물면서 3년 동안 朝鮮語를 학습하였다. 그 후 1711년(44才)과 1719년(52才)에는 두 차례에 걸쳐 朝鮮通信使 일행을 안내하면서 江戶(지금의 東京)를 往復하기도 하였을 뿐만 아니라[2] 漢語와 朝鮮語를 깊이 이해했다는 점에서 당시로서는 찾아보기 힘든 '국제인'(上垣外憲一 1989)이었다.

---

[1] 본고는 宋敏(1986)을 비롯한 필자의 몇몇 논저를 통하여 일찍이 논의되었던 내용의 일부, 그 중에서도 특히 『全一道人』의 '凡例'에 대한 해석을 바탕으로 삼되 당초에 미진했던 부분을 적절히 보완하기 위한 목적으로 작성되었다. 따라서 이번 논의에 새로운 내용이 상당히 추가되기는 하였으나 그 핵심이나 결론은 宋敏(1986)과 별반 달라진 점이 없음을 밝혀둔다.

[2] 특히, 1719년의 通信使行 중에는 製述官 申維翰이 있었는데, 그는 江戶를 왕복하는 路程에서 雨森芳洲와 많은 토론을 나누었다. 당시의 기록인 申維翰의 『海游錄』(민족문화추진회, 『국역해행총재』Ⅰ, Ⅱ 所收)에는 그러한 내용이 상당히 상세하게 나타난다.

雨森芳洲의 조선어 구사능력은 상당했던 것으로 판단된다. 왜냐하면, 1719~1720년(숙종 45~46) 製述官으로서 朝鮮通信使行에 참여한 申維翰(1861~卒年?)의 견문록『海游錄』에는 雨森芳洲의 조선어 구사능력에 대한 직접적인 경험담이 세 번쯤 나타나기 때문이다.

그 첫 번 째는 通信使 일행이 對馬島에 이르렀을 때 나타난다. 申維翰은 島主를 만나러 가는데 前例를 물으니 "製述官이 앞에 가서 절하면 태수가 앉아서 읍한다"는 것이었다. 申維翰은 "島主는 우리나라에 대하여 藩臣에 지나지 않으므로 그에게 절을 할 수는 없고 서로 마주 서서 자신은 두 번 읍하고 도주는 한 번 읍하기로 하자"고 버틴다. 이때에 雨森芳洲는 通事를 거치지 않고 申維翰의 말을 직접 알아들었다는 기록이다.[3]

두 번째는 통신사 일행이 一岐島에 도착했을 때 雨森芳洲가 또 한 사람의 對馬島 藩士였던 松浦儀를 데리고 申維翰을 찾아왔는데 이 때의 대화를 雨森芳洲가 직접 통역했다는 기록이다.[4] 세 번 째는 雨森芳洲가 흥분한 가운데 조선어와 일본어를 섞어 쓰더라는 기록이다. 通信使 일행이 歸路에 올라 京都에 도착했을 때였다. 使行이 돌아오는 길에는 京都 남쪽 5리쯤에 있는 大佛寺에 들러 연회를 받는 것이 관례였다며 島主로부터 다음 날 아침 왕림해 달라는 요청을 받았다. 그러나 그 절이 豊臣秀吉의 願堂이라고 들은 바 있는 正使 洪致中(1677~1732)은 그 절에 들어가기를 거절하였다. 그러다가 그 절이 江戸幕府의 제3대 장군 德川家光을 위하여 세워졌다는 사실이 문헌으로 확인되자 正使 洪致中과 副使 黃璿은 연회에 참석하자는 쪽으로 의견이 기울었으나 從事官 李明彦은 불가를 내세웠다. 이 때문에 雨森芳洲가 화를 낸 것이다.[5]

이처럼 雨森芳洲는 通事 없이도 조선어를 알아들을 수 있었을 뿐 아니라, 경우에 따라서는 직접 통역을 할 수도 있었다. 더구나 흥분한 상태에서 조선어와 일본어를 섞어 썼다는

---

3) 말이 나오자 역관이 겁을 내기로 내가 "일이 급박하게 되었다. 이것도 또한 조정의 紀綱에 관계되는 일이니 네가 나를 위하여 잘 말하여 이 몸으로 하여금 조정과 국가의 수치를 사지 않게 하라" 하였다. 오직 雨森東(芳洲의 별칭)이 내 뜻을 알아듣고 발끈 성을 내며……(1719년 6월 30일).

4) 내가 館에 들어가 조금 쉬고 있는데 雨森東과 松浦儀가 보러왔다. 내가 松浦儀에게 이르기를 "당신이 霞沼詩人이 아닙니까? 芳名을 들은지 오랩니다. 저번에 부산에서 배를 나란히 출발하여 바다를 건너고 대마도에서 열흘 동안이나 머물면서 한 번 만나 이야기하지 못하고 답답하게 오늘이 되었습니다. 어찌 보기가 늦었습니까?" 하였다. 그가 우리말을 알아듣지 못하므로 雨森東이 옆에서 통역하였는데……(1719년 7월 19일).

5) 종사관은 병으로 연회에 참석하지 못하고 바로 淀城으로 가려니 대마도 태수가 하인을 보내어 문안하고 세 분 사신도 함께 오기를 권하였다. 사신이 事體가 서로 다르니 강권할 것이 아니라고 꾸짖어 답하였다. 雨森東은 모진 사람이라 성을 풀 데가 없어서 곧 수역관과 사사로운 싸움을 벌여 조선말 왜말을 섞어가며 사자처럼 으르렁거리고 고슴도치처럼 뿔이 나서 어금니를 드러내고 눈가가 찢어져서 거의 칼집에서 칼이 나올 듯하였다(1719년 11월 3일).

대목으로 미루어 짐작컨대 그는 싸울 때에도 조선어를 쓸 수 있었으리라고 추정된다. 다만, 흥분한 상태에서 조선어와 일본어를 섞어 썼다는 점으로 볼 때 조선어만으로 싸움을 하기는 어렵지 않았나 여겨지기도 하지만, 평상시 그의 조선어 구사능력은 의사소통에 거의 불편이 없었으리라고 판단된다.

그의 조선어 구사능력은 『全一道人』에도 구체적으로 잘 나타난다. 특히 '범례'에는 조선어에 대한 그의 인식이 상세히 기술되어 있기 때문에 주목할 만하다.

3. 雨森芳洲의 조선어 인식

『全一道人』의 轉寫에 반영된 국어자료의 성격을 올바르게 파악하기 위해서는 당시의 국어에 대한 雨森芳洲의 인식을 이해해야 하는데, 조선어 대한 그의 인식은 『全一道人』(1729)의 '凡例'에 구체적으로 드러나 있다. 이에 먼저 '범례'의 내용을 살펴볼 필요가 있다.

그는 일찍부터 조선어의 문자표기와 발음실현 사이에 나타나는 차이, 표준어와 방언 사이에 나타나는 차이 등이 언어학습상 매우 중요한 요소임을 분명히 인식하고 있었다.

> 一. 이 책이 日本假名으로 朝鮮말을 적고, 肯綮한 곳에는 곁에 諺文으로 적음은, 諺文에 얽매어 말에 익숙하지 않은 자 말하기가 어렵고, 말에만 힘을 써 諺文을 모르는 자 그 말을 그르치는 통에 딱하도다. 그 때문에 假名으로 적은 것을 보고 말을 알고, 諺文으로 적은 것을 보고 말의 근본을 알게 하려 함이니라.6)

『全一道人』에는 국어문장이 '가타카나'(片假名)로 전사되어 있는데, 군데군데 '긍경'(肯綮)7) 한 곳에는 언문 添記가 베풀어져 있다. 이 때의 '肯綮'이란 '가나' 전사만으로 諺文表記를 복원하기 어려운 단어나 句를 뜻하는 듯하나 그 한계가 객관적으로 분명히 드러나는 것은

---

6) 원문=此書 日本かなにて朝鮮言葉をしるし, 肯綮の所にはかたわらに諺文をしるせしは, 諺文になつみ言葉にうときものはその言葉しふりてかたく, 言葉に專らにして諺文をしらさるものはその言葉あやまりてくるし. しかるゆへ, かなにてかけるを見て言葉をしり, 諺文にてかたわらにかきしを見て言葉の本をしらしめんとの事なり.

7) '肯'은 뼈에 붙은 살, '綮'은 힘줄이 얽힌 곳. '肯綮'은 『莊子』에 나오는 말이라고 하는데, 보통은 '사물의 급소나 要所'를 나타내는 뜻으로 전용되고 있다.

물론 아니다. 어쨌건, 雨森芳洲는 '가나' 문자로 적힌 '發音現實'('言葉)과 '諺文'으로 적힌 '文字表記'의 차이를 알아야 한다고 밝히면서 조선어를 학습할 때에는 표기와 발음 두 가지를 모두 익혀야 한다고 가르치고 있는 것이다. 이는 그가 문자표기와 발음에 나타나는 차이가 언어학습에 중요함을 분명히 인식하고 있었다는 증거가 될 것이다.

　一. 韓語 가운데 諺文으로 쓰는 것과 말로 하는 것이 다를 때가 많으니라. 大槪 그 예를 나중에 적겠노라. 이로써 類推할 수 있을 지니라. 日本말에도 假名으로는 '馬者'라고 적지만 말로는 [umaha]라 하고, 假名으로는 '瓜'라 적지만 말로는 [uri]라 하나니, 그와 같은 이유가 됨을 알지니라.8)

여기서도 그는 언문표기와 말(발음)이 다를 때가 많음을 지적하면서 다음과 같은 국어의 실례를 들어 보이고 있다. 雨森芳洲는 '가나' 문자로 국어를 轉寫하면서 정확성을 꾀하기 위하여 일본어 표기에는 쓰이지 않는 첨가기호를 동원하고 있는데, 예컨대 'フ"', ヒ"', テ"'' 등처럼 '가나'의 어깨에 붙여진 점 세 개는 해당 頭音이 무성자음이거나 때로는 有氣音임을 나타내기 위한 것으로 해석된다.

한림 翰林 ハルリム	만리 萬里 マルリ	신령 神靈 シルリ^ヨグ	순류 順流 シ^ユルリ^ユ9)
난리 亂離 ナルリ	운미관 運米官 ウルミグワン	리리 隣里 ニルリ	
물쇼 馬牛 モシ^ヨ	활살 弓箭 ハサル	불도 不道 フ"ト	불지 不知 フ"チ
알피 前 ア^ツヒ"'	안해 妻 アナイ	쉬어미 姑 スヱミ	
흉악 兇惡 ヒ^ユナ^ク	송양 松陽 シ^ヨヤグ	셕양 夕陽 セヤ^グ	
년됴 年條 子ムヂ^ヨ	공착미 公作米 コグザグミ		
심히 甚 シミ	감히 敢 カミ	급히 急 クツヒ	극히 極 ク\ヒ
친히 親 チニ	엄연히 儼然 ヲメニ	완연히 宛然 ワ子ニ	죵용히 從容 チ^ヨヨギ

---

8) 원문=韓語の内, 諺文にてかけると言葉にいへるとはちかひたる事おゝし. 大槪其例を後に記せり. これを以て類推すべきにや, 日本のことはにもかなには馬者とかけと, 言葉にはうまはといひ, かなには瓜とかけと, 言葉にはうりといへり. それと同しわけなるとしるへし.

9) 'シルリ^ヨグ, シ^ユルリ^ユ'처럼 글자 사이사이에 나타나는 'ᵔ'표는 일종의 연결부호로서 두 글자의 발음이 1음절로 실현됨을 나타낸다. 원문에는 이 기호가 두 글자에 걸쳐 하나의 弧(⌒)로 그려져 있으나 본고에서는 편의상 보기와 같이 나타내기로 한다.

一同 ハニガチ（혼가지）　　壽 ナマニ（나만히）　　　　一日 ハルロン（홀 는）　　大怒 タイロ（대 노）

附

죽엇는지라 ツコンノンチラ（死）　　　　죽엿는지라 ツキヨンノンチラ（殺）

슨허졋습니 クノテ゜゜ ^ツスムノイ（絶）　　흐읍니 ハヲムノイ

흐엿노라 ハヤンノラ　　　　　　　　絶 슨코 置 놋코 抱 안코　　　고とかきてはあしし

이들 사례는 특별한 기준 없이 나열되어 있으므로 이를 재정리하면 대략 세 가지 발음규칙으로 구분될 수 있을 것이다.

첫째는 漢字形態素의 末音 'ㄴ'이 後行하는 한자형태소의 頭音 'ㄹ'에 同化되어 'ㄹ'로 실현되는 음운현상이다. '한림(翰林) → 할림[harurimu], 만리(萬里) → 말리[maruri], 신령(神靈) → 실령[siruruyogu], 슌류(順流) → 슐류[syururyu], 난리(亂離) → 날리[naruri], 린리(隣里) → 릴리[riruri]'와 같은 사례가 여기에 속한다. 맨 나중의 사례인 '린리'의 어두음 'ㄹ'은 현실발음을 나타낸 것이라기보다 한자음에 이끌린 어원의식이 반영된 결과일 것이다. 한편, '홀 는'(一日)이 '홀 른'[haruron], 곧 'ㄴ'이 선행하는 'ㄹ'에 동화되어 'ㄹ'로 발음되는 사례도 본질적으로는 '한림→할림'과 같은 범주의 음운현상에 속한다. 다만, [urumiguwan](울미관)으로 轉寫되어 있는 '운미관'(運米官)만은 '운'의 末音 'ㄴ'이 특이하게도 'ㅁ' 앞에서 'ㄹ'로 실현되었음을 보여 준다. 이러한 발음이 당시의 일반적인 경우에 속하는 사례였는지 특수한 경우에 속하는 사례였는지는 판단하기 어려우나, '눉므를'이 '눐므를'(『杜詩』重刊 六 2b)로 나타나는 점으로 볼 때 시대적인 거리는 있으나 '울미관'과 같은 발음 또한 수의적 변이로서 존재했을 가능성이 있었으리라고 생각된다.

둘째는 形態素 결합시에 'ㄹ'이 舌端子音 앞에서 탈락을 일으킨 음운변화다. '물쇼(馬牛)〉무쇼, 활살(弓箭)〉화살, 블도(不道)〉브도, 블지(不知)〉브지, 알픠(前)〉아픠'와 같은 사례가 거기에 속한다. 이들은 통시적 음운변화에 속하는 사례인데 雨森芳洲는 이를 공시적 음운현상으로 인식한 듯하다. 그가 공시태와 통시태를 구별하지 못했으리라는 점은 당연한 사실로 이해되지만, 그의 국어지식에 어원의식이 포함되어 있었다는 사실은 주목할 만한 점이 아닐 수 없다.

셋째는 漢字形態素의 末音으로 나타나는 軟口蓋音 'ㅇ, ㄱ'이 口蓋性 上昇二重母音 앞에서 탈락되는 음운현상이다. '흉악(凶惡) → 휴낙, 숑양(松陽) → 쇼양, 셕양(夕陽) → 서양, 종용히(從容) → 죠용이'와 같은 사례가 여기에 속한다. 다만, 이 현상은 사람이나 지방에 따라 달리 나타나는 수의적 변이에 속하기 때문에 음운규칙이라 보기는 어렵다. 거기다가 '흉악'이 '휴낙'으로 발음된다고 본 점에는 약간의 의문이 없지 않으며, '죵용히'가 '죠용이'로 발음되는 현상은 공시적 변이라기보다 통시적 변화에 속하는 사례가 될 것이다. 바로 앞에서 본 것처럼 雨森芳洲는 공시태와 통시태를 구별하지 않고 있는데, 이러한 그의 문법인식은 오히려 당연한 것이었다고 볼 수밖에 없다.

넷째는 유성음 사이에 나타나는 'ㅎ'이 탈락되는 음운현상이다. '안해(妻)→ 아내, 심히(甚) → 시미, 감히(敢) → 가미, 친히(親) → 치니, 엄연히(儼然)→ 어머니, 완연히(宛然) → 와녀니, 나만히(壽) → 나마니'와 같은 사례가 거기에 속한다.

이밖에도 雨森芳洲는 국어의 'ㅎ'이 앞뒤에 나타나는 平閉鎖音이나 平閉擦音과 융합되는 有氣音化 현상('급히 → 그피, 극히 → 그키'), 어중에 나타나는 무성자음의 유성음화 현상('한가지 → ハニガチ[hanigati]', 어중 'ㄱ'의 유성음화를 나타냄) 등을 예로 들고 있다. 이때의 유성음화와 같은 현상은 음운규칙이 아니라 이음규칙이어서, 모어화자인 우리나라 사람이라면 평상시에 거의 인식하지 못하고 지나쳐 버리는 발음현상 중의 하나에 속한다. 여기서 알 수 있는 점은 雨森芳洲가 이러한 이음규칙까지를 분명히 의식하고 있었다는 사실이다. 이 사실은 사람들이 보통 자신의 모어보다 외국어의 발음현실에 예민하게 반응한다는 점을 뒷받침해 주는 것으로 보인다.[10]

그 밖의 사례로서 '쉬어미'(姑)(국어자료에는 '싀어미'로 나타난다)에 대한 전사표기 [suyemi]는 어쩌면 '어미'의 움라우트형 '에미'처럼 생각되기도 하나, 현재로서는 17세기 초엽에 'ㅔ'가 單母音으로 자리를 잡았다는 분명한 증거가 없는 한 움라우트라고 함부로 단정짓기는 어려울 것이다. 또 다른 사례 '대로'(大怒)에 대한 전사표기 [tairo]로 볼 때 前舌低位母音 'ㅐ'는 二重母音에 머물고 있었다고 추정되므로 'ㅐ' 또한 二重母音에 머물러 있었으리라고 추정된다.

雨森芳洲는 거의 끝 부분에 이르러 '附'라는 글자를 적은 뒤 몇 가지 사례를 덧붙이고 있다. '죽엇는지라'와 '죽엿는지라'는 능동과 사동의 발음차이와 아울러 'ㅅ'이 후행하는 'ㄴ'에 동화되어 'ㄴ'으로 실현됨을 보이기 위함인 듯하다. '힛노라' 또한 'ㅅ'이 'ㄴ'앞에서 'ㄴ'으로 동화되는 현상을 나타내고 있으며, '싣허젓습닉, 힙닉'는 'ㅂ'이 'ㄴ'앞에서 'ㄴ'으로 동화되는 현상을 나타내고 있다. 'ㅅ'과 'ㅂ'이 'ㄴ'앞에서 다같이 비음화하는 현상을 보이고

---

10) 물론 雨森芳洲가 국어의 유성음화와 같은 이음규칙을 분명하게 인식한 배경에는 일본어의 자음체계에 유성폐쇄음이 음소로서 존재하고 있다는 이유도 숨어있다. 그 때문에 일본인이라면 누구나 음성적으로 실현되는 유성폐쇄음을 어렵지 않게 인식할 수 있을 것이다.

있는 셈이다.

마지막 부분에 제시된 '끈코(絕), 놋코(置), 안코(抱)'에는 '고'라고 쓰면 나쁘니라'는 注意가 달려있다. 어간말의 'ㅎ'이 후행하는 'ㄱ'과 융합하여 激音으로 실현되는 현상을 보인 것이지만, 맨 끝의 '안코'(抱)는 잘못된 실례일 것이다. 괄호 안에 표시된 의미대로라면 이는 '안꼬'처럼 硬音으로 실현되는 사례에 속한다. 雨森芳洲가 이를 激音으로 잘못 인식하고 있었는지 일시적인 판단착오였지는 알 수 없으나, 그가 일본인이라는 점을 감안할 때 국어에 나타나는 激音과 硬音의 구별에 한계가 있지 않았나 생각되기도 한다.

요컨대, 어느 경우나 조선어의 표기와 발음에 차이가 많기 때문에 학습 시에는 이를 정확히 이해해야할 필요가 있음을 강조한 것으로 보인다. 雨森芳洲의 이러한 태도는 본문의 일부를 직접 예로 들어가며 표기와 발음의 관계가 어떠한 것인지를 다시 한번 예시하고 있다.

> (범례 앞 항목의 계속) 全一道人의 제1조에 대해서 말할지라도 '손이라'고 쓰고 [sonira]고 말하고, '건이니'라고 쓰고 [konini]라고 말하며, '몸의'라고 쓰고 [momui]라고 말하며, '녀겨'라고 쓰고 [nekiya]라고 말하며, '밧긔'라고 쓰고 [hatukai]라고 말하며, '술의'라고 쓰고 [suroi]라고 말하며, '슬퍼'라고 쓰고 [soruhiya]라고 말하며, '치으려'라고 쓰고 [tiure]라고 말하고, '뉘웃처'라고 쓰고 [doyotusa]라고 하는데, 이와 같은 類는 枚擧할 여유가 없느니라. 지금 그 한 둘을 표시할 뿐. 少年들이 諺文을 대충 알고 諺文冊을 읽다가 틀리는 일이 많으니라. 諺文冊을 읽음이 나쁘다는 것은 아니니라. 開合, 淸濁, 音便을 알지 못하고 함부로 읽는 것이 나쁘다는 것이니라. 합해서 170자의 諺文[11]을 우리나라 사람에게 배우기 시작하는 것은 좋지 않으니라. 시골 사람이 서울말을, 같은 시골 사람으로서 서울말을 잘 배웠다고 하는 사람에게 배우는 것과 같으니라. 아무리 잘 말할 수 있다 하더라도 서울 사람과는 차이가 있을 것이니라.[12]

---

11) 여기서 말하는 '諺文 170자'란 『客館璀璨集』(1720)에서 그 근거를 찾을 수 있다. 여기에는 1719년 通信使行 때 書記였던 姜栢(耕牧子)이 木下實聞(蘭皐)에게 써주었다는 諺文이 나타나는데, 그 내용은 자음 'ㄱ ㄴ ㄷ ㄹ ㅁ ㅅ ㅇ' 7자와 '가갸' 줄에서 '하햐' 줄까지의 음절 154자, 그리고 원순성 상승이중모음 음절 '과 궈 와 워 솨 숴 화 훠' 8자로 이루어져 있다. 이를 합하면 169자가 된다. 그런데 이상하게도 자음 중에는 'ㅂ'자가 빠져있다. 'ㅂ'이 써줄 때부터 빠져있었는지 출판과정에서 누락되었는지에 대해서는 알 길이 없으나 여기에 'ㅂ'을 보충한다면 諺文은 모두 170자가 되는 셈이다. 그러므로 당시의 일본인들이 조선어를 학습할 때 이 170자를 기본으로 삼았음을 알 수 있다. 다만, 『客館璀璨集』의 언문 음절표는 '가 나 다 라 마 바 사 아 자 차 파 타 카 하' 순으로 되어있다. 오늘날의 '카 타 파' 順과는 달리 '파 타 카' 順으로 구성되어 있는 것이다.

12) 원문=全一道人の第一條につきていひても손이라とかきてソニラといひ, 건이니とかきてこにゝといひ, 몸의とかきてもむいといひ, 녀겨とかきてねきやといひ, 밧긔とかきてはつかいといひ, 술의とかきてすろいといひ, 슬퍼とかきてそるひやといひ, 치으려とかきてちうれといひ, 뉘웃처とかきてどよつさといふ. かくのこときの類枚擧するにいとまあらす. 今その一二をしるせるのみ. 少年の人諺文をそこそこにしり, 諺文の書をよみて言葉をあやまる事おゝし. 諺文の書をよむをあししとするにはあらす. 開合淸濁音便をしらすしてみたりによむをあししとするなり. 惣して百七十字の諺文を我國の人にならひはしむるはよろ

雨森芳洲는 이처럼 '開合, 淸濁, 音便과 같은 발음규칙을 강조함으로써 언어학습 과정에서 실제발음이 얼마나 중요한지를 두고두고 역설하고 있는 것이다.

여기서 잠시 위에 예시된 '범례'의 내용을 좀더 확실하게 이해하기 위하여 오른쪽에 제시된 사진을 이용, 원문의 일부(第1話) 내용과 그 구성을 직접 살펴보기로 한다. 원문에는 '가나' 문자로 전사된 일정한 길이의 국어문장과 그에 대한 일본어 번역문이 번갈아 나타나나, 여기서는 편의상 轉寫와 諺文 添記, 그리고 각 語節에 해당하는 일본어 번역문을 한데 묶어서 아래와 같이 예시한다. 괄호 안에 보인 諺文表記는 원문에 없는 내용이나 전체적인 뜻을 쉽게 이해할 수 있도록 당시의 국어로 복원한 부분임을 나타낸다.

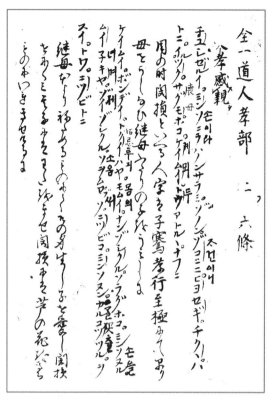

『全一道人』孝部(第1話의 첫머리)

全一道人　孝部　二□[13)]六條
大-孝感ㅅ[∨]親ㅋ

チ^ユシゼ^ルイ。　ミ^ンソニラハノンサラミ。　ゾ^ノンゾ^^コ^ニニ。　ヒ^ヨセ^ギ。
(쥬 시절의)　　　(민)손이라 (ᄒᆞᄂᆞ 사ᄅᆞ미)　(ᄌᆞᄂᆞ) ᄌᆞ건이니　　(효셩이)
周の時　　　　　閔損と　　いへる人　　　　字は子騫　　　　　孝行

しからす. いなかの人みやこの言葉を同じいなかのみやこ言葉よくまなへるといへる人にならふに同し. いかほとよくいひわくるともみやこの人にはちかひあるへし.

13) 이 자리는 蟲食으로 글자가 보이지 않는 부분이다. 애초에는 여기에 '十'이라는 글자가 있었음을 쉽게 짐작할 수 있다. 그 이유는 다음과 같다. '全一道人'은 본래 明代의 劇作家 王廷訥의 號인데, 그는 자신의 號를 붙인 저서『全一道人 勸懲故事』(八卷)를 남긴 바 있다(安田章1964). 雨森芳洲의『全一道人』은 이『勸懲故事』의 卷一 孝部 26條(孝의 故事 13條, 不孝의 故事 13條)에 해당하는 내용만을 일단 조선어로 번역한 후, 이를 다시 '가나' 문자 전사로 바꾼 듯하다. 결국,『全一道人』은 효부 26조로 이루어져 있는데, 安田章(1964)에도 이 부분은 '(二十)六條'로 복원된 바 있다.

チク^丶。ハトニ。イルツ^グ。　　サ^グ モホコ。ケ^イ^メイ。　　ト^ウアトル丶。
(지극 　　ᄒ더니) (일즉)　　　　喪母(ᄒ고)　　계뫼　　　두 (아ᄃ를)
至極にて　　　　　早く　　　　　母をうしなひ 繼母　　　　　ふたりの子を

ナフニ ケイムイ。ボ゙ンデイ。　　トク^イハヤ。モムイ。ナンゾ゙シ^クル。
(나흐니)(계뫼)　　(본디)　　妬忌투기(ᄒ야) 몸의　　(난 ᄌ식을)
うみしに 繼母　　本より　　　ねためるものにて　　その身生し子を

ソランホコ。ミンソヌル。ム゙^イ子キ^ヤ。ゾ゙イゾ゙シクル。　　ソヲムロ。゙ソ。
(ᄉ랑ᄒ고)　(민)손을　(믜이)녀겨　제 (ᄌ식을)　　소옴(으로) 써
愛し　　　閔損を　　にくみ　　其子には　　　わたを

ニ^ツビコ。ミ^ンソヌン。カルコ^ツツル。ヲスイ。トワ。ニ^ツビ゙トニ
(닙히고)　(민손은)　골곳츨　　(옷의) (두어) (닙히더니)
きせ　　　閔損には　蘆の花を　きる ものにいれ きせけるに

이로써 雨森芳洲가 일본문자 '가타카나'로 전사한 조선어 부분은 발음현실에 기초를 두고 있으며, 군데군데 나타나는 諺文 添記는 규범적 문자표기의 실상을 보이기 위한 것이었음을 알 수 있다. 나아가 그는 조선어를 학습함에 있어 同音異義語는 물론이려니와 혼동하기 쉬운 類似同音語도 중요하게 생각했음을 보여준다. 다음과 같은 예시가 그러한 사실을 말해준다.

一. 가치나모가지우희이셔가지을그버여어보니가지고가려ᄒᄂ가
　　鵲在樹枝上俯窺茄子欲持而去之也

　　게를궤여담엇거늘괴이셔먹음어가니괴이ᄒ다
　　盛蟹於櫃有猫唧而去之可謂恠異

　　멀리ᄃ니ᄂ사름이ᄆᆯ을몰됴흔ᄆᆯ쎄싯고믄득메멘사름을믜우ᄒ셔만나서로도토와믜이
　　쳐더니ᄒ밥머글ᄉᆞ이ᄂ ᄒ여이예프러가니라
　　遠行之人駄藻於拳好之馬忽逢荷木追之人於山上相爭而痛捶之一頓飯時乃解去

　　패츤군관이비ᄅᆞᆯ 트고가다가비ᄅᆞᆯ먹고비알파ᄒᄂ 병을어드니라
　　佩牌軍漢乘船食梨而得腹痛之病

　　ᄃᆞᆯ구경ᄒᄂ ᄯᆞᆯ이ᄃ리우희바자니다리가ᄀᆞ브지아니랴
　　翫月之女橋上彷徨得無脚倦乎

　　쑴으로ᄀ리워쑴업게ᄒ니다만쑴날쏜아녀두려권대담이셩ᄒᆞᆯ가ᄒ노라
　　以苦周遮使無罅隙不獨汗出恐有痰盛

　　칼을둘러ᄀᆯ을버혀두로들러도라와시니술로술을먹으면엇지쾌ᄒ리오
　　揮刀芟蘆周廻而還匙以飮酒安得快乎

블의예블이두던의풀과글를쩌와다슬와시나블히가오히려이시니엇디사라나지아닐가
근심ᄒ리요
不意火燎於原草菅盡燒有根猶存何患不生

여기에 나타나는 사례들을 정리해보면 대략 다음과 같은 내용으로 요약된다.

가치(鵲), 가지(枝), 가지(茄子), 가지고(持而)/게(蟹), 궤(櫃), 괴(猫), 괴이(恠異)/
믈(藻), 믈(馬)/픠(牌), 비(船), 비(梨), 비(腹)/둘(月), 쏠(女)/ᄃ리(橋), 다리(脚)/
뜸(苫), 뜸(隙)/똠(汗), 담(痰)/칼(刀), 굴(蘆)/술(匙), 술(酒)/블의(不意), 블히(根)/
블(火), 풀(草)

이로써 雨森芳洲는 조선어 학습에 同音異義語나 類似同音語에 대한 구별이 매우 중요하
다는 사실을 명확하게 인식하고 있었음을 확인할 수 있다. 그가 이처럼 일찍부터 비슷한
발음을 구별하는 것이 언어학습의 지름길임을 깨달았다면 이는 현대적 언어학습법과 일맥상
통한다고 보지 않을 수 없다. 이 점에 대한 그의 설명은 좀 더 계속된다.

(범례 앞 항목의 계속) 以上 數條의 疑似한 말을 모아 적었노라. 이와 같은 類는 無數
할 것이니라. 하나 하나 區別하여 말하고 쓸 수 있을 때, 올바른 諺文을 알고 韓語를
할 줄 아는 사람이라고 할 수 있느니라. 그러나 區別하여 쓰기까지는 工夫의 힘을 가지고
이룰 수 있지만, 區別하여 말하는 것은 이루기 어려우니라. 예를 들면 '橋'와 '筋', '雲'와
'蛛', '花'와 '鼻', '笠'과 '瘡' 등을 서울 사람은 각기 구별하여 말할 수 있지만, 邊土人은
배워도 이루지 못함은 山川風氣가 다르기 때문이니라. 하물며 異邦의 말이리오.[14]

이처럼 雨森芳洲는 조선어 학습과정에서 發音現實의 중요성을 깊이 인식하고 있었기 때
문에 조선어를 '가나' 문자로 轉寫하는 데에도 實際發音을 기준으로 삼았다. 그 때문에 그의
전사자료에는 당시 국어의 발음현실이 잘 반영되어 있다고 생각된다.
그 중에서도 특히 'ᆞ'음의 변화단계에 관한 한, 『全一道人』만큼 분명한 증거를 보여주는
자료는 없는 것으로 판단된다. 국어자료에 잘 드러나 있지 않은 'ᆞ'음의 내면적 변화단계
가 『全一道人』에는 상당히 분명하게 드러나 있기 때문이다.

---

14) 원문=以上數條疑似の言葉をあつめてつゝれり. 如此の類無數なるへし. 一々いひわけかきわけたる時, ま
ことの諺文をしり, 韓語を能せる人といふへし. しかしかきわくるまては, 工夫の力をもてなるへけれ
と, いひわくることはなりかたかるへし. たとへは橋筋雲蛛花鼻笠瘡なといへる事, 都の人はそれそれに
いひわくれと辺土の人はまなひてもあたわさるは山川風氣の違へる故そかし. まして異邦のことはおや…
(以下省略)….

4. 『全一道人』의 'ㆍ'音 轉寫

『全一道人』에 반영된 語頭音節 'ㆍ'음의 '가나' 문자 轉寫를 면밀히 검토해 보면 모든 단어가 크게 두 가지 부류로 구분됨을 알 수 있다. 곧, 어두자음의 성격에 따라 제1음절의 'ㆍ'음이 [a]行 음절의 '가나' 문자로만 전사된 단어가 있는가 하면, [o]行 음절의 '가나' 문자로만 전사된 단어도 있다. 어두음절의 'ㆍ'음에 대한 전사가 이렇게 두 가지 부류로 크게 갈리는 것이다. 같은 단어의 'ㆍ'음이 어떤 때는 [a]行 음절 '가나' 문자로, 어떤 때는 [o]行 음절 '가나' 문자로 전사되기도 한 경우가 더러 있기는 하나 이 부류에 속하는 단어는 극히 한정된 범위에 머물러 있을 뿐 아니라 그 수 또는 매우 적어 예외적인 존재로 해석된다. 실제로 이 부류에 속하는 단어들은 [a]음과 [o]음이 수의적 교체를 보이고 있으므로 'ㆍ'음의 비음운화가 이미 시작되었음을 나타낸다. 요컨대, 아래와 같은 성격으로 구분되는 단어들은 다름 아닌 'ㆍ'의 내면적 변화단계를 알려주는 것으로 판단된다. 우선, 그 내용을 정리해 보면 다음과 같다.

[a](ア)行 音節로 轉寫된 'ㆍ'音

(1) 'ㅎ/ㄱ/ㅂ, ㅍ', 곧 邊子音 部類 뒤에서=ᄒᆞ나(一), ᄒᆞᄅᆞ(一日), ᄒᆞ리-(癒), ᄀᆞᄅᆞ치->가ᄅᆞ치-(敎), ᄀᆞ리오-(蔽), ᄀᆞ장(最), ᄀᆞ초-(備), ᄀᆞᆯ(蘆), ᄀᆞᆯ래-(橫), ᄀᆞᆯ오-(曰), ᄀᆞᆯᄒᆡ-(擇), ᄀᆞᆷ-(閉眼), ᄀᆞᆷ-(浴), ᄀᆞᆷ초-(備, 藏), ᄀᆞᆮ-(如)/ᄇᆞᄅᆞᆷ(風), ᄇᆞ리-(棄), ᄇᆞᆰ-(明), ᄑᆞᆯ(臂), ᄑᆞᆯ-(賣)

(2) 'ㄷ, ㅼ, ㅌ/ㄹ', 곧 中子音 중, 非摩擦音非破擦音 部類 뒤에서=ᄃᆞ니-(行), ᄃᆞᆮ-(走), ᄃᆞᆯ(月), ᄯᆞ로(別に), ᄯᆞ롬(耳矣), ᄯᆞᆯ(女), ᄐᆞ-(乘), ᄐᆞ-(混和)

(3) 'ㅅ, ㅈ/ㅊ', 곧 中子音 중, 摩擦音·破擦音 部類 뒤에서=ᄉᆞᆯ지-(肥), ᄎᆞ-(寒, 滿, 佩)

[o](ォ)行 音節로 轉寫된 'ㆍ'音

(1) 邊子音 部類 뒤에서=ᄀᆞᄅᆞ(粉), ᄀᆞᆺ(邊)/ᄇᆞ아지-(碎)

(2) 中子音 중, 破裂音 뒤에서=ᄃᆞ토-(爭)

(3) 中子音 중, 摩擦音·破擦音 뒤에서=ᄉᆞ랑ᄒᆞ-(愛), ᄉᆞᄆᆞᆾ-(通), ᄉᆞᆯ(肉), ᄉᆞᆲ오-(白), ᄉᆞᆲ피-(察), ᄡᆞ-(値), ᄉᆞ(四, 私, 事, 士, 辭, 仕), ᄌᆞᄅᆞ-(成長), ᄌᆞ르-(斷), ᄌᆞ못(頗), ᄌᆞ(字, 子, 仔, 姉), ᄎᆞ(次), ᄎᆞᆷ-(忍)

(4) 鼻腔音 뒤에서=ᄆᆞᄋᆞᆯ(村), ᄆᆞᄋᆞᆷ(心), ᄆᆞᆮ(伯), ᄆᆞᆯ(馬), ᄆᆞᆺᄎᆞᆷ내(終), ᄆᆞᆾ-(終)/ᄂᆞ믈(菜), ᄂᆞ리-(降), ᄂᆞᆫ호-(分), ᄂᆞᆯ-(飛), ᄂᆞᆷ(他), ᄂᆞᆾ(顔)

[a](ア)行 音節과 [o](ォ)行 음절 양쪽으로 轉寫된 'ㆍ'音

(1) 邊子音 뒤에서=ᄒᆞ-(爲), ᄒᆞᆫ(恨), ᄀᆞ(邊)

(2) 中子音 중, 破裂音 뒤에서=ᄯᆞ르-(從)

(3) 中子音 중, 摩擦音破擦音 뒤에서=슯-(烹), 춧-(尋)

이러한 결과를 근거로 삼아 필자는 18세기 전반기의 제1음절 'ㆍ'음이 다음과 같은 내면적 단계를 거쳐 非音韻化가 진행되었다고 본 것이다.

  가. [-鼻音性, -舌端性, -粗擦性] 子音部類('ㅎ, ㄱ'부류, 'ㅂ'부류)
  나. [-鼻音性, +舌端性, -粗擦性] 子音部類('ㄷ'부류, 'ㄹ'부류)
  다. [-鼻音性, +舌端性, +粗擦性] 子音部類('ㅅ'부류, 'ㅈ'부류)
  라. [+鼻音性, -舌端性, -粗擦性] 子音('ㅁ')
  마. [+鼻音性, +舌端성, -粗擦性] 子音('ㄴ')

다만, 『全一道人』에 반영된 'ㆍ'음의 非音韻化는 '다' 단계로 막 접어든 상태까지만을 보여준다. 중자음 부류 'ㅅ, ㅈ, ㅊ' 뒤에 나타나는 'ㆍ'음의 대부분이 [o]行 음절 '가나' 문자로 전사되어 있는데도 [a]行 음절 '가나' 문자로 전사된 단어로서는 '술지-'(肥)와 '춧-'(寒, 滿, 佩)에 국한되어 있기 때문이다. 결국, 18세기 20~30년대까지 語頭에 나타나는 'ㆍ'음의 非音韻化는 '가'와 '나' 단계를 모두 거친 후 '다' 단계로 확산되는 중이었다고 해석된다. 이처럼 『全一道人』에 나타나는 轉寫資料는 'ㆍ'음의 非音韻化와 같은 國語音韻史의 주요과제를 해명하는데 결정적인 근거를 제공하고 있지만 최종적인 단계는 국어자료에 의지할 수밖에 없는 한계점을 드러내기도 한다.

5. 국어자료에 반영된 語頭 'ㆍ'음의 非音韻化

실제로 국어자료는 語頭에 나타나는 'ㆍ'음의 非音韻化가 18세기 말엽에야 거의 완성단계에 접어들었음을 보여준다. 당시의 문헌에는 위의 '라'와 '마' 단계를 나타내는 'ㅁ, ㄴ' 환경에서도 'ㆍ'음의 상당수가 이미 非音韻化하여 'ㅏ'로 나타나기 때문이다(劉昌惇1961, 南廣祐1970, 田光鉉1971, 宋敏1975, 李崇寧1977 등).

아래에 제시되는 국어자료 별, 연차 별 단어 중 부류 (1)은 'ㆍ'음이 非音韻化를 거쳐 'ㅏ'로 변한 결과를, 부류 (2)는 'ㆍ'음이 아직 非音韻化를 거치지 않은 채 본래의 모습을 유지하고 있는 단어이거나 착오로 'ㅏ → ㆍ'와 같은 표기를 보이는 단어임을 나타낸다.

『方言集釋』(1778)

(1) 單母音 뒤에서=가리오-(蔽), 팔(臂)/살(肉), 차례/나믈(菜), 날(刃, 緯), 남(他)/二
重母音 뒤에서=배(船), 캐-(掘), 재샹(宰相)

(2) 단모음 뒤에서=ㄱ프른(傾)/닷다(閉)/슴(麻), 스기다(消化), 스리ᄒ다(居)/눗타
(娩)/二重母音 뒤에서=ᄭᅢ(油麻), ᄡᅵ(時)/미(鷹)

『漢淸文鑑』(간년미상, 18세기 말경)

(1) 單母音 뒤에서=가위(鋏)/다리(羊桃), 달팡이(蝸牛), 타다(乘)/삼키지(呑), 잠을쇠
(鎖)/二重母音 뒤에서=매오(甚)

(2) 單母音 뒤에서=쏜(築)/믈 쪽(櫛)/ᄂ로다(運)

綸音 자료(正祖년간)

(1) 單母音 뒤에서=팔-(賣), 가물-(旱), 가을(秋), 가ᄅ치-(敎), 가다듬-/단니-(行)/ᄶᅡ
-(織, 鹹)/만들-/나믈, 낡-, 날개

(2) 해당 용례는 생략함

『敬信錄諺釋』(1796)

(1) 單母音 뒤에서=발금(明), 하로(一日), 살피니, 사로며(燒)/맛게(卒), 마ᄎᆞ닉, 맑은/
난호여(分), 나리오지(降), 낫츨(顔), 나로(津)

(2) 해당 용례는 생략함

『五倫行實圖』(1797)

(1) 單母音 뒤에서=바람(風), 자라다, 감초다, 함ᄭᅴ, 만지다

(2) 해당 용례는 생략함

결국, 語頭位置의 'ㆍ'음은 18세기 말엽에 가까워질수록 자음 부류상의 조건과 관계없이 거의 모든 단어에서 非音韻化가 이루어졌다고 추정된다. 물론, 이로써 어두위치에 나타나는 'ㆍ'음의 非音韻化가 완료되었다고 보기는 어렵다. 단어에 따라서는 'ㆍ'음을 늦게까지 유지하고 있는 경우도 있기 때문이다. 다만, 이 때의 'ㆍ'음은 선행자음의 조건에 따른 것이 아니라 특정 단어에 국한되어 있는 것이다. 말하자면 'ㆍ'음의 非音韻化가 어휘적으로 확산되는 과정에서 특정 단어에는 아직 변화의 효력이 미치지 못했을 가능성을 보이는 것이다.

결국, '가나' 문자로 轉寫된 국어자료『全一道人』은 國語音韻史의 일부 과제에 대하여 중요한 단서를 제공하지만 최종적인 결론은 국어자료를 통해서 내려지는 만큼 전사자료와 국어자료는 서로 보완적인 관계에 놓인다고 할 수 있다. 다만, 語頭에 나타나는 'ㆍ'음의 非音韻化가 위에서 본대로 '가, 나, 다, 라, 마'와 같은 내면적 단계를 거치며 순차적으로 이루어졌다면 그 원인이 어디에 있는지를 밝히는 일 또한 앞으로 풀어야 할 과제가 될 것이다.

참고문헌

郭忠求(1980), 十八世紀國語의 音韻論的 研究, 『國語研究』 43, 서울大大學院 國語研究會.

南廣祐(1970), 敬信錄諺釋 研究, 『국어국문학』 49·50, 국어국문학회.

_____(1977), 女四書 研究, 『李崇寧先生古稀紀念國語國文學論叢』, 탑출판사.

宋 敏(1974), 母音 'ㆍ'의 非音韻化 時期, 『論文集』 5, 聖心女大.

_____(1975), 十八世紀 前期韓國語의 母音體系, 『論文集』 6, 聖心女大.

_____(1982), 近代韓國語의 發話現實 數三, 『聖心語文論集』 6, 聖心女大 國語國文學科.

_____(1985), 雨森芳洲의 韓語觀, 『羨烏堂金炯基先生八耋紀念國語學論叢』, 語文研究會, 創學社.

_____(1986), 『前期近代國語 音韻論 研究 ―특히 口蓋音化와 音을 中心으로―』, 塔出版社.

_____(1987a), 朝鮮通信使의 母國語 體驗, 『語文學論叢』 6, 國民大 語文學研究所.

_____(1987b), 朝鮮通信使의 日本語 周邊認識, 『한실이상보박사 회갑기념논총』, 刊行委員會.

劉昌惇(1961), 『國語變遷史』, 通文館.

李崇寧(1977), 'ㆍ'의 消失期 推定에 對하여, 『學術院 論文集』 16, 學術院.

전광현(1967), 十七世紀國語의 研究, 『國語研究』 19, 서울大 大學院 國語研究會.

_____(1971), 十八世紀後期國語의 一考察, 『論文集』 13, 全北大.

_____(1978), 十八世紀前期國語의 一考察, 『語學』 3, 全北大 語學研究所.

_____(1997), 근대국어의 음운, 『국어의 시대별 연구 2, 근대국어』, 국립국어연구원.

上垣外憲一(1989), 『雨森芳洲 ―元禄享保の國際人―』, 中公新書 945, 中央公論社.

陳南澤(2003), 『朝鮮資料による日本語と韓國語の音韻史研究』, 東京大學 大學院 博士學位請求論文.

安田章(1964), 『『全一道人』の研究』, 京都大學國文學會.

出處 〈태학사(2006. 12), 近代國語音韻史와 '가나' 表記 資料(임용기·홍윤표[공편], 연세국학총서 66, 『국어사연구 어디까지 와 있는가』, 연세대학교 국학연구원 2005년 학술대회 발표논문집: 385~404).〉

『韓佛字典』의 長音 表記

1. 서 언

　중세국어의 성조체계가 소멸되면서 방점표기가 없어짐에 따라, 근대국어 이후에는 중부 방언의 초분절적 음성정보를 문헌사학적으로 추적하기가 거의 불가능하게 되었다. 근대국어 이후부터는 分節音만을 표기의 대상으로 삼는 방식이 하나의 전통으로 굳어졌기 때문이다. 따라서 분절적 음성표기를 통한 長母音의 산발적인 흔적을 제외한다면(田光鉉1967: 57), 표기 방식 자체만으로는 超分節的 제반정보를 찾아볼 수가 없게 된 것이다.

　그러나 여기에 하나의 예외적인 자료가 있다. 19세기 후반에 간행된 『韓佛字典』 *(Dictionnaire Coréen-Français*, Yokohama, 1880*)*이 곧 그러한 존재라고 할 수 있다. 이 책에는 불완전 하나마 중부방언의 長音이 반영되어 있어 타문헌에서 찾아보기 힘든 값진 정보를 제공해 주고 있는데, 현대국어 이전의 장음에 관한 종합적 정보로서는 이 문헌이 거의 유일 한 존재 가 아닐까 한다.[1]

　『韓語文典』*(Grammaire Coréenne*, Yokohama, 1881*)*과 동시에 편찬되어 한 해 앞서 파리 외방전 교회 한국선교단(Les Missionaires de Corée de la Société des Missions Étrangères de Paris)의 이름으로 일본의 橫濱에서 간행된 『韓佛字典』은 대부분의 초기적 천주교관계 국어자료가 그러하듯이 그 편찬과정이나 완성시기 그리고 간행과정에 이르기까지 복잡한 배경을 지니고 있기 때문 에(宋敏1987), 거기에 반영된 국어자료의 현실성이나 지역성에 대해서는 애매한 점이 많지만,

---

1) M. 뿌질로의 『露韓辭典』(Russko-Korejskago Slovar', Petersburg, 1874)에도 장음에 관한 정보가 반영되어 있으나, 이는 남부 우수리 지역에 거주하고 있던 한국 이주민들의 구어를 대상으로 하여 수집된 한국어 자료이므로, 그 지역적 성격이 『韓佛字典』과는 달리 함경도와 평안도 방언의 특징을 크게 내포하고 있다. 따라서 여기에 반영되어 있는 장음표기는 중부방언과 그 성격을 달리 하는 것으로 이해해야 할 것이다. 한편, 『韓佛字典』보다 나중에 간행된 Gale(1897)의 『韓英字典』*(A Korean-English Dictionary*: Yokohama, Shanghai, Hongkong, and Singapore)에도 장음표기가 반영되어 있어 주목된다.

교리서를 위시한 각종 천주교관계 국어자료들은 대체로 중부방언의 특징을 반영하고 있는 것으로 이해된다. 따라서 『韓佛字典』에 나타나 있는 장음표기도 중부방언적인 성격을 지닌 것으로 생각된다.

2. 長音表記의 實狀

『韓佛字典』의 표제어는 한국문자로 제시되어 있으나, 각 표제어에는 佛語식 철자의 轉寫를 곁들이고 있는데, 장음표기는 로마字 音寫形에만 나타나 있어, 로마자가 일종의 현실발음을 표시하기 위한 수단이었음을 알려준다. 장음표기가 나타나는 음절을 모음별로 정리해 보면, 'ㅣ, ㅔ, ㅐ, ㅟ, ㅚ, ㅡ, ㅓ, ㅏ, ㅜ, ㅗ' 및 'ㅖ, ㅕ, ㅑ, ㅠ, ㅛ, ㅙ, ㅝ, ㅘ, ㅢ' 등이 되는데 그 표기방식은 다음과 같이 체계화될 수 있다.

ㅣ Ī	ㅟ OUĪ	ㅡ ĒU	ㅜ ŌU
ㅔ ĒI	ㅚ ŌI	ㅓ Ē	ㅗ Ō
ㅐ ĀI		ㅏ Ā	
			ㅠ YŌU
ㅖ YĒI		ㅕ YĒ	ㅛ YŌ
		ㅑ YĀ	
		ㅢ ĒUI	
ㅙ OĀI		ㅝ OUĒ	
		ㅘ OĀ	

이와 같은 장음표기 방식은 무엇보다도 먼저 국어에 대한 『韓佛字典』의 모음분석 태도를 여실히 보여 주고 있다. 다시 말하자면 『韓佛字典』이나 『韓語文典』에서는 'ㅣ, ㅡ, ㅓ, ㅏ, ㅜ, ㅗ, ㅣ'만이 단모음으로 인식되었을 뿐, 그 밖의 모음들, 예컨대 'ㅔ, ㅐ, ㅟ, ㅚ'를 비롯한 'ㅖ, ㅕ, ㅑ, ㅠ, ㅛ, ㅙ, ㅝ, ㅘ, ㅢ' 등이 모두 문자의 구성방식 그대로 이중모음 또는 삼중모음으로 인식되었기 때문에 장음표기는 그 音節主音에만 베풀어진 것이라고 볼 수 있다.[2] 한편 單母音으로 인식된 바 있는 'ㅣ(Ă)'와 그 이중모음 'ㅐ(ĂI)'에는 장음표기가 나타

---

[2] 이중모음 'ㅟ'와 'ㅚ'의 音節主音을 다르게 파악한 듯한 증거가 장음표기에 나타나 있어 흥미를 더해준다. 즉,

나지 않는다.

이상과 같은 기본원칙 밑에서 이루어진 장음표기의 내용을 검토해 보면, 우선 몇 가지 두드러진 경향이 추출된다. 맨 먼저 지적될 수 있는 경향은 장음표기가 주로 형태소의 제1음절에 편중되어 있다는 점일 것이다.[3] 이것은 장음에 대한 파악이 제1음절에서 비교적 용이했으리라는 데에 그 일차적 원인이 있을 것이다. 그러나 제1음절에 장음표기를 가져야 할 형태가 장음표기를 가지지 않은 경우도 얼마든지 있다. 이것은 제1음절에 나타나는 장음파악마저 완전하지 못했음을 뜻하고 있지만, 한편으로는 인쇄과정에서 빚어진 誤植에 그 원인이 있을 수도 있을 것이다. 그 일부를 예시해 보면 다음과 같다. 『韓佛字典』의 장음표기는 편의상 해당음절의 오른쪽에 두 점(ː)으로 나타낸다. 또한 〈 〉속의 숫자는 면수를 표시한다. 참고로 (1)c에는 Gale의 『韓英字典』(1897)에 나타나는 장음표기를 함께 제시해 둔다. 이때의 *l*은 long, 곧 장음임을 나타낸다. 다만 單音節 어간일 경우에는 그 위치에 장음이 나타난다는 뜻이겠으나, 多音節 어간의 경우에는 어느 위치에 장음이 나타나는지 애매한 점이 없지 않다.

(1) a. 모ː다(驅)<247>　　b. 몰다<247>　　c. 몰다*l*<338>
　　 노ː다(遊)<291>　　　 놀다<290>　　　 놀다*l*<377>
　　 벌ː다(張)<317>　　　 버다<318>
　　 불ː다(吹)<346>　　　 부다<348>　　　 부다*l*<454>
　　 굴ː통(轉筒)<211>　　 굴다(轉)<211>　 굴다*l*<293>
　　 던ː다리(蹇脚)<475>　 뎌다(蹇)<476>　 졀다*l*<392>
　　 밀ː치다(推)<240>　　 밀다<240>　　　 밀다*l*<329>
　　 솔ː질ㅎ다(筆)[4]<429>　 솔<429>　　　 솔*l*<599>
　　 탈ː나다(頉出)<509>　　 탈<508>　　　 탈*l*<693>
　　 숨ː통(命筩)<437>　　 숨(息)<437>　　 숨*l*<608>
　　 종ː놈(男奴)<576>　　 종(奴)<576>　　 종*l*<779>

‘ᅱ’에는 OUÏ처럼 ‘ㅣ’에 장음을 표기하고 있음에 반하여 ‘ᅬ’에는 ÕI처럼 ‘ㅗ’에 장음을 표기하고 있다. 이 사실은 ‘ᅱ’의 음절주음이 ‘ㅣ’로 파악된 반면, ‘ᅬ’의 음절주음은 ‘ㅗ’로 파악되었음을 보여 주는 것이다. 왜냐하면 기타의 이중모음, 예컨대 ‘ㅔ’에는 ĒI, ‘ㅐ’에는 ĀI, ‘ᅴ’에는 ĒŪI, ‘ᅯ’에는 OUĒ, ‘ᅪ’에는 OĀ, ‘ᅨ’에는 YĒI, ‘ᅫ’에는 OĀI처럼 장음표기가 한결같이 음절주음에만 나타나 있기 때문이다.

한편, 위의 표에는 ‘ㅡ(EU)’나 ‘ㅜ(OU)’에 대한 장음표기가 편의상 ĒŪ, ŌŪ처럼 표시되어 있으나 원문에는 EU나 OU 양쪽 문자 위쪽 전체에 걸치는 하나의 긴 線分(ˉ)으로 표시되어 있다.

3) 현대국어에서의 장음은 제1음절에서만 변별적인 기능을 가진다. 그러나 『韓佛字典』의 장음표기가 현대국어와 어떠한 관계를 가지는가에 대해서는 차후의 과제로 남겨둘 수밖에 없다.

| | 반신반의(半信半疑)<300> | 반신반의ᄒ다<384> |
| | 비:비:유지(比比有之)<327> | 비비ᄒ다(比比)<320> | 비비ᄒ다<422> |

『韓佛字典』의 (1)a로 미루어 볼 때, (1)b의 실례들도 당연히 장음표기를 가져야 할 것들이다. 『韓英字典』을 통하여 그 사실을 확인할 수 있다. 『韓佛字典』은 우선 동사의 어간말자음 'ㄹ'을 표기한 형태와 표기하지 않은 형태[5] 두 가지를 함께 보여 주는 경우가 많은데 양자 간에는 원칙적으로 장음표기가 일치한다. 이 점에 있어서는 『韓英字典』도 마찬가지인데 (1)c에 그 실례를 함께 제시해 둔다(단, 여기에 나타나는 s는 short임).

(2) a. 얼:다(凍)<24>　　b. 어:다<24>　　　c. 얼다*l*<36>/어다*l*<37>
　　　열:다(開)<30>　　　 여:다<30>　　　　 열다*l*<47>/여다*l*<48>
　　　헐:다(毁)<91>　　　 허:다<90>　　　　 헐다*l*<136>/허다*l*<137>
　　　걸:다(掛)<148>　　　거:다<149>　　　　걸다*l* and *s*<212>
　　　　　　　　　　　　　　　　　　　　　　/거다*l*<214>
　　　길:다(永)<175>　　　기:다<175>　　　　길다*l*<248>/기다*l*<249>
　　　빌:다(祈)<328>　　　비:다<328>　　　　빌다*l*<425>/비다*l*<423>
　　　알:다(知)<10>　　　 안:다<6>　　　　　알다*l*<13>/아다*l*<15>

(3) a. 벌:다(張)<317>　 b. 버다<318>　　　 c. 벌다*l*<409>
　　　불:다(吹)<346>　　　부다<348>　　　　 불다*l*<451>/부다*l*<454>
　　　몰다(驅)<247>　　　 모:다<247>　　　　 몰다*l*<338>/모다*l*<338>
　　　놀다(遊)<290>　　　 노:다<291>　　　　 놀다*l*<377>/노다*l*<377>

(4) a. 갈:다(耕)<135>　 b. ――――――　　 c. 갈다(畊)*s*<194>
　　　――――――　　　　머:다(盲)<232>　　 멀다*l*<319>/머다*l*<319>

(5) a. 울다(哭)<69>　　 b. 우다<69>　　　　c. 울다*l*<108>/우다*l*<109>
　　　밀다(推)<247>　　　 미다<247>　　　　 밀다*l*<329>/미다*l*<331>
　　　살다(居)<378>　　　 사다<378>　　　　 살다*l*<524>/사다*l*<526>
　　　돌다(旋)<495>　　　 도다<496>　　　　 돌다*l*<679>/도다*l*<681>

---

4) '솔질ᄒ다'의 의미표시를 나타내는 '筲'(종다래끼)은 어쩌면 '省'이나 그 異形字인 '旹'의 착오가 아닐까 여겨진다. 이처럼 『韓佛字典』의 원문에 쓰인 한자가 착오로 의심되더라도 앞으로는 일일이 거론하지 않을 것이다.

5) 'ㄹ'을 어간말음으로 하는 동사의 기본형이 'ㄹ'표기를 갖지 않는 방식은 특히 근대국어 이래의 전통적 표기법의 하나였다. 그러한 실례를 한 두가지의 辭書類로 검증해 보면 다음과 같다.
　　『譯語類解』(1690)=ᄀ므다(旱)〈上2r〉 므다(咬)〈上54r〉 두다(甜)〈上53r〉 ᄑ다(賣)〈上68v〉 염그다(實子)〈下9v〉 아다(知)〈下45r〉 모디다(惡)〈下47r〉
　　『方言集釋』(1778)=ᄲᆯ다(吸)〈II2r〉 우다(泣)〈II3r〉 부다(吹)〈II9v〉 드다(擧)〈II12v〉 여다(開)〈II19v〉 ᄀᄂ다(細)〈II28r〉 ᄑ다(賣)〈III20r〉 마다(耕)〈III23r〉 ᄀ다(碾)〈III24v〉

장음표기를 이렇게 재정리해 놓고 보면 (3)a의 '몰다, 놀다'와 (3)b의 '버다, 부다'의 어간은 다같이 장음을 가진 형태소였으리라고 쉽게 추리할 수 있다. 『韓英字典』의 장음표기가 그러한 추리를 뒷받침해 준다. (4)의 '갈다(耕)'는 두 문헌의 장음파악이 서로 다르나, 15세기에는 그 어간이 上聲이었을 뿐 아니라, 현대국어에도 장음으로 나타나기 때문에 『韓英字典』쪽이 잘못된 것으로 보인다. (5)의 경우『韓佛字典』은 (5)a, (5)b 어느 쪽도 장음표기를 보여주지 않으나『韓英字典』을 감안할 때, 『韓佛字典』쪽이 잘못된 것으로 판단된다. 뿐만 아니라 (2), (3)으로 미루어 볼 때 (5)a, (5)b 모두가 장음을 결여하고 있다는 사실은 잘못이 아니라면 설명되지 않기 때문이다.

한편 'ㄹ'을 어간말음으로 하는 동사가 관형사형으로 쓰일 때에는 (6)b처럼 장음을 유지하는 것으로 나타난다.

(6) a. 길:다(長)<175>   b. 긴:병(長病)<173>
     얼:다(凍)<24>   언:비지셩이<20>

그럼에도 불구하고 표제어에 잇대어 제시된 활용형으로서의 관형사형에는 장음표기가 나타나지 않는다.[6]

(7) 알다(知)   āl-ta, al-a,   an<10>
     얼다(凍)   ēl-ta, el-e,   en<24>
     열다(開)   yēl-ta, yel-e,   yen<30>
     헐다(毀)   hēl-ta, hel-e,   hen<91>
     갈다(耕)   kāl-ta, kal-e ou kal-a,   kan<135>
     걸다(掛)   kēl-ta, kel-e,   ken<148>
     길다(永)   kīl-ta, kil-e,   kin<175>
     머다(盲)   mē-ta, me-re,   men<232>
     모다(驅)   mō-ta, mo-ra(ou-re),   mon<247>
     노다(遊)   nō-ta, no-ra,   non<291>
     물다(嚙)   mōūl-ta, moul-e,   moun<258>
     빌다(祈)   pīl-ta, pil-e,   pin<328>
     뵈다(密)   pōi-ta, poi-ye,   poin<330>
     불다(吹)   pōūl-ta, poul-e,   poun<346>

---

6) 원문의 로마자 전사는 대문자체로 이루어져 있으나 여기에는 편의상 소문자로 옮겨둔다.

이때의 관형사형이 장음을 가졌으리라는 추정은 이미 앞에 제시된 바 있는 '긴:병(長病), 언:비지썽이, 뎐:다리(蹇脚)'와 같은 실례로 보아 거의 확실한 것이다.

이렇게 볼 때 『韓佛字典』의 장음표기는 제1음절에서 조차 그 신빙성이 희박함을 보여준다. 따라서 『韓佛字典』의 장음표기는 체계성을 결하고 있으며, 개별적, 산발적 성격을 지니고 있는 셈이다.

한편 『韓佛字典』은 제2음절 이하에도 장음표기를 보여주는데, 그 빈도는 제1음절에 비교될 수 없을 만큼 약하다. 여기에 속하는 형태소들은 원칙적으로 한자어이며, 부분적으로 의태어와 같은 상징어도 포함되어 있다. 우선 그 윤곽을 유형별로 정리해 보면 다음과 같다.

(8) a. 제1, 제2음절이 長音形일 경우
      의:숑:ᄒ다(議訟)<32>   옴:죵:(疥瘇)<54>
      혼:돈:ᄒ다(混沌)<111>   가:어:ᄉ(假御史)<119>
      감:동:ᄒ다(感動)<126>   간:담:(肝膽)<128>
      능:늠:ᄒ다(凜凜)<281>   번:번:이(番番)<315>
      헐:헐:ᄒ다<90>   곰:곰:싱각ᄒ다<187>
      봉:귀:다<334>

(8) b. 제1, 제3음절이 長音形일 경우
      여:ᄎ여:ᄎᄒ다(如此如此)<31> 호:의호:식ᄒ다(好衣好食)<106>
      가:젼가:후(駕前駕後)<137>   반:죠반:미(半租半米)<301>
      샹:지샹:(上之上)<384>

(8) c. 제2음절이 長音形일 경우
      은춍:(恩寵)<35>   일춍:(一寵)<46>
      인임:ᄒ다(因任)<39>   외임:(外任)<50>
      인셩:(人性)<40>   이풍:역쇽(移風易俗)<42>
      요샤:스럽다(妖邪)<61>   험준:ᄒ다(險峻)<89>
      화쟝:(火葬)<105>   입김:(口氣)<41>
      일삼:다<45>

(8) d. 제3음절이 長音形일 경우
      욕교반:졸ᄒ다(欲巧返拙)<59> 요두뎐:목ᄒ다(搖頭轉目)<61>
      협챵외:입(挾娼外入)<95>

(8) e. 제4음절이 長音形일 경우
      일분부거:힝(一分付擧行)<44>

제2음절 이하에 나타나는 장음표기는 원칙적으로 제1음절에 쓰일 때 장음을 갖는 형태소들인데, 이들의 대부분은 한자형태소들이다. 그러므로 제1음절에 출현할 때 장음을 가지는 한자형태소들은 제2음절 이하에 출현할 때에도 장음을 가질 수 있겠지만, 실제로 그 표기가 나타나는 경우는 극히 부분적일 것으로 보인다. 이것은 당시의 장음이 제2음절 이하에서는 구별하기 어려운 존재였음을 보여주는 사실로 이해된다. 동일한 형태소가 다음과 같은 차이를 보이는 점이 그 증거가 될 수 있을 것이다.

(9) a. 은총:(恩寵)<35>　　　　　　b. 실총ㅎ다(失寵)<424>
　　　왕손:(王孫)<49>　　　　　　　　外손(外孫)<51>
　　　인간:(印簡)<39>　　　　　　　　외간(外簡)<50>
　　　외임:(外任)<50>　　　　　　　　방임(放任)<301>
　　　이죵:매(姨從妹)<47>　　　　　　이죵(姨從)<47>
　　　곰:곰:싱각ㅎ다<187>　　　　　　웃:웃ㅎ다<212>
　　　늠:늠:ㅎ다(凜凜)<281>　　　　　무:무ㅎ다(貿貿)<252>
　　　비:비:유지(比比有之)<327>　　　샹:샹년(上上年)<382>
　　　번:번:이(番番)<315>　　　　　　영:영(永永)<29>

이러한 실례들은 장음을 가질 수 있는 한자형태소들일지라도 제2음절에 나타날 때에는 그 장음의 존재가 뚜렷하게 파악될 수 없는 것이었음을 보여준다. 이와 같은 현상은 결국 형태소의 결합과 관계가 깊은 것인데, 형태소결합 시의 장음표기는 더욱 잡다하게 나타난다.

먼저 한자 형태소의 결합을 검토해 보면 대부분의 한자는 제1음절 위치에 놓일 때 장음을 가질 수 있는 한자와 가질 수 없는 한자로 일단 구별된다. 가령 '暗, 眼, 仰, 野, 夜, 養, 御, 語, 永, 冤, 願, 運, 向, 現, 火, 換, 會, 渾, 混, 訓, 假, 感, 請, 去, 巨, 近, 廣, 故, 困, 貴, 舊, 望, 間……'과 같은 한자형태소가 제1음절 위치에 나타날 때에는 장음을 가지는 경우가 월등하게 많으나 '饒, 原, 遺, 油, 花, 還, 戱, 欽, 興, 胡, 豪, 昏, 家, 乞, 慶, 驚, 錦, 金, 勤, 果, 科, 貫, 悰, 古, 空, 告, 校, 救, 忘, 面, 命, 未, 蒙, 無, 貿 門, 懶……'와 같은 한자형태소가 제1음절 위치에 나타날 때에는 장음을 가지지 않는 경우가 대부분이다. 그러나 '義, 應, 外, 五, 遠, 右, 下, 顯, 火, 喜, 好, 可, 間, 簡, 降, 擧, 敬, 禁, 過, 貢, 勸, 歸, 馬, 免, 冒, 武……'와 같은 일련의 한자형태소가 제1음절에 쓰일 때에는 장음을 가지는 경우와 안 가지는 경우가 거의 비슷한 비율을 보이고 있다. 몇 가지만 실례를 보이면 다음과 같다.

(10) a. 義

　　　의:형(義兄)<31>　　　　　　　의인(義人)<31>

　　　의:긔(義氣)<32>　　　　　　　의ᄒ다(義)<31>

　　　의:병장(義兵將)<32>　　　　　의리(義理)<32>

　　　의:부(義夫)<32>　　　　　　　의롭다(義)<32>

　　　의:로(義怒)<32>　　　　　　　의덕(義德)<33>

　　　의:적(義賊)<33>　　　　　　　의ᄌ(義子)<33>

　　　　　　　　　　　　　　　　　의절ᄒ다(義絶)<33>

(10) b. 應

　　　응:ᄒ다(應)<35>　　　　　　　응역ᄒ다(應役)<35>

　　　응:험(應驗)<35>　　　　　　　응구졉딕(應口唶待)<36>

　　　응:긔ᄒ다(應起)<35>　　　　　응포ᄒ다(應砲)<36>

　　　응:교(應校)<36>　　　　　　　응당이(應當)<36>

　　　응:구ᄒ다(應口)<36>　　　　　응뎐ᄒ다(應戰)<36>

　　　응:군(鷹軍)<36>　　　　　　　응뎐ᄒ다(應傳)<36>

　　　응:낙ᄒ다(應諾)<36>

　　　응:답(應答)<36>

　　　응:딕ᄒ다(應待)<36>

(10) c. 遠

　　　원:노(遠路)<62>　　　　　　　원힝(遠行)<62>

　　　원:족(遠族)<63>　　　　　　　원비(遠配)<62>

　　　원:찬(遠竄)<63>　　　　　　　원빅(遠白)<62>

　　　원:졉ᄉ(遠接使)<63>　　　　　원산(遠山)<62>

　　　　　　　　　　　　　　　　　원시ᄒ다(遠視)<62>

　　　　　　　　　　　　　　　　　원지(遠知)<63>

　　　　　　　　　　　　　　　　　원척(遠戚)<63>

　이 중 '의인, 의리, 의롭다, 의자, 의절, 응역, 응구졉딕, 응포, 응당, 원힝, 원비, 원산, 원시'는 『韓英字典』에 장음으로 나타난다. 이와 같은 사실로 보아 『韓佛字典』의 형태소결합에 대한 장음표기에는 불명확한 요소가 많이 내포되어 있음을 알 수 있다. 실제로 동일한 어휘의 장음표기에서도 '원:노(遠路)〈62〉/원로(遠路)〈62〉'와 같은 차이가 발견되기 때문이다. 이러한 차이는 또한 고유어의 형태소 결합에 대한 장음표기에도 나타난다.

(11) a. 암:내<4>　　　　　　　b. 암(牝)<4>

　　　암:내나다<4>　　　　　　　　암양(牝羊)<4>

	암내나다<4>
	암내시다<4>
	암소(牝牛)<5>
	암쇠(牝鐵)<5>
	암수찌다<5>
	암돌<5>
	암돌져귀<5>
	암창내다<5>
알:말(卵蒴)<9>	알<8>
	알낫타<9>
	알슬다<9>
얼:쓰다<24>	얼쑥이<24>
엇:지(豈)<25>	엇지ㅎ다<25>
엇:지ㅎ야<25>	
왕퉁이(露蜂)<49>	왕얽이<48>
	왕거미<48>
	왕겨<48>
	왕골<48>
	왕모릭<49>
	왕눈이<49>
	왕밤<49>
	왕방울<49>
	왕바람불다<49>
옴:(疥瘡)<53>	옴장이<54>
옴:슬이<54>	
옴:죵:(疥瘇)<54>	
한:의바람(北風)<77>	화늬바람<100>
한:숨쉬다<78>	한슘<78>
가:로(橫)<133>	가로획<133>
	가로닷다<133>
굼:벙이(蠐)<206>	굼벙숟(蠐芽)<206>
널:쮜엄(躍板)<275>	널(板)<275>
널:쮜다(躍板)<275>	널빈지(板壁)<275>
널:툿<275>	널판<275>
너:삼(苦蔘)<275>	널다리<275>
	널대문<275>

빕:쓰다<327>   빕써보다(橫視)<327>
설:<406>   셜지내다(過歲)<407>
숨:쉴덧(如呼吸)<437>   숨<437>
숨:쉬다<437>   숨고다(息絶)<437>
숨:드리쉬다<437>   숨막히다<437>
숨:드리긋다<437>   숨막다<437>
숨:통<437>   숨지다<437>
숨:차다<437>
돌:(石)<493>   돌웃(石衣)<494>
                                돌함(石函)<495>
                                돌확(石臼)<495>
                                돌기둥(石柱)<495>
                                돌미(石磨)<495>
                                돌비(山梨)<495>
                                돌비(石碑)<495>
                                돌비늘(雲母)<495>
                                돌팔매(擲石)<495>
                                돌팟(石豆)<495>
                                돌탑(石塔)<495>
                                돌담(石墻)<495>
                                돌지악(瓦礫)<495>
담:빅(南草)<495>   담빅간<454>
                                담빅대<454>

　　이처럼 대부분의 형태소결합이 장음표기에 혼란을 보이고 있으나 '얼:다(凍), 밤:(栗), 섬:
(島), 김:(氣), 밀:(蠟), 군:(空), 깁:(羅), 괴:(猫)'와 같은 형태소들은 타형태소에 선행되어 복합어
를 형성할 때에도 장음이 예외 없이 유지되고 있다.

　　(12)　어:녹이(凍解)<20>　얼:부푸다<24>　언:비지썽이<20>
　　　　　밤:늦(栗花)<298>　밤:나무<298>　밤:밥<298>
　　　　　밤:송이<298>
　　　　　섬:놈<398>　섬:즁(島中)<398>
　　　　　김:나다(出氣)<173>[7]
　　　　　밀:초(蠟燭)<240>　밀:기름(蠟油)<240>　미:지(蠟紙)<242>
　　　　　군:것질<206>　군:소릭<207>　군:들(閏月)<207>

깁:체(羅篩)<174> 깁:두리(蠶絲網)<174>
괴:머리(猫首)<183>

　대략 이상과 같은 결과를 종합해 볼 때,『韓佛字典』의 장음표기는 적지 않은 불확실성을
내포하고 있다고 볼 수 있다. 제1음절의 장음표기조차 그 정밀성을 보장받기 어렵게 되어있
기 때문이다. 그러나 일반적으로 사전이란 어차피 불완전하게 정리된 어휘(형태소)의 목록이
라는 한계를 벗어나지 못한다. 이러한 성격을 지닌 사전만을 통하여 그 시대의 장음을 지배
한 역동적 음운현상을 밝혀내기에는 여러 가지 난관이 따른다. 그렇다고 하더라도『韓佛字
典』의 장음표기가 무의미한 것은 아니다.『韓佛字典』의 장음표기는 적어도 몇 가지 중요한
음운론적 사실을 확인할 수 있게 해주기 때문이다.

3. 單母音과 長母音의 對立

　『韓佛字典』과 거의 동시에 편찬되어 1년 늦게 간행된 바 있는『韓語文典』은 그 서론에서
국어의 모음에 장단의 대립이 존재함을 명확히 지적하고 있다. 最小對立을 실례로 삼아 長
短의 대립을 설명하고 있어, 그 내용은 간략하나 正鵠을 얻은 것이다. 예시된 장단의 대립을
정리해 보면 다음과 같다.[8]

　　　(13) a. 간 kĀn, *foie*　　　　　　　　　b. 간 kAn (numéral des chambres)
　　　　　　　　밤 pĀm, *châtaigne.*　　　　　　　　밤 pAm, *nuit*
　　　　　　　　밤밥 pĀm-pap, *riz dans lequel on a*
　　　　　　　　　　　　fait cuire des châtaignes
　　　　　　　　벌 pĒl, *abeille*　　　　　　　　　벌 pEl, *punition*
　　　　　　　　벗 pĒt, *ami*　　　　　　　　　　벗 pEt, espèce *de cerise*

---

7) 후술하겠지만 제1음절 위치에 나타날 때 장음을 가질 수 있는 單音節 형태소일지라도 그것이 타형태소에 後接
　되어 복합어 또는 합성어를 형성할 때에는 그 장음 역시 소멸되는 것이 보통이다. 그러나 '김:(氣)'만은 제2음절
　위치에 나타날 때에도 장음표기를 보여준다. '입김:(口氣)〈41〉'. 비슷한 성격은 '삼:다(爲)'에도 나타난다. '일삼:다
　〈45〉'. 그러나 이때의 장음표기는 신빙성이 희박한 것이다. 각주 12) 참조.
8)『韓語文典』서론 XVIII.

집 tjīm (espèce d'oiseau fabuleux)　집 tjim, *une charge d'homme*
고목 kō-mok, *vieil arbre*　고목 ko-mok, (expression du style épistolaire)

무과 mōū-koa, *concours pour le tir de l'arc*　무화과 mou-hoa-koa (le fruit sans fleur), *le figiuer*

비록 單母音 다섯 가지 사례를 제시하는 데 그쳤으나 이를 통해서 당시 국어의 모음에 적어도 /a~ā, ə~ə̄, i~ī, o~ō, u~ū/와 같은 장단의 대립이 존재했음을 인식하기에는 부족함이 거의 없는 것이었다. 다만 『韓語文典』은 이러한 모음의 장단을 구별할 수 있는 규칙을 찾아내기는 불가능하며 실제 용법에서 그것을 알게 될 뿐이라고 말하고, 『韓佛字典』에 자주 쓰이는 용법을 표시하였다고 한 후, 그것은 한국어를 이해하는 데에 꼭 필요한 것이라고 한 바 있다.9) 여기서 주목되는 것은 『韓佛字典』의 장음표기가 "자주 쓰이는 하나의 용법"(un usage fréquent)이라는 사실이다. 이미 앞에서 지적한 바 있거니와 『韓佛字典』의 장음표기는 완전한 것이 아니었다. "자주 쓰이는 하나의 用法"을 나타내고 있을 뿐이기 때문이다. 그럼에도 불구하고 『韓佛字典』의 장음표기는 전체적으로 19세기 후기국어 單母音에 장단의 대립이 확립되어 있었음을 알려준다.

『韓佛字典』에 의하면 당시에 이미 'ㅣ, ㅔ, ㅐ, ㅟ, ㅚ, ㅡ, ㅓ, ㅏ, ㅗ, ㅖ, ㅕ, ㅑ, ㅠ, ㅛ, ㅒ, ㅝ, ㅘ, ㅢ'와 같은 모음들이 장음을 가질 수 있는 것으로 되어 있다. 다만 『韓佛字典』의 편찬자들은 'ㅔ, ㅐ, ㅟ, ㅚ'와 같은 모음을 모두 이중모음으로 간주하고 있기 때문에, 이들 모음이 장음을 가질 때에는 기타의 이중모음인 'ㅖ, ㅕ, ㅑ, ㅠ, ㅛ, ㅒ, ㅝ, ㅘ, ㅢ'의 경우처럼 音節主音에만 장음표기가 베풀어져 있다. 그 전반적인 내용에 대해서는 이미 앞에서 정리한 바 있다. 그런데 19세기 후기국어의 'ㅔ, ㅐ'는 음운사적으로 각기 əy → e, ay → ɛ와 같은 과정을 통하여 단모음화한 것이므로 『韓佛字典』에 ĒI, ĀI로 표기된 장모음 'ㅔ, ㅐ'는 각기 단모음화한 e, ɛ의 장음 ē, ɛ̄였다고 볼 수밖에 없다. 『韓佛字典』이 'ㅔ, ㅐ' 등을 이중모음으로 인식한 것은 단순히 그 문자구성을 기계적으로 해석한 결과였으므로, 이를 그대로 받아들여 'ㅔ, ㅐ'가 이중모음이었다고 믿기는 어렵기 때문이다. 이에 대하여 19세

---

9) 『韓語文典』 서론 XVIII.
　Ces voyelle, qu'elles soient longues ou bréves, s'écrivent de la même manière; il est impossible de donner des règles pour les distinguer; l'usage seul peut les faire connaître. Dans le *Dictionnaire coréen-français*, on indique celles qui sont d'un usage fréquent, et qu'il est nécessaire de savoir pour comprendre le langage.

기 후기국어의 'ᅱ, ᅬ'는 아직 단모음화에 이르렀다는 확증이 없다. 그러므로 그것이 비록 'ᅱ, ᅬ'의 경우처럼 기계적으로 해석된 결과였을지라도 『韓佛字典』이 'ᅦ, ᅢ'를 이중모음으로 인식한 태도에 근본적인 잘못은 없다고 할 수 있다. 다만 『韓佛字典』이 'ᅱ, ᅬ'의 音節主音을 다르게 인식하고 있었다는 점만은 주목할 필요가 있다. 前述한 바 있거니와 'ᅱ, ᅬ'의 장음표기 방식이 각기 OUĪ, ŌI였다는 사실은 『韓佛字典』이 'ᅱ, ᅬ'의 성격을 서로 다르게 인식했다는 증거가 될 수 있기 때문이다.

(14) a. ᅱ
　　　귀신(鬼神) kouī-sin<202>
　　　귀화ᄒ다(歸化)
　　　kouī-hoa-ha-ta<201>
　　　귀골(貴骨) kouī-kol<201>

b. ᅬ
　　　외(芪) ōi<50>
　　　회쟝(會長) hōi-tjyang<108>
　　　괴싀영(酸草) kōi-seul-yeng<184>

다시 말해서 『韓佛字典』의 분석을 그대로 따른다면 'ᅱ'의 音節主音은 그 구성성분의 뒷부분인 'ㅣ'가 되며, 'ᅬ'의 音節主音은 그 구성성분의 앞부분인 'ㅗ'가 된다고 볼 수 있다. 결국 'ᅱ'가 SV와 같은 구조를 가진 이중모음으로 분석된 반면, 'ᅬ'는 VS와 같은 구조를 가진 이중모음으로 분석된 셈이다. 이에 따라 『韓佛字典』의 이중모음에 나타나는 장음표기를 音節主音별로 분류해 보면 다음과 같은 결과가 될 것이다.

음절주음			ī	ē	ɛ̄	ɨ̄	ə̄	ā	ū	ō
단 모 음			ㅣ	ㅔ	ㅐ	ㅡ	ㅓ	ㅏ	ㅜ	ㅗ
이중모음	구개성	on-glide		ㅖ			ㅕ	ㅑ	ㅠ	ㅛ
		off-glide				ㅢ				
	원순성	on-glide	ᅱ		ᅫ		ᅯ	ᅪ		
		off-glide								ᅬ

이들 모음 중 'ᅱ'와 'ᅫ'를 제외한 모든 단모음과 이중모음은 최소대립의 짝에 의한 장단의 대립을 보여준다. 우선 그 윤곽을 정리해 보기로 한다.

(15) a.　i와 ī의 대립
　　　김(除草)(海苔)<173>　　　　　김:(氣臭)<173>
　　　김나다(生草)<173>　　　　　　김:나다(出氣)<173>

깁다(深)<174>　　　　　　　　　깁:다(補)<174>
깁두리(深處)<174>　　　　　　　깁:두리(蠶絲網)<174>
밀(麥)<239>　　　　　　　　　　밀:(蠟)<239>
시변(時變)<421>　　　　　　　　시:변(市邊)<421>
시사(矢射)<424>　　　　　　　　시:사(時祀)<424>

(15) b.　e와 ē의 대립
게(你, 彼處)<141>　　　　　　　게:(蟹)<141>
제ᄒ다(祭)<543>　　　　　　　　제:ᄒ다(除)<543>

(15) c.　ɛ와 ɛ̄의 대립
개(浦, 箇)<120>　　　　　　　　개:(犬)<120>

(15) d.　ɨ와 ɨ̄의 대립
금물(金水)<166>　　　　　　　　금:물(禁物)<166>
금셕(今夕)<166>　　　　　　　　금:셕(金石)<166>
근ᄉᄒ다(覲仕)<169>　　　　　　근:ᄉᄒ다(近似, 勤仕)<169>
근쳐(根處)<169>　　　　　　　　근:쳐(近處)<169>
의형(宜形)<31>　　　　　　　　의:형(義兄)<31>

(15) e.　ə와 ə̄의 대립
억울ᄒ다(抑鬱)<18>　　　　　　　어:굴ᄒ다(語屈)<18>
엄토ᄒ다(掩髱)<20>　　　　　　　엄:토ᄒ다(掩土)<20>
업다(負, 覆)<22>　　　　　　　　업:다(無)<22>
얼다(도취하다)<24>　　　　　　　얼:다(凍)<24>
엇다(不足하다)<25>　　　　　　　엇:다(得)<25>
걸다(沃)<148>　　　　　　　　　걸:다(掛)<148>
거ᄉ(居士)<148>　　　　　　　　거:ᄉ(巨事)<148>
거셩(去聲)<148>　　　　　　　　거:셩(巨聲)<148>
머다(碎, 遠)<232>　　　　　　　머:다(盲)<232>
범샹ᄒ다(凡常)<314>　　　　　　범:샹ᄒ다(犯上)<314>
범슈ᄒ다(犯數)<314>　　　　　　범:슈ᄒ다(犯手)<314>
벌(罰, 件)<316>　　　　　　　　벌:(蜂)<316>
벌다(돈을 벌다)<317>　　　　　　벌:다(張)<317>
열다(結實)<30>　　　　　　　　열:다(開)<30>
형연ᄒ다(形然)<93>　　　　　　　형:연ᄒ다(逈然)<93>
면욕ᄒ다(免辱)<233>　　　　　　면:욕ᄒ다(面辱)<233>
념ᄒ다(念)<277>　　　　　　　　념:ᄒ다(殮)<277>
념쥬(念珠)<277>　　　　　　　　념:쥬(척추뼈, 목뒤뼈)<277>
병마(兵馬)<321>　　　　　　　　병:마(病馬)<321>

병세(兵勢)<322>　　　　　　　　병:세(病勢)<322>

병통(兵統)<322>　　　　　　　　병:통(病痛)<322>

셤(階, 蟾, 石)<398>　　　　　　셤:(島)<398>

션인(仙人, 船人)<398>　　　　션:인(善人)<398>

셩언(成言)<401>　　　　　　　셩:언(聖言)<401>

뎜(點)<474>　　　　　　　　　　뎜:(店, 占)<474>

뎐(殿)<474>　　　　　　　　　　뎐:(廛, 氈)<474>

젼쥬(前主)<548>　　　　　　　젼:쥬(錢主)<548>

쳐ᄌ(妻子)<600>　　　　　　　쳐:ᄌ(處子)<600>

원의(原衣)<62>　　　　　　　　원:의(願意)<62>

원문(轅門)<62>　　　　　　　　원:문(原文)<62>

원삼(藥名)<62>　　　　　　　　원:삼(服飾의 일종)<62>

(15) f.　a와 ā의 대립

암(牝)<4>　　　　　　　　　　　암:(暗)<4>

안다(抱)<6>　　　　　　　　　　안:다(知)<6>

앗다(곡식껍질을 벗기다)<10>　　앗:다(奪)<10>

한ㅎ다(恨)<77>　　　　　　　　한:ㅎ다(限)<77>

한증(寒症)<78>　　　　　　　　한:증(旱徵)<78>

하등(何等)<81>　　　　　　　　하:등(下等)<81>

가관(소란하다, 문란하다)<122>　가:관(可觀<122>

감(監)<124>　　　　　　　　　　감:(柑)<124>감

가마(머리가마)<124>　　　　　가:마(釜, 轎)<124>

감다(玄, 閉眼)<126>　　　　　감:다(沐浴, 실을 감다)<129>

간(間, 乾)<126>　　　　　　　간:(肝)<126>

간ㅎ다(乾)<127>　　　　　　　간:ㅎ다(諫)<127>

강혼(强婚)<129>　　　　　　　강:혼(降婚)<129>

가부(家夫, 家富)<132>　　　　가:부(可否)<132>

갈(蘆, 葛)<132>　　　　　　　갈:(樻)<132>

가로(屑)<133>　　　　　　　　가:로(橫)<133>

갈다(磨, 替)<135>　　　　　　갈:다(耕)<135>

가쥬(家主)<138>　　　　　　　가:쥬(假主)<138>

마샹(魔像)<225>　　　　　　　마:샹(馬上)<225>

마직이(斗落只)<227>　　　　　마:직이(馬直)<227>

난산(難產)<266>　　　　　　　난:산(亂山)<266>

낫다(卑)<269>　　　　　　　　낫:다(勝)<269>

밤(夜)<298>　　　　　　　　　밤:(栗)<298>

반시(盤柿)<300>　　　　　　　　반:시(半時)<300>

발(足)<304>　　　　　　　　　　발:(簾, 跋)<304>

담(墻, 膽)<454>　　　　　　　　담:(甔, 痰)<454>

닷다(走, 閉)<463>　　　　　　　닷:다(捄)<463>

양모(羊毛)<14>　　　　　　　　양:모(養母)<14>

양병ᄒ다(陽病)<14>　　　　　　양:병ᄒ다(養病)<14>

샹년(漢女)<382>　　　　　　　샹:년(上年)<382>

샹법(狀法)<382>　　　　　　　샹:법(上法)<382>

샹ᄉ(常事)<382>　　　　　　　샹:ᄉ(上事)<382>

쟝군(壺, 壯軍)<533>　　　　　쟝:군(將軍)<533>

쟝셜(張設)<534>　　　　　　　쟝:셜(丈雪)<534>

화긔(和氣, 畫器)<100>　　　　화:긔(火氣)<100>

화목(花木)<100>　　　　　　　화:목(火木)<100>

환ᄒ다(換)<100>　　　　　　　환:ᄒ다(煥)<100>

과거ᄒ다(科擧, 過去)<177>　　과:거ᄒ다(寡居)<177>

(15) g.　u와 ū의 대립

우족(右足, 牛足)<70>　　　　　우:족(右族)<70>

우즁(空然)<70>　　　　　　　　우:즁(雨中)<70>

구판(龜板)<209>　　　　　　　구:판(舊板)<209>

굽다(曲)<209>　　　　　　　　굽:다(炙)<209>

구폐ᄒ다(俱弊)<209>　　　　　구:폐ᄒ다(救弊)<209>

굴(石花)<209>　　　　　　　　굴:(窟)<209>

구체(狗彘)<213>　　　　　　　구:체(久滯)<213>

물다(濃, 退, 保人)<258>　　　물:다(囓)<258>

뭇다(粘, 埋)<260>　　　　　　뭇:다(問)<260>

눈(眼)<293>　　　　　　　　　눈:(雪)<293>

불다(羨)<347>　　　　　　　　불:다(招辭, 吹)<347>

부ᄉ(府使)<347>　　　　　　　부:ᄉ(副使)<347>

붓다(浮, 腫, 滋, 居)<349>　　붓:다(注)<349>

유지(遺旨)<74>　　　　　　　유:지(油紙)<74>

슌산ᄒ다(巡山)<442>　　　　　슌:산ᄒ다(順產)<442>

즁역(重疫)<584>　　　　　　　즁:역(重役)<584>

(15) h.　o와 ō의 대립

오경(烏鏡)<52>　　　　　　　오:경(五更)<52>

오리(鴨)<56>　　　　　　　　오:리(五里)<56>

호박(南瓜)<112>　　　　　　호:박(琥珀)<112>

호슈(湖水)<114>	호:슈(虎鬚)<114>
호쥬(戶主)<115>	호:쥬(好酒)<115>
고경(苦境)<185>	고:경(古經)<185>
공물(公物)<189>	공:물(空物)<189>
곱다(曲)<192>	곱:다(姸)<192>
고亽(高士)<194>	고:亽(古事)<194>
모다(衆, 聚)<247>	모:다(驅)<247>
모즈(眸子, 帽子)<248>	모:즈(母子)<248>
모지다(方)<248>	모:지다(猛)
노구(小鼎)<288>	로:구(老狗)<288>
노비(奴婢)<290>	노:비(路費)<290>
보원ᄒ다(報怨)<331>	보:원ᄒ다(補元)<331>
송당(宋唐)<428>	송:당(訟堂)<428>
돈(貂)<487>	돈:(錢)<487>
동명(同名)<489>	동:명(洞名)<489>
동즈(瞳子)<492>	동:즈(童子)<492>
도방(都房)<493>	도:방(道傍)<493>
돌(碁, 梁)<493>	돌:(石)<493>
도로(다시)<494>	도:로(道路)<494>
도쳐(都處)<498>	도:쳐(到處)<498>
용ᄒ다(기술이 좋다)<60>	용:ᄒ다(조용하다)<60>
쇼학(所學)<431>	쇼:학(小學)<431>
죵긔(終期)<576>	죵:긔(瘇氣)<576>
죠샹(祖上)<578>	죠:샹(早霜)<578>
죠亽(下等物)<578>	죠:亽(朝事)<578>
외(獨)<50>	외:(芧)<50>
외양(外樣)<50>	외:양(外洋)<50>
외방(外房)<50>	외:방(外方)<50>
회쟝(回裝)<108>	회:쟝(會長)<108>

　　대략 이상과 같은 실례 중에는 『韓佛字典』의 장음표기 자체가 안고 있는 오류도 포함되어 있을 가능성이 없지 않다. 『韓佛字典』에는 앞에서 본 것처럼 분명한 착오가 산재하고 있는 것으로 생각되기 때문이다. 그러나 이와 같은 오류를 감안하더라도 『韓佛字典』이 보여 주는 이상과 같은 最小對立의 짝들은 당시의 단모음에 다음과 같은 장단의 대립이 실재했음을 가르쳐 준다.

(16)　　　i~ī　　　　ɨ~ɨ̄　　　u~ū

e~ē　　　　ə~ə̄　　　o~ō

ɛ~ɛ̄　　　　a~ā

　이미 앞에서 지적한 대로 『韓語文典』의 서론에는 i/ī, ə/ə̄, a/ā, u/ū, o/ō과 같은 다섯 모음의 장단대립이 파악되어 있다. 『韓佛字典』은 거기에 누락된 세 개의 單母音 e, ɛ, ɨ 에도 장단의 대립이 있었음을 확인시켜 준다. 다만 前部非高位母音인 'ㅔ'와 'ㅐ'의 경우, 최소대립에 의한 장단의 차이를 보이는 사례가 극히 적으나, 이들은 본래 이중모음이었다가 나중에 단모음화한 모음으로서, 그 기능부담량이 매우 적었기 때문일 것이다. 하여튼 'ㅔ, ㅐ'를 위시한 8개의 단모음은 장단의 대립을 가지고 있었음이 앞에 예시된 최소대립의 짝을 통하여 확인된다. 이때의 장모음체계는 그대로 단모음체계에 합치된다. 이 사실은 19세기 후기국어의 단모음에 단모음과 장모음의 대립이 확립되어 있었음을 뒷받침해 주는 것이다.

　그러나 여기에 한 가지 과제가 남아 있다. 그것은 'ㅟ'와 'ㅚ'의 단모음화 여부이다. 장음표기의 측면에서 보는 한, 'ㅟ'와 'ㅚ'는 모두가 이중모음이었을 가능성을 보여 준다. 'ㅜ'나 'ㅡ'의 장음이 ŌŪ, ĒŪ처럼 표기되어 있는 반면, 'ㅟ'나 'ㅚ'의 장음은 OUÏ, ŌI처럼 音節主音에만 표기되어 있기 때문이다. 그런데 한 가지 주목되는 점은 'ㅟ'와 'ㅚ'의 音節主音이 왜 이처럼 다르게 인식되었을까 하는 사실이다. 그것은 분명히 'ㅟ'와 'ㅚ'가 음성적으로 다르게 실현되었음을 보여 주고 있다. 뿐만 아니라 최소대립의 짝으로 보더라도 『韓佛字典』은 'ㅟ'와 'ㅚ'에 차이가 있었음을 보여 준다. 'ㅟ'는 전혀 최소대립의 짝을 보이지 않는 반면, 'ㅚ'는 최소대립의 짝을 보이고 있기 때문이다. 이러한 사실은 'ㅟ'와 'ㅚ'의 單母音化 과정에 차이가 있었음을 보여 주지만, 19세기 후기에 이들의 單母音化 여부는 여전히 알 길이 없어 후일의 과제로 미룰 수밖에 없다.

4. 長音의 出現環境과 變動

　일반적으로 장음의 출현은 많은 언어에서 음절구조와 깊은 관계가 있음을 보여 준다. 이는 곧 장음이 1차적으로는 음운론적 제약을 받는다는 사실로서 주목되는 점이다.[10] 『韓佛字

典』은 장음이 출현할 수 있는 음절구조가, V, VC, SV 또는 VS였음을 보여 준다. 표면적으로는 어떠한 음절구조라도 장음이 나타날 수 있음을 보여주는 셈이다. 다만 VC의 C만은 내면적으로 약간의 제약을 보이고 있다. 이때의 C는 원칙적으로 유성자음 즉, m, n, ŋ, r에 국한되어 있었던 것이다. C가 무성자음 p, t, s일 경우도 없지 않으나, 이러한 음절구조를 가진 형태소들은 원칙적으로 변칙활용 어간이거나[11] 기원적으로 상성을 가졌던 음절들이다.

(17) a. 곱:다(姸)<192>   b.   곱다(曲)<192>
     굽:다(炙)<209>   굽다(曲)<209>
     뭇:다(← 묻다, 問)<260>   뭇다(← 묻다, 粘, 埋)<260>

여기에 보인 최소대립의 짝들은 모음의 장단대립이 변칙활용 어간 대 규칙활용 어간의 차이임을 잘 보여주고 있다.

(18) 깁:(繭)<174>
     엇:다(← 얻다, 得)<25>
     앗:다(奪)<10>

이들은 모두 중세국어에서 상성으로 실현되었던 형태소들이다. 이러한 사실은 장음이 형태소의 음절구조와 관련이 있으나, 거기에는 또한 사적인 요인도 내포되어 있음을 잘 보여 준다.
　한편 19세기 후기국어의 장음 중에는 음절축약에 의한 일종의 보상도 있다. 『韓佛字典』은 그러한 史的 장모음화를 얼마쯤 보여 준다.

(19) a. 갈:보리(秋牟)<134>   b.   가을보리<134>
     게:다(吐)<141>   게우다<141>
     뵈:다(보이다)<330>

특히 '갈:보리'와 '가을보리'는 각기 축약형에 대한 원형을 함께 보이고 있어 '갈:보리'가

---

10) 현대국어의 장음변동은 비음운론적 제약을 받는 경우도 많다. 19세기 후기에도 그러한 제약이 존재했을 가능성이 없지 않으나, 사전 자료만으로는 그러한 제약을 찾아내기가 어렵다. 그러나 부분적으로는 그러한 제약을 찾아볼 수 있다. 복합어나 합성어를 통하여 형태론적 제약을 어느 정도 찾아낼 수 있기 때문이다. 여기에 대해서는 후술이 있을 것이다.

11) 변칙활용 어간의 말자음 p, t, s 등을 음운론적으로 /b/, /d/, /z/로 해석한다면 VC의 C를 제약하는 예외가 하나 줄어든다. 결국 C가 유성자음이어야 한다는 제약에 예외가 되는 것은 기원적으로 상성을 가졌던 음절뿐이다.

축약에 의한 것임을 분명히 보여준다. '게:다'와 '게우다'도 비슷한 관계를 보여 준다. 그러나 이와는 반대로 그 과정을 역으로 보여 주는 사례도 있다.

(20) a. 발:(簾)<304>　　　　　b. 바을<296>

이것은 음절축약에 의한 장모음 생성과정이 표기에 역으로 반영되어 있음을 보여 주는 실례가 되는 셈이다.

이상과 같은 음운론적 제약 이외에도 모음의 장음은 다시 형태론적 제약의 지배를 받아 변동을 일으키기도 한다. 『韓佛字典』은 미흡한 대로 그러한 실례를 약간 보여 주고 있다. 장음을 가진 단음절 형태소가 다른 형태소에 前接하여 복합어를 형성할 때에는 자신의 장음을 상실하지 않으나, 다른 형태소에 後接할 때에는 자신의 장음을 상실하고 만다. 이러한 경향은 특히 前接하는 형태소의 장음유무에 관계없이 나타난다.

(21) a.　前接할 때
　　　　김:(氣臭)<173>　　　　　　김:나다<173>
　　　　깁:(繭)<174>　　　　　　　깁:체(羅篩)<174>
　　　　밀:(蠟)<239>　　　　　　　밀:초(蠟燭)<240>
　　　　얼:다(凍)<24>　　　　　　　얼:부푸다<24>
　　　　걸:다(掛)<148>　　　　　　　걸:새(釘)<148>
　　　　벌:(蜂)<316>　　　　　　　벌:믜돕(蜂結)
　　　　검:다(臬)<144>　　　　　　검:프르다<144>
　　　　범:(虎)<313>　　　　　　　범:아귀<313>
　　　　열:다(開)<30>　　　　　　　열:쇠<30>
　　　　셤:(島)<398>　　　　　　　셤:놈<398>
　　　　갈:(櫃)<132>　　　　　　　갈:물(櫃水)<132>
　　　　감:다(捲)<126>　　　　　　감:도다(盤回)<126>
　　　　밤:(栗)<298>　　　　　　　밤:나무<298>
　　　　담:(氈)<454>　　　　　　　담:뇨(氈褥)<454>
　　　　감:(柑)<124>　　　　　　　감:나무<125>
(21) b.　後接할 때
　　　　머:다(盲)<232>　　　　　　눈머다<293>
　　　　감:(柑)<124>　　　　　　　건감(乾柑)<144>
　　　　뵈:다<330>　　　　　　　　샹뵈다(觀相)<382>
　　　　게:(蟹)<141>　　　　　　　방:게(海蟹)<302>
　　　　숨:(息)<437>　　　　　　　들숨(吸息)<481>

이러한 실례들은 장음을 가진 형태소가 복합어에 참여할 때, 그 위치에 따라 장음변동이 일어날 수 있음을 보여 준다. 형태론적으로 복합어를 형성할 때 後接되는 형태소는 장음을 상실한다는 사실이 그것이다.[12] 다만 마지막 실례인 '숨(息)'에 대하여 『韓佛字典』은 장음표기를 결여하고 있으나 '숨:쉬다, 숨:쉴덧, 숨:드리쉬다, 숨:드리긋다, 숨:통, 숨:차다〈이상 437)'와 같은 복합어에 모두 장음이 나타나는 것으로 보아 '숨' 역시 장음을 가진 형태소였음이 거의 확실하다.

이처럼 복합어를 형성할 때에는 장음의 상실이 後接하는 형태소에만 나타난다. 이 점에 있어서 체언과 용언은 차이를 보이지 않는다. 그러나 장음을 가진 형태소가 다른 형태소에 前接되더라도 그 형태소 결합이 복합어일 때에는 자신의 장음을 상실하고 만다. 다만 이러한 장음 상실은 용언에만 나타날 뿐 체언에는 나타나지 않는다(李秉根1978).[13] 『韓佛字典』은 용언의 파생법과 굴절법에서 장음이 상실되는 경우를 다음과 같이 보여 준다.

(22) a. 派生法에 의한 複合語

감:다(捲)<126>	감치다<126>
숨:다(隱)<437>	숨기다<437>
열:다(開)<30>	열니다<30>
걸:다(掛)<148>	걸니다<147>
알:다(知)<10>	알니다<9>
뵈:다<330>	뵈옵다<330>
빌:다(祈)<328>	비렁이<327>
	비렁방이<327>
길:다(永)<175>	길직ᄒ다<175>

(22) b. 屈折法에 의한 複合語

알:다(知)<10>	아라듯다<9>
	아라치다<9>
	알외다<9>
	알은톄ᄒ다<9>
업:다(無)<22>	썩업시<21>
	업서지다<21>

---

12) 이렇게 볼 때 '입김:(口氣)〈41〉, 일삼:다〈45〉' 등은 예외라기보다 오류가 아닐까 생각된다.

13) 『韓佛字典』은 용언일 경우 표제어에 세 가지의 활용형('-다, -아/-어, -ㄴ')을 곁들이고 있으나 체언에는 곡용형이 곁들여져 있지 않다. 그러나 자음으로 끝나는 체언에는 그 주격형이 '-이'임을 표시하고 있다. 이를 통해서 체언의 곡용에는 장음변동이 일어나지 않았음을 추측할 수 있을 뿐이다.

업시ᄒ다<21>

업수이넉이다<21>

빌:다(祈)<328>　　　　비러먹다<327>

　파생법에 속하는 '길:다(永)'의 명사형 '길이<174>'나 부사형 '기리<174>'에도 장음은 나타나지 않는다. 이러한 결과를 감안한다면 '밀:치다(推)<240>'의 장음표기는 아무래도 착오일 것으로 생각된다.

　그런데 굴절법에 의하여 복합어가 형성될 때라 할지라도 관형사형과 같은 굴절 접미사는 장음의 상실을 유발하지 않는다.

(23)　긴:병(長病)<173>
　　　언:비지썽이<20>
　　　뎐:다리(蹇脚)<475>

　각기 '길:다, 얼:다, 뎔:다'의 관형사형인 '긴:, 언:, 뎐:'에는 이처럼 장음이 그대로 유지되어 있다. 그러므로 복합어에 나타나는 장음변동에도 몇 가지 제약이 작용하고 있음을 짐작할 수 있으나 자료상의 제약으로 이를 정밀화하기는 어렵다고 하겠다. 이상과 같은 사실들은 19세기 후기국어의 장음변동에 형태론적 제약이 뒤따랐음을 보여 준다. 현대국어의 장음변동에 따르는 비음운론적 제약은 최소한 19세기 후기까지 소급될 수 있는 가능성을 보여 주는 사실이 아닐 수 없다.

5. 결 어

　지금까지 검토해 본 『韓佛字典』의 장음 표기가 누누이 지적한 바와 같이 결코 정밀하거나 완벽한 것이라고는 보기 어려우나, 그것이 19세기 후기국어의 장음현실을 어느 정도 반영하고 있는 자료임이 사실인 이상, 그 내용은 앞으로 좀더 분석되어야 할 필요가 있다. 이러한 자료야 말로 당시 중부방언에 나타난 장음현실과 그 음운론적 성격, 그리고 장음변동을 지배한 비음운론적 제약, 나아가 중세국어에 존재했던 성조는 물론 현대국어에 나타나는 장음과의 관계 등을 구명할 수 있게 해 줄 것이기 때문이다.

참고문헌

金完鎭(1971), 音韻現象과 形態論的 制約, 『學術院 論文集』 10.

_____(1972), 形態論的 懸案의 音韻論的 克服을 위하여, 『東亞文化』 11, 서울대 東亞文化 研究所.

南廣祐(1954), 長短音攷(上), 『國語國文學』 12.

_____(1955), 長短音攷(下), 『國語國文學』 13.

_____(1984), 『韓國語의 發音研究』 I / II, 一潮閣.

朴昌海(1963), 국어의 얹침음운에 관한 연구, 『東方學志』 6, 연세대 東方學研究所.

배양서(1971), 한국어 음운론의 논쟁점 몇가지, 『한글학회 50돌 기념논문집』.

宋　敏(1987), 프랑스 宣教師의 韓國語 研究過程, 『教會史研究』 5, 韓國教會史研究所.

李克魯(1932), 조선말의 홀소리, 『한글』 4.

李秉根(1975), 音韻規則과 非音韻論的 制約, 『國語學』 3.

_____(1978), 國語의 長母音化와 報償性, 『國語學』 6.

張泰鎭(1959), 母音長短의 對立에 對하여, 『국어국문학』 22.

田光鉉(1967), 十七世紀國語의 研究, 『國語研究』 19, 서울대 대학원 國語研究會.

出處 〈國民大 語文學研究所(1994. 2.), 『語文學論叢』 13: 29~50.〉

국어사의 시대구분—음운사 방면

1. 서 언

국어사도 엄연한 역사인지라 그 기술에 시대구분이 필요함은 당연한 일이 아닐 수 없다. 실제로 국어사 기술을 위한 시대구분은 그동안 몇몇 학자들에 의하여 구체적으로 시도된 바 있다. 여기서는 먼저 지금까지 공표된 바 있는 시대구분의 내용과 성격을 잠시 살펴본 후, 필자에게 주어진 소주제에 따라 음운사적 측면에서 국어사의 시대구분에 대한 개인적인 의견을 펴보이기로 하겠다.

2. 기왕의 시대구분

국어사 기술에 시대구분이 제시된 것은 적어도 1950년대로 거슬러 올라간다. 그중 몇가지 사례의 내용을 간단히 살펴보면 다음과 같다.

1) 金亨奎(1955), 國語史

여기에는 대략 다음과 같은 방향이 제시되어 있다. 역사에 있어서는 정치사적 관점에서 왕조의 변동이나 지배권의 이동을 중심으로 보아, 신라, 고려, 이조로 나누고 있으나, 국어사를 논할 때에는 그것을 본받을 수 없다. 국어는 정권에 좌우되는 것이 아니요, 문화적 존재로서 쉬지 않고 변하고 있기 때문이다. 이에 표현문자나 언어현상을 가지고 몇 시대로 크게 나누어 보았다. 그런데 우리의 문자나 언어의 역사는 정치적 역사 시대구분과 깊은 연관성이 있다. 그래서 우선 우리글자 훈민정음이 나오기 전후로 크게 나누어, 그 이전을 신라시대와 고려시대로 나누고, 그 이후를 다시 5기로 나누었다. 그 결과를 정리해 보면 아래와 같아진다.

훈민정음 이전: 신라시대
　　　　　　고려시대
훈민정음 이후: 鮮朝초기 ~ 세종 세조
　　　　　　鮮朝중기 ~ 성종이후 임진란까지
　　　　　　鮮朝후기 ~ 임진란이후 경종까지
　　　　　　鮮朝말기 ~ 영조이후 갑오경장까지
　　　　　　현대 ~ 갑오경장이후

이는 다만 표면에 나타난 문자의 기록만을 가지고 본 시대구분이 아니라, 鮮朝의 사회 정치 문화의 변동이 여기에 반영되어 있으며, 우리말의 음성이나 어휘 또는 어법의 변화가 이 시대를 계기로 나타나고 있다.

이로써 金亨奎(1955)에 나타나 있는 시대구분은 언어사와 사회·정치·문화사를 동시에 고려한 결과였음을 알 수 있다. 그런데도 조선시대만은 초기, 중기, 후기, 말기처럼 세분하고 있음이 특징적이다.

그러나 이러한 시대구분은 얼마 후의 金亨奎(1962)에서 다음과 같이 수정되었다.

상대어(신라시대)　　　　　　~ 934
중고어(고려시대)　　　935 ~ 1391
중기어(이조전기)　　　1392 ~ 1591 (이조태조 ~ 임진란)
근대어(이조후기)　　　1592 ~ 1893 (임진란 ~ 갑오경장)
현대어　　　　　　　1894 ~ 　　　(갑오경장 ~)

시대구분 명칭을 왕조식에서 언어식으로 바꾸었으며, 조선시대를 전기와 후기로만 구분한 셈이다. 그러나 이 경우에도 언어사와 사회 정치 문화사를 함께 고려한 점은 이전과 달라지지 않았다.

2) 李基文(1961), 國語史槪說

국어사의 시대구분은 그 대부분이 언어사의 시대구분 방법론을 결하고 있어, 정치사적인 것이 아니면 문화사적인 것이었다. 또한 고어를 세분할 필요가 있을 경우에는 왕조의 이름을 따서 신라어, 고려어, 이조어라 하였으나, 이는 정치사적인 것에 지나지 않는다.

그런데 언어는 점진적으로 계속적으로 진화하는 것이므로, 그 역사를 어느 시점에서 분명히 구획한다는 것은 어려운 일이다. 그러므로 언어사상의 특기할 만한 대사건의 존재는 시대구분에 편의를 제공하며, 이러한 사건을 계기로 시대구분을 행하는 것이 보통이다. 이러한 원칙 하에서 다음과 같은 시대구분이 이루어졌다.

```
고대국어
중세국어 전기: 고려초 ~ 훈민정음 이전
        후기: 훈민정음 편찬 ~ 16세기 말
근대국어 전기: 17세기 초 ~ 18세기 후반(영조시대까지)
        후기: 그 후
(현대국어)
```

이상의 각 시대에는 간략한 언어사적 특징이 제시되어 있다. 중세국어의 특징으로는 음소 z와 β, 어두자음군 및 된소리의 발달을 들고 있으며, 근대국어의 특징으로서는 중세국어의 특징이 모두 없어졌다는 점과 이중모음의 단모음화 등을 들고 있다.

이로써 李基文(1961)에 나타나 있는 시대구분은 언어사를 토대로 하여 이루어진 것임을 알 수 있다. 다만 각 시대의 특징으로 제시된 주요 내용이 음운론적인 항목들이라는 사실로 미루어 볼 때, 위와 같은 시대구분은 일단 음운사적 기준에 상당한 비중이 놓여 있었던 것으로 판단되기도 한다.

3) 崔範勳(1985), 韓國語發達史

정확한 시대구분은 국어변천사를 모두 세밀하게 검토한 후, 총괄적으로 내려야 한다고 본 저자는 이 시대구분 문제에 있어서 독특한 주관을 가지고 있지는 않으나, 고대 또는 상고로 시작되는 시대구분법만은 지양코자 한다면서 다음과 같은 6분기를 제안하고 있다.

형성기한국어: 3국이 정립하기 이전
고대한국어: 3국의 정립 ~ 통일신라까지
중고한국어: 고려 ~ 훈민정음 창제까지
중세한국어: 훈민정음 창제 ~ 임진란까지
근대한국어: 임진란 ~ 갑오경장까지
현대한국어: 갑오경장 이후

이와 같은 시대구분은 기본적으로 언어사 자료에 토대를 두고 있으나, 정치사적 변혁도 배제하지 않고 있음이 주목된다. 저자는 이를 "시대구분 문제에 있어서 정치사적 시대구분을 따르는 것은 무비판적이요, 사관이 없는 소치로만 보려는 의견이 없지 않으나, 정치적 변혁은 사회적 변동을 가져오며, 그 사회적 변동은 결국 언어에도 영향을 줄 것은 당연한 이치"라고 해명하고 있다.

4) 박병채(1989), 국어발달사

국어의 역사적 기술에 있어서 우선 고려되어야 할 것은 왕조사적 시대구분을 과감히 탈피하는 일이다. 언어의 외적인 요인인 왕조의 교체라는 전환점에 기준을 둘 때, 정작 핵심이 되는 언어의 내적 요인에서 오는 변화의 실상이 흐려질 염려가 있기 때문이다. 물론 외적 요인인 왕조의 교체, 정치적 중심지의 이동, 원주민의 이주, 또는 인접 민족과의 접촉 등 정치적, 사회적, 문화적 변동이 언어의 변천과 무관할 수는 없다. 그러나 언어사 기술에서는 그 주체인 언어 내적 요인에 기인하는 변동기를 제1차적 기준으로 삼아 시대를 가르는 것이 보다 합리적이다.

이러한 원칙 밑에서 행해진 시대구분 결과는 다음과 같다.

고대국어 전기(~ 1103): 계림유사 이전
　　　　　후기(1103 ~ 1443): 계림유사 ~ 훈민정음 창제
중기국어(1443 ~ 1598): 훈민정음 창제 ~ 임진왜란 종결
근대국어(1598 ~ 1894): 임진왜란 종결 ~ 갑오경장
현대국어(1894 ~): 갑오경장 이후

이 경우의 시대구분은 분명히 '언어의 내적 요인에 기인하는 변동기'가 기준으로 제시되어 있어, 그 기반이 언어사에서 나왔음을 알려주고 있다.

5) 홍윤표(1994), 근대국어연구(Ⅰ)

이미 행해져 왔던 국어사의 시대구분을 수정할 확실한 대안을 아직 마련하지 못하고 있기 때문에, 일단은 기존의 국어사 시대구분을 수용하도록 한다. 단지 국어사의 시대구분은 인위적인 것이다. 그러나 그 구분은 성실하게 정리된 언어사실대로 한 체계에 의하여 이루어져야 할 것이다. 즉 수많은 개별적 언어사실들에 의해 귀납된 언어체계에 의해서 행해져야 한다. 왜냐하면 언어는 음운체계, 문법체계, 어휘체계, 의미체계가 유기적으로 결합된 체계이며, 언어변화도 개별적으로 일어나는 것이 아니고 체계 전체에서 일어나기 때문이다.

이러한 태도에서 최근에는 언어외적인 면은 배제하고 순수히 국어체계 상의 변화에 의해서만 시대구분이 시도되었다. 그 결과로 국어사를 고대국어, 중세국어, 근대국어, 현대국어로 구분하는 태도가 확정되었는데, 이를 정리해 보이면 다음과 같다.

> 고대국어(~ 9세기 말) (삼국, 통일신라시대)
> 중세국어 전기(10세기 ~ 13세기 말) (고려시대)
>   후기(14세기 ~ 16세기 말)
> 근대국어 전기(17세기 ~ 18세기 중반)
>   후기(18세기 중반 이후 ~ 19세기 말)
> 현대국어 (20세기 초 ~ 현재)

그러나 저자는 이러한 시대구분에 다음과 같은 몇 가지 문제점이 있음을 지적하고 있다. 첫째, 국어사는 한국사의 한 부분임에도 불구하고 한국사의 시대구분을 전혀 고려하지 않았다는 점이다. 둘째, 지금까지 국어사의 시대구분은 주로 음운사 연구를 토대로 한 것이라는 점. 따라서 이 시대구분은 문법사나 어휘사의 측면에서도 그 타당성을 인정받아야 할 필요가 있다. 셋째, 국어사의 시대구분은 주로 중앙어를 중심으로 하여 이루어진 것이라는 점. 따라서 방언사에 따른 시대구분도 고려되어야 할 것이다. 넷째, 현대국어에 대한 인식에 문제가 있다는 점. 실제로 20세기 초의 국어와 20세기 말인 현재의 국어는 상당한 거리가 있으므로, 현대국어도 가능한 한 더 세분할 필요가 있을 것이다. 다섯째, 근대국어는 더 세분할 필요가 있다는 점. 여섯째, 언어사의 시대구분이 과연 언어외적인 면과 관계가 없는가 하는 점. 일곱째, 음운사, 문법사, 어휘사의 측면에서 이루어진 시대구분이 상이한 결과를 보인다면, 어느 요소를 기준으로 하여 국어사의 시대구분을 행할 것인가 하는 문제점.

저자의 말대로 이상과 같은 문제점에 대해서는 당연히 많은 논의가 있어야 하겠지만, 한

두 가지 미심한 점이 없는 것은 아니다. 우선 지금까지의 시대구분은 주로 음운사 연구를 토대로 했다는 두 번째의 지적이다. 그러나 이 지적이 얼마나 타당할지에 대해서는 좀더 면밀히 검토해 볼 필요가 있다. 사실 국어사의 시대구분이 문법사나 어휘사 측면에서 이루어진 적도 물론 없지만, 그렇다고 하여 음운사라는 일방적 측면에서만 이루어진 적이 있는가 하면 그렇지는 않기 때문이다. 그런데도 국어사의 시대구분이 주로 음운사 측면에서 이루어진 것처럼 여겨지는 이유는 그동안 음운사에 대한 연구 성과가 비교적 많이 축적되었기 때문이라고 볼 수 있을 것이다.

다음으로 짚어둘 점은 근대국어를 좀 더 세분해야 할 것이라는 다섯 번째의 지적이다. 이점에 대해서도 약간의 부연설명이 필요하리라 느껴진다. 실상 근대국어를 전기와 후기로 나누어야 한다는 적극적인 견해는 지금까지 거의 없었다고 할 수도 있다. 그러나 소극적으로는 이미 오래전부터 그러한 견해가 공표된 바 있다. 가령 金亨奎(1955)에는 鮮朝시대가 초기, 중기, 후기, 말기로 구분되어 있는데, 이때의 후기와 말기는 결국 근대국어를 양분한 것이나 다름없기 때문이다. 또한 李基文(1961)에서도 실질적으로는 근대국어가 전기와 후기로 구분되어 있어, 근대국어에 대한 하위 양분법은 일찍부터 학계에 대두된 바 있다고 볼 수 있다. 사실 필자도 근대국어에 대해서는 적극적인 양분법의 필요성을 느끼고 있다(宋敏1986). 여기에 대해서는 나중에 구체적으로 논의하게 될 것이다.

국어사의 시대구분 논의는 대략 이상에서 본 바와 같으나, 그밖에도 소극적이나마 시대구분에 대한 태도가 반영되어 있는 업적은 얼마든지 있다. 李崇寧(1954), 劉昌惇(1961, 1964), 許雄 (1965, 1985), 金完鎭(1967), 李喆洙(1984, 1985), 홍종선(1995) 등등이 그러한 사례에 속할 것이다.

3. 음운사와 시대구분

앞에서 잠시 지적한 바 있지만, 지금까지의 시대구분이 주로 음운사 측면에서 이루어진 것처럼 여겨지는 이유는 그동안 문법사나 어휘사보다 음운사에 대한 연구성과가 상대적으로 많았기 때문일 것이다. 그렇기 때문에 국어사의 시대구분은 자연스럽게 음운사 측면으로 이끌렸을 뿐, 처음부터 의도적으로 그렇게 이끌어 간 것은 아니었다고 판단된다.

한마디로 음운사를 시대구분의 기준으로 삼는다 하더라도, 그 절차가 실제로 그렇게 단순할 리 없다. 음운사가 기준이 되기 위해서는 모든 통시적 음운변화나 공시적 음운현상이 낱낱이 해명되어야 할텐데, 하나하나의 음운변화 시기가 속시원히 밝혀지는 경우는 오히려 매우 드물기 때문이다. 가령 15세기의 가장 특징적인 모음음소 'ㆍ'만을 보더라도, 그 비음운화 과정이나 그에 따른 모음추이는 적어도 15세기에서 18세기에 걸쳐 일어났기 때문에, 어느 시점을 시대구분의 기점으로 삼아야 할지는 논자에 따라서 달라질 수도 있다.

특정한 음운변화의 내면적 과정으로서는 설단자음 'ㄷ'부류의 구개음화에도 그 복잡성이 잘 드러난다. 수의적 변이로서의 'ㄷ'구개음화는 적어도 17세기 말엽에는 음성규칙으로 굳어졌으나, 그것이 문법형태소와 어휘형태소 그리고 어두위치와 같은 환경으로 확산되기까지는 여러 단계의 과정을 거쳤으리라고 추정된다. 그 때문에 어느 단계를 시대구분의 기준으로 삼아야 할지 판단을 내리기가 쉽지 않다.

이처럼 어떤 음운변화의 단계나 음운현상에 대한 연대가 선명하게 드러나지 않는 경우는 말할 필요도 없거니와, 일련의 음운변화는 상대연대로밖에 파악되지 않는 경우도 많아 시대구분을 더욱 어렵게 만든다. 사실 엄밀한 의미로 보자면 음운사적 절대연대 추정이란 이상에 그치기가 쉽다. 가령 이중모음 'ㅐ, ㅔ'의 단모음화를 예로 들어 보면, 문자구조에 가려 문헌상으로는 그 시기가 쉽게 파악되지 않는다. 그러나 19세기 후반의 문헌에 움라우트가 널리 나타나는 사실로 미루어 볼 때, 'ㅐ, ㅔ'의 단모음화는 적어도 19세기 중엽 이전에 이루어졌으리라고 추정된다. 다시 말하자면 우리는 'ㅐ, ㅔ'의 단모음화가 움라우트 현상보다 먼저 일어났음을 알 수 있을 뿐, 그 절대연대를 집어내기는 매우 어려운 형편에 처해져 있는 셈이다. 결국 'ㅐ, ㅔ'의 단모음화와 움라우트 현상처럼 그 상대연대 파악만으로 음운사 기술의 목적을 어느 정도 달성할 수는 있으나, 절대연대가 밝혀지지 않는 'ㅐ, ㅔ'의 단모음화와 같은 통시적 변화를 시대구분에 원용하기는 불가능할 수밖에 없는 것이다.

이러한 사정 속에 놓여 있으면서도 지금까지는 파악이 가능한 음운변화의 절대연대나 음운현상의 내용을 근거로 삼아 시대구분이 이루어져 왔다. 따라서 음운사적 측면에서 시대구분이 행해지자면 먼저 모든 음운변화나 음운현상의 시기가 파악되어야 한다. 이에 지금까지 파악된 바 있는 개개의 음운변화나 음운현상을 시기별로 대략 정리해 보면 다음과 같다. 이 내용은 許雄(1965: 449~450), 李基文(1972) 등을 참고해 가며 필자 나름대로 재정리해 본 것이다.

- 10세기 이전: 폐쇄음·폐찰음 부류에 평음과 유기음 두 계열 존재. 유성마찰음 'ㅸ, ㅿ'의 발생. 7모음 체계와 모음조화의 존재.
- 10세기 초 ~ 15세기 초: 된소리 계열의 출현, 유성마찰음 'ㅸ, ㅿ'의 존재. 음절말 자음의 내파화 점차 확대. 이전시기와 같은 7모음체계와 모음조화의 존재.
- 15세기 중엽: 어두의 된소리 계열 존재. 이전시기의 7모음체계가 추이를 일으킨 결과로서의 7모음체계. 순경음 ㅸ의 소멸. 모음 'ㆍ'의 제1단계 비음운화(비어두음절 위치에서)와 그에 따른 모음조화의 붕괴 확산.
- 16세기: 'ㅅ'계 자음군의 된소리화. 'ㅅ'종성의 소멸. 반치음 'ㅿ', 후두유성마찰음 'ㅇ'의 소멸. 성조의 소멸과 음장의 발생.
- 17세기: 'ㅄ'계 자음군의 변이. 설단자음 ㄷ부류의 구개음화 발생. 모음 'ㆍ'의 제2단계 비음운화(어두음절 위치에서) 발생. 순음 아래에서 'ㅡ'의 원순모음화 발생.
- 18세기 중엽: 'ㄷ'부류의 구개음화 및 모음 'ㆍ'의 비음운화 완결에 따른 6모음체계의 존재.
- 19세기: 이중모음 'ㅐ, ㅔ'의 단모음화와 그에 따른 8모음체계의 성립. 움라우트 현상 발생.
- 20세기 이후: 이중모음 'ㅟ, ㅚ'의 부분적 단모음화.

이상과 같은 시기 추정 내용은 어디까지나 주관적 판단에 의한 것일 뿐이어서 정확한 결론이 되기는 물론 어렵다. 자연히 이 결과를 가지고 시대구분의 기준을 삼기는 무리일 수밖에 없다.

우선 위와 같은 음운사적 기준으로는 훈민정음 창제 이전 시기에 대한 시대구분이 막막해질 수밖에 없다. 그뿐만 아니라 훈민정음 창제 이후 시기에 대해서도 저와 같은 기준으로는 이렇다 할 시대구분이 행해지기 어려울 수밖에 없다. 개별적 음운변화나 음운현상으로 시기를 명확히 구분해 내기가 거의 불가능하기 때문이다.

그렇다면 음운사적 측면에서 국어사에 대한 시대구분의 방도는 없는 것일까? 사실은 완벽하지는 못하겠지만 방도가 전혀 없는 것도 아니다. 여기서는 그 방도를 한 가지 찾아보기로 하겠다.

앞에 제시해 본 시대별 음운변화나 음운현상을 다시 한번 잘 살펴보면, 그 가운데는 체계적 음운변화나 자생적 음운변화도 들어 있지만, 대부분은 역시 개별적 음운변화나 결합적 음운변화에 속하는 내용임을 알 수 있다. 그런데 개별적이거나 결합적인 음운변화는 고립적인 것일 때가 많을 뿐만 아니라, 그 시기 또한 분명하지 않을 경우가 많다. 이에 대하여 체계적이거나 자생적인 변화는 그 완결시기가 어느 정도 드러나거나, 아니면 모든 시대에 유기적으로 연결되어 일어나는 경우도 있다. 가령 국어 음운사를 통해 볼 때, 모음체계의 추이와 모음 'ㆍ'의 비음운화에 뒤따르는 모음체계의 변화는 각 시기에 걸쳐 유기적으로 나타나고 있음을 알 수 있다. 따라서 이를 기준으로 삼는다면 국어사의 시대구분을 어느 정도 수행할 수 있으리라는 판단이 성립될 수도 있다.

우선 여기에 동원될 수 있을 만한 체계적, 자생적 음운변화와 그 주변의 음운사적 성과를 다시 한번 간추려 재정리해 보면 다음과 같은 내용이 될 것이다.

· 15세기 이전: 7모음체계와 그에 따른 모음조화의 존재.
· 15세기 중엽: 추이를 일으킨 결과로서의 7모음체계. 모음 'ㆍ'의 제1단계 비음운화와
　　　　　　　그에 따른 모음조화 붕괴의 확산. 순경음 'ㅸ'의 소멸.
· 16세기 말엽: 반치음 'ㅿ', 후두유성마찰음 'ㅇ'의 소멸, 성조의 소멸.
· 18세기 중엽: 모음 'ㆍ'의 비음운화 완결에 따른 6모음체계 성립.
· 19세기 중엽: 이중모음 'ㅐ, ㅔ'의 단모음화와 그에 따른 8모음체계의 성립.
· 20세기 이후: 이중모음 'ㅟ'의 단모음화에 따른 9모음체계, 또는 'ㅚ'까지의 단모음화에
　　　　　　　따른 10모음체계의 성립.

이러한 사실을 주축으로 삼으면서 그밖의 음운사적 사실을 가미한다면, 국어사의 시대구분을 어느 정도까지는 마무리 지을 수 있을 것으로 생각된다. 필자의 시안을 먼저 제시해 보면 다음과 같다.

· 고대국어: 15세기 이전. 모음추이 발생 이전의 7모음체계.
· 중세국어: 15세기 초엽 ~ 16세기 말엽. 모음추이를 거친 7모음체계.
· 근대국어 전기: 17세기 초엽 ~ 18세기 중엽. 모음 'ㆍ'의 비음운화에 따른 6모음체계.
　　　　　　후기: 18세기 중엽 ~ 19세기 말엽. 'ㅐ, ㅔ'의 단모음화에 따른 8모음 체계.
· 현대국어: 이중모음 'ㅟ' 또는 'ㅚ'의 단모음화에 따른 9모음 내지 10모음체계.

이 시안은 지금까지의 시대구분과는 구분되는 몇 가지 특징을 지니고 있다. 첫째, 시대구분의 기준을 하나의 일관된 음운사적 사실인 모음체계의 변화에 두고 있다는 점이다. 둘째, 고대국어의 경우 그 음운사 규명에는 한계가 있으므로 어쩔 수 없지만, 중세국어는 단일시대로 묶었다는 점이다. 그 이유는 적어도 모음체계라는 기준에서 하위구분의 필요성이 느껴지지 않기 때문이다. 반면에 근대국어를 오히려 전기 후기로 구분해 본 것은 모음체계의 차이라는 기준이 적용될 수 있다고 보았기 때문이다. 셋째, 시대구분에 임진란이나 갑오경장과

같은 명확한 시점을 이용하지 않은 점이다. 음운사적 관점에서 그러한 시점 적용에는 무리가 따른다고 보았기 때문이다. 모음체계의 변화가 임진란이나 갑오경장으로 정확히 맺고 끊긴다고는 생각되지 않는다. 따라서 필자는 시대구분을 몇 세기 초엽, 중엽, 말엽식으로 약간 막막히 놓아 두는 것이 오히려 음운사적 사실에 충실한 길이라고 여긴다.

4. 결 어

엉성하나마 이상으로 음운사 측면에서 필자 나름대로 생각해 본 국어사의 시대구분에 대한 시안을 제시한 셈이다. 결국 필자는 모음체계의 변화라는 한가지 일관된 기준을 내세운다면 국어사를 고대국어, 중세국어, 근대국어, 현대국어로 구분할 수 있다고 보았으며, 근대국어만은 또다시 전기와 후기로 나눌 수 있다고 보았다.

그러나 이 시안에 대해서는 앞으로 구체적인 음운사적 사실에 비추어 가며 일일이 다시 검증해야 할 필요성을 느끼고 있다. 다행히 우리의 국어사는 모음체계의 변화라는 하나의 음운사적 사실을 시대구분의 기준으로 동원할 수 있게 해 주지만, 어떤 하나의 음운사적 기준만으로 시대구분이 성립할지도 문제가 될 수 있으며, 그밖의 여러 가지 음운변화나 음운현상이 시대구분에 아무런 가치가 없는지에 대해서도 충분히 검토해야 할 것이기 때문이다.

참고문헌

金亨奎(1955), 『國語史(國語史 及 國語學史)』, 백영사.

_____(1962), 『國語史 研究』, 일조각.

金完鎭(1967), 韓國語 發達史 上 音韻史, 『韓國文化史大系 Ⅴ 言語·文學史』, 고려대 민족문화연구소.

박병채(1989), 『국어발달사』, 세영사.

宋 敏(1986), 『前期近代國語 音韻論 研究』, 탑출판사.

_____(1994), 近代國語의 音韻論的 認識, 『東洋學』 24, 단국대 동양학연구소.

劉昌惇(1961), 『國語變遷史』, 통문관.

_____(1964), 『李朝國語史 研究』, 선명문화사.

李基文(1961), 『國語史概說』, 민중서관.

_____(1972), 『改訂國語史概說』, 민중서관.

李崇寧(1954), 『國語學槪說(上)』, 진문사.

李喆洙(1984), 『韓國語史(上)』, 삼일당.

_____(1985), 『韓國語音韻學』, 인하대 출판부.

崔範勳(1985), 『韓國語發達史』, 통문관.

許 雄(1965), 『國語音韻學(개고신판)』, 정음사.

_____(1985), 『국어음운학─우리말 소리의 오늘, 어제─』, 샘문화사.

홍윤표(1994), 『근대국어연구(Ⅰ)』, 태학사.

홍종선(1995), 국어사의 시대구분(Ⅰ), 『牛山李仁燮敎授 華甲紀念論文集』, 太學社.

出處 〈국어학회(1995. 6.), 『國語學』 25: 307~317.〉

〈태학사(1997. 11.), 국어사연구회, 『國語史 研究』: 347-360(재록).〉

〈태학사(2019. 7.), 국어사대계간행위원회, 국어사대계1: 『국어사 연구』: 339-361, 송민/박창원, "국어사의 시대구분"[박창원 가필본](재록).〉

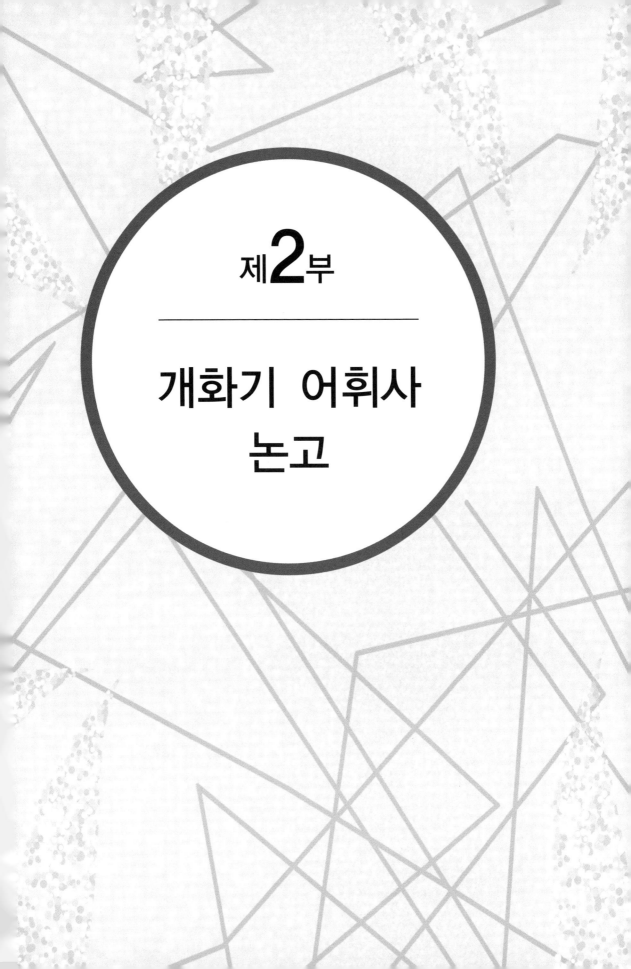

제2부

개화기 어휘사
논고

開化期 新文明語彙의 成立過程

1. 서 언

『創造』 창간호(1919)에 발표된 바 있는 白岳(金煥)의 소설 「神秘의 幕」에는 '美術'이란 단어의 뜻을 놓고 부자간에 나누는 대화 한도막이 나타난다. 1년 후면 경성고등보통학교를 마치게 될 스무 살의 주인공 世民은 동경미술학교에 가고 싶다는 뜻을 일흔 살 가까운 그의 부친에게 밝히면서 허락을 구한다.

> 世民의 父親은 美術이 무엇인지 일흠부터모르는고로 그아들에게 물어본다.
> "大體 美術이란 무얼하는것이냐? 美術! 美術! 얼골을 어엽부게하는術이라는말이냐?
> 옷을곱게닙는術이란말이냐?"(『創造』 創刊號 p.24).

이 대화는 "終日 꾸러안져서 '學而時習之不亦說乎' '仁人之安宅也義人之正路也'만"을 외우고 있는 세민의 아버지가 '미술'이란 한자어의 뜻을 '얼골을 어엽부게 하는 術'이나 '옷을 곱게 닙는 術' 정도로 밖에 짐작할 길이 없었음을 알려준다. 그렇다면 한학을 닦은 아버지에게 '미술'이란 한자어의 뜻이 얼른 이해되지 않은 이유는 어디에 있었을까? 그것은 이 단어가 일종의 新生語여서 전통적인 한문지식만으로는 그 뜻을 파악하기 어려웠기 때문이었다고 할 수 있다. 다시 말하자면 1919년 당시만 하더라도 '미술'이란 단어가 신식학교를 거친 세대 또는 신학문을 익힌 사람들에게나 통용되는 새로운 존재였던 것이다.

'미술'이란 단어는 영어 fine arts나 불어 beaux arts와 같은 서양식 추상개념에 대한 번역어로서 19세기 후반에 일본에서 만들어진 것으로 생각되고 있다(惣鄕正明·飛田良文1986). 처음에는 이 단어에 詩歌, 散文, 音樂 또는 舞樂, 演劇까지 포괄되었으나, 점차 그 뜻이 축소되어 결국에는 建築, 彫刻, 繪畫와 같은 조형미술만을 나타내기에 이르렀다. 이렇게 다듬어진 '미술'이란 단어는 개화기를 통하여 일본어로부터 국어에 수용되었으며, 그 뜻은 곧 조형미술이었다. 앞에 예시한 바 있는 김환의 소설에서 세민은 '미술'의 뜻을 아버지에게 다음과 같이 풀어주고 있다.

> "아부지! 美術이란 그런것이안이야요! 美術은우리사람에게 密接關係가 잇는것이올시다. 그種類는 彫刻, 鑄工, 建築, 그림其他여러가지올시다"(『創造』創刊號 p.24).

세민의 설명에 나타난 '미술'의 뜻은 현대국어의 그것과 같다고 할 수 있다. 이렇게 볼 때 '미술'이란 단어는 개화기를 통하여 일본어로부터 받아들인 新種 文化語라고 할 수 있다. 이러한 유형의 어휘를 본고에서는 新文明語彙라고 불러둔다. 이 유형에 속하는 어휘는 그 전부가 한자어라는 공통점을 지니고 있다. 그 때문에 이들은 일단 국어에 수용되면서부터 외래어, 그것도 일본어로부터의 借用임에도 불구하고 아무런 저항감 없이 현대국어에 그 뿌리를 내리게 된 것이다.

신문명어휘에 속하는 한자어는 양적으로나 질적으로 예상을 크게 넘어설 만큼 많다. 그 많은 양의 신종한자어가 그대로 현대국어의 한자어휘체계에 편입된 것이다. 본고에서는 그러한 신문명어휘의 성립과정에 대한 검토가 행해질 것이다. 다만 이러한 검토는 어휘 하나하나에 대한 문헌적 뒷받침을 요한다. 따라서 본고에서 다룰 어휘는 전체 신문명어휘의 극히 일부분임을 먼저 밝혀둔다.

2. 新文明語彙의 윤곽

신문명어휘로 분류될 수 있는 비전통적 한자어가 국어에 수용되기 시작한 시기는 최소한 19세기 70년대로 소급된다. 한일수호조약(강화조약 또는 병자조약)이 체결된 1876년 일본에 다녀온 바 있는 修信使 金綺秀의 견문기록인 『日東記游』와 『修信使日記』에 이미 그 초기적 실례가 나타나기 때문이다.[1] 19세기 80년대에 접어들면서부터는 신문명어휘의 수용실상을

---

[1] 金綺秀의 기록물로서는 『日東記游』와 『修信使日記』를 들 수 있다. 전자는 민족문화추진회편(1977), 『국역해행총재』 X에 活版本으로 실려 있으며, 후자는 國史編纂委員會(1971), 『修信使日記』(韓國史料叢書 第九)에 역시 活版本으로 실려있다. 다만 후자인 『修信使記錄』에 들어있는 『修信使日記』는 卷一이 金綺秀의 記錄이며 卷二

알려주는 자료가 연달아 나타난다. 金弘集의 『修信使日記』(1880),[2] 李鑣永의 『日槎集略』(1881), 朴泳孝의 『使和記略』(1882), 朴戴陽의 『東槎漫錄』(1884~5)과 같은 기록을 통하여 적지 않은 신문명어휘가 확인되는 것이다(宋敏1988).

이렇게 시작된 신문명어휘의 수용은 갑오경장(1894)을 거치면서 그 범위가 엄청나게 확대되었다. 소위 更張官制라 일컬어지는 官職과 制度關係 명칭만 하더라도 그 상당부분이 일본식 명칭을 거의 그대로 본뜬 것이다.[3] 갑오경장을 계기로 하여 신문명어휘가 국가기관의 공식 명칭으로 굳어지기 시작한 것이다.

이러한 과정 속에서 국어에 수용된 바 있는 신문명어휘의 윤곽이나 내용은 생각보다는 훨씬 복잡하고 다양한 성격을 지니고 있다. 외형상으로는 한자어라는 공통성을 보이고 있지만, 그 하나하나의 성립과정이 그렇게 단순한 것만은 아니기 때문이다. 이들 신문명어휘의 거의 절대다수는 일본어를 통하여 국어에 수용되었는데, 그 中樞部分은 일본에서 만들어진 번역어였다고 할 수 있다. 일본에서 만들어진 번역어에도 실상은 두 종류가 있다. 그 하나는 중국고전에 나타나는 어휘를 새로운 의미로 轉用한 것이고, 다른 하나는 완전히 新造된 것이다. '文明, 自由, 文學, 自然'과 같은 한자어는 前者에 속하지만, '大統領, 日曜日, 演說, 哲學, 美術, 進化論, 生存競爭, 適者生存'과 같은 한자어는 後者에 속하는 유형이다.

신문명어휘 중에는 西洋 諸語로부터의 직접번역이 아닌 자체적 신조어도 많다. 문물제도의 변혁에 따라 그때그때 만들어진 '勅任, 奏任, 判任' 또는 '大臣, 摠裁, 總務, 庶務, 主事'와 같은 한자어가 이 유형에 속한다. 이러한 신조어들도 更張官制에 대량으로 채택된 바 있고, 그 대부분은 현대국어에서도 그대로 활용되고 있다. 이처럼 한마디로 신문명어휘라고 불리우는 한자어들이라도 그 성립과정으로 보면 하나하나가 서로 다른 복잡한 배경을 지니고 있다.[4] 그 때문에 신문명어휘에 속하는 한자어들은 개별적으로 검토되어야 하며, 시대와 출전별 어형이나 의미에 대한 정확한 분석이 필요할 수밖에 없다.

는 1990년에 역시 수신사로 일본에 다녀온 바 있는 金弘集의 기록이다. 金綺秀의 『日東記游』와 『修信使日記』는 그 형식만 다른 뿐 내용에는 별다른 차이가 없다. 후자는 문자 그대로 日字順 기록임에 대하여 전자는 日字順 기록을 내용별로 재정리한 것이어서 新文明語彙 자료면에서는 큰 차이를 보이지 않는다.

2) 이 자료는 金綺秀의 日記와 함께 정리되어 있지만, 그 내용은 復命書, 入侍筵說, 答書契謄本, 朝鮮策略(廣東黃遵憲私擬), 大淸欽使筆談, 諸大臣獻議, 白春培書啓로 이루어져 있을 뿐 日記가 아니다.

3) 『增補文獻備考』 卷之二百三十八 職官考二十五 [續更張官制에는 그 내용이 일목요연하게 정리되어 있다.

4) 森岡健二(1969)에는 漢語譯의 방법이 '置換, 再生轉用, 變形(省略, 音讀法의 變形, 文字 바꿔넣기, 轉倒), 借用, 假借, 造語(일본어에 대응하는 漢語의 語基, 일본어에 없는 漢語의 語基, 제2차적 語基, 생략으로 생겨난 語基)' 등으로 분류정리된 바 있다.

3. 新文明語彙에 대한 研究 動向

　신문명어휘의 성립과정이나 배경에 대한 연구는 비교적 근래에 이르러 일본어학계에서 부분적으로 이루어지고 있다. 그 방법으로서는 우선 어느 일정한 외국어 대역사전이나 번역서에 나타나는 新語調査가 있다. 이 방법으로 적지 않은 성과를 거둔 대표적 저술로는 森岡健二(1969)를 꼽을 수 있다. 그는 여기서 明治時代(1868~1912) 초기의 각종 英日辭典類와 번역서에 나타나는 번역어를 종합적으로 분석 정리한 바 있다. 佐藤喜代治(1971)에도 부분적으로는 같은 방법이 이용되고 있다. 그 후 이 방법은 進藤咲子(1981), 杉本つとむ(1983a) 등으로 이어지고 있으며, 다른 한편으로는 佐藤亨(1983, 1986)처럼 중국에서 이루어진 번역서에까지 눈을 돌린 결과, 명치시대의 신어 가운데에는 중국에서 먼저 이루어진 번역어가 상당히 많음을 밝히고 있는 경우도 있다.

　이와 같은 綜合語彙史的 방법은 어느 시기의 번역어 성립과정에 대한 종합적 파악이라는 측면에서 긍정적으로 평가될 수도 있겠지만, 어휘 하나하나에 대한 개별적 검토에 소홀해지기 쉽다는 부정적 측면도 함께 지니고 있다. 이러한 부정적 측면을 극복하기 위해서는 개별어휘사적 방법이 필요할 수밖에 없다. 廣田榮太郎(1969)는 그러한 연구방법에 따른 주목되는 성과였다. 여기에는 '彼女(그녀), 戀愛, 蜜月, 新婚旅行, 接吻(키쓰), 汽車, 汽船, 가방, 悲劇, 喜劇, 活動寫眞, 映畵, 世紀, 常識, 良識, 燐寸(성냥), 頁(페이지), 弗(딸라), 俱樂部, 背廣(세비로, 洋服), 冒險, 探險, 的(派生語形成 접미사)'과 같은 어휘의 성립과정이 밝혀져 있다. 이와같은 개별어휘사적 방법은 齋藤毅(1977)로 이어지면서 그 방법이 더욱 면밀해지고 있다. 여기에는 '東洋과 西洋, 合衆國과 合州國, 共和政治, 社會, 個人, 會社, 保險, 銀行, 哲學, 主義, 演說'과 같은 어휘의 성립과정과 배경이 폭넓게 검토된 바 있다. 鈴木修次(1981a, 1981b)도 같은 성격을 보이는 연구결과이다. 鈴木修次(1981a)에는 '文化와 文明, 經濟와 社會, 政治와 文學, 哲學과 理學, 心理와 物理'와 같은 어휘의 성립과정과 배경이 밝혀져 있으며, 鈴木修次(1981b)에는 '三權分立, 權利와 義務, 科學과 眞理, 論理學, 命題, 演繹, 歸納, 宗敎와 自由, 進化論'과 같은 어휘의 성립과정과 배경, 그리고 康有爲, 梁啓超, 嚴復, 章炳麟 등에 의한 이들 어휘의 중국어 수용실상이 면밀하게 검토된 바 있다. 다시 柳父章(1982)에는 '社會, 個人, 近代, 美, 戀愛, 存在, 自然, 權利, 自由, 彼(그), 彼女(그녀)'와 같은 어휘의 성립과정에 나타나는 허실이 이모저모로 논의되고 있다.

이와 같은 개별어휘사적 방법은 번역어 하나하나에 대한 정착과정을 심도있게 밝힐 수 있는 장점을 지니고 있지만, 종합어휘사적 방법에 비해서는 단편적이고 부분적인 어휘에 그칠 수밖에 없는 단점을 스스로 안고 있다. 이러한 개별어휘사적 방법의 한계점을 어느 정도 극복할 수 있는 방법으로 나타나게 된 것이 辭典式이나 解說式 語彙集이라고 할 수 있다. 이러한 방법에 의한 성과로는 朝倉治彦 외3人(1970), 槌田滿文(1979, 1983), 杉本つとむ(1983b), 米川明彦(1983~4), 樺島忠夫 외2人(1984) 등을 꼽을 수 있으며, 현대일본어와 관계되는 어휘집으로는 奧山益朗(1974), 文化廳(1978), 見坊豪紀(1979, 1983) 등을 들 수 있다. 그러나 여기에 수록되어 있는 어휘가 모두 번역어와 신조어만은 아닐 뿐 아니라, 그 양적, 질적 내용 또한 아쉬운 면을 많이 드러내고 있었다. 이러한 아쉬움을 어느 정도 해소시켜 줄 수 있는 어휘집이 최근에 나온 바 있는 惣鄕正明·飛田良文(1986)이라고 할 수 있다. 이 어휘집에는 명치시대 직전부터 직후에 이르는 동안에 간행된 바 있는 각종 사전 360여종에 나타나는 번역어, 신어, 외래어 등이 모아져 있는데, 그 표제어수는 1,341 항목에 달한다. 각 항목 끝에는 어형이나 의미에 대한 해설을 곁들이고 있어, 표제어의 성립과정을 이해하는데 도움이 되고 있다.

신문명어휘에 대한 일본어학계의 연구동향은 대략 이상과 같다. 그런데 여기에 대한 국어학계의 연구활동은 거의 황무지에 가깝다. 徐在克(1970), 李漢燮(1985) 등 일부 성과가 없는 바 아니지만, 신문명어휘는 현대국어의 어휘체계에서 커다란 비중을 차지하고 있으므로, 그에 대한 연구가 종합어휘사적으로나 개별어휘사적으로 도외시되어서는 안 될 것이다.

4. 開化期 전후의 新文明語彙

국어에 신문명어휘가 수용되기 시작하는 시기는 앞에서 이미 지적한 바와 같이 19세기 70년대까지 소급된다. 이때부터 19세기 80년대의 전반에 걸쳐 국어에 수용된 신문명어휘의 실상에 대해서는 宋敏(1988)에 그 윤곽이 조사된 바 있다. 다만 거기서는 '汽船, 汽車, 新聞, 人力車, 寫眞, 電線·電信, 西洋式 時間指稱法, 開化, 西洋式 數量單位名稱, 鑛山, 日曜日·土曜日, 大統領, 割·分, 零(0), 圖書館'과 같은 일부 어휘의 수용실상이 간략히 검토되었을 뿐, 나머지 어휘에 대해서는 그 출전을 밝히는 데 그치고 말았다. 따라서 이들 어휘 하나하나가 그 후 국어에 어떻게 정착되었는지에 대해서는 별도의 검토가 필요할 수밖에 없다.

가령 李鑣永은 1881년 일본에서 신문을 통하여 '大統領'이란 단어에 처음 접하게 된다. 그 개념이 정확히 이해될 리 없었던 李鑣永은 여기에 '即國王之稱'이란 細註를 달고 있다(宋敏1988: 60). '大統領'을 '國王'으로 이해하고 만 것이다. 이처럼 李鑣永의 『日槎集略』(1881)에 '大統領'이란 단어가 수용되어 있음에도 불구하고, 이 단어가 그대로 국어에 정착될 수는 없었다. 이 단어는 일본어에서 나온 번역어였기 때문에 그 의미가 당시의 조선인들에게는 쉽사리 이해되지 않았기 때문일 것이다. 실제로 1891년(고종 28)까지의 국가공식문서에서는 '大統領'이 '伯理璽天德' 곧 president에 대한 中國式 模寫形으로 쓰이고 있다. 1883년(고종 20)에 체결된 바 있는 韓美條約 第一款은 다음과 같이 시작된다.

> 大朝鮮國君主 大美國伯理璽天德 並其商民……[5]

이러한 호칭은 1891년(고종 28)까지 계속된다.

> (高宗)二十五年(1888)……法國公使……呈遞國書 言及本國大伯理璽天德 將本國議
>   政上下兩院僉擧 大伯理璽天德接攝大位之事[6]
> (高宗)二十八年(1891) 以整理儀軌八卷高麗史記二十二卷 送法國大伯理璽天德[7]

이렇게 쓰이던 '伯理璽天德'이 '大統領'으로 바뀌기 시작한 것은 1892년(고종 29)부터였다.

> (高宗)二十九年(1892) 駐箚美國公使報稱 該國前大統領因南黨再薦 定爲新大統領[8]
> (高宗)三十一年(1894) 十月 法國大統領崩 新統領立 有該國國書 答書慰賀[9]
> (光武)三年(1899) 法國大統領崩 新統領立 以電慰賀[10]
> (光武)四年(1900)九月 致親書勳章于美國大統領德國皇帝俄國皇帝法國大統領奧國
>   皇帝[11]
> (光武)五年(1901)九月 美國大統領薨 電弔[12]

---

5) 『增補文獻備考』 卷之一百八十二 [補交聘考十二 附韓美條約.
6) 『增補文獻備考』 卷之一百八十一 [補交聘考十一 泰西各國交聘.
7) 上同.
8) 上同.
9) 上同.
10) 上同.
11) 上同.
12) 上同.

이렇게 볼 때 '大統領'이란 단어는 1892년부터 공식문서에까지 나타날 만큼 일반화되었다고 할 수 있다. 이 단어는 명치시대 훨씬 이전에 영어 president에 대한 번역어로서 일본에서 만들어진 것인데, 명치시대에는 이미 보편적으로 쓰인 바 있다(佐藤亨1986: 309~311). 1881년 李鑄永이 일본에서 이 단어를 처음 듣게 된 것도 당연한 일일 수밖에 없었다. 그러나 이 단어는 그 후 10여년만에 국어단어로서 공인을 받게 되었다. 하나의 새로운 단어가 국어에 정착하는 과정이 그리 단순하지 않았음을 보여주는 실례가 아닐 수 없다.[13]

신문명어휘 하나하나에 대한 이와같은 검토는 많은 시간과 노력을 요한다. 따라서 이번에는 종합어휘사적 방법으로서 우선 19세기 말엽에 이루어진 두 가지 자료를 통하여 거기에 나타나는 신문명어휘를 정리해 보기로 한다.

1) 李鳳雲·境益太郎(1895), 『單語連語日話朝雋』(京城, 漢城新報社)

이 책은 일종의 일본어 학습서로서 단어와 문장을 국어와 일본어로 對譯해 놓은 것이다. 다만 일본어 부분은 일본어 문자 대신 국어 문자에 의한 音寫로 이루어져 있다. 이 자료에서 신문명어휘라고 생각되는 실례들을 뽑아보면 다음과 같다. 배열은 출현순서를 그대로 따른다.

空氣 공긔 그우기
電氣 전긔 ㄴ덴기[14]
地球 디구 디규(이상 3a)
海關 히관 ㄴ졔이관
郵便局 편지전ㅎㄴ집 유빈곡
銀行所 은힝소 ㅇ긴코
電報局 전보국 덴신곡(이상 5b)

---

13) 한 가지 재미있는 실례로서 '大通英'이란 표기가 보이기도 한다. 구한말 舒川郡의 文士 趙鎔植의 개인적 日記인 『雲林別錄』(단국대 동양학연구소, 동양학총서 제13집, 1988) 을사년(1905) 9월 12일자에 나타나는 표기이다. '대통령'이란 어휘가 1905년 당시 시골 文士에게도 이해되었음을 보여주는 사례가 아닐 수 없다. 다만 趙鎔植은 이 단어를 귀로 전해 듣고 알았을 뿐, 눈으로 그 표기를 본 적은 없는 듯하다. 그 때문에 그는 그 표기를 자의적으로 만들어 낸 듯하다. 그는 '公使館'에 대해서도 '公事官'이란 표기를 쓰고 있다(갑진년/1904 6월 26일자). 이 시골 文士는 당시의 신생단어들을 귀로 전해 들었을 뿐임을 잘 나타내 주는 실례가 아닐 수 없다.

14) 일본어의 유성폐쇄음 b, d(z), g 를 나타내기 위한 방식으로 'ㅁ ㄴ ㅇ'을 이용하고 있는 표기의 일례이다. 따라서 'ㄴ덴기'는 '덴기'의 頭子音 'ㄷ'이 유성음 d 임을 나타낸다. 이하에 나타나는 'ㅁ ㅇ'은 각기 그 뒤에 결합되는 ㅂ, ㄱ이 그때그때 b, g 임을 나타내는 기호인 셈이다.

理髮 머리싹다 리하즈
寫眞 샤진 샤신(이상 7a)
電報 전보 덴보(8b)
大學校 대학교 ㄴ다이각고오
小學校 소학교 쇼각고
公使 공ᄉ 고오시(이상 13a)
領使 령ᄉ 료ㄴ지
領使館 령ᄉ관 료ㄴ지관
公使館 공ᄉ관 고오시관
內閣會議 닉각회의 닉각갱이(이상 13b)
權利 권리 겐리(14a)
鐵筆 털필 벤
鉛筆 연필 엔피즈
印刷 인찰 안사즈[15]
切手 편지부치ᄂ표지 유빈깃뎨(이상 17a)
牛乳 쇠졋 우시노지지(17b)
煎油魚 젼유어 덴프라(18a)
針機 바나질그계 미신
電氣燈 젼긔등 ㄴ뎅기도오
電線 젼션 ㄴ덴[16]
石油 석유 세기유
火輪船 화륜션 기센
火輪車 화륜거 기샤
鐵路 털로 데즈ㄴ도오(이상 21a)
蒸氣 긔음 ㄴ조기又융예
革囊 혁랑 가반
輪船汽聲 륜션소릭 기뎨기
洋鐵 양텰 ㅁ부릿기
鐵絲 털ᄉ 하링아네(이상 21b)
紙幣 지전 시헤이又사즈(22a)
銀錢 은젼 ㅇ긴센
金錢 금젼 긴센又ㄴ제니
磁石 지남석 ㄴ지샤구(이상 22b)
病院 병보ᄂ집 ㅁ뵤인(23a)

---

15) '안'은 '인'의 誤植임이 분명하다.
16) '덴' 뒤에 '센'의 脫字가 있었을 듯하다.

牛痘 우두 우예ㅇ보오소
醫士 의원 이샤(이상 23b)
南沸 남비 나볘(24a)
指南鐵 지남텰 ㄴ지샤구(24b)
石硫黃 셕류황 맛지
石硫黃 셕유황 즈겡이
時械 시계 도계이(이상 25a)

일반적으로 학습서에 나타나는 어휘수량에는 한정이 있기 마련이다. 따라서 위에 보인 실례는 당시에 이미 널리 통용되던 신문명어휘의 일부에 지나지 않을 것으로 생각된다.[17] 여기에 나타나는 실례를 두고 보더라도 몇 가지 점에서 주목되는 사실이 있다. 가령 '郵便局 (편지전ᄒᆞᄂᆞᆫ집), 理髮(머리싹다), 切手(편지부치ᄂᆞᆫ표지), 針機(바나질긔계), 病院(병보ᄂᆞᆫ집)'과 같은 단어의 경우, 한자어로서는 아직 정착단계에 이르지 못했다는 사실이 주목된다. '郵便局, 理髮, 病院'은 결국 그 후 어느 시기에 한자어로서 국어에 수용되었지만, '切手, 針機'는 수용에서 제외되어 소멸의 길을 걷고 말았다. '印刷'에 대한 音讀 '인찰'이나, '시계'에 대한 표기 '時械' 또한 현대국어와는 다른 것인데, 이들은 신문명어휘가 정착되기까지 겪어왔을 우여곡절의 일단을 암시하고 있는 셈이다. 한편 '火輪船, 火輪車, 鐵路'는 중국어식 신문명어휘인데, 이들은 각기 일본어식 한자어인 '汽船, 汽車, 鐵道'로 국어에 정착하게 된다. 다만 '鐵路'와 '鐵道'는 각기 다른 의미를 분담함으로써 오늘날까지 공존할 수 있는 길을 찾기도 하였다.

학습서에는 아무래도 현실적으로 통용되는 어휘의 일부밖에 반영되지 않는다. 따라서 좀 더 포괄적인 어휘체계를 파악하려면 사전을 조사하는 것이 좋을 것이다. 그런 뜻으로 이번에는 19세기 말엽의 對譯辭典을 통하여 당시의 신문명어휘를 잠시 훑어보기로 한다.

---

17) 실제로 이 책과 같은 해에 이루어진 『國漢會語』(1895)에는 상당한 분량에 달하는 新文明語彙가 나타난다. 그 뚜렷한 실례로는 '보험保險(44), 시계時計(60), 우편郵便(74), 자봉침自縫針(82), 자주독립自主獨立(83), 자행거 自行車(83), 차관借款(94), 개학방학開學放學(128), 경무청警務廳(134), 경찰관警察官(134), 국회장國會長(141), 관보官報(150), 권이權利(151), 내각內閣(155), 대통령大統領(163), 문학文學(189), 박물관博物館(192), 三枝鎗 (218), 상회사商會社(220), 신문지新聞紙(236), 전긔電氣(275), 전보電報(276), 천구天救(299), 총독總督(305), 총 리대신總理大臣(305), 헌법憲法(339)' 등을 지적할 수 있다. 다만 이 책은 筆寫本일 뿐 아니라, 本文에는 많은 追記를 가지고 있기 때문에 이 자료에 나타나는 어휘가 한결같이 1895년 당시의 것이라는 보장은 없을 것이다. 후대에 추가 기록이 있었을지도 모르기 때문이다. 따라서 이 책을 안심하고 이용하기에는 어려움이 따를 수밖에 없다.

2) Gale, J. S.(1897), 『韓英字典』 A Korean—English Dictionary (Yokohama, Shanghai, Hongkong and Singapore, Kelly & Walsh, Limited)

이 사전의 표제어는 국어문자로 되어 있으나, 그 배열은 영어자모순을 기준으로 한 것이다. 이러한 방식은 검색에 불편한 점이 많으므로 여기서는 이를 국어사전식 배열로 바꾸어 정리하기로 한다. 표제어가 한자어일 때에는 한자표기와 함께 각 한자에 대한 천자문식 뜻풀이가 덧붙어 있으나 여기서는 이 부분을 제거하고 인용하기로 한다.[18] 우선 이 사전에서 신문명어휘라고 생각되는 실례를 정리해 보면 다음과 같다.

각의閣議 A meeting of the Ministry in the 닉각(176左)
기화開化 Intercourse with foreign nations; political reform. *Opp.* 슈구(200左)
걸릉고指南鐵 A mariner's compass. *See* 지남텰(212左)
경무관警務官 A police magistrate(223左)
경시종警時鍾 An alarum clock. *See* ᄌ명죵(224右)
경찰관警察官 A chief of police—of the open ports. *See* 경무관(225右)
경찰셔警察署 An office of the chief of police(225右)
공ᄉ관 公司舘 A consulate; a legation. *See* 령ᄉ관(267左)
공일 A holiday. *See* 요일(265左)
교관敎官 The rank of teacher(277左)
교련관敎鍊官 A drill-sergeant(277右)
교ᄉ敎師 A teacher. *See* 션싱(278左)
교쟝敎塲 A drill-ground(278左)
교쟝敎長 A captain of a company of a infantry. *See* 초장(278左)
교화황敎化王 The pope(277左)
교회敎會 The church(277左)
금셩金星 The planet Venus(238右)
금요일金曜日 Friday(236右)
긔계器械 Instruments; tools; implements. *See* 연쟝(230左)
긔구氣毬 A balloon; a football; a bouncing ball(230右)
긔병騎兵 Horse-soldiers; cavalry. *See* 마병(231左)
긔션氣船 A balloon. *See* 풍거(232右)
긔션滊船 A steamer; a steamboat. *See* 화륜션(232右)
긔챠滊車 A locomotive; a railway engine. *See* 화륜거(234左)

---

18) 이 사전에는 또한 제1음절에 대한 장음표시도 나타난다. 곧 표제어 바로 뒤에 *l.* 또는 *s.* 표시가 그것인데 *l.*은 長(long), *s.*는 短(short)을 뜻한다. 그러나 자료 인용 시에는 이 표시 또한 생략하기로 한다.

닉각內閣 The Office of the Royal College of Literature; Office of the Ministry(362左)

닉과內科 Internal treatment—of disease. *Opp.* 외과(362左)

닉무부內務部 The Home Office. *Opp.* 외무부(362右)

대명ᄉ代名辭 A pronoun(644左)

대셔양大西洋 The Atlantic Ocean. *Also* 태셔양(627右)

대통령大統領 The president of a republic; the governor of a colony(629右)

대학교大學校 A college; a university(623右)

딕수代數 Algebra(645左)

뎐긔電氣 Electricity(654左)

뎐보電報 A telegram(654右)

뎐션電線 A telegraph line(654右)

뎐학電學 A study of electricity(654左)

뎡거쟝停車場 A railway station(655右)

독립국獨立國 An independent state. *Opp.* 속국. *See* ᄌ쥬지국(668右)

동믈動物 Man in contrast to woman. The animal kingdom. *Opp.* 식물(673左)

동물학動物學 Zoology(673右)

동반구東半球 The Eastern Hemisphere. *Opp.* 셔반구(673右)

동ᄉ動辭 A verb(674右)

동양東洋 The East; Asia. *See* 아셰아(670右)

동양챠東洋車 A jinrikisha. *See* 인력거(670右)

디구地球 The earth; the terrestrial globe. *See* 셰계(663右)

디리학地理學 Geography(664左)

디즁히地中海 The Mediterranean Sea(664右)

령ᄉ관領事舘 A foreign legation; a consulate. *See* 공ᄉ관(493左)

례비일禮拜日 The Christian Sabbath; Sunday. *See* 쥬일(489左)

론셜論說 News; matters under discussion. *See* 연셜(500左)

류어통流語筒 A telephone(504左)

륙군陸軍 Infantry; foot-soldiers. *Opp.* 히군(504右)

륙혈포六穴砲 A "six shooter"; a revolver. *See* 호신총(504右)

륜션輪船 A "wheel ship"; a steamer. *See* 긔션(506左)

리학理學 philosophy. *See* 도학(495左)

만리경萬里鏡 A myriad li glass—a telescope. *See* 원시경(304左)

목성木星 The planet Jupiter(334左)

목요일木曜日 Thursday(332右)

문명ᄒ다文明 to be clear; to be law-abiding; to be well governed(345左)

문법文法 Rules and methods of composition—grammar. *See* 문리(345右)

민쥬지국民主之國 A country governed by the masses—a republic. *Opp.* 군쥬지국 (328左)

박물원博物院 A museum(381左)

반공일半空日 Saturday. *See* 간공일(383右)

번역관翻譯官 Official interpreters. *See* 셔긔관(405右)

법관法官 A justice; a magistrate; a judge. *See* 형관(407右)

법률학法律學 The study of law(408左)

병원病院 A hospital; a room where the sick are cared for(413左)

보험증셔保險證書 An insurance policy(427右)

산소酸素 Oxygen. *See* 탄소(517右)

산슐算術 Arithmetic; the science of calculating. *See* 수학(518左)

산학算學 Arithmetic. *See* 산법(515右)

삼혈포三穴砲 A three-barreled gun(511左)

샤진寫眞 A photograph; a partrait; a drawing. *See* 화본(535左)

샹업학교商業學校 A business college(528左)

셔력西曆 A Western Calendar....... *See* 양력(566右)

셔반구西半球 The Western Hemisphere. *Opp.* 동반구(565右)

셔양西洋 Foreign countries in general. *Opp.* 동양(550右)

셩학聲學 The study of sounds and tones(562左)

셩학星學 Astrology(562左)

쇼학교小學校 A primary institute of learning; a high school(602右)

슈셩水星 The planet Mercury(620左)

슈요일水曜日 Wednesday(611左)

슌사巡査 Constables; police. *See* 슌검(616右)

시계時計 A clock; a watch; a timepiece. *See* 시표(577右)

시죵時鍾 A clock; a timepiece. *See* 즈명죵(594左)

시패時牌 A watch; a timepiece. *See* 시계(588左)

시표時鏢 A watch; a timepiece. *See* 시계(588左)

식물植物 The kingdom of trees and plants. *Opp.* 동물(578右)

신문新聞 A news-paper. *See* 신문지(584左)

안식일安息日 The Sabbath(8左)

연필鉛筆 A lead-pencil(44左)

열ᄃᆡ熱帶 The Equator(47左)

온ᄃᆡ溫帶 The tropics; the temperate zones(87右)

우신국郵信局 A post-office. *See* 우편국(108右)

우편국郵便局 A post-office. *See* 우신국(106右)

월보月報 A monthly journal. *See* 신문(100左)

월요일月曜日 Monday. *See* 일요일(Ad.)(99右)

위선緯線 Lines of latitude. *See* 경선(102右)

은표銀票 A bank-cheque; bank-notes. *See* 은힝표(55左)

은항銀行 A bank—for money. *Also* 은힝(54左)

은항표銀行票 A bank-cheque. *Also* 은힝표(54左)

은항소銀行所 A banking-house; a place where silver is kept. *Also* 은힝소(54左)

의ᄉ醫師 A physician; a doctor. *See* 의원(51左)

의원醫員 A physician; a surgeon; a medicine-man, *See* 의ᄉ(49右)

인력거人力車 A Japanese jin-riki-sha. *See* 동양챠(62右)

인지印紙 A cheque; a stamped note. A postage stamp(63右)

일념감一年柑 Tomatoes(69右)

쟝명등長明燈 A light before a grave; a street or out-door lamp. *See* 가등(724右)

ᄌ동ᄉ自動辭 An intransitive verb(736左)

ᄌ립지국自立之國 An independent state. *See* ᄌ쥬지국(734右)

ᄌ명악自鳴樂 A music-box. *See* 풍금(733右)

ᄌ명종自鳴鍾 A clock that strikes the hours(733右)

ᄌ봉침自縫針 A sewing-machine. *See* ᄌ침틀(734右)

ᄌ유지권自由之權 The power to govern independently—as possessed by congress, parliament etc.(732右)

ᄌ쥬지국自主之國 An independent state or country. *See* 독립국(737左)

ᄌ침틀自針機 A sewing-machine. *See* ᄌ봉침(737左)

ᄌ힝거自行車 A bicycle(732右)

지판소裁判所 The Department of Justice(730左)

전유어煎油魚 A fried dish—of fish or meat. *See* 간랍(744左)

접속ᄉ接續辭 A conjunction(751左)

정치政治 Government; the administration of affairs(750右)

정치학政治學 The study of government affairs(750右)

쥬일主日 The Lord's Day; Sunday. *See* 례비일(785左)

즁립국中立國 A protected state; a country under the protection of a large state(789右)

즁학교中學校 An intermediate school; a collegiate institute. *Opp.* 대학교(788左)

지남텰指南鐵 A mariner's compass(760右)

총리대신總理大臣 The Chief Minister of State; the Prime Minister. *See* 령의정(819右)

타동ᄉ他動辭 A transtive verb. *Opp.* ᄌ동ᄉ(694右)

탄소炭素 Carbon(692右)

태셔泰西 The West(690右)

태셔각국泰西各國 Western or European nations. *See* 셔양제국(691左)

태평양太平洋 The Pacific Ocean(690右)

텬구天球 The celestial globe. *Opp.* 디구(699左)

텬문학天文學 The study of astronomy(699右)

텬왕성天王星 The planet Uranus(698右)

텰로鐵路 A railway(702右)

텰필鐵筆 A steel pen. *See* 연필(702右)

토성土星 Saturn(709左)

토요일土曜日 Saturday(705左)

판임判任 A division of the 쥬ᄉ class including all below 6th degree. *See* 주임(460左)

하의원下議院 The House—in which the governing body of the people assembles(115左)

한ᄃᆡ寒帶 The polar circles; the polar zones(119右)

한셔침寒署針 A cold and heat needle—a thermometer. *See* 한셔표(119左)

한셔표寒署表 A thermometer. *See* 한셔침(119左)

합즁국合衆國 The United States. *See* 미국(122左)

ᄒᆡ군海軍 Marines; bluejackets. *See* 슈군(126右)

ᄒᆡ왕성海王星 The planet Neptune(126左)

ᄒᆡᆼ셩行星 The planets—in contrast to the fixed stars(128右)

현미경顯微鏡 A microscope(138右)

협판協辦 Vice President of a Government Board(140右)

형용ᄉ形容詞 An adjective(139右)

형혹셩熒惑星 The planet Mars(139右)

화긔국花旗國 The land of the flowery flag—the United States. *See* 미국(148右)

화륜거火輪車 A locomotive; a railway-train. *See* 긔챠(154右)

화륜션火輪船 A steam-boat. *See* 긔션(154右)

화륜챠火輪車 A locomotive; a car; a railway-train. *See* 화륜거(154右)

화성火星 The planet Mars(155左)

화요일火曜日 Tuesday. *See* 례비잇흘(148左)

화초학花草學 Botany(156左)

화학化學 Chemistry; natural philosophy(148左)

회샤會社 A mercantile company; a guild(158右)

회의원會議院 The Council Office of the Ministers; the Senate Chamber. *See* ᄂᆡ각(157左)

회쟝會長 Church elders(159右)

흑귀ᄌ黑鬼子 Black devils negros. *See* 흑인(144左)

흑인黑人 A negro; an African. *See* 흑귀ᄌ(143右)

이상과 같은 어휘들은 당시의 새로운 문물제도를 잘 대변하고 있다. 그 내용은 정치, 경제, 사회, 교육, 학술, 제도, 천문, 지리, 신식문물에 걸쳐 있으며, 어휘체계로는 학문명칭, 품사명칭, 요일명칭, 유성명칭 등이 안정상태에 들어섰음을 보이고 있다. 그러나 개별적으로는 경쟁관계를 보이고 있는 경우도 많다. 예컨대 '警時鐘~時鐘~自鳴鐘, 汽船~火輪船~輪船, 汽車~火輪車(화륜거/화륜차), 萬里鏡~遠視鏡~千里鏡, 時鏢~時牌~時械, 巡査~巡檢, 郵信局~郵便局, 銀票~銀行票, 自縫針~自針機(ᄌ침틀), 熒惑星~火星, 海軍~水軍, 海關~稅關' 등이 그러한 불안정성을 보이고 있는 사례들이다. 이러한 불안정성은 서로 다른 성립과정이나 배경을 지닌 두 가지 이상의 語形이 충돌하여 경쟁관계에 놓일 때 나타난다. 가령 '自鳴鐘~時鐘, 千里鏡~萬里鏡, 巡檢~巡査, 水軍~海軍'과 같은 경쟁은 전통적 어형과 신생어형 사이에서 일어난 것이며, '火輪船~汽船, 火輪車~汽車'와 같은 경쟁은 중국식 번역어와 일본식 번역어 사이에서 생겨난 것이다.

위에서 정리된 바 있는 신문명어휘 중에는 중국식 번역어가 어느 정도 포함되어 있으나, 그 주류는 아무래도 일본식 번역어로 이루어져 있다. 결국 문호개방과 함께 밀려 온 일본식 新文明語彙는 국어의 한자어체계에 커다란 변화를 일으키게 되는데,『韓英字典』에 등록된 新文明語彙만으로도 19세기 90년대의 실상이 어느 정도 구체적으로 밝혀질 수 있을 것이다.

5. 新文明語彙에 의한 漢字語彙體系의 변모

신문명어휘 수용은 국어의 한자어휘체계에 일대 혁신을 불러 일으켰다.『韓英字典』의 신문명어휘에 이미 나타난 바와같이 정치, 경제, 사회, 교육, 학술, 제도, 천문, 지리 분야에 걸친 한자어휘체계에 커다란 변모가 생긴 셈이었다. 그 여파는 또한 전통적 한자어휘에 의미개신을 불러일으키기도 하였다. 가령『韓英字典』에 등록되어 있는 다음과 같은 어휘들은 전통적 의미를 유지하고 있었다.

> 됴셔圖書 A private seal or stamp—as that bearing one's name(샥이다)(치다)(찍다).
> *See* 투셔(680右)

발명ᄒ다發明 To make clear; to prove(391右)

발표ᄒ다發表 To come out as pustules—in small-pox. *See* 발반ᄒ다(392左)

발힝ᄒ다發行 To set out; to depart; to start. *See* 발졍ᄒ다(390右)

방숑ᄒ다放送 To pardon and set free(388右)

산업産業 Possessions; calling; trade; real estate; landed property. *See* 세간(515右)

샤회社會 Sacrificial festivals. *See* 동회(527右)

싱산ᄒ다生産 To bear a child. *See* 슌만ᄒ다(539右)

식픔食品 Appetite; taste. *See* 식셩(578右)

신인新人 A bride or bridegroom. *See* 신부(582左)

실닉室內 Your wife. *See* 실가(589右)

ᄌ연自然 Of itself; naturally so; self-existent; of course. *See* 졀노(728右)

즁심中心 Mind; heart. *See* 즁졍(790左)

창업ᄒ다創業 To found a dynasty. *See* ᄀᆡ국하다(796右)

이때의 '圖書, 發明, 發表, 發行, 放送, 産業, 社會, 生産, 食品, 新人, 室內, 自然, 中心, 創業' 등은 위의 뜻풀이에 나타나는 바와같이 그 의미가 현대국어와는 전혀 달랐다. 일본식 신문명어휘의 수용으로 이들 어휘의 의미는 오늘날처럼 모두 바뀌고 만 것이다. 여기에 예시된 사례는 극소수에 지나지 않지만, 그와같은 意味改新은 수많은 어휘에서 일어난 바 있다.

일본식 신문명어휘는 이처럼 국어한자어휘의 어형과 의미에 적지 않은 변화를 불러 일으켰으며, 그 결과 국어의 한자어휘체계는 전통적 중국식 체계에서 벗어나 일본식 체계에 보다 가까워졌다. 이 사실은 일본식 한자어휘와 중국어의 비교를 통하여 어렵지 않게 확인할 수 있다.

현대일본어에 쓰이고 있는 한자어휘와 중국어의 관계는 다음과 같은 네 가지 유형으로 나뉜다.

첫째, 日中 兩言語에서 의미가 같거나 아주 가깝게 쓰이는 경우.

둘째, 日中 兩言語에서 의미가 일부 겹치지만 양자 간에 차이가 있는 경우.

셋째, 日中 兩言語에서 의미가 현저히 다르게 쓰이는 경우.

넷째, 日本漢字語와 같은 어형이 중국어에 없는 경우.

이 기준에 따라 일본식 한자어휘와 중국어를 대조해 놓은 자료집이 文化廳(1978)이다.[19]

첫째부터 셋째까지는 일본한자어휘와 중국어 어형이 같은 경우이고, 넷째는 양 언어의 어형이 서로 다른 경우가 된다. 따라서 넷째에 정리되어 있는 어형과 국어의 한자어휘를 대조해 보면 국어가 어느 쪽에 더 가까운지 분명하게 드러난다. 이 자료집에 나타나는 일본한자어휘와 중국어는 語形上 대략 다음과 같은 세 가지 측면에서 차이를 보인다.[20]

첫째, 한자형태소의 결합이 逆順으로 이루어져 있는 경우.

日本語	中國語
感銘	銘感
苦痛	痛苦
短縮	縮短
賣買	**買賣**
紹介	介紹
施設	設施
運搬	搬運
運命	命運
制限	限制
平和	和平

둘째, 일본어가 중국어보다 압축된 어형을 보이는 경우.

日本語	中國語
都心	都市中心
名作	有名的著作
不信	不守信用, 不相信
要因	主要原因
特定	特別指定

---

19) 다만 이 자료집은 엄밀한 면에서 많은 결함을 안고 있는 것으로 평가되고 있다. 따라서 이 자료집을 이용할 때에는 飛田良文·呂玉新(1986)에 의한 보완을 거치는 것이 좋을 것이다.
20) 자료집에 나타나는 어휘항목 중 국어의 한자어휘와 대조가 가능한 항목을 일부 선택하여 세 가지 유형으로 재정리하려는 것이다. 대상어휘는 2음절어 이상으로 한정한다.

셋째, 일본어와 중국어 어형이 서로 다른 경우.

日本語	中國語
家屋	房屋
看板	招牌
看護	護理
勘當	廢嫡
共學	同校
歸國	回國
勤務	服務, 工作
金曜日	星期五
今週	這星期, 本星期
給仕	侍者, 勤雜, 工友
急行	快車, 急性地赶到
寄付	捐錢, 捐助, 捐贈
氣分	情緒, 精神, 心情
亂暴	粗暴, 野蠻
來週	下星期
當事者	當事人
大金	巨款
大統領	總統
大學院	大學研究所
同級生	同班同學
同封	附在內信
萬年筆	自來水筆
滿點	滿分, 滿好
募金	募捐
木曜日	星期四
沒頭	埋頭
無關係	沒關係
無關心	沒關心
無禮	不恭敬, 沒有禮貌
無意味	沒有意味
文語	文言
未熟	沒熟, 不熟練
密接	密切

事務所	辦公室，辦事處
寫本	抄本
社說	報紙社論
社長	董事長，總經理
寫眞	相片
司會	主持會議，司儀
三面記事	社會新聞，第三版消息
上京	晋京，到東京去
相談	商量
宣敎師	傳敎師
洗濯	洗衣服
素朴	樸素
速達	快信
殺到	蜂擁而來
水泳	游泳
水曜日	星期三
遂行	執行，達到
順位	位次
食器	餐具
食事	飯，飯食
食卓	飯卓
食後	飯後
新規	新來，從新
新聞社	報社
新婦	新娘
野球	棒球
洋風	西式
餘裕	浮餘
年賀狀	賀年片
映畫	電影，影片
屋上	屋頭
料金	費
牛乳	牛奶
郵便局	郵局
運轉手	司機
元氣	很有精神
月給	薪水，月薪

月曜日	星期一
義理	人情, 情面, 情分, 面子
利點	優點, 長處
日曜日	星期日
自動車	汽車
自慢	自誇, 自滿
自轉車	自行車
自宅	家, 本宅
昨年	去年
貯金	存款
貯蓄	儲蓄
適切	恰當
弟子	學生, 門生, 徒弟, 學徒
早朝	淸早, 淸晨, 早晨
卒業	畢業
注文	訂貨, 叫
主催	主辦
遲刻	遲到
支店	分行
車掌	列車長(汽車의 경우), 售票員(버스의 경우)
淸書	謄淸
滯在	逗留
追放	驅逐, 出境
寢臺	床, 床舖
炭水化物	醣
土曜日	星期六
退院	出院
編成	編造, 編制
爆彈	炸彈
下宿	公寓
寒暖計	寒署表
玄關	房門口
歡談	暢談
火曜日	星期二
會社	公司
孝行	孝順
後輩	晚輩, 後班生

休講	停課
興味	興趣

이상의 어느 경우에나 국어의 한자어휘는 일본어 쪽에 훨씬 가깝다. 물론 여기에 예시되지는 않았지만, 국어의 한자어휘가 중국어 쪽에 가까운 경우도 적지 않다. 전통적인 국어한자어휘는 아무래도 중국어에 가까울 수밖에 없기 때문이다. 그럼에도 불구하고 현대국어에서 보편적으로 활용되고 있는 한자어휘는 일본어와 같은 경우가 대부분을 이룬다고 해도 과언이 아니다. 현대국어의 한자어휘체계는 그만큼 일본어의 간섭으로 변모를 입은 결과라고 할 수 있다. 여기에 '明渡, 編物, 言渡, 家出, 入口, 受取, 石女, 埋立, 賣上, 賣出, 賣渡, 追越, 織物, 買入, 買占, 貸切, 貸出, 貸付, 生藥, 切上, 切下, 組合, 組立, 小賣, 先取, 差押, 差出, 敷地, 下請, 品切, 据置, 競合, 競賣, 立場, 建坪, 手當, 手續, 手配, 取扱, 取下, 取調, 積立, 葉書, 引上, 引下, 引受, 引渡, 引出, 引繼, 船積, 見積, 見習, 見本, 呼出, 割引'과 같은 특수차용을 더한다면(宋敏1979), 현대국어의 한자어휘체계에 끼친 일본어의 영향은 엄청나리만큼 그 영역이 넓다. 이처럼 현대국어의 한자어휘체계에 큰 변모를 가져왔다는 점에서 일본식 한자어휘들은 신문명어휘로서의 위력을 크게 발휘했다고 할 수 있다.

6. 결 어

일본식 신문명어휘의 수용에 따라 현대국어의 한자어휘체계에는 커다란 변모가 일어났다. 본고에서는 우선 19세기 90년대를 대상으로 하여 그 윤곽을 알아보았다. 그 결과 이 시기에 이미 상당량의 신문명어휘가 국어에 수용되었음을 확인할 수 있었다.

신문명어휘의 성립과정은 우선 개별어휘사적 방법으로 추적할 필요가 있다. 이에 따라 본고에서는 '大統領'이란 일본식 번역어가 국어에 정착되는 과정을 더듬어 보았다. '大統領'이란 어휘는 19세기 중엽 일본어에서 이루어진 번역어로서, 李鑛永의 『日槎集略』(1881)에 그 모습이 처음 나타나지만, 그 후 10년이 넘도록 국가공식문서에는 '伯理璽天德'이라는 중국식 模寫形으로만 쓰여 왔다. '大統領'이란 어휘가 공식기록에 나타나는 시기는 1892년(고종29)이므로 이 어휘는 이미 19세기 90년대 초에 국어에 정착되었음을 알 수 있다.

신문명어휘의 성립과정은 종합어휘사적 방법으로도 구명될 필요가 있다. 이에 따라 본고에서는 일본어 학습서의 일종인 李鳳雲·境益太郎의 『單語連語日話朝雋』(1895)과 Gale, J. S.의 『韓英字典』(1897)에 나타나는 신문명어휘를 조사해 보았다. 그 결과 이 시기에 이미 일본식 신문명어로서의 번역어, 신조어가 적지 않게 국어에 정착되었음을 알게 되었다.

신문명어휘의 정착으로 국어의 한자어휘체계에 어떠한 변화가 일어났는지를 알아보기 위하여 『韓英字典』에 나타나는 일부 한자어휘의 의미를 조사해 보았다. 그 결과 '圖書, 發明, 發表, 發行, 放送, 産業, 社會, 生産, 食品, 新人, 室內, 自然, 中心, 創業'과 같은 어휘들은 아직 의미변화를 겪지 않은 채 개화기 이전의 전통적 의미를 유지하고 있었다. 그러나 이들은 그 후 의미개신을 겪은 결과 현대국어에서는 전통적 의미를 거의 모두 잃고 말았다. 일본식 신문명어휘가 이들 어휘의 의미에 개신을 불러 일으킨 것이다.

현대국어의 한자어휘체계는 그 어형이나 의미에서 중국어보다는 일본어에 훨씬 가까워졌다. 일부 한자어휘가 중국어에 가깝기는 하지만 보편적으로는 일본어 한자어휘체계에 보다 가까운 것이다. 그 이유야말로 일본식 신문명어휘의 대량 수용에 있다고 할 수 있을 것이다.

참고문헌

徐在克(1970), 開化期 外來語와 新用語, 『東西文化』 4, 啓明大.

宋 敏(1979), 言語의 接觸과 干涉類型에 대하여—現代韓國語와 日本語의 경우—, 『論文集』 10, 聖心女大.

_____(1985), 朝鮮通信使의 日本語 接觸, 『語文學論叢』 5, 國民大.

_____(1988), 朝鮮修信使의 新文明語彙 接觸, 『語文學論叢』 7, 國民大.

李漢燮(1985), 『西遊見聞』의 漢字語いついて—日本から人った語を中心に—, 『國語學』 141, 日本: 國語學會.

_____(1987), 『西遊見聞』에 받아들여진 日本의 漢字語에 대하여, 『日本學』 6, 東國大.

朝倉治彦 외 3人(1970), 『事物起源辭典 衣食住編』, 東京堂出版.

奧山益朗(1974), 『現代流行語辭典』, 東京堂出版.

樺島忠夫 외 2人(1984), 『明治大正新語俗語辭典』, 東京堂出版.

熊谷明泰(1987), 朝鮮語における借用語の研究方法—日本語からの原音借用語に關する調査に基づく考察—, 『日本文化研究』 3, 韓國外大.

見坊豪紀(1979), 『ことばのくずかご』, 筑摩書房.

_____(1983), 『〈'60年代〉ことばのくずかご』, 筑摩書房.

齋藤毅(1977), 『明治のことば』, 講談社.

佐藤亨(1983), 『近世語彙の研究』, 桜楓社.

_____(1986), 『幕末・明治初期語彙の研究』, 桜楓社.

白石大二(1965), 『國語慣用語句辭典』, 東京堂出版.

進藤咲子(1981), 『明治時代語の研究』, 明治書院.

杉本つとむ(1982), 『ことばの文化史』, 桜楓社.

_____(1983a), 『日本翻譯語史の研究』, 八坂書店.

_____(1983b), 『語源の文化誌』, 開拓社.

鈴木修次(1981a), 『文明のことば』, 文化評論社: 廣島.

_____(1981b), 『日本漢語と中國』〈中公新書 626〉, 中央公論社.

惣鄉正明・飛田良文(1986), 『明治のことば辭典』, 東京堂出版.

槌田滿文(1979), 『明治大正風俗語典』〈角川選書 107〉, 角川書店.

_____(1983), 『明治大正の新語・流行語』〈角川選書 63〉, 角川書店.

飛田良文・呂玉新(1986), 中國語と對應する漢語を診斷する, 『日本語學』 Ⅴ:6, 明治書院.

廣田榮太郎(1969), 『近代譯語考』, 東京堂出版.

文化廳(1978), 『中國語と對應する漢語』, 日本語教育研究資料.

宮地裕(1982), 『慣用句の意味と用法』, 明治書院.

森岡健二(1969), 『近代語の成立—明治期語彙編』, 明治書院.

_____(1978), 明治期の漢語, 『ことば』シリーズ 8, 文化廳, 「和語漢語」 所收.

柳父章(1982), 『翻譯語成立事情』〈岩波新書 黃版 189〉, 岩波書店.

米川明彦(1983~4), 近代語彙考證 ①~⑫, 『日本語學』 Ⅱ:4~12, Ⅲ:1~3, 明治書院.

出處 〈國民大 語文學研究所(1989. 2.), 『語文學論叢』 8: 69~88.〉

開化期의 語彙改新에 대하여

1. 서 언

조선왕조는 1894(고종 31) 內外官制를 대폭으로 바꾼 바 있는데 이것이 이른바 更張官制라는 것이다. 이 更張官制의 골격은 대체로 당시의 일본식을 모방한 것이어서 각급 官名이나 職名에는 신식어휘가 상당히 반영되어 있다. 특히 조선왕조의 전통적 관제에 없었던 신설관직의 명칭 하나하나에는 당시의 일본식 한자어휘가 적지 않게 수용된 것으로 여겨진다. 이러한 경향은 1894년 대폭적으로 정비된 議政府와 1899년(광무 3)에 신설된 元帥府 산하의 각급 관직명칭에 특히 두드러지게 나타난다.

更張官制를 기점으로 하는 관직명칭의 개편이나 재정비는 구한말인 20세기 초엽까지 꾸준하게 지속되었다. 가령 1899년 약간 뒤늦게 신설된 元帥府 산하의 관직은 그 후까지 개편이 거듭되면서 그 명칭이 거의 대부분 新式漢字語彙로 바뀌었다. 따라서 이때에 생겨난 관직명칭 가운데에는 전통적인 국어한자어휘와 전혀 다른 것도 많았다. 관직명칭의 개편을 통하여 語彙改新이 실현된 것이다.

사실 관직명칭에 나타나는 특정어휘들은 인위적인 造語나 合成으로 새롭게 태어나는 것이 많지만, 공적으로 널리 통용되다 보면 쉽게 일반어휘로 전용될 수 있는 성격도 지니고 있다. 이러한 의미에서 관직명칭의 변화는 부분적으로나마 名詞性 語彙體系의 改新과 밀접한 관계를 지니고 있다.

이에 본고에서는 更張官制 이후의 개화기에 이루어진 관직명칭의 변화를 통하여 한자어휘의 개신, 좀 더 구체적으로는 새로운 어휘의 수용실상과 그 체계 및 조어법의 일단을 어휘사적 측면에서 살펴보기로 한다.

2. 更張官制의 性格과 윤곽

조선왕조의 設官制度는 國初이래 그다지 근본적인 변화를 겪은 일이 없었으나, 1894년에 이르러서는 그 내용과 실질이 다같이 크게 달라졌다. 우선 국왕 밑의 중앙정부조직은 官內府와 議政府로 정비되었고, 議政府 산하는 內務, 外務, 度支, 軍務, 法務, 學務, 工務, 農商務의 八衙門으로 개편되었다. 이러한 개편의 배경을 『增補文獻備考』에서는 다음과 같이 밝히고 있다.

> 粤自更張以後 官制大變 廢置沿革 亦旣數矣 宮中府中之分 勅奏判任之別 盖欲參酌於時宜 未必悉符於古制[1]

한마디로 官制가 크게 변한 것은 '時宜'를 참작했기 때문이라는 것이다. 그 '時宜' 중 하나가 '勅任, 奏任, 判任'이라는 일본식 제도였던 것이다. 이 제도는 일본이 律令制 이래 시행해온 것으로서, 대일본제국의 헌법이 공포된 1889년(明治 22)부터는 시대에 맞도록 재정비되어 쓰이다가 제2차 세계대전의 종말과 함께 폐지된 것인데 그 내용을 잠간 정리해 보면 다음과 같다.

> 勅任官: 舊憲法下에서 天皇의 勅命으로 임명으로 二等 이상의 高等官.
> 奏任官: 天皇이 內閣總理大臣, 主管大臣, 宮內大臣의 奏薦에 따라 임명하는 三等이하 九等까지의 高等官.
> 判任官: 天皇의 위임을 받은 各省의 大臣, 地方長官 등 行政官廳의 長에 의하여 임명되는 高等官.

更張官制에는 이러한 일본식 삼분법이 그대로 수용되어 있는데 그 구체적인 내용은 다음과 같았다.

> 今 上三十一年 改定官秩 正一品大匡輔國崇祿大夫上輔國崇祿大夫 從一品崇政大夫 正二品資憲大夫 從二品嘉善大夫 以上勅任官 三品通政大夫 四品奉正郎 五品通善郎 六品承訓郎 以上奏任官 七品務功郎 八品通仕郎 九品從仕郎 以上判任官[2]

---

1) 『增補文獻備考』 卷之二百三十八 職官考二十五 更張官制.
2) 『增補文獻備考』 卷之二百三十八 職官考二十五 官品.

결국 更張官制는 正一品에서 從二品까지를 勅任官, 三品에서 六品까지를 奏任官, 七品에서 九品까지를 判任官으로 구분한 셈이어서 일본식 '勅奏判任之別'을 그대로 받아들인 것이나 다름없는 결과였다. 이렇게 되다보니 각급 관직명칭에도 당시의 일본식 어휘가 많이 수용되기에 이르렀고, 해가 거듭됨에 따라 관직명칭은 새롭게 달라졌다. 이러한 과정을 통하여 대부분의 관직명칭이 조선시대와는 사뭇 다른 모습을 띄게 되었다.

여기서는 그 윤곽을 어휘사적 관점에서 정리해 보기로 한다. 마침『增補文獻備考』卷之二百三十八에는 1894(高宗 31)에서 1904년(光武 8)까지 10년 동안에 일어난 관직명칭의 변화가 따로 정리되어 있다. 이를 대상으로 하여 당시의 관직명칭에 반영된 현대국어의 한자어휘개신을 살펴보자는 것이다.

1) 宮內府 산하의 官職 名稱

宮內各司의 통솔을 위하여 1894년에 설치된 宮內府에는 大臣, 協辨, 參議, 主事, 委員을 두었으나 1895년에는 參議가 參書官으로 바뀌고 委員은 없어졌다. 이와 함께 大臣官房에는 秘書官, 內事課長, 外事課長, 通譯官 등을 두었다. 1899년에는 새로운 內大臣을 두었으며, 1902년에는 內事課長을 文書課長으로 바꾸고 外事課를 없애는 대신 調査課長을 두었다.

이처럼 각급 관직은 1904년에 이르는 동안 수시로 개편되거나 신설되었다. 여기에 우선 宮內府 산하 각급 관직명칭의 종류를 분류해 보기로 한다. 단 官名의 변화만은 그 연대를 밝히되, 職名의 변화는 너무 복잡하므로 연대표시 없이 그 명칭의 종류만을 한 번씩 제시하기로 하겠다.[3]

① 宮內府(1894)[4]
大臣 協辨 參議 主事 委員 → (勅)大臣 內大臣 協辨 特進官 (奏)參議 參書官 秘
書官 內事課長 外事課長 通譯官 文書課長 調査課長 (判)主事
② 侍從院(1895)[5]

---

3) 勅任官, 奏任官, 判任官의 구별은 각기 (勅), (奏), (判)으로 표시한다. 다만,『增補文獻備考』卷之二百三十八 職官考二十五 更張官制의 경우, '勅任, 奏任, 判任'의 구분이 1894년(고종 31)에는 나타나지 않다가 그 이듬해인 1895년(고종 32) 官制가 개정되면서부터 나타난다. 따라서 본고에서도 1894년의 관직은 '勅, 奏, 判'의 구분 없이 표시하되, 1895년 이후의 개정관직에 새로 나타나는 구분은 화살표(→) 뒤에 따로 표시하기로 한다.

4) 신설된 官衙. 宮內各司를 통솔하였는데 그 산하에는 承宣院, 經筵廳, 奎章閣, 通禮院, 掌樂院, 內需司, 司饔院, 尙衣院, 內醫院, 侍講院, 內侍司, 太僕寺, 殿閣司, 會計司, 宗伯府, 宗親府 등이 있었다.

5) 신설된 官衙. 侍從侍講事務를 관장하였다.

(勅)卿 侍從長 侍講 (奏)侍從 副侍講 奉侍 承奉 (判)侍御 侍讀 主事 左侍御 右侍御

③ 承宣院(1894)6) → 秘書監(1895) → 秘書院(1895)

都承宣 左丞宣 右承宣 左副承宣 右副承宣 記注 記事 香室禁漏主事→ (勅)中丞 卿 (奏)丞 (判)郎

④ 奎章閣(1894)7) → 奎章院(1895) → 奎章閣(1896)

學士 直學士 直殿侍制 主事 校書司長 校書 記錄司長 → (勅)卿 學士 (奏)直學士 (判)校書 主事 直閣侍制

⑤ 經筵廳(1894)8) → 經筵院(1895) → 弘文館(1896)

大學士 學士 副學士 侍講 侍讀 → (勅)卿 侍講 大學士 學士 經筵官 (奏)副侍講 副學士 經筵官 (判)侍讀 副學士

⑥ 通禮院(1894)9) → 宗伯府(1894) → 掌禮院(1895)

左右通禮 相禮 翊禮 奉禮 鴻臚 大宗伯 宗伯 參議 祀香官 主事 →(勅)卿 少卿 (奏)掌禮 贊儀 相禮 (判)主事

⑦ 宗正府(1894)10) → 宗正司(1895) → 宗正院(1895)

長 主事 → (勅)卿 君 (奏)都正 正 副正 (判)主事

⑧ 貴族司(1895)11) → 貴族院(1895) → 敦寧院(1900)

(勅)卿 領事 判事 知事 同知事 (奏)僉知事 (判)主事

⑨ 會計司(1894)12) → 會計院(1895)

提擧 主事 → (勅)卿 (奏)出納司長 檢查司長 金庫司長 檢查課長 出納課長 (判)主事

⑩ 內醫院(1894)13) → 典醫司(1895) → 太醫院(1896)

提擧 太醫 長 主事 典醫 → (勅)長 都提調 卿 (奏)少卿 典醫 技師 (判)主事 典醫補

⑪ 內藏院(1895)14) → 內藏司(1895) → 內藏院(1899)

(勅)卿 長 監督 (奏)寶物司長 莊園司長 莊園課長 種牧課長 水輪課長 蔘政課長 貢稅課長 記錄課長 工業課長 典牲課長 技師 (判)主事

⑫ 水輪課(1898)15) → 水輪院(1902)

---

6) 承政院을 개편한 官衙. 大君主의 秘書를 관장하였다.
7) 그전부터 있었던 官衙.
8) 그전의 弘文館과 藝文館을 합친 官衙.
9) 그전부터 있었던 官衙.
10) 그전의 敦寧府와 儀賓府를 합친 官衙.
11) 신설된 官衙. 貴族의 事務를 관장하였다.
12) 신설된 官衙. 王室의 經費를 관장하였다.
13) 그전부터 있었던 官衙.
14) 신설된 官衙. 王室의 寶物과 世傳莊園을 관리하였다.
15) 신설된 官衙. 水輪灌漑의 事務를 관장하였다.

(勅)摠裁 副摠裁 監督 (奏)課長 技師 局長 (判)主事 技手

⑬ 警衛院(1901)[16]

(勅)摠管 摠務局長 (奏)摠務局長 警務官 (判)摠巡 主事

⑭ 禮式院(1900)[17]

(勅)長 副長 (奏)外務課長 繙譯課長 參理官 繙譯官 文書課長 會計課長 博文課長 (判)主事 繙譯官補

⑮ 鐵道院(1900)[18]

(勅)摠裁 監督 副摠裁 (奏)技師 鐵道課長 會計課長 文書課長 (判)主事 技手

⑯ 博文院(1902)[19]

(勅)長 副長 贊議 (奏)監書 參書 (判)記事 主事

⑰ 平式院(1902)[20]

(勅)摠裁 副摠裁 (奏)摠務課長 檢定課長 技師 (判)主事 技手

⑱ 綏民院(1902)[21]

(勅)摠裁 副摠裁 監督 (奏)摠務局長 參事官 (判)主事

⑲ 御供院(1904)[22]

(勅)卿 (奏)庶務課長 (判)委員 主事

⑳ 秘院(1902)[23]

(勅)監督 長 副長 (奏)檢務官 監董 (判)主事

㉑ 帝室制度整理局(1904)[24]

(勅)摠裁 議定官 (奏)秘書 (判)記事

㉒ 西北鐵道國(1900)[25]

(勅)摠裁 監督 局長 (奏)局長 技師 (判)主事 技手

㉓ 奉常司(1895)[26]

(勅)提調 都提調 (奏)長 副提調 (判)主事

㉔ 司饔院(1894)[27] → 典膳司(1895)

提擧 主事 → (奏)長 (判)主事

---

16) 신설된 官衙. 皇宮內外의 警備守衛와 糾察이나 戢捕事務를 담당하였다.
17) 신설된 官衙. 宮內의 交涉禮式, 親書나 國書 및 外國文書의 번역 등을 담당하였다.
18) 신설된 官衙. 皇室소속의 鐵道를 관장하였다.
19) 신설된 官衙. 內外國의 古今書籍과 新聞雜誌를 보관하였다.
20) 신설된 官衙. 度量衡의 製造와 檢定의 사무를 관장하였다.
21) 신설된 官衙. 本國의 外國旅行券을 관장하였다.
22) 신설된 官衙. 土地의 開墾과 種植, 川澤江海의 堤堰, 漁獵進排御供의 일을 담당하였다.
23) 신설된 官衙. 昌德宮의 後苑을 관리하고 지켰다.
24) 신설된 官衙.
25) 신설된 官衙. 西北鐵道를 직접 관장하였다.
26) 신설된 官衙. 祭禮의 管理와 樂工을 담당하였다.
27) 그전부터 있었던 官衙. 御供宴饗을 담당하였다.

㉕ 尙衣院(1894)[28] → 尙衣司(1895)

提擧 主事 → (奏)長 織造課長 技師 (判)主事 技手

㉖ 殿閣司(1894)[29] → 主殿司(1895)

提擧 守護內侍 → (奏)長 (判)主事

㉗ 管繕司(1895)[30]

(奏)長 技師 (判)主事

㉘ 物品司(1895)[31]

(奏)長 (判)主事

㉙ 太僕寺(1894)[32] → 太僕司(1895)

提擧 主事 內乘 → (奏)長 技師 (判)主事 內乘

㉚ 通信司(1896)[33]

(奏)長 電話課長 鐵道課長 技師 (判)主事

㉛ 濟用司(1904)[34]

(勅)長 (奏)副長 理事 檢察官 (判)主事

㉜ 管理署(1903)[35]

(勅)管理 副管 (奏)副管 理事 (判)主事

㉝ 礦學局(1901)[36]

(勅)局長 監督 (奏)局長 技師 (判)主事

㉞ 王太后宮(1895)[37]

(勅)大夫 (奏)理事 (判)主事

㉟ 皇后宮(1895)[38]

(勅)大夫 (奏)理事 (判)主事

㊱ 侍講院(1894)[39] → 翊衛司(1894) → 王太子宮(1895) → 侍講院(1896)

師 傅 貳師 賓客 贊善 輔德 弼善 進善 文學 司書 說書 諮議 翊衛 司禦 翊贊 衛率
副率 侍直 洗馬 典書官 → (勅)詹事 卿 日講官 書筵官 (奏)副詹事 侍讀官 書筵
官 (判)侍講官 侍從官 主事

---

28) 그전부터 있었던 官衙. 御服進供을 담당하였다.
29) 신설된 官衙. 殿閣에 대한 守護와 修繕을 담당하였다.
30) 신설된 官衙. 王室의 土木營繕을 담당하였다.
31) 신설된 官衙. 器物의 購買와 修補를 담당하였다.
32) 그전부터 있었던 官衙. 乘御車馬와 調馬 따위의 일을 관장하였다.
33) 신설된 官衙. 電話와 鐵道 등의 일을 관장하였다.
34) 신설된 官衙. 國內의 庖肆와 特種産物을 관장하였다.
35) 신설된 官衙. 國內의 山林城堡와 寺刹을 관장하였다.
36) 신설된 官衙. 礦産實業의 敎育을 담당하였다.
37) 신설된 官衙.
38) 신설된 官衙.
39) 그전부터 있었던 官衙.

㊲ 講書院(1894)[40]

師 傅 諭善 翊善 勸讀 贊讀 → (勅)日講官 諭德 (奏)副諭德 (判)贊讀 衛從

㊳ 皇太子妃宮(1895)[41]

(奏)大夫 (判)主事

㊴ 親王府(1900)[42]

(勅)摠辦 (奏)令 贊尉 (判)典讀 典衛

㊵ 王族家(1895)[43]

(奏)家令 (判)家令 家從

㊶ 宗人學校(1899)[44]

(勅)校長 導善 典訓 (奏)典訓 司誨 (判)司誨 典簿

㊷ 圜丘檀祠祭署(1897)[45]

(勅)提調 (判)令 參奉

㊸ 宗廟署(1894)[46]

提擧 → (勅)提調 (判)令 參奉

㊹ 社稷署(1894)[47]

提擧 → (勅)提調 (判)令 參奉

㊺ 永禧殿(1894)[48]

提擧 → (勅)提調 (判)令 參奉

㊻ 穆淸殿(1903)[49]

(判)令 參奉 衛長

㊼ 景孝殿(1898)[50]

(勅)提調 (奏)尙膳 (判)令 祀丞

㊽ 廟殿官(1894)[51]

提調 → (勅)提調 (判)衛將

㊾ 壇墓官(1899)[52]

(判)守奉官

---

40) 그전부터 있었던 官衙.
41) 신설된 官衙.
42) 신설된 官衙.
43) 신설된 官職. 王族의 各家에 두었다.
44) 신설된 學校. 宗正院에 속했다.
45) 신설된 官職.
46) 그전부터 있었던 官職.
47) 그전부터 있었던 官職.
48) 신설된 官職.
49) 신설된 官職.
50) 신설된 官職.
51) 肇慶廟, 慶基殿, 華寧殿에 두었던 官職. 각기 해당 地方官이 겸직하였다.
52) 肇慶壇, 濬慶墓, 永慶墓에 두었던 官職.

(50) 陵園官(1899)[53]
(勅)提調 整理使 (判)奉事 參奉 令 祀丞 守奉官 別檢 副使 參書官 主事
(51) 扈衛隊(1897)[54]
(勅)摠管

2) 議政府 산하의 官職 名稱

議政府는 과거부터 있어온 명칭을 그대로 이어받은 것이지만 그 실질적인 조직은 전면적으로 개편되었다. 1894년에 설치된 이 官衙에는 처음에 摠理大臣, 左贊成, 右贊成, 司憲, 都憲, 參議, 主事를 두는 동시에 軍國大小事務를 專議하는 軍國機務處, 百官에 대한 糾察을 담당하는 都察院, 顧問에 대비하는 中樞院, 그리고 記錄局, 銓考局, 官報局, 編史局, 會計局, 耆老所와 같은 직속기구를 두었다. 이에 따라 軍國機務處에는 摠裁, 副摠裁, 會議員, 書記官을, 都察院에는 長, 都憲 主事를, 中樞院에는 長, 參議, 主事를 두었으며, 各局에는 參議와 主事를 두었으나 고위직은 대부분이 겸직으로 되어 있었다. 얼마 안 되어서 여기에 會計審査局이 생겼는데 거기에는 長, 書記, 審査官을 두도록 되어 있었다.

이듬해인 1895년 議政府가 內閣으로 고쳐지면서 여기에 摠理大臣, 摠書, 記錄局長, 參書官, 秘書官, 主事를 두었으나 1896년에는 다시 내각을 議政府로 바꾸고 직명도 각기 議政, 參政, 贊政, 參贊, 摠務局長, 秘書官, 參書官, 主事로 개편하기에 이르렀다.

議政府 산하에는 이른바 八衙門 이외에 몇몇 관직이 더 있었지만 그 대부분의 조직은 宮內府보다 훨씬 현대적 명칭으로 되어있다. 이것은 그만큼 그 조직과 명칭에 일본식이 반영되어 있었음을 뜻한다. 여기에 그 윤곽을 宮內府의 예에 따라 훑어보기로 하겠다.

① 議政府(1894) → 內閣(1895) → 議政府(1896)
摠理大臣 左贊成 右贊成 司憲 都憲 參議 主事 會計審査局長 書記 審査官 →
(勅)摠理大臣 摠書 議政 參政 贊政 摠務局長 (奏)記錄局長 秘書官 參書官 (判)
主事

議政府의 예하에는 다음과 같은 직속기구들이 설치되었는데 이 기구의 직책은 대부분이 겸직이었다. 그 職名을 여기에 덧붙이기로 한다.

---

53) 각지의 陵園에 두었던 官職.
54) 신설된 官衙. 挾輦挾輿 등을 領率하였다.

軍國機務處(1894) 摠裁 副摠裁 會議員 書記官
　　都察院(1894) 長 都憲 主事
　　中樞院(1894) 顧問長 參議 主事
　　耆老所(1894) 主事
　　會計審査局(1894) 長 書記 審査官
② 中樞院(1895)[55]
　　(勅)議長 副議長 議官一等[56] (奏)議官二三等 參書官 (判)主事
③ 表勳院(1899)[57]
　　(勅)摠裁 副摠裁 議定官 (奏)製章局長 參書官 技師 (判)主事 技手
④ 內務衙門(1894)[58] → 內部(1895)
　　大臣 協辦[59] 參議 主事 → (勅)大臣 協辦 一等局長 (奏)二三等局長 參書官 視察
　　官 技師 (判)主事 技手

　內部에는 摠務局, 版籍局, 州縣局, 衛生局, 地理局, 祠寺局, 會計局이 있었는데, 각 국에는
參議와 主事라는 직책이 있었다. 또한 다음과 같은 부속기구도 있었다.

　　病院(1899) → 普施院(1900) → 廣濟院(1900)
　　(奏)長 技師 (判)醫師 製藥師

　또한 京外各道에는 種痘司를 세워 위원을 두었다.

　　惠民院(1901)[60]
　　(勅)摠裁 議政官 摠務 (奏)摠務 參書官 (判)主事
⑤ 外務衙門(1894)[61] → 外部(1895)
　　大臣 協辦 參議 主事 → (勅)大臣 協辦 局長 (奏)局長 參書官 繙譯官 (判)主事
　　繙譯官補

---

55) 처음에는 議政府의 직속예하기구로 그 조직도 달랐으나 1895년에 이르러 독립기구가 되었다.
56) 議官은 50員이었는데 처음에는 그중 一等을 勅任으로, 二三等을 奏任으로 구성하였다. 그러다가 1898년에는
　　一二三等을 없애고 議官 전원을 奏任으로 돌렸으나, 1899년에는 의관 10員을 勅任으로 40員을 奏任으로 다시
　　고쳤다.
57) 당초에는 과거의 忠勳府, 紀功局으로 바뀌어 議政府의 직속예하에 놓였으나 1899년 독립기구로 분리되었다.
　　勳位勳等, 年金, 勳章, 紀章, 褒章 및 外國의 勳章, 紀章의 受領과 佩用 등에 관한 일을 관장하였다. 1904년에는
　　다시 議政府의 직속예하가 되었다.
58) 吏曹를 고쳐 만든 官衙.
59) 이때의 '恊'은 『增補文獻備考』에서 '協'과 혼용되고 있다. 본고는 그때그때 원문을 그대로 따르기로 한다.
60) 신설된 官衙. 人民의 賑恤과 鰥寡孤獨의 救護를 담당하였으나 1903년에 없어졌다.
61) 종래의 交涉衙門을 개편한 官衙.

外部에는 摠務局, 交涉局, 通商局, 繙譯局, 記錄局, 會計局이 있었는데 각 국에는 參議와 主事라는 직책이 있었다. 또한 다음과 같은 산하기구도 있었다.

     外交官制(1895)
     (勅)特命全權公使 辦理公使 (奏)代理公使 參書官一二三等 (判) 書記生
     公使舘(1895)
     (勅)特命全權公使 (奏)代理公使 參書官 (判)書記生. 각 公使館에는 公使, 參書
     官, 書記生
     摠領事舘(1895)
     (奏)摠領事 領事 副領事 (判)書記生. 각 領事館에는 領事 書記生. 領事舘이 없는
     지역에는 (奏)通商事務官[62] (判)書記生
     知事署(1895)[63] → 監理署(1896)
     (奏)知事 監理 (判)主事
   ⑥ 度支衙門(1894)[64] → 度支部(1895)
     大臣 協辦 參議 主事 → (勅)大臣 協辦 局長 (奏)局長 參書官 財務官 技師 (判)
     主事 技手

度支部에는 摠務局, 主稅局, 主計局, 出納局, 國債局, 儲置局, 記錄局, 典圜局, 銀行局, 會計局, 印刷局, 量地局이 있었는데 각 국에는 參議와 主事라는 직책이 있었다. 또한 다음과 같은 산하기구도 있었다.

     管稅司(1895)
     (奏)長 (判)主事
     徵稅署(1895)
     (判)長 主事
     量地衙門(1898)[65]
     (勅)摠裁官 副摠裁官 (奏)記事員 (判)書記
     地契衙門(1901)[66]
     (勅)摠裁 副摠裁 (奏)記事員 委員 監理 (判)主事
     典圜局(1899)[67]

---

62) 領事를 두지 않는 곳에 두었다.
63) 각 港口에 두었던 官衙.
64) 戶曹를 고쳐 만든 官衙.
65) 신설된 官衙. 土地의 測量을 관장하였다. 1901년 地契衙門과 통합되었다.
66) 신설된 官衙衙 田土의 整理와 契券을 관장하였다. 1903년 度支部에 예속되었다.
67) 처음에는 度支部에 예속되어 있었으나, 1899년에 이르러 독립적인 官衙가 되었다. 貨幣의 제조를 관장하였다.

(勅)局長 管理 (奏)局長 技師 (判)主事 技手
⑦ 軍務衙門(1894)[68] → 軍部(1895)
大臣 協辦 參議 主事 → (勅)大臣 協辦 (奏)技師 (判)技手 主事
局長 (奏)局長 課長 局員 課員 技師 官房長 參書官 (判)主事 技手 房員

軍部에는 摠務局, 親衛局, 鎭防局, 海軍局, 醫務局, 機器局, 軍需局, 會計局이 있었는데 각 국에는 당연히 局長과 課長있었고 그 자리는 거의 현역무관으로 채워졌다. 1895년에는 그 조직이 軍務局에 軍事官, 馬政課, 外國課, 砲工局에 砲兵課, 工兵課, 經理局에 第一課, 第二課, 그리고 軍法局, 醫務局으로 크게 바뀌었다. 1899년, 1900년, 1904년에도 그 조직이 조금씩 달라졌는데 그때그때 새로 나타난 관직으로는 副長, 副官, 秘書課, 步兵課, 騎兵課 정도가 보이며, 나머지는 그전부터 있었거나 他 官衙에 나타나는 것들이다. 武官의 官秩은 將官, 領官, 尉官 등으로 구분되는데, 여기에 대해서는 다음에 나올 元帥府의 官職에서 다시 살펴보기로 하겠다. 한편, 軍部산하에는 다음과 같은 별도기구가 있었다.

陸軍法院(1900)
(勅)長 理事 (奏)理事 (判)錄事 主事
陸軍監獄署(1900)
(奏)長 (判)着守長 主事
軍器廠(1904)
(現役武官)提理 副官 主計 管理 副管理 副官 檢查官 餉官 醫官 (奏)技師 (判)主事 技手
⑧ 法務衙門(1894)[69] → 法部(1895)
大臣 協辦 參議 主事 → (勅)大臣 協辦 局長 (奏)局長 檢事 參書官 (判)主事

法部에는 摠務局, 民事局 刑事局, 會計局이 있었는데 각 국에는 參議와 主事라는 직책이 있었다. 또한 다음과 같은 산하기구도 있었다.

義禁司(1894) → 高等裁判所(1895) → 平理院(1899)
判事 知事 同知事 參議 主事 → (勅)裁判長 判事 檢事 豫備判事 (奏)判事 檢事 豫備判事 判事試補 檢事試補 (判)書記 主事 (기타)廷吏.

또한 皇族犯罪者가 생기면 特別法院이 설치되었으며 매년 3월부터 9월 사이에는 순회재

---

68) 兵曹를 고쳐 만든 官衙.
69) 刑曹를 고쳐 만든 官衙.

판관이 각 지방을 돌면서 민형사를 판결하였다.

漢城裁判所(1895)
(勅)首班判事 (奏)判事 檢事 檢事試補 (判)主事 (기타)廷吏

各 道와 各 港口 및 開市場에는 地方裁判所를 두었는데 해당지역 觀察使나 監理와 같은 地方官이 判事를 겸하였다.

法官養成所(1895)
(勅)長 (奏)教官 (判)教官
法律起草委員會(1895)
(勅)長 委員 (奏)委員
⑨ 學務衙門(1894)70) → 學部(1895)
大臣 協辦 參議 主事 → (勅)大臣 協辦 局長 (奏)局長 參書官 (判)主事

學部에는 摠務局, 成均館及庠校書院事務局, 專門學務局, 普通學務局, 編輯局이 있었는데 각 국에는 參議와 主事라는 직책이 있었다. 또한 다음과 같은 산하기구도 있었다.

觀象所(1895)
(奏)長 技師 (判)技手 書記
成均館(1895)
(奏)長 教授 (判)直員 教授 博士
師範學校(1895)
(奏)長 教官 (判)教官 副教官 教員
中學校(1899)
(奏)長 教官 (判)教官 書記
外國語學校(1895)
(奏)長 教官 (判)教官 副教官 書記
醫學校(1899)
(奏)長 教官 (判)教官 書記
商工學校(1899) → 農商工學校(1904)
(奏)長 教官 (判)教官 서記

---

70) 禮曹를 고쳐 만든 官衙. 禮曹의 업무였던 祭祀儀式은 掌禮院에 이관시켰으므로 學務衙門은 學政만을 專管하게 되었다.

礦務學校(1900)

(奏)長 敎官 (判)副敎官 書記

小學校(1895)

(奏)長 (判)敎員 副敎員

⑩ 工務衙門(1894)[71] → 農商工部(1895)[72]

大臣 協辦 參議 主事 → (勅)大臣 協辦 局長 (奏)局長 參書官 技師 (判)主事 技手

工部衙門에는 당초 摠務局, 驛遞局, 鐵道局, 礦山局, 燈椿局, 建築局, 會計局이 있었으나 1895년 農商衙門과 통합되어 農商工部가 되면서 각 국의 명칭도 摠務局, 農桑局, 工商局, 山林局, 水産局, 地質局, 獎勸局, 會計局으로 바뀌었으며 각 국에는 參議와 主事라는 직책이 있었다. 1898년에는 鐵道局, 印刷局이 추가되었다. 1901년에는 臨時博覽會事務所가 설치되어 委員長, 副長, 摠務官, 委員, 鑑事, 參書官, 主事가 배정되었으나 鑑事까지의 高位職은 모두가 겸직이었다. 다만, 이 기구는 1904년에 폐지되었다.

⑪ 通信院(1900)[73]

(勅)摠辦 會辦 (奏)局長 參書官 繙譯官 技師 (判)主事

산하기구로는 각 地方에 설치된 電報司와 郵遞司가 있었다.

電報司(1900)[74]

(奏)司長 技師 (判)摠司(主事)

郵遞司(1900)[75]

(奏)司長 (判)摠司(主事)

⑫ 警務廳(1894)[76] → 警部(1900) → 警務廳(1901)

警察使 警務使 警務官 書記官 摠巡 巡檢 監禁 副監禁 監守 主事 → (勅)警務使

---

71) 工曹를 고쳐 만든 官衙.

72) 여기서는 農業, 商業, 工業, 郵遞, 電信, 礦山, 船舶 등의 사무를 관장하였다.

73) 처음에는 農商工部의 通信局이었으나 이때에 독립기구가 되었다.

74) 전국 각지에 설치되었는데 漢城에는 摠司, 仁川, 元山, 釜山, 三和, 務安, 全州, 平壤, 義州, 沃溝, 昌原, 城津, 鏡城, 慶興, 會寧에는 一等司, 公州, 大邱, 開城, 海州, 金城, 雲山, 安州, 咸興, 殷山, 忠州, 洪州, 南原, 羅州, 濟州, 晉州, 固城, 安東, 江陵, 春川, 江界, 甲山, 博川, 原州, 北靑, 寧邊에는 二等司를 두었다. 1904년에는 다시 鍾城, 振威, 黃澗에 一等司, 始興, 天安, 魯城, 星州, 密陽, 稷山, 牙山, 全義, 連山, 珍山, 錦山, 永同, 金山, 漆谷, 淸道에 二等司를 두었다.

75) 電報司처럼 漢城에는 摠司, 기타 지방에는 一等司 또는 二等司를 두었다.

76) 左右捕盜廳을 합쳐 새로 만든 官衙.

(奏)警務官 (判)主事 摠巡 監獄署長 書記 看守長 →(勅)大臣 協辦 局長 (奏)警務
官 主事 摠巡 監獄署長 (判)看守長 主事 技手

이밖에 各 觀察府에는 摠巡, 各港口에는 警務官과 摠巡, 開市場에는 摠巡을 두었다.

⑬ 漢城府(1894)
　府尹 觀察使 參書官 主事 → (勅)判尹 (奏)少尹 (判)主事

기타 地方官으로서는 1895년 官制를 개정하면서 종전까지의 監司, 留守, 按撫使, 府尹, 牧使, 府使, 郡守, 庶尹, 判官, 縣令, 縣監을 모두 없애는 대신 23府 338郡으로 나누고 지역에 따라 觀察使, 參書官, 警務官, 郡守, 主事, 警務官補, 摠巡을 두었으나, 1896년에는 다시 23府를 없애고 13道를 두기에 이르렀다.[77]

3) 元帥府 산하의 官職 名稱

宮內府나 議政府보다는 뒤졌으나 1899년(光武 3)에는 元帥府가 설치되면서 그때부터 武官職이 재정비되어 나갔다. 우선 1894년에 정해진 武官職의 官品을 살펴보면 다음과 같다.

　大將正從一品階 副長正二品階 參將從二品階 正領副領參領正尉幷三品階 副尉參尉
　幷六品階 正校副校參校幷階外[78]

결국 武官職은 將官 領官 尉官 校官 기타로 구분될 수 있는데 이점이 文官職의 '勅奏判任之別'과는 크게 달랐다. 그러므로 武官職은 '將領尉校'에 따라 그 직책 달라질 수밖에 없었다. 이제 元帥府 산하의 官職을 정리해 보기로 한다.

① 元帥府(1899)
　(將)摠長 副元帥 (領)副長 (尉)局員 副官 (校·기타)下士
　처음에는 軍務局, 檢査局, 記錄局, 會計局을 두었으나 얼마 안 가서 局長은 摠長으로 바뀌었는데 1904년에는 다시 副元帥로 고쳐졌다.

---

77) 『增補文獻備考』 卷之二百三十八 職官考 二十五 地方官.
78) 『增補文獻備考』 卷之二百三十八 職官考二十五 官品.

② 侍從武官府(1904)

    (將)武官長 (領)侍從武官 (尉)侍從武官 (校·기타)書記

③ 東宮陪從武官府(1904)

    (將)武官長 (領)部從武官 (尉)陪從武官 (校·기타)書記

④ 親王附武官(1904)

    (尉)親王附武官 (校·기타)書記

⑤ 參謀部(1904)

    (將)摠長 局長 (領)副官 局員 (尉)副官 局員 (校·기타)餉官 (奏·判)繙譯官 (判)書記
    編輯員

⑥ 敎育部(1904)

    (將)摠監 副監 參謀長 (領)副監 參謀長 參謀官 副官 騎輜兵科長 砲工兵科長
    (尉)參謀官 副官 (校·기타)餉官 書記 (奏·判)繙譯官

⑦ 憲兵司令部(1900)

    (將)司令官 (領)隊長 (尉)副官 中隊長 小隊長 (校·기타)餉官 書記 分隊長

⑧ 訓鍊隊(1894) → 侍衛隊(1895)

    (領)聯隊長 大隊長 (尉)副官 餉官 中隊長 小隊長 武器主管 旗官 (校·기타)正校
    副校 參校

⑨ 親衛隊(1896)

    (領)聯隊長 (尉)副官 武器主管 旗官

⑩ 騎兵隊(1900)[79]

    (領)大隊長 (尉)副官 中隊長 小隊長 (校·기타)餉官 正校 副校 參校

⑪ 工兵隊(1900)[80]

    (尉)中隊長 小隊長 (校·기타) 正校 副校 參校

⑫ 輜重兵隊(1900)[81]

    (尉)中隊長 小隊長 (校·기타) 正校 副校 參校

⑬ 砲兵隊(1900)[82]

    (領)大隊長 (尉)副官 (校·기타)餉官

---

79) 騎兵隊는 이미 1895년에 창설되어 參領 등이 배치되어 있었으나, 1900년에 이르러 大隊로 확대 개편 되었는데
    그 소속은 侍衛隊였다.

80) 工兵隊는 일찍이 1895년에 창설되어 參領 등이 배치되어 있었으나, 1900년에 이르러 中隊로 확대 개편 되었는
    데 그 소속은 親衛隊였다.

81) 輜重兵隊는 이미 1895년에 창설되어 參領 등이 배치되어 있었으나, 1900년에 中隊로 확대 개편 되었는데 그
    소속은 親衛隊였다.

82) 砲兵隊는 1898년 親衛步兵 一中隊의 개편으로 창설되어 大隊長 등이 배치되어 있었으나, 1900년에 이르러 大隊
    로 확대 개편 되었는데 그 소속은 侍衛隊였다.

예하에는 다음과 같은 砲隊가 있었다.

　　　山抱中隊(1900)
　　　(尉)中隊長　小隊長　(校·기타)軍醫　獸醫　書記　正校　副校　參校
　　　野抱中隊(1900)
　　　(尉)中隊長　小隊長(校·기타)正校　副校　參校
　⑭　軍樂隊(1900)[83]
　　　(尉)中隊長　小隊長　(校·기타)軍樂長　參校　書記　正校　軍樂手
　⑮　訓鍊隊士官養成所(1895) → 武官學校(1898)
　　　(領)所長　校長　敎頭　學徒隊長　(尉)副官　敎官[84]　中隊長　學徒隊長　學徒隊副官　學
　　　徒隊中隊長　(校·기타)傳語官　醫官　繙譯官　繙譯官補　主事　助敎　獸醫　餉官　特務
　　　正校
　⑯　陸軍硏成學校(1904)[85]
　　　(領)校長　敎成隊長　(尉)副官　敎官　中隊長　敎成隊附　(校·기타)醫官　餉官　繙譯官
　　　書記
　　特務正校　助敎
　⑰　陸軍幼年學校(1904)
　　　(領)校長　(尉)副官　敎官　學徒隊中隊長　(校·기타)醫官　餉官　特務正校　助敎　馬術
　　　助敎
　⑱　鎭衛隊(1896)[86]
　　　(領)聯隊長　大隊長　(尉)副官　武器主管　旗官　中隊長　小隊長　(校·기타)餉官　正校
　　　副校　參校

3. 官職 名稱에 반영된 語彙改新

　　지금까지 更張官制와 그 이후 1904년까지의 官職 名稱을 官衙別로 훑어보았다. 우리는
이를 통하여 구한말엽 개화기의 관직 명칭에 많은 신식어휘가 반영되어 있음을 알 수 있다.
조선왕조시대의 전통적 한자어휘와는 크게 달라진 이들 신식어휘가 宮內府쪽보다 議政府와

---

83) 처음에는 軍樂隊였으나 1904년 中隊로 확대 개편되었으며 그 소속은 侍衛隊였다.
84) 敎官 중 法學科 5員은 奏判任의 文官으로 충당했다.
85) 陸軍의 領尉官에 대한 교육을 당당하였다.
86) 地方隊로서 地域에 따라 그 규모나 조직이 달랐다. 1898년, 1900, 1904년에는 지역에 따른 개편과 확대가 있었
　　는데 여기서는 1900년의 조직만을 제시하기로 한다.

元帥府쪽의 관직에 더욱 두드러지게 나타난다는 사실은 議政府와 元帥府 산하의 관직에 전면적인 개편이 뒤따랐음을 보여준다. 설제로 궁내부 산하의 관직에는 오히려 과거의 전통적 명칭이나 그 명칭의 한두 글자를 부분적으로 바꾼 신조어가 쓰이고 있으나, 議政府와 元帥府 산하의 관직에는 거의 전면적으로 개신된 명칭이 폭넓게 쓰이고 있다.

그런데 이들 신식명칭의 상당수는 바로 당시의 일본식 한자어휘였다. 그러므로 관직의 명칭이나 조직에 대한 일본식 한자어휘의 수용은 개화기의 국어어휘체계에도 적지 않은 영향을 끼쳤다고 볼 수 있다. 이를 한마디로 정리한다면 관직 명칭에 활용되는 한자어휘의 경우, 그 체계가 조선왕조시대의 그것과는 현저하게 멀어져 현대국어화했다고 할 수 있다. 여기서는 이러한 어휘개신의 일단을 잠시 검토하기로 한다.

1) 전통적 語彙

여기에도 실상은 두 가지 유형이 섞여 있다. 그 하나는 조선왕조시대의 관직명칭이 그대로 계승되어 쓰인 경우이고, 다른 하나는 과거의 명칭을 기반으로 삼아 그중 한두 글자를 바꾸어 넣은 일종의 신조어라고 할 수 있다.

우선 과거의 명칭이 그대로 이용된 사례를 약간만 가나다 順으로 모아보면 다음과 같다.

> 監察 觀察使 郡守 奎章閣 記事 記注 內衣院 輔德 奉常司 副率 府尹 賓客 司書 司禦 司憲 相禮 說書 洗馬 侍講(院) 侍讀 侍直 衛率 貳師 議政府 翊善 翊衛 翊贊 諮議 典簿 典牲(課長) 提擧 濟用司 (都)提調 中樞院 贊善 (左·右)贊成 參贊 通禮 (院) 特進官 判尹 弼善 扈衛隊

이들 모두가 과거에도 문자 그대로의 모습으로 쓰인 적이 있었다는 말은 물론 아니다. 가령 賓客이나 洗馬는 각기 左·右賓客이나 左·右洗馬와 같은 관직 명칭에서 나왔다는 뜻이지, 그 자체가 과거에도 쓰였다는 뜻은 아니다. 요컨대 위에 보인 사례들은 과거에 조선왕조시대부터 쓰인 적이 있는 관직명칭의 핵심부분과 그 형태나 의미가 대체로 일치된다는 뜻이다. 그러므로 이 유형에 속하는 관직명칭은 전통적인 어휘의 표본이라고 할 수 있다.

다음에는 과거의 관직명칭에 약간의 손질을 더하여 한두 글자만을 다르게 바꾼 경우가 된다. 이 유형의 사례로는 다음과 같은 것들이 있다.

監董 監書 監守 勸讀 內乘 內藏院 大夫 導善 都憲 奉禮 奉侍 祀享官 司誨 書筵官 小尹 侍御 侍制 御供院 衛從 諭德 諭善 翊禮 日講官 掌禮(院) 典讀 典書官 典膳司 典醫 典訓 宗伯(府) 宗正府 主殿司 贊讀 贊尉 贊儀 贊政 參書 詹事 太僕司 太醫院 協律郎

이들은 모두가 신조어들임에도 불구하고 표면상으로는 그 모습이 전통적 관직명칭과 매우 흡사하다. 그 이유는 여기에 이용된 한자형태소 하나하나가 조선왕조시대의 관직명칭에 흔히 쓰인 것들이기 때문일 것이다. 말하자면 그 조어방식에는 전통적인 경향이 다분히 반영되어 있다고 할 것이다. 그러므로 이 유형의 관직명칭은 과도기적 어휘의 전형이라고 할 수 있다.

다만 이들 어휘 모두를 과도기적 신조어라고만 단정하기는 아직도 조심스럽다. 가령 위에 보이는 太僕司의 경우 어쩌면 唐代나 淸代의 太僕寺를 차용했을지도 모르며, 更張官制에 잠시 나타났다가 곧 없어지고만 鴻臚(掌禮院)의 경우 어쩌면 唐代의 鴻臚寺를 토대로 삼았을지도 모르기 때문이다. 이러한 사례는 얼마든지 있다. 예컨대 更張官制의 參議는 조선왕조 시대에 나타나는 관직명일 뿐 아니라, 淸代와 日本官制에도 다 같이 보인다. 이 경우 그 토대가 어느 쪽인지를 판단하기는 불가능할 수밖에 없다. 卿, 小卿, 中丞, 丞, 郎과 같은 일련의 관직명에 대해서도 같은 말을 할 수 있다. 그러나 議政府 직속산하에 잠시 설치되었던 都察院은 淸代의 都察院을 본떴을 가능성이 크다. 하나하나의 세세한 측면에 대해서는 앞으로의 검토가 있어야 할 것이다.

2) 改新語彙

이 유형에 속하는 관직명칭은 국어의 전통적 한자어휘와는 거리가 꽤 먼 신식어휘들이다. 우선 議政府나 元帥府의 官名 대부분이 그렇다고 할 수 있다.

警衛院 警務廳 高等裁判所 工兵隊 公使舘 管稅司 礦務學校 軍樂隊 宮內府 貴族司 騎兵隊 法官養成所 法律起草委員會 病院 士官養成所 師範學校 商工學校 小學校 侍從武官府 領事舘 外國語學校 郵遞司 元帥府 陸軍監獄署 陸軍法院 醫學校 臨時博覽會事務所 電報司 中學校 徵稅署 參謀部 鐵道院 摠領事舘 輜重兵隊 親衛隊 通信司 砲兵隊 憲兵司令部 會計院

이들 어휘에 포함되어 있는 監獄署, 博覽會, 法院, 司令部, 事務所, 養成所, 委員會, 裁判所, 參謀部나 工兵, 騎兵, 陸軍, 輜重兵, 砲兵, 憲兵 등은 그 형태와 의미가 신식이어서 전통적인 한자어휘와는 크게 다르다. 이들의 수용과정을 여기에 한마디로 밝히기는 난감하지만 그 대부분은 당시의 일본어를 고스란히 수용했을 것으로 추정된다. 예컨대 위에 예시된 官職名 중 宮內府나 元帥府는 日本官制의 명칭을 많이 옮겨온 것으로 보이기 때문이다. 한 가지 재미있는 사실은 '病院'이라는 관직명이다. 이 어휘는 일찍이 17세기에 중국에서 활동한 바 있는 가톨릭 선교사들의 번역어로 생각되고 있는데, 일본에서는 18세기부터 蘭學者들이 이를 널리 썼던 것으로 알려져 있다(杉本つとむ1983: 216~217). 이 단어는 李鑅永의 『日槎集略』(1881)에 '療病院'으로 나타나며(宋敏1988: 61), Gale의 『韓英字典』(1897)에는 '病院'으로 나타난다(宋敏1989). 그런데 이 말이 官職名으로 채택된 것은 1899년(光武 3)이었다. 그런데도 '病院'이라는 官職名은 이듬해인 1900년 '普施院'으로 고쳐졌다가 다시 '廣濟院'으로 바뀌었다. '病院'이라는 명칭이 적어도 그때까지의 국어로서는 부자연스러운 단어가 아니었을까 짐작된다.

이러한 신식어휘는 관직명에도 허다하게 나타난다. 특히 議政府와 元帥府는 그 관직명의 대부분이 신식어휘로 채워져 있다. 우선 그 직명의 윤곽부터 가나다順으로 정리해 보면 다음과 같다.

看守長 監督 監理 鑑事 建築局長 檢務官 檢査(官·課長) 檢事(試補) 檢定課長 檢察官 經理局長 警務(官·使) 警察使 工兵謀長 工業謀長 公使(館) 官報局長 礦山局長 教官 教頭 交涉局長 教員 國債局長 軍務局長 軍法局長 軍事課長 軍需局長 軍樂(長·手) 旗官 記錄(司·局·課長) 騎兵謀長 技師 技手

內大臣 內事課長 農務局長

大隊長 代理公使 大臣

武官(長) 文書課長 民事局長

飜譯(官·課長) 步兵課長 副官 副教官 副教員 副領事 副元帥 副議長 副長 副摠裁 副判事 分隊長 秘書(官·謀長)

山林局長 山砲中隊長 商工局長 書記(官·生) 庶務課長 小隊長 獸官 首班判事 水産局長 視察官 審査官

野砲中隊長 聯隊長 領事 豫備判事 外務課長 外事課長 衛生局長 委員 醫官 議官 醫務局長 議長 議定官 理事 印刷局長 銀行局長

財務官 裁判長 電話課長 廷吏 製藥師 製章局長 助教 調査課長 主計局長 主事 主稅局長 中隊長 地理局長 地質局長 織造課長 鎭防局長

參理官 參謀(長·官) 參事官 參書官 鐵道(局·課長) 摠監 摠領事 摠理大臣 摠務 (官·局·課長)摠長 摠裁 摠辦 出納課長 親衛局長

通商局長 通商事務官 通譯官 特命全權公使

辦理公使 判事試補 版籍局長 編史局長 編輯局長 砲工局長 砲兵課長

海軍局長 餉官 協辦 刑事局長 會計課長 會議員 會辦

이 중에는 신식어휘라고 보기에는 약간 의심스러운 것도 포함되어 있으나, 그 상당 부분은 更張官制 이전의 개화초기부터 이미 국내문헌에 나타나기 시작한 한자어들이다. 그 하나하나의 유래를 여기에 당장 밝히기는 어려우나, 大臣(摠理大臣, 內大臣)이나 主計局은 아무래도 日本官制의 직접적인 영향으로 보인다. 官職에 널리 이용된 局·課의 조직, 試補(判事試補, 檢查試補), 그리고 바로 위에는 예시되지 않았으나 '-補(飜譯官補, 醫務官補)'나 '-附(敎成試附)'와 같은 官職名用 의존형태소는 일본어식임에 거의 틀림이 없을 것이다. 물론 이들 중에는 摠辦, 協辦과 같은 근대중국어도 들어있다. 그러나 그밖의 많은 관직명은 직접간접으로 국어에 조금씩 수용된 일본식 한자어휘로 보인다. 그것은 이들이 개화기 이전의 전통적 국어한자어휘로서는 사뭇 생소할 뿐 아니라, 그 형태나 의미가 일본어와 잘 맞아떨어지기 때문이다. 물론 거기에는 의외의 예외가 포함되어 있을 가능성도 있다. 여기에 대해서는 앞으로 한자어휘사적 관점에서 좀더 면밀한 검토가 이루어져야 할 것이다.

끝으로 관직명칭은 아니지만 更張官制에는 다음과 같은 개신어휘도 나타난다.

外國旅行券(綏民院)
勳位勳等 年金, 勳章, 紀章, 褒章(表勳院)
軍人, 軍屬(軍部)
司法, 行政, 恩赦, 復權(法部)
農業, 商業(農商工部)
判決, 不服, 上訴(平理院)
民形事訴訟(漢城裁判所)
郵遞, 電信(通信院)
警察事務(警務廳)
軍事行政, 司法警察(憲兵司令部)

여기에 나타나는 어휘들은 조선왕조시대에는 아예 없었거나, 있었더라도 그 의미가 개화기와는 다르게 쓰였다고 볼 수 있다. 이들은 개화기의 문화나 제도를 나타내는 신문명어휘들이기 때문이다. 여기서도 당시의 어휘개신에 대한 일면을 엿볼 수 있다.

4. 결 어

 지금까지 개화기의 관직명칭을 통하여 그 속에 투영된 한자어휘의 개신을 개략적으로나마 살펴보았다. 그 결과 更張官制(1894, 高宗 31) 이후의 관직명칭에는 전통적 어휘나 전통성을 강하게 띄고 있는 신조어도 적지 않으나, 그보다 많은 부분은 신식한자어휘로 이루어져 있음을 알게 되었다. 이들 신식어휘의 대부분은 당시의 일본식 한자어휘를 직접간접으로 받아들인 결과가 아닐 수 없다.

 이러한 신식어휘의 수용으로 관직명칭에 오래동안 쓰여온 국어의 전통적 한자어휘는 이미 개화기간 중 그 모습을 크게 잃고 말았다. 관직명칭이 어휘개신의 속도를 재촉한 것으로 믿어진다. 그러나 이때의 관직명칭은 단순히 한자어휘의 개신만을 촉진시킨 것이 아니다. 어휘체계와 조어법에도 약간의 변화를 불러일으킨 것이다.

 개화기의 관직명칭은 位階에 따른 어휘의 대립을 새로 이룩해 놓았다. 摠理大臣~大臣~協辦, 摠裁~副摠裁~監督, 議長~副議長~議官, 局長~課長, 技師~技手, 聯隊長~大隊長~中隊長~小隊長~分隊長, 司令官~副官, 校長~教官과 같은 어휘의 짝들은 체계내의 의미대립을 나타내고 있다. 이러한 결과는 관직명칭에 따르기 마련인 위계적 의미 때문에 생겨난 것이다. 이러한 어휘적 대립은 완전히 개화기 이후의 산물이라고 할 수 있으며 이 또한 어휘개신의 일면을 나타낸다.

 更張官制의 관직명칭은 조어법에도 약간의 새로운 방식을 가져다 주었다. 그 두드러진 사례가 '-長'이나 '副-'와 같은 파생형태소라고 할 수 있다. '-長'은 많은 관명에 접미사로 활용되어 司長(校書司長, 記錄司長, 貴族司長, 內藏司長), 院長(傳文院長, 中樞院長, 禮式院長), 所長(法官養成所長, 觀象所長), 校長(中學校長, 醫學校長), 隊長(聯隊長, 大隊長, 中隊長, 小隊長, 分隊長, 學徒隊長), 館長(成均館長), 局長(摠務局長), 課長(摠務課長)과 같은 어휘를 생산적으로 파생시켰다. 그 반면 '副-'는 많은 직명에 접두사로 활용되어 副教官, 副教員, 副領事, 副元帥, 副議長, 副摠裁, 副判事와 같은 어휘를 파생시킬 수 있게 되었다. 이러한 파생법은 조선시대에도 없지 않았으나 개화기의 관직명칭을 통하여 그 세력이 더욱 확대되었다고 볼 수 있다. 특정직에 국한되어 사용되기는 했지만, '-補(繙譯官補, 警務官補), -試補(判事試補, 檢査試補), -附(教成隊附)'와 같은 日本官制式 파생형태소도 조어법에 새로 참여하게 된 접미사라고 할 수 있다.

이 모든 사실들은 更張官制 이후 관직명칭의 개편이 당시까지의 전통적 어휘항목은 물론, 어휘체계와 조어법에도 그 나름대로 개신을 불러일으켰다는 증거가 된다. 다시 말하면 官制 이후의 관직명칭은 개화기의 국어어휘개신에 중요한 구실을 맡았던 것이다. 그뿐만 아니라 이때의 신식어휘들은 그 대부분이 현대국어에까지 계승되어 쓰이고 있다. 따라서 현대국어의 한자어휘 중에는 개화기의 어휘개신에 따라 비로소 그 형태의 의미가 국어에 정착된 것도 많음을 알 수 있다.

참고문헌

宋　敏(1988), 朝鮮修信使의 新文明語彙 接觸, 『語文學論叢』 7, 國民大.
_____(1989), 開化期 新文明語彙의 成立過程, 『語文學論叢』 8, 國民大.
杉本つとむ(1983), 『日本飜譯語史の硏究』, 東京: 八坂書店.

出處 〈國民大(1992. 2.), 『語文學論叢』 11: 41~61.〉

開化期 國語에 나타나는 新文明語彙

1. 서 언

현대국어에서 보편적으로 쓰이고 있는 각양각색의 어휘 중에는 여전히 한자어가 많다. 이들 한자어는 특히 학술, 문화, 과학, 산업, 기술과 같은 특수분야의 학술적 전문용어로서 널리 활용되고 있을 뿐 아니라, 정치, 경제, 법률, 사회, 예술처럼 비교적 일반인의 일상생활과 관계가 깊은 분야의 전문용어로서도 매우 큰 비중을 차지하고 있다. 다만 이들 전문용어 중에는 이미 학문적 전문성을 벗어나 일상생활에까지 자연스럽게 쓰이고 있는 어휘도 적지 않다. 그만큼 현대국어에는 각 분야에서 쓰이던 전문용어가 일반화하여 비전문인에게도 상식적으로 통용되는 경우가 적지 않은 것이다.

어휘사적 관점에서 이들 한자어는 크게 두 가지 부류로 나뉠 수 있다. 그 하나는 전통적 한자어인데, 이들은 다시 중국어에서 수용된 한자어와 국내에서 독자적으로 생성된 한자어로 구분된다. 대부분의 전통적 한자어는 이미 오래 전에 주로 漢文典籍을 통하여 간접적으로 국어에 수용되었다. 이들 중국어 기원의 한자어는 문자에 의한 間接借用이기 때문에 그 발음은 처음부터 국어식 한자음으로 통용되어 왔다. 한편, 전통적 한자어의 일부는 국내에서 자생적으로 형성된 한자어로 이루어져 있다. 요컨대 여기까지의 전통적 한자어는 말하자면 고전적 한자어라고도 할 수 있다.

그러나 현대국어의 한자어 가운데는 어휘사적으로 전통적, 고전적 한자어와는 구별되는 또 하나의 부류가 있다. 개화기 이후의 문명화 과정에서 새로 생겨난 한자어로서, 이른바 新文明語彙에 속하는 부류라고 할 수 있다. 개화기를 계기로 하여 서양문명에 관한 지식이 국내에 확산되면서 국어의 어휘체계에도 급속한 改新이 일어나기 시작하는데, 그러한 개신은 고유어보다도 특히 한자어 체계에 현저하게 나타난다. 말하자면 국어의 근대화는 곧 한자어 체계의 근대화라 할만한 것이다.

한자어 체계의 개신은 크게 두 가지 방향으로 진행되었다. 우선 상당수의 전통적 한자어에 의미변화가 일어났다. 개화의 물결과 더불어 정치제도는 물론 그에 따른 사회구조와 문화전반에 걸친 대폭적인 변화가 이어지면서 전통적 한자어의 의미만으로는 신시대, 신문화의 사고나 개념을 제대로 표현할 수 없었다. 이러한 시대적 흐름 속에서 새로운 개념을 표현하는 어휘가 대량으로 필요해진 것이다. 우선 처음에는 전통적 한자어의 의미가 새로운 개념으로 轉用되었다. 이 과정에서 필연적으로 의미 변화가 이루어진 것이다. 그러나 전통적 한자어만으로는 신문명의 개념을 남김없이 수용할 수 없었다. 엄청난 양의 새로운 어휘가 필요해진 것이다.

이렇게 되자 일부의 새로운 한자어가 일시적으로 생겨나기도 하였다. 그러나 밀려드는 신문화, 신문명의 개념을 감당하기에는 턱도 없이 부족한 형편이었다. 개화 초기의 처음 한동안은 마침 중국의 계몽적 사상서적을 통하여 유입되는 신식 한자어를 이용할 수 있었으나, 그 또한 간접적이었기 때문에 곧 한계점에 이르렀다. 때마침 쇄국이 풀리고 일본과 통상이 시작되자, 수신사가 여러 번 일본을 돌아보게 되면서, 일본과 점차 밀접한 관계가 이루어지게 되었다. 자연히 수신사 일행 이외에도 상업적인 여행자나 학업을 위한 유학생의 일본출입이 늘어나면서, 그들을 통하여 일본어에서 쓰이고 있던 신문명어휘가 조금씩 국내에도 알려지기 시작하였다. 개화기가 무르익으면서 일본어에서 이루어진 신문명어휘가 더욱 많이 밀려들어 왔다. 이들 대부분은 한자어 형식으로 표기되었기 때문에 문자를 통하여 손쉽게 국어에 수용될 수 있었다. 다만 중국어 기원의 전통적 漢字語가 그랬듯이 일본어 기원의 신생한자어 또한 간접적인 차용이었으므로 그 발음은 처음부터 국어식 한자음으로 받아들여졌다.[1]

이러한 과정을 통하여 국어의 한자어 체계는 커다란 변화를 겪게 된다. 본고에서는 이러한 신문명어휘가 어떻게 국어의 어휘체계 내에 정착되는지를 알아보는 동시에, 몇 가지 개별적인 항목의 수용과정을 살펴봄으로써, 개화기 이래 급속하게 진행된 한자어의 改新이 어떠한 방향으로 전개되었는지를 밝히게 될 것이다.

---

1) 일본어에서는 한자어 형식으로 표기되었다 해서 그 발음이 무조건 한자어식 音讀으로 이루어지는 것은 아니다. 어떤 경우에는 音讀, 어떤 경우에는 訓讀, 또 어떤 경우에는 混合讀, 그밖에도 여러 가지 방식의 讀法이 있는 것이다. 이렇게 다양한 방식은 오랜 전통 속에서 이루어진 결과인데, 특히 德川幕府 시대 말엽부터 明治시대에 걸쳐서는 서양문명을 받아들이면서 그 다양성이 더욱 복잡해졌다. 新文明語의 대부분은 표기상으로 한자어 형식이 많은데, 그 讀法은 西洋語의 발음을 나타내는 등 새로운 방식이 추가되었기 때문이다. 그러나 국어에서는 일본인의 다양한 讀法과 관계없이 그들의 한자어 표기를 모두 문자 그대로 받아들이면서 국어식 한자음으로 읽는 방식을 따르고 있는 것이다.

2. 漢字語 改新의 방향

일반적으로 외래문물에 대한 개념이나 지식이 처음으로 전해질 때, 그 새로운 의미를 자국어의 전통적인 어휘나 표현만으로는 정확하게 전달하기가 어려울 수밖에 없다. 외래문물의 의미와 자국어의 전통적인 의미가 정확히 대응되는 적이 별로 없기 때문이다. 이에 따라 외래문물의 개념을 나타내기 위해서는 몇 가지 방식이 동원된다.

첫째, 외래어의 발음을 자국문자로 模寫하여 쓰는 방식이다. 말하자면 직접차용에 해당한다. 그러나 개화기를 통하여 이러한 직접차용이 이루어진 일은 미미한 정도에 지나지 않는다. 그 원인은 서양문물에 대한 지식이 개화초기 곧 19세기 80년대 초엽까지의 한동안은 중국서적을 통하여 간접적으로 국내에 전해졌기 때문이다. 중국서적이다 보니 인명이나 지명이나 국가명은 물론이고, 직접차용에 의한 일반명사라 할지라도 모든 표기가 한자로 이루어져 있기 때문에, 그 어형이나 발음을 그대로 옮겨놓으면 그만이었다. 가령 영어의 tele-phone을 鄭觀應은 『易言』(1880)[2]에서 '爹釐風'(上卷 論電報)으로 音寫하고 있는데, 언해본 『이언』(1883?)에서는 이를 '다리풍'(권일 론뎐보)으로 옮기고 있는 것이다.

80년대 중엽부터는 서양문물에 대한 지식이 중국보다 오히려 일본 쪽에서 더 많이 국내에 전해지기 시작하였다. 그러나 이때에도 일본에서 이루어진 한자어 형식의 번역어가 그대로 국내에 전해지는 일이 예사였으므로, 西洋 諸語로부터 直接借用이 생기는 일은 별로 없었다. 결국 외래어에 대한 직접차용은 19세기 90년대 이후부터 조금씩 나타나기 시작한 듯하다.

둘째, 외래적인 신문명의 개념을 표현하기 위하여 기존의 전통적인 어휘를 轉用하는 방식

---

2) 최근의 연구에 의하면 이 책의 초판이 간행된 것은 1880년으로 추정된다. 『易言』에는 두 가지 판본이 있는데, 그 하나는 1880년 中華印務總局에서 출판된 36篇本이고, 다른 하나는 上海淞隱閣에서 간행된 연대미상의 20篇本이다. 한 동안 20편본 『易言』은 36편본의 刪節本으로 여겨지기도 했으나, 20편본에 나타나는 '西學'이 36편본에는 아예 없으며, '販奴' 또한 36편본의 '論招工'에 해당하나, 이는 그의 前著『救時揭要』(1873?)에 '澳門猪仔論, 續澳門猪仔論, 求救猪仔論, 論禁止販人爲奴, 救猪仔巧報, 記猪仔逃回訴苦略'으로 구분되어 있던 6편을 합친 내용이다. 결국 20편본은 36편본의 간단한 刪削이 아니며, 操作者 또한 저자 자신이라는 것이다.
그런데 『易言』의 初版年代는 鄭觀應의 그 후 저술인 『盛世危言』(1893?) 14권본 凡例에 同治十年이라는 언급이 나타나기 때문에 1871년으로 추정되기도 했으나, 여기에는 저자의 착오가 있었던 것으로 해석되고 있다. 『盛世危言』 14권말 범례에 『易言』은 『救時揭要』의 '續集'이란 언급이 나타난다. 그렇다면 1873년에 초판이 간행된 것으로 보이는 『救時揭要』보다 먼저인 1871에 『易言』이 간행되었다고는 볼 수 없다는 것이다. 거기다가 『易言』의 내용 가운데에는 1871년 이후의 역사적 사실(예컨대 1879에 이루어진 일본의 流球呑倂)이 나타난다. 이로써 『易言』의 初版年代를 1871년으로 보기는 불가능하며, 현재 찾아볼 수 있는 36편목 『易言』의 가장 빠른 연대는 1880년이므로, 이를 초판 년대로 볼 수 있다는 것이다. 謝俊美 主編(1998) 所收, 王貽梁, "七尺身軀大丈夫百年世事竟如何"-鄭觀應與 『盛世危言』 참조.

이다. 말하자면 意味借用에 해당한다. 그런데 외래적인 의미만을 차용하는 데에는 한자어가 적격이다. 한자어 중에는 의미영역이 비교적 추상적이고 포괄적인 것이 많기 때문에, 기존의 전통적, 고전적 의미를 확대시키거나 축소시키는 방식으로 轉用할 수도 있고, 새로운 개념을 추가하는 방식으로 轉用할 수도 있다. 대부분의 신문명어휘는 사실상 이 유형에 속하며, 개화기 이전의 전통적, 고전적 한자어 중에는 이 방식을 통하여 전용되는 과정에서 意味의 改新 또는 變化를 겪은 사례가 적지 않다.

이 방식은 특히 일본과 중국의 문명개화 과정에서 널리 활용되었는데, 그 여파는 자연히 개화기 국어에 나타나는 한자어의 어형과 의미에 적지 않은 영향을 끼쳐, 국어의 한자어휘체계에도 상당한 변화를 불러일으켰다. 넓은 의미로 본다면 이러한 의미변화나 개신을 거쳐 새로 태어난 한자어도 新文明語라고 할 수 있다.

셋째, 새로운 조어를 통하여 새로운 문물이나 개념을 표현하는 방식이다. 새로운 조어라고 해도 거기에는 여러 가지 방식이 있을 수 있다. 대표적인 유형으로는 중국 고전에 나타나는 '經世濟民, 洪範九疇'와 같은 전통적 慣用句를 '經濟, 範疇'처럼 축약시켜 새로운 의미로 轉用하는 방식이다. 또 하나의 유형으로는 '反-革命, 超-自然, 讀後-感, 一般-化'처럼 새로운 파생어를 만들거나, '農民-階級, 同化-作用, 封建-主義 社會-問題, 自然-科學'처럼 새로운 합성어를 만들어 새로운 개념을 표현하는 방식이다. 끝으로 '電氣, 赤道, 地球, 記者, 雜誌, 郵票'처럼 새로운 조어를 이용하여 새로운 개념을 나타내는 방식이다.

이 과정에서 전통적인 同義語나 類義語 사이에 교체가 일어나거나, 전통적인 한자어형이 새로운 어형으로 대치되거나, 어순에 변화가 일어나기도 하였다. 가령 '落訟'이 '敗訴'로, '路資, 路需, 盤費, 盤纏, 行費, 行資' 등이 '旅費'로, '得訟'이 '勝訴'로, '馬軍'이 '騎兵'으로, '發程, 啓程, 發行' 등이 '出發'로, '水軍'이 '海軍'으로, '役事'가 '工事'로, '駝酪'이 '牛乳'로, '還國, 回國' 등이 '歸國'으로 거의 굳어졌으며, '買賣'가 '賣買'로, '物産'이 '産物'로 바뀌는 등 語順에 변화를 일으킨 것이다.

이 유형에 속하는 어형들은 과거의 전통적 한자어가 아니라, 신문명이나 새로운 개념을 수용하는 과정에서 새롭게 나타났거나, 의미 또는 어형에 개신이나 변화를 입은 신생한자어여서 신문명어라고 부를 수 있을 것이다. 결국 신문명어휘로서의 신생한자어 속에는 語形上으로는 아무런 변화를 입지 않았으나, 의미상으로는 외래적이거나 새로운 의미가 수용된 결과, 곧 의미의 차용을 통하여 새로운 의미를 갖게 된 한자어와 新造된 한자어가 다함께 포함된다고 볼 수 있다.

본고에서는 위에 보인 둘째 방식, 곧 전통적 한자어의 전용에 의한 의미개신에 대하여 몇 가지 구체적인 사례를 들어가며 논의해 보기로 한다.

1) 意味의 轉用에 의한 新文明語

전통적 한자어가 본래의 어형 그대로 외래적인 신문물이나 새로운 개념을 표현하기 위한 수단으로 전용되면서, 동시에 의미변화가 뒤따르는 경우, 본고에서는 이를 전통적, 고전적 의미의 轉用에 의한 신문명어라고 부르기로 한다. 외래문물이나 새로운 개념이 처음 소개되거나 수용되는 과정에서는 보통 이 방식이 활용되는데, 개화 초기의 朝鮮修信使들이 남긴 日本見聞記類에 이러한 사례가 자주 나타난다.

가. 傳統的 漢字語의 轉用

일본군함 운양호의 강화도 침범으로 어쩔 수 없이 체결된 朝日修好條規(1876)에 따라, 조선조정에서는 金綺秀를 修信使라는 이름으로 일본에 파견한다. 그는 5월 12일(양력 6월 3일) 午時, 일본의 太政大臣 三條實美 이하 13官員이 참석한 가운데 廷遼館[3]에서 열린 下船宴에서 양식요리를 처음 대하게 된다. 그는 그 과정을 다음과 같이 기록하고 있다.

> 各人面前 各置二磁楪 一盛白布裹餠 布以承點漬 餠以佐食也. 一淨空無物. 空楪
> 之左 有三匙大中小具 齒可以弔之 可以杙之. 右二刀後二匙 幷一大一小. 於是供食
> 硬軟羹胾無過小分. 硬者胾者 匙有齒者鎭而刀割之 軟者羹者匙取之而已. 或匙或刀
> 一經食 置之楪上. 於是待者 退其楪 洗淨還置 刀還刀位 匙還匙位. 而復進食 食之如
> 前 退之還之 並如前(『日東記遊』卷二 燕飮)

---

3) 廷遼館은 현재의 東京都 中央區에 있는 舊濱[hama]離宮의 正門內 잔디밭 一角에 있었던 서양식 건물 이름이다. 예전에 將軍家의 鷹場이었던 이 일대는 1652년 三代將軍 德川家光의 次男 甲府宰相 松平綱重에게 양도되어, 下屋敷가 되었다가, 綱重이 죽고 나서 그 아들 綱豊이 六代將軍 家宣이 되었으므로, 이 곳 또한 濱御殿으로 불리게 되었다. 그 후부터는 장군가의 別邸로서 大修築이 이루어져 江戶를 대표하는 名園이 된 곳이다. 幕府末葉인 1866년, 海軍奉行의 所轄이 되면서, 여기에는 서양풍의 木骨石張 建物(石室)이 마련되었는데 이 건물은 1870년 廷遼館으로 命名되면서, 일본을 방문하는 외국의 빈객용 숙박시설 곧 영빈관으로 사용되었다. 1879년 일본을 방문한 독일황제의 손자 하인리히(Albert Wilhelm Heinrich) 親王, 미국의 그란트(Ulysses Simpson Grant) 전 대통령(제18대) 등이 그곳에 머물렀는데, 그보다 3년 전에는 金綺秀 또한 그곳에 머물렀다.

各人의 面前에는 각각 磁楪(磁器 접시) 두 개를 놓았으며, (접시) 한 개에는 白布와 餠(떡)을 담았는데, 白布는 點漬(식사 때 떨어지는 국물)를 받치는 것이고, 餠은 식사를 돕는 것이다. (접시)한 개는 비어 있었다. 빈 접시의 왼편에는 대중소의 匕(숟가락) 세 개가 있는데, 이빨[齒]이 있어 (음식을) 집을 수도 있으며 찍을 수도 있다. 오른쪽에는 刀(칼) 두 개가 있고, 뒤쪽에도 匕 두 개가 있는데, 모두 한 개는 크고 한 개는 작다. 이에 음식을 갖다 주는데, 단단한 것과 연한 것, 羹(국)과 胾(切肉)는 적은 분량에 지나지 않았다. 단단한 것과 胾는 이빨을 가진 匕로 누르고 刀로 잘랐으며, 연한 것과 羹은 匕로 (떠먹기도 하고) 혹은 刀로 (잘라먹기도 하는데) 한번 먹고 나면 그것을 접시 위에 놓아두었다. 이에 待者가 그 접시를 가져다 깨끗이 씻어 도로 놓으니, 刀는 刀 있던 자리에, 匕는 匕 있던 자리에 도로 놓는다. 다시 음식을 내오는 것도 전과 같았고, (접시를) 물리고 (刀와 匕를) 도로 제자리에 놓는 것도 전과 똑같았다.4)

원문이 한문으로 작성되어 있기 때문에 서양식 개념이 '白布, 餠, 匕(有齒者), 匕, 刀, 羹, 胾, 待者'라는 한자어로 표현되기는 했으나, 이들 하나 하나의 전통적 의미는 각기 '흰 보, 떡, (이빨이 달린) 숟가락, (일반) 숟가락, 칼, 국, 切肉, 시중드는 사람'을 나타낸다. 이들을 金綺秀는 서양식 식사과정에 나타나는 '냅킨, 빵, 포크, 스푼, 비프스테이크, 웨이터'라는 개념표현에 轉用한 것이다. 그러므로 이 때의 한자어는 전통적 의미가 그대로 유지되고 있는 것으로 풀이된다. 서양식 개념이 오히려 자국어의 전통적 의미로 표현된 것이다. 그러나 위와 같이 쓰인 바 있는 한자어의 전통적 의미가 현대국어에서는 그대로 쓰이는 일이 거의 없어졌다. 모두가 직접차용어인 서양식 외래어로 대치되고 만 것이다.

有所謂氷汁者 磨氷作屑 鷄子黃和雪糖而爲之云. 氷一汁已 非氷也. 一勺入口 冷徹齒根 是何法也. 又有名氷製者 五色燦然 而形如假山 味甘可食 而一入口 肺腑爲之凜冽 亦一怪也(『日東記遊』卷二 燕飮)

이른바 氷汁이라는 것이 있는데, 얼음을 갈아서 가루를 만들고 달걀의 노른자위와 설탕을 섞어 만든 것이라 하지만, 얼음은 汁뿐이고 얼음이 아니었다. 한 모금만 들어가도 齒根까지 시려지니, 이것이 어떤 법(으로 만들어 진 것)인지 모르겠다. 또한 氷製라는 것이 있어 오색이 찬연하고, 모양은 假山 같으나 맛이 달아서 먹을 만 한데, 한번 입에 들어가면 폐부까지 서늘해지니 또한 괴이하였다.

---

4) 『日東記遊』에 대한 국문번역본(민족문화추진회(1977), 『고전국역총서 87, 해행총재 X』이 없는 바는 아니나, 본 고에서는 이를 따르지 않고 필자 나름의 직역을 제시한다. 원문에 나타나는 한자어의 의미를 좀더 깊이 살펴보기 위함이다.

여기에 나타나는 '氷汁'과 '氷製'는 문맥으로 보아 각기 현대국어의 '빙수'와 '아이스크림'을 뜻하는 한자어로 판단된다. 이러한 전통적 한자표현으로 서양식 개념을 수용한 셈이다. 그러나 현대국어에서는 '氷汁'이란 한자어가 '氷水'라는 어형으로, '氷製'란 한자어는 '아이스크림'이라는 직접차용어로 대치되고 말았다.

나. 漢字語의 意味改新

어떤 단어의 의미를 시대별로 손쉽게 파악하려면 우선 그때그때의 사전류에 나타나는 뜻풀이를 조사하는 방법이 좋다. 이러한 방법은 또한 어떤 단어에 나타나는 意味變化나 改新過程을 알아보는 데에도 도움이 된다.

가령 개화 초기에 엮어진 『한불ᄌ뎐』(1880)이나 『한영ᄌ뎐』(1897), 그 후에 엮어진 조선총독부의 『朝鮮語辭典』(1920) 등에 나타나는 한자어의 의미기술을 보면 현대국어에서는 거의 쓰이지 않거나 아주 쓰이지 않게 된 전통적, 고전적 의미를 나타내고 있는 경우가 많으나, 한글학회의 『큰사전』(1947~1957)에 이르면 그 의미가 점진적인 변화나 개신을 거쳐 새로운 개념을 표현하는 단어가 되었음을 보여준다. 특히 표기상으로는 아무런 변화를 입지 않은 한자어라 할지라도, 후대에 내려오면서 그 본래의 의미는 一般化, 特殊化, 擴大, 縮小, 轉用과 같은 변화와 개신을 거쳐 점차 현대국어와 가까워지는 것이다.

개화초기의 열악한 여건 속에서 외국인의 손으로 엮어진 『한불ᄌ뎐』이나 『한영ᄌ뎐』과 같은 사전의 의미기술을 완벽한 것으로 보기는 어렵다. 또한 조선총독부가 펴낸 『朝鮮語辭典』의 의미기술은 지나치게 간략할 뿐 아니라, 일본어로 되어 있어 문제를 안고 있으나, 후대에 일어난 의미변화를 살피는 데에는 이들 사전류 이외에 적절한 자료가 없으므로, 본고에서는 이들 사전류의 의미기술을 통하여 개화기 이후의 어느 시기에 의미의 변화나 개신을 거쳐 새로운 의미를 갖게 된 신문명어휘의 일단을 살펴보기로 한다.

監察=(『한불』 126우), 감찰(監察) Nom d'une petite dignité(낮은 관직명)/(『한영』 183좌), The 5th Justice of the Supreme Court—an officer of the front rank, 6th degree(최고 사법기관의 다섯 번째 법관—정육품의 한 관리)/(총독부 『조선어사전』), 司憲府の一職
(한글학회 『큰사전』), 감찰(監察) ①《고제》사헌부(司憲府)의 한 벼슬. 품계(品階)는 정육품(正六品). 수효는 열 세 사람인데, 문관이 셋, 무관이 다섯, 음관(蔭官)이 다섯

임 ②감시(監視)하여 살핌.

　'監察'이란 원래 조선시대 사헌부의 正六品 官職名이었다. 『한불ᄌᆞ뎐』, 『한영ᄌᆞ뎐』, 총독부의 『朝鮮語辭典』에는 그러한 전통적, 고전적 의미만 보인다. 그러나 한글학회의 『큰사전』에 드디어 ② '감시하여 살핌'과 같은 의미의 일반화가 나타난다. 관직명칭이었던 한자어가 문자 하나 하나의 의미에 따라 일반적인 의미로 바뀌게 된 것이다. 이와 같은 의미상의 개신은 자생적이라기보다 일본어 '監察'의 의미를 차용한 결과로 해석된다. 일본어 '監察'은 이미 19세기 말엽에 다음과 같은 의미로 나타나기 때문이다.[5]

　　Kansatsu 監察 Watching the words or conduct of others: spying, espionage, inspection, surveying: -sha, an inspector(Hepburn1886)

　이처럼 일본어에서는 일찍부터 '監察'이 '다른 사람의 말이나 행동에 대한 감시, 스파이 활동, 조사'와 같은 의미로 쓰였는데, 이러한 일본어의 의미는 일제시대를 거치는 과정에서 국어의 한자어 '監察'에 차용되었을 가능성이 크다. 국어의 전통적 어형에 의미만 차용된 것이므로 이는 의미차용에 해당한다.

　한편, 현대국어의 '監察'에는 위와 같은 일반적 의미 이외에도 '官公署의 업무와 公務員의

---

5) 본고에서 이용할 일본어 관계 사전류 몇 가지의 略號와 書誌事項은 다음과 같다. 연대는 版權에 나타나는 出版年度로 표시한다.

　[略號] 柳澤信大(1869)=英 斯維爾斯維廉士 著, 淸 衛三畏 鑑定, 日本 柳澤信大 校正訓點(1869), 『英華字彙』, An English and Chinese Vocabulary, 東京: 松莊館翻刻藏板.

　[略號] Satow(1876)=Ernest Mason Satow and Ishibashi Masakata(1876), An English-Japanese Dictionary of the Spoken Language, London ; Trübner & Co., Ludgate Hill. Yokohama: Lane, Crawford, & Co.

　[略號] Satow(1879)=Ernest Mason Satow and Ishibashi Masakata(1879), An English-Japanese Dictionary, Second Edition, London ; Trübner & Co., Ludgate Hill. Yokohama: Lane, Crawford, & Co., Kelly & Co. Kôbe: F. Walsh & Co. Nagasaki: China & Japan Trading Co. Shanghai: Kelly and Walsh.

　[略號] Hepburn(1886)=米國 平文 著(1886), 『改正增補 和英英語林集成』, 東京: 丸善商社藏板, A Japanese-English and English-Japanese Dictionary by J.C. Hepburn, Third Edition, Tōkyō: J. P. Maruya & Co., Limited. Yokohama: Kelly & Walsh, Limited. New York: Steiger & Co. London: Trübner & Co.

　[略號] 棚橋一郎(1886)= 棚橋一郎 譯(1886), 『英和雙解字典』, 再版(初版 1885), 東京: 丸善商社藏板, An English and Japanese Dictionary of the English Language by P.Austin Nuttall, Translated by I.Tanahashi.

　[略號] 島田豊(1888)=アーサーロイド 序, 曲直瀨愛 校訂, 杉浦重綱·井上十吉 校閱, 島田豊 纂譯(版權免許 1887, 出版 1888), 『附音揷圖和譯英字彙』, 東京: 大倉書店藏板, An English and Japanese Lexicon, Explanatory, Pronouncing and Etymological, Containing All English Words in Present Use, with an Appendix by, Y. Shimada, Revised by S. Sugiura, J. Inoue and A. Manase, New Edition.

　[略號] 尺振八(1889)=尺振八 譯(版權免許 1884, 出版 1889), 『明治 英和字典』, 六合館藏板, An English and Japanese Dictionary, for the Use of Junior Students by Sekey Shimpachi.

직무상 非理를 감시하고 고발하는 監査機關의 職務와 같은 특수한 의미가 있다. 이러한 專門語的 의미는 『큰사전』에도 나타나지 않는 점으로 보아 그 후에 생긴 의미일 것이다. 결국 현대국어의 '監察'은 의미의 일반화, 그 후에는 다시 특수화와 같은 변화를 거친 사례가 될 것이다. 실제로 『큰사전』에는 '監察'이 '고제, 고속'으로 규정되어 있어, '사헌부의 한 벼슬'이란 전통적 의미가 공시적으로는 더 이상 쓰이지 않음을 나타내고 있다.

다. '經濟'가 겪은 意味改新

이번에는 '經濟'라는 전통적 한자어가 겪은 의미의 개신과정을 좀 더 집중적으로 살펴보기로 한다. 이 단어는 본래 중국의 고전에 그 기원을 두고 있었는데, 그것이 서양적인 개념을 나타내기 위한 수단으로 轉用된 것은 일본어에서였다.

> 經濟=(총독부 『조선어사전』), 經濟(경제) 國を治め民を濟ふこと (나라를 다스리고 백성을 구제함) (한글학회 『큰사전』), 경제(經濟) ①《경》넓은 뜻으로는 사람이 그 욕망을 채우기 위하여 재물(財物)을 얻어 이용하는 일체의 활동. 좁은 뜻으로는 상품생산(商品生産)이 지배적인 사회에 있어서 인간이 그들의 물질적 생산을 유지하기 위하여 서로 사이에 결연(結連)되는 여러 가지 생산관계 ②비용의 절약(節約) ③"경세제민(經世濟民)"의 준말

'經濟'란 한자어는 조선총독부의 『朝鮮語辞典』에 비로소 나타나는데, 그 의미는 '나라를 다스리고 백성을 구제하는 일'로 되어 있다. '經濟'가 전통적 의미인 '經世濟民'만을 뜻하는 단어로 풀이되어 있는 것이다. 그러나 한글학회의 『큰사전』에는 '경제'에 '경'[經濟]이라는 전문용어 표시가 달려 있을 뿐 아니라, '경제활동'이라는 뜻풀이가 가장 먼저 나타난다. 전통적 의미가 개신을 일으킨 것이다.

이러한 현대적 의미는 일본어에서 비롯되었다. 19세기 말엽의 사전류에는 economy라는 영어 단어의 對譯語 속에 '經濟'라는 어형이 포함되어 나타나기 시작한다.

> Economy 節用(用ヲ節スルフ), 節儉(柳澤信大 1869)
> Economy, n. *kenyaku*(c); political —, *keizai-gaku*(c)(Satow1876)/Ecomomy, n. *ken-yaku*(c); *sekken*(c); political —, *keizai-gaku*(c)(Satow1879) *(c)는 Chinese origin을 나타냄.
> Keizai ケイザイ 經濟 n. Fiscal, or financial matters: - *gaku*, political econo-

my/Economy, n. Kenyaku, kanryaku, shimatsu. Political —, keizai-gaku, risai-ga-ku, risai-gaku(Hepburn1886)

　　Economy 節儉. 法度. 形器造構. 經濟(棚橋一郞1886)

　　Economy 家政, 家政ヲ齊フ道, 經濟, 理財; 法度, 法則, 功用; 節儉, 節用(島田豊1888)

　　Economy, (名) 家政. 齊家ノ道○經濟. 理財○法. 法度, 規律. 功用○節儉. 節用(尺振八1889)

이로써 economy에 대해서는 '節用, 節儉(sekken), 儉約(kenyaku), 法度, 家政, 法則, 功用, 規律'과 같은 뜻풀이 속에 '經濟, 理財'가 섞여 있으며, 따로 political economy에는 '經濟學(keizai-gaku)'이라는 풀이가 나타남을 알 수 있다.6) 이 때의 '經濟'는 '節約'이나 '理財'를 뜻하는데, 그 어형의 기원은 중국의 고전으로 거슬러 올라간다.

　　經濟 jīngjì ①在歷史上一定時期的社會生産關係的總和. ②國民經濟的泛稱. [源] 日 經濟 keizai《古代漢語『宋史·王安石傳』'朱熹嘗論安石, 以文章節行高一世, 而尤而道德經濟爲已任.'意譯英語 economy, economics》(劉正埮 外1984: 163) *원문은 簡體字 표기임.

　　economy keizai 경제 jīngjì 一.《晉書: 殷浩傳》:「足下沈識淹長, 思綜通練, 起而明之, 足以經濟」又見唐李白《贈別舍人弟臺卿之江南》詩:「令弟經濟士, 謫居我何傷」謂經世濟民. 二. 淸孔尙任《桃花扇: 修札》:「寫的激切婉轉, 有情有理, 叫他不好不依, 又不敢不依, 足見世兄經濟」, 指治國的才幹(Liu1995: 315)

결국 중국고전에서 '經世濟民'이나 '治國의 才幹'으로 쓰여온 '經濟'가 일본어에서는 서양어 political economy, economy, economics에 대한 飜譯語로 轉用되면서 의미의 개신을 일으켰고, 그것이 다시 중국어에 차용되었다는 것이다. 실제로 '經濟'가 현대적 의미로 중국어에 쓰이기 시작한 시기는 19세기 90년대 후반인데, 거기에는 梁啓招나 康有爲의 역할이 컸다. 1896년 梁啓招는 '經濟'를 일본어와 같은 의미로 쓰고 있으며, 1898년 康有爲는 북경에서 '經濟學會'를 창립하였기 때문이다(馬西尼1997: 222~223).

이 때의 '經濟'를 馬西尼(1997: 222)는 '日本語에서 나온 原語漢字借詞(來自日語的原語漢字借詞)'

---

6) Hepburn(1886)은 제3판인데, '經濟'의 뜻풀이는 再版(1872)과 다름이 없으나, 초판(1867)과는 다르다. 곧 '經濟'에 대한 初版의 뜻풀이는 judicious use of money or property, in order to increase wealth. —gaku political economy 로 나타나, 그 의미가 '富를 증가시키기 위하여 돈이나 재산을 분별 있게 쓰는 일'로 되어 있다. 이로써 의미의 개신을 겪은 '經濟'는 1860년 후반에서 70년대 초반에 걸쳐 일본어에 분명히 존재했던 것으로 보인다. 進藤咲子(1981: 68~71), 佐藤喜代治(1983 II: 1~4), 佐藤亨(1986: 322 이하), 惣鄕正明 외(1986: 129~132) 등 참조.

로 보고 있으며, Liu(1995: 302)는 '돌아온 文字借用(return graphic loan)'으로 정의하고 있다. 곧 현대중국어의 '經濟'는 전통적 어형이기 때문에 그 어형까지를 차용의 결과라고 보기는 어려우며, 차용이 있었다면 의미에 국한된 것으로 해석되어야 한다.

이와 비슷한 과정을 겪은 것이 국어에 나타나는 '經濟'의 의미라고 할 수 있다. 앞에서 본대로 '經濟'라는 말은 조선총독부의 『朝鮮語辭典』(1920)에 처음 나타나지만, 그 용례는 이미 개화 초기의 日本見聞錄에서도 찾아볼 수 있다. 1881년 紳士遊覽團의 일원으로 일본에 건너간 李鑛永 역시 그 말을 받아 "經濟라는 말이 文章 가운데 나온다"고 답하고 있다. 해당 부분을 인용해 보면 다음과 같다.

> 我曰......(중략)......盖貴邦自通商以後至于今 上下制度一從西法 此果利於通商而然也 且通商之利害何居也 以外樣觀之 則各國物貨來去之場 似大有利焉而其裏許亦然也
>
> 彼曰 凡物有利則必有害 未有全利而無少害者也......(중략)......且夫國之爲交易與否 大由于時勢與人情 故通商或利于甲而不利于乙 如通商之利害 大關係于商人之智巧學術誠僞如何 大抵兩邦商人爲互市則久慣習其事者 多有利焉 僕迂闊書生 眜于經濟大道......(중략)......至於一從西法 則不必擬西法者而亦必擬之 不必廢舊法者而亦必廢之此類甚多 然僕以爲亦不得已之勢也 一時風潮上高而呼者曰西則衆隨而西矣 亦不得已者 盖多有之也
>
> 我曰 經濟亦出於文章中......(이하 생략)(『日槎集略』問答錄, 訪中村正則於東京私第問答)

내가 말했다......(중략)......귀국은 通商 이후 지금에 이르기까지 上下의 制度가 한결같이 西法을 따르고 있습니다. 이것이 과연 通商에 이로워서 그렇게 하는 것입니까. 그리고 通商의 利害는 어디에 있습니까. 겉으로 보기에는 각국의 物貨가 오고 가니 크게 이로움이 있는 듯합니다. 그 裏面 또한 그런 것입니까.

그가 말했다. 무릇 사물에는 이로움이 있으면 반드시 해로움이 있습니다. 전적으로 이롭기만 하고 해로움이 조금도 없는 것은 없습니다.......(중략)......또한 나라의 교역 여부는 크게 時勢와 人情에 따라야 합니다. 그런고로 通商이 혹 甲에게는 유리하고 乙에게는 불리하기도 합니다. 通商의 利害는 크게 商人의 지혜와 기교, 學術의 진실성과 허위성 여하에 관계됩니다. 대저 두 사람 商人이 互市를 한다면 곧 그 일에 오래 익숙해진 사람 쪽에 유리함이 많을 것입니다. 나는 迂闊한 書生이어서 經濟大道에 어둡습니다.......(중략)......한결같이 西法을 따르는 일에 이르러서는 곧 西法을 꼭 본뜰 일이 아닌데도 이를 반드시 본뜨고, 역시 舊法을 폐할 일이 아닌데도 꼭 이를 폐합니다. 이와 같은 일은 매우 많습니다. 그러나 나는 이 역시 부득이한 형세이며 일시의 풍조라고 생각합니다. 위에 있는 높은 사람이 불러서 '西'라고 말하면 사람들은 따라서 '西'로 갑니다. 역시 부득이한 일이 많은 것입니다.

　　내가 말했다. 經濟 역시 文章 가운데 나옵니다.......(이하 생략)

中村正直이 쓴 '經濟大道'의 '經濟'가 어떤 의미를 나타내는지 확실하지는 않으나, 적어도 중국의 고전에서 쓰였던 전통적, 고전적 의미는 아니었을 것이다. 무엇보다도 中村은 이미 1866년부터 1868년에 걸쳐 1년 정도 영국에 유학했을 뿐 아니라, 귀국 후에는 『西國立志編』(1871), 『自由之理』(1872)와 같은 飜譯書[7]를 내기도 한 지식인이었다. 그런데다가 그가 李鑴永과 대화를 나누었던 1881년경에는 당시의 일본어에 political economy에 대한 번역어로서의 '經濟學'이 이미 알려져 있었다. 앞에 인용한 바 있는 Satow(1876, 1879)에는 *keizai-gaku* 가 보이는데, 이는 '經濟學'에 대한 일본어 발음표기이기 때문이다. 따라서 당시에는 신문명 어로서의 '經濟'라는 말 역시 일본어에 존재했을 것이며(각주 6 참조), 당시의 선각자적 지식인 이었던 中村 또한 이 말의 새로운 의미를 알고 있었을 것이다.

그러나 李鑴永이 '經濟'의 새로운 의미를 알고 있었는지에 대해서는 여전히 불분명하다. 또한 그가 어떤 문장을 통하여 '經濟'란 말을 알게 되었는지 알 길이 없으나, 그 어형만은 분명히 국내에도 존재했음에 틀림없다. 따라서 『큰사전』①에 나타나는 '經濟'의 의미는 기존의 전통적 어형이 일본어의 영향을 받아 의미의 개신을 입은 결과로 해석되어야 한다. 곧 『큰사전』에 ①의 의미로 쓰인 '經濟'는 전통적 한자어에 속하나 일본어에서 차용된 새로운 의미 때문에 신문명어가 된 것이다.

2) 意味改新을 겪은 그 밖의 사례들

일반적으로 의미의 개신은 여러 가지 방향으로 다양하게 일어난다. 의미론에서는 보통 그 유형을 의미의 확대, 축소, 전용 또는 특수의미의 일반화, 일반의미의 특수화 등으로 구분하지만 그 경계가 언제나 선명한 것은 아니다. 또한 의미개신의 성격이 그렇게 단순한 것도 아니다. 이에 본고에서는 사전류를 통하여 개화기 이후 전통적 한자어에 나타나는 의미의 개신을 크게 전문화 또는 특수화, 그리고 분화 또는 전용으로 구분하여 그 내용과 성격을

---

7) 『西國立志編』은 Samuel Smiles의 *Self Help*, 그리고 『自由之理』는 John Stuart Mill의 *On Liberty*에 대한 飜譯書로 서, 당시의 일본사회에 커다란 영향을 끼친 책들이다. 森岡健二(1969, 1991)에서는 『自由之理』에 나타나는 飜譯 語, 佐藤亨(1992)에서는 『西國立志編』에 나타나는 飜譯語의 성격이 각기 논의된 바 있다.

간략히 살핌으로써, 많은 신문명어가 어떠한 의미개신을 통하여 형성되었으며, 그들이 또한 어떻게 현대국어에 이르게 되었는지를 살피게 될 것이다.

가. 專門化, 特殊化에 의한 意味改新

전통적, 고전적 한자어의 의미가 특수한 개념에 轉用되면서 좀더 전문적이거나 학술적인 개념으로 개신된 경우가 여기에 해당된다. 이러한 유형의 의미개신은 개화기를 계기로 하여 많은 전통적 한자어에서 일어났다. 현대국어의 전문용어나 학술용어의 상당수는 바로 그 결과인 셈이다. 그 사례의 일부를 여기에 정리해 보면 다음과 같다.

> 工業=(『한불』188우), 공업(工業) Métier et travail. Travail(직업과 노동. 일)/(총독부 조선어사전), 공업(工業) 工業. 工業傳習所(공업전습소) 工業에 關한 技術을 傳習하는 所, 光武十一年에 設け康熙四年まで存す(공업에 관한 기술을 전습하는 곳, 1907년에 설치되어 1910년까지 있었다)
> (한글학회 『큰사전』), 공업(工業)《經》원료에 가공(加工)을 하여 그 성질과 형상을 변화하게 하며, 혹은 정제(精製)하는 산업 부문. 광의(廣義)로는 광산업도 포함됨.

『한불ㅈ뎐』에는 '工業'의 의미가 '직업과 노동' 또는 '일'로만 풀이되어 있어, 전통적 의미만을 나타내고 있으나, 총독부에 『朝鮮語辭典』에는 '工業'이 일본어 '工業'으로 풀이되어 있어, 전통적 의미에 개신이 일어났을 뿐 아니라, 일반적이었던 의미가 전문화하였음을 보여준다. 의미가 축소되었다고 할 수도 있다. 그러한 의미의 특수화는 '工業'이 '工業傳習所'와 같은 명칭에 사용되면서 더욱 빠르게 진행되었을 것이다. 특수화를 통한 이러한 의미개신은 1870년대 이후 일본어에서 먼저 일어났다. 英語 product, industry, work 등을 번역하는 과정에서 '工業'이 轉用된 것이다.

> Industry 勉强. 精勤. 工業. 動競(カヤギ). 勤勉(棚橋一郎1886)
> Kōgyō コウゲフ 工業 n. Work; employment; industries; — wo okosu, to encourage all kinds of work(Hepburn1886)[8]

'工業'이란 어형이 중국고전에 나타나는지는 아직 확인되지 않고 있으나, 현대중국어의 '工

---

8) 좀더 자세한 용례에 대해서는 惣郷正明 외(1986) 참조.

業'은 일본어에서 차용된 것으로 알려져 있다(劉正埈 외1984). 이 단어의 확실한 용례는 1896년 梁啓超의 글에 나타나기 때문이다(馬西尼1997). 이에 대하여 국어에서는 '工業'이란 어형이 전통적 한자어로 존재하고 있었다. 『한불ㅈ뎐』이 그 증거를 보이고 있다. 다만 그 의미는 '직업과 노동, 일'에 한정되어 있었다. 그러다가 총독부의 『朝鮮語辭典』에 이르면 전통적 의미에 개신이 일어났음을 알 수 있다. 이러한 의미개신은 일본어의 영향 때문에 이루어졌을 가능성이 가장 높다.

> 大學=(『한불』 448우), 대학(大學) Grande science. Nom d'une livre chinois de 증ㅈTjeung-tjă (큰 학문. 曾子가 저술한 중국 책이름)/(『한영』 623우), A Classic written by *Cheungja*, a disciple of Confucius(공자의 제자인 증자가 저술한 고전). <참고> 대학교(大學校)=(『한영』 623우), A college; a university(대학, 대학교).
> (한글학회 『큰사전』), 대학(大學)[1]《교》최고급(最高級)의 학교(學校). 국가에 필요한 학술(學術)과 그 응용(應用)을 가르치고 깊은 연구(研究)를 쌓게 하는 곳. 단과(單科) 대학과, 종합(綜合) 대학이 있는데, 종합대학은 특히 대학교(大學校)라 함. 대학(大學)[2]《책》사서(四書)의 하나. 유교(儒敎)의 명덕(明德), 친민(親民), 지선(至善)의 삼강령(三綱領)과 격물(格物), 치지(致知), 성의(誠意), 정심(正心), 수신(修身), 제가(齊家), 치국(治國), 평천하(平天下)의 여덟 조목(條目)을 설명(說明)하였음. 공자(孔子)의 손자 자사(子思)가 지음. 한 책.

현대국어의 '大學'은 중국의 고전명칭으로 쓰이는 일도 더러 있지만, 일반적으로는 '高等敎育 機關' 곧 '最高學府'를 뜻하는 단어로 쓰인다. 이 또한 특수화한 의미로 볼 수 있는데, 이러한 의미개신은 이미 19세기 말엽 서양식 교육제도가 국내에 알려지면서 일어난 것으로 보인다. 『한영ㅈ뎐』에 英語의 college, university가 '대학, 대학교'로 풀이되어 있는 사실이 그 증거라고 할 수 있다.

『한영ㅈ뎐』의 저자인 게일(J. S. Gale)이 college나 university에 '대학' 또는 '대학교'를 轉用한 배경에는 일본어의 영향이 있었던 것으로 보인다. 『한영ㅈ뎐』에는 실제로 당시 일본어의 영향으로 보이는 몇 가지 사례가 분명히 나타나기 때문이다(宋敏1999b). 그런데 일본어의 '大學'은 university의 번역어로 알려져 있다. 1886년에는 帝國大學令에 따라 구미식 대학도 일본에 설립되어 있었다. 따라서 1880년대부터는 사전류에 '大學' 또는 '大學校'가 개신된 의미로 나타나기 시작한다(惣鄕正明 외1986). 게일은 여기서 암시를 얻어 전통적 한자어를 서양식 개념으로 전용한 것이 아닐까 생각된다. 그렇다면 '大學'의 의미개신 역시 일본어의 영향 아래에서 이루어진 셈이다.

> 馬力=(『한불』 223우). 마력(馬力) Force d'une cheval(말의 힘)
> (한글학회 『큰사전』), 마력(馬力) ①《물》공률(工率)의 단위. 워트(Watt)의 발안(發案)
> 으로 된 기관차의 능력(能力) 단위로서, 세기가 말 한 마리가 짐을 지면(地面)에서 들
> 만한 역량(力量)을 단위로 취한 것임. 한 마력은 일초당(一秒當) 75km의 일의 양(量)에
> 상당하고, 전기적(電氣的) 측정법(測定法)의 워트(Watt)를 단위로 하면, 736워트에 상
> 당함 ②동력(動力)의 다소(多少)

'馬力'은 문자 그대로 '말 한 필의 힘'이었다. 『한불ᄌᆞ뎐』에는 그러한 의미가 잘 나타나 있다. 개화의 물결을 타고 서양의 과학지식이 국내에 확산됨에 따라 '馬力'의 의미는 점차 동력이나 공률의 단위로 전용되기에 이르렀다. 이야말로 의미의 전문화, 특수화를 통한 학술어화의 대표적인 사례가 될 것이다. 그런데 일본어에서는 이 '馬力'이 1860년대 말엽부터 영어 horse-power나 독일어 Pferde-kraft에 대한 번역어로 쓰이기 시작하다가 1890년대부터는 과학 분야의 전문용어로서 그 자리를 완전히 굳힌 듯하다. 당시의 사전류를 통하여 그 사실을 확신할 수 있다(惣郷正明 외1986).

개화기 이래 대부분의 과학지식은 거의 일본을 통하여 국내에 전파되었다. 자연히 일본어에 정착된 '馬力'의 새로운 의미는 국어에도 영향을 끼쳤으리라고 여겨진다. 전통적 한자어로서 단순히 '말의 힘'만을 나타내었던 '馬力'이 과학용어로 전용되어 의미의 개신을 일으키게 된 배경에는 일본어의 영향이 있었음에 틀림없는 것이다. 그 결과 '馬力'의 전통적인 의미는 소멸되기에 이르렀으므로 이 역시 신문명어의 하나일 수밖에 없다.

> 文科=(『한불』 253좌), 문과(文科) Baccalauréat ès-lettres. Examen sur la littér-
> ature(문관시험 자격자, 문학 시험)/(『한영』 345좌). A literary graduate(문학 수료자).
> *Opp.* 무과/(총독부 『조선어사전』), 文科(문과) ㊀文官を試取する科學 ㊁文科及第(문
> 과급데)
> (한글학회 『큰사전』), 문과(文科)¹《고제》①문관(文官)을 시험하여 뽑던 과거(科擧) ②
> "문과 급제(文科及第)"의 준말. 문과(文科)²《교》문학 방면에 관한 학문을 연수하는 대
> 학의 한 분과(分科).

'文科'의 전통적 의미는 '武科'에 대립되는 '科擧試驗'이었다. 『한불ᄌᆞ뎐』, 『한영ᄌᆞ뎐』, 총독부의 『朝鮮語辭典』에는 다같이 그러한 뜻풀이만 나타난다. 그러다가 한글학회의 『큰사전』

에 이르면 '문학 방면에 관한 학문을 연수하는 대학의 한 분과'라는 의미가 추가로 나타난다. 의미의 전문화 또는 특수화가 이루어진 결과로서, 전통적 의미가 전용되면서 새로운 의미를 갖게 된 결과이기도 하다. 이 때의 '文科'는 英語의 literary subjects에 해당하는 개념으로서, 점차 scientific subjects에 해당하는 '理科' 또는 '實科'의 대립어로 굳어지기에 이르렀다.

馬西尼(1997)에 의하면 '文科'와 '理科'를 현대적 의미로 쓰기 시작한 것은 이탈리아인 선교사 艾儒略(Julius Aleni)이었다. '文科'는 그의 저술 『職方外記』(1623)와 『西方問答』(1637)에 그 용례가 처음 나타나며, '理科'는 『職方外記』에 그 용례가 나타난다는 것이다. 그러나 이들 두 단어는 그 후의 중국어에서 잊혀진 반면, 일본으로 전해져 일본어가 되었다가 19세기 말엽에 이르러 중국어에 다시 차용되었다. 傅雲龍의 『遊歷日本圖經餘記』(1889)에는 '文科'와 '理科'가 함께 나타나며, 黃慶澄의 『東游日記』(1894)에는 '文科'가 나타나기 때문에 이들은 일본어에서 나왔다는 것이다. 이에 따라 馬西尼(1997)에서는 이와 같은 사례들을 '日本語에서 나온 回歸漢字借詞(來自日語的回歸漢字借詞)'라고 부르고 있다. 그러나 앞에서 본 '經濟'라는 현대중국어가 의미차용의 결과이듯이, '文科'가 비록 차용어라고 하더라도, 실제로 차용된 것은 의미뿐이라고 보아야 한다. 그 어형은 중국의 고전에 분명히 나타나기 때문이다.

이에 반하여 '文科'나 '理科'가 국어에 정착된 과정에 대해서는 아직 밝혀진 바가 거의 없다. 총동부의 『朝鮮語辭典』에는 '文科'가 나타나지만 개신된 의미를 보이지 않으며, '理科'는 나타나지도 않는다. 결국 '文科'의 의미개신은 그 후의 어느 시기에 이루어졌을 것이며, 거의 동시에 '理科'라는 신문명어도 국어에 나타나 '文科'와 '理科'는 새로운 대립관계를 이루게 되었을 것이다. 그런데 '文科'가 쉽게 의미의 개신을 거쳐 신문명어가 될 수 있었던 것은 일찍부터 국어에 그 어형이 존재했기 때문이다. 따라서 '文科'에 나타난 새로운 의미가 일본어의 영향을 받은 결과라고 하더라도, 그 어형만은 전통적 한자어여서 일본어와는 관계가 없다. 다시 말해서 '文科'의 새로운 의미가 차용의 결과라고 하더라도, 그것은 의미에 국한될 뿐, 어형까지 차용한 결과는 아니라는 뜻이다.

文法=(『한불』 253우), 문법(文法) Règles de l'écriture, des caractères, du style(문자, 문체의 규칙)/(『한영』 345우), Rules and methods of composition—grammar(작문의 규칙과 방법—문법). *See* 문리/(총독부 『조선어사전』), 文法(문법) 文章の作法, (文體)
(한글학회 『큰사전』), 문법(文法) ①글월을 짜고 꾸미는 법칙 ②《어학》=어법(語法) ③ 문구적(文句的) 법규(法規) 따위.

여기에 나타나는 것처럼 '文法'의 전통적 의미는 '문자, 문체 따위에 관련된 규칙'이나, '문장의 작법'이었다. 『한불ㅈ뎐』이나 『한영ㅈ뎐』에 그러한 뜻풀이가 잘 나타나 있으며, 총독부의 『朝鮮語辭典』도 같은 뜻풀이를 보이고 있다. 그러나 한글학회의 『큰사전』은 '文法'의 기본적 의미가 드디어 현대적 의미로 바뀌었음을 알려주고 있다.

'文法'이란 한자어의 전통적 의미는 중국의 고전에서 나온 것이다. '文法'의 당초 의미는 '法制'나 '法規'였는데, 그것이 나중에는 '文章의 作法'을 나타내게 되었다는 것이다(馬西尼 1997:248). 그러한 두 가지 의미는 다음과 같은 인용문에서도 확인된다.

> grammar *bunpō* 文法 wenfa 一.《史記: 李將軍列傳》:「程不識孝景時以數直諫爲太
> 中大夫, 爲人廉, 謹于文法」, 原義爲法律規則之屬. 二. 元劉壎《隱居通議: 文章四》:
> 「公爲文斬截峻刻, 得左氏文法」, 指文章的作法(Liu1995: 318)

곧 '文法'의 당초 의미는 『史記』에 보이는 대로 '法律'이나 '規則' 따위였다. 여기서 나온 새로운 의미가 '文章의 作法'이었을 것이다. '文法'의 그러한 어형과 의미는 국어에 함께 수용되어 오랫동안 그대로 쓰여 왔다. 그러다가 20세기 전반기에 '文法'의 의미는 한글학회의 『큰사전』에 나오는 것처럼 '글월을 짜고 꾸미는 법칙'으로 전용되기에 이르렀다. '문장의 작법'이란 일반적 의미가 전문화, 특수화하여 '문장구성의 법칙'이라는 문법용어로 바뀐 것이다. 말하자면 일반적 의미가 한정적 의미를 띠게 된 것이다.

이러한 의미개신은 서양어의 문법(grammar)이란 개념에서 비롯되었다. 그런데 西洋諸語의 문법을 먼저 수용하고, 문법관계용어를 만들어 낸 나라는 일본이었다. 그 때문에 현대중국어의 '文法'이라는 술어 또한 일본어에서 차용된 것으로 보기도 한다. 곧 '文法'이 '日本語에서 나온 原語漢字借詞(自來日語的原語漢字借詞)'라는 것이다(馬西尼1997: 248, Liu1995: 318). 그러나 '文法'이 차용어 하더라도 차용은 의미에 국한된다. 그 어형은 앞에서 본 '經濟'나 '文科'처럼 일찍부터 중국의 고전에 나타나기 때문이다.

중국어에서 '文法'이 현대적 의미로 쓰이기 시작한 것은 19세기 말엽부터였다고 한다. 1878년에는 黃遵憲이 한 일본학자와 나눈 "筆談" 가운데 '文法'이 grammar라는 현대적 의미로 쓰였으며, 1896년에는 梁啓超 또한 '文法'을 grammar라는 의미로 썼기 때문에 '文法'은 일본어에서 왔다는 것이다(馬西尼1997: 248). 그러나 여기에는 약간의 문제가 있다. 확실히 일본에서 간행된 英日辭典類에는 '文法'이 grammar의 번역어로 널리 나타난다. 그 근거는 다음과 같다.

Grammar, 文法○文法小引(柳澤信大1869)

Grammar, n. *bunpô(c)*; *bunten**(c); (book) bumpôsho/Grammatical, adj. (pertaining to grammar) bumpô(c) no; (correct) bumpô(c) ni kanatta(Satow 1876)
*본문의 별표(*)는 雅言表示임

Grammar, n. Bumpō, bunten(Hepburn 1886)

Grammar, 文法, 文典/Grammarian, 文法家. 語學者. 文典ノ. 文法ニ依(棚橋一郎 1886)

Grammar, n. 文典, 文法 ; 學事ノ要旨/Grammarian, n. 文法家, 文法敎師 /Grammar-school, n. 文法學校, 羅典及ビ希臘ノ文法學校/Grammatic, Grammatical, a. 文法ノ, 文法ニ依リタル. ― -ly, adv. 문법ニ從フテ/Grammaticize -ed -ing, (他) 文法ト爲ス. 文法ニ從ハスル(島田豊1888)

Grammar, (名) 文典. 文法○學事ノ要旨/Grammarian, (名) 文法家. 文法敎師 /Grammar- school, (名) 文法學校. 羅典希臘文法學校/ Grammatic, Grammatical, (形) 文法ノ. 文法ニ從フ/Grammatical- ly, (副) 文法ニ從フテ//Grammaticize -ed -ing, (他) 文法ト爲ス. 文法ニ從ハスル(尺振八1889)

그러나 여기에는 주의할 점 두 가지가 있다. 그 하나는 첫 번째 인용에 나타나는 柳澤信大 (1869)의 성격이다. 각주 5의 書誌에 간략히 밝혀둔 바와 같이 이 책은 원래 美國人이 저술한 英中辭典, 곧 영어를 중국어로 옮겨놓은 사전이었다.9) 이 책의 교정과 訓鮎을 베풀어 飜刻 出版한 것이 柳澤信大(1869)이다. 그 때문에 書名도 원래의 『英華字彙』그대로인 것이다. 그 렇다면 이 책에 나타나는 '文法'은 결국 grammar에 대한 중국어인 셈이다. 다시 말하자면 이 때의 '文法'만은 일본어가 아니다.

다른 하나는 Satow(1876)에 나타나는 뜻풀이인데, grammar에는 '文法(bumpô)'과 '文典 (bunten)' 두 가지 일본어가 함께 나타나지만, '文典'에는 '雅言'을 나타내는 별표가 달려있다는 점이다. 이로써 일본어에서는 '文法'과 '文典'의 의미가 약간 달랐음을 알 수 있다. '文의 法則' 곧 '文法規則'을 뜻하는 '文法'이 보편적이고 일반적인 표현에 쓰였음에 반하여. '문의 典範' 곧 '文法書'를 뜻하는 '文典'은 특수한 표현에 쓰인 것이다. 사실 '文典'에는 '文의 規範'이라는 의미가 내표되어 있다. 거기다가 grammar는 본래 라틴어나 희랍어의 규범적 문법을 나타내 는 말이었다. 그 때문에 grammar에 대한 번역어로는 '文典'이 빠짐없이 쓰이고 있으나, 그 밖의 합성어나 파생어에 대한 번역어로는 거의 쓰이지 않았다.

---

9) 柳澤信大(1869)의 속표지에 原著者로 표시되어 있는 '英 斯維爾士維廉士'는 미국인 S. Wells Williams라는 인물로 서, 駐中美國公使館의 書記官이었다. W. E. Griffs의 著書 *Hepburn of Japan and his Wife and Helpmates*(70 페이 지)에는 그의 역할과 업적에 대한 讚辭가 나타난다고 한다. 豊田實(1963: 69~70) 참조.

실제로 일본에서 과거에 간행된 문법서에는 '文典'이라는 명칭이 붙어 있는 경우가 아주 많다.[10] 이러한 경향은 초창기의 국어문법서에도 그대로 답습되어 '文典'이란 명칭이 한동안 쓰인 바 있다.[11] 그러나 세월이 흐름에 따라 그 명칭은 점차 '말본'과 '문법'으로 통일된다. 이렇게 볼 때 초창기의 문법서에 나타나는 '文典'은 틀림없이 일본어에서 나온 것이다. 그러나 '文法'이라는 어형은 국어의 전통적 한자어라고 볼 수 있다. 다만 그 의미가 개신을 겪는 과정에서 일본어의 영향을 받았다면, 이는 의미차용이 되겠지만, 여기에 대해서는 아직 확실한 결론을 내리기가 어렵다. 결국 한 가지 확실한 점은 중국어나 국어의 '文法'이란 어형은 전통적 존재였다는 사실이다.

> 文體＝(『한영』346우), 문테(文體) Rules of composition—grammar(작문의 규칙—문법). See 문법/(총독부『조선어사전』), 文體(문테)『文法』(文法)에 同(동)ㅎ
> (한글학회『큰사전』), 문체(文體)《문》 글을 짓는 격식(格式)과 규모(規模). (스타일＝Style)

'文體'의 전통적 의미는 '文法'과 함께 '작문의 규칙'이었다. 『한영ㅈ뎐』과 총독부의 『朝鮮語辭典』에는 그러한 뜻이 나타난다. 그러나 한글학회『큰사전』에는 개신된 의미로 나타난다. style과 같은 뜻이 된 것인데, 이 또한 의미의 전문화, 특수화에 해당한다. 결국 국어의 '문법'과 '문체'는 본래 동의어였으나, 이들의 의미가 각기 전문화, 특수화하면서 의미분화를 일으켜 독자적인 단어로 굳어진 것이다. 그 과정에서 일본어의 영향을 받았을 가능성도 있으나 지금으로서는 아무런 결론도 내리기가 어렵다.

> 分數＝(『한불』342좌), 분수(分數) Etat, condition, position; différence essentielle, nature, caractère spécial(상황, 조건, 지위, 중요한 차이, 본성, 특별한 성격)/(『한영』443좌). Judgment; discrimination. The exact amount; the amount affected. Fraction(심판, 차별. 정확한 결과, 작용을 받은 결과. 分數). See 분복/(총독부『조선어사전』), 分數(분수) 分別, (分墍)
> (한글학회『큰사전』), 분수(分數)[1] ①분별하는 슬기 ②제 몸에 마땅한 분한(分限). (②

---

10) '文典'은 본래 '書冊, 書籍'을 뜻하던 말이었으나, 네덜란드語 grammar에 해당하는 말의 번역어가 되었는데, 箕作阮甫의『화란문전·전편』(1842)이 나오면서 일반화하였다고 한다(惣郷正明 외1986: 518).

11) 최초의 國語文法書인 崔光玉(실제로는 俞吉濬)의『大韓文典』(1908)부터가 바로 그렇다. 그후 周時經의『國語文典音學』(1908). 李奎榮의『現今朝鮮文典』(1920), 金元祐의『朝鮮正音文典』(1922), 리필수의『正音文典』(1923), 李完應의『中等學校 朝鮮語文典』(1929)에도 '文典'이라는 명칭이 보인다. 물론 모든 문법서가 '文典'으로 되어 있는 것은 아니다. '語典, 文法, 말본, 語法, 글틀'과 같은 명칭도 나타나기 때문이다.

준말: 분=分 ②). 분수[一쑤](分數)2《수》어떤 수를 다른 어떤 수로 제(除)한 결과(結果)가 정수(整數)로 표시되지 아니할 때 그 두 수의 관계를 표시하는 수.

『한불ᄌ뎐』이나 『한영ᄌ뎐』에 세밀하게 풀이되어 있는 '分數'는 '사물을 분별할 수 있는 지혜'나 '자신의 신분에 맞는 한도'를 나타내는데, 이러한 전통적 의미는 현대국어에도 그대로 살아있다. 그런데 '分數'에는 또 하나의 전혀 다른 의미가 있다. 그것은 數學用語의 하나로서, 곧 영어 fraction에 대한 번역어로서의 '分數'이다. 그런데 이 새로운 의미가 벌써 『한영ᄌ뎐』에 제시되어 있다. 다만 이 때의 새로운 의미를 전통적 한자어의 전용에 의한 의미개신이라고 보기는 어렵다. 두 가지 의미 사이에는 아무런 有緣性도 없는 데다가, 전통적 의미를 나타낼 때와 수학용어를 나타낼 때의 '分數'는 발음도 서로 다르기 때문이다.[12] 그 때문에 『한영ᄌ뎐』에서 하나의 표제어로 처리된 '分數'에 대하여 한글학회의 『큰사전』에서는 전통적 한자어로서의 '分數'와 수학용어로서의 '分數'를 별개의 단어로 처리하여 각기 다른 표제어로 제시하고 있다.

새로운 이미를 나타내는 '分數'와 전통적인 '分數'의 발음이 다르다는 사실은 새로운 의미를 나타내는 '分數'가 전통적 '分數'의 의미분화에 의한 결과가 아니라 차용어임을 암시해준다. 곧 앞에서 보아온 유형과는 달리 새로운 의미를 나타내는 '分數'는 그 어형과 의미가 동시에 차용된 결과로 해석된다. 그 때문에 전통적 '分數'와는 발음이 달라진 것이다.

새로 나타난 '分數'의 기원은 확실하지 않으나, 일본어에서 찾을 수 있다. 19세기 7~80년대에는 수학용어로서의 '分數'가 일본어에 정착되어 있었을 뿐 아니라, 앞에서 언급한대로 『한영ᄌ뎐』에서는 일본어의 영향이 엿보이기 때문이다. 우선 당시의 사전류에서 실례를 찾아보면 다음과 같다.

Fraction, n. *hashĭta*; (arith.) †*bunsû(c)*; decimal —, †*shôsû(c)*(Satow1876)
Fraction, 分數. 打壞(ウチコワレ). 破碎. 畸零(ハシタ)(棚橋一郞1886)

---

12) 전통적 의미를 나타낼 때에는 '分數'의 제1음절이 長音으로 실현된다. 『한불ᄌ뎐』에는 長音表示가 달려 있지 않으나, 『한영ᄌ뎐』과 총독부의 『朝鮮語辭典』, 한글학회의 『큰사전』에 나타나는 長音表示로도 그 사실을 확인할 수 있다. 이에 반하여, 수학용어로 쓰일 때에는 제1음절이 장음으로 실현되지 않는 대신 제2음절이 경음화하여 [분쑤]가 된다. 결국 한자표기는 같으나 의미에 따라 발음이 달라지는 두 가지 '分數'는 서로 다른 단어일 수밖에 없다. 『한영ᄌ뎐』이 장음으로 실현되는 전통적인 한자어 '分數'와 그렇지 않은 '分數'를 한 標題語로 묶어 同音異議語처럼 처리한 것은 발음상으로나 의미상으로나 적절한 방법이 아니었다. 그러나 뜻풀이에서는 그런 대로 두 가지를 구분하고 있다. 마지막 뜻풀이인 Fraction의 頭音이 대문자로 표기된 것은, 그것이 앞에 제시된 다른 의미들과 有緣性이 없다는 표시가 되기 때문이다.

Bunsū n. (mat.) ブンスウ Vulgar fraction/Fraction, n. Hashita, bu, hampa, bunsū (Hepburn1886)

Fraction, n. 片, 破片; 代 , 數] 分數. Common fraction, or vulgar fraction. 分數. Decimal fraction. 小數(島田豊1888)

Fraction, （名）片. 破片○分數(數). *Common fraction., or vulgar fraction.* 分數(數). *Decimal fraction.* 小數. 十分分數(數)(尺振八1889)

이처럼 당시의 일본어에는 '分數'라는 번역어가 분명히 존재하고 있었다. 따라서 『한영ᄌ뎐』에 보이는 새로운 의미의 '分數'는 일본어의 영향일 가능성이 크다.[13) 그것이 일본어에서 나온 것이라면 제1음절이 장음으로 실현되지 않은 이유도 쉽게 설명된다. 일본어의 '分數[bunsū]'는 제2음절만 장음으로 실현되었기 때문이다. 결국 새로운 의미의 '分數'는 그 어형과 의미가 동시에 차용되었으나, 국어에는 이미 표기가 동일한 전통적 한자어 '分數'가 존재하고 있었다. 따라서 이들 두 가지 '分數'는 발음이 서로 다른데도 같은 단어처럼 인식되어 『한영ᄌ뎐』에서는 하나의 표제어로 묶이게 되었다.

다만 『한영ᄌ뎐』에 처음으로 나타나는 새로운 의미의 '分數'가 그 후의 국어에 그대로 직접 계승되지는 않았을 것이다. 일반적으로 학술용어는 개별적으로 정착되는 것이 아니라, 어휘체계를 통하여 거의 일괄적으로 정착된다. 이러한 의미에서 수학용어 또한 수학지식이 국내에 확산되면서 체계적으로 형성되었을 것이다.[14)

碩士=(『한불』397우), 셕ᄉ(碩士) (*Grand lettré*). Monsieur le savant. Titre honorifique un peu plus élevé que 셔방 Sye-pang, et moins que 싱원 Săing-ouen((대학자). 학자님. 書房보다는 약간 높고 生員보다는 낮은 敬稱)/(『한영』556좌), A noted scholar; Mr.(Respect). (훌륭한 학자, 씨(敬稱)). *See* 셔방/(총독부 『조선어사전』), 碩士(셕ᄉ) 官職なき人士の敬稱
(한글학회 『큰사전』), 석사(碩士) 벼슬이 없는 선비를 공경해 일컫는 말.

---

13) 일본어에 정착된 數學用語의 상당수는 일찍이 중국어를 수용한 결과이기도 하다. 西洋 幾何學의 기본 용어에 대한 번역어는 이미 徐光啓·마테오 리치(M. Ricci, 利瑪竇)에 의한 『幾何原本』(前6권, 1602)에서 만들어졌으며, 19세기 중엽에는 다시 와일리(A. Wylie, 偉烈亞力)·李善蘭에 의한 『幾何原本』(後9卷, 1857)이 나왔을 뿐 아니라, 墨海書館이나 製造局飜譯館에서도 수학관계 번역서가 많이 출판되었는데(沈國威1995: 39-40), 이들은 그때그때 일본에 영향을 끼친 것으로 알려져 있다.

14) 그 일례로서 신희영의 『고등산학신편』(1917, 京城: 耶蘇教書會)과 같은 책을 들 수 있다. Eva Field Pieters의 *Advanced Arithmetic*에 대한 번역본인데, 권말의 '산학어록'을 통하여 당시의 기본적 수학용어의 체계를 알 수 있다.

'碩士'의 전통적 의미는 위에 보이는 것처럼 '官職이 없는 훌륭한 학자'였다. 한글학회의 『큰사전』에도 이러한 뜻밖에 나타나지 않는다. 그러나 현대국어에서는 '碩士'가 '大學院에서 수여되는 學位의 하나'로 통한다. 곧 대학원의 master에 전통적인 한자어 '碩士'가 轉用되면서 그 의미가 특수화된 것이다. 한글학회의 『큰사전』에 이러한 의미가 나타나지 않는 점으로 미루어 볼 때, 이 경우의 특수화는 다른 단어의 특수화에 비하여 상당히 뒤늦게 일어났는데, 그것은 광복 후 서양식 교육제도에 따라 대학에 대학원이 생기면서 규정된 학위가 수여되기 시작한 이후의 일이기 때문이다. 자연히 이 때의 의미전용은 일본어의 개입 없이 국내에서 독자적으로 이루어졌다. 실제로 일본어에서는 master에 해당하는 학위가 '修士'여서 국어와는 그 명칭이 다르다.

軟骨=(『한불』28우), 연골(軟骨) (Tendre, os), Le temps de l'enfance, première jeunesse, âge tendre((부드러운, 뼈). 幼年期, 소년기, 어린 나이) / (『한영』43우), Childhood; youth—the tender age (어린 시절, 청춘—어린 나이).
(한글학회『큰사전』), 연골(軟骨) ①나이가 어리어서 아직 골격(骨格)이 굳지 아니한 체질(體質) ②《생》여린 뼈, "경골=硬骨①"의 대).

'軟骨'의 전통적 의미는 '어린 나이'였다. 그러나 문자 그대로의 뜻은 '여린 뼈, 무른 뼈'를 나타낸다. 이 뜻을 그대로 살려 cartilage의 번역어에 전용된 것이 '軟骨'이다. 그런데, '軟骨'은 일반적인 의미로 쓰이기도 하나, 다른 한편으로는 생리학, 해부학의 전문용어로 쓰이기도 한다. 전통적 한자어의 의미가 개신을 통하여 전문화, 특수화한 또 하나의 사례가 된다. 한글학회의 『큰사전』에 이 새로운 의미가 나타나는 점으로 보아, 이 때의 전문화, 특수화는 이미 광복 전에 일어난 것임을 알 수 있다. 그렇다면 그 기원은 당연히 일본어로 거슬러 올라갈 가능성이 높다. 실제로 19세기 말엽의 사전류에는 cartilage에 대한 번역어로 '軟骨'이 나타난다.

Cartilage, 脆骨(柳澤信大1869)
Cartilage, n. *nankotsu**(c)(Satow1876)
Nankotsu ナンコツ 軟骨 n. Catilage: —ryū cartilagenous tumor/ Cartilage, *n.* Nan-kotsu (Hepburn1886)
Cartilage, 軟骨(棚橋一郞1886)
Cartilage, n. [解] 軟骨(島田豊1888)

Cartilage, （名）軟骨 ［解］（尺振八1889）

첫 번째에 나오는 '脆骨'은 이미 앞에서 언급해 둔 대로 중국어의 원문을 그대로 옮겨놓은 것이기 때문에 일본어가 아니다. 이로써 '軟骨'은 일본어임이 드러난다. 국어의 경우에는 개화기 이후 생리학, 해부학이 국내에 도입되는 과정에서 이 '軟骨'이 학술용어로 수용되었을 것이다. 그러나 그 방식은 전통적 한자어 '軟骨'을 이용하여 의미만을 차용했을 뿐, 어형까지 차용한 것은 아니다.

> 學士＝(『한불』76좌), 학ᄉᆞ(學士) Lettré, qui connaît bien les caractères chinois.‖ Non d'une dignité(한문을 아주 잘 아는 학자. 관직명)/(『한영』116좌), Graduates of the Confucian College(성균관 졸업생)/(총독부 『조선어사전』), 學士(학ᄉᆞ) ㊀경연청 の一職 ㊀奎章閣·弘文館の一職(勅任)
> (한글학회 『큰사전』), 학사(學士) ①대학 본과의 규정한 학과를 공부하여 마치고 일정한 절차를 밟은 사람의 칭호 ②갑오경장(甲午更張) 이후(以後) 경연청(經筵廳), 규장각(奎章閣), 홍문관(弘文館)의 한 벼슬 ③《고제》고려 한림원(翰林院)과 보문각(寶文閣)의 한 벼슬. 정사품 ④《고제》고려 수문전(修文殿), 집현전(集賢殿), 홍문관(弘文館), 숭문관(崇文館)의 한 벼슬 ⑤《고제》고려 때 지공거(知貢擧)의 속칭(俗稱).

이 때의 '學士' 역시 앞에 보인 '碩士'와 같은 과정을 통하여 그 의미가 전문화, 특수화한 사례에 속한다. 국어의 '學士'는 본래 관직의 한 명칭으로서 그 역사는 고려시대로 거슬러 올라간다. 그러한 전통적 의미가 대학졸업자의 학위명칭에 전용되면서 그 의미가 특수화한 것이다. 곧 大學의 bachelor에 대한 명칭으로 굳어진 것이다. 한글학회의 『큰사전』에 이 새로운 의미가 맨 앞에 나타나는 점으로 보아, 이러한 개신은 '碩士'와 달리 광복 전에 이미 이루어졌음을 알 수 있다. 여기에도 틀림없이 일본어의 영향이 있었겠지만, 그것은 의미차용에 국한되었을 것이다. 국어에는 '學士'라는 전통적 한자어가 이미 존재하고 있었기 때문에, 그 어형까지를 일본어에서 차용했다고 볼 수는 없는 것이다.

나. 分化, 轉用에 의한 意味改新

전문화, 특수화에 의한 의미개신에는 미치지 못하나, 국어의 전통적 한자어 중에는 개화기 이후 분화와 전용에 의한 의미개신을 겪은 경우도 많다. 이번에는 그 일부를 통하여 국어의 전통적 한자어가 겪은 의미변화의 성격과 방향의 일단을 살피기로 한다.

　　文章=(『한불』 254좌), 문쟝(文章) Lettré savant, très-habile(학식이 있는, 매우 훌륭한 사람)/(『한영』 346우), An essay; an elegant literary composition. A scholar—noted for his composition. *Opp.*명필/(총독부 『조선어사전』), 문쟝(文章) 學識·詩文の一世の師表たる人
(한글학회 『큰사전』), 문장(文章) ①글을 잘하는 사람, ②주어(主語)와 설명어(說明語)를 갖추어 한 사물을 판단한 말 ③구절을 모아서 한 문제를 논술(論述)한 글의 한 편(篇) (③문사=文詞. 文辭) ④한 나라의 문명을 형성(形成)한 예악(禮樂)과 제도(制度), 또는 그것을 써 놓은 글.

　『한불ᄌ뎐』이나 『한영ᄌ뎐』에는 '文章'의 의미가 '학식이 많고 時文을 잘 하는 사람'으로 풀이되어 있다. 이것이 '文章'의 전통적인 의미였다. 『큰사전』의 ①에는 그러한 의미가 유지되어 있다. 그러나 ②와 ③은 새로 추가된 의미라고 할 수 있다. 특히 ②는 서양문법의 sentence에 해당하는 개념으로서, 이 때의 '文章'은 문법론에서 쓰이는 전문용어이기도 하다. 문법연구가 생기면서 분화된 의미가 새로 추가된 것이다.

　　發表=(『한불』 306좌), 발표ᄒ다(發表), Pustule de petite vérole; commencer à se montrer(la petite vérole)(天然痘 膿疱, (천연두의 발진이) 나타나기 시작하다)/(『한영』 392좌), To come out as pustules—in small pox(膿疱가 나오다—천연두에서). *See* 발반ᄒ다/(총독부 『조선어사전』), 發表(발표) 公然表示すること
(한글학회 『큰사전』), 발표(發表) 세상에 널리 드러내 보임.

　『한불ᄌ뎐』이나 『한영ᄌ뎐』에는 다같이 '發表'의 의미가 '천연두의 發疹'으로 풀이되어 있다. 이것이 곧 '發表'의 전통적 의미였음을 알 수 있다. 그러나 『朝鮮語辭典』에는 그러한 의미가 이미 없어지고 한자 그대로의 의미로만 나타난다. 한정적 의미로 쓰이던 '發表'가 일반적 의미로 전용된 것이다. 『큰사전』에도 그러한 의미밖에 나타나지 않는다.

　　發明=(『한불』 305우), 발명ᄒ다(發明) Pallier; s'excuser; se disculper; nier; disconvenir; se justifier(糊塗하다, 사과하다, 자신의 결백을 증명하다, 부정하다, 인정하지 않는다, 변명하다)/(『한영』 391우), To make clear; to prove(밝히다, 증명하다)/(총독부 『조선어사전』), ㉠經史等の意義を自得辨析すること, ㉡無罪を辨解すること, (暴白)
(한글학회 『큰사전』), ①경사(經史)의 뜻을 스스로 깨달아서 밝힘 ②죄(罪)가 없음을

변백(辨白)함.(폭백=暴白 ②) ③전에 없던 물건이나 또는 무슨 방법을 새로 만들거나 고안(考案)하여 냄.

'發明'의 전통적 의미는 기본적으로 '진실을 밝히거나 해명한다'였다. 『한불ᄌ뎐』, 『한영ᄌ뎐』, 『朝鮮語辭典』에는 다같이 그러한 의미만 나타난다. 『큰사전』의 ①과 ②또한 같은 의미를 나타내고 있다. 그러나 ③은 새로 추가된 의미라고 할 수 있는데, 이는 英語의 invention에 해당하는 개념에 '發明'이 轉用된 것이다. 이러한 轉用은 서양문화가 국내에 전파되면서 일어났겠지만, 그 배경에는 일본어의 영향이 있었을 것이다. 개화기 이후의 현실을 생각할 때 그러한 가능성이 충분한 것이다.[15]

> 發行=(『한불』 304우), 발힝하다(發行) Départ de la maison; se mettre en route (집을 떠나다, 길을 나서다)/(『한영』 390우), To set out; to depart; to start(착수하다, 떠나다, 시작하다). *See* 발정ᄒ다/(총독부 『조선어사전』), 發行(발힝)「發程」(발정)에 同じ (한글학회 『큰사전』), 발행(發行) ①길을 떠나 감 ②출판물을 내보내어서 세상에 널리 돌림 ③사채 증권(私債證券), 상품권(商品券), 주권(株券) 따위를 세상에 내보냄.

'發行'의 전통적 의미는 '출발하다, 길을 나서다'였다. 『한불ᄌ뎐』, 『한영ᄌ뎐』, 『朝鮮語辭典』이 모두 그렇게 풀이되어 있다. 그러나 『큰사전』②와 ③에는 새로운 의미가 추가로 나타난다. 각기 '出版'과 '유가증권을 펴낸다'는 의미인데, 이들은 새로 분화된 것이다. '發行'이란 전통적 한자어가 특정의미에 전용된 것이다.

> 放送=(『한불』 303우), 방송ᄒ다(放送). Délibrance d'une prisonnier; mettre en liberté(죄수의 석방, 자유롭게 된다)/(『한영』 388우), To pardon and set free(용서하고 풀어주다)/(총독부 『조선어사전』), 방송(放送)「放釋」(방석)에 同じ (한글학회 『큰사전』), 방송(放送) ①방송 무선 전화(放送無線電話)를 보내서 널리 듣게 함 ②=석방(釋放)

'放送'의 전통적 意味는 『한불ᄌ뎐』, 『한영ᄌ뎐』, 『朝鮮語辭典』에 다같이 '釋放'이란 意味로 나타난다. 그러나 『큰사전』에는 broadcast에 해당하는 의미가 ①처럼 오히려 먼저 나타

---

15) 그 이유는 '發明'이 중국어에도 借用된 데다가(劉正埮 외1984), 일본어에서는 19세기 60년대부터 영어 invention, discovery에 대한 번역어로 나타나기 때문이다. 얼마 후 discovery에 대한 번역어는 '發見'으로 대치되고, '發明'은 invention에 대해서만 쓰이게 된다(惣鄕正明 외1986).

난다. '放送'이 특정의미에 전용되면서 기본의미가 되고 전통적 의미는 ②처럼 부차적 의미로 물러난 것이다.

> 社會=(『한영』 527우), 샤회(사회) Sacrificial festival(祭禮, 祭典). *See* 동회
> (한글학회 『큰사전』), 사회(社會) ①《고제》촌민(村民)이 사일(社日)에 모이는 모임 ②
> 《사회》개인은 고립적(孤立的)으로 그 생존을 유지할 수 없고, 모든 개인은 반드시 결합
> (結合)하여 살게 된 집단(集團). 그것은 개인의 단순한 총계(總計)가 아니고 개인의 생활
> 을 규정하는 저 홀로 된 생명체

'社會'의 전통적 의미는 『한영ᄌ뎐』에 '祭禮, 祭典'처럼 간단히 풀이되어 있으나, 본래는 중국의 독특한 전통에서 나온 말이다. '社'란 토지신을 나타내던 말로서 원시취락의 중심적 존재였다. 취락민들은 봄과 가을 두 번에 걸쳐 '社'를 위한 제례를 올렸는데 이를 위한 모임이 바로 '社會'였다. 『큰사전』①에 나타나는 의미가 거기에 해당한다.

그 후 南末時代부터는 각종 동호인의 모임이나 조직의 명칭에 '社' 또는 '會'를 붙이게 되었는데, 이 둘을 합쳐 부른 것이 '社會'였다. 결국 '사회'는 오늘날의 조합이나 단체라는 뜻이된 것이다.

이러한 배경 속에서 태어난 '社會'가 일본어에서는 영어의 society, community, association, public 등에 대한 번역어로 轉用되다가 19세기 70년대부터는 society에 대한 번역어로 굳어졌는데,[16] 19세기 말경에는 이 의미가 중국어에도 차용되기에 이르렀다(劉正埈 외1984, 馬西尼1997: 238).

이렇게 볼 때 『큰사전』②의 뜻풀이에 해당하는 '社會'는 일본어에서 차용된 결과로 생각된다. '社會'라는 한자어는 『한영ᄌ뎐』에만 나타날 뿐, 『한불ᄌ뎐』이나 『朝鮮語辭典』에는 나타나지 않는다. 기본적으로는 국어에 일반적으로 쓰인 전통적 한자어가 아니기 때문이었을 것이다. 이로써 새로운 의미를 나타내는 '社會'만은 그 어형과 의미가 동시에 차용된 결과로 해석될 수 있다. 결국 새로운 의미로 쓰이게 된 '社會'는 지금까지 살펴온 여타의 사례들과는 달리 의미만의 차용어가 아니라 문자에 의한 차용어에 속한다. 그것이 국어의 전통적 한자어처럼 인식되는 것은 그 표기가 우연히 중국의 고전에 나타나는 '社會'와 일치하고 있기 때문이다.

---

16) 일본어에 '社會'와 '社會學'이라는 신문명어가 정착하기까지의 상세한 논의는 齋藤毅(1977: 175-228)에 보이며, 惣鄕正明 외(1986)에도 두 단어의 용례가 모아져 있다.

産業=(『한불』 372좌), 산업(産業) Biens, fortune, tout ce que l'on posséde, possessions. ‖ Profession, état, travail ou fonction dans laquelle on vit(이익, 재산, 어떤 사람이 가지고 있는 모든 것, 재산. 직업, 신분, 어떤 사람이 체험한 노동이나 기능)/ (『한영』 515우), Possessions; calling; trade; real estate; landed property(재산, 직업, 생업, 부동산). *See* 세간/(총독부 『조선어사전』), 産業(산업) 生活に關する一切の仕事,(略, 業)
(한글학회 『큰사전』), 산업(産業) ①경제적 생활에 관한 모든 일 ②《경》 "생산 사업(生産事業)"의 준말.

'産業'의 전통적 의미는 기본적으로 '직업이나 생업'이었다. 『한불ᄌ뎐』, 『한영ᄌ뎐』, 『朝鮮語辭典』에 다같이 그러한 뜻풀이가 나타난다. 그러나 『큰사전』 ②에는 새로운 의미가 추가되어 나타난다. '産業'이란 전통적 한자어의 의미가 분화되어 경제학의 전문용어가 된 것이다. 실제로 『큰사전』에도 '경제'라는 전문용어 표시가 붙어있다.

生産=(『한불』 387우), 싱산(生産) Couches; accouchement.= ᄒᆞ다-hă-ta, *Concervoir; devenir enceinte; enfanter; mettre au monde*(수태하다, 임신하다, 분만하다, 아이를 낳다/(『한영』 539우), 싱산ᄒᆞ다(生産) To bear a child(아이를 낳다). *See* 슌만ᄒᆞ다/(총독부 『조선어사전』) 生産(싱산) 子を産むこと(아이를 낳는 것)
(한글학회 『큰사전』) 생산(生産) ①아이를 낳음. (출산=出産. 출생=出生②) ②《경》 자연적 소재(素材)에 인간의 노력을 가하여 인간의 욕망을 충족(充足)시킬 수 있는 사용 가치(使用價値)를 부여(附與)하며 혹은 그것을 증가(增加)시키는 일.

'生産'의 전통적 의미는 『한불ᄌ뎐』, 『한영ᄌ뎐』, 『朝鮮語辭典』에 나타나는 뜻풀이대로 '아이를 낳는 일' 곧 '出産'이었다. 이러한 '生産'에서 새롭게 분화된 의미가 『큰사전』 ②에 나타나는 경제학의 전문용어라고 할 수 있다. 전통적 한자어의 전용에 의하여 새로운 의미가 추가된 것이다.

新人=(『한불』 418(좌), 신인(新人) Jeune marié; nouvelle mariée(신랑, 신부)/(『한영』 582좌). A bride or bridegroom(신랑 또는 신부). *See* 신부/(총독부 『조선어사전』), 新人(신인) 新に取りたる妻又は妾
(한글학회 『큰사전』), 신인(新人) ①=새댁 ②새로 나타난 예술가.

'新人'의 전통적 의미는 『한불ᄌ뎐』, 『한영ᄌ뎐』, 『朝鮮語辭典』의 뜻풀이대로 '新婦'였다.

이러한 '新人'이 전용되어 『큰사전』②와 같은 의미가 새로 생긴 것이다. 전통적 한자어에서 분화된 의미가 추가된 결과라고 볼 수 있다.

料理=(『한불』 292우), 뇨리ᄒᆞ다(科[17]理), Compter et gouverner. ‖Supputer le gain. Revenu; gain; manière de gagner sa vie(계산하고 관리하다. 이익을 산출하다. 소득, 이익, 생계를 꾸리는 방법)/(총독부 『조선어사전』), 料理(료리) ㊀經營すること (경영하는 일) ㊁食物を煮ること(먹을거리를 끓이는 일)
(한글학회 『큰사전』), 요리(料理) ①매우 맛있는 음식 ②맛있는 음식을 만듦 ③일의 재료를 적당하게 처리함

『한불ᄌᆞ뎐』, 『한영ᄌᆞ뎐』의 뜻풀이로 볼 때 '料理'는 본래 '생계를 도모하는 일'이었다. 『朝鮮語辭典』㊀도 같은 의미를 보여준다. 그러나 ㊁는 새로 분화된 의미인데, 전통적 한자어 '料理'의 전용결과라고 할 수 있다. 『큰사전』①과 ②는 '料理'의 기본의미가 이미 '맛있는 음식'이나 '飮食調理'로 바뀌었음을 보여준다.

運轉=(『한불』 67우), 운전ᄒᆞ다(運轉) Transporter(운반하다)/(『한영』 105우), To transport; to turn around(운송하다, 돌리다). *See* 슈운ᄒᆞ다/(총독부 『조선어사전』), 運轉(운전) 遷し動かすこと(움직여 옮기는 것)
(한글학회 『큰사전』), 운전(運轉) ①기계나 수레 따위를 움직이어 굴림 ②자본(資本)이나 무슨 일을 움직이어 나아가게 함.

'運轉'의 전통적 의미는 단순한 '運送'이었다. 『한불ᄌᆞ뎐』, 『한영ᄌᆞ뎐』에 그렇게 풀이되어 있다. 『朝鮮語辭典』도 같은 의미를 보여준다. 그러나 『큰사전』①과 ②는 '運轉'의 의미에 개신이 일어났음을 알려준다. 전용에 의한 개신이라고 할 수 있다.

入學=(『한불』 41우), 입학ᄒᆞ다(入學) Commencer ses études de caractères(문자 학습을 시작하다)/(『한영』 64우), To begin school; to study(학교에 들어가다, 공부하다)/(총독부 조선어 사전), 入學(입학) 學校に就學すること(학교에 취학함)
(한글학회 『큰사전』), 입학(入學) 학교에 학생이 되는 일.

'入學'의 전통적 의미는 『한불ᄌᆞ뎐』의 뜻풀이대로 '문자학습을 시작하는 것'이었다. 그러나 『한영ᄌᆞ뎐』에는 '학교에 들어간다'는 뜻으로 풀이되어 있다. '入學'이 새로운 의미로 전용되

---

17) 이 때의 '科'는 '料'의 誤植이나, 원문대로 인용해 둔다.

기 시작했음을 보여준다. 전통적 한자어 가운데 일찍 의미개신을 겪은 사례가 된다.

> 자연=(『한영』 728우), 즈연(自然) Of itself; naturally so; self-existent; of course
> (저절로, 자연히 그렇게, 자립적인, 물론). *See* 절노/(총독부 『조선어사전』), 自然(즈연)
> 自(おのずか)らなること(저절로 되는 것)
> (한글학회 『큰사전』), 자연(自然) ①우주 사이에 저절로 된 그대로 사람의 힘을 더하지
> 아니한 상태. 또는 사람의 힘으로 어찌할 수 없는 상태 ②《철학》무궁한 진리의 물질적
> 표현으로서, 우리의 경험 대상의 전체 ③《경》사람과 물질의 고유성(固有性) 혹은 본연성
> (本然性) ④《경》인류 이외에 있는 외계(外界)의 온갖 물건. ('문화=文化'의 대). [엇]
> "자연히"의 준말.

중국의 고전에서 유래한 '自然'의 의미는 본래 심오한 철학적 개념을 나타내지만,[18] 국어
에서 일반적으로 쓰여온 전통적 의미는 '저절로, 본래 그대로'였다. 『한불즈뎐』, 『한영즈뎐』,
『朝鮮語辭典』이 모두 그러한 일반적 의미로 풀이되어 있다.

서양문화가 일본에 전파되면서 '自然'은 영어의 nature에 대한 번역어로 보급되기 시작하
였다. 처음에는 '自然'이 '本性, 天理' 등과 함께 쓰였으나,[19] 20세기를 전후하여 '自然科學
(natural science), 自然主義(naturalism), 自然淘汰(natural selection)'와 같은 개념이 소개되면서 전
문용어의 일종으로 자리가 굳어졌다(惣鄉正明 외1986). 『큰사전』①에는 일반적 의미가 풀
이되어 있으나 ②와 ③과 ④는 '自然'이 전문용어의 일종임을 나타내고 있다. 전통적 한자
어 '自然'이 전용에 의하여 의미분화가 이루어졌음을 보여준다. 특정의미가 새로 추가된
것이다.

> 朝會=(『한불』 498우/574우), 됴회ᄒ다/죠회ᄒ다(朝會) Saluer le roi; aller faire sa
> cour au roi; s'incliner, se prosterner devant le roi. souhaiter le bonjour(*Honorif.*)(임
> 금에게 인사하다, 궁중으로 일하러 가다, 몸을 굽혀 인사하다, 임금 앞에서 平身低頭하
> 다. 좋은 하루를 기원하다(敬語))/(『한영』 778우), 죠회ᄒ다(朝會) To have an audi-
> ence of the king or the emperor(임금이나 황제를 알현하다)/(총독부 『조선어사전』),
> 朝會(죠회) 百官の朝見會同すること

---

18) 여기에 대한 간략한 논의는 佐藤喜代治 편(1983 Ⅱ: 176-180)을 참고할 수 있다. 『老子』를 비롯한 중국문헌,
『法華經』을 비롯한 불경, 그리고 일본문헌에 나타나는 '自然'의 의미를 분석한 내용이다.

19) 그러한 실례로서 nature에 대한 초기의 對譯語를 보면 島田豊(1888)과 尺振八(1889)에는 '自然'이 나타나지 않으
나, 棚橋一郎(1886)에는 '天地ノ法, 만물ノ規, 品種, 物理, 本性, 資質, 造化, 洪鈞, 萬有, 宇宙, 自然, 天理, 性質,
造物者'와 같은 풀이 가운데 '自然'이 포함되어 있다.

(한글학회 『큰사전』), 조회(朝會) ①《고제》모든 벼슬아치가 조현(朝見)에 모임 ②학교
(學校)에서 날마다 아침에 상학(上學)하기 전에 모든 학생(學生)을 한 곳에 모으고 체조
(體操), 훈유(訓諭)와 그밖의 주의할 일을 이르는 일.

'朝會'의 본래 의미는 '벼슬아치들이 아침 일찍 모여 임금을 뵙고 인사하는 일'이었다. 『한
불ᄌ뎐』, 『한영ᄌ뎐』, 『朝鮮語辭典』에 모두 그러한 의미로 풀이되어 있다. 그러나 『큰사전』
②에는 새로운 의미가 추가로 나타난다. 轉用에 의한 의미개신이다. 그것이 비록 ②로 나타
나 부차적 의미처럼 보이나 ①은 '古制, 古俗'을 나타내므로, '朝會'의 공시적 의미는 이미
②로 완전히 굳어졌다고 볼 수 있다.

> 中心=(『한불』 585우), 즁심(中心) Dans le cœur, fond du cœur, au milieu du
> cœur(마음속에, 마음속 마음 가운데)/(『한영』 790좌), 즁심(中心) Mind; heart, *See*
> 즁졍/(총독부 『조선어사전』), 中心(즁심) ㊀眞中(まんなか) ㊁「心曲」(심곡)에 同じ
> ㊂樞要なる地位
> (한글학회 『큰사전』), 중심(中心) ①한가운데가 되는 곳. (옛말: ᄌ의) ②=심곡(心曲)
> ③매우 종요로운 지위 ④《수》원주(圓周) 또는 구면(球面)의 각 점에서 같은 거리에 있
> 는 점.

'中心'의 전통적 의미는 '마음 속' 또는 '마음'이었다. 『한불ᄌ뎐』과 『한영ᄌ뎐』이 그러한
의미를 보여준다. 『朝鮮語辭典』에는 ㊁이나 ㊂과 같이 일반화한 의미도 나타나나, 『큰사전』
은 거기에 다시 ④와 같은 전문용어로서의 의미를 보여준다. 수학에서 쓰이는 학술용어를
뜻하는데, 전용에 의하여 분화된 의미가 새로 추가된 것이다.

> 創業=(『한불』 593우), 챵업ᄒ다(創業) Fonder, jeter les fondements; fonder une
> dynastie, un empire(토대를 만들거나 쌓다, 왕조나 제국을 세우다)/(『한영』 796우),
> 챵업ᄒ다(創業) To found a dynasty(왕조를 세우다). *See* 긔국ᄒ다/(총독부 『조선어사
> 전』), 剙業(창업) ㊀國を建つること ㊁始め事業を成就すること
> (한글학회 『큰사전』), 창업(創業, 剙業) ①나라를 비롯하여 세움 ②사업을 비롯하여 이룸.

'創業'의 전통적 의미는 '왕조를 세운다'였다. 『한불ᄌ뎐』, 『한영ᄌ뎐』에는 그러한 의미만
나타난다. 그러나 『朝鮮語辭典』은 거기에 ㊁와 같은 의미가 새로 추가되었음을 알려준다.
'創業'이 전용되면서 의미분화를 일으킨 것이다.

學生=(『한불』 76좌), 학싱(學生) Titre posthume d'un noble qui n'a jamais eu de dignités. ‖Défunt (titre qu'on donne à un mort qui connaissait bien les caractères chinois)(일찍이 벼슬한 적이 없는 양반의 死後 지칭. 故人(한문을 아주 잘 아는 사람에게 사후에 부여하는 지칭))/(『한영』 116좌), One dying without rank; a deceased scholar(관직 없이 죽는 사람, 사망한 학자). *Opp.* 유학/(총독부 『조선어사전』), 學生(학싱) ㊀「學徒」(학도)に同じ ㊁生前任官せざりし人に對する敬稱 (한글학회 『큰사전』), 학생(學生) ①학교에서 공부하는 사람 ②벼슬하지 못한 사람의 죽은 뒤의 명정(銘旌)이나 신주(神主)에 쓰는 존칭 ③《고제》신라 국학(國學)에서 교수(教授)를 받는 사람.

'學生'의 전통적 의미는 '벼슬 없이 죽은 선비에 대한 지칭'이었다. 『한불ᄌ뎐』, 『한영ᄌ뎐』에는 그러한 의미만 나타난다. 그러나 『朝鮮語辭典』에는 '學徒'라는 의미가 ㊀로 나타난다. '學生'에 새로운 의미분화가 일어났음을 보여준다. 새로운 의미가 ㊀로 나타난다는 점은 그것이 기본적인 의미가 되었음을 뜻한다. 전용에 의한 의미개신에 해당한다.

獻納=(『한불』 90좌), 헌랍(獻納) Nom d'une dignité(관직명)/(『한영』 135좌), 헌납(獻納) The 3rd royal censor—an officer of the front rank 5th degree(세 번째 왕실 감찰관—정오품의 한 관리)/(총독부 『조선어사전』), 헌납(獻納) 司諫院의 一職(正五品) (한글학회 『큰사전』), 헌납(獻納)1 물건을 바침. 헌납(獻納)2《고제》①사간원(司諫院) 정오품의 벼슬. 좌헌납, 우헌납이 있음 ②고려 문하부(門下府)의 정육품 벼슬. 간쟁(諫爭)하는 일을 맡음.

'獻納'의 전통적 의미는 '특정한 관직명칭'이었다. 『한불ᄌ뎐』, 『한영ᄌ뎐』, 『朝鮮語辭典』에는 다같이 그러한 의미만 나타난다. 여기에서 전용된 것이 『큰사전』의 '헌납1'이다. 『큰사전』은 '獻納'을 1과 2로 구분하여 각기 별개의 단어로 처리하였으나, 이 둘은 발음이 같기 때문에 한 단어로 보아도 무방할 것이다. 왜냐하면 '獻納1'은 '獻納2'의 전용에 의한 의미개신이기 때문이다. 관직명칭과 같은 특정의미가 한자의 의미에 따라 일반의미로 전환된 사례로는 앞에서 본 '監察'이 있다.

犧牲=(『한불』 96좌), 희싱(犧牲) Victime, hostie, animal offert en sacrifice(bœuf, mouton, porc)(제물, 領聖體用 빵, 제물로 바쳐진 동물(소, 양, 돼지))/(『한영』 143좌), Victims for sacrifice(제물을 위한 피해자)/(총독부 『조선어사전』), 犧牲(희싱) ?(산채로 신에게 바쳐지는 제물), (牲牢)

(한글학회 『큰사전』), 희생(犧牲) ①묘사(廟祠)에 제물(祭物)로 쓰는 소, 양, 돼지 따위의 짐승. 산 채로 쓰기도 하고, 잡아서 쓰기도 함. (생뢰=牲牢) ②남을 위하여 목숨, 재물, 명예(名譽), 권리(權利), 자유(自由)를 버리거나, 또는 빼앗김의 비유

'犧牲'의 전통적 의미는 '제물로 바쳐지는 동물'이었다. 『한불ᄌ뎐』, 『한영ᄌ뎐』, 『朝鮮語辭典』이 다같이 그러한 뜻풀이를 보여준다. 여기서 분화된 새로운 의미가 『큰사전』에 ②로 나타난다. 具象的 의미에서 '자신의 목숨이나 재물 등을 버린다'는 추상적 의미로 전용되면서 새로운 의미가 추가된 것이다.

3. 결 어

개화기 이후 밀려드는 서양의 문화와 문명을 수용하는 과정에서 국어의 전통적 한자어는 특히 의미면에서 다양한 개신과 변화를 겪었다. 새로운 지식과 개념을 받아들이는 과정에서 일어날 수밖에 없는 의미개신이었다. 그 결과 국어에는 많은 신문명어가 새로 생겨났다. 본고에서는 주로 의미의 개신을 거쳐 신문명어가 된 전통적 한자어의 일부 사례를 통하여 그들이 겪은 의미개신의 성격과 방향을 살펴보았다. 『한불ᄌ뎐』(1880), 『한영ᄌ뎐』(1897), 조선총독부의 『朝鮮語辭典』(1920), 한글학회의 『큰사전』(1947-1957)을 대상으로 살펴본 내용을 간략히 요약하면 다음과 같다.

먼저 전통적 한자어 중에는 외래적인 문물이나 새로운 개념을 표현하기 위한 수단으로 轉用되면서 意味의 改新을 겪은 경우가 많다. 그러나 여기에는 유형이 있었다. 그 첫 번째는 개화초기의 잠시 동안이긴 하나 서양식 문물표현에 전통적 한자어의 語形과 意味가 그대로 쓰인 경우였다. 가령 1876년 修信使로 일본에 파견된 金綺秀는 서양식 식사과정에 나타나는 '냅킨, 빵, 포크, 스푼, 나이프, 수프, 비프스테이크, 웨이터'를 각각 '白布, 餠, 匙(有齒者), 匙, 刀, 羹, 𦠆, 待者' 식으로 표현하였다. 그러나 이러한 한자어는 결국 모두 소멸되고 말았다. 이들 한자어, 그 중에서도 특히 單音節語로는 새로운 개념을 나타내기에 부적합했던 것이다. 金綺秀가 들은 말 가운데에는 '氷汁'과 '氷製'도 있었다. 당시의 일본어였던 이들 또한 그 후의 국어에서는 각기 '氷水'와 '아이스크림'으로 대치되었다.

그 두 번째는 전통적 한자어가 새로운 개념표현에 轉用된 경우였다. 가령 '監察'의 전통적

의미는 관직명칭이었다. 이것이 한자 하나 하나의 본래 의미에 따라 일반의미로 전용되면서 의미의 개신을 겪은 것이다. '經濟'라는 전통적 한자어 역시 의미의 개신을 겪었다. 이 때의 改新은 意味借用에 의한 결과로 본고에서는 그 배경에 일본어의 영향이 있었다고 보았다.

그밖에도 의미개신을 겪은 사례가 많은데, 본고에서는 이를 전문화 또는 특수화에 의한 의미개신과 분화 또는 전용에 의한 의미개신으로 나누어 몇가지 사례를 검토하였다. 전문화, 특수화에 의한 의미개신이라 함은 전통적 한자어가 특수한 개념에 전용되면서 전문용어나 학술용어가 된 경우를 말한다. 그런데 이러한 의미개신의 배경에는 거의 언제나 일본어의 영향이 있었다. 이들 또한 의미차용에 속하는데, 그러한 사례로는 '工業, 大學, 馬力, 文科, 文法, 文體, 分數, 碩士, 軟骨, 學士' 등이 있다.

분화, 전용에 의한 의미개신이라 함은 전문화, 특수화보다 약한 일반적 의미의 변화를 말한다. 이러한 사례로는 '文章, 發表, 發明, 發行, 放送, 社會, 産業, 生産, 新人, 料理, 運轉, 入學, 自然, 朝會, 中心, 創業, 學生, 獻納, 犧牲' 등이 있다. 이들이 보여주는 의미개신의 배경에도 일본어의 영향이 더러 나타나나, 모두가 그런 것은 아니었다.

참고문헌

Liu, Lydia H.(1995), *The Translingual Practice: Literature, National Culture, and Translated Modernity—China*, 1900~1937, Stanford University Press, California.

馬西尼(著)·黃河淸(譯)(1997), 『現代漢語詞匯的形成』—十九世紀漢語外來詞硏究, 上海: 漢語大辭典出版社. [원서명] Masini, F.(1993), *The Formation of Modern Chinese Lexicon and its Evolution toward a National Language: The Period from* 1840 to 1898, Journal of Chinese Linguistics, Monograph Series No. 6, Berkeley: Universsity of California.

謝俊美(編)(1998), 醒獅叢書, 鄭觀應(著)·王胎梁(評注), 『盛世危言』, 鄭州, 中州古籍出版社.

宋　敏(1989), 開化期 新文明語彙의 成立過程, 『語文學論叢』 8, 국민대.

_____(1992), 開化期의 語彙改新에 대하여, 『語文學論叢』 11, 국민대.

_____(1998), 開化期 新生漢字語彙의 系譜, 『語文學論叢』 17, 국민대.

_____(1999a), 開化初期의 新生漢字語 受容, 『語文學論叢』 18, 국민대.

_____(1999b), 한자어 '汽船, 汽車'의 연원, 『새국어생활』 9-3, 국립국어연구원.

劉正埮·高名凱·麥永乾·史有爲(1984), 『漢語外來詞詞典』, 上海辭書出版社.

齋藤毅(1977), 『明治のことば』, 講談社.

佐藤喜代治(編)(1983), 『講座 日本語の語彙, 語誌 Ⅰ, Ⅱ, Ⅲ』, 明治書院.

佐藤亨(1986), 『幕末·明治初期語彙の硏究』, 櫻楓社.

_____(1992), 『近代語の成立』, 櫻楓社.

沈國威(1995), 『『新爾雅』とその語彙—硏究·索引·影本付』, 白帝社.

進藤咲子(1981), 『明治時代の硏究—語彙と文章』, 明治書院.

惣鄕正明·飛田良文(1986), 『明治のことば辭典』, 東京堂出版.

豊田實(1963), 『日本英學史の硏究』(改訂版), 千城書房.

森岡健二(1969), 『近代語の成立—明治期語彙編』, 明治書院.

_____(1991), 『改正 近代語の成立—語彙編』, 明治書院.

出處 〈國民大 語文學硏究所(2000. 2.), 『語文學論叢』 19: 25~57.〉

개화기 신생한자어의 系譜

1. 서 언

현대국어에 쓰이고 있는 수많은 학술, 문화 관계 어휘 중에는 개화기 이래 갑자기 국어에 새로 등장한 한자어형이 많은데, 전통적 한자어에서는 찾아볼 수 없는 이들 신생어휘의 상당 부분은 일본어를 통하여 직접적으로나 간접적으로 국어에 끊임없이 수용된 결과로 풀이된다. 따라서 19세기 말엽부터 국어의 전통적인 한자어휘 체계에 대폭적인 改新을 몰고 온 이들 新生漢字語에 대해서는 新文明語 또는 新漢字語라고 부르는 수도 있다.

이들 신생한자어휘의 기원을 한마디로 간단히 규명하기는 어려우나, 그 주류는 서양문물을 한 발 앞서 받아들이면서 그때그때 번역어 또는 신조어를 대량으로 창안해 낸 중국어나 일본어로 거슬러 올라간다. 중국의 경우, 적어도 16세기 말엽부터 천주교를 안고 중국에 들어온 서양인 선교사들이 중국어로 쓰인 자신들의 저술을 통하여 근대서양의 문물이나 제도를 중국인에게 소개하는 과정에서, 학술적 신지식을 담아 나르기 위한 새로운 개념의 번역어 또는 新用語를 꾸준히 창안해냈다. 일본의 경우 또한 16세기 말엽이후, 천주교를 앞세워 일본 땅에 은밀히 들어온 선교사들과, 그 뒤를 연이어 한 시대씩을 각기 풍미한 이른바 蘭學, 英學 등에 참여한 학자들은 서양의 학술문화를 수입, 소화하는 과정에서 엄청난 양의 번역어 내지 신조어를 지속적으로 선보인바 있다.

이 과정에서 중국이나 일본의 지식인들은 피차 쇄국으로 인하여, 오랫동안 서적을 통해서만 간접적으로 은밀히 서로의 지식과 정보를 나눌 수밖에 없었으나, 19세기 중엽이후부터는 개화에 따라 점차 서적 유통이 자유로워졌다. 따라서 신생한자어의 상호영향도 처음에는 그다지 큰 편이 아니었으나, 19세기 중엽 이후 특히 말엽부터는, 중·일간에 서적 유통이 더욱 활발해지고, 청일전쟁 직후 곧 1896년경부터는 수많은 중국인들이 일본에 유학하면서, 당시까지 일본어에 정착된 대량의 학술문화관계 어휘를 이번에는 일방적으로 중국어에 수용하기 시작하였다. 다시 말하면 신생한자어의 경우, 중·일간에는 역사적으로 지속적이고도 활발한 교류과정이 있어왔다고 할 수 있다. 요컨대 중·일간에 주고받은 신생한자어의 영향 관계는 그 하나하나가 지극히 복잡다단한 성격을 나타내고 있다.

그런데 국어의 경우는 좀 다르다. 국어는 시대의 추세에 따라 개화기 이전에는 중국어, 그 이후에는 일본어를 통하여 차례차례로 적지 않은 신생한자어를 수용하는 데만 그친 것이다. 실상, 19세기 중엽까지는 중국에서 이루어진 서양선교사들의 저술이 신생한자어의 공급 원 구실을 맡아왔으나, 그 뒤에는 개화기를 전후로 하여 국내에 유입된 중국서적이 그 구실을 이어받는 듯하다가, 곧이어 일본유학에서 돌아온 지식인들이 날로 늘어남에 따라, 이번에는 이들이 일본어를 통하여 신생한자어를 국어에 소개하기 시작하였다. 이때부터 국어에는 하루가 다르게 신생한자어가 늘어났는데 그중 상당수는 일본어에서 직접 받아들인 것이다.

구체적으로 예를 들자면 '千里鏡, 自鳴鐘'과 같은 신생어가 전통방식을 따른 중국어의 영향이었다면, '火輪船, 火輪車'와 같은 신생어는 개화기에 일시적으로 국어에 알려진 바 있는 중국어였다. 어느 것이나 그때그때의 중국어로부터 국어에 새로 수용된 어휘들이다. 그러나 이들 중국어 기원의 신생한자어들은 그 후 머지않아 일본식 한자어로 바뀌는 운명을 맞은 경우가 많다. 그만큼 일본어의 영향이 컸던 것이다. 가령 '千里鏡'이 '望遠鏡'으로, '火輪船, 火輪車'가 각기 '汽船, 汽車'로 바뀌는가 하면, 다른 한편으로는, '新聞紙, 銀行, 大統領, 日曜日'을 비롯한 여러 분야의 신생한자어들이 개화초기부터 대량으로 줄을 이어 국어에 유입되었다(송민1988, 1989).

이처럼 개화기 신생한자어휘 하나하나는 개별적으로 복잡한 과정을 통하여 국어에 수용되었다. 거기다가, 그 중 적지 않은 항목들은 어형상으로나, 의미상으로 이렇다 할 변화를 겪지 않은 채 현대국어에 계승되었다. 본고에서는 그러한 몇몇 한자어의 역사적인 계보를 좀더 유기적으로 훑어보면서, 부분적으로나마 한·중·일간에 이루어진 어휘간섭 과정이 어떤 성격을 보이는지에 대하여 잠시 살피기로 한다.

이 과정을 통하여 우리는 역사적으로나, 문화적으로 오랫동안 한문 또는 한자를 공유해 온 극동삼국이 이번에는 근대화 과정에서 또다시 신생한자어를 어떻게 주고받으며 서양문화를 소화할 수 있었는지, 한 걸음 더 나아가 한자어의 상호간섭에 담긴 문화교류의 내용이 어떤 것인지에 대해서도 어느 정도 이해를 넓힐 수 있을 것이다. 마침 이 분야에서는 최근 들어, 특히 일본학계를 중심으로 깊이 있는 논의가 날로 불어나고 있다. 본고는 이들에게서 큰 도움을 받았는데, 특히 荒川淸秀(1997)와 같은 최근의 연구결과에 의지한 바가 컸음을 여기에 밝혀둔다.

2. 신생어 계보탐색의 필요성

1) '病院, 新聞紙'의 경우

신생한자어휘의 기원이나 계보에 대한 연구는 그 자체가 어휘사의 일부로서 중요할 뿐 아니라, 외래어 차용과정을 통한 문화교류의 측면까지 밝힐 수 있어 뜻있는 과제라고 할 수 있다. 그 때문에 일본학계에서는 그동안 이에 대한 관심이 높아 상당한 성과도 거두고 있다. 그러나 국내학계에서는 여기에 대한 관심이 별로 없었다. 여기에는 그 나름의 원인이 있다. 우선 신생어의 대부분은 한자어여서 외래어라는 실감이 들지 않는데다가 저항감도 별로 주지 않는다. 자연히 관심에서 멀어질 수밖에 없었을 것이다. 거기다가 국어어휘론이 공을 들여온 부분은 주로 고유어 쪽이다. 이 점은 물론 당연하다.

그러나 국어에 활용되고 있는 한자어의 비중은 예나 이제나 조금도 다를 바가 없이 매우 크다. 더구나 개화기 이래 1세기 동안 국어가 겪은 변화 가운데 커다란 부분이 있다면 그것은 어휘체계, 그 중에서도 한자어체계였다. 다시 말하면 서양이나 일본의 문물제도를 받아들여 소화하는 과정에서 자연스럽게 확산된 신생한자어는 현대국어의 어휘체계에 전면적인 변화를 불러왔다. 이러한 의미에서 개화기 이래 신생한자어의 수용과 어휘체계의 변용과정에 대한 연구는 국어어휘사의 일부 과제로서 의미를 지니고 있다.

신생한자어의 수용과정에서 또 하나 염두에 두어야할 점은 그 기원적 계보라고 할 수 있다. 흔히 어휘사의 경우, 관심의 초점은 이른바 최초의 용례를 찾는 일이라고 할 수 있다. 그러나 개인적인 조사에는 한계가 있게 마련이어서 연구가 거듭될 때마다 새로운 용례가 발견되어 이전의 주장이 수정되는 수도 많다. 신생한자어에 대한 연구과정에도 그러한 사례가 얼마든지 보인다.

다시 말하자면, 어떤 신생어형이 한 때는 일본어 기원이라고 여겨졌으나, 실제로는 그보다 훨씬 이전의 중국문헌에서 용례가 발견되어 그 계보가 더욱 정밀하고도 구체적으로 밝혀지는 일이 드물지 않은 것이다. 그 일례로 '病院'이란 신생어를 들어보기로 한다. 이 새로운 번역어는 일본의 蘭學者 森島中良의 『紅毛雜話』(1787)에 처음 나타난다고 하는데, 이 책에서는 그 번역자를 '明人'이라고만 밝히고 있어 확실하지는 않으나, 이 단어의 기원이 중국어에 있었음을 암시하고 있다. 그런데도 일본학계에서는 그동안 18세기 이전의 중국 옛 문헌을 빠짐없이 뒤지지 않았기 때문에, 이 말이 일본의 蘭學者들에 의하여 창안되었으리라고 생각해 왔다. 그러나 이 말은 중국에서 활동한 바 있는 서양인 선교사 艾儒略(A. Aleni)의 『職方外記』(1623)에 이미 나타난다고 한다. 결국 이 신생어의 당초기원은 중국이었으며, 그 후 당해 서적의 일본유입과 더불어 이 신생어가 일본어에 전해졌다는 견해로 수정된 것이다(荒川清秀 1997: 29~30).

국어의 경우, 이 어형을 처음 보여주는 문헌은 李鑢永의 『日槎集略』(1881)이다. 이 책의 마지막 부분인 '散錄 各官衙所管'에 이 신생어가 나타나는 것이다. 이 散錄은 그가 일본에서 보고 들은 바를 적은 것이므로, '病院' 또한 일본에서 직접 듣고 알게 된 말임을 알 수 있다. 그밖에 같은 책의 '聞見錄(4월 18일자)'에는 '療病院'이란 어형도 나타난다. 그러므로 '病院'이란 어형이 국어에 정착하기까지는 어느 정도 시간이 걸렸을 것이다. 이를 암시하는 문헌이 李鳳雲·境益太郎의 『單語連語日話朝雋』(1895)이다. 여기에는 분명히 '病院'이란 말이 표제어로 나타나며, 일본어로는 음독한자어로 표시되어 있으나, 우리말로는 "병보ᄂᆞᆫ 집"으로 풀이되어 있어[1], 처음 한동안은 '병원'이란 신생어가 사람들에게 자연스러운 일반어형이 아니었음을 암시한다.

그러나 위에 보인 李鳳雲·境益太郎(1895)보다 2년쯤 후에 이루어진 Gale의 『韓英字典』(1897)에는 '병원'이란 어형이 표제어로 등록되어 있다. 이 점으로 미루어 볼 때, 1895년 전후로 그 단어가 현실에서 통용되었다는 보장은 없으나, 얼마 후인 19세기 말엽쯤에는 서양의 술이 이미 국내에 보급되고 있었으므로, '병원'이란 신생어도 현실에서 통용되는 어형으로 발전했을 것이다.

---

1) 이와 비슷한 사례로 李鑢永의 『日槎集略』(1881)에 이미 그 첫 모습을 보이고 있는 '郵便局'이 있다. 그러나 이 '郵便局'은 그 어형이나 개념이 당시에 곧바로 통용되지는 못 했을 것이다. 실제로 『이언』(1883 이후? 이 책의 간략한 성격에 대해서는 각주2 참조)에는 '셔신관'이라는 용어가 보이는데, 여기에는 "글월과 신식 견ᄒᆞᆫ 일을 주관ᄒᆞᄂᆞᆫ 관이라"(卷二 論郵政 19a)와 같은 주석이 달려 있다. 일본어형인 '郵便局' 이외에도 중국어형인 '셔신관(書信館)'이 잠시 국어에 소개되기는 했으나, 그 개념에는 주석을 베풀어야할 정도로 익숙한 말이 아니었던 듯하다. 그 후 李鳳雲·境益太郎(1895)은 이 일본식 한자어형을 표제어로 제시하고 있으나, 그에 대한 풀이는 "편지 견ᄒᆞᄂᆞᆫ 집"으로 처리하고 있다. 그러나 Gale의 『韓英字典』(1897)에는 '우신국'과 '우편국'이 나란히 나타난다. 이때쯤에는 이들 어형이 점차 국어에 자리잡기 시작했을 것이다.

한편 '新聞紙'는 어형상의 변화를 보이는 사례인데, 일본어에서 처음 '新聞紙'로 출발한 이 번역어가 국내에 소개된 것은 개화초기 일본에 다녀온 수신사들의 여러 기록을 통해서였다. 구체적으로 예시하자면 金綺秀의 『日東記游』(1876)에는 '新聞紙'로, 李鑢永의 『日槎集略』(1881)에는 '新聞'과 함께 '新聞紙'로, 朴戴陽의 『東槎漫錄』(1884~5)에는 '新聞紙'로 나타나는 것이다(송민1988). 이로써 '新聞'이란 신생어는 당초에 '新聞紙'란 어형에서 출발하였으며, 그 의미 또한 오늘날의 '신문'이었음을 알 수 있다. 그 후 '新聞紙'는 그 어형이 '新聞'으로 바뀌게 된다. 이러한 어형변화는 그때그때의 일본어형이 국내에 그대로 유입된 결과에 지나지 않는다.

이러한 어형과 의미는 당시의 국어문헌을 통해서도 확인된다. 개화 초기에 순국문으로 번역출판된 바 있는 『이언』(1883 이후?)[2]에 '신문관'(新聞館)이란 기관이 나타나는데, 여기에 "신문지 쥬쟝ᄒᆞᆫ 곳이라"(卷二 論考試 附論洋學 46a)와 같은 주석이 베풀어져 있는 것이다. 주석에 나타나는 '신문지'가 오늘날의 '신문'과 같은 뜻임은 문맥으로 보아 의심할 여지가 없다.

그 후 '신문지'는 '신문'이란 단축어형으로 굳어지면서 국어에 정착하게 된다. 자연히 '신문지'는 오늘날처럼 "신문이 인쇄된 종이"나 "신문을 인쇄하는 데 쓰이는 종이"라는 의미로 축소되기에 이르렀다.

2) '千里鏡, 懸迷鏡'의 경우

널리 알려진 대로 '千里鏡'이란 신생어가 그 실물과 함께 국내에 전해진 것은 조선조 인조 때였으므로 17세기 초엽으로 거슬러 올라간다. 이 단어는 Gale의 『韓英字典』(1897)에 '만리경'과 함께 표제어로 등록되어 있으며, 영어로 이루어진 '만리경'의 의미기술 말미에는 '원시경'이란 동의어도 나타난다. 그만큼 여러 가지 어형으로 나타나긴 하지만 '천리경'이란 신생어는 오랫동안 국어에 통용되어 온 어형이다. 그러나 이 어형은 그 후 '望遠鏡'이란 신생어로 대치되었다.

일본어에서 유래한 것으로 보이는 '望遠鏡'이란 어형이나 표기의 기원 또한 끝까지 거슬러 올라가 보면 결국은 중국어로 되돌아간다고 한다(佐藤亨1983: 213~4). 문제는 국어에 정착된

---

2) 청나라 鄭觀應의 저술 『易言』(1871)의 언해본. 金弘集이 1880년 수신사로 일본에 갔을 때, 당시 청국의 외교관이었던 黃遵憲에게서 이 책의 원본을 받아온 것으로 알려져 있다. 그러나 언해본에는 간기가 나타나지 않아 정확한 연대를 알 수 없다. 홍윤표(1992), 『이언』 해제(홍문각, 영인본) 참조.

'望遠鏡'의 기원이다. 아직은 추정에 불과하지만, 국어는 이 어형을 당초의 중국어에서 직접 수용한 것이 아니라, 개화기가 더욱 무르익으면서 일본어를 통하여 받아들인 것으로 보인다. 좀더 조사해 보아야만 확실한 사정을 알 수 있겠지만, Gale의 『韓英字典』(1897)에 이 단어가 나타나지 않는 점으로 미루어 볼 때, 이 신생어는 빨라도 19~20세기의 경계를 전후한 어느 시점에 일본어에서 뒤늦게 유입된 어형으로 짐작된다.

한편 朴戴陽의 『東槎漫錄』(1884~5)에는 '懸迷鏡'이란 특이한 표기의 신생어가 보인다. 朴戴陽이 어떤 이유 때문에 이러한 표기를 택하게 되었는지는 알 수 없으나, 그가 일본에서 들은 바 있는 이 단어의 현지표기는 '顯微鏡'이었을 것이다. 훨씬 나중이기는 하지만 Gale의 『韓英字典』(1897)에는 실제로 '현미경'의 한자표기가 '顯微鏡'으로 되어 있다. 따라서 朴戴陽은 일본에서 경험한 '현미경'의 의미를 자기 나름으로 유추하여 일본어식과는 다른 표기를 택한 것이 아닐까 한다.

하여튼 개화기 국어에 나타나는 이 '顯微鏡'이란 어형과 한자표기는 朴戴陽 이후 어느 시기에 일본어에서 한자표기를 통하여 재차로 수용되었을 것이다. 이 말은 국어의 '顯微鏡'이 일본어에서 직접 유입되었으리라는 뜻이 된다. 일본어에서는 일찍부터 이 말이 '顯微鏡'이란 한자표기로 널리 쓰인 신생어였기 때문이다. 그 때문에 한동안은 이 신생어의 기원이 일본어에 있다고 생각되기도 했으나, 사실은 중국어에서 나왔다는 주장으로 수정되었다(佐藤亨 1983: 515).

개화기 전후의 신생한자어 하나하나를 이처럼 면밀히 따져 나가자면, 그 수용이나 개신과정에 다양한 역사적 배경이 깔려있으며, 그 계보 또한 그리 단순하지 않음을 알 수 있다.

3) '熱帶, 溫帶, 寒帶'의 경우

이헌영의 『日槎集略』(1881)에는 '寒帶之境'이란 기록이 나타난다. '熱帶, 溫帶'와 더불어 지리학의 용어체계를 이루는 이 '寒帶'가 국내에 전해진 시기를 일단 알려주는 용례가 아닐 수 없다. 고립적 용례에 지나지 않을 뿐 아니라, 이헌영은 이 말의 정확한 개념을 알지 못했지만, 이 단어 또한 전통적 한자어가 아니라, 어엿한 신생어에 속한다. 그리하여 10여년 후에 출판된 Gale의 『韓英字典』(1897)에는 이 '寒帶'가 '熱帶, 溫帶'와 함께 당당한 표제어로 등재되기에 이른다.

그렇다면 이들 지리학용어의 계보가 궁금해진다. 우선 학술적 개념으로 뚜렷이 구분되는 이들 세 가지 용어 중 '熱帶'라는 어형은 그동안 前野良澤의 『管蠡秘言』(1777)에 최초로 나타난다고 알려져 있었다. 다시 말하면 '熱帶'는 일본어기원의 신생어로 알려졌던 것이다. 그러나 이 책에는 나머지 두 용어가 각기 '正帶, 冷帶'로 되어 있어 현대어형과는 전혀 다르다. 문제는 이때의 '熱帶, 正帶, 冷帶'라는 어형이 어디서 유래했을까 하는 점이다. 이 의문은 결국 중국 문헌을 통하여 해결되기에 이르렀다.

南懷仁(F. Verbiest)의 『坤輿圖說』(1674)에는 이 세 가지 용어 '熱帶, 正帶, 冷帶'가 그대로 쓰이고 있는 것이다. 이로써 前野良澤은 일단 南懷仁의 용어를 그대로 이어받았다고 볼 수 있다(荒川淸秀1997: 33 이하). 그러나 南懷仁과 前野良澤이 함께 사용한 용어 중 '熱帶'를 제외한 나머지 둘, 곧 '正帶'와 '冷帶'의 경우, 오늘날 국어의 '溫帶, 寒帶'와는 그 어형이 전혀 다르다. 여기에는 복잡한 역사적 과정이 개입되어 있기 때문이다. 마침 荒川淸秀(1997: 33~60)에는 이에 대한 상세한 고증이 제시되어 있으므로, 여기서는 그 내용을 토대로 하여 Gale의 『韓英字典』(1897)에 나타나는 '熱帶, 溫帶, 寒帶'가 정착되기까지의 과정을 재정리해보기로 한다.

사실 南懷仁의 『坤輿圖說』에 나타나는 '熱帶'는 명사형이 아니었다. 명사형으로 보려면 원문인 "此地甚熱帶近日輪故也"를 "此地甚熱帶, 近日輪故也"처럼 띄어서 읽어야 하는데, 이러한 讀法은 문법적으로 이상하다. 荒川淸秀(1997)에 의하면 이때의 '甚'은 한정부사여서 형용사나 동사 앞에만 쓰일 수 있을 뿐, 명사 앞에는 놓일 수 없기 때문이다. 결국 위의 원문은 "此地甚熱, 帶近日輪故也"처럼 띄어서 읽어야 옳다. 따라서 이때의 '熱'과 '帶'는 통사론적으로 각기 다른 文節에 속한다. 그러므로 이때의 '熱帶'는 명사형이 될 수 없다. 그런데 이보다 더 오래된 중국문헌에는 명사형으로 쓰인 사례가 있다. 艾儒略의 『職方外紀』(1623)에 '熱帶, 溫帶, 冷帶'가 나타나는 것이다.

다만 이때의 '熱帶'는 그 구성이 분명한 명사형이지만, 이번에는 '溫帶'가 문제다. 南懷仁의 『坤輿圖說』이나 前野良澤의 『管蠡秘言』에 쓰인 용어 '正帶'와는 그 어형이 다른 것이다. 결국 『坤輿圖說』이나 『管蠡秘言』은 『職方外紀』가 아닌 다른 계통의 용어를 이어받았다고 볼 수밖에 없다. 그것이 곧 利瑪竇(M. Ricci)의 『坤輿萬國全圖』(1602)라고 생각된다는 것이다. 여기에는 '熱帶, 正帶, 冷帶'가 나타날 뿐 아니라, '熱帶'와 '冷帶'는 명사형이 아니라[3], 『坤輿圖說』과 같은 방식을 보이는 것이다. 이상의 내용을 알기 쉽게 재정리하면 다음과 같다.

---

[3] 그러나 利瑪竇는 그 후 『乾坤體義』(1605)와 같은 저술에서 '熱帶'와 '寒帶'를 명사형으로 쓰기도 하였다고 한다(荒川淸秀1997: 44).

중국문헌 利瑪竇, 『坤輿萬國全圖』(1602)　　-熱, 帶-　　-正帶-　　冷, 帶-
艾儒略, 『職方外紀』(1623)　　　　　　　-熱帶-　　-溫帶-　-冷帶-
南懷仁, 『坤輿圖說』(1674)　　　　　　　-熱, 帶-　　-正帶-　-冷, 帶-
일본문헌 前野良澤, 『管蠡秘言』(1777)　　-熱帶-　　　-正帶-　-冷帶-

이로써 이들 상호간의 역사적 계보는 비교적 선명하게 드러난다. 결국, 艾儒略은 利瑪竇의 記述式 표현을 명사형으로 정비하여 균형이 잡힌 용어로 만들었을 뿐 아니라, '正帶'라는 용어를 '熱帶, 冷帶'와 대비가 되도록 '溫帶'로 조정하였다. 그러나 南懷仁은 잘 정비된 艾儒略의 용어 대신 미처 정비가 덜된 利瑪竇의 표현을 그대로 이어받았다고 할 수 있다. 마지막으로 前野良澤은 南懷仁 계통의 자료를 이어받되 그 표현만은 명사형으로 정비했다는 결론이 된다.

문제는 이들 중국문헌이 禁書時期의 일본에 어떻게 유입되어 지식인들에게 영향을 끼쳤을까 하는 점이다. 그러나 여기에 대해서는 의심할 여지가 없는 증거들이 많다고 한다. 이렇게 볼 때, 처음에는 일본어 기원이라고 여겨졌던 '熱帶'나 '溫帶'가 사실은 중국어로 거슬러 올라감을 알게 된 것이다.

그러나 문제는 아직 남아 있다. '熱帶'나 '溫帶'는 그렇다 치더라도, 당초의 '冷帶'는 그 후 '寒帶'로 대치되었는데, 이러한 어형은 언제, 어디서, 어떻게 생긴 것일까. 일본문헌에 의하면 '寒帶'는 일찍이 18세기 말엽에 출현하기 시작하여, 절대적인 세력을 얻으면서 쉽게 일본어로 굳어졌으나, 중국어에서는 20세기 초엽까지 '寒帶'와 '寒道'는 물론 '熱帶'와 '熱道', '溫帶'와 '溫道', 곧 '-帶'계와 '-道'계가 공존하면서[4] 꾸준한 경합이 계속된 바 있다고 한다(荒川清秀1997: 49~60).

이로 미루어 볼 때, 개화기의 국어에 출현하는 '熱帶, 溫帶, 寒帶'라는 신생어는 당시의 한·일관계를 함께 고려할 때 아무래도 일본어 쪽에서 수용되었을 가능성이 높다고 해야 할 것이다.

4) '電信, 電線, 電報, 電氣'의 경우

개화 초기부터 일찍이 알려지기 시작한 신문명어휘에 '電信, 電線, 電報, 電氣'와 같은 일

---

4) 앞의 각주3에서 지적해둔 대로 利瑪竇의 저술에는 '寒帶'라는 명사형이 이미 쓰이고 있으므로 그 기원은 17세기 초까지 거슬러 올라감을 알 수 있다.

련의 한자어가 있다. 우선 金綺秀의 『日東記遊』(1876)에는 '電信, 電線'이 나타나며, 李鑣永의 『日槎集略』(1881)에는 '電信, 電信局, 電線, 電氣線'이 나타난다. 그리고 朴泳孝의 『使和記略』(1882) 또한 '電信局'을 보여주고 있으며, 朴戴陽의 『東槎漫錄』(1884~5)에도 '電信, 電信局, 電氣'와 같은 용례가 빈번히 나타난다(송민1988). 이들 일련의 신생어가 일찍부터 국내에 소개된 경위를 알려주는 사례인 셈이다.

이들 수신사들은 당시의 일본현지에서 신문명을 직접 체험했으므로 위에 보인 신생어의 개념에 대해서도 그들 나름으로 이해하고 돌아왔을 것이다. 그러나 국내에서는 이들 신생어 하나하나에 대한 개념에 명확히 구분되지 않은 상태였던 것으로 보인다. 『이언』(1883 이후?)에 그러한 증거가 나타난다. 우선 이 책의 卷二 論電報에 나타나는 용례를 몇 개만 찾아보면 다음과 같다.

뎐긔션(42a)
뎐션국: 뎐긔션 쥬쟝ᄒᄂᆫ 데라(42b)
뎐션(43b)
다리풍: 뎐긔션 ᄀᆞ튼 거시라(45a)

이와는 따로 "뎐긔션: 텰ᄉᆞ를 느려 소식을 통ᄒᄂᆫ 거시라"(卷二 論公法 4b)는 주석도 보이는데, 여기에 나타나는 '뎐긔션'은 결국 오늘날의 '電線'과 '電報'를 함께 뜻한다. 적어도 한문본에는 '뎐긔션' 자리에 '電線' 또는 '電報'가 나타나기 때문이다. 이 부분의 小論題가 '電報'인데다가, '뎐션국'에 베풀어진 "뎐긔션 쥬쟝ᄒᄂᆫ 데라"와 같은 주석 또한 그 사실을 암시하고 있다. 그런데도 언해문에는 '전보'라는 어형이 쓰이지 않고 있다. 이로써 적어도 개화 초기의 한 동안은 '電信, 電線, 電報', 어쩌면 『이언』의 용례처럼 '뎐긔션'까지도 의미분화가 이루어지지 않은 채 '電信'과 '電報'를 함께 뜻하는 어휘였음을 알 수 있다. 또한 어쩌면 '電氣'까지도 명확한 개념이 확립되지 못한 채 그 의미가 '電信'이나 '電報'와 통용되는 어휘가 아니었을까 한다.

그러나 19세기말에 이르러서는 이들 어휘의 의미가 차츰 개별적인 분화의 길을 걸었던 것으로 보인다. 李鳳雲·境益太郎의 『單語連語日話朝雋』(1895)에는 '전긔(電氣), 전긔등(電氣燈), 전보(電報), 전보국(電報局), 전션(電線)'이 각기 독립적인 표제어로 나타날 뿐 아니라, Gale의 『韓英字典』(1897)에도 '뎐긔 Electricity, 뎐보 A telegram, 뎐션 A telegraph line'처럼 그 개념이 구분되어 나타나기 때문이다.

한편 『이언』에는 앞에 예시한 대로 '다리풍'이란 어형이 보이는데, 이는 한문본의 '爹釐風'을 그대로 음독한 결과로서, 영어의 telephone에 해당하는 模寫形이다. 여기에는 "뎐긔션 궃튼 거시라"와 같은 주석이 붙어있어, 여기서도 '電信' 또는 '電報'와 '電話'의 개념이 명확히 구분되지 못했음을 알려준다. 그러나 Gale의 『韓英字典』에는 '류어통(流語筒) A telephone'이란 신생어가 표제어로 올라있어, 비록 어형은 다르지만 19세기말에는 오늘날의 '電話'에 대한 개념이 어느 정도 자리잡아 가고 있었음을 알려준다.

5) '地球, 太平洋, 經緯線'의 경우

'地球'란 용어도 일찍부터 국내에 알려진 신생어였다. 조선조 후기에는 지리학 관계 서적이 중국에서 국내로 상당히 유입되었기 때문에, 이 단어는 개화기 훨씬 이전의 문헌에 출현할 가능성도 있지만, 개화 초기의 용례로서는 김기수의 『日東記游』(1876)에 '地球'와 '地毬', 이헌영의 『日槎集略』(1881)에 '地球'가 보이며, 국어표기로는 『이언』(1883 이후?)에 '디구'(卷一 論公法 3b), 李鳳雲·境益太郎의 『單語連語日話朝雋』(1895)과 Gale의 『韓英字典』(1897)에 다같이 '디구'로 나타난다. 그러나 『이언』의 '디구'에 베풀어진 "짜 젼톄라"는 주석이 상징하듯, 개화초기까지는 이 신생어의 의미가 자연스럽게 통용되는 말은 아니었음을 알 수 있다[5].

지금까지 알려진 바에 따르면, 이 '地球'란 어형은 일찍이 利瑪竇의 『坤輿萬國全圖』(1602)에 나타난다고 하는데(荒川淸秀1997: 62), "地與海本是圓形合爲一球居天球之中"이라는 원문 가운데 나타나는 "地----球"로 알 수 있듯이, 중국의 전통적 천문학용어인 '天球'에서 유추된 말이다. 이 어형은 그 후 南懷仁의 『坤輿圖說』(1674)에 계승되어 점차 그 세력이 확산되면서 하나의 신생어로 굳어졌다. 그러므로 이 '地球'라는 어형은 적어도 조선조 후기에 중국의 지리서를 통하여 직접 국내에 유입되었을 가능성이 크다. 그러나 본고에서는 개화기 이전의 문헌을 따로 조사하지 못했으므로 이 점에 대해서는 앞으로의 과제로 남겨둘 수밖에 없다.

'太平洋'이란 신생어 또한 개화초기에는 이미 국내에 알려져 있었다. 무엇보다도 이헌영의 『日槎集略』(1881), 朴戴陽의 『東槎漫錄』(1884~5)에 그 실례가 보이며, 『이언』(1883 이후?)에는 '태평양'(卷二 論船政 14a)이란 국어표기로도 나타난다. 19세기말 Gale의 『韓英字典』(1897)에도

---

5) 이와 비슷한 경우로 『이언』은 '셔반구'(卷一 論公法 2a)에 대해서도 "디구 졀반"이라는 짤막한 주석을 달고 있다. 그러나 이 주석은 '셔반구'의 '반구(半球)'에 대한 정의일 뿐, '셔(西)'에 대한 개념까지를 포괄한 것은 아니다. '셔반구'에 대한 개념파악에 부정확한 일면이 있었음을 보여 준다. 그러나 Gale의 『韓英字典』(1897)에는 '동반구'와 '셔반구'가 나란히 나타나, 19세기말에는 이들 신생어가 국어에 정착했음을 암시해 준다.

'태평양'이 표제어로 등장한다.

'太平洋'이란 어형은 본래 利瑪竇의 '太平海'에서 출발, 南懷仁에게 그대로 계승되었다가 19세기 중엽부터 '太平洋'으로 발전하였다고 한다(荒川淸秀1997: 174). 그러나 개화기 조선수신 사의 기록으로 알 수 있듯이, 이 신생어는 일본어를 통하여 먼저 국내에 소개되었으며, 다른 한편으로는 『이언』(1883 이후?)에서처럼 중국어를 통해서도 연달아 국내에 소개되었다.

한편 『이언』에는 '경위선'(卷二 論機器 12a)이란 신생어가 나타나기도 한다. 이 단어가 당시 국내에서는 자연스럽게 통용되는 어형이 아니었음은 여기에 "텬문 도쉬라"는 주석이 베풀어 져 있는 점으로 짐작이 간다. 그 개념파악은 정확하나 어형은 익숙하지 않은 신생어였음을 알려주는 사례일 것이다. 이때의 '경위선'은 '經線'과 '緯線'의 결합형으로 그 유래는 利瑪竇의 지리학 관계저술에서 찾을 수 있다고 한다(荒川淸秀1997: 60~61). 利瑪竇는 이와 동시에 '橫道' 와 '直道'라는 용어를 쓰기도 했는데, 그 후 이들은 각기 '經度'와 '緯度'로 통일되었다. 따라서 『이언』에 나타나는 '경위선'은 비록 중국어에서 직접 유입되었으나, 그 후 국어에 정착된 '經 度'와 '緯度'가 중국어의 영향인지 일본어의 영향인지 현재로서는 성급한 결론을 내리기가 어렵다. 다만 Gale의 『韓英字典』에는 '경선'과 '위선'으로 나타나기 때문에, 국어의 '經度'와 '緯度'란 어형은 그 후의 어느 시기에 새로 수용된 신생어라고 생각할 수밖에 없다.

6) '海流, 暖流, 寒流'의 경우

중국의 洋學書에는 17세기 말엽부터 海流의 개념에 관한 기술이 보이고는 있으나, 그 용어는 19세기 말엽까지 '流, 平流, 河流, 水溜'와 같은 유동적 상태에 머물렀는데, 일본의 경우, 19세기 전반기에 이미 '海流'가 나타났다고 한다(荒川淸秀1997: 157~160). 小關三英의 『新 撰地誌』(1836), 渡邊崋山의 『新釋輿地圖說』(1836)에 처음으로 나란히 나타나는 '海流'가 그 증 거라고 한다.

그러나 明治시대 초엽(1868 이후)에 이르기까지는 오랫동안 '潮流, 平流, 流潮'와 같은 어형 이 쓰였을 뿐, '海流'는 보이지 않는다고 한다. 그러다가 矢津昌永의 『日本地文學』(1889)에 '潮流, 洋流'와 함께 '海流'가 다시 등장했으나, 그 세력은 오히려 '洋流, 潮流'보다 약했다고 한다.

실제로 일본어사전에 '海流'가 등록되기 시작한 시기는 1907년부터라고 하며, 중국어에 이 '海流'가 나타나기 시작한 시기는 1903년 이후지만, 실제로 '海流'가 출현한 시기는 일본어가 앞서기 때문에 중국어는 '海流'를 일본어에서 수용한 것으로 보인다고 한다(荒川清秀1997: 61~64).

한편 '暖流'와 '寒流'라는 신생어는 앞에 나온 矢津昌永의 『日本地文學』에 '海流'와 함께 나타나는데, 여기에는 '溫潮'와 '溫流, 冷潮'라는 어형이 동시에 쓰였으며, 중국 측 자료에는 '熱流'와 '暖流', '冷流'와 '寒流'가 함께 보이는데(荒川清秀1997: 181), '海流'의 사례로 보아 중국어의 '暖流'와 '寒流'는 일본어의 영향으로 보인다고 한다[6]. 결국 개화초기의 국어자료에는 이들 '海流, 暖流, 寒流'와 같은 어휘가 나타나지 않으나, 현대국어에 정착한 이들 용어가 국내에서 자생했을 가능성을 희박했기 때문에 그 계보에 대해서는 앞으로의 과제로 삼을 수밖에 없다.

7) '回歸線, 貿易風'의 경우

이번에는 약간 다른 방향에서 '回歸線'과 '貿易風'이라는 신생어에 대하여 살펴보기로 한다. 이들은 개화초기의 국어에 그 용례가 보이지 않으나, 현대국어에서는 통용되고 있으므로, 아무래도 20세기 초엽 이후 중국어나 일본어에서 수용된 신생어라고 여겨지기 때문이다.

우선 '回歸線'의 기원은 일본어에 있는 것으로 여겨진다. 이 단어가 처음 나타나는 문헌은 小林謙貞의 『二儀略說』(17세기 후반 성립)인데, 荒川清秀(1997: 78)에 인용된 해당부분 중 '回歸線'과 직접 연관되는 일부만을 뽑아 국어로 옮겨보면 다음과 같다.

> 네 개의 小輪線 중 一과 二를 回歸線이라 부른다. 이 두 回歸線은 赤道의 兩方에
> 있다. 太陽이 赤道로부터 이 回歸線까지 올라 왔는가 하면, 다시 물러나 赤道 쪽으로
> 돌아가기 때문에 回歸旋(線의 오자)이라 부른다.

그런데 여기에 보이는 '回歸線'은 利瑪竇의 여러 저술에는 물론, 그 후 중국의 어떤 양학서에도 나타나지 않는다. 그 반면, 일찍이 일본에서 간행된 바 있는 『羅葡日對譯辭書』(1595)는 Tropici(回歸線)에 대하여 Nichirinno meguritçuqi, meguricayeru nanbocunosacaime와 같이 풀이하고 있는데, 이를 일본어 표기로 옮겨보면 "日輪ノメグリツキ, メグリカエル南北ノサカイメ"가 되며, 그 뜻은 "태양이 당도했다가 되돌아가는 남북의 경계선" 정도가 된다. 그 가운데 나타나는 meguri(回)와 cayeru(歸)를 한자로 표기하면 곧 '回歸'가 되므로, 이를

---

[6] 중국어의 경우, 지리학 관계 용어의 대부분은 중국으로 이루어진 洋學書에서 비롯된 사례가 많으나, 地質이나 地文學 관계 용어는 청일전쟁 이후 일본어의 영향을 크게 받았다고 한다. 沈國威(1995: 46) 참조.

토대로 하여 '回歸線'이 만들어졌으며, 그 후 일본어에 이 용어가 확산되었다는 것이다(荒川清秀1997: 86~91, 96 이하).

그러다가 청일전쟁 직후, 곧 1896년부터는 중국인 유학생들이 일본에서 공부를 마치고 귀국하여 많은 일본서적을 번역한 바 있는데, 1901~3년 사이에 번역된 지리서 가운데 '夏至線, 冬至線'과 함께 '回歸線'이란 용례가 나타나므로, '回歸線'이란 어형은 이 무렵 중국어에 수용되었다고 할 수 있다(荒川清秀1997: 137).

'貿易風'을 처음으로 보여주는 문헌은 慕維廉(W. Muirhead)의 『地理全志』(1853~4)라고 한다. 따라서 이 말은 일단 중국어에 기원을 두고 있는 신생어인 셈이다. 그러나 중국어에는 그밖의 어형도 많이 보인다. '恒信風, 通商風, 熱帶常風' 따위가 그것이다.

반면, 일본어에 '貿易風'이 알려진 시기는 일찍이 幕府時代 말기였으나, 史書나 지리서에 이 단어가 실제로 등장하는 시기는 1880년대라고 한다. 따라서 일본어의 '貿易風'은 중국어의 영향에 의한 신생어라고 할 수 있다(荒川清秀1997: 192~200).

위에서 본 바에 따르면 '回歸線'은 일본어, '貿易風'은 중국어에 각각 그 기원을 두고 있다. 그렇다면 국어에 수용된 '回歸線'과 '貿易風'의 기원은 어디에 있을까. 먼저 이들이 출현하는 자료를 찾아야 하므로 현재로서는 어떤 결론을 제시하기가 어렵지만, 이들 또한 개화기 이후의 어느 시기에 중국어나 일본어를 통하여 국어에 수용된 신생어일 것이다.

3. 利瑪竇의 지리학 용어에 대하여

여기서 잠시 利瑪竇의 지리학 용어에 대하여 정리해 둘 필요를 느낀다. 앞에서 본 대로 그의 지리학 용어는 일본어에 적지 않은 영향을 끼쳤으므로, 간접적이건 직접적이건 국어에도 그의 영향이 파급되었으리라고 믿어지기 때문이다.

우선 荒川清秀(1997: 60~61)에는 利瑪竇의 선구적 지리학 용어가 정리되어 있는데, 그중의 일부로서 개화기 이래의 국어문헌에 그 모습이 드러나는 항목만을 뽑아보면 다음과 같다.

　　天球, 地球, 半球, 水星, 金星, 火星, 木星
　　赤道(晝夜平圈, 晝夜平線, 中線)

南極, 南極圈, 地南極界, 北極, 北極圈, 地北極界

五大洲, 地中海, (西)紅海, (小)西洋, 大西洋, 太平海

비록 수적으로는 얼마 되지 않지만, 이들 용어의 대부분은 현대국어에 정착한 어형과 거의 같은 점이 주목을 끈다. 문제는 현대국어의 지리학, 천문학 용어가 언제, 어떤 경로를 통하여 성립된 결과인지 알 수 없으나, 利瑪竇의 용어가 직접 간접으로 영향을 끼쳤을 가능성도 배제할 수는 없다. 국어문헌에 이들 용어가 출현하는 시기는 예상외로 빠르다. 우선 Gale의 『韓英字典』(1897)에서 그 일부가 확인되기 때문이다.

여기에 나타나는 실례를 가나다 순으로 정리해 보면 '경션(經線), 금셩(金星), 대셔양(大西洋), 동반구(東半球), 디구(地球), 디즁히(地中海), 목셩(木星), 셔반구(西半球), 슈셩(水星), 열딕(熱帶), 온딕(溫帶), 위션(緯線), 태평양(太平洋), 텬구(天球), 토셩(土星), 한딕(寒帶), 화셩(火星)' 등을 비롯하여 '텬왕셩(天王星), 히왕셩(海王星)'에까지 이른다.

현재로서는 이들이 利瑪竇의 용어와 서로 직접적인 관계를 가지고 있다고 섣부른 결론을 내세우기가 어렵지만, 조선조 후기에는 중국지리서의 직접적인 영향이 적지 않았으므로 그 가능성을 완전히 배제하기는 어렵다. 다만 Gale의 『韓英字典』 이후에 등장하는 이들 신생어는 전통적인 한자어를 계승한 결과라기보다 개화기를 전후하여 중국어에서 새로 수용된 신생어일 가능성도 없지 않다. 앞에서 본대로 지리학 용어의 상당부분은 전통적으로 중국어에서 유래한 경우가 많기 때문이다.[7]

4. 결 어

지금까지 개화기의 국어에 나타나는 신생어의 일부를 대상으로 그 유입과 정착과정, 기원적인 계보 등을 살펴보았다. 그 결과 개화초기에는 『이언』(1883 이후?)에서처럼 중국식 신생어의 일부가 일시적으로 국어문헌에 소개되기도 하였으나, 한·일관계가 날로 밀접해짐에 따라, 일본식 신생어가 빠른 속도로 국어에 확산되는 과정에서 중국식 신생어는 일본식 한자어에 밀려 점차 소멸되는 모습을 찾을 수 있었다.

---

7) 그러나 Gale이 『韓英字典』에 제시한 요일 명칭 '월요일, 화요일, 슈요일, 목요일, 금요일, 토요일'은 분명한 일본어 기원이어서, 그의 지리학, 천문학 관계 용어의 기원도 어쩌면 일본어와 연결될 가능성이 없지 않을 것이다.

사실 국어에 정착한 신생한자어 하나하나에는 이처럼 복잡한 역사적 과정이 잠재하고 있다. 어떤 신생어의 기원은 일본어에 직접 연결되기고 하지만, 그 또한 중국어로 거슬러 올라가는 경우도 있다.

이에 개화기 이래의 국어에 나타나는 신생어 가운데 본고에서 논의된 계보를 기원별로 대략 분류해 보면 다음과 같다.

> 1. 중국어에 본래의 기원을 두고 있는 신생어
>   病院, 望遠鏡, 熱帶, 溫帶, 寒帶, 電氣線, 電線, 電報, 電氣, 地球, 太平洋, 海流, 暖流, 寒流, 貿易風, 水星, 金星, 火星, 木星, 赤道, 南極, 南極圈, 北極, 北極圈, 地中海, 紅海, 大西洋
> 2. 일본어에 본래의 기원을 두고 있는 신생어
>   新聞紙, 顯微鏡, 電信, 經度, 緯度, 回歸線

이러한 구분은 어디까지나 이들 신생어의 당초 기원에 따른 계보를 알아보기 위한 것일 뿐, 개화기 이후 국어에 정착한 이들 신생어가 실제로 이 구분에 따라 수용되었다고 보기는 어렵다. 오히려 이들 대부분은 그 본래의 기원과는 관계없이 일본어를 통하여 국어에 수용되었으리라고 여겨지기 때문이다. 이러한 근거가 문헌으로 하나하나 확인되는 경우도 있으나, 아직까지는 쉽게 확인되지 않는 경우도 있다.

거기다가 지리학, 천문학 분야처럼 일부 신생어는 조선조 후기에 중국어를 통하여 직접 국어에 수용되었을 가능성도 있다. 이러한 의미에서 앞으로 조선조 후기에 이루어진 문헌 그중에서도 특히 지리서에 대한 검토가 필요할 것이다.

한편, 20세기로 접어들면서 신생한자어가 크게 확산되면서, 국어의 전통적 한자어휘체계에는 전면적인 개신이 일어났다. 현대국어에 정착한 수많은 신생한자어는 그러한 결과를 반영하고 있다. 이들 하나하나의 기원에 대해서는 아직 밝혀지지 않은 부분이 많으나, 개화기 국어에 미친 일본어의 영향은 무시할 수 없는 세력이 아닐 수 없다. 그만큼 일본식 신생한자어는 현대국어에 엄청난 위력을 떨친 것이다.

일본식 신생한자어가 국어에 얼마만큼 수용되었는지에 대해서는 앞으로 더욱 면밀한 검토가 행해져야할 것이다. 그동안 『西遊見聞』(1895), 『독립신문』(1896~9) 등에 대한 조사를 통하여 상당한 성과를 거두기는 했으나, 앞으로도 해야 할 작업은 많이 남아있다. 특히 국어어휘사 측면에서 분야별 용어에 대한 조사도 반드시 이루어져야 할 과제에 속한다.

참고문헌

송　민(1979), 언어의 접촉과 간섭유형에 대하여—현대국어와 일본어의 경우—,『논문집』 10, 성심여대.

_____(1988), 일본수신사의 신문명어휘 접촉,『어문학논총』 7, 국민대.

_____(1989), 개화기 신문명어휘의 성립과정,『어문학논총』 8, 국민대.

荒川淸秀(1997),『近代日本學術用語の形成と傳播』—地理學用語を中心に—, 白帝社(東京).

佐藤亨(1983),『近世語彙の硏究』, 櫻楓社(東京).

沈國威(1995),『『新爾雅』とその言語』, 白帝社(東京).

出處 〈國民大(1998. 2.),『語文學論叢』 17: 21~38.〉

開化 初期의 新生漢字語 受容

1. 서 언

　강화도에서 일어난 雲揚號 사건(1875)을 계기로 조선 조정은 일본과 이른바 朝日修好通商條約을 맺게 되는데, 이 조약에 대한 마무리 협의를 위하여 이듬해인 1876년(고종 13) 修信使 金綺秀가 일본에 파견되었다. 그 후 1880년(고종 17)에는 다시 修信使 金弘集이 일본에 다녀왔으며, 연이어 1881년(고종 18)에는 이른바 紳士遊覽團 일행 12명이 일본을 직접 돌아보았다. 李鑣永도 그 일행에 끼어 있었다.

　1882년(고종 19)에 임오군란이 일어나자, 조선조정은 일본의 요구에 따라 濟物浦條約을 맺고, 修信使 朴泳孝를 일본에 보내어 뒷수습을 하도록 하였다. 1884(고종 21)에는 갑신정변이 일어났는데, 조정에서는 또다시 특명전권대사 徐相雨를 일본에 다녀오도록 하였다. 이때에 朴戴陽은 從事官으로 徐相雨를 수행하였다. 이밖에도 갑신정변이 실패하자 일본으로 망명한 金玉均이 있는데, 그는 이미 1881년부터 1883년까지 세 차례나 일본을 방문한 적이 있는 인물이었다.

　이러한 기회를 통하여 개화초기의 일부 지식인들은 일본을 직접 돌아보면서, 명치유신(1868) 이래 그들의 문물제도 전반에 걸쳐 급속하게 진행되고 있는 西洋化의 물결을 현지에서 체험할 수 있었다. 그들은 일본에서 보고 들은 다양한 체험을 일기나 견문록 형식의 기록으로 남겼다. 金綺秀의 『日東記遊』와 『修信使日記』, 金弘集의 修信使復命書와 기타 記錄物類, 李鑣永의 『日槎集略』, 朴泳孝의 『使和記略』, 朴戴陽의 『東槎漫錄』, 金玉均의 『甲申日錄』 등이 그러한 자료라고 할 수 있다. 이들은 비록 한문으로 작성되어 있으나 국어어휘사 측면에서는 그 나름의 뜻을 지니고 있는 자료가 되기도 한다. 이들 자료에는 전통적 한자어와는 어형과 의미가 현저하게 다른 新生漢字語, 곧 신식문명의 내용이 반영된 한자어가 상당수 새로 등장하기 때문이다.

이때의 신생한자어란 원칙적으로 傳統的 한자어가 아닌 새로운 語形으로서, 주로 서구화의 물결을 타고 중국이나 일본에서 그때그때 飜譯借用語로 만들어져 일시적으로 쓰인 적이 있거나, 후대까지 계승되어 각 언어의 어휘체계 변화에 영향을 끼친 한자어를 뜻한다. 그러나 본고에서는 그 범위를 좀더 넓게 잡아, 어형상으로는 전통적 한자어와 같으나, 서구문화가 수용되는 과정에서 의미가 새롭게 변화한 한자어도 신생한자어에 포함시켜 둔다. 나아가 본고의 신생한자어라는 범주에는 새로운 개념을 담아 나르기 위한 필요성 때문에 중국, 일본 한국과 같은 한자문화권에서 자생적으로 출현한 新造漢字語는 물론, 학술분야에서 쓰이는 특수전문어, 본래는 전문어였을지라도 사회적으로 널리 쓰이면서 점차 전문성이 약해진 한자어도 포함된다.

다만 현재로서는 신생한자어의 판정에 주관성이 개입될 소지가 크다. 그것은 신생한자어에 대한 어휘사적 검토가 아직은 초보적 단계에 머물러 있기 때문이다. 결국 당분간은 비록 신생한자어 연구에 정밀성을 기하기가 어려우나, 후일의 토대를 위해서라면 어느 정도의 모험은 저지를 수밖에 없는 현실이라고 말할 수 있다.

사정이야 어찌되었건, 일본의 지식인들은 한국에 앞서 일찍부터 서양문화를 받아들이는 과정에서 수많은 번역차용어를 만들어낸 바 있는데, 그 대부분은 漢字式 造語였다. 그 때문에 개화초기에 일본을 돌아본 조선왕조의 지식인들은 귀에 생소한 한자어를 많이 접하게 되었다. 그들에게 생소하게 들린 한자어의 상당수는 일본에서 새로 만들어진 것들이었다. 金綺秀나 李鑛永은 그러한 新式漢字語에 상당한 관심을 보이면서 색다르게 느껴지는 한자어에 대해서는 때때로 주석을 베풀기도 하였다.

그러나 서양식 문물제도나 학술관계 신생한자어가 일본에서만 창안된 것은 아니다. 중국 또한 독자적인 번역차용어를 부단히 만들어 왔다. 특히 기하학, 천문학, 지리학, 화학, 식물학 등에 쓰이는 학술어휘에 그러한 번역차용어가 많았는데, 적어도 명치유신 전후까지는 바로 그러한 중국기원의 신생한자어가 일본어에 그대로 수용되는 일이 흔했다(沈國威1995). 이 점에 있어서는 한국도 사정이 마찬가지였다. 따라서 조선왕조 말엽의 지식인들이 일본에서 접하게 된 신생한자어 하나 하나의 성립배경이나 계보는 복잡한 성격을 지니고 있다. 거기다가 현대국어에서 활용되고 있는 한자어 가운데에는 개화기 이래 중국이나 일본에서 받아들인 것들이 많다. 그 중 어떤 것이 중국어에서 기원했으며, 어떤 것이 일본어에서 기원했는지를 밝히는 일은 국어어휘사의 과제가 될 수밖에 없다.

적어도 개화 초기까지는 조선왕조의 지식인들이 서양문물에 대한 지식을 접할 수 있는 길은 중국서적뿐이었다. 사실 19세기 중엽을 전후한 시기에 중국에서 간행된 서양문물 소개서 가운데에는 한국의 개화사상에 직접적으로 커다란 영향을 끼친 저술이 적지 않다(李光麟 1974: 33~46).

魏源의 『海國圖志』(초간본 50권: 1844, 증보판 60권: 1847, 재차증보판 100권: 1852)[1], 徐繼畬의 『瀛環志略』(1850), 중국에서 활동한 바 있는 미국인 선교사 Richard Quarterman Way(중국명 裨理哲)의 『地球略說』(1856), 역시 미국선교사였던 William Alexander Parsons Martin(중국명 丁韙良)의 『萬國公法』(1864), 鄭觀應의 『易言』(초간본 2권: 1871, 중간본: 1880)등이 그러한 사례가 될 것이다.

이들 자료가 국어사에서 중시되어야 하는 이유는, 그 안에 중국에서 만들어진 신식한자어가 많이 담겨있기 때문이다. 개화기 전후의 지식인들은 위와 같은 서적을 읽으면서 자연스럽게 중국어 기원의 신생한자어를 접하게 되었을 것이다. 이때의 신식한자어에는 새로운 서양지식을 전하는 번역차용어가 많았으며, 당시의 지식인들은 그러한 신생한자어 하나 하나를 중국문헌에서 직접 경험할 수 있었다. 이러한 의미에서 개화기 이전에 중국에서 출판되어 국내에 전해진 서양문물 관계저술은 국어어휘사 측면에서도 특별한 의미를 지닌 자료라고 볼 수 있다.

이들 중 마지막에 보인 『易言』은 1880년 修信使로 일본에 건너갔던 金弘集이 당시 駐日淸國公使館의 參贊官이었던 黃遵憲에게서 얻어온 책으로, 국어어휘사상 특별한 의미를 지닌 문헌이다. 다른 저술의 경우, 어느 것도 국문으로 번역된 일이 없어 직접적인 국어자료가 될 수 없으나, 이 책만은 1883년경 국문으로 번역되어 『이언』(4권)이란 이름으로 출판까지 된 바 있어 직접적인 국어자료가 되기 때문이다.[2]

본고에서는 이 한문본 『易言』에 나타난 신생한자어들이 언해본 『이언』에서 어떠한 방식으로 나타나는지를 살펴봄으로써, 개화 초기의 국어에 수용된 중국식 신생한자어의 성격을 정리해 보기로 한다.

---

1) 이 책은 1844년(헌종 10) 10월 사신으로 북경에 갔던 호조참판 權大肯이 이듬해 3월 돌아오면서 국내에 들여왔다. 따라서 그가 들고 온 이 책은 초간본에 해당하며, 그 후의 증보판도 그때그때 국내에 들어온 것으로 알려져 있다(李光麟1974: 4~7).

2) 純國文으로 언해되어 있는 『이언』(4권)에는 刊記가 나타나지 않아, 정확한 출판 연대를 알기는 어려우나, 중국에서 1880년에 중간된 한문본이 1883년 국내에서도 복각되었으므로, 적어도 이와 비슷한 시기에 언해본 『이언』 또한 출판되었으리라고 추정된다. 洪允杓(1992), 『易言諺解』 解題(홍문각, 영인본) 참조.

2. 中國式 新生漢字語의 受容 方式

한문본『易言』이 국내에 전해진 1880년 전후의 시기는 개화 초기에 해당하므로, 당시의 지식인들이 갖추고 있었던 서양문물이나 학술적 지식은 물론이려니와, 국제정세에 대한 이해 또한 거의 초보적인 수준에 머물러 있을 때였다. 자연히『易言』과 같은 진보적 저술에 전개된 선각적 주장이 당시의 지식인들에게 제대로 이해되었다고 보기는 아무래도 어렵다. 특히, 이 책에 나타나는 신생한자어 하나하나의 의미까지를 정확하고도 분명하게 이해할 수 있는 지식인은 별로 없었을 것이다.

한문본『易言』과 언해본『이언』을 대조해 가며 그 내용을 꼼꼼히 검토해 보면, 언해본 군데군데에는 번역자가 원문에 나타나는 신생한자어의 전문적 의미를 제대로 이해하지 못했기 때문에 부적절하거나 부자연스럽게 번역된 사례 뿐 아니라, 더러는 전혀 엉뚱하게 잘못 번역된 사례도 나타난다. 이는 당시의 번역자가 신생한자어를 얼마만큼 이해하고 있었는지 보여주는 자료가 되는데 그러한 사례 몇 가지를 들어보면 다음과 같다.

(1) a. 華盛頓 崛起自立合衆部 以挫強英
　　　화성돈〈사름의 일홈〉3)이 굴긔ᄒ야 <u>모단 부락을 합ᄒ야</u> 강혼 영국을 썩그니(권一 論公法 2a)

　　b. 制造槍礮等事 悉假機器爲用
　　　양창과 대포를 짓ᄂ 일을 다 <u>고동을 트러 쓰게 ᄒ되</u>(권一 論公法 2b)

　　c. 欲撓我中國自主之權
　　　즁국의셔 <u>쥬쟝ᄒᄂ 권을</u> 아ᄉ려 ᄒ니(권一 論公法 11b)

　　d. 以通商爲大經 以制造爲本務
　　　통샹ᄒᄆ로ᄡ 큰 법을 숨고 <u>긔계 민ᄃᄂ 거ᄉ로ᄡ</u> 근본의 ᄉ무를 숨으니(권一 論商務 20a)

　　e. 算學則以幾何爲宗
　　　산학인즉 <u>물목수효 다쇼를 구별ᄒᄆ로</u> 쥬쟝을 숨고(권二 論考試 附論洋學 43b)

　　f. 輪船管駕將官 必須洞悉測風防颶 量星探石
　　　륜션 쥬관ᄒᄂ 쟝관은 반ᄃ시 바름 긔미를 측량ᄒ야 구풍을 방비ᄒ고 <u>별을 혜아려 돌을 탐지ᄒ며</u>(권三 論水師 46a)

---

3) 언해문에는 한문본의 원문에 거의 보이지 않는 細註가 두 줄로 베풀어져 있는 경우가 상당히 많다. 편의상 본고에서는 이들 細註를 〈　〉속에 넣어 한 줄로 표시해 둔다.

g. 夫形而上者 道也 形而下者 器也
대뎌 <u>형용ㅎ야 올나가는</u> 쟈는 도오 <u>형용ㅎ야 나려가는</u> 쟈는그르시라(跋 3b)

우선 (1)a의 경우, 원문의 '合衆部'가 '모단 부락을 합ㅎ야'로 풀이되어 있는데, 이를 틀렸다고 볼 수는 없으나, 만약, 이 말이 미국을 나타내는 '合衆國'의 異形態라는 사실을 번역자가 알았다면, 이를 풀이하지 않고 '합중부'라는 한자어형을 그대로 썼을 것이다. 이 말이 중국에서 쓰이기 시작한 시기는 19세기 중엽부터였을 뿐 아니라[4], 이 명칭은 『瀛環地略』(1850)이나 100권본 『海國圖志』(1852)에도 나타나므로, 『이언』이 출판될 무렵에는 '合衆國'이라는 명칭이 국내에도 전해져 있었다고 볼 수 있다. 실제로 李鑐永은 1881년 이 '合衆國'이란 단어를 일본에서 직접 듣고 돌아왔다. 그 증거로서 『日槎集略』(問答錄 與副關長)에 '合衆國'이 나타난다. 그러나 언해본에 관여한 인물은 이 명칭을 몰랐기 때문에 수고스럽게도 그 뜻을 풀이하는 길을 택했을 것이다.

나아가 (1)b의 '機器'를 '고동을 트러 쓰게 ㅎ되'로, (1)c의 '自主之權'을 '쥬쟝ㅎ는 권'으로 풀이한 것도 약간은 부적절하다. '機器'에 대해서는 그냥 '긔긔' 또는 '긔계', '自主之權'에 대해서는 '자쥬지권'으로 옮겨도 무방했을 것이다. 그러나 번역자는 이러한 신생한자어의 정확한 의미를 몰랐기 때문에, 이들을 세세히 풀이하는 방식을 따른 것으로 여겨진다. 그 결과는 오히려 의미를 정확히 전달하지 못하고 있다. (1)d의 '製造'를 '긔계 민드는 것'으로 풀이해 놓은 것도 이 단어에 대한 이해부족을 암시해 준다. 이때의 '製造'는 '긔계'만을 뜻하는 것이 아니라, '공업적 생산활동이나 그 결과'를 포괄적으로 뜻한다고 볼 수 있다. 번역자는 이를 '긔계'의 뜻으로만 좁게 이해한 것이다. (1)f는 원문 '量星探石'에 '별을 혜아려 돌을 탐지ㅎ고'라는 풀이를 베풀었으나, 이는 '별을 혜아리고, 돌을 탐지ㅎ여'의 뜻이다. 원문은 항해술에 필요한 천체관측 능력과 수중암초 탐색능력을 설명하고 있는 대목이기 때문이다.

끝으로 (1)e와 (1)g는 번역자가 '幾何'나 '形而上' 또는 '形而下'란 단어의 새로운 개념에 대하여 전혀 몰랐음을 알려준다. 먼저 '算學則以幾何爲宗'이란 원문은 '算學은 곧 幾何로써 주축으로 삼는다'라는 뜻이다. 이를 '산학인즉 물목수효 다쇼를 구별ㅎ므로 쥬쟝을 습고'로 옮긴 것은 일찍이 중국에서 유래한 '幾何'라는 단어의 학술적 의미를 번역자가 모르고 있었다는 증거라고 할 수 있다. 또한 (1)g가 나타내는 원문의 뜻은 '형이상학적 존재는 道요,

---

4) 중국에서 유래한 이 '合衆國'이란 명칭의 정확한 의미와 성립과정과 대해서는 齊藤毅(1977: 73~128)에 상세한 고증이 보인다. 한동안 일부 일본학자들은 이 번역어가 일본에서 이루어졌다고 여겼으나, 齊藤은 구체적 자료를 제시해 가며 그것이 중국에서 먼저 성립되었음을 밝히고 있다.

형이하학적 존재는 器다' 정도가 되는데, 이때의 '形而上'과 '形而下'를 각기 '형용ᄒ야 올나가는 쟈'와 '형용ᄒ야 나려가는 쟈'로 옮긴 결과, 그 말이 무엇을 뜻하는지 알기 어렵게 되어있다. 번역자가 그 철학적 의미를 전혀 모르고 있었다는 증거가 된다.

이러한 번역상의 일부 문제점에도 불구하고, 언해본『이언』은 중국에서 만들어져 각 분야에서 통용되던 신생한자어를 당시의 지식인들이 어떻게 이해하고 받아들였는지 여러 모로 소상하게 보여주는 자료가 아닐 수 없다. 이에 지금부터는 그 개략적인 실상을 유형별로 구분하여 좀더 구체적으로 정리해 보기로 한다.

우선 한문본『易言』에는 당시 중국에서 보편적으로 통용되었으리라고 여겨지는 각 분야의 신생한자어가 적지 않게 나타난다. 그러나 언해본『이언』에는 한문본에 나타나는 한자어형이 원문 그대로 수용된 경우도 나타나지만, 원문의 한자어형과는 다른 어형으로 대치되거나, 아예 뜻풀이 식으로 번역된 경우도 나타난다.

신생한자어의 수용 과정에 이러한 차이가 생겨난 원인이 무엇인지를 알아보기 위하여 먼저 어휘사적으로 의미가 있다고 판단되는 용례를 뽑아보기로 한다. 용례의 제시에서는 원칙적으로 인명, 지명과 같은 고유명사를 제외하되, 경우에 따라서는 포함시키기도 하였다. 또한 한자어 중에는 명사형과 동사형 양쪽으로 통용되는 경우가 있으나, 여기서는 편의상 명사형으로만 제시한다. 그리고 본고에서는 우선 자료의 정리를 동시에 꾀한다는 뜻에서, 다소 번거롭더라도 눈에 들어오는 용례를 卷次에 따라 순서대로 배열한다.

1) 漢字語形이 原文 그대로 受容된 경우

이 경우에 속하는 용례들도 실제로는 두 가지 유형, 곧 細註가 베풀어져 있는 경우와 細註 없이 그냥 漢字語形으로만 나타나는 경우가 있다. 이를 구분하여 살펴본다.

가. 漢字語形에 細註를 베푼 경우

신생한자어라고 생각되는 용례의 대부분은 사실상 이 유형에 속하는데, 細註는 원칙적으로 어떤 단어가 처음으로 등장할 때에만 나타난다. 이러한 細註는 어휘사적 측면에서 신생한자어의 수용과 그 후의 수용과정을 알려주는 자료가 될 수 있다고 판단되기 때문에 용례를 최대한 수집하되, 원문의 한자어형을 먼저 제시하기로 한다.

(2) 권一

a. 論公法(만국공법을 의론ᄒᆞ미라)에서

西半球: 셔반구〈디구 졀반〉(2a), 地球: 디구〈ᄯᅡ 젼톄라〉(3b), 公法約章: 공법약쟝〈만국공법의 약됴 뎡ᄒᆞᆫ 글이라〉(4d), 賠償: ᄇᆡ샹〈물녀밧ᄂᆞᆫ 거시라〉(9a)

b. 論稅務(부세받ᄂᆞᆫ ᄉᆞ무를 의론ᄒᆞ미라)에서

海禁: ᄒᆡ금〈바다의 외국 사ᄅᆞᆷ을 금ᄒᆞᄂᆞᆫ 법이라〉(10a), 呂宋烟: 려송연〈려송국 담베라〉(14b), 寶星: 보셩〈공뢰 잇ᄉᆞᆫ즉 보패 등물노 ᄆᆡᆫᄃᆞ러 몸의 지니게 ᄒᆞᄂᆞᆫ 거시라〉(21a), 表記: 표긔〈공뢰를 표ᄒᆞ야 긔록ᄒᆞᆫ 거시라〉(21a), 嗙: 방[5]〈방은 은자 셕량 셔돈 셔푼 즁이라〉(21a), 機器: 긔긔〈고동을 트러 ᄡᅳᄂᆞᆫ 긔구라〉(23a)

c. 論開礦(금은동텰 ᄀᆡ뎜ᄒᆞᄂᆞᆫ 일을 의론ᄒᆞ미라)에

鐵路: 텰로〈길의 쇠를 빠라두고 화륜거를 단니게 ᄒᆞᆫ 거시라〉(27b), 煤: ᄆᆡ〈셕탄〉(27b), 礦師: 광ᄉᆞ〈금은뎜ᄒᆞᄂᆞᆫ 법을 아ᄂᆞᆫ 스승이라〉(28a), 總辦: 총판〈일을 쥬쟝ᄒᆞᄂᆞᆫ 관원이라〉(28b), 鈔局: 쵸국〈쥬젼ᄒᆞᄂᆞᆫ 곳〉(30b)

d. 論電報(뎐긔션으로 보ᄒᆞᄂᆞᆫ 거슬 의론ᄒᆞ미라)에서

電線局: 뎐션국〈뎐긔션을 쥬쟝ᄒᆞᄂᆞᆫ 데라〉(42b), 礮臺: 포ᄃᆡ〈돈ᄃᆡ를 모흐고 대포를 버려둔 곳이라〉(43b), 爹釐風 : 다리풍[6]〈뎐긔션 ᄀᆞᆺ튼 거시라〉(45a)

e. 論治旱(한ᄌᆡ 다ᄉᆞ림을 의론ᄒᆞ미라)에서

風車: 풍거〈무ᄌᆞ위라〉(51a)

(3) 권二

a. 論器機(고동트러 ᄡᅳᄂᆞᆫ 긔계를 의론ᄒᆞ미라)에서

鐵艦: 텰함〈쇠ᄇᆡ 일홈〉(1a)

b. 論船政(륜션짓ᄂᆞᆫ 정ᄉᆞ를 의론ᄒᆞ라)에서

輪船招商局: 륜션쵸샹국〈쟝ᄉᆞ를 모화 일을 쥬쟝ᄒᆞᄂᆞᆫ 판국이라〉(10a), 商總: 샹총〈샹고의 일쥬쟝ᄒᆞᄂᆞᆫ 관원이라〉(10b), 舢舨[7]紅單艇船拖船: 산판션과 홍단션과 뎡션과 타션〈모다 ᄇᆡ일홈이라〉(11b), 經緯線: 경위션〈텬문 도쉬라〉(12a), 器機: 긔긔〈풍우를 증험ᄒᆞᄂᆞᆫ 등물이라〉(12a), 副舵工: 부타공〈버금 사공〉(12a), 正舵工: 정타공〈도사공〉(12a)

c. 論鑄銀(은젼을 부어ᄆᆡᆫᄃᆞᄂᆞᆫ 법을 의론ᄒᆞ미라)에서

鷹洋: 응양〈양젼 일홈〉(16a), 寶泉等局: 보텬국〈쥬젼소 일홈〉(18a), 方寶: 방보〈은젼 일홈〉(18b)

d. 論郵政(역참정ᄉᆞ를 의론ᄒᆞ미라)에서

書信舘: 셔신관〈글월과 신식을 젼ᄒᆞᄂᆞᆫ 일을 쥬관ᄒᆞᄂᆞᆫ 관이라〉(19a), 信局: 신국〈신식 젼ᄒᆞᄂᆞᆫ 곳이라〉(19b), 工部局: 공부국〈셔신을 젼ᄒᆞᄂᆞᆫ 곳이라〉(20b), 津

5) 영국의 화폐인 pound를 音寫한 일종의 직접차용어에 속한다.

6) 영어의 telephone을 音寫한 직접차용어의 하나다.

7) 이때의 '舨'자는 다른 곳에서 '板'자로도 나타나는데, 권三 論水師(44a)에 보이는 '산판션'의 '판'에 해당하는 원문의 한자는 '板'으로 되어있다.

貼: 진텹〈공문왕리ᄒᆞᄂᆞᆫ 톄문를(*'을'의 오식인 듯함) 나루가의 붓치면 돈을 닉ᄂᆞᆫ 거시라〉(21a)

e. 論鹽務(쇼곰굽ᄂᆞᆫ ᄉᆞ무를 의론ᄒᆞ미라)에서
  甲商: 〈읏듬 샹고〉(23a)

f. 論游歷(두로 유람ᄒᆞ고 열력ᄒᆞᆷ믈 의론ᄒᆞ미라)에서
  歷算: 력산〈칙력 믿ᄃᆞᄂᆞᆫ 산법〉(27b), 書院: 셔원〈글 비호ᄂᆞᆫ 집〉(28b)

g. 論考試(과거뵈ᄂᆞᆫ 법을 의론ᄒᆞ미라)와 附論洋學(셔양국 학교를 의론ᄒᆞᆷ믈 부치미라)에서
  化學: 화학〈조화지리를 비호ᄂᆞᆫ 거시라〉(34a), 訟師: 숑ᄉᆞ(법맛튼 관원이라)(34a), 小學堂: 쇼학당〈어린ᄋᆞ히 가ᄅᆞ치ᄂᆞᆫ 셔당이라〉(38a), 農政: 농졍〈농ᄉᆞᄒᆞᄂᆞᆫ 법이라〉(38a), 理學: 리학〈리치를 궁구ᄒᆞᄂᆞᆫ 학이라〉(38a), 海疆督務: 희강독무〈희변의 잇ᄂᆞᆫ 영문〉(38b), 船政制造等局: 션졍졔조등국〈비짓ᄂᆞᆫ 곳〉(38b), 鄕塾: 향숙〈향촌학교 일홈〉(41a), 郡學院: 군학원〈고을의 잇ᄂᆞᆫ 학괴라〉(41b), 仕學院: ᄉᆞ학원〈벼슬ᄒᆞ기를 비호ᄂᆞᆫ 원이라〉(42a), 師道格物武學等院: ᄉᆞ도원과 격물원과 무학원〈모다 원 일홈〉(42b), 掌院: 쟝원〈원 일을 쥬쟝ᄒᆞᄂᆞᆫ 관원〉(42b), 船政院: 션졍원〈비졍ᄉᆞ를 쥬쟝ᄒᆞᄂᆞᆫ 원이라〉(44a), 弁員: 변원〈무변관원〉(45a), 千總: 쳔총〈벼슬 일홈〉(45a), 通商院: 통샹원〈샹로통ᄒᆞᄂᆞᆫ 일을 쥬쟝ᄒᆞᄂᆞᆫ 원〉(45b), 農政院: 농졍원〈농ᄉᆞ졍ᄉᆞ 쥬쟝ᄒᆞᄂᆞᆫ 원〉(45b), 丹靑院: 단쳥원〈그림 쥬쟝ᄒᆞᄂᆞᆫ 원〉(45b), 律樂院: 률학원〈음률과 풍류를 쥬쟝하ᄂᆞᆫ 원〉(45b), 師道院: ᄉᆞ도원〈도를 스승ᄒᆞᄂᆞᆫ 원〉(45b), 宣道院: 션도원〈도를 베프ᄂᆞᆫ 원〉(45b), 女學院: 녀학원〈녀인이 비호ᄂᆞᆫ 원〉(45b), 訓瞽院: 훈고원〈밍인 가ᄅᆞ치ᄂᆞᆫ 원〉(45b), 訓聾瘂院: 훈롱암[8]원〈귀먹고 벙어리된 사ᄅᆞᆷ 가ᄅᆞ치ᄂᆞᆫ 원〉(45b), 訓孤子院: 훈고ᄌᆞ원〈아븨 업ᄂᆞᆫ ᄌᆞ식을 가ᄅᆞ치ᄂᆞᆫ 원〉(45b), 養廢疾院: 양폐질원〈병폐ᄒᆞᆫ 사ᄅᆞᆷ들을 가ᄅᆞ치ᄂᆞᆫ 원〉(45b), 訓罪童院: 훈죄동원〈죄인의 ᄋᆞ히 가ᄅᆞ치ᄂᆞᆫ 원〉(45b), 文會: 문회〈글ᄒᆞᄂᆞᆫ 이 모히ᄂᆞᆫ 듸라〉(45b), 印書會: 인셔회〈셔칙 박이ᄂᆞᆫ 곳이라〉(45b), 新聞館: 신문관〈신문지 쥬쟝ᄒᆞᄂᆞᆫ 곳이라〉(46a), 文敎部: 문교부〈문교를 쥬쟝ᄒᆞᄂᆞᆫ 마을이라〉(46a)

(4) 권三
  a. 論邊防(변방방비ᄒᆞᆷ믈 의론ᄒᆞ미라)에서
  教堂: 교당〈셔학 가ᄅᆞ치ᄂᆞᆫ 당이라〉(8b)

  b. 論交涉(사괴여 통섭ᄒᆞᆷ믈 의론ᄒᆞ미라)에서
  狀師: 쟝ᄉᆞ〈숑ᄉᆞ 쳐결ᄒᆞᄂᆞᆫ 셔국 스승이라〉(17b)

  c. 論傳敎(양인의 교법젼ᄒᆞᆷ믈 의론ᄒᆞ미라)에서
  教民: 교민〈학을 비호ᄂᆞᆫ 빅셩이라〉(20b), 基督: 긔독〈교법 일홈〉(20b), 額力士教: 익력ᄉᆞ교〈교법 일홈〉(256)

---

8) '瘂'자에 대한 발음을 이렇게 '암'으로 쓰고 있으나, 이 글자의 현대식 발음은 '음'으로 나타난다.

d. 論出使(ᄉ신 닉여보닉믈 의론ᄒ미라)에서

會館: 회관〈모히는 집이라〉(32b), 董事: 동사〈일을 감동ᄒᄂᆞ 소임〉(32b)

e. 論水師(슈군을 의론ᄒ미라)에서

鐵衝船: 텰츙션〈병션 일홈〉(39a), 鐵甲船: 텰갑션〈병션 일홈〉(39a), 轉輪礮船: 전륜포션〈병션일홈〉(39a), 蚊子船: 문ᄌ션〈병션 일홈〉(39a), 水雷: 슈뢰포〈슈젼 홀 ᄡᅥ 뎍션 파ᄒᄂᆞ 긔계라〉(39b), 木輪船: 목륜션〈병션 일홈〉(39b), 田鷄礮船: 전계포션〈병션 일홈〉(39b)

f. 論火器(화공ᄒᄂᆞ 긔계를 의론ᄒ미라)에서

克鹿卜礮: 극록복포〈대포 일홈〉(47b), 開花彈: 긔화탄〈텰환 일홈〉(48a), 後膛: 후당〈대포 일홈〉(48b), 擡槍: 대창〈들고 단니는 총이라〉(48b), 搭提: 답9)제〈대포 일홈〉(49a), 前膛礮: 전당포〈대포 일홈〉(49b), 林明敦: 림명돈〈양총 일홈〉(50a), 後膛來復槍: 후당릭복창〈양총 일홈〉(50a), 馬體尼槍: 마톄리창〈양총 일홈〉(50a), 馬體尼亨利槍: 마톄리형리창〈양총 일홈〉(50a), 後膛茅塞槍: 후당모식창〈양총 일홈〉(50a), 六角七釐藥: 륙각칠리약〈화약 일홈〉(50b), 彈子: 탄ᄌ〈텰환〉(50b), 開花鋼彈開花生鐵彈生鐵羣子彈洋鐵管散子彈: 긔화강탄과 긔화싱텰탄과 싱텰군ᄌ탄과 양텰관산ᄌ탄〈모다 탄ᄌ 일홈〉(50b), 墨迭兒魯士礮: 믁질아로ᄉ포〈대포 일홈〉(51b), 六門槍: 륙문창〈양총 일홈〉(51b)

g. 論練兵(군ᄉ 조련ᄒ믈 의론ᄒ미라)에서

韜畧館: 도략관〈병법 비호는 곳이라〉(62b), 武書院: 무셔원〈병셔 닉이는 곳이라〉(62b)

(5) 권四

a. 論民團(빅셩을 단속ᄒᆞ야 군ᄉ로 ᄡᅳᄂᆞ 법을 의론ᄒ미라)에서

碉堡: 쥬보〈돌을 모화 집을 민들고 직희ᄂᆞ 곳이라〉(3a), 團練營: 단련영〈영문 일홈〉(4a), 什長: 습쟝〈열 사름즁의 두목이란 말이라〉(6a), 委員: 위원〈관원 일홈〉(6b)

b. 論治河(하슈 다ᄉ리믈 의론ᄒ미라)에서

機器船: 긔긔션〈비에 고동 트러 노흔 거시라〉(13a)

c. 論虛費(헛된 부비를 의론ᄒ미라)에서

義塾: 의슉〈학당을 의로 베풀고 강미업시 글가ᄅ치ᄂᆞ 곳이라〉(24b)

d. 論廉俸(빅관의 월봉을 의론ᄒ미라)에서

養廉: 양렴〈원록봉 외에 더쥬어 쳥렴ᄒ믈 기르게 ᄒ미라〉(28a), 丁耗: 뎡모〈로료 ᄀᆞᆺ튼 거시라〉(28a), 漕白: 조빅〈조운ᄒᄂᆞ 군졸이라〉(28a)

e. 論庶吏(각ᄉ셔리를 의론ᄒ미라)에서

釐局: 리국〈츄리밧ᄂᆞ 곳이라〉(32a), 缺主: 결쥬〈작간ᄒᄂᆞ 쥬인이라〉(32b), 辦事: 판ᄉ〈일을 판리ᄒᄂᆞ 소임〉(32b), 傳舍: 뎐샤〈역참 치는 집이라〉(33b), 軍樞

---

9) '搭'자에 대한 발음이 이렇게 '답'으로 되어 있으나, 이 글자에 대한 현대식 발음은 '탑'으로 나타난다.

部院: 군츄부원〈마을 일홈〉(35a)

f. 論招工(쵸공관을 의론ᄒ미라)에서

議事亭: 의ᄉ뎡〈관원 잇ᄂ 뎡ᄌ 일홈〉(36b), 埔頭: 부[10]두〈륜션 다히ᄂ 곳이라〉
(37a), 番官: 번관〈의ᄉ뎡의 잇ᄂ 관원〉(37b), 黑人: 흑인〈사름이 다 검단 말이
라〉(38b), 上下議院: 샹하의원〈영길리국 관원 잇ᄂ 마을 일홈〉(38b)

g. 論醫道(의원의 도를 의론ᄒ미라)에서

醫院: 의원〈의슐 가르치ᄂ 곳이라〉(43b), 內科: 닉과〈쟝부 안의 잇ᄂ 병〉(44a),
外科: 외과〈피부의 잇ᄂ 병〉(44a)

h. 論棲流(류걸을 지졉ᄒ게 ᄒᆯ 의론ᄒ미라)에서

養老院: 양로원〈늙으니를 기르ᄂ 집 일홈〉(50b), 育嬰堂: 육영당〈의지 업ᄂ ᄋ
ᄒ를 거두어 기르ᄂ 집 일홈〉(50b)

i. 論借款(취딕ᄒᄂ 됴건을 의론ᄒ미라)에서

銀行: 은힝〈은을 취딕ᄒᄂ 쥬릅이라〉(53b)

j. 跋에서

通標: 통표〈뎐긔션 ᄀᆺ튼 거시라〉(4a)

한문본 원문에 거의 나타나지 않은 細註[11]가 언해문에 이렇게 많이 필요했던 이유는 해당 단어나 어형이 일반적으로 당시의 지식인들에게 생소하거나 이해하기 어려웠기 때문일 것이다. 물론 주석을 달아야 할 단어는 번역자의 판단에 따라 선택되었을 것이므로, 언해본의 細註는 결국 한문본 『易言』에 대한 번역자의 이해정도를 가늠하게 해준다.

한마디로 번역자는 이 책에 반영되어 있는 신식문물에 대하여 이해가 그다지 깊지 못했던 것으로 보인다. 『易言』의 저자 鄭觀應(1841~1923)은 미국인 선교사로부터 영어를 배운 후, 약 30년 동안 上海와 香港 등지에서 外國商社의 買辦으로 일한 인물이었다고 알려져 있으므로(李光麟1974: 20), 학자라고 할 수는 없으나, 당시로서는 서양에 대한 지식을 충분히 갖춘 개혁주의자로서, 중국이 부지런히 서양문물을 배워 국가경영에 응용할 것을 주장하였다. 이러한 인물의 저서에 나타나는 새로운 단어의 정밀한 개념을 개화 초기의 번역자가 제대로

---

10) '埔'자에 대한 발음으로 이렇게 '부'를 쓰고 있으나, 이 글자는 중국의 地名에서만 [pǔ] 또는 [bù]라는 발음으로 쓰일 뿐, 국어에서는 쓰이지 않았기 때문에, 그 발음 또한 있을 수 없다. 따라서 이 책의 번역자가 이를 '부'로 읽은 것은, 글자를 보고 발음을 유추해 냈는지, '埠頭'의 '埠'(부)와 같은 발음으로 보았는지 알 수가 없다. 아니면, 국어에는 '埔頭'란 말이 없기 때문에, 이를 그 뜻과 통하는 '埠頭'(부두)로 대치한 후 여기에 주석을 베풀었는지도 모른다.

11) 원문에는 細註가 '器機'〈卷上 論船政 12a)와 서양의 화폐단위인 '喜林'〈卷上 論考試 附論洋學 42b) 두 단어에만 나타나는 듯하다. 다만 '器機'의 경우 똑같은 細註가 뒤〈卷上 論考試 附論洋學 44b)에 다시 한번 보인다. 이 細註는 언해문에도 그대로 번역되어 있다.

소화하기는 무리였을지도 모른다.

앞에서 잠시 살핀 대로, 언해본 『이언』의 번역내용이 아무래도 원문에 나타나는 신식문물을 충분하고도 분명하게 이해하지 못한 흔적과 더불어, 부적절하게 베풀어진 주석은 서양문물에 대한 번역자의 깊은 지식에서 나왔다기보다, 단순한 한문해독 능력 정도로 이루어지지 않았나 하는 느낌마저 든다. 細註 여기저기에 그러한 모습이 엿보인다. 번역자는 '셔반구(西半球), 디구(地球), 비샹(賠償), 텰로(鐵路), 뎐션국(電線局), 포딕(礮臺)[12], 텰함(鐵艦), 경위션(經緯線), 셔신관(書信館), 농졍(農政), 문회(文會), 인셔회(印書會), 교당(敎堂), 회관(會館), 슈뢰포(水雷), 위원(委員), 의슉(義塾), 의사뎡(議事亭), 흑인(黑人)'과 같은 단어에까지 註釋을 베풀고 있으나, 이 정도의 단어라면 아무리 개화초기라도 할지라도 그 개념이 상식적으로 알려져 있었으리라고 짐작될 뿐 아니라,[13] 설사 알려져 있지 않았다 차더라도 한자만으로 그 뜻이 유추되기 때문이다.

이렇게 판단되는 근거로서 註釋 그 자체의 내용을 들 수 있다. 한 두 가지 사례를 들자면, 이 책에서는 '기광'(開礦)을 '금은동털 기뎜ᄒᆞ는 일'이나 '금은뎜 ᄒᆞ는 법'으로 풀이하고 있으나, 이 풀이로는 '광산을 개발한다(열다)'는 뜻이 잘 연상되지 않는다.[14] 다만 당시에는 '광산'을 '금은뎜'이라고 했다는 사실이 흥미롭다. '풍거'(風車)[15]를 '무즈위'로 풀이한 것도 정확한 것은 아니다. 그 기능에 '무즈위' 구실이 없지는 않으나, 그 자체는 어디까지나 '풍차'일 뿐이다.

'위원'(委員)을 '관원 일홈'이라고 한 것이나, '의ᄉᆞ뎡'(議事亭)을 '관원 잇는 뎡즈'라고 한 것이나, '샹하의원'(上下議院)에 대하여 '영길리국 관원 잇는 마ᄋᆞᆯ'로 풀이한 것도 어쩐지 미흡하다. '의ᄉᆞ뎡'은 곧 오늘날의 '議事堂'인데, 이를 단순히 '관리가 일하는 집'이라고 풀이한 점은 번역자가 '의사당'의 성격과 역할을 제대로 파악하지 못했다는 뜻이다. '상원'과 '하원'을 그저

---

12) 현대국어에서는 이를 한자로 표기할 때 '砲臺'로 쓰고 있다. 그러나 한문본 『易言』에는 이때의 '포'가 언제나 '礮'로 나타난다.

13) 개화 초기에 일본에 다녀온 지식인들은 이보다 훨씬 전문적이고도 다양한 新生漢字語를 듣고 돌아왔다. 비록 한문으로 작성되어 있긴 하나, 金綺秀의 『日東記游』(1876), 李鑛永의 『日槎集略』(1881), 朴泳孝의 『使和記略』(1882)과 같은 문헌에서 그러한 실례를 상당히 찾을 수 있다(宋敏1988).

14) 당시에는 어쩌면 '광산'이란 단어나 개념이 없었는지도 모른다. 그러나 1881년 李鑛永이 일본의 工部省을 방문했을 때, 그 곳 관원이 "귀국에는 광산이 몇 곳 있습니까"라고 묻자, 그는 "우리나라는 광산법을 섬기지 않으므로 어디에 있는지 모르겠습니다"(弊邦不事鑛山之法 故未知在於何地也)고 대답한 사실(宋敏1988: 59)로 볼 때, 당시의 지식인들이 '광산'이란 말을 모르지는 않았다고 생각된다. 다만 李鑛永은 '광산'의 '광'에 현대국어의 한자표기와 마찬가지인 '鑛'을 쓰고 있으나, 한문본 『易言』에서는 '礦'을 쓰고 있다.

15) 개화기에는 '車'라는 한자가 언제나 '거'로 읽혔던 것 같다. 따라서 이 시대에는 중국에서 들어온 新生漢字語의 하나인 '火輪車'도 '화륜거'였다. 『이언』에도 언제나 '화륜거'로 나타난다. 이러한 전통적 용법은 현대국어의 '자전거(自轉車), 정거장(停車場)' 등에 남아있다.

'마을'만으로 본 점도 마찬가지다.

한편 '電報'를 '뎐긔션으로 보ᄒᆞᄂᆞᆫ 것' 정도로 본 점이나, '다리풍'(爹釐風)을 '뎐긔션 ᄀᆞᆺ튼 것'으로 여긴 점도 번역자가 '전보'와 '전화'를 구별하지 못했음을 일러준다. 물론 '다리풍'은 영어의 telephone에 대한 直接借用語여서(宋敏1998: 31), 당시로서는 이를 아는 사람이 거의 없었을 것이다. 뒤에 밝혀지겠지만, 이 책의 번역자는 '전보, 전신, 전화'의 개념을 정확하게 구별하지 못하고 있었다.

그러나 『이언』의 번역담당자가 '화학'(化學), '이학'(理學), '신문관'(新聞館), '닉과'(內科), '외과'(外科), '은힝'(銀行) 등에 주석을 베풀어 관심을 보인 사실은, 그 정확한 이해도에 문제가 있기는 하나, 중요한 뜻을 지니고 있다. 서양문물을 상징하는 이들 단어는 훗날 일본을 통하여 국어에 정식으로 수용되는데, 그보다 이전에 중국을 통하여 그 단어의 존재가 이미 국내에 알려졌기 때문이다.

다만, 『이언』에는 주석이 있을 만한 단어에 없는 경우도 많다. 이때에는 本文自體의 설명으로 그 뜻이 밝혀지기 때문에, 번거롭게 다시 주석을 달 필요가 없었을 것이다.

전체적으로 볼 때 『이언』의 주석은 특히 서양의 교육기관과 그 제도, 각종 신식무기와 병선 등에 집중적으로 나타난다. 그밖에도 문명화한 서양의 정치, 경제, 사회제도를 나타내는 단어에 細註가 주로 베풀어져 있다. 또한 중국의 관직명칭이나 특수한 제도를 나타내는 단어로서, 한자만으로는 그 뜻이 떠오르지 않는 경우에는 자주 주석이 나타난다.

사람들이 이들 단어의 뜻을 처음부터 똑바로 이해하기는 어려웠을 것이다. 그러나 개화기가 심화하면서 밀려드는 서양문물을 소화하는 과정에서 『이언』에 포함되어 있는 신생한자어, 특히 서양문물을 나타내는 단어에 친절하게 베풀어져 있는 주석은 신식개념을 익히기데에도 더할 나위 없이 값진 지침이 되었을 것이다.

나. 漢字語形으로만 나타나는 경우

다음에 보이는 용례에는 細註가 나타나지 않으나, 그 원인은 원칙적으로 앞에 이미 용례가 등장하기 때문이다. 다만 처음으로 나타나는 용례에 細註가 나타나지 않을 때도 있으나, 이 경우에는 한자만으로도 그 뜻이 대략 밝혀지기 때문이었을 것이다.

(6) 권一
- a. 論公法에서/器械: 긔계(4b), 萬國公法: 만국공법(6a), 公法: 공법(6a), 地球: 디구(6b, 7a, 7b), 通商: 통샹(6b, 10a)
- b. 論稅務에서/抽釐法: 츄리법(13a)
- c. 論商務에서/通商: 통샹(20b, 21b), 商務大臣: 샹무대신(21a), 公使: 공ᄉᆞ(21a), 領事: 령ᄉᆞ(21a), 公司: 공ᄉᆞ(21b, 24b), 貿易: 무역(22a), 洋布: 양포(23a), 利權: 리권(24b)
- d. 論開礦에서/機器: 긔긔(27a), 礦師: 광ᄉᆞ(28b), 精鐵: 정털(31a)
- e. 論火車에서/火輪船: 화륜션(34a), 鐵路: 털로(34a), 提督: 제독(35b). 經費: 경비(37b), 流通: 류통(41a)

(7) 권二
- a. 論機器에서/機器: 긔긔(1a), 總辦: 총판(5a)
- b. 論船政에서/外洋: 외양(7a), 貿易: 무역(7a), 太平洋: 태평양(14a), 公司: 공ᄉᆞ(10b), 舵工: 타공(12b)
- c. 論鑄銀에서/洋錢: 양전(16a)
- d. 論郵政에서/公文: 공문(20b)
- e. 論鹽務에서/鹽政大臣: 염정대신(23a)
- f. 論游歷에서/四大洲: ᄉᆞ대쥬(28b)
- g. 論議政에서/議政院: 의정원(31a), 上院: 샹원(31a, 31b), 下院: 하원(31a, 31b)
- h. 論考試와 附論洋學에서/礦師: 광ᄉᆞ(34a), 經濟學問: 경제학문(35a), 算學: 산학(36b, 43b), 化學: 화학(38a), 總理衙門: 춍리아문(38b), 大學院: 대학원(41a), 重學: 즁학(41b), 算法: 산법(41b), 實學院: 실학원(41b), 師長: ᄉᆞ쟝(42a), 經學: 경학(42b), 法學: 법학(42b), 智學: 지학(43a), 醫學: 의학(43a), 技藝院: 기예원(43b), 格物院: 격물원(43b), 力學: 력학(43b), 化學: 화학(43b), 器機: 긔긔(44b), 副舵工: 부타공(44b), 正舵工: 정타공(44b), 武學院: 무학원(45a), 都城大員: 도셩대원(45a), 夜學: 야학(45a), 書院: 셔원(46a), 火器: 화긔(47a)

(8) 권三
- a. 論邊防에서/通商: 통샹(2a, 2b), 鐵艦: 털함(6a)
- b. 論交涉에서/敎士: 교ᄉᆞ(11a), 貿易: 무역(14a), 南北洋大臣: 남북양대신(17b), 軍機大臣: 군긔대신(19a)
- c. 論傳敎에서/傳敎: 전교(20a), 耶蘇敎: 야소교(20b), 天主敎: 텬쥬교(21a), 希臘敎: 희랍교(21a), 敎士: 교ᄉᆞ(21a), 約束: 약속(21b), 敎堂: 교당(22a), 犯罪: 범죄(23b), 犯法: 범법(24b)
- d. 論出使에서/公使: 공ᄉᆞ(31a), 領事: 령ᄉᆞ(31a)
- e. 論水師에서/通商: 통샹(35b), 礮臺: 포대(36b, 39b), 水中衝拒: 슈즁츙거(39b), 浮鐵礮臺: 부텰포딕(39b), 提督: 제독(45b)
- f. 論火器에서/火器: 화긔(47b), 六大洲: 륙대쥬(48a), 氣毬: 긔구(48b), 火礮: 화

포(49a), 洋槍: 양창(49b, 50a), 火藥: 화약(50b), 棉花火藥: 면화화약(50b), 海
外: 해외(54b)
g. 論練兵에서/火器: 화긔(58a)
(9) 권四
a. 論治河에서/風車: 풍거(13a)
b. 論招官에서/招工館: 쵸공관(36a)
c. 跋文에서/醫學: 의학(4b), 算學: 산학(4b), 重學: 즁학(4b), 化學: 화학(4b), 機
器: 긔긔(4b)

이들 단어에 주석이 나타나지 않는 이유는 몇 가지가 있을 수 있다. 먼저 '만국공법(萬國公
法), 공ᄉᆞ(公使), 령ᄉᆞ(領事), 화륜션, 태평양, ᄉᆞ대쥬(四大洲), 륙대쥬(六大洲)'처럼 당시에 이미
보편적으로 알려진 단어에는 주석이 나타나지 않는다. 위의 자료에는 포함되지 않았지만,
'동양'(東洋, 권一 論公法 2a)과 같은 단어에도 細註가 나타나지 않는다. 이 단어가 널리 알려져
있었음을 뜻한다.

다음으로는 '디구(地球), 샹원(上院) 하원(下院), 화학(化學), 풍거(風車)'처럼 처음으로 쓰였 때
이미 주석이 베풀어진 단어로서, 여기에는 다시 풀이를 더할 필요가 없었을 것이다. 그밖의
단어로서 주석이 필요할 법한데도 그것이 보이지 않는 경우가 제법 많다. 이때에는 주석
없이도 그 뜻이 본문의 설명으로 충분히 밝혀지거나, 전통적 한자어형과 같아서 특별한 주석
이 필요 없기 때문이었을 것이다.

그리하여 권二 論考試 附論洋學에 보이는 '경학(經學), 법학(法學), 지학(智學), 의학(醫學), 산
학(算學)'이나, '기예원(技藝院), 격물원(格物院), 등에 주석이 없는 이유는 본문에 해설이 포함
되어 있어 그 뜻을 파악할 수 있기 때문이며, '통샹(通商), 무역(貿易), 리권(利權), 류통(流通),
경제학문(經濟學問), 긔구(氣毬),[16) 화약(火藥)' 등에 주석이 없는 이유는 해당한자의 전통적인
의미로 그 뜻을 파악할 수 있다고 번역자가 믿었기 때문일 것이다.

그러나 번역자가 전통적 한자어라고 가볍게 보았다면 거기에는 문제가 있을 수 있다. 이
들 단어는 어형상 전통적 모습을 지니고 있지만, 그 의미는 이미 서양화의 바람을 맞아 특수
화 또는 전문화 한 경우가 적지 않기 때문이다. 실제로 번역자는 이들의 개념을 정확히 파악
하지 못했기 때문에, 어떤 때는 해당 한자어를 그대로 썼다가, 어떤 때는 일반적인 의미로
풀어서 쓴 경우도 있다.

---

16) 현대국어의 한자표기로는 '氣球'라고 써야겠지만, 한문본 원문에는 분명히 '氣毬'로 나타난다. 개화기의 신생한
자어 표기가 후대에 달라지는 모습은 이밖에도 많이 보인다.

어찌되었건 여기까지는 그래도 한자어형을 있는 그대로 수용한 사례에 해당한다. 주석이 필요했건 필요하지 않았건 간에 이들 한자어는 그런 대로 국어에 활용될 수 있는 성격을 지닌 것들이었다. 그뿐 아니라 이들 신생한자어들은 직접적으로나 간접적으로 후대의 국어에 그 나름으로 영향을 끼쳤다고 생각된다.[17] 개화가 무르익으면서 대부분의 단어가 일본식 신생한자어에 밀리기는 했으나, 그 전에 중국식 한자어가 일시적이나마 국어에 수용된 적이 있다는 사실은 국어의 漢字語彙史上 의미있는 일이 아닐 수 없다.

2) 다른 語形으로 代置된 경우

원문의 한자어형을 그대로 따르지 않고, 그 자리를 다른 어형으로 바꾸어 놓은 경우를 말한다. 주로 명사형에 많으며, 대치된 결과가 형태론적 구성을 벗어나지 않은 경우를 말한다.

(10) a. 권—에서

強富: 부국강병(論公法 1a, 2a), 強富: 부국강병지술(論公法 2a), 文明: 문명지치(論公法 3a), 槍礮: 양창과 대포(論公法 4b), 輪船: 화륜선(論公法 2b, 37a), 輪船火車電報: 화륜선과 화륜거와 던긔션(論公法 4b)

貨: 물화(論稅務 10a), 條約: 약됴(論稅務 11b, 12a), 洋酒: 양국술(論稅務 14b)

鴉片: 아편연(論鴉片 16a), 鶯粟: 잉속각(論鴉片 16b)

歐洲: 구라파쥬(論商務 20a), 羽毛: 우단모단(論商務 23a), 呢絨: 젼과 융ᄉ(論商務 23a), 資本: 본젼(論商務 24b)

開礦: 킈뎜(論開礦 27a), 經費: 소비(論開礦 27b), 西法: 셔국법(論開礦 28b), 開礦: 셜뎜(論開礦 29a), 礦夫: 역군(論開礦 29a), 鐵礦: 텰뎜(論開礦 31a), 財源: 직물근원(論開礦 32a~b)

電信: 던긔션(論火車 35a, 44b), 火車: 화륜션(論火車 35a), 商船: 샹고션(論火車 40b), 貨物: 물화(論火車 41a), 轉機: 긔틀(論火車 41b)

格致: 격치지학(論電報 42a), 電線: 던긔션(論電報42a, 43b, 44b), 電報: 던긔션(論電報 42a)

---

17) 실제로 '통상, 무역, 이권, 유통'과 같은 한자어는 현대국어에서 경제용어로 매우 유용하게 활용되고 있다. 이들의 의미가 언제 어떻게 확립되었는지 현재로서는 알 수 없으나, 개화 초기의 중국식 새로운 의미용법이 후대에 어떤 영향을 끼쳤을 가능성은 충분하다.

b. 권二에서

鐘表音盒: ᄌ명종과 시표와 ᄌ명악(論機器1a), 電線火車: 뎐긔션과 화륜거(論機器 1a)

輪機: 고동(論船政 8b), 歲費: 일년소비(論船政 11b), 舢舨紅單: 산판션과 홍단션(論船政 11b)

郵政: 역참졍ᄉ(論郵政 19a), 私信: ᄉᄉ셔신(論郵政 20b)

强富: 부국강병(論游歷 28a), 亞洲: 아세아대쥬(論游歷 28b)

都城: 경성(論議政 31a), 大員: 대관(論議政 31a)

醫士: 의원(論考試 34a), 醫學: 의슐(論考試 38a), 格致: 격치지학(論考試 41b), 史鑑: ᄉ긔(論考試 41b), 歷學: 칙력법(論考試 41b), 藝術: 기예슐슈(論考試 41b), 經緯: 텬문경위(論考試 44a)

c. 권三에서

設埠: 긔항(論邊防 2a), 交涉: 간섭(論邊防 7b)

教: 교법(論傳教 21a), 火器: 화륜긔계(論傳教 24b)

陸兵: 륙군(論水師 35a), 水師: 슈군(論水師 35a, 45b), 火器: 화륜긔계(論水師 36b), 輜重: 즙물(論水師 40b), 廣艇舢板: 광졍션과 산판션(論水師 44a)

d. 권四에서

隄防: 방츅(論治河 13a)

濱海: 희변(論招工 37a)

體質: 형톄긔질(論醫道 43a), 醫師: 의슐스승(論醫道 43b), 婦科: 부인문(論醫道 44a), 兒科: 쇼ᄋ문(論醫道 44a)

釋放: 방셕(論犯人 47b)

織造: 방젹(論棲流 51a)

海關: 포구(論借款 53b), 利息: 변리(論借款 55a), 券票: 빗문셔(論借款 56b), 債主: 물쥬(論借款 57b)

强兵富國: 부국강병(跋 7a)

이 유형에 속하는 단어들은 국어의 한자어 수용에 어떤 방향을 있는지를 보여준다는 점에서 주목된다. 사실 형태론적 구성을 벗어나지 않으면서도 국어는 한자어를 자연스럽게 수용할 수 있는 길이 있을 수 있다. 그리하여 『이언』을 번역해낸 당시의 지식인은 '轉機'를 '긔틀'로 '輪機'를 '고동'으로, '輜重'을 '즙물'로, '隄防'을 '방츅'으로, '海關'을 '포구'로, '券票'를 '빗문셔'로, '借主'를 '물쥬' 등으로 바꾸어 놓았다. '强富'를 '부국강병' 또는 '부국강병지슐'로, '礮'를 '대포'로, '洋酒'를 '양국슐'로, '鴉18)片'을 '아편연'으로, '鶯19)粟'을 '잉속각'으로, '資本'을

_____

18) 현대국어의 한자표기에서는 이 글자가 '阿'로 쓰인다.
19) 현대국어의 한자표기에서는 이 글자가 보통 '罌'으로 쓰인다.

'본젼' 등으로 돌려놓기도 하였다.

어떤 단어에는 순수한 국어고유어로, 어떤 단어에는 뒤집힌 어순으로, 그리고 또 어떤 단어에는 아예 다른 단어로 대치하거나, 이밖에도 어떤 단어에는 중국어형에 새로운 형태소를 보충하는 방법을 써가며 자연스러운 국어표현을 살려 놓은 것이다. 그러다 보니 때에 따라서는 단어의 본래 뜻을 충분히 반영하지 못한 경우도 있다. '電報, 電信, 電線, 爹釐風(전화)'을 구별하지 못해서 이를 모두 '뎐긔션'으로 옮겼다거나, '藝術'을 '기예슐수' 쯤으로 이해한 점 등이 그렇다고 할 수 있다.

한 가지 아쉬운 점은 이들에 대한 번역자의 노력이 후대에는 결국 거의 허사로 돌아가고 말았다는 사실이다. 대부분의 단어가 후세에는 중국어형으로 굳어진 것이다. '條約, 資本, 經費, 商船, 貨物, 歲費, 體質, 醫師' 등이 그 대치어형이었던 '약됴, 본젼, 소비, 샹고션, 물화, 일년소비, 형톄긔질, 의슐스승'을 각기 물리친 것이다. 아직 상세한 결론은 내세우기는 이르지만, 이와 같은 한자어화의 배경에는 일본어의 간섭이 있었으리라고 추정된다.

3) 뜻풀이 식으로 번역된 경우

대체로 원문이 문법적으로 동사구의 성격을 지니고 있을 때에는 이를 풀이하여 번역해 놓았으나, 때에 따라서는 명사구가 그렇게 된 경우도 있다. 이에 따라 그 결과는 통사론적 구성으로 나타난다.

(11) a. 권—에서
強富: 부국강병ㅎ는 거시(論公法 1a~b), 通商: 쟝스길을 통ㅎ야(論公法 2a), 開鑛: 금은 뎜을 열고(論公法 2a), 通商: 샹로를 통ㅎ니(論公法 4a), 強富: 부국강병ㅎ기로(論公法 4a), 通商: 샹로를 통하고(論公法 5b), 圓體: 둥군 형톄(論公法 7b), 文敎: 문명한 교화(論公法 8a)
稅務: 부세밧는 스무(論稅務 10a), 理財之條: 직용다스리는 됴목(論稅務 10a), 進口: 포구로 드러오면(論稅務 10a), 納稅之後: 셰를 밧치게 한 후(論稅務 10a), 自主之權: 쥬쟝하는 권(論稅務 11b), 關稅: 관문의 슈셰(論稅務 13a)
出口之銀: 포구로 나가는 은(論鴉片 16a)
商務: 쟝스ㅎ는 스무(論商務 20a), 大經: 큰 법(論商務 20a), 本務: 근본의 스무(論商務 20a), 流通: 흘러 통ㅎ고(論商務 20a), 傳敎者: 교법을 전ㅎ라 단니는 쟈(論商務 20b), 租地: 짜흘 셰닉고(論商務 21b), 開埠: 기항ㅎ야(論商務 21b), 貿易者: 무역홀 쟈(論商務 22a), 商船: 쟝스의 빅(論商務 24b), 利權: 취리ㅎ는 권셰

(論商務 26a)

開礦: 금은동털 기덤ᄒᄂ 일(論開礦 27a), 西國之理財: 셔국의 ᄌ물 다ᄉ리ᄂ 법(論開礦 32a)

徵兵: 군ᄉ를 됴발ᄒ고(論火車 36b), 馬車: 말게 메ᄂ 슐위(論火車 37a), 礮船: 대포실은 비(論火車 40b)

電報: 뎐긔션으로 보ᄒᄂ 것(論電報 42a), 汚物: 더러온 물건(論治旱 52a)

b. 권二에서

機器: 고동트러 쓰ᄂ 긔계(論機器 1a), 利權: 취리ᄒᄂ 권셰(論機器 3a), 羊毛: 양의 털(論機器 3a), 軍機: 군즁의 쓰ᄂ 긔계(論機器 4a)

利權: 리로온 권셰(論船政 10a), 西人公司: 셔인의 공ᄉ(論船政 10b), 商務: 샹고의 ᄉ무(論船政 11a)

開局: 판을 여러(論鑄銀 16b), 利權: 이로온 권셰(論鑄銀 17a)

議定: 의론을 뎡ᄒ야(論議政 31b)

火器: 화공ᄒᄂ 긔계(論考試 36b), 大書院: 큰 셔원(論考試 46a), 交涉案件: 통셥ᄒᄂ 됴건(論考試 47a), 訟師: 송ᄉᄒᄂ 스승(論考試 47a), 辨論: 분변ᄒ게 ᄒ즉(論考試 47b)

c. 권三에서

設埠: ᄀ항ᄒ고(論邊防 1b), 商埠: 통샹ᄒᄂ 포구(論邊防 2b), 開設口岸: 기항ᄒ엿시미(論邊防 8a), 建有埠頭: 기항ᄒ엿거든(論邊防 9b)

交涉: 사괴여 통셥홈(論交涉 11a), 開口岸: 기항ᄒ니(論交涉 11a), 交涉事務: 교셥ᄒᄂ ᄉ무(論交涉 18a)

犯法: 법을 범ᄒ미(論傳敎 22a), 耶蘇會: 야소교의 모히ᄂ 바(論傳敎 25b)

尖錐三角形: 쑐이 셰 갈닉로 닉민 형샹(論水師 37b), 轉輪巨礮: 박휘로 운동ᄒᄂ 대포(論水師 40a)

火器: 화공ᄒᄂ 긔계(論火器 47b), 鋼礮: 강텰로 민든 대포(論火器 47b)

練兵: 군ᄉ조련홈(論練兵 58a), 士氣: 군ᄉ의 긔운(論練兵 65a)

d. 권四에서

民團: 빅셩을 단속ᄒ야 군ᄉ로 쓰ᄂ 법(論民團 3a), 文學: 문학ᄒᄂ 쟈(論民團 4a)

利器: 리흔 긔계(論治河 13b), 竣工: 역ᄉ를 맛츨지라도(論治河 17b)

醫官: 의슐ᄒᄂ 벼슬(論醫道 44a)

犯法: 법을 범ᄒ고(論犯人 46b)

失業: 업을 일흐며(論棲流 50a)

借款: 취딕ᄒᄂ 됴건(論借款 53b), 公債: 나라의셔 취딕홈(論借款 54a), 關稅: 포구의 슈셰ᄒᄂ 것(論借款 54b), 股份借券: 빗어든 문셔(論借款 54b), 借款: 취딕홀 일(論借款 54b), 立法: 법을 셰워(論借款 57a)

앞에 보인 유형과 함께 여기서도 번역자는 한자어형의 국어화에 상당한 노력을 기울인 흔적이 엿보인다. 다만 번역자는 상당수의 한자어를 형태론적 구성이 아닌 통사론적 구성으로 대치하는 방식을 택하였다. 경우에 따라서는 형태론적 구성만으로 대치가 어렵기 때문에, 또 다른 경우에는 통사론적 구성이 의미 전달상 자연스럽기 때문이었을 것이다.

이를 좀더 구체적으로 살펴보면 '開礦'을 '금은뎜을 열고'나 '금은동텰 기뎜ᄒᆞᄂᆞᆫ 일'로, '稅務'를 '부세밧ᄂᆞᆫ 스무'로, '商務'를 '쟝ᄉᆞᄒᆞᄂᆞᆫ 스무'로, '機器'를 '고동트러 쓰ᄂᆞᆫ 긔계'로, '利權'을 '췌리ᄒᆞᄂᆞᆫ 권세'나 '리로온 권세'로, '火器'를 '화공ᄒᆞᄂᆞᆫ 긔계'로, '尖錐三角形'을 '쌀이 세 갈니로 ᄂᆞ민 형샹' 등으로 옮긴 것이다.

'租地'를 '쏘흘 세니고'로, '開埠'를 '긔항ᄒᆞ야'로, '徵兵'을 '군ᄉᆞ를 됴발ᄒᆞ고'로, '交涉案件'을 '통섭ᄒᆞᄂᆞᆫ 됴건'으로, '開局'을 '판을 여러'로, '商務'를 '샹고의 스무'로, '商埠'를 '통샹ᄒᆞᄂᆞᆫ 포구'로, '轉輪巨礮'를 '박휘로 운동ᄒᆞᄂᆞᆫ 대포'로 풀어놓기도 하였다.

그러나 약간 지나친 경우도 없지 않았다. '馬車'를 '말게 메ᄂᆞᆫ 슐위'로, '借款'을 '췌딕ᄒᆞᄂᆞᆫ 됴건'이나 '췌딕홀 일'로, '公債'를 '나라의셔 췌딕흠'으로 '關稅'를 '관문의 슈세'나 '포구의 슈세ᄒᆞᄂᆞᆫ 것' 식으로 옮긴 사례가 그렇다고 할 수 있다. 이러한 방식은 전문분야의 특정의미를 나타낼 때 요구되는 간결성에 문제가 있기 때문에, 결국은 후대에 모조리 한자어형으로 돌아가고 말았다. 한자어형이 승리한 것이다.

틀렸다고 할 수는 없으나 풀이가 미흡한 경우도 있었다. '文敎'를 '문명ᄒᆞᆫ 교화'로, '自主之權'을 단순히 '쥬쟝ᄒᆞᄂᆞᆫ 권'으로, '電報'를 '뎐긔션으로 보ᄒᆞᄂᆞᆫ 것'으로, '辨論'[20]을 '분변ᄒᆞ게 ᄒᆞᄌᆞᆨ' 정도로 옮겨서는 정확한 의미가 드러나지 않는다. 그러한 이유 때문만은 아니었겠지만, 이들 또한 후대에는 빠짐없이 한자어형으로 굳어지기에 이르렀다.

3. 결 어

지금까지 조선왕조 말엽의 개화사상에 상당한 영향력을 발휘한 것으로 알려진 중국인의

---

20) 원문에 나타나는 이 단어의 의미는 문맥으로 보아 현대국어의 '辯論'에 해당한다. '셔국에 숑ᄉᆞᄒᆞᄂᆞᆫ 스승을 마져다가 우리를 딕신ᄒᆞ야 분변ᄒᆞ게 ᄒᆞᄌᆞᆨ'(延西國訟師 代我辨論)으로 그러한 해석이 가능하다. 이때의 '숑ᄉᆞᄒᆞᄂᆞᆫ 스승'(訟師)은 '변호사'를 뜻한다.

한 저술에 대한 언해본을 통하여 개화초기의 국어에 반영된 중국식 신생한자어의 수용실상을 알아보았다. 곧 淸末의 한 지식인이었던 鄭觀應의 저술『易言』과 그 諺解本인『이언』의 대조분석을 통하여, 한문본 원문에 나타나는 신생한자어가 언해본에 어떻게 수용되었는지를 정리한 것이다. 신생한자어에는 일반적으로 서양문물의 개념이 담겨있으므로 국어에 이들이 어떻게 수용되었는지 살펴보는 일은 어휘사 측면에서 의미가 있기 때문이다.

언해본『이언』이 간행된 시기는 확실하지 않으나, 1883년에 한문본의 復刻이 국내에서 이루어진 점으로 보아 비슷한 시기에 언해본 또한 간행되었으리라고 추측된다. 이 시기는 바로 조선왕조의 개화초기에 해당된다. 많은 지식인들이 일본에 다녀오면서 급속하게 전개되는 저들의 서구화 실상을 국내에 알렸다. 이때부터 벌써 일본식 신생한자어가 국내에도 전해졌다. 그러나 개화초기의 저술은 대부분의 한문으로 이루어졌다. 이러한 자료만으로 국어의 실상을 살핀다는 일은 아무래도 한계가 있었다.

언해본『이언』은 이러한 한계를 뛰어넘게 해주는 자료라고 할 수 있다. 이 책은 순국문으로 이루어져 있기 때문에 더욱 가치가 크다. 더구나 이 자료는 개화초기부터 밀려드는 일본식 신생한자어에 맞서 국내에 전해진 중국식 신생한자어의 모습을 다양하게 보여주고 있어 국어의 한자어 어휘사 해명에도 도움이 된다.

이에 본고에서는 그 안에 나타나는 신생한자어의 대체적인 실상을 파악하고, 그 결과를 통하여 일본식 신생한자어가 국어에 정착되기 전에 중국식 신생한자어가 어떻게 수용되었는지를 살펴보았다. 그 유형은 크게 네 가지로 구분될 수 있다. 첫째는 원문의 한자어형이 그대로 수용된 것이다. 이 유형은 다시 주석을 동반하고 있는 단어와 주석을 동반하지 않은 단어로 구분된다. 둘째는 원문의 한자어형이 형태론적 구성을 벗어나지 않는 차원에서 다른 어형으로 대치된 것이다. 셋째는 원문의 한자어형이 통사론적 구성, 곧 절이나 구로 대치된 것이다. 이들 중 어휘사적 측면에서 특별히 중요하다고 생각되는 실례를 유형별로 몇 개씩만 보이면 다음과 같다. 괄호 안이 원문에 나타나는 한자어형이다.

첫째, 원문의 어형이 그대로 수용된 경우
1. 細註가 붙어 있는 경우: 화학(化學), 이학(理學), 닉과(內科), 외과(外科), 은힝(銀行)
2. 細註가 붙어있지 않은 경우: 법학(法學), 의학(醫學), 력학(力學), 긔구(氣毬)

둘째, 다른 어형으로 대치된 경우(형태론적 구성)

부국강병(强富), 격치지학(格致), 텬문경위(經緯), 긔틀(轉機), 뎐긔션(電報, 電信, 電線), 고동(輪機), 방젹(織造), 포구(海關), 변리(利息), 빗문셔(券票), 물쥬(借主)

셋째, 뜻풀이 식으로 翻譯된 경우(統辭論的 構成)

관문의 슈셰(關稅), 고동트러 쓰는 긔계(機器), 화공ᄒᆞᄂᆞᆫ 긔계(火器), 의슐ᄒᆞᄂᆞᆫ 벼ᄉᆞᆯ(醫官), 취ᄃᆡᄒᆞᄂᆞᆫ 됴건(借款), 나라의셔 취ᄃᆡᄒᆞᆷ(公債), 빗어든 문셔(股份借券)

참고문헌

宋 敏(1979), 言語의 接觸과 干涉類型에 대하여—현대국어와 일본어의 경우—, 『論文集』 10, 성심여대.
_____(1988), 朝鮮修信使의 新文明語彙 接觸, 『語文學論叢』 7, 국민대.
_____(1989), 開化期 新文明語彙의 成立過程, 『語文學論叢』 8, 국민대.
_____(1992), 開化期의 語彙改新에 대하여, 『語文學論叢』 11, 국민대.
_____(1998), 開化期 新生漢字語彙의 系譜, 『語文學論叢』 17, 국민대.
李光麟(1974), 『韓國開化史 研究』(개정판), 일조각.

荒川淸秀(1997), 『近代日中學術用語の形成と傳播』—地理學用語を中心に—, 白帝社.
齋藤毅(1977), 『明治のことば』, 講談社.
佐藤喜代治(1979), 『日本の漢語』—その源流と變遷—, 角川書店.
沈國威(1995), 『『新爾雅』とその言語』, 研究·索引·影印本付, 白帝社.

出處 〈國民大(1999. 2.), 『語文學論叢』 18: 19~38.〉

開化期의 新生語 研究

― 『獨習日語正則』에 반영된 國語單語를 중심으로 ―

1. 서 언

韓·中·日 3국의 경우, 서양문물의 수용과정이나 서양제국과의 접촉을 통한 근대화의 역사적 배경은 서로 다르나, 그 결과의 하나로 자국어 내에 수많은 신생어를 가지게 되었다는 점에서는 공통성을 보인다. 이 때의 신생어란 그 어형이나 의미가 완전히 새로운 번역어 또는 신조어일 때도 있으나, 중국의 고전에 나타나는 어형과 의미의 재활용, 곧 전통적 중국 어형에 의미개신이 가해진 轉用語일 때도 있다.

개화기 전후의 국어나 일본어 속에는 이러한 배경을 가진 신생어가 허다하게 나타나는데, 그 절대다수는 한자어로서 그 어형상의 특징은 기본적으로 두 개의 漢字形態素로 이루어져 있다는 점일 것이다. 여기서 다시 다양한 派生語나 複合語가 형성되어 결과적으로는 세 개나 네 개의 한자형태소로 이루어진 신생어가 뒤를 이어 나타나게 되었다. 필자는 이들을 통틀어 新生漢字語라고 부르고 있다.

서양문물의 수용과정에서 이들 신생한자어는 낯선 서양문물의 개념을 자국어로 소화할 수 있게 해 주었다. 뿐만 아니라 이러한 과정 속에서 태어난 신생한자어의 대부분은 그 후 각국의 현대어에까지 그대로 계승되어 한자어휘 체계에 전면적인 개신과 변화를 불러 일으켰으므로 신생한자어가 동양 3국의 언어에 끼친 영향이 얼마나 컸는지를 짐작할 수 있게 해준다. 동양에 불어닥친 개화과정을 통하여 신생한자어는 특히 어휘사 측면에서 결정적인 영향력을 발휘한 것이다.

본고에서는 일본의 개화기, 즉 명치시대(1868~1912)의 일본어에 나타나는 신생한자어가 개화말기의 국어에 어떻게 반영되었는지를 조사해 보기로 한다. 이러한 조사를 표본적으로 수행하기 위하여 본고에서는 鄭雲復의 『獨習日語正則』(廣學書舖, 1907)을 대상자료로 택한다. 짤막짤막한 개별적 일본어 문장과 국어문장의 對譯으로 이루어진 이 자료를 통하여 명치시대에 쏟아져 나온 일본어식 신생한자어가 개화기의 국어에 어떻게 나타나는지를 살펴보기 위함이다.

그 방법은 다음과 같이 진행될 것이다. 우선 두 언어의 대역문에 同形同義로 함께 쓰인 한자어를 찾는다. 그 가운데 어형과 의미가 명치시대의 특징을 나타내고 있는 신생어를 일본어 문장에서 골라 그 성립배경을 살핀다. 그리고 나서 개화기의 국어문장에 나타나는 신생어의 어형과 의미에 일본식 신생어의 특징이 어떻게 반영되었는지를 알아본다. 이러한 절차를 통하여 개화기 국어의 신생한자어 가운데 상당수가 직접적이건 간접적이건 일본어의 간섭에 의하여 이루어졌을 가능성을 찾아보게 될 것이다.

개화기의 국어에 반영된 일본어의 간섭은 우선 二音節 한자어에 널리 나타난다. 자연히 당시의 二音節 한자어 중에는 일본어의 어형과 의미가 동시에 차용되면서 새로운 국어단어로서의 발걸음을 내디딘 것들이 있는가 하면, 전통적 한자어형에 새로운 의미가 추가되거나 신식문물의 의미로 전용되면서 의미상의 改新이나 변화를 겪어가며 새로 태어난 국어단어도 많이 포함되어 있다. 나아가 이들 二音節 한자어는 이차적인 파생어나 복합어 형성으로 이어지는 수가 많았는데 이들 또한 신문명을 전달하는 語彙資材로서 국어에 어렵지 않게 차용되었다. 이들은 한자어라는 동양공통의 편의성, 곧 의미파악의 용이성이라는 이유 때문에 자연스럽게 국어단어로 활용될 수 있었다. 『獨習日語正則』과 같은 대역자료를 통하여 그러한 실상을 종합적으로 파악할 수 있다.

개화기에 몰아닥친 일본어의 간섭은 전통적 국어어휘 체계, 특히 한자어 체계에 현저한 변화를 가져왔지만, 그렇다고 모든 국어단어가 일방적으로 수세에 몰린 것만은 아니다. 적어도 한동안은 일본어의 간섭에 대한 국어의 저항이 전통적 한자어나 고유어를 통하여 상당한 세력으로 지속되었기 때문이다. 그러한 저항은 특히 일본어의 음독한자어에 집중되어 있으나 더러는 훈독한자어에도 나타난다. 본고에서는 이러한 유형의 저항에 대해서도 그 윤곽을 살피게 될 것이다.

아울러 본고는 국어에 차용된 일본어를 유형별로 정리하게 될 것이다. 여기에는 이른바 直接借用, 외래어 기원의 일본어를 통한 차용, 문자를 통한 차용, 飜譯借用, 통사층위의 차용이 포함된다. 이러한 내용을 통하여 본고는 개화기의 국어어휘 체계에 나타나는 일본어의 간섭이 얼마만큼의 범위에 걸쳐 이루어졌으며 그 성격은 무엇인지, 일본어의 간섭에 대한 국어의 저항이 어떠한 전통적 단어를 통하여 이루어졌는지를 종합적으로 밝힐 수 있을 것이다.

2. 對象資料의 書誌

鄭雲復의 『獨習日語正則』은 隆熙 元年(1907) 9월 20일에 大韓皇城 廣學書舖를 통하여 菊版洋裝으로 초판이 발행되었고, 이듬해인 隆熙 2년 8월 15일에 재판이 발행되었는데, 발행자는 金相萬이며, 본문은 상하 2단의 세로쓰기 총 24장, 268면으로 이루어져 있다. 책머리에는 南崇山人 張志淵의 漢文 序, 服部暢의 日本文 序, 大垣丈夫의 漢文 序, 著者의 漢文 叙가 차례로 얹혀 있는데, 인쇄소는 京城日報社 印刷部로 되어있다.

저자의 '叙'는 다음과 같이 시작된다.

> 내 친구 鮮于叙군이 찾아와 따지기를 "지금 우리나라는 敎育이 가장 急先務인데도, 서적은 크게 모자란다. 政治, 法律, 經濟, 農商工學 기타 제반 科學과 應用書籍을 편찬한다거나 번역한다면 옳거니와, 어찌하여 語學書의 蒐輯에 급급하단 말인가?" 하기에 내가 응답하기를 "옛말에 이르기를 높은 곳을 오르려면 낮은 곳에서 시작해야 하며 멀리 가려면 가까운 곳에서 시작해야 한다고 했으니, 만약 語學을 먼저 닦지 않는다면 능히 外國의 書籍을 풀어읽지 못할 것이다. 語學을 닦는다는 것은 그것이 여러 科學의 층계와 사다리가 되기 때문이다"라고 하였다. 그대가 이르기를 "진실로 자네의 말과 같다면 英, 德, 法, 俄, 淸과 같은 여러 나라 國語를 배우는 것은 모두 옳으나, 하필이면 日語를 서둘러야 한다는 말인가?" 하였다.[1]

이러한 대화 끝에 저자는 이 책의 저술동기를 다음과 같이 적고 있다.

---

[1] 참고삼아 원문을 옮겨둔다. 子友鮮于叙君來質於子曰 現今我國敎育爲最急先務而書籍甚缺乏 政治, 法律, 經濟, 農商工學 其他諸般科學應用之書 編纂惑繙譯可也 何乃汲汲於蒐輯語學之書呼 子應之曰 古語曰登高自卑 行遠自邇 若不先修語學 無以能繹讀外國之書 修語學者 所以作諸科學之階梯也 君曰 誠如子言 英, 德, 法, 俄, 淸諸國語 皆可學 何必以日語爲急.

내가 이르기를 "오늘날 우리나라는 日本에 대하여 그 관계가 매우 밀접하고 가까워 다른 나라와 더불어 의론함은 옳지 않다. 또한 그 語脉이 서로 같고 漢文이 통용되기 때문에 이를 배우기가 매우 쉽고 그 쓰임이 매우 넓다. 우리나라 人士 가운데 新學問에 뜻을 가진 사람이라면 반드시 日語로써 배움을 進前시키는 길을 삼는데, 곧 일은 절반밖에 안 되는데 功은 倍가 될 것이다"고 하였다.[2]

당시의 시대적 여건을 고려할 때 위와 같은 동기는 그럴듯한 것으로 이해된다. 다만 이 책의 저자인 鄭雲復이 어떠한 인물인지는 확인되지 않는다. 한 人名辭典[3]에는 鄭雲復이라는 이름이 올라있으나, 이 책의 저자와 동일인물인지는 단언하기 어렵다. 왜냐하면 인명사전에 보이는 鄭雲復은 언론인이면서 민족운동가였다고 소개되어 있는데, 그가 만약 이 책의 저자라면 비슷한 시기에 민족운동단체의 활동을 이끌면서 口語用 日本語 학습서와 같은 책을 저술했다는 점이 쉽사리 이해되지 않기 때문이다.

그러나 이 책의 저자인 鄭雲復이 일찍이 京城日報 編輯局에서 일했으며, 일본어를 자유자재로 구사할 수 있는 인물이었다는 점만은 확실하다. 그것은 京城日報 編輯局에서 함께 일했던 服部暢이 이 책의 서문에 다음과 같이 쓰고 있기 때문이다.

> 鄭雲復군은 내가 한국에서 얻은 최초의 친구이다. 日語를 구사하기 自由自在. 相對하여 말할 때 거의 그 나라를 달리함을 깨닫지 못한다. 京城日報 編輯局 안에서 일찍이 卓子를 나란히 하고 일에 종사하면서 나는 日韓關係를 논하고, 東洋의 政勢를 논하고, 世界의 大局을 논하고 談話가 佳境에 들어가면 나는 곧 때때로 그대가 韓國의 人士라는 점을 잊고, 혹은 外邦人에 대한 常禮를 缺하기에 이른다. 鄭군은 말한다. "괜찮네. 어찌 介意할 일인가. 親交 그대와 나같이 하면서 그 사이에 어찌 外交的 辭令이 필요하단 말인가"라고 서로 돌아보며 한번 웃는다.[4]

---

2) 원문은 다음과 같다. 子曰 今日我國之於日本 其關係甚密邇 不可與論於他國 且其語脉相同漢文通用 故學之甚易 而用之甚廣 我國人士之有意於新學問者 必以日語爲進學之路 則事半而功倍矣.

3) 李熙昇(외)편(1967), 『韓國人名大辭典』(新丘文化社)에는 鄭雲復이라는 이름이 올라있다. 여기에 따르면 생몰연대가 밝혀져 있지 않은 그는 언론인·민족운동가로서 1906년(광무 10) 李甲 등과 함께 민족운동단체 西友學會를 조직했다가 1908년(융희 2년) 漢北學會와 통합하여 西北學會를 결성, 그 회장이 되어 민족계몽과 항일운동을 전개하였다. 이에 《제국신문》의 초대 주필, 제2대 사장을 지내다가 한일합방으로 신문이 폐간되고 서북학회가 해산된 후에도 계속하여 항일운동에 헌신했다. [文獻] 崔埈: 韓國新聞史.

4) 鄭雲復君は子が韓國に於て得たる最初の友人なり。日語を繰ること自由自在。相對して語る, 殆んど其國を殊にするを覺えざるなり。京城日報編輯局裡, 曾つて君と卓を竝べて業に從ふや, 閑餘日韓關係を論じ, 東洋の政勢を論じ, 世界の大局を論じ, 談話佳境に入れば, 子卽ち往々君が韓國の士たるを忘れて, 或は外邦の人に對するの常禮を缺くに至る。鄭君日く, 可なり, 何んぞ意に介せん。親交君と僕の如くにして, 其間焉んぞ外交的辭令を須るんやと。相顧みて一笑す。

이러한 점으로 미루어 볼 때 이 책의 저자인 鄭雲復은 인명사전에 올라있는 鄭雲復일 가능성도 없지 않다. 이 책의 서문에 나타나는 저자의 말대로 "높은 곳을 오르려면 낮은 곳에서 시작해야 한다"는 표현이 그러한 가능성을 암시하고 있기 때문이다.

한편, 張志淵은 이 책의 서문에서 저자인 鄭雲復에 대하여 "號는 克齋였으며 志士였다"[5]고 알려주고 있으며, 大垣丈夫는 서문에서 저자에 대하여 "오랫동안 日本에서 공부하여 日本 文學에 精通하며, 또한 歐美를 遊歷하여 語學에 造詣가 깊다"[6]고 쓰고 있다.

이러한 사실을 종합할 때 이 책의 저자인 鄭雲復은 日本語에 능했음을 확인할 수 있다. 이 책의 목차와 내용은 다음과 같다.

第一章은 第一節 片假名, 第二節 諺文, 第三節 平假名으로 구성되어 있는데, 여기에는 文字와 發音에 대한 간단한 설명이 나타난다. 第二章은 第一節 後置詞及代名詞, 第二節 過去 現在 未來詞, 第三節 數目으로 이루어져 있는데, 여기에는 日本語의 助詞와 代名詞, 時制의 用法과 數詞 및 數量詞에 대한 소개가 나타난다.

그 이하는 第三章 天文, 第四章 地理, 第五章 人倫及人事, 第六章 時令及時期, 第七章 宗敎, 第八章 政治, 第九章 法律, 第十章 學校, 第十一章 商業, 第十二章 農業, 第十三章 工業, 第十四章 動物, 第十五章 植物, 第十六章 礦物, 第十七章 身體, 第十八章 衣冠, 第十九章 飮食, 第二十章 家屋 器具類, 第二十一章 醫藥, 第二十二章 舟車, 第二十三章 郵便 電信, 第二十四章 文房으로 구성되어 있다.

各 章의 첫머리에는 일련의 일본어 단어 목록이 제시되어 있다. 여기에는 해당 분야의 일반적 기본어휘를 비롯하여, 개화기의 時流와 관련이 깊은 생활용어, 전문용어가 망라되어 있는데, 한자로 표기된 어휘에는 片假名의 독음이 일일이 곁들여져 있다. 거기에 이어 나오는 본문은 짤막한 口語體 일본어 문장과 국어문장의 對譯형식으로 이루어져 있다. 다만, 본문에 제시된 문장 하나하나는 서로 유기적인 관계로 이어져 있는 것이 아니라 따로따로 독립적인 성격을 나타내는 것들이다.

이로써 이 책은 먼저 일본어의 단어를 部類別로 익히고, 그중 일부 단어를 실제 예문을 통하여 익힐 수 있도록 하고 있음을 알 수 있다. 각 장의 첫머리에 제시된 단어가 빠짐없이 실제 문장에 용례로 나타나는 것은 아니지만, 이 책은 어휘학습에 상당한 비중을 두고 있었던 것으로 생각된다.

---

5) 吾友克齋鄭雲復君志士也.
6) 夫鄭君 久學于日本 精通我國文學 且遊歷歐米 深有造詣於語學.

3. 新生漢字語의 性格과 基準

본고의 대상자료인『獨習日語正則』의 대역문장에는 어형과 의미가 일본어와 국어 두 언어에 공통적으로 쓰인 한자어, 곧 同形同義의 한자어가 많이 나타난다. 이들 가운데에는 과거에 중국의 고전에서 독자적으로 수용되어 개화기 이전부터 오랫동안 일본어와 국어에 공통적으로 쓰여온 전통적 한자어도 적지 않으나, 개화기를 전후로 하여 새로 쓰이기 시작한 한자어, 곧 신생한자어도 많다. 본고에서는 주로 이들 신생한자어에 관심을 두고 살피기로 한다.

전통적 한자어와 신생한자어를 구별하는 일은 결코 쉽지 않으며, 그 기준이 명확하게 세워져 있는 것도 아니다. 이에 본고에서는 편의상 신생한자어에 대한 판정을 惣鄕正明·飛田良文(1986)에 의지하기로 한다. 이 책은 명치시대의 각종 辭典類를 통하여 개화기에 새로 탄생되었거나, 의미상의 개신을 겪었거나, 둘 이상의 한자표기나 語形 또는 讀法을 가졌거나, 世相을 반영하고 있는 단어를 찾아 辭典式으로 재정리해 놓은 것인데, 그 標題語는 모두 1,341 항목에 이른다. 각 단어에는 특히 '飜譯語' 또는 '明治時代의 新語'라는 표시가 되어 있거나, 명치시대에 새로운 의미가 나타난다고 표시되어 있어, 그들이 일단 당시의 신생어임을 알 수 있게 해준다.

그동안의 연구결과로 보면 명치시대의 신생한자어는 방대한 분량에 이른다. 따라서 모든 신생어가 이 책에 빠짐없이 모아졌다고는 할 수 없다. 오히려 이 책에 수집된 명치시대의 신생어는 극히 일부분에 지나지 않는다. 그러한 점을 알면서도 지금으로서는 달리 적절한 방법이 없기 때문에, 본고에서는 당시의 사전을 기준으로 삼아『獨習日語正則』의 日·韓 對譯文에 나타나는 同形同義의 한자어가 신생어인지 아닌지를 판별하고, 그들의 어형과 의미에 대한 성립배경을 간략히 알아보기로 한다.

1) 開化期의 新生漢字語

『獨習日語正則』의 對譯文 속에 나타나는 단어로서, 두 언어에 공통되는 다음과 같은 同形同義의 한자어는 일단 개화기 전후에 태어난 신생어로 판단된다. 이들은 惣鄕正明·飛田良文(1986)에 '明治의 말(明治のことば)'로서 수집, 정리되어 있는 만큼 그 어형이나 의미가 명치시대의 신생어로 추정되기 때문이다.

아래에 그 용례를 정리해 본다. 원문의 띄어쓰기는 불규칙하게 되어있으나, 여기서는 원문을 그대로 따른다. 일본어 원문의 경우, 한자표기에는 원칙적으로 片假名에 의한 讀法이 添記되어 있으나, 여기서는 번거로움을 덜기 위하여 이를 생략한다. 다만, 일본어의 독법을 표시할 필요가 있는 경우에는 IPA식 簡略表記를 이용할 것이다.

우선, 모아진 자료를 가나다 順으로 제시하면서, 惣鄕正明·飛田良文(1986)에 정리된 어형과 의미를 참고삼아 해당 한자어의 성립배경을 살핌으로써, 개화기 국어에 나타나는 해당 한자어의 어형이나 의미가 직접적이건 간접적이건 일본어와의 접촉을 통하여 영향을 받았을 가능성이 있는지 없는지를 찾아보기로 한다. 日本語式 신생한자어의 성립배경에 대해서는 주로 惣鄕正明·飛田良文(1986)의 내용을 참고할 것이며, 해당 단어가 국어의 신생한자어인지 아닌지는 『한불ᄌᆞ뎐』(1880)과 『한영ᄌᆞ뎐』(1897)에 그 어형과 의미가 어떻게 등록되어 있는지를 참고하여 판단하게 될 것이다.

　　(1) 間接. 今度ノ事ハ 間接ニ 交渉シテ戴キ度イデス/이번일은 間接으로 交涉ᄒᆞ야
　　　　주시오(121하단).

일본어의 경우, '間接'은 명치시대에 indirect의 대역어로 나타난다.[7]

국어의 경우, 『한불ᄌᆞ뎐』이나 『한영ᄌᆞ뎐』에는 '間接'이 나타나지 않는다. 그때까지는 '間接'이라는 국어단어가 없었다는 뜻일 것이다. 그러나 위의 대역문에 쓰인 '間接'은 그것이 이미 국어단어가 되었음을 알려준다. 이 때의 '間接'은 일본어의 어형과 의미를 동시에 차용한 신생한자어일 것이다. 영어 indirect에 해당하는 중국어 '間接[jiànjiē]'이 일본어 '間接[kansetsu]'에서 나왔다는 劉正埮 외(1984)의 관점도 참고가 된다.

여기서 잠시 어형과 의미의 차용에 대한 판정기준을 밝혀둘 필요가 있다. 개화기의 신생한자어는 바로 앞에서 본 '間接'처럼 어형과 의미를 동시에 차용한 경우도 있으나, 바로 다음에 볼 '經濟'처럼 의미만을 차용한 경우도 있다. 그것은 개화기의 국어사전에 일본어와 동일한 한자어가 있었는지 없었는지에 따라 결정될 것이다. 개화기의 국어사전에 동일한 한자어가 없을 때에는 어형과 의미의 동시차용이 일어난 것으로 본다. 그러나 동일한 한자어가

---

7) '間接'은 또한 '直接'의 대립어, 영어의 뜻으로는 not directly, mediate 등으로 나타난다. 惣鄕正明·飛田良文(1986: 81) 참조.

있을 때에는 의미만의 차용에 그친 것으로 본다. 개화기 이전의 국어에 해당 한자어가 있었는지 없었는지를 판단하는 기준 또한 모호할 수밖에 없다. 그러나 본고에서는 불완전하나마 『한불ᄌᆞ뎐』과 『한영ᄌᆞ뎐』을 기준으로 그 존재여부를 판정하기로 한다.

> (2) 經濟. ①併シ 石炭ガ 高イカラ不經濟デス/그러나 石炭이 빗ᄉᆞ닛가 經濟가 못되오(45상단). ②經濟ヲ 知ラナケレバ 何迄モ貧乏スル筈デス/經濟를 아지못ᄒᆞ면 언제ᄭᅵ지라도가난ᄒᆞᆯ터이오(104상단-하단).

'經濟'는 본래 중국고전에서 나온 말이다. 따라서 일본어의 경우, '經濟'는 명치시대에 '經世濟民, 處世, 儉約'과 같은 전통적인 뜻으로도 쓰였지만, 점차 economy의 대역어로 굳어지면서, political economy의 대역어 '經濟學'과 더불어 학술적 專門語로 널리 활용되기에 이르렀다.[8] 위의 대역문에 보이는 '經濟'의 경우, ①에서는 '節約'을 나타내고 있어 전통적 의미로 쓰였다고 할 수 있으나, ②에서는 학술적 專門語에 가까운 의미로 파악된다. 이 때의 '經濟'는 물론 '經世濟民'의 縮約形이다.

국어의 경우, 『한불ᄌᆞ뎐』이나 『한영ᄌᆞ뎐』에는 '經濟'가 나타나지 않는다. 그때까지는 '經濟'가 있었다고 할지라도 보편적인 국어단어가 아니었다는 뜻일 것이다. 그러나 위의 대역문에 쓰인 '經濟'는 이미 국어단어가 되었음을 보여준다. 특히 ②에서처럼 '經濟'는 전문적인 개념으로도 쓰일 수 있었다. 이때의 국어단어 '經濟'는 일본어의 의미만을 차용한 신생한자어로 해석된다.[9] 영어 economy, economics에 해당하는 중국어 '經濟[jīngjì]'가 일본어 '經濟[keizai]'에서 나왔다는 劉正埈 외(1984)의 관점도 참고가 된다.

> (3) 經驗. 學識モ アルシ 經驗モ 多イ人デス/學識도 잇고 經驗도 만흔ᄉᆞ람이오(66하단).

일본어의 경우, '經驗'은 명치시대에 experience의 대역어로 굳어졌다.[10]

---

8) 惣鄉正明·飛田良文(1986: 129~132)에 따르면, '經濟'의 경우, economy의 대역어로서는 J. C. Hepburn의 『和英語林集成』(1867)에서부터, '經濟學'의 경우, political economy의 대역어로서는 그보다 조금 앞선 堀達之助의 『英和對譯袖珍辭書』(1862)에서부터 나타난다고 한다. 한편, '經濟'라는 신생어의 성립배경에 대해서는 鈴木修次(1981: 69~85)도 참고할 만하다.

9) 開化期의 국어에 정착한 신생한자어 '經濟'의 성립배경에 대해서는 宋敏(2000a: 31~34), 宋敏(2000c)에서 논의한 바 있다.

10) 명치 초기에는 '經驗'이 주로 experiment(실험)를 뜻했으나, 명치 말기로 오면서 그 뜻이 점차 experience로 한정된다. 惣鄉正明·飛田良文(1986: 126~128) 참조.

국어의 경우, 『한불ᄌᆞ뎐』과 『한영ᄌᆞ뎐』에는 '경험(經驗)ᄒᆞ다'라는 동사형으로만 나타난다. 두 사전에는 동작이나 상태를 나타내는 한자어가 거의 '-ᄒᆞ다'형으로 실려있는 것이다. 따라서 위의 대역문에 쓰인 명사형 '經驗'은 일본어의 의미만을 차용한 신생한자어로 해석된다. 영어 experience에 해당하는 중국어 '經驗[jīngyàn]'이 일본어 '經驗[keiken]'에서 나왔다는 劉正埮 외(1984)의 관점도 참고가 된다.

> (4) 警察署. ①盗難ニ 罹ツテカラ 直グ 警察署ヘ 届出シマシタ/盜難을 맛고 곳 警察署에 告發ᄒᆞ얏습니다(105하단). ②警察署デ 說諭ヲ 受ケテ 放還サレタデス/警察署에셔 說諭를 밧고 放還되엿소(11상단). ③警察署デ 罪人ヲ 拷問スルハ 酷イデス/警察署에셔 罪人을 刑訊ᄒᆞᄂᆞᆫ것슨 酷ᄒᆞ오(132상단).

일본어의 경우, '警察'은 police의 대역어로 다시 태어났다. 여기서 다시 '警察署'가 파생되었다.[11] 자연히 '警察署'는 명치시대의 신생한자어에 속한다.

국어의 경우, 『한불ᄌᆞ뎐』에는 '警察'이 나타나지 않는 반면, 『한영ᄌᆞ뎐』에는 '경찰관(警察官), 경찰서(警察署)'라는 파생어로만 나타난다. 이들은 일본어의 어형과 의미를 동시에 차용한 신생한자어로서, 당시에 이미 국어단어가 되어있었음을 알 수 있다. 그 때문에 '警察署'는 위의 대역문에서처럼 자연스럽게 국어단어로 쓰일 수 있었을 것이다. 영어 police에 해당하는 중국어 '警察[jǐngchá]'가 일본어 '警察[keisatsu]'에서 나왔다는 劉正埮 외(1984)의 관점도 참고가 된다.

> (5) 空氣. ①水蒸氣ガ 昇ツテ 冷タイ空氣ニ 當タルト 直グ 凝ツテ雲ニナリマス/水蒸氣가 올나 冷ᄒᆞᆫ空氣에 相衝ᄒᆞᆫ즉 곳 엉긔여 구름이되옵니다(20상단). ②空氣ト云フモノハ 到處ニアリマシテ動物植物ヲ 助ケテクレマス/空氣라ᄒᆞᄂᆞᆫ것슨 到處에잇서셔 動物植物을 도아주옵니다(26하단).

일본어의 경우, '空氣'는 幕府 말기부터 air 또는 atmosphere의 대역어로 활용되었다.[12]
국어의 경우, 『한불ᄌᆞ뎐』에는 '空氣'가 올라있지 않으나, 『한영ᄌᆞ뎐』에는 '공긔(空氣)

---

11) '警察'은 문자 그대로 '경계하고 살피다'를 뜻하지만, 일본에 제도로서의 '警察'이 태어난 것은 1872(명치5) 司法省에 警保寮가 설치되고, 1874년(명치 7) 이를 이어받은 警視廳에 '警察'이 등장하면서부터였다고 한다. 惣鄕正明·飛田良文(1986: 132) 참조. '警察署'는 여기서 파생된 관청 명칭이다.

12) 福澤諭吉(1835~1901)의 『文明論之槪略』(1875) 권2의 42장에는 "사람에게 呼吸하는 일이 생기도록 하는 것은 空氣이다(人ニ呼吸ノ働ヲ生ズルモノハ空氣ナリ)"처럼 '空氣'가 쓰인 바 있다고 한다. 惣鄕正明·飛田良文(1986: 119~120) 참조.

Empty air, the atmosphere'로 나타난다. 『한영ᄌᆞ뎐』에 비로소 나타나는 점으로 볼 때, ‘空氣'는 신생한자어로 간주된다. 그렇다면 ‘空氣'는 『한영ᄌᆞ뎐』 이전에 일본어의 어형과 의미를 동시에 차용한 신생한자어일 것이다. 그 때문에 ‘空氣'는 위의 대역문에서처럼 자연스럽게 국어단어로 쓰일 수 있었다.

(6) 共和國. 共和國ニハ 民權ガ 確立シテ井マス/共和國에ᄂᆞᆫ 民權이 確立ᄒᆞ야잇습니다(102상단).

일본어의 경우, ‘共和'는 명치 초기부터 republic(共和制, 共和政治)과 같은 의미로 널리 쓰이게 되었고, 여기서 ‘共和國'이 파생되었다.[13]

국어의 경우, 『한불ᄌᆞ뎐』이나 『한영ᄌᆞ뎐』에는 ‘共和, 共和國' 어느 것도 나타나지 않는다. 그때까지는 그러한 단어가 국어에 없었음을 뜻한다. 결국, 위의 대역문에 쓰인 국어단어 ‘共和國'은 일본어의 어형과 의미를 동시에 차용한 신생한자어라고 할 수 있다. 위의 용례로 판단할 때 統監府 시대(1905~1910)에는 이 단어가 국어에 정착해 있었을 것이다. 영어 republic에 해당하는 중국어 ‘共和[gònghé]'가 일본어 ‘共和[kyōwa]'에서 나왔다는 劉正埮 외(1984)의 관점도 참고가 된다.

(7) 觀兵式. 朝鮮ニハ 未ダ 觀兵式ヲ行ツタコトガアリマセン/朝鮮에는 아직 觀兵式을 行ᄒᆞ 일이 업셧습니다(104상단).

일본어의 경우, ‘觀兵式'은 ‘觀兵'에서 파생된 신생한자어로서, 명치시대의 특징을 잘 나타내고 있는 단어로 꼽힐 수 있을 것이다.[14]

국어의 경우, 『한불ᄌᆞ뎐』이나 『한영ᄌᆞ뎐』에는 ‘觀兵'이나 ‘觀兵式'이 보이지 않는다. 따라서 위의 대역문에 나타나는 ‘觀兵式'은 개화기에 일본어의 어형과 의미를 동시에 차용한 결과임이 분명하다. 이 점에 대해서는 宋敏(2001a) 참조. ‘觀兵式'이라면 명치시대의 독특한 軍事儀式이었기 때문에 적어도 統監府 시대에는 이 단어가 국어에서도 통용되었을 것이다.

---

13) 福澤諭吉의 『文明論之槪略』(1875) 권1의 3장에는 “정부의 체재는 立君으로 하거나 共和로 하거나 그 이름을 묻지말고 그 실질을 취해야 한다(政府ノ體裁ハ立君ニシテモ共和ニシテ其名ヲ問ハズシテ其實ヲ取ルベシ)” 처럼 ‘共和'가 쓰였다. 惣鄕正明・飛田良文(1986: 113) 참조.

14) ‘觀兵'이라면 본래 ‘勢를 갖추어 兵力을 敵에게 보이는 것'이었다. 명치시대에는 이 單語가 ‘兵力을 整列시켜 査閲하는 것'을 뜻하게 되었다. 여기서 ‘觀兵式'이 파생된 것이다. 일본에서 ‘觀兵式'이 시작된 것은 1868년이었으나, ‘觀兵式'이란 명칭은 1877년(명치 10)부터 쓰이기 시작하였다고 한다. 惣鄕正明・飛田良文(1986: 85) 참조.

(8) 交通. ①何レノ國デモ 昔ハ 鎖國主義ヲ 持ツテ 居ツテ 他國ト 交通シナカッタ
サウデス/어늬나던지 녯적은 鎖國主義를가지고잇셔셔 他國과交通을아니ᄒ엿다
ᄒ오(110상단). ②交通ガ 不便デスカラ 運賃ガ 餘計ニ 掛カリマス/交通이 不便
ᄒ닛가 運送ᄒᄂ 浮費가 더 드옵니다(160상단). ③各港ニハ 交通ガ 便利デ 商業
モ 盛ンデス/各港口에ᄂ 交通이 便利ᄒ고 商業도 번셩ᄒ오(177상단). ④鐵道ガ
ナケレバ 交通ガ 不便デアリマス/鐵道가 업스면 교통이 不便ᄒ오(252상단).

일본어의 경우, '交通'은 명치시대에 traffic(運送)이나 communication(通信)과 같은 의미가
추가되면서 신생한자어로 발전하였다.[15] 위의 용례로 보면 ①에 나타나는 '交通'은 '왕래,
통상' 정도의 뜻을 나타내고 있으나, ②~④에 나타나는 '交通'은 traffic에 가까운 의미로 쓰이
고 있다.

국어의 경우, 『한불ᄌ뎐』과 『한영ᄌ뎐』에는 모두 '교통(交通)ᄒ다'가 올라있지만, 그 당시
까지는 '交通'에 traffic이나 communication과 같은 새로운 의미추가가 없었던 것으로 보인
다.[16] 따라서 위의 대역문에 국어단어로 쓰인 명사형 '交通'은 개화기에 일본어의 의미를
차용하면서 의미상의 개신을 겪은 신생한자어로 추정된다. 영어 traffic, communication에
해당하는 중국어 '交通[jiāotōng]'이 일본어 '交通[kōtsū]'에서 나왔다는 劉正埮 외(1984)의 관
점도 참고가 된다.

(9) 國事犯. 國事犯ノ 死刑廢止ハ 今回ノ國會ニ 通過イタシマシタカ/國事犯의 死
刑廢止ᄂ 今回의國會를 通過ᄒ얏슴닛가(130하단).

일본어의 겨우, '國事犯'은 '政治犯'을 뜻하는 단어로서, 명치시대의 특징을 잘 나타내고
있는 신생한자어인 듯하다.

국어의 경우, 『한불ᄌ뎐』이나 『한영ᄌ뎐』에는 '국ᄉ(國事)'가 나타날 뿐, '國事犯'은 보이지
않는다. 따라서 위의 대역문에 국어단어로 쓰인 '國事犯'은 일본어의 어형과 의미를 동시에
차용한 신생한자어로 해석된다. 이 경우처럼 차용이 쉽게 이루어진 것은 국어에도 이미 '國

---

15) '交通'의 경우, 中國의 『史記』, 日本의 『續日本記』에 이미 쓰인 바 있으나, 명치시대에는 '사람의 왕래, 交際'라
는 뜻에 '貨物의 運送, 通信'이라는 의미가 추가되었다. 惣鄕正明·飛田良文(1986: 158~159) 참조.

16) '교통(交通)ᄒ다'는 『한불ᄌ뎐』에 'Commettre la fornication, l'adultére, etc.(간음하다, 간통자 등). ‖ Faire
alliance; fréquenter; être liés d'amitié; s'entre-visiter comme amis(결연하다, 교제하다, 친분이 두텁다, 친구로
서 서로 방문하다). ‖ Aller dans un pays étranger(외국에 가다)'로, 『한영ᄌ뎐』에는 'To have intercourse(교제
하다, 통상하다, 교접하다)'로 나타난다. 이러한 意味記述로 볼 때, 당시의 '交通'은 의미상의 개신을 겪지 않은
것으로 보인다.

事'라는 전통적 한자어가 있었기 때문일 것이다. 영어 state criminal에 해당하는 중국어 '國事犯[guóshìfàn]'이 일본어 '國事犯[kokuji-han]'에서 나왔다는 劉正埮 외(1984)의 관점도 참고할 만하다.

(10) 機關, 通商=, 通信=. ①鐵道ハ 通商機關デ 一番 必要ナモノデスカラ…/鐵道ᄂ 通商機關으로 第一 요긴ᄒ것이오니…(252상단). ②通信機關ハ 郵便電信等デ 莫大ノ 財源デス/通信機關은 郵便電信등속인듸 莫大ᄒ 財源이올시다(261상단).

일본어의 경우, '機關'은 幕府 말기부터 engine(증기기관), machine(기계), organ(단체, 조직) 등의 대역어로 널리 쓰이면서 의미상의 개신을 겪은 신생한자어에 속한다.[17]

국어의 경우, 『한불ᄌ뎐』이나 『한영ᄌ뎐』에는 다같이 '機關'이 나타나지 않는다. 그런데 위의 대역문에 국어단어로 쓰인 '通商機關, 通信機關'의 '機關'은 곧 organ을 뜻한다. 이와같은 '機關'은 일본어의 어형과 의미를 동시에 차용한 신생한자어일 수밖에 없다. 영어 organ에 해당하는 중국어 '機關[jīguān]'이 일본어 '機關[kikan]'에서 나왔다는 劉正埮 외(1984)의 관점도 참고가 된다.

(11) 氣象, -臺, =觀測支所. ①氣象臺ハ 氣象ヲ 觀測ル處デアリマス/氣象臺ᄂ 氣象을 관측ᄒᄂ 곳이올시다(122하단). ②京城ニモ 氣象觀測支所ヲ 設ケマシタ/京城에도 氣象觀測支所를 設始ᄒ얏습니다(123상단).

일본어의 경우, '氣象'은 명치시대부터 meteorology의 대역어로 쓰이기에 이르렀다.[18]

국어의 경우, 『한불ᄌ뎐』에는 '긔샹(氣象)'이, 『한영ᄌ뎐』에는 '긔샹(氣像)'이 올라있다. 한자 표기를 서로 달리하고 있으나, 의미상으로는 어느 쪽이나 '용모, 태도'와 같은 풀이로 전통적인 의미를 나타내고 있을 뿐이다. 당시까지는 '氣象'이 의미상의 개신을 겪지 않았던 것으로 보인다.[19] 그러나 위의 대역문 ①에 나타나는 국어단어 '氣象'은 일본어와 같은 meteoro-

---

17) '機關'은 본래 '조작함, 구조, 장치' 등을 뜻했으나, 명치시대부터 의미상의 개신을 겪게 된다. 福澤諭吉의 『西洋事情』(1866) 권1에는 "蒸氣車란 蒸氣機關의 힘을 빌려 달리는 車인데, 車一輛에 蒸氣를 장치하여 이를 機關車라고 한다(蒸氣車トハ蒸氣機關ノカヲ藉リテ走ル車ナリ, 車一輛ニ蒸氣ヲ仕掛ケ之ヲ機關車ト名ク)"라는 내용이 보이는데, 이 때의 '蒸氣機關, 機關車'에 포함되어 있는 '機關'은 engine을 뜻한다. 이렇게 새로운 의미로 쓰이기 시작한 '機關'에는 다시 organ(團體, 組織)이라는 의미가 추가되면서 '國家機關, 執行機關'과 같은 새로운 複合語를 낳기에 이르렀다. 惣鄕正明・飛田良文(1986: 88~90) 참조.

18) '氣象'은 본래 '氣質, 마음씨, 心地'를 뜻하는 전통적인 한자어였으나, 의미상의 개신을 겪으면서 신생한자어가 되었다. 惣鄕正明・飛田良文(1986: 96~97) 참조.

logical phenomena의 뜻으로 쓰이고 있다. 이때의 '氣象'은 일본어의 의미만을 차용한 결과임을 나타내고 있다. 국어단어로 쓰인 '氣象臺, 氣象觀測'의 '氣象' 또한 마찬가지의 의미를 나타내고 있다. 어느 것이나 일본어의 간섭으로 의미상의 개신을 겪은 결과라고 볼 수 있다.

(12) 內閣. =總理大臣. 日露戰爭時分ノ內閣總理大臣ハ 伯爵桂太郎[20]デシタ/日露 戰爭時節의內閣總理大臣은 伯爵桂太郎이얏습니다(121하단).

일본어의 경우, '內閣'은 명치시대에 cabinet의 대역어로 나타났다.[21]

국어의 경우, 『한불ᄌ뎐』에는 '內閣'이 보이지 않으나, 『한영ᄌ뎐』에는 'ᄂᆡ각(內閣) The office of the Royal College of Literature. The Office of Ministry'로 나타난다. 결국, 『한영ᄌ뎐』의 '內閣'은 신생한자어에 속한다. 그렇기 때문에 위의 대역문에서처럼 '內閣'은 국어단어로 자연스럽게 쓰일 수 있었을 것이다. 통감부 시대 이전에 이미 국어단어가 된 '內閣' 또한 『한영ᄌ뎐』 이전에 일본어의 어형과 의미를 차용한 결과일 것이다. 영어 cabinet에 해당하는 중국어 '內閣[nèigé]'이 일본어 '內閣[naikaku]'에서 나왔다는 劉正埈 외(1984)의 관점도 참고할 만하다.

(13) 勞働者. 勞働者等ハ 酒ニ 醉ツタラ 喧嘩スルノガ 常デス/勞働者들은 술이 취ᄒ면 쓰홈하기가 례ᄉ오(64하단).

일본어의 경우, 명치시대에 labour의 대역어로 널리 쓰인 '勞動'은 '勞働'으로도 표기되었다. 이때의 '働'은 일본식 한자, 이른바 日本國字에 속하는 존재인데, 위의 예문에도 모두 '勞働'으로 나타난다. '勞働者'는 여기서 파생된 신생한자어다.

국어의 경우, 『한불ᄌ뎐』이나 『한영ᄌ뎐』에는 '勞動'이나 '勞動者'가 나타나지 않는다. 당시의 국어에는 아직 그러한 단어가 없었음을 알 수 있다. 따라서 위의 대역문에 쓰인 '勞働者'는 일본어의 어형과 의미를 동시에 차용한 결과로 풀이된다. '勞働'의 '働'이라는 한자가

---

19) 『한불ᄌ뎐』은 '긔샹(氣象)'에 'Mine, apparence, air, manière, maintien(용모, 외모, 풍채, 태도, 풍모), Forme et apparence, figure(몸매와 외관, 모습)'과 같은 풀이를, 『한영ᄌ뎐』은 '긔샹(氣像)'에 'Appearence; manner; bearing, See 모양'이라는 풀이를 달고 있다. 두 사전의 한자표기에는 차이가 있으나 어느 쪽에도 meteorological phenomena와 같은 의미는 나타나지 않는다.

20) 실존인물인 桂太郎(1847~1913). 1901년부터 1906년까지 內閣總理大臣을 지냈다.

21) 일본에 內閣제도가 시행된 것은 1885년(명치 18)이었다. 그러나 '內閣'이라는 단어는 그보다 훨씬 이전부터 각종 사전에 나타난다. 惣鄕正明・飛田良文(1986: 417~418) 참조.

일본식 그대로인 점도 '勞働'이 일본어에서 차용된 단어임을 뒷받침해 준다. 영어 activity에 해당하는 중국어 '勞動[láodòng]'이 일본어 '勞動[rōdō]'에서 나왔다는 劉正埮 외(1984)의 관점도 참고가 된다.

(14) 多神教, 一神教. ①僧侶學者ノ信スル所ハ一神教デアリマスケレヒ人民一般ノ 信スル所ハ 多神教デアッテ.../僧侶學者의밋눈바눈一神教로딕 一般人民의밋 눈바눈 多神教가되여...(92하단-93상단). ②希臘ノ宗教モ多神教デアッテ.../希 臘의宗教도多神教인딕...(94상단).

일본어의 경우, '多神教'는 명치시대에 polytheism의 대역어로 쓰인 신생한자어이며, '一 神教'와 대립의 짝을 이룬다. 실제로 위의 예문에는 '一神教'와 '多神教'가 함께 나타난다.

국어의 경우, 『한불ᄌ뎐』이나 『한영ᄌ뎐』에는 '一神教'나 '多神教'가 나타나지 않는다. 그러나 위의 대역문에서는 두 단어가 그대로 국어단어처럼 쓰이고 있어, 그들이 일본어의 어형과 의미를 차용한 결과임을 알려준다. 적어도 統監府 시대에는 이들 신생한자어가 국어에서도 통용되었음을 말해준다.

(15) 團體, 團體. ①官署ニ使ハレルヨリモ 私人團體ノ方へ使ハレル方ガ.../官署에 셔벼슬ᄒ눈것보담 私人團體에셔 從事ᄒ눈것이...(97상단). ②各團體ガ聯合演說 會ヲ設ケテ.../各團體가 聯合演說會을 設施ᄒ고...(111상단).

일본어의 경우, '團體' 또한 명치시대의 신생한자어로 간주되고 있다.

국어의 경우, 『한불ᄌ뎐』이나 『한영ᄌ뎐』에는 '團體'가 나타나지 않는다. 따라서 위의 대역문에 쓰인 국어단어 '團體' 또는 '團軆'는 일본어의 어형과 의미를 동시에 차용한 신생한자어라고 볼 수밖에 없다.

(16) 代議政軆. 國ノ基礎ヲ 鞏固ニスルニハ 代議政軆ヲ 行ハネバ ナリマセヌ/나라 의 基礎를 鞏固케ᄒ랴면代議政軆를 行ᄒ야 ᄒ옵니다(113상단).

명치시대의 일본어에는 representative나 a member of parliament의 대역어로서 '代議士' 라는 단어, representative system의 대역어로서 '代議制度'라는 복합어가 나타나는데, '代議 政軆'는 representative democracy, the representative system of government, a parliament의 대역어로 간주되고 있다. 이들 단어는 서양 議會制度의 개념을 소화하는 과정에서 생겨났기 때문에 신생한자어일 수밖에 없다.

국어의 경우, 『한불ㅈ뎐』이나 『한영ㅈ뎐』에는 '代議政體'가 나타나지 않는다. 따라서 위의 대역문에 국어단어로 쓰인 '代議政體'는 개화기에 일본어의 어형과 의미를 동시에 차용한 결과일 것이다.

(17) 大學校. 御子息樣ハ 日本ニ往ツテ 大學校ヲ卒業シテ 御歸リニナツタサウデ
    スガ.../子弟가 日本가셔 大學校를 卒業ㅎ고 도라오셧다ㅎ니...(35하단).

일본어의 경우, '大學'은 幕府 말기부터 university의 대역어로 활용되었는데, 그 의미는 '大學校'였다.[22]

국어의 경우, 『한불ㅈ뎐』에는 '대학(大學)'이 표제어로 올라 있으나, 그 뜻은 중국의 經典名稱이다. 『한영ㅈ뎐』에는 中國經典으로서의 '大學'과 함께 '대학교(大學校)'가 나타나는데, 그 뜻은 'A college; university'로 풀이되어 있다. 이때의 '大學校'는 신생한자어에 속한다. 그런데 위의 대역문에 국어단어로 쓰인 '大學校'는 일본어의 의미만을 차용한 신생한자어로 해석된다.[23]

(18) 圖書館. 外國デハ 圖書館ヲ 設ケマシテ 衆人ノ縱覽ニ 供シマス/外國에셔ᄂᆞᆫ 圖書
    館을 設立ㅎ야 衆人의縱覽을 供ㅎ옵니다(156하단).

일본어의 경우, '圖書'는 명치시대에 books의 대역어, '圖書館'은 library의 대역어로 널리 쓰이게 되었다.[24]

국어의 경우, '圖書'는 『한불ㅈ뎐』과 『한영ㅈ뎐』에 다같이 '도셔(圖書)'로 나타나지만, 그 뜻은 '藏書印'이고,[25] '圖書館'은 아예 나타나지 않는다. 따라서 위의 대역문에 국어단어로

---

22) 일본에 서양식 제도를 본뜬 대학교로서의 帝國大學이 설립된 것은 1886년(명치 19)이었다. 惣鄕正明·飛田良文 (1986: 340) 참조.
23) 여기에 대해서는 宋敏(2000a: 35~36)에 약간의 논의가 나온다.
24) '圖書'의 본래 뜻은 자신의 所藏圖書에 찍는 印章, 곧 '藏書印, 圖書印'이었다. 惣鄕正明·飛田良文(1986: 411~412) 참조.
25) '圖書'에 대하여 『한불ㅈ뎐』에는 'Cachet, sceau gravé(도장, 새겨진 인장)', 『한영ㅈ뎐』에는 'A private seal or stamp—as that bearing one's name, See 투셔'로 설명되어 있을 뿐이어서, 거기에 books(책)이라는 의미는 나타나지 않는다.

쓰인 '圖書館'은 일본어의 어형과 의미를 동시에 차용한 신생한자어라고 할 수 있다. 영어 library에 해당하는 중국어 '圖書館[túshūguǎn]'이 일본어 '圖書館[toshokan]'에서 나왔다는 劉正埮 외(1984)의 관점도 참고가 된다.

(19) 獨立國, 獨立權. ①堂堂タル獨立國ヲ以テ 他ノ羈絆ヲ 脫スルコトガデキナイ カラ.../堂堂ᄒᆞᆫ獨立國으로써 他國羈絆을 免치못ᄒᆞ니...(105상단). ②我ガ 國ノ 獨立權ヲ 完全ニ 恢復スルコトハ.../우리나라의 獨立權을 完全히 恢復ᄒᆞ기ᄂᆞᆫ... (122하단).

일본어의 경우, 幕府 말기 무렵부터 independence의 대역어로 '獨立'이 쓰였는데, 여기서 '獨立國, 獨立權'이라는 파생어가 이루어졌다.

국어의 경우, 『한불ᄌᆞ뎐』에는 '獨立, 獨立國'이 나타나지 않으나, 『한영ᄌᆞ뎐』에는 '독립국(獨立國)'이 'An independent state. *Opp.* 쇽국, *See* ᄌᆞᄌ쥬지국'이라는 풀이로 올라있다. 따라서 위의 대역문에 국어단어로 쓰인 '獨立國'은 『한영ᄌᆞ뎐』 이전에 일본어의 어형과 의미를 동시에 차용한 신생한자어에 속한다.

(20) 妄想, 架空=. 所謂架空妄想デ何モ 成リマセヌ/所謂架空妄想이오 아무것도될것 업소(57하단).

'妄想'은 중국 고전에 용례가 있으나 일본어의 경우, 幕府 말기에 imagination, phantasy, fancy 등의 대역어로서 다시 태어났다. 위의 예문에는 '架空妄想'이라는 복합어로 쓰이고 있다.

국어의 경우, 『한불ᄌᆞ뎐』에는 '망샹(忘像)스럽다'가 나타나나 '방졍스럽다'의 동의어로 풀이 되어 있다. 한편, 『한영ᄌᆞ뎐』에는 '망샹(忘像)스럽다'가 'To be mischievous; to be unruly; to be wild—as children. *See* 요망스럽다'로 올라있다. 어느 쪽이나 '-스럽다'와의 결합형으로만 나타날 뿐, 명사형으로는 나타나지 않는다. 거기다가 한자표기도 '忘像'이다. 그러나 위의 대역문에 국어단어로 쓰인 '架空妄想'의 '妄想'은 명사형이다. 한자표기로나 의미로 보아 이때의 '妄想'은 일본어의 어형과 의미를 동시에 차용한 결과로 보인다.

(21) 民權. 共和國ニハ 民權ガ 確立シテ井マス/共和國에ᄂᆞᆫ 民權이 確立ᄒᆞ야잇습니다(102상단).

일본어의 경우, '民權'은 幕府말기부터 명치시대에 걸쳐 the rights of citizens 또는 civil rights의 대역어로 쓰였다.[26]

국어의 경우, 『한불ㅈ뎐』에는 '民權'이 보이지 않으며, 『한영ㅈ뎐』에도 '民權'은 없으나 '민권당(民權黨)'이 'The governing body of the people, See ㅈ유당'과 같은 풀이로 나타난다. 당시에 '民權黨'이라는 단어가 있었다면, 거기에 포함된 '民權'은 어형상으로나 의미상으로 신생한자어가 될 수 있다. 이렇게 볼 때, 위의 대역문에 국어단어로 쓰인 '民權'은 『한영ㅈ뎐』 이전에 일본어의 어형과 의미를 동시에 차용한 결과라고 볼 수 있다.

> (22) 博覽會. 博覽會デハ 各地ノ出品ヲ 陳列シテ…/博覽會에셔는 各地의出品을 陳列ㅎ야…(73상단-하단).

일본어의 경우, 전통적 한자어 '博覽'에 '會'를 결합시킨 파생어 '博覽會'는 명치시대부터 exhibition의 대역어로 쓰였다고 한다.[27]

국어의 경우, 『한불ㅈ뎐』에는 '박남(博覽)'이 올라있으며, 『한영ㅈ뎐』에도 '박람(博覽), 박람(博覽)ㅎ다'가 있으나, 그 뜻은 '박학, 박학하다'였다. 거기다가 '博覽會'라는 단어는 나타나지 않는다. 그러나 개화 초기에 일본에 파견된 朝鮮修信使들은 현지에서 자주 博覽會와 博物館을 돌아보고 있다.[28] 요컨대, 위의 대역문에 국어단어로 쓰인 '博覽會'는 개화기에 일본어의 어형과 의미를 동시에 차용한 신생한자어임에 틀림없다.

> (23) 反射. 太陽ノ光ガ 鏡ニ 映ツリマシタラ 反射スルノデス/太陽빗이 거울에 빗최면 反射ㅎ는 것이올시다(18상단).

---

26) '民權'은 특히 명치시대의 정치가 板垣退助(1837~1919) 등의 自由民權運動으로 널리 일반화한 말이라고 한다. 또한 津田眞一郞의 譯書 『泰西國法論』(1868) 제2편 제13장에는 "居住하는 外國人에게 一切의 民權을 準許하는 典禮가 있으며…(居住の外國人に一切の民權を準許する典禮あり…)", 福澤諭吉의 『文明論之槪略』(1875) 권1의 2장에는 "王室의 虛威를 줄이고 民權을 일으켜…(王室ノ虛威ヲ減少シテ民權ヲ興起シ…)"와 같은 내용에 '民權'이 쓰였음을 볼 수 있다. 惣鄕正明·飛田良文(1986: 559~560) 참조.

27) 福澤諭吉의 『西洋事情』(1866) 권1에는 "西洋의 大都會에서는 몇 년마다 物産大會를 마련하고 世界에 布告하여 각기 그 나라의 名産, 便利한 器械, 古物奇品을 모아 萬國人에게 보이는 일이 있는데 이를 博覽會라고 한다(西洋ノ大都會ニハ數年每ニ 物産ノ大會ヲ設ケ世界中ニ布告シテ各々其國ノ名産便利ナ器械, 古物奇品ヲ集メ萬國ノ人ニ示スコトアリ之ヲ博覽會ト稱ス)"처럼 '博覽會'가 쓰이고 있다. 惣鄕正明·飛田良文(1986: 443-444) 참조.

28) 여기에 대해서는 宋敏(2000b: 63~67)에 구체적인 논의가 포함되어 있다.

일본어의 경우, '反射'는 幕府 말기부터 명치시대에 걸쳐 reflection의 대역어로 쓰였다.[29] 국어의 경우, 『한불ᄌ뎐』이나 『한영ᄌ뎐』에는 '反射'가 올라있지 않으므로, 그때까지 이 단어는 국어에 없었음을 알 수 있다. 그러므로 위의 대역문에 국어단어로 쓰인 '反射'는 개화 기에 일본어의 어형과 의미를 동시에 차용한 신생한자어일 것이다. 영어 reaction에 해당하 는 중국어 '反射[fǎnshè]'가 일본어 '反射[hansha]'에서 나왔다는 劉正埮 외(1984)의 관점도 참 고가 된다.

> (24) 發明. 何デモ 新規ニ 發明シタモノニハ 專賣權ヲ 許シマス/무엇이던지 시로發 明ᄒ쟈의게ᄂᆫ 專賣權을許ᄒ옵니다(181상단).

일본어의 경우, '發明'은 幕府말기부터 한동안 invention과 동시에 discovery의 대역어로 쓰였으나, discovery의 대역어는 점차 '發見'으로 대치되기에 이르렀다. 이로써 '發明'과 '發 見'은 각기 의미를 분담하게 되었는데, 그중에서도 '發明'은 의미상의 개신을 겪은 신생한자 어라고 할 수 있다.

국어의 경우, 『한불ᄌ뎐』과 『한영ᄌ뎐』에는 다같이 '발명(發明)ᄒ다'가 나타나지만, 그 뜻 은 '밝히다, 해명하다, 증명하다'여서, 어느 경우나 전통적인 의미만을 나타낸다. 그러나 위 의 대역문에 국어단어로 쓰인 '發明'은 일본어와 마찬가지로 invention을 뜻하고 있어, 의미 상의 개신을 겪은 신생한자어에 속한다. 이때의 '發明'은 일본어의 의미만을 차용한 결과라 고 볼 수 있을 것이다. 영어 invention에 해당하는 중국어 '發明[fāmíng]'이 일본어 '發明 [hatsumei]'에서 나왔다는 劉正埮 외(1984)의 관점도 참고가 된다.[30]

> (25) 寫眞, -집. ①何時カ 暇ノ時分ニハ 寫眞取リニ往キマセウ/언제던지 한가ᄒ 씨 에ᄂᆫ 寫眞박히러 가옵시다(66하단). ②寫眞屋ニ 往ツテ 寫眞ヲ 一枚ツゝ取ラ ウデハ ゴザイマセンカ/寫眞집에 가셔 寫眞을 ᄒ쟝씩박지안으랴오(188하단).

일본어의 경우, '寫眞'은 문자 그대로 '眞을 寫한다'는 뜻이었으나, 幕府 말기부터는 photo-graph의 대역어로서, '寫眞機로 찍은 畫像'의 뜻으로 쓰이게 되었다. 위의 일본어 문장에 쓰

---

29) '反射'는 일찍이 靑地林宗(1775~1833)의 譯書 『輿地誌略』(1826) 권4에 "달빛이 눈위에 反射하여 밝기가 한낮같 다(月輝雪上ニ反射シ, 明亮ナル白晝ノ如シ)"처럼 쓰인 바 있는데, 이때의 '反射'를 佐藤亨(1983: 290)에서는 靑 地林宗의 造語로 보고 있다고 한다. 惣鄕正明·飛田良文(1986: 290) 참조.
30) 여기에 대한 구체적인 논의는 宋敏(2000a: 45)에 보인다.

인 '寫眞'은 바로 그러한 의미를 나타내고 있는 신생한자어인 셈이다.

국어의 경우, 『한불ᄌᆞ뎐』에는 '寫眞'이 올라있지 않으나, 『한영ᄌᆞ뎐』에는 '샤진(寫眞)'이 'A photograph; a portrait; a drawing, (박다), See 화본'으로, '샤진(寫眞)ᄒᆞ다'가 'To draw; to paint; to photograph; to take a portrait, See 화본내다'로 풀이되고 있다. 명사형이나 동사형 어느 경우에나 전통적인 의미와 새로운 의미를 함께 지니고 있음을 알 수 있다. '그림, 초상화(를 그리다)'는 전통적인 의미, '寫眞(을 박다)'는 새로운 의미에 속한다. 이는 '寫眞'의 전통적인 의미에 새로운 의미가 추가된 결과로 해석된다. 이러한 의미추가는 일본어의 의미를 차용한 결과일 것이다. 統監府 시대에는 '映畫'에 대한 초창기의 대역어로 '活動寫眞'이라는 새로운 복합어도 국어에 쓰였다. 아래의 '活動寫眞' 항목을 함께 참조할 일이다.

  (26) 商標. 商標ハ 商店每ニ 違ヒマス／商標ᄂᆞᆫ 商店마다 다르옵니다(182상단).

일본어의 경우, '商標'는 명치시대에 trade mark의 대역어로 태어났다.[31]

국어의 경우, 『한불ᄌᆞ뎐』에는 '商標'가 올라있지 않으나, 『한영ᄌᆞ뎐』에는 '샹표(商標)'가 'A trade-mark, See 샹호'라는 풀로 나타난다. '商標'가 이미 국어단어로 정착해 있었음을 알 수 있다. 당연히 위의 대역문에 국어단어로 쓰인 '商標'는 『한영ᄌᆞ뎐』 이전에 일본어의 어형과 의미를 동시에 차용한 신생한자어에 속한다.

  (27) 生産力. 韓國デハ 農業ヲ 大ニ 改良セバ 人民ノ生産力ガ 殖ヘマス／韓國에셔
        ᄂᆞᆫ 農業을 크게 改良ᄒᆞ면 人民의 生産力이 느옵니다(184상단).

일본어의 경우, '生産'은 본래 '生業, 生活'과 함께 '出産'이라는 뜻으로 쓰였으나, 명치시대에 들어와 '消費財를 만들다'는 뜻으로 바뀌었다. 이러한 의미개신은 '生産'이 production의 대역어로 쓰이면서 일어난 결과임이 분명하다. 위의 일본어 문장에 쓰인 '生産力'은 의미상의 개신을 겪은 '生産'에 '力'이 결합되어 파생어가 된 것이다.

국어의 경우, 『한불ᄌᆞ뎐』에는 '싱산(生産), ＝ᄒᆞ다'가, 『한영ᄌᆞ뎐』에는 '싱산(生産)ᄒᆞ다'가 올라있으나, 그 뜻은 전통적인 것들뿐이다.[32] 그러나 위의 국어문장에 나타나는 '生産力'의 '生

---

31) 1884년(명치 17)에는 '商標條例'가 나오고, 1899년(명치 32)에는 드디어 '商標法'이 만들어졌는데, 그 제1조는 "자기의 상품을 똑똑히 나타내기 위하여 商標를 專用하고자 하는 者는 이 法律에 따라 그 登錄을 받아야 한다 (自己ノ商品ヲ表彰スル爲商標ヲ專用セントスル者ハ此ノ法律ニ依リ其ノ登錄ヲ受クベシ)"로 되어있다. 이처럼 '商標'는 명치시대에 굳어진 신생한자어였다. 惣鄕正明・飛田良文(1986: 251~252) 참조.

産'은 산업적인 production을 뜻하고 있기 때문에 의미개신을 입은 신생한자어에 속한다. 이러한 의미상의 개신은 일본어의 의미만을 차용한 결과로서, 여기서 파생된 '生産力' 또한 신생한자어일 수밖에 없다.33) 영어 production에 해당하는 중국어 '生産[shēngchǎn]'이 일본어 '生産[seisan]'에서, 독일어 Produktskraft에 해당하는 '生産力[shēngchǎnlì]'이 일본어 '生産力[seisan-ryoku]'에서 나왔다는 劉正埈 외(1984)의 관점도 참고할 만하다.

   (28) 生活費. 一月ノ生活費ハ 幾位入リマスカ/흔 달 生活費는 얼마드옵닛가(74하단).

일본어의 경우, 여기에 나타나는 '生活費' 또한 명치시대의 신생한자어라고 한다.34) 명치시대의 신생어 가운데에는 이처럼 전통적인 한자어에 한자형태소 한 글자를 의존형태소처럼 결합시킨 파생어가 많다. '生活'에 각기 '-難'이나 '-力'이 결합되어 만들어진 '生活難, 生活力' 등도 그러한 사례에 속한다.

국어의 경우, 『한불ᄌ뎐』에는 '싱활(生活)ᄒ다'가 나타나며, 『한영ᄌ뎐』에는 '싱활(生活), 싱활(生活)ᄒ다'가 나타나나, 그 파생어인 '생활비'는 나타나지 않는다. 거기다가 『한영ᄌ뎐』의 '싱활'도 '생업, 직업'을 뜻한다. 결국, 위의 대역문에 국어단어로 쓰인 '生活費'는 개화기에 일본어의 어형과 의미를 동시에 차용한 신생한자어인 셈이다. 이러한 방식의 파생어가 당시의 국어에 자체적으로 생겼다고는 생각되지 않기 때문이다.

   (29) 世界. ①世界ヲ 亞細亞 歐羅巴 阿弗利加 南阿米利加 北阿米利加 豪太利亞ノ六
       大洲ニ分ケテアリマス/世界를 亞細亞...六大洲에 分ᄒ얏습니다(30상단-하단).
       ②世界各國ノ首府ヲ 擧グ(ゲ의 오식인 듯)テ見マスレバ.../世界各國의首府를
       들어본즉...(30하단).

---

32) '生産'은 본래 '出産, 分娩'을 뜻했다. 실제로, 『한불ᄌ뎐』에는 '싱산(生産)'이 'Couches; accouchement(분만, 출산)'으로, '=ᄒ다'가 'Concevoir; devenir encente; enfanter; mettre au monde(수태하다, 임신하다, 분만하다, 아이를 낳다)'로 풀이되어 있고, 『한영ᄌ뎐』에는 '싱산(生産)ᄒ다'가 'To bear a child, See 슌만ᄒ다'로 되어 있다. 이때까지는 '生産'이 전통적인 의미인 '출산하다'로만 쓰였음을 보여준다. 그런데 사실은 『獨習日語正則』에도 '生産'이 전통적인 의미로 쓰인 경우가 있다. "日本デハ 生産及ビ死亡ノ時ニ 直グ 當該官署ニ 屆出シマス/日本에서는 生産及死亡之時에 當該官廳에 申告하옵니다(107상단)".
33) '生産'에 대해서는 宋敏(2000a: 47~48)에도 약간의 논의가 포함되어 있다.
34) 가령, 德富蘆花(1868-1927)의 『思出の記』(1901) 4·15에는 "그 중에서 生活費 용돈 2圓 50錢 미만을 떼어, 나는 모두를 郵便貯金(그 무렵에는 驛遞局預金)으로 해두었다(其中から生活費小遣の二圓五十錢未滿を差引いて, 余は悉く郵便貯金(其頃は驛遞局預金)として置いた)"에서처럼 '生活費'가 쓰이고 있다고 한다. 惣鄉正明·飛田良文(1986: 291) 참조.

일본어의 경우, '世界'는 幕府 말기부터 world의 대역어로 전용된 신생한자어였다. 그러다가 명치시대에는 '世界'에 '관념의 全體像'이나 '宇宙'라는 의미가 새로 추가되었다.[35]

국어의 경우, '世界'는 불교용어로서 개화기 이전부터 쓰여왔다. 실제로 『한불ᄌᆞ뎐』에는 '세계(世界)'가 'Le monde, l'univers(세계, 우주)'로 풀이되어 있으며, 『한영ᄌᆞ뎐』에는 'The world; life; the times, See 세샹'처럼 풀이되어 있다. 여기에는 명치시대의 일본어에 나타난 새로운 의미, 곧 '관념의 전체상'이란 의미는 보이지 않는다. 그런데, 위의 대역문 ①과 ②에서 국어단어로 쓰인 '世界'는 둘 다 일본어와 똑같은 '지리적, 공간적 세상'을 뜻한다. 따라서 이들 문장만으로 당시의 국어단어 '世界'에 '관념의 全體像'과 같은 추상적 의미가 추가되어 있었는지는 확인할 길이 없다. 그러나 개화기에는 국어의 '世界' 또한 다른 신생한자어와 마찬가지로 일본어를 통한 의미상의 개신을 겪었을 가능성이 크다. 그렇다면 당시의 '世界'도 '관념의 全體像'과 같은 새로운 의미로 쓰일 수 있었을 것이다. 그것이 사실이라면 개화기의 국어단어 '世界' 또한 일본어의 의미만을 차용한 신생한자어로 간주될 수 있다.

(30) 鎖國, =主義. 何レノ國デモ 昔ハ 鎖國主義ヲ 持ッテ 居ッテ 他國ト 交通シナカッタサウデス/어닉나던지 녯적은 鎖國主義를가지고잇셔셔 他國과交通을아니ᄒᆞ엿다ᄒᆞ오(110상단).

일본어의 경우, '鎖國'은 幕府 말기부터 각종 사전에 등재되기 시작한다.[36]

국어의 경우, 『한불ᄌᆞ뎐』에 '쇄문(鎖門)'은 있으나 '鎖國'은 올라있지 않다. 『한영ᄌᆞ뎐』에도 '鎖國'은 나타나지 않는다. 그때까지는 '鎖國'이 국어단어로 쓰이지 않았기 때문일 것이다. 그렇다면 위의 대역문에 국어단어로 쓰인 '鎖國'은 개화기에 일본어의 어형과 의미를 차용한 결과일 수밖에 없다.

(31) 巡査. ①巡査ヲ以テ 討伐隊ヲ 編成シテ…/巡査로써 討伐隊를 編成ᄒᆞ여…(105하단). ②巡査ヲ 四方ニ 派遣シマシタ/巡査를 四方에 派遣ᄒᆞ엿습니다(107하단-108상단). ③巡査ト 兵隊ハ…/巡査와 兵隊ᄂᆞᆫ…(114하단). ④先日日本ノ巡査ガ 強盜ト格鬪シテ…/前日에 日本巡査가強盜와 格鬪ᄒᆞ다가…(119상단). ⑤巡査共ガ 強盜ヲ 逮捕シテ來マシタ/巡査들이 強盜를 잡아왓습니다(125하단).

---

35) 이러한 의미상의 개신에 대해서는 惣鄕正明・飛田良文(1986: 302~304) 참조.

36) 그 때문에 惣鄕正明・飛田良文(1986: 175~176)에서는 '鎖國'이 開國논의와 더불어 만들어진 단어가 아닐까 여기고 있다.

일본어의 경우, '巡査'는 본래 '돌면서 조사한다'는 동사적 의미로 쓰였으나, 명치시대에는 police man의 대역어로 전용되면서 명사로 굳어졌다. 결국, '巡査'는 의미상의 개신을 겪으면서 신생한자어가 된 셈이다.

국어의 경우, 『한불ᄌ뎐』에는 '슌힝(巡行)ᄒ다, 슌라(巡邏), 슌력(巡歷)ᄒ다, 슌찰ᄉ(巡察使)' 등이 올라있으나 '巡査'는 보이지 않는다. 그러나 『한영ᄌ뎐』에는 '슌사(巡査)'가 'Constables; police'로 풀이되어 있어, 이 단어가 당시의 국어단어로 쓰일 수 있는 신생한자어였음을 알려준다. 이에 따라 위의 대역문에 국어단어로 쓰인 '巡査'는 『한영ᄌ뎐』 이전에 일본어의 어형과 의미를 차용한 결과일 수밖에 없다.

(32) 新聞, -紙, -社. ①本社ノ新聞ハ 大イニ 好評ヲ 得マシタカラ 購讀者ガ 日ヲ 逐フテ增加致シマス/本社新聞은 크게 소문이 낫스니購覽者가 逐日增加ᄒ옵(이 뒤에 '니다'가 빠진 듯)(56하단). ②世ノ發達ニ 隨ツテ 新聞雜誌其他種種ナ書籍ガ 年ヲ 追フテ 增加イタシマス/세샹의發達을 좃ᄎ 新聞雜誌 其他 各樣書籍이逐年增加ᄒ옵니다(109상단). ③新聞ヲ 見タラ世間ノ種種ナ事ガ 瞭然デアリマス/新聞을보면 世間의 各色일이 瞭然ᄒ외다(112하단). ④新聞ニ 廣告ヲ 出シマシタ/新聞에 廣告를 닉엿습니다(162상단, 263상단). ⑤新聞ガ 來タラ 新聞夾ニ 直グ 夾ンデ置ケ/新聞이 오거든 新聞틀에 곳 ᄭ이여두어라(244상단). ⑥配達夫ハ 方方 廻リナガラ 新聞ヲ 配リマス/分傳人은 各處로 도라ᄃ기면서 新聞을 分傳ᄒ옵니다(260하단). ⑦新聞ヲ 發刊シタ以來.../新聞을 發刊ᄒ을以來로...(264상단). ⑧コレヲ 新聞ノ雜報欄ニ 揭載シテ 下サイ/이것을 新聞雜報欄에 揭載ᄒ야주시오(265상단). ⑨今日ハ 新聞ノ材料ガ 何モアリマセヌ/오날은 新聞감이 아모것도 업습니다(265하단). ⑩新聞雜誌ハ 人ノ智識ヲ 發達サセルニ 必要ナモノデス/新聞雜誌ᄂ 사람의 智識을 發達케ᄒᄂᄃ 要緊ᄒ것이오 (267상단). ⑪コレヲ 新聞紙デ 包ンデカラ 繩デ 十文字ニ 結リ付ケナサイ/이것을 新聞紙로 싸고 노ᄭ으로 十字로 동이시오(240상단-하단). ⑫コノ頃 新聞社ニハ 新シイ 家ガ 出來マシタ/近日 新聞社에ᄂ ᄉ집을 지엇습니다(234상단).

일본어의 경우, '舊聞'에 대립되는 '新聞'은 幕府 말기부터 news의 대역어로 전용되면서, 의미상의 개신을 겪은 신생한자어가 되었고, news paper의 대역어로 '新聞紙'가 나타나기에 이르렀다. 한동안 '新聞'과 '新聞紙'는 동의어로 통용되었으나, 두 어형이 점차 '新聞'으로 통일되면서 '新聞紙'는 '신문이 인쇄된 종이'를 뜻하는 단어로 의미가 한정되었다. 실제로, 위의 ①~⑩에 나타나는 '新聞'은 모두 news paper를 뜻하고 있으나, ⑪에 나타나는 '新聞紙'는 '包裝紙'의 의미로 쓰이고 있다. '新聞'과 '新聞紙'의 의미가 이미 분화되어 있었음을 알려주는 사실일 것이다.

국어의 경우, 『한불ᄌᆞ뎐』에는 '新聞'이 등재되어 있지 않으나, 『한영ᄌᆞ뎐』에는 '신문(新聞)'이 'newspaper, See 신문지', '신문지(新聞紙)'가 'A newspaper, See 신문'으로 풀이되어 있다. 당시까지는 '新聞'과 '新聞紙'가 同義語 관계에 있었음을 보여준다. 그러나 위의 대역문 ①~⑩에 쓰인 국어단어 '新聞'과 ⑪에 쓰인 '新聞紙' 사이에는 의미상의 분화가 분명히 존재한다. 이때의 '新聞'이나 '新聞紙' 또한 일본어의 어형과 의미를 차용한 결과일 수밖에 없다.

(33) 紳士. 近頃 京城內紳士達ノ發起デ 親睦會ヲヤルソウデス/이식京城內紳士들의發起로 親睦會를 흔다ᄒᆞ오(67상단).
단, '紳士/량반(212하단-213상단)'과 같은 대역도 있다.

일본어의 경우, '紳士'는 명치시대에 gentleman의 대역어로 전용되어, 상류사회의 남성을 의미하는 신생한자어가 되었다고 한다.

국어의 겨우, 『한불ᄌᆞ뎐』이나 『한영ᄌᆞ뎐』에는 '紳士'가 보이지 않는다. 그러나 위의 대역문에는 '紳士'가 국어단어로 쓰이고 있다. 이때의 '紳士'는 일본어의 어형과 의미를 동시에 차용한 것이다.

(34) 握手. 西洋人ハ 友人ニ 逢ヒマスト 握手ノ禮ヲ致シマス/西洋사름은 親舊를 맛ᄂᆞ면 握手之禮를 ᄒᆞ옵니다(46하단).

일본어의 경우, '握手'는 명치후기에 shaking hands, 곧 서양식 예절을 위한 대역어로서 출발한 듯하다.[37]

국어의 경우, 『한불ᄌᆞ뎐』과 『한영ᄌᆞ뎐』에는 다같이 '악슈(握手)'라는 단어가 등재되어 있으나, 그 뜻은 '小殮 때 시체의 손을 싸는 헝겁'으로 풀이되어 있다. 그렇다면 이 경우의 한자표기는 '幄手'여야 한다. 한편, 『한영ᄌᆞ뎐』에는 '악슈흔연(握手欣然)'이 'Clasping hands in delight; shaking hands, See 흔연악슈'로 올라있다. 비록 '握手欣然'이나 '欣然握手'처럼 복합어 속에 포함되어 있긴 하지만, shaking hands로서의 '握手'가 당시의 국어에 이미 존재했음을

---

37) 1893년(명치 26) 陸軍士官學校의 『曲禮一般』'敬禮' 항목에는 '握手'에 대하여 "通常의 敬禮 외에 外國人에 대해서는 握手의 禮가 있다(通常敬禮ノ外外國人ニ對シテハ握手ノ禮アリ)"면서 "낮은 地位에 있는 者가 이를 요구함은 극심한 不敬이 된다(位地卑キ者ヨリ之ヲ求ムルハ不敬ノ甚シキモノトス)"와 같은 설명이 나타난다고 한다. 惣鄕正明・飛田良文(1986: 5~6) 참조.

알려주는 사실이 아닐 수 없다. 그렇다면 위의 대역문에 국어단어로 쓰인 '握手'는 전통적인 한자어일 수도 있다. 그러나 그 의미는 개화기의 서양예절을 나타내기 때문에 『한영ㅈ뎐』 이전에 일본어를 통하여 새로 차용된 결과로 생각된다.

(35) 演說, -會, -ㅎ다. ①演壇ニ 登ッテ 演說ヲ ウマク遣リマスレバ 傍聽者ガ 大ヒニ 喝采致シマス/演壇의올나 演說을 잘ㅎ면 傍聽者가 크게 喝采ㅎ옵니다(50하단). ②各團體ガ 聯合演說會ヲ設ケテ 法律ニ 關スル演題デ 時時演說スルサウデス/各團體가 聯合演說會를 設施ㅎ고 法律에關ㅎ問題로 間間演說ㅎ다ㅎ오(111상단).

일본어의 경우, '演說'은 명치시대에 speech의 대역어로 쓰이기 시작하였다. 다만, '演說'은 더러 '演舌'로 표기되기도 하였는데, '演說會, 演舌會'는 여기서 파생된 신생한자어였다.[38]
국어의 경우, 『한불ㅈ뎐』이나 『한영ㅈ뎐』에는 '演說, 演說會'가 나타나지 않는다. '演說'이 이들 사전에 채록되지 않은 것은 불교용어여서 일반단어로는 잘 쓰이지 않았기 때문일 것이다. 그러나 위의 대역문에는 '演說, 演說會'가 모두 국어단어로 쓰이고 있다. 이들은 일본어의 어형과 의미를 동시에 차용한 결과임이 분명하다. 영어 public speech, adress에 해당하는 중국어 '演說[yǎnshuō]'이 일본어 '演說[enzetsu]'에서 나왔다는 劉正埃 외(1984)의 관점도 참고할 만하다.

(36) 演習. 朝鮮ノ軍隊ハ 土曜日每ニ 演習ヲ ヤリマス/朝鮮軍隊는 土曜日마다 演習을ㅎ옵니다(85하단).

일본어의 경우, '演習'은 본래 學問이나 技藝의 '復習, 練習'을 뜻했으나, 명치시대에는 '軍隊의 調練'이라는 의미로 바뀌었다.
국어의 경우, 『한불ㅈ뎐』이나 『한영ㅈ뎐』은 '演習'을 보여주지 않는다. 따라서 위의 대역문에 국어단어로 쓰인 '演習'은 개화기에 일본어의 어형과 의미를 동시에 차용한 신생한자

---

38) '演說'은 본래 敎義나 道理를 '말로 풀어낸다'는 의미였다. 『法華經』序品의 '演說正法'이나 『周書·熊安生傳』의 '皆爲——演說 咸究其根本'에 나타나는 '演說'이 그러한 전통적 의미를 나타내고 있다. 명치시대에는 福澤諭吉이 이 '演說'을 speech의 대역어로 쓰기 시작하였다. 그의 『學問을 권한다』(1874) 12편에는 '演說法을 권하는 이야기(演說ノ法ヲ勸ルノ說)'가 있어 "演說이란 영어에서 '스피치'라 하는데, 많은 사람을 모아 이야기하며, 그 자리에서 내가 생각하는 바를 사람에게 전하는 방법이다(演說トハ英語ニテ『スピイチ』ト云ヒ, 大勢ノ人ヲ會シテ說ヲ述べ席上ニテ我思フ所ヲ人ニ傳ルノ法ナリ)"와 같은 설명이 나타난다. 惣鄕正明·飛田良文(1986: 42~43) 참조.

어로 추정된다. 영어 practice, excercise, sham battle, military manoeuvre에 해당하는 중국어 '演習[yǎnxí]'가 일본어 '演習[renshū]'에서 나왔다는 劉正埮 외(1984)의 관점도 참고가 된다.

(37) 優勝劣敗. 現今ノ 世ノ 中ハ 優勝劣敗デス/只今世上은 優勝劣敗올시다(48하단).

일본어의 경우, 여기에 나타나는 '優勝劣敗'는 進化論 용어 survival of the fittest의 대역어로서, 加藤弘之(1836-1916)의 신조어로 알려져 있다.[39]

국어의 경우, 『한불ㅈ뎐』이나 『한영ㅈ뎐』에 '優勝劣敗'와 같은 복합어는 나타나지 않는다. 그러므로 위의 대역문에 국어단어로 쓰인 '優勝劣敗'는 개화기에 일본어의 어형과 의미를 차용한 신생한자어임이 분명하다.[40]

(38) 郵便, -局. ①荷物ハ 郵便ト 違ヒマシテ 遲レマス/짐은 郵便과 달나셔 더듸옵니다(164하단-165상단). ②郵便ハ三日或ハ 四日ヲ要スルデセウ/郵便은 三日이나 四日 되겟지오(165하단). ③郵便ガ 來タガ 何處カラ 來タノカ 知ラヌ/우편이 왓는듸 어듸셔 왓는지 몰나(259상단). ④通信機關ハ 郵便電信デ.../通信機關은 郵便電信등속인듸...(261상단). ⑤滊車ニ 事故ガ 起ツテ 郵便ガ 遲レタサウデス/鐵道에 事故가 잇셔셔 郵便이 더듸엿다ᄒ오(261하단). ⑥手紙ヲ 出シ度イデスガ 郵便局ハ 何方デスカ/편지를 부칠터인듸 郵便局이 어듸오닛가(257상단). ⑦郵便局ニ 屆ヲ出シナサイ/郵便局에 申告ᄒ시오(258상단). ⑧郵便局ニ 入ラウト 思ヘバ.../郵便局에 드러가려면...(258하단). ⑨郵便局ニ 往テ 爲替ヲ 組デコイ/郵便局에 가셔 환을 부치고 오느라(260상단). ⑩郵便局ヘ 貯金シナサイ/郵便局에 貯金ᄒ시오(261하단).
그밖에 '郵便電信(261상단), 郵便取扱規則/郵便處理ᄒᄂ 規則(258하단), 郵便電信局所(260하단), 郵便電信事業(260하단)' 등의 복합어에도 '郵便'이 포함되어 있다.

일본어의 경우, '郵便'은 명치시대에 mail 또는 post에 대한 번역어로 쓰였다. 사실, '郵便'

---

39) 그의 『人權新說』(1882) 제1장에는 "萬物은 각기 자기의 生存을 유지하고, 자기의 長育을 이루기 위하여, 언제나 이 一大 修羅場에서 競爭하며 서로 勝敗를 決하려고 힘쓴다. 그리하여 그 결과는 언제나 優勝劣敗의 定規에 맞지않는 자가 끊겨 없어진다(萬物各自己ノ生存ヲ保チ自己ノ長育ヲ遂ケンガ爲メニ, 常ニ此一大修羅場ニ競爭シテ互ニ勝敗ヲ決センコトヲ是勉ムルナリ。而テ其結果タルヤ, 常ニ必ス優勝劣敗ノ定規ニ合セサルモノハ絶テアラサルナリ)"처럼 '優勝劣敗'가 쓰이고 있다. 惣鄕正明·飛田良文(1986: 575-576) 참조.
40) 좀더 자세한 논의는 宋敏(2000e)에서 찾을 수 있다.

이라는 단어는 그보다 훨씬 이른 시기에 이미 나타나지만, 그것이 보급된 것은 우편제도가 실시되면서부터였을 것이므로 명치시대의 신생한자어로 볼 수 있다.[41]

국어의 경우, 『한불ᄌ뎐』에는 '郵便, 郵便局'이 나타나지 않으나, 『한영ᄌ뎐』에는 '우편국 (郵便局)'이 'A post-office, *See* 우신국'이라는 풀이로 나타난다. 당시에 이미 '郵便局'이 국어 단어에 들어와 있었음을 보여준다. 그 때문에 '郵便'이나 '郵便局'은 위의 대역문에서처럼 국어단어로도 쉽게 쓰일 수 있었다. 물론 이때의 '郵便局'은 일본어의 어형과 의미를 동시에 차용한 것이다.

(39) 運動, -會. ①中中有力者デ 運動ガ 仕易イデス/아조 有力者인디 運動ᄒ기쉽습니다(48하단). ②左程 遠クモ ナイカラ 運動カタカタ 往ツテ 來マセウ/그다지 멀지도아니ᄒ니運動ᄒ기兼ᄒ여갓다옵시다(58하단). ③暫ク運動シテカラ 御讀ミナサイ/暫間 運動ᄒ고 닑으시오(136하단). ④始終運動スレバ 體ガ 達者ニナリマス/항상運動을 ᄒ면 몸이 든든ᄒ여지옵니다(207하단). ⑤適當ナ運動ヲ スルカラ 體ガ 丈夫ニナリマシタ/適當ᄒ 運動을 ᄒ니 몸이 든든ᄒ게 되엿습니다(209상단). ⑥飯ヲ 食ツテ 直グ 過激ナ運動ヲ シマスレバ 却ツテ 體ノ害ニナリマス/밥을먹고 곳 過激ᄒ運動을 ᄒ면도로혀 몸의害가되옵니다(209하단). ⑦運動スルニ 苦シクアリマセヌ/運動ᄒᄂᄃ 힘들지안이ᄒ오(213상단). ⑧日本ノ着物ハ 袖ガ 廣クテ 運動スルニハ 不自由デス/日本옷은 소미가 넓어서 運動ᄒᄂ 디ᄂ 불편ᄒ오(221하단). ⑨運動會ハ 何處デ ヤリマスカ/運動會ᄂ 어디셔 ᄒ닛가(139하단). ⑩大ヒニ 運動會ヲ 遣リマセウ/크게 運動會를 ᄒ옵시다(151하단).

일본어의 경우, '運動'은 본래 '사물이 돌아움직이는 것', 곧 '運行'과 같은 뜻이었으나, 명치시대에는 '신체를 움직이는 것', 곧 체조, 산책과 같은 '신체운동'의 뜻으로 전용되기에 이르렀다. 그러한 의미개신은 학교교육의 실시에 따라 이루어진 것이다. 이와 동시에 '運動場, 運動會, 運動學'과 같은 파생어도 새로 나타났다.[42] 이들 또한 명치시대의 신생한자어인 것이다. 위의 ①에 보이는 일본어 '運動'의 의미는 정확히 파악되지 않으나, ②~⑧에 나타나는 '運動'은 모두 '신체운동'을 뜻하고 있으며, 여기서 파생된 '運動會'도 ⑨와 ⑩에 나타난다.

국어의 경우, 『한불ᄌ뎐』에는 '운동(運動)ᄒ다'가 'Remuer, agiter, mouvoir(움직이다, 흔들다,

---

41) 일본에서 郵便規則이 제정된 것은 1871년(명치 4) 1월 24일, 그것이 東京, 京都, 大阪에서 실시된 것은 3월 1일부터였다. 그러나 '郵便'이라는 단어자체의 출현은 상당히 이르다. 惣鄕正明・飛田良文(1986: 577)에 따르면, 江戶후기의 詩人이었던 菊地五山(1769 또는 1772~1853 또는 1855)의 서한 가운데 "來 4일의 郵便으로 發申하노라(明四日之郵便ニ發申候)"처럼 '郵便'이 나타난다고 한다.

42) 일본에서 運動會가 최초로 열린 것은 1874년(명치 7)이었다고 한다. 惣鄕正明・飛田良文(1986: 32) 참조.

이동시키다), Être ému, émouvoir(감격하다, 감동시키다)'로, 『한영ᄌ뎐』에는 '운동(運動)ᄒ다'가 'To move about; to go place to place, To take a walk, *See* 힝긔ᄒ다'와 같은 풀이로 나타난다. 『한불ᄌ뎐』에 비하여 『한영ᄌ뎐』에는 '산책한다'는 의미가 새로 추가되어 있을 뿐, '신체운동'이라는 의미는 나타나지 않는다. 그러나 위의 국어 대역문에 쓰인 '運動'은 '신체운동'을 뜻하고 있으며, '運動會'는 '신체운동의 모임'을 뜻하고 있다. 따라서 '運動, 運動會'는 모두 개화기의 신생한자어일 것이다. '運動'은 일본어의 의미만을, '運動會'는 일본어의 어형과 의미를 동시에 차용한 것이다. 영어 sports, athletics, games에 해당하는 중국어 '運動[yùndòng]'이 일본어 '運動[undō]'에서 나왔다는 劉正埮 외(1984)의 관점도 참고가 된다.

(40) 衛生, -上. ①何ヲ スルニモ 健康ガ 第一デス其レデスカラ 衛生ヲ 重ジマス/ 무엇을 ᄒ던지 健康ᄒ 것이 第一이오 그러ᄒ닛가 衛生을 重히녀기오(139상단-하단). ②室內ニ 汚穢物ガ アリマスレバ 人ノ衛生ヲ 害シマスカラ 能ク 掃除シ テ 奇麗ニ シナサイ/집안에 汚穢物이 잇스면 사름의衛生을 히롭게ᄒ니 잘 쓸어 버리고 정결ᄒ게ᄒ시오(208상단-하단). ③白イ 着物ハ 衛生上ニハ 宜イカモ 知 ランガ.../흰 옷은 衛生上에ᄂ 됴흘지 몰으나...(222상단).

일본어의 경우, '衛生'은 명치시대에 위생학의 보급에 따라 '몸을 養生한다'는 뜻에서 '健康을 지키거나 豫防하는 醫療'의 뜻으로 변했다고 한다.[43] 여기서 sanitary engineering의 대역어 '衛生工學'과 같은 복합어, hygiene 또는 hygienics의 대역어인 '衛生學'과 같은 파생어, 또는 '衛生隊'와 같은 파생어가 생기기도 하였다.

국어의 경우, 『한불ᄌ뎐』이나 『한영ᄌ뎐』에는 '衛生'이라는 단어가 나타나지 않는다. 따라서 위의 대역문에 국어단어로 쓰인 '衛生'은 개화기에 일본어의 어형과 의미를 동시에 차용한 신생한자어로 판단된다. 영어 hygiene, sanitation에 해당하는 중국어 '衛生[wèishēng]'

---

43) 惣郷正明·飛田良文(1986: 36~37)에 따르면, 1875년(명치 8) 文部省의 醫務局이 內務省에 移管되면서 그 局長이었던 長與專齋가 衛生局이란 새 名稱을 採用하였다고 한다. '새니터리, 하이진'의 譯語로서, 이를 쓴 것은 그의 遺著 『松香私志』(明治 35)에 따르면 "原語를 直譯하여 健康 또는 保健 따위의 文字를 쓴다면 露骨的이어서 좋지않고, 따로 타당한 말이 없을까 생각한 끝에 문득 莊子의 庚桑楚編에서 衛生이란 말이 떠올라, 本書의 意味와는 약간 다르나 字面이 古雅한 데다가 읽기도 나쁘지 않아 드디어 이것으로 健康保健의 事務에 適用했으나, 이번에 다시 本局의 名稱으로 삼을 것을 申請하게 되어, 衛生局의 名稱은 여기서 처음으로 정해졌다(原語を直譯して健康若くは保健なとの文字を用ひんとせしも露骨にして面白からす、別に安當なる語はあらぬかと思めくらししに、風と莊子の庚桑楚編に衛生といへる言を憶ひつき、本書の意味とは較々異なれとも字面古雅にして呼聲もあしからす、遂にこれを健康保健の事務に適用したりけれは、こたひ改めて本局の名に充てられん事を申出て衛生局の稱は玆に始めて定まりぬ)"고 되어있다.

이 일본어 '衛生[eisei]'에서 나왔다는 劉正埮 외(1984)의 관점도 참고할 만하다.

> (41) 維新. 日本ハ 維新前ニ 關白ト云モノガアリマシテ.../日本은 維新前에 關白이
> 라ᄒᆞᄂᆞᆫ것이잇셔셔...(103하단).

일본어의 경우, '維新'은 본래 '개혁'이라는 의미를 나타내는 일반단어였으나, '明治維新'에 전용되면서 '明治一新'을 나타내는 고유명사가 되었다. 따라서 일본어 '維新'은 고유명사인 동시에 명치시대에 들어와 의미의 개신을 겪은 신생한자어에 속한다.

국어의 경우, 『한불ᄌᆞ뎐』이나 『한영ᄌᆞ뎐』에는 '維新'이라는 일반단어는 나타나지 않는다. 그러나 '維新'이라는 일본의 고유명사는 『한영ᄌᆞ뎐』 이전부터 국내에 이미 알려져 있었음에 틀림없다. 위의 대역문에 나타나는 '維新'은 물론 고유명사인 '明治維新'의 축약형이다. 그 때문에 이때의 '維新'은 국어단어라기보다 일본어 자체의 차용이라고 볼 수 있다.

> (42) 銀行. ①一昨年ヨリ 第一銀行ニ 雇レテ 居リマシタガ 今年ノ春解僱ニナリマ
> シタ/再昨年브터 第一銀行에 雇傭이되여 잇다가 今年봄에 解雇되엿습니다(56상
> 단). ②銀行デ貸出スデセウ/銀行에셔 放債ᄒᆞ겟지오(159하단). ③銀行ト云フモ
> ノハ 金の貸借 預ケ入レヲ 業ト 爲ス處デアリマス/銀行이라ᄒᆞᄂᆞᆫ거슨 돈의貸
> 借와預置로 業을삼ᄂᆞᄃᆡ올시다(178하단). ④コノ 手形ヲ 銀行ニ 持ツテ往ツ
> テ.../이 표를銀行에 가지고가셔...(179상단). ⑤銀行ニハ 支配人ガ 居リマス/銀
> 行에ᄂᆞᆫ 支配人이잇소(179하단).

일본어의 경우, '銀行'은 명치시대부터 bank의 대역어로 나타난다. 그러나 '銀行'은 본래 근대중국어에서 나온 말이다.[44]

국어의 경우, 『한불ᄌᆞ뎐』에는 '銀行'이 나타나지 않으나, 『한영ᄌᆞ뎐』에는 '은항(銀行), 은항소(銀行所), 은힝(銀行), 은힝소(銀行所)'와 같은 여러 형태로 나타난다. '은항표(銀行票), 은힝표(銀行票), 은표(銀票)'와 같은 파생어도 나타난다. 당시에 '銀行'이 이미 국어단어가 되어 있었으며, 그 발음도 '은항'과 '은힝' 두 가지였다는 사실을 아울러 알 수 있다. 이때의 '銀行'은 중국어에서 차용된 것일 수도 있으나, 위의 대역문에서처럼 일본어와의 접촉을 통하여 어형과 의미가 동시에 차용된 신생한자어일 가능성이 크다.

---

44) 이에 대한 상세한 고증은 齋藤毅(1977: 282~312)에 보인다.

(43) 義務. ①國民タル義務ヲ 能ク守ラネバナリマセン/國民된 義務를 잘직희지아
니ᄒ면 안되오(120하단-121상단). ②戰ニ 出ルノハ 國民タル者ノ義務デス/싸
홈에 나가는 것은 國民된者의義務올시다(127하단).

일본어의 경우, '義務'는 명치시대에 duty 또는 obligation의 대역어로 쓰인 신생한자어였
다.[45]

국어의 경우, 『한불ᄌ뎐』이나 『한영ᄌ뎐』에는 '義務'가 나타나지 않는다. 따라서 위의 대
역문에 국어단어로 쓰인 '義務'는 개화기에 일본어의 어형과 의미를 동시에 차용한 결과일
것이다. 영어 duty, obligation에 해당하는 중국어 '義務[yìwù]'가 일본어 '義務[gimu]'에서
나왔다는 劉正埮 외(1984)의 관점도 참고가 된다.

(44) 議員, 衆議院=. 衆議院ノ議員ニ 當選シマシタ/衆議院議員에 被薦되엿습니다(111상단).

일본어의 경우, '議員'은 명치시대에 a member of an assembly, a representative의 대역
어로 나타난다.

국어의 경우, 『한불ᄌ뎐』이나 『한영ᄌ뎐』에는 '議員'이 나타나지 않는다. 그때까지는 이
단어가 국어에 없었기 때문일 것이다. 이러한 의미에서 위의 대역문에 국어단어로 쓰인 '議
員'은 일본어의 어형과 의미를 동시에 차용한 결과로 볼 수 있다. 영어 a member of
Parliament, a congressman에 해당하는 중국어 '議員[yìyuán]'이 일본어 '議員[giin]'에서 나
왔다는 劉正埮 외(1984)의 관점도 참고할 필요가 있다.

(45) 印刷, -所. ①コノ著述ヲ 印刷シテ 公ニシヤウト 思ヒマス/이 著述을 印刷ᄒ야
公布ᄒ려ᄒ옵니다(263하단-264상단). ②名刺ハ 印刷屋ニ 往ツテ 拵ヘサセナサ
イ/名啣은 印刷所에 가셔 믄들게ᄒ시오(263상단). ③コノ原稿ヲ 削除シテカラ 印
刷屋ニ 御廻シ下サイ/이原稿를 添削ᄒ여셔 印刷所에 닉여주시오(265하단).

일본어의 경우, '印刷'는 명치시대에 printing의 대역어로 나타난다.

국어의 경우, 『한불ᄌ뎐』이나 『한영ᄌ뎐』에는 다같이 '印刷'가 나타나지 않는다. 따라서
위의 대역문에 국어단어로 쓰인 '印刷'는 일본어의 어형과 의미를 동시에 차용한 결과로 판

---

45) 馬西尼(1997: 261)에 의하면 '義務'는 일찍이 丁韙良(William Alexander Parsons Martin, 1827~1916)의 『萬國公法』
(1864)을 통하여 일본어에 수용되었다가, 거기서 다시 중국어에 들어왔을 가능성이 있다고 한다.

단된다.

(46) 一般, ＝人民. ①萬壽節ニハ 一般ノ人民ガ旗ヲ揭ゲテ 御祝ヲ致シマス/萬壽聖節에는 一般人民이 旗를세우고 慶祝을ᄒ옵니다(85하단). ②人民一般ノ信スル所ハ…/一般人民의밋는바는…(92하단). ③號砲ヲ 放チテ 一般ノ人民ニ知ラセルト 云ヒマス/號砲를 노아 一般人民의게 알게ᄒ오(118상단). ④廣告ヲ 出シテ 一般ノ人ニ 知ラセナサイ/廣告를 늬셔 세상사름의게 알게ᄒ시오(124상단). ⑤當時ハ 一般ニ 不景氣デゴザイマス/近日은 어듸든지 時勢가 업습니다(158상단). ⑥少シ 遲クテモ成績ハ 同ジコトデス/좀 더딜지라도 成功은 一般이오(147하단).

일본어의 경우, '一般'에는 '동일한 것, …과 같은'의 전통적 의미와, general, universal의 대역어로서 명치시대에 보급된 '보통, 전체'라는 의미가 있다. 따라서 '一般'은 명치시대에 의미상의 개신을 겪은 신생한자어에 속한다.

국어의 경우, 『한불ᄌ뎐』에는 '일반(一般)'이 'C'est la même chose, cela revient au même(똑같은 것이다, 결국 똑같은 것이 된다); semblable(비슷한)'로 올라있으며, 『한영ᄌ뎐』에는 '일반(一般)'이 'Alike; the same, *See* ᄒ가지'로 풀이되어 있다. 실제로 위의 예문 ⑥에서는 국어의 '一般'이 일본어로는 '同ジコト(똑같은 것)'를 뜻하기도 했음을 알려준다. 어느 것이나 전통적인 의미여서, 이때까지는 일본어의 '보통, 전체'와 같은 신생의미가 나타나지 않는다. 그러나 위의 대역문에 국어단어로 쓰인 '一般'은 일본어의 의미와 같은 '보통, 전체'를 나타내고 있어, 일본어의 의미만을 차용한 결과일 것이다. 다만, 일본어 '一般'이 ④에서처럼 '一般ノ人/세상사름', ⑤에서처럼 '一般ニ/어듸든지'처럼 원문과는 다르게 의역된 경우도 있어 '一般'이라는 한자어가 국어단어로는 그다지 자연스럽지 못했음을 보여준다.

(47) 日曜日. ①今度ノ 日曜日ニハ 南山ヘ 遊ビニ 往キマセウ/이다음日曜日에는 南山으로 놀너가옵시다(84상단).[46] ②天長節ノ翌日ハ 日曜日デセウ/天長節다음날은 日曜日이지오(85상단). ③日曜日デスカラ 御暇デセウ/日曜日이닛가 틈이게시겟지오(140상단).

---

46) 『獨習日語正則』'第六章 時令及時期'의 對譯文 앞에 제시된 日本語 단어목록 가운데에는 '日曜日, 月曜日, 火曜日, 水曜日, 木曜日, 金曜日, 土曜日'이 차례로 모두 나타난다. 이들 曜日名稱이 본문에 빠짐없이 용례로 나타나는 것은 아니지만, 그보다 앞선 『한영ᄌ뎐』에 이미 '日曜日'을 제외한 요일명칭이 모두 나타나므로, 통감부시대의 國語에서는 당연히 모든 요일 명칭이 통용되었을 것이다.

일본어의 경우, '日曜日'은 Sunday의 대역어로 명치시대에 일반화하였다고 한다. 惣鄕正明・飛田良文(1986: 426)에는 아주 이른 시기의 용례로서 1826년(文政 9)의 한 譯書가 제시되어 있으나,[47] 일본에서 日曜日 휴일제가 채택된 것은 명치 초기였다.[48] 자연히 '日曜日'이라는 단어가 일본어에 정착한 것도 이 무렵부터였을 것이다.

국어의 경우, 『한불ᄌ뎐』에는 '쥬일(主日)'이 나타날 뿐이며, 『한영ᄌ뎐』에는 '안식일(安息日), 쥬일(主日), 례빅일(禮拜日)' 등이 올라있을 뿐 '日曜日'은 보이지 않는다. 특히 『한영ᄌ뎐』에는 '月曜日'부터 '土曜日'에 이르는 요일명칭이 모두 나타난다. 그렇다면 당시에 '日曜日' 또한 분명히 통용되는 단어였을 텐 데도 그것이 빠진 원인은 『한영ᄌ뎐』의 저자인 Gale이 Sunday(일요일)보다는 Sabbath(안식일)에 더 큰 비중을 두고 있었기 때문일 것이다. 하여튼 위의 대역문에 국어단어로 쓰인 '日曜日'은 일본어의 어형과 의미를 동시에 차용한 신생한자어일 수밖에 없다.

(48) 自由港. 浦鹽斯德ハ...先月カラ 自由港ニスルトイフ問題ガ 起リマシタ/海參威ᄂ...去月브터 自由港으로ᄒ다ᄂ 問題가 이러낫습니다(24하단).

일본어의 경우, '自由'는 幕府 말기부터 freedom, liberty의 번역어로 나타난다. 이때의 '自由'는 '저절로, 마음대로'와 같은 전통적인 의미가 아니라, '언론의 자유, 결사의 자유'와 같은 법률적인 의미를 나타낸다. 이때부터 '自由'는 '自由貿易, 自由思想, 自由意思, 自由主義, 自由平等, 自由廢業, 自由行動'과 같은 복합어 형성에 널리 활용되었다. 위의 일본어 문장에 나타나는 '自由港' 또한 명치시대의 파생어로서 신생한자어에 속한다.

국어의 경우, 『한불ᄌ뎐』에는 '自由'가 올라있지 않으나, 『한영ᄌ뎐』에는 'ᄌ유(自由)ᄒ다, ᄌ유당(自由黨), ᄌ유지권(自由之權)'이 나타난다. 동사형 '自由ᄒ다'는 전통적인 의미를 나타내고 있지만, '自由黨, 自由之權'에 포함되어 있는 '自由'에는 freedom이나 liberty와 같은 새로운 개념이 담겨있다. 이때의 '自由'는 당연히 신생한자어에 속한다. 그러나 '自由港'이라는 파생어는 아직 나타나지 않는다. 이러한 의미에서 위의 대역문에 국어단어로 쓰인 '自由港' 또한 일본어의 어형과 의미를 동시에 차용한 신생한자어일 수밖에 없을 것이다.[49] 영어

47) 青地林宗(1775~1833)의 譯書 『輿地誌略』(成立, 1826) 권8에 "一日ヲ前ニ取リ, 譬バ他ノ日曜日ヲ"처럼 쓰인 '日曜日'이 그것이다.

48) 일본에서 官立학교가 일요일 휴일제를 채택한 것은 1874년 3월이었고, 太政官 布達로 '日曜日 休, 土曜日 半休'가 된 것은 1876년 4월이었다. 槌田滿文(1983: 20).

49) 『獨習日語正則』의 일본어 문장에는 '自由'가 가끔 서술어나 부사의 구성요소로 이용되고 있으나, 국어 대역문

freedom, liberty에 해당하는 중국어 '自由[zìyóu]'가 일본어 '自由[jiyū]'에서 나왔다는 劉正埮 외(1984)의 관점도 참고가 된다.

(49) 雜誌. ①コノ雜志('誌'의 잘못)ハ 活字ガ 惡クテ 何ンタ('ダ'의 잘못임)カ 分ラ ナイデス/이雜志('誌'의 잘못)는 活字가 낫바셔 무어인지 알슈업소(267하단). ② 新聞雜誌其他種種ナ書籍ガ.../新聞雜誌 其他 各樣 書籍이...(109상단). ③新聞 雜誌ハ 人ノ智識ヲ 發達サセルニ 必要ナモノデス/新聞雜誌는 사름의 智識을 發達케ᄒᄂᄃᆰ 要緊ᄒ것이오(267상단).

일본어의 경우, '雜誌'는 명치시대부터 영어 magazine의 대역어로서 '新聞'과 함께 새로운 시대를 열어준 신생한자어의 하나였다.

국어의 경우, 『한불ᄌᆞ뎐』이나 『한영ᄌᆞ뎐』에는 '雜誌'라는 단어가 나타나지 않는다. 따라서 '雜誌'는 그 후의 신생한자어임이 분명하다. 위의 국어 대역문에서처럼 統監府 시대에는 '雜誌'가 국어에도 정착되었을 것이다. 이때의 '雜誌' 또한 일본어의 어형과 의미를 동시에 차용한 결과로 볼 수 있다. 영어 magazine에 해당하는 중국어 '雜誌[zázhì]'가 일본어 '雜誌 [zasshi]'에서 나왔다는 劉正埮 외(1984)의 관점도 참고할 필요가 있다.

(50) 財政. 歲出ガ歲入ヨリ 多クテハ 財政ガ イツマデモ 困難スル筈デス/歲出이 歲入보담 만ᄒ셔는 財政이 언제 ᄭ지라도 困難ᄒ터이오(112하단).

일본어의 경우, '財政'은 명치시대에 finance의 번역어로 나타난다.[50]

국어의 경우, 『한불ᄌᆞ뎐』이나 『한영ᄌᆞ뎐』에는 '財政'이 나타나지 않는다. 따라서 '財政'은 개화기의 신생한자어로 보인다. 위의 대역문에서처럼 일본어에서 수용된 '財政'이 統監府 시대에는 이미 국어단어로 정착해 있었을 것이다. 이때의 '財政' 또한 일본어의 어형과 의미를 동시에 차용한 결과로 판단된다.

에서는 그것이 다른 단어로 대치되고 있다. '自由デス/임의롭소(97상단), 自由ニ/任意로(33하단~34상단), 自由 ニ ナリマセン/任意롭지 안소(221상단), 不自由デス/不便ᄒ오(221하단)'와 같은 용례가 그러한 사실을 말해준 다. 이로써 '自由'라는 신생한자어 자체는 그때까지의 국어에 없었으나, '自由港'이라는 파생어는 차용어였기 때문에 국어에 쓰일 수 있었을 것이다.

50) 이른 시기의 용례 하나로서 津田眞一郎(1829~1902)의 역서 『泰西國法論』(成立 1866, 간행 1868) 제9편 제3장에 는 '財政'이 "국가의 재정을 좋게 하는 보증이나 대민총회정부의 재정을 감시하는 데 두가지 방법이 있다(國家 の財政を善ならしむる保證 代民總會政府の財政を監視するに二法あり)"처럼 쓰였다고 한다. 佐藤亨(1986: 387)에서는 이때의 '財政'을 津田眞一郎의 번역어로 보고 있다.

(51) 電報. ①電報ヂヤ 詳イコトヲ 云テ 遣ルコトガ 出來マセン/電報로는 仔細흔 말을 ㅎ여보닐슈가 업습니다(165하단). ②私ハ 電報ヲ 打チ度イデス/나는 電報 를 놋코십습니다(257상단). ③官衙ヲ 襲擊スルト 云フ 電報ガ 來マシタ/官衙을 襲擊흔다는 電報가 왓습니다(260상단). ④コノ電報ハ 伯林發デ 東京經由テ(デ의 잘못)ス/이電報는 伯林發인딕 東京을經由ㅎ엿소(260하단-261상단). ⑤電報デ 催促 シナサイ/電報로 催促ㅎ시오(261상단).

일본어의 경우, '電報'는 명치시대에 telegram의 대역어로 나타난다.[51]

국어의 경우, 『한불즈뎐』에는 '전긔보(電寄報)'가 'Télégraphe électrique'로 나타나는데, '電報'의 초기어형으로 주목된다. 『한영즈뎐』에는 '뎐보(電報)'가 'telegram'으로 나타나며, '뎐 보ㅎ다, 뎐보긔계(電報器械), 뎐보국(電報局), 뎐보틀(電報機)'과 같은 복합어와 파생어로도 나타 난다. 당시에는 이미 電報관련 어휘가 국어단어로 정착해 있었음을 알 수 있다. 이에 따라 위의 대역문에 쓰인 국어단어 '電報'는 『한영즈뎐』 이전에 일본어의 어형과 의미를 차용한 결과로 보인다. 영어 telegram에 해당하는 중국어 '電報(diànbào)'가 일본어 '電報(denpō)'에 서 나왔다는 劉正埮 외(1984)의 관점도 참고할 만하다.[52]

(52) 停車場. 荷物ハ 停車場ニ 卸シマシタ/짐은 停車場에 부렷습니다(253상단).

일본어의 경우, '停車場'은 명치시대에 station의 대역어로 나타난다.[53]

국어의 경우, 『한불즈뎐』에는 없으나, 『한영즈뎐』에는 '뎡거쟝(停車場)'이 'A railway sta- tion'으로 나온다. 일찍부터 '정거장'이 국어단어로 정착해 있었음을 알 수 있다. 이때의 '停 車場'은 일본어의 어형과 의미를 동시에 차용한 결과임이 분명하다. 그 때문에 이 단어는 위의 대역문에서처럼 국어단어로도 쉽게 쓰일 수 있었다.

(53) 帝國, =議會. 帝國議會ハ 每年十二月二十五日ニ 開キマス/帝國議會는 每年 十二月二十五日에 開會ㅎ옵니다(122하단).

---

51) 柴田昌吉·子安峻 편 『附音揷圖 英和字彙』(1873)에는 'telegraph 電報スル, 電信機ニテ報スル'와 같은 사례가 나타난다. 惣鄕正明·飛田良文(1986: 396) 참조.

52) 그러나 '電報'는 鄭觀應(1842-1921)의 『易言』(1880) 권1 '論電報'로도 알 수 있는 바와 같이 일찍이 중국어에도 나타나기 때문에, 그것이 일본어에서 수용된 단어인지 아닌지에 대해서는 좀더 검토해 볼 필요가 있을 것이다.

53) 惣鄕正明·飛田良文(1986: 383)에는 飯島牛十郎 편, 『輿地誌略字引』(1878)의 'ていしゃじょう ステーション' 이 가장 먼저 제시되어 있다.

일본어의 경우, '帝國'은 이미 일찍이 네델란드어 Keizerdom, 영어 empire의 대역어로 나타났다가,[54] 명치시대에는 '大日本帝國'의 축약형으로 쓰였다고 한다. 위의 대역문에 쓰인 일본어 '帝國議會'의 '帝國'도 실제로는 '大日本帝國'이어서 고유명사에 속한다.

국어의 경우, 『한불ㅈ뎐』이나 『한영ㅈ뎐』에는 '帝國'이라는 단어가 나타나지 않는다. 따라서 위의 대역문에 쓰인 국어단어 '帝國議會'의 '帝國'은 일본어의 어형과 의미를 동시에 차용한 결과에 지나지 않는다. 그러나 이러한 과정을 통하여 '帝國'은 국어의 일반단어로 발전하였을 것이다.

> (54) 祭日. 祭日ニハ 家每ニ 國旗ヲ 揭ゲマス/祭日에는 집마다 國旗를 다옵니다(88 하단).

일본어의 경우, '祭日'은 본래 '神社의 祭禮日'을 뜻했으나, 명치시대부터는 여기에 '나라의 祭典' 또는 '祝日'이라는 의미가 추가되었다고 한다.

국어의 경우, 『한불ㅈ뎐』이나 『한영ㅈ뎐』에는 '祭日'이 보이지 않는다. 결국, 위의 대역문에 나타나는 국어 '祭日'은 일본어의 어형과 의미를 동시에 차용한 신생한자어라고 할 수 있다.

> (55) 組織. ①希臘ノ宗敎モ多神敎デアッテ所有ル神ヲ以ッテ組織シタノデゴザイ マス/希臘의宗敎도多神敎인딕 각식귀신으로써 組織혼것이올시다(94상단). ② 商法ニ 依テ 各々 組織ガ違ヒマス/商法을 依ᄒ야 各々 組織이 다릅니다(168 하단).

일본어의 경우, '組織'은 본래 '틀로 실을 짜는 일' 또는 '그처럼 만드는 장치'를 뜻했으나, 명치시대부터는 영어 system, organization의 번역어로 이용되면서, '經濟組織, 行政組織, 社會組織'과 같은 복합어 형성으로 확대되었다.

국어의 경우, 『한불ㅈ뎐』이나 『한영ㅈ뎐』에는 '組織'이 나타나지 않는다. 따라서 위의 대역문에 쓰인 국어단어 '組織'은 개화기에 일본어의 어형과 의미를 동시에 차용한 것으로 추정된다. 영어 tissue, organization에 해당하는 중국어 '組織zǔzhī'이 일본어 '組織soshiki'에서 나왔다는 劉正埮 외(1984)의 관점도 참고가 된다.

---

54) '帝國'은 藤林普山의 『譯鍵』(1810)에 네델란드어 Keizerdom의 대역어로, 堀達之助의 『英和對譯袖珍辭書』(1862)에는 영어 empire의 대역어로 나타난다고 한다. 惣鄕正明·飛田良文(1986: 381) 참조.

(56) 蒸汽, 水蒸氣. ①汽車滊船等ハ 蒸汽ノ 作用ガ ナケバ 働クコトガ 出來マセン/火車汽船等은 蒸汽의作用이 업스면 行動훌수가 업습니다(255하단). ②水蒸氣ガ 昇ツテ 冷タイ空氣ニ 當ルト 直グ 凝ツテ 雲ニナリマス/水蒸氣가 올나 冷훈空氣에 相衝훈즉 곳 엉긔여 구름이되옵니다(20상단).

일본어의 경우, '蒸氣'는 명치시대에 영어 steam engine을 '蒸氣機, 蒸氣器械, 蒸氣機械, 蒸氣機關'으로 번역하는 과정에서 유용하게 이용된 한자어였다. 그러나 위의 대역문에는 그 표기가 '蒸汽'로 되어있다. 그 원인은 명치시대에 '蒸氣車, 蒸氣船'이 각기 '蒸汽車, 蒸汽船'으로도 표기되었기 때문에 일어난 혼란일 것이다.

국어의 경우, 『한불ㅈ뎐』과 『한영ㅈ뎐』에는 '蒸氣, 蒸汽, 水蒸氣'의 어느 것도 나타나지 않는다. 따라서 위의 대역문에 쓰인 '蒸汽' 또는 '水蒸氣'는 양쪽 모두 개화기에 일본어의 어형과 의미를 동시에 차용한 결과일 것이다.

(57) 蒸汽船, 滊船/汽船. ①大キナ 蒸汽船ガ 這入ツテ 錨ヲ 卸シマス/큰 蒸汽船이 드러와셔 닷을 노앗습니다(252상단). ②帆前船ガ 順風ニ 帆ヲ 掛ケマシタラ 蒸滊ノ 樣ニ 早イデス/帆船이 順風에 돗을 달면 蒸汽船처름 쌔르오(20하단). ③鐵道ニ 故障ガ 出來ル 時分ニハ 滊船デ 運ビマス/鐵路에 事故가잇슬쎠에는 滊船으로 運送ᄒ옵니다(172하단). ④汽車滊船等ハ 蒸汽ノ 作用ガ ナケバ 働クコトガ 出來マセン/火車汽船等은 蒸汽의作用이 업스면 行動훌수가 업습니다(255하단).

일본어의 경우, '汽船'에 해당하는 단어의 한자표기가 각기 ①에서는 '蒸汽船', ②에서는 '蒸滊', ③과 ④에서는 '滊船'처럼 그때그때 다르게 나타나나,[55] 이들에 대한 국어의 한자표기는 각기 ①과 ②에서는 '蒸汽船', ③에서는 '滊船', ④에서는 '汽船'으로 다르게 나타난다. 거기다가 '滊船/輪船'(253상단, 256하단)처럼 대역된 경우도 있다.[56]

국어의 경우, 『한불ㅈ뎐』에는 이 단어가 나타나지 않으나, 『한영ㅈ뎐』에는 '긔션(滊船)'이라는 독특한 표기로 나타나는데, 그 뜻은 'A steamer; a steamboat, *See* 화륜션'으로 풀이되어 있다. 이때의 한자표기는 당시의 일본식 표기를 그대로 따른 것이다. 이러한 의미에서 『한영ㅈ뎐』의 '긔션(滊船)'은 일본어의 어형과 의미를 동시에 차용한 결과임에 틀림없다. 또한 위의 대역문에 국어단어로 쓰인 '蒸汽船, 汽船'도 개화기에 일본어의 어형과 의미를 동시

---

55) 여기에 대해서는 廣田榮太郎(1967: 71~98) '「汽車」「汽船」の語史'에 상세한 논의가 보인다.
56) 이 단어가 開化期의 국어에 '汽船'으로 정착되는 과정에 대해서는 宋敏(1999c) 참조.

에 차용한 결과일 수밖에 없다.

(58) 進步. ①韓國モ着々進步シテ 居リマス/韓國도 漸々進步ᄒ여 가옵니다(104상
　　　단). ②從來ノ積弊ヲ破ツテ 仕舞ハナケレバ トテモ 進步スル見込ガアリマセ
　　　ヌ/由來의 積弊를 劈破치아니ᄒ면아모리ᄒ야도 進步ᄒᆯ소망이업습니다(105상단).

일본어의 경우, '進步'는 본래 '걸음을 앞으로 내딛는다'의 뜻이었으나, 명치시대에는 영어
advancement, progress의 영향을 입어, '사물이 文明開化 쪽으로 나아간다'는 뜻으로 바뀌
었다. 따라서 이때의 '進步'는 의미상의 개신을 겪은 신생한자어가 된다.

국어의 경우, 『한불ᄌᆞ뎐』이나 『한영ᄌᆞ뎐』에는 '進步'가 나타나지 않는다. 결국, 위의 대역
문에 국어단어로 쓰인 '進步'는 개화기에 일본어의 어형과 의미를 동시에 차용한 것이다.

(59) 處分. ①當該官廳ニ 照會シテ 處分スル方法ヲ 御取計ヒナサイ/當該官廳에
　　　照會ᄒ야 處分ᄒᆯ方法을 講究ᄒ시오(97하단). ②加害者ヲ 引致シテ 取調マシ
　　　タ處ガ 證據不充分デ 處分方ガ 甚ダ六ケ敷ウゴザイマス/加害者를 引致ᄒ야
　　　査實ᄒᆫ즉 證據가 不明ᄒ야 處分ᄒ기가 심히어렵습니다(129하단).

일본어의 경우, '處分'은 본래 '사물을 잘 정리한다'는 의미였으나, 명치시대에는 여기에
법률상의 처리, 즉 '行政處分'이라는 의미가 추가되었다.[57]

국어의 경우, 『한불ᄌᆞ뎐』에는 '쳐분(處分)'이 'Pensée, désir, volonté, jugement, délibér-
ation, décision(se dit à un supérieur)(사고, 욕망, 의지, 판단, 심의, 결정)'으로, 『한영ᄌᆞ뎐』에는 '쳐분
(處分)'이 'A sentence; the decision—of a superior'로, '쳐분(處分)ᄒ다'가 'To decide; to set-
tle—of a superior'로 풀이되어 있다. 그러나 위의 대역문에 국어단어로 쓰인 '處分'은 문맥
의미상 '행정적, 법률적 처리'를 뜻하고 있기 때문에, 의미의 개신을 겪은 신생한자어로 해석
된다. 전통적인 어형에 '행정적, 법률적 처리'라는 새로운 의미가 추가된 것이다. 결국, 이때
의 '處分'은 일본어의 의미만을 차용한 것이다.

---

57) 惣鄕正明·飛田良文(1986: 265~266)에 따르면, 1889년(명치 22)의 '內閣官制' 제3조에는 "내각총리대신은 꼭 필
　　요하다고 인정될 때에는 행정각부의 處分 또는 명령을 중지시키고, 勅裁를 기다려(內閣總理大臣ハ須要ト認ム
　　ルトキハ行政各部ノ處分又ハ命令ヲ中止セシメ勅裁ヲ待ツコトヲ得)"처럼, 1896년(명치 29)의 '民法' 제206조
　　에는 "소유자는 법령의 제한내에서 자유로 그 소유물의 사용, 수익 및 處分을 하는 권리를 가진다(所有者ハ法
　　令ノ制限內ニ於テ自由ニ其所有物ノ使用, 收益及ヒ處分ヲ爲ス權利ヲ有ス)"처럼 '處分'이 쓰였다고 한다.

(60) 處置. 私ニハ 處置ガ 愈々六ケ敷クナリマシタカラ 公ノ方デドウカ 處置ノ方
法ヲ 研究シテ下サイ/나는 處置가 미오어렵게되엿스니 딕에서 엇더케ᄒ던지 處置
훌方法을 講究ᄒ야주시오(75상단).

일본어의 경우, '處置'는 본래 '판단해서 처리한다, 사물을 판단하여 사람을 재판한다'는
뜻이었다. 그러나 명치시대에는 그것이 '자기의 일을 처리한다'는 뜻으로 확대되었다고 한
다. 이러한 의미에서 일본어 '處置'는 의미상의 개신을 겪은 신생한자어라고 할 수 있다.
국어의 경우, 『한불ᄌ뎐』에는 '쳐치(處置)ᄒ다'가 'Arranger, disposer'로, '處治'가 'Se tirer
d'affaire, régler, décider(곤경에서 빠져나오다, 해결하다, 결정하다)'로, 『한영ᄌ뎐』에는 '쳐치(處置)
ᄒ다'가 'To decide; to settle; to regulate; to adjust, See 결쳐ᄒ다'로 풀이되어 있다. 따라
서 위의 대역문에 국어단어로 쓰인 '處置'는 전통적인 의미로 해석이 가능하기 때문에 이를
억지로 신생한자어라고 볼 필요는 없다. 그러나 이 단어가 일본어와 국어에 똑같이 쓰였기
때문에, 국어단어로서의 '處置'는 일본어의 의미만을 차용한 결과라고 해석할 수도 있을 것
이다.

(61) 鐵道. ①京釜鐵道沿邊各郡ニ.../京釜鐵道沿邊各郡에...(106상단). ②京釜鐵道モ 日
本政府デ 買上ゲマシタカラ.../京釜鐵道도 日本政府에셔 買收ᄒ얏스니...(122하단).
③今度ハ鐵道ガ 釜山カラ 義州迄 直通シテ 井マスシ.../이번은 鐵道가 釜山셔 義州
ᄭ지直通ᄒ얏고...(172하단). ④鐵道沿道ニ.../鐵道沿路에...(185상단). ⑤鐵道ハ 通
商機關デ 一番 必要ナモノデスカラ 鐵道ガナケレバ 交通ガ 不便デアリマス/鐵道
ᄂ 通商機關으로 第一 요긴ᄒ것이오니 鐵道가 업스면 交通이 不便ᄒ오(252상단). ⑥
鐵道ガ 出來マシタカラ.../鐵道가 노엿스니...(253하단). ⑦鐵道ニ 事故ガ 起ツテ...
/鐵道에 事故가 잇셔셔...(261하단).

일본어의 경우, '鐵道'는 幕府 말기부터 영어 railroad, railway의 번역어로 나타난다.[58]
국어의 경우, 『한불ᄌ뎐』에는 '텰로(鐵路)'가 'Chemin de fer'로, 『한영ᄌ뎐』에는 '텰로(鐵
路)'가 'A railway (놋타)(ᄐ다)'로 나타날 뿐, '鐵道'는 보이지 않는다. 따라서 위의 대역문에
나타나는 국어단어로서의 '鐵道'는 개화기에 일본어의 어형과 의미를 동시에 차용한 것으로

---

58) 惣郷正明・飛田良文(1986: 388)에는 그 이른 시기의 용례로서 다음과 같은 근거를 들고 있다. 『航米日錄』권3
萬延元年(1860) 潤3월 6일의 "산을 깎고 골짜기를 메워 鐵道를 놓는다(山ヲ削リ谷ヲ埋メ鐵道ヲ築ク)" 또는
堀達之助의 『英和對譯袖珍辭書』(1862) 'Railroad, Railway 火輪車ノ道. temporary railway 一時ノ急用ニテ造リ
タル鐵道(일시적인 急用으로 만든 鐵道)'가 그것이다.

보인다.

(62) 總理大臣, 內閣＝. 日露戰爭時分ノ內閣總理大臣ハ 伯爵桂太郎デシタ／日俄戰
爭時節의 內閣總理大臣은 伯爵桂太郎이얏습니다(121하단).

일본어의 경우, '總理' 또는 '綜理'는 명치시대까지 '總轄한다'는 뜻으로 쓰였다. 여기서
prime minister의 대역어 '內閣總理大臣'이 나왔고, 이를 축약형으로 쓴 것이 '總理大臣'이다.
일본이 太政官 制度를 폐지하고 內閣制度를 채택한 것은 1885년(명치 18)이었으므로, '總理大
臣'은 이때부터 쓰이게 된 신생한자어라고 할 수 있다.[59]

국어의 경우, 『한불ㅈ뎐』에는 '總理大臣'이 없으나, 『한영ㅈ뎐』에는 '총리대신(總理大臣)'이
'The Chief Minister of State; the Prime Minister, *See* 령의정'으로 나타난다. 따라서 위의
대역문에 쓰인 국어단어로서의 '總理大臣'은 그 이전에 이미 일본어에서 차용되어 국어단어
로 정착해 있었음을 알 수 있다. 이때의 '總理大臣'은 물론 일본어의 어형과 의미를 동시에
차용한 것이다. 영어 prime minister에 해당하는 중국어 '總理[zǒnglǐ]'가 일본어 '總理[sōri]'
에서 나왔다는 劉正埮 외(1984)의 관점도 참고가 된다.

(63) 出版. コノ書物ヲ 出版シテ 世ニ 公ケニ スル積デス／이칙을 出版ㅎ야 世上에
公布홀 터이오(266하단).

일본어의 경우, '出版'은 본래 '板木에 새겨 세상에 내놓는다'는 뜻이었으나, 명치시대에는
'활자인쇄'를 뜻하게 되었으며, publication의 대역어로도 활용되었다. 그러므로 명치시대부
터의 '出版'은 '활자인쇄'를 뜻한다는 점에서 의미상의 개신을 겪은 신생한자어라고 할 수
있다.

국어의 경우, 『한불ㅈ뎐』과 『한영ㅈ뎐』에는 다같이 '츌판(出板)ㅎ다'가 나타나지만, 뜻풀이
로 볼 때 책을 찍어내는 '出版'과는 관계가 없는 말이다.[60] 한편, 『한영ㅈ뎐』에는 따로 '츌판

---

59) '총리대신'을 표제어로 올린 최초의 사전은 C. J. Hepburn의 『和英語林集成』(3판, 1886)인 것으로 보인다. 惣鄕
正明·飛田良文(1986: 330) 참조.

60) 이때의 '츌판(出板)ㅎ다'에 대하여 『한불ㅈ뎐』은 'Faire une saisie de biens, piller la maison d'un coupable(재산
을 압류당하다, 죄인의 집을 약탈하다), ‖ Etre ruiné, être réduit à la misère(몰락하다, 빈곤에 빠지다)', 『한영
ㅈ뎐』은 'To be ruined; to be reduced to poverty, *See* 거판ㅎ다, *Also* 츌판나다'와 같은 풀이를 베풀고 있다.
한편, 『한영』에는 '거판ㅎ다 擧板 To be bankrupt; to be ruined. *See* 패가ㅎ다, 판셈 *Also* 판혬'도 나타나며,
'판혬 seizing one's house and property in payment of debt. *See* 거판'도 보인다. 이때의 '거판ㅎ다, 츌판나다,

(出判)ㅎ다'가 나타나지만 이 또한 '出版'과는 다른 단어에 속한다.[61] 요컨대 두 사전에 함께 올라있는 '出板'이나 『한영ㅈ뎐』에만 나오는 '出判'은 publication을 뜻하는 단어들이 아니다. 결국, 위의 대역문에 쓰인 국어단어로서의 '出版'은 개화기에 일본어의 어형과 의미가 함께 차용된 신생한자어로 추정된다. 영어 publication에 해당하는 중국어 '出版[chūbǎn]'이 일본어 '出版[shuppan]'에서 나왔다는 劉正埈 외(1984)의 관점도 참고가 된다.

(64) 態度. 愼重ナ態度ヲ 持ツテ井マス/愼重ᄒ態度를 가지고 잇소(74상단-하단).

일본어의 겨우, '態度'는 명치시대에 영어 attitude의 대역어로 전용되면서 '몸가짐, 마음가짐'과 같은 뜻으로 쓰이게 되었다. 의미상의 개신을 겪은 것이다.

국어의 경우, 『한불ㅈ뎐』에는 '틱도(態度)'가 'Manière; forme; belle apparence; beauté(방법, 형식, 예쁜 모습, 아름다움)'으로, 『한영ㅈ뎐』에는 '틱도(態度)'가 'Behavior; bearing; manner; mien(행동, 태도, 방식, 풍채), (부리다)(내다), See 밉시'로 풀이되어 있다. 이와같은 意味記述만으로는 '態度'가 의미상의 개신을 겪은 단어인지 아닌지를 판단하기는 어려우나, 『한영ㅈ뎐』에서 '틱도'가 '부리다, 내다'와 결합된다고 한 점이나 '밉시'를 보라고 한 점으로 미루어, 이때의 '態度'는 전통적인 의미를 보여주는 한자어로 이해된다. 그렇다면 위의 대역문에 쓰인 국어단어로서의 '態度'는 개화기에 일본어의 의미만을 새로 차용한 신생한자어인 듯하다.

(65) 合衆國. 世界各國ノ首府ヲ 擧グ(グ의 오식인 듯)テ見マスレバ…合衆國ハ華盛頓デス/世界各國의首府를들어본즉…合衆國은華盛頓이올시다(30하단-31상단).

일본어의 경우, '合衆國'은 명치시대부터 The United States의 대역어로 이용되었다. 다만, '合衆國'이라는 어형만은 일찍이 중국어에서 나왔다고 한다.[62]

국어의 경우, 『한불ㅈ뎐』에는 '合衆國'이 나타나지 않으나, 『한영ㅈ뎐』에는 '합중국(合衆

패가ᄒ다, 판셈, 판햄' 등은 모두 '판셈'을 뜻하는 단어들이기 때문에 『한불』이나 『한영』에 표제어로 나타나는 '츌판ᄒ다'의 한자표기 '出板'은 '出判'의 잘못일 것이다.

61) 그 뜻은 'To prepare; to arrange; to raise, To print'로 풀이되어 있는데 여기에도 문제가 있다. 앞에 열거된 세 가지 뜻풀이도 애매하지만, 마지막의 'To print'는 '出判ᄒ다'와 관계가 없는 뜻이기 때문이다. 이때의 '出判ᄒ다'는 그 뜻풀이나 한자표기로 볼 때 오히려 각주(60)의 '츌판ᄒ다'와 같은 단어인데, 『한영ㅈ뎐』은 이들을 별개의 두 단어로 잘못 본 것이다.

62) 이 단어의 성립과정에 대해서는 齋藤毅(1977: 73~128) '合衆國と合州國'에 상세한 고증이 보이는데, 그에 따르면 '合衆國'은 중국에서 만들어졌다고 한다. 齋藤毅(1977: 103) 참조.

國’이 ‘The United States, *See* 미국’으로 풀이되어 있다. 『한영ᄌᆞ뎐』에는 다시 ‘화긔국(花旗國)’으로도 나타난다. 이때의 ‘合衆國’이 중국어에서 나왔는지 일본어에서 나왔는지는 쉽게 밝혀지지 않지만, 『한영ᄌᆞ뎐』에는 일본어의 영향이 상당히 반영되어 있으므로,[63] ‘合衆國’ 또한 일본어에서 차용된 신생한자어였을 것으로 추정된다. 그 때문에 ‘合衆國’은 위의 대역문에서처럼 국어단어로도 쉽게 쓰일 수 있었을 것이다. 당연한 일이지만 이때의 ‘合衆國’은 일본어의 어형과 의미를 동시에 차용한 결과로 이해된다.

(66) 憲兵. ①憲兵ガ 軍人ヲ 嚴重ニ取締リマス/憲兵이 軍人을 嚴重히 監檢ᄒᆞ옵니다(110하단). ②憲兵ガ 馬ヲ 驅ケナガラ…/憲兵이 馬를 달리면서…(125하단).

일본어의 경우, ‘憲兵’은 명치시대에 프랑스어 기원의 영어 gendarme의 대역어로 나타났다.

국어의 경우, 『한불ᄌᆞ뎐』이나 『한영ᄌᆞ뎐』에는 ‘憲兵’이 나타나지 않는다. 따라서 위의 대역문에 쓰인 국어단어로서의 ‘憲兵’은 개화기에 일본어의 어형과 의미를 동시에 차용한 신생한자어에 속한다. 영어 military policeman에 해당하는 중국어 ‘憲兵[xiànbīng]’이 일본어 ‘憲兵[kenhei]’에서 나왔다는 劉正埮 외(1984)의 관점도 참고가 된다.

(67) 顯微鏡. 肉眼デハ 見ラレナイモノデモ 顯微鏡デ見タラ ヨク分リマス/눈으로 뵈지아니ᄒᆞᄂᆞᆫ것시라도 顯微鏡으로 보면 잘 알겟습니다(241하단).

일본어의 경우, ‘顯微鏡’이라는 단어의 역사자체는 18세기 말엽으로 거슬러 올라간다.[64] 이에 따라 ‘顯微鏡’을 명치시대의 신생한자어라고 보기는 어려우나, 그 의미는 명치시대를 거치면서 microscope로 한정되었기 때문에 의미상의 신생한자어로 볼 수도 있다.

국어의 경우, ‘顯微鏡’은 『한불ᄌᆞ뎐』에 ‘Microscope, miroir où l'on voit les petites choses, loupe(현미경, 작은 것들을 보는 거울, 확대경)’으로, 『한영ᄌᆞ뎐』에는 ‘A microscope’로 풀이되어 있다. 이처럼 ‘顯微鏡’은 의외로 빨리 국어의 두 사전에 함께 올라있기는 하나, 『한불ᄌᆞ뎐』

---

63) 가령, 『한영ᄌᆞ뎐』에는 ‘긔션’이 ‘汽船’ 아닌 ‘滊船’으로, ‘긔챠’가 ‘汽車’ 아닌 ‘滊車’로 표기되어 있다. 이러한 한자 표기는 한동안 일본에서 쓰였던 방식이다. 또한, 『한영ᄌᆞ뎐』에 올라있는 ‘月曜日, 火曜日, 水曜日, 木曜日, 金曜日, 土曜日’까지의 요일명칭도 분명한 일본식이다.

64) ‘顯微鏡’은 江戸時代부터 명치시대에 걸쳐 영어 microscope와 magnifying glass(확대경)의 뜻을 함께 나타냈는데, 그 이른 시기의 사례로는 森島中良의 『蠻語箋』(1798), 藤林普山의 『譯鍵』(1810), 宇田川榕庵의 『植學啓原』(1834), 堀達之助의 『英華對譯袖珍辭書』(1862) 등을 들 수 있다고 한다. 惣郷正明・飛田良文(1986: 146~147) 참조.

의 의미보다는 『한영ㅈ뎐』의 의미가 축소되어 있어 좀더 새롭다. '顯微鏡'이 『한불ㅈ뎐』에서는 '顯微鏡'과 '擴大鏡'을 함께 나타내는 반면, 『한영ㅈ뎐』에서는 '顯微鏡'만을 나타내기 때문이다. 이러한 의미에서 『한불ㅈ뎐』의 '顯微鏡'은 중국어를, 『한영ㅈ뎐』의 '顯微鏡'은 일본어를 차용한 것으로 보인다.[65] 한편, 위의 대역문에 국어단어로 쓰인 '顯微鏡'은 일본어의 어형과 의미를 동시에 차용한 결과로 이해된다.

  (68) 化學. 工藝品ハ 化學ノ作用デ 出來ルモノガ多イデス/工藝品은 化學의 作用으
     로 되ᄂᆞᆫ 것이 만소(190상단).

  일본어의 경우, '化學'은 명치시대에 chemistry의 대역어로 보급되었다. 그러나 '化學'이라는 단어자체는 중국어에서 수용된 것으로 알려져 있다.[66]

  국어의 경우, '化學'이라는 단어가 『한불ㅈ뎐』에는 없으나, 『한영ㅈ뎐』에는 'Chemistry; natural philosophy'로 풀이되어 있다. 이때의 '化學'은 일본어에서 차용된 것으로 보인다.[67] 그 때문에 '化學'은 위의 대역문에서처럼 국어단어로 쉽게 쓰일 수 있었다. 이때의 '化學' 또한 일본어의 어형과 의미를 동시에 새로 차용한 것으로 해석된다. 劉正埮 외(1984)에서처럼 chemistry에 해당하는 중국어 '化學[huàxué]'이 일본어 '化學[kagaku]'에서 나왔다는 관점도 참고할 만하다.

---

65) 일본보다는 늦지만 '顯微鏡'은 중국어에서도 발견된다. 馬西尼(1977: 252~253)에 따르면 1866년에는 그 실례가 나타나는데, 그 뜻은 주로 '확대경'이었다고 한다.

66) 중국에서 간행된 『六合叢談』(1856) 권4 '泰西近事述略'에는 "習醫者二員 明化學者一員"처럼 '化學'이 나타나는데, 일본어 '化學'은 여기서 나온 것이다. 일본어에 '化學'이 정착하기 이전에는 네덜란드어 chemie의 音寫形 '舍密'가 사용되었다. 그러다가 幕府의 蕃書調所에 실험제조 부문으로서 精練方이 설치되었는데, 1865년(慶應 2)에는 그 이름이 '化學方'으로 바뀌었다. 이것이 '化學'이라는 공식명칭의 최초였다. 그보다 앞서 '化學方'의 敎授方이었던 川本幸民(1810~1871)은 네덜란드어 원본을 번역한 稿本에 '化學書'라는 題名을 붙였는데, 이 책은 그의 死後인 1873년(명치 6)에 『化學讀本』이라는 이름으로 간행되었다. 한편, '化學'이라는 명칭은 福澤諭吉의 『西洋事情』(1866)과 『西洋雜誌』(1867), 村田文夫의 『西洋聞見錄』(1869), 中村正直(1832~1891)의 譯書 『西國立志編』(1870) 등에도 나타난다. 따라서 '化學'이라는 명칭은 명치시대 초기부터 일본어에 정착하기 시작했을 것이다. 다만, '化學'이라는 표제어를 최초로 보여주는 사전은 柴田昌吉·子安峻의 『附音挿圖英和字彙』(1873)인 듯하다. 惣鄕正明·飛田良文(1986: 63~64) 참조.

67) 鄭觀應(1842-1921)의 『易言』(1880)에는 '化學'이라는 단어가 나타나는데, 이를 언해본 『이언』(1883?) 권2에서는 '화학〈조화지리를 비호ᄂᆞᆫ 거시라〉(34a), 화학(38a)'처럼 받아들였으나, 이때의 '화학'이 그대로 그 후의 국어에 정착했다거나, 『한영ㅈ뎐』에 채택되었다고는 생각되지 않는다. 각주(63)에서 간단히 지적한 대로 『한영ㅈ뎐』에는 일본어의 영향이 반영되어 있으므로, 거기에 등록되어 있는 '화학'은 오히려 일본어에서 수용되었을 가능성이 있다.

(69) 活動寫眞. 東大門內ニ 活動寫眞ガ アルサウデスガ 一度 見物ニ 住カウヂヤ ア
リマセンカ/東大門內에 活動寫眞이 잇다ᄒ니 한번 구경가지 안으랴오(189하단).

일본어의 경우, '活動寫眞'은 명치시대 말기에 kinematograph가 수입됨에 따라 태어난 명
칭이다.[68]

국어의 경우,『한불ᄌ뎐』이나『한영ᄌ뎐』에는 '活動寫眞'이 나타나지 않는다. 1896년 처
음으로 일본어에 나타난 이 단어가 그 이듬해에 간행된『한영ᄌ뎐』에 채록되기는 어려웠을
것이다. 그러나 위의 대역문에서는 '活動寫眞'이 국어단어로 쓰이고 있다. 이때의 '活動寫眞'
은 일본어의 어형과 의미를 동시에 차용한 것이다. 宋敏(2002c) 참조.

(70) 會社, 物產=, 株式=. ①國ガ 開ケテユク程 會社ト云フモノガ 益々多クナリマ
ス/나라이 열녀갈스록 會社라ᄒᄂ것이더옥 만하가옵니다(103하단). ②矢張 三井
物產會社デセウ/그것도 三井物產會社지오(158하단-159상단). ③私ノ會社カラ
モ 韓國ニ 販路ヲ 廣メ度イデス/우리會社에서도 韓國에 販路를 넓히고십삽니다
(162상단). ④會社ノ種類ハ 幾ツアリマスカ/會社의 種類ᄂ 멋가지 잇습닛가
(168하단). ⑤株式會社ハ 京城デモ 色々アリマス/株式會社ᄂ 京城에도 여러
가지 잇습니다(177하단).

일본어의 경우, 본래 '뜻을 함께 하는 동료, 結社'를 뜻하던 '會社'는 명치초기부터 점차
'영리를 목적으로 하는 조직'을 뜻하는 단어로 의미상의 개신을 겪게 되었다.[69] 영어식으로
말하자면 mercantile company의 의미가 된 것이다.[70]

국어의 경우, '會社'가『한불ᄌ뎐』에는 올라있지 않으나,『한영ᄌ뎐』에는 'A mercantile
company; a guild'로 풀이되어 있다. '會社'는 이렇게 국어에 정착되어 있었기 때문에 위의
대역문에서처럼 쉽게 국어단어로 쓰일 수 있었다. '會社' 또한 일본어의 어형과 의미를 동시
에 차용한 결과에 해당한다. 영어 company, corporation에 해당하는 중국어 '會社[huìshè]'
가 일본어 '會社[kaisha]'에서 나왔다는 劉正埮 외(1986)의 관점도 참고가 된다.

---

[68] 일본에서 '活動寫眞'이 처음으로 상연된 것은 1896년(명치 29) 11월이었다고 한다. 惣鄕正明·飛田良文(1986:
73). 참조. 한편, '活動寫眞'이라는 단어의 성립배경에 대해서는 廣田榮太郎(1969: 141~157) '「活動寫眞」から映
畵へ'에 상세한 고증이 나타난다.
[69] 이러한 의미개신의 과정은 惣鄕正明·飛田良文(1986: 55~57)에 수집된 명치시대 사전류의 뜻풀이에 잘 반영되
어 있다.
[70] 이 단어의 설립과정에 대해서는 齋藤毅(1977: 250~272) '會社—「催合[もやい]商賣'에 상세한 논의가 나타난다.

(71) 會議. ①議政府會議ニ 廻シマス/議政府會議에廻附ᄒ옵니다(97상단). ②今度
ノ會議ニ 可決セラレテ…/이번會議에可決되여…(118하단).

　일본어의 경우, '會議'는 본래 '評議하는 일'을 뜻했으나, 幕府 말기부터 convention, as-
sembly, council, conference와 같은 서양식 개념의 영향을 받으면서 '일을 評議하는 기관'
을 뜻하게 되었다. '會議'는 이처럼 의미상의 개신을 겪은 신생한자어라고 할 수 있다.[71]
거기다가 '會議'는 명치정부의 대방침이었다.[72] 자연히 명치시대에는 '會議'라는 단어가 널리
쓰일 수밖에 없었다.

　국어의 경우, 『한불ᄌ뎐』에는 '會議'가 올라있지 않으나, 『한영ᄌ뎐』에는 '회의원(會議院)'
이라는 파생어형으로만 올라있다. 여기에는 'The Council Office of the Minister; the
Senate Chamber, *See* 닉각'이라는 풀이가 붙어있다. 이때의 파생어 '會議院'에 포함되어 있
는 '會議'는 일본어와 의미가 같은 신생한자어로 해석된다. 그 때문에 위의 대역문에서처럼
국어단어로 쉽게 쓰일 수 있었다. 위의 대역문에 국어단어로 쓰인 '會議'는 당연히 일본어의
어형과 의미를 동시에 차용한 결과로 해석된다.

2) 그 밖의 新生漢字語

　『獨習日語正則』(1907)의 對譯文에 쓰인 漢字語 가운데에는, 惣鄕正明·飛田良文(1986)에 '明
治의 말(明治のことば)'로 등록되어 있지는 않으나, 그 어형이나 의미가 명치시대의 신생어로
추정되는 것들도 많이 포함되어 있다. 이번에는 그러한 신생일본어의 어형이나 의미가 간섭
을 일으키기 쉬운 대역문이라는 조건 때문에 개화기의 국어에 무난히 借用된 것으로 여겨지
는 사례를 정리하기로 한다.

　어떤 단어가 개화기 국어의 신생한자어인지 아닌지를 판별할 수 있는 확실한 기준은 아직
없기 때문에, 여기서는 그 어형과 의미가 『한불ᄌ뎐』(1880)이나 『한영ᄌ뎐』(1897)에 어떻게
나타나는지를 잠정적인 기준으로 삼을 것이다. 다만, 18세기 말엽에 출판된 『한불』, 『한영』

---

71) 그 이른 시기의 용례로서는 藤林普山의 『譯鍵』(1810)을 들 수 있다. 여기에는 네델란드어 Gemeent와
　　Raadvergadering에 '會議'라는 번역어가 붙어있다. 幕府말기의 용례로는 堀達之助의 『英和對譯袖珍辭書』(1862)
　　에 convention의 번역어로 '會議'가 쓰였다고 한다. 惣鄕正明·飛田良文(1986: 53~54) 참조.
72) 1868년(慶應 4, 명치 원년) 3월 14일 명치천황은 天地神祇에 祭를 올리면서 五事를 서약하였다. 이른바 五箇條
　　의 誓文이었다. 그 제1조에는 "널리 會議를 일으켜 萬機를 公論으로 결정할 것이다(廣ク會議ヲ興シ萬機公論ニ
　　決スヘシ)"처럼 '會議'가 쓰였다. 惣鄕正明·飛田良文(1986: 54) 참조.

두 對譯辭典은 서양인들의 손으로 편찬된 것이어서, 거기에 당시의 국어어휘가 얼마나 충실하게 수집되어 있으며, 의미기술이 얼마큼 적절한 것인지 지금으로서는 판단하기가 어렵다. 따라서 이들 사전에 나타나지 않다가 그 후의 『獨習日語正則』과 같은 개화기의 국어자료에 나타난다고 해서 그들을 모두 신생어라고 보기는 어렵다.

그러나 앞에서 본대로 『한불즈뎐』에 나타나지 않던 한자어가 『한영즈뎐』에는 심심치 않게 채록되어 있다. 이러한 점에서 이들 두 사전, 그 중에서도 특히 『한영즈뎐』에는 당시의 신생어가 그 나름으로 반영되어 있다고 판단된다. 거기다가 어떤 단어가 사전에 채록된다는 점은 당시의 국어에 그러한 단어가 통용되고 있었다는 증거가 된다. 다만, 그 반대로 사전에 채록되지 않았다고 해서 그 단어가 통용되지 않았다고 보기는 어렵다.

이에 따라 본고에서는 원칙적으로 『獨習日語正則』의 대역문에 국어단어로 쓰인 한자어 가운데 『한불』이나 『한영』에 채록되어 있지 않은 것들을 신생어로 간주한다. 그러나 『한영』에는 『한불』에 나타나지 않던 새로운 개념의 한자어도 상당수 포함되어 있다. 이들 가운데 그 어형이나 의미가 신생한자어로 판단될 때에는 이들 또한 본고에 포함시킨다.

결국, 다음에 정리될 개화기 국어의 신생한자어들은, 그들이 반드시 『한영즈뎐』 이후에 새로 생긴 것들이라기보다, 오히려 『한영즈뎐』을 전후로 한 시기에 주로 일본어의 간섭을 통하여 차용된 것들이라고 보는 편이 올바른 판단일 것이다. 이러한 기준을 전제로 여기서는 앞 장의 범주에 포함되지 않았던 한자어 가운데 개화기의 새로운 시대상이나 문물제도를 나타내는 한자어로서 현대국어에까지 연결되는 신생어를 정리해 보기로 한다.

가. 二音節 漢字語, 그 派生語와 複合語

개화기에 걸친 문명화의 물결을 타고 일본에서 만들어진 새로운 한자어의 대부분은 기본적으로 두 개의 한자형태소로 이루어졌으며, 그 기반 위에서 또다시 수많은 파생어와 복합어가 생성되었다. 따라서 개화기의 신생한자어는 二音節 구성이 주축을 이루며, 거기서 이차적으로 생성된 파생어, 복합어가 그 뒤를 잇는다. 이들은 특별한 전문적 의미로 쓰이지 않는 한, 한자와 한문의 소양만으로 그 의미가 무난하게 해독된다. 그 때문에 『獨習日語正則』과 같은 대역문 자료에서는 일본어 쪽에 쓰인 단어가 국어문장에는 二音節 한자어로 쉽게 수용되는 일이 많았다.

여기서는 『한불즈뎐』에 이미 나타나는 한자어일 경우, 신생어라는 분명한 이유가 없는 한, 이들을 일단 전통적 한자어로 보고 채택하지 않기로 한다. 그러나 『獨習日語正則』에 나타나는 한자어 중 『한영ㅈ뎐』에 이미 올라있는 새로운 개념의 단어들은 選別的으로 여기에 포함시킨다. 『한영ㅈ뎐』에는 그럴만한 이유로 설명되는 신생한자어가 많이 포함되어 있기 때문이다.

이러한 기준에서 개화기 국어의 신생어로 판단되는 二音節 한자어, 또는 거기서 이차적으로 생산된 파생어와 복합어를 모아보면 다음과 같다. 용례는 가나다 순으로 배열하며, 제시된 단어의 앞이나 뒤에 '-'표가 붙어 있으면 해당단어가 파생어 구성요소로, '='표가 붙어 있으면 해당단어가 복합어 구성요소로, 아무 표지가 없을 때에는 그 자체가 독자적으로 문장에 이용되었음을 나타낸다. 또한, 한자표기가 현대국어와 같을 경우에는 그 의미를 일일이 밝히지 않을 것이다. 또한, 일본어나 국어를 가릴 것 없이 원문의 띄어쓰기에는 원칙이 보이지 않으므로 여기서도 이를 그대로 따를 것이다. 아울러, 원문에는 句讀點이 없으므로 원문을 예시할 때에도 句讀點은 쓰지 않는다.

(1) 價格=, 價格表記. コノ品物ハ價格表記 ニシテ 送リマス/이물건은 價格表記로 ᄒ야보닉겠습니다(259하단). '價格'의 복합어.

(2) 家券. 株券ノ 樣ナモノガ アリマセンカラ 家券 地券抔ガ 抵當物ニ成リマス/株式券갓흔거시 업스닛가 家券 地券ㅈ흔거시 典當物이 되옵니다(159하단-160상단). '地券'의 대립어.

(3) 閣議. 政府ノ重ナル事件ハ 是非閣議ヲ經テ 陛下ノ裁可ヲ 仰ギマス/政府의重大흔 事件은 不可不 閣議를 經ᄒ야 陛下의裁可를 므르옵니다(97하단-98상단). 『한영』'각의 閣議 A meeting of the Ministry in the 닉각, 각의ᄒ다 閣議 To assemble—of the Ministry'.

(4) 肝油. 梅毒ニハ 普通 沃度加里 肝油等ヲ 服用イタシマス/梅毒에ᄂ 通常에 沃度加里 肝油等을 服用ᄒ옵니다(249하단).

(5) 看護-, 看護婦. 看護婦ガ 熱心ニ 病人ヲ 介護致シマス/看護婦가 熱心으로 病人을 看護ᄒ옵니다(245하단), 病院ニハ 看護婦ガ 居リマス/病院에ᄂ 看護婦가 잇습니다(246하단). '看護'의 파생어. 『한불』, 『한영』에는 다같이 '간호ᄒ다 看護'가 나타날 뿐이다.

(6) 監獄(130상단). 監獄-, 監獄署(100상단). '監獄'의 파생어.

(7) 開拓(185상단-하단). 『한영』'키쳑ᄒ다 開斥 To open up new lands; to break up new fields'. 『한영』의 한자표기는 '開斥'으로 되어있으나 그 의미는 '開拓'과 동일하다.

(8) 開港-, 開港場. 朝鮮全國ニハ 開港場ガ 八ケ所アリマスガ/朝鮮全國에ᄂ 開港場이 八個所 잇ᄂ딕(25하단). '開港'의 파생어. 『한영』'키항 開港 To open a port

to foreign commerce, 개항처 開港處 An open port. *See* 거류디'. 한편, '港灣/開港場'(24하단)과 같은 對譯이 나타나기도 한다.

(9) 健康. 何ヲ スルニモ 健康ガ 第一デス/무엇을 ᄒ던지 健康ᄒ것이 第一이오(139 상단). 일본어 쪽의 명사 '健康'은 국어에서 '健康ᄒ것'과 같은 명사구로 對譯되었다. 특히 動作이나 狀態性 名詞에 그러한 경향이 나타나는데, 당시의 국어에서는 '健康'이 일본어에서처럼 名詞로 쓰이기에는 統辭的으로 부자연스러운 단어였음을 보여준다.

(10) 建議. 漢城內ニモ 自治制ヲ 施スヤウニ 建議シタモノガアリマス/漢城안에도 自治制를 施行ᄒ기로 建議ᄒ者가잇소(112상단).

(11) 建築-, 建築物. コノ建築物ハ 何時竣工スルデセウカ/이建築物은 언제畢役ᄒ오릿가(242상단). '建築'의 파생어. =建築, 土木建築. 御用ノ土木建築等ヲ 掌ル 所デス/御用土木建築等을 차디ᄒ곳이올시다(101하단-102상단). '建築'의 복합어.

(12) 檢査. 徵兵スル時ニハ 體格ヲ檢査シマス/徵兵ᄒ셕에ᄂᆞᆫ 體格을 檢査ᄒ옵니다 (105상단).

(13) 檢事. 裁判所ニハ 判事及ビ檢事ガ アリマシテ/裁判所에ᄂᆞᆫ 判事와檢事가 잇셔셔(132하단-133상단). '判事, 辯護士'의 대립어.

(14) 格鬪. 强盜ト格鬪シテ/强盜와 格鬪ᄒ다가(119상단).

(15) 譴責. 職務上疎忽ニシタコトガアレバ 譴責ヲ 受ケマス/職務上에 疎忽ᄒ일이 잇스면 譴責을 받습니다(108하단).

(16) 缺席. 一週間以上 欠席シマシタ/一週間以上을 缺席ᄒ엿습니다(141상단). 일본어에서는 '缺席'의 '缺-'이 '欠-'로 표기되어 있다. 한편, '缺席/缺勤'(70하단)의 대역도 있다.

(17) 經營. 總テノ 拓殖事業ヲ 經營スル 目的デス/모든 拓殖事業을 經營ᄒ目的이올시다(171하단), 朝鮮沿海デ 漁業ヲ 經營シテ居マス/朝鮮沿海에셔 漁業을 經營ᄒ옵니다(175상단-하단). 이때의 '經營'은 '기업적으로 사업을 運營한다'는 뜻이기 때문에 전통적 의미와 비교할 때 의미상의 축소를 겪은 것으로 해석된다.[73]

(18) 經由. 東京經由デス/東京을經由ᄒ엿소(260하단-261상단).

(19) 競爭. 競爭ガ 烈イデセウ/競爭이 大端ᄒ지오(162하단). =競爭, 生存競爭(60 하단-61상단). 原文은 아래의 '生存競爭' 참조.

(20) 階級. 日本ニハ 皇族 華族 士族 平民ノ四階級ガ アリマス/일본에ᄂᆞᆫ 皇族華族 士族 平民의四階級이 잇습니다(33상단).

(21) 契印. 跡ノ 証據ニ ナルカモ 知レヌカラ 契印ヲ 御押シナサイ/後日의証據가 될지알슈업스니 契印을 찍으시오(265상단).

---

73) 왜냐하면, '經營'의 전통적 의미는 『한불』의 '경영ᄒ다 經營 Projeter, faire des projets. Préméditer, prévire. Avoir la pensée, l'dée que. Réfléchir, examiner, mûrir dans son esprit'나 『한영』의 '경영ᄒ다 經營 To lay plans for; to make preparations for. *See* 샹량ᄒ다'에서처럼 광범위하고 일반적이었기 때문이다.

(22) 告示. 希望者ハ 今月二十日以內ニ 出頭スル様ニ 告示ヲ 御出シナサイ/希望
者는 今月二十日以內로 出頭ㅎ게 告示를 너시오(77상단). 『한영』 '고시ㅎ다 告
示 To post up a proclamation. *See* 게방ㅎ다'. '게방'은 '揭榜'.

(23) 孤兒-, 孤兒院. 京城デモ 孤兒院ヲ 設ケマシタガ/京城에도 孤兒院을 設施ㅎ
얏는디(156상단). '孤兒'의 파생어. 『한불』에는 '고아 孤兒'가 나타날 뿐이다.

(24) 骨董-, 骨董商. コノ近所ニモ 骨董商ガ アリマシテ/이近處에도 骨董商이잇셔
셔(182하단-183상단). '骨董'의 파생어. '骨董'은 전통적 한자어.

(25) 供給. 昨今ノ商況ハ 供給ガ 需要ヲ 越シテ 井マス/近來商況은 供給이 需要
를 넘치옵니다(178상단). 『한영』 '공급ㅎ다 供給 To provide with all
necessaries. *See* 공궤ㅎ다'. '需要'의 대립어.

(26) 工兵. 陸軍ノ種類ハ 騎兵 步兵 砲兵 工兵 輜重兵等デアリマス/陸軍의種類는
騎兵 步兵 砲兵 工兵 輜重兵等이올시다(115하단-116상단). 이중 '騎兵, 輜重-'
은 전통적 한자어.

(27) 工事. 工事ニ 着手シタノガ/工事에着手ㅎ지가(190상단).

(28) 工藝-, 工藝品. 工藝品ハ 化學ノ作用デ 出來ルモノガ 多イデス/工藝品은 化
學의 作用으로 되는 것이 만소(190상단). '工藝'의 파생어.

(29) -工場. 鐵工場(189상단). '工場'의 파생어.

(30) =公使, 全權公使. 全權公使ハ 自國ノ政府ヲ 代表シテ/專('全'의 착오인 듯)權
公使는 自國政府를 代表ㅎ야(109상단-하단). '公使'의 복합어. 『한영』 '공ㅅ 公
司('使'의 잘못) A consul; a foreign representative. *See* 령ㅅ'.

(31) 公園. 公園ノ中ニハ 異樣ナ草木ガ 多イデス/公園가온디는 異種읫草木이 만
습니다(203상단).

(32) 公判. 平理院デ 公判ヲ 開ク時ニハ/平理院에셔 公判을開홀時는(131상단).

(33) =管理-, 通信管理局(260하단). '管理'의 복합어. 『한영』에는 '관리ㅅ 管理使
The officer in charge of the postal and telegraph service'로만 나타난다.

(34) 官報. 陛下ニ 上奏シテ 御裁可ヲ 經マシタラ 官報ヲ以テ世間ニ 發表致シマ
ス/陛下끠 上奏ㅎ야 裁可를 蒙ㅎ면官報로써世間에 發表ㅎ옵니다(115상단). 『
한영』 '관보 官報 News; official tidings. *See* 긔별'.

(35) 官吏(108하단, 130상단-하단). 한편, '役人/官吏'(100하단, 118하단)의 대역도 나
타난다.

(36) 官立-, 官立學校. 官立學校デスカラ 月謝ハ 取リマセン/官立學校닛가 月謝
는 아니밧소(142상단). '官立'의 복합어.

(37) 官費-, 官費生. 否ヘ 官費生デス/아니 官費生이오(144상단). '官費'의 파생어.

(38) 官設. 日本政府デ 買上ゲマシタカラ モウ官設ニ 歸シマシタ/日本政府에셔
買收ㅎ얏스니 그만官設로 도라갓습니다(122하단).

(39) 官署. 官署ノ印章ヲ 僞造シテ 使用シタモノガ/官署印章을 僞造ㅎ야 使用ㅎ
던者가(132상단). 단, '官署/官廳'(97상단, 107상단)의 대역으로 나타나는 경우도

보인다.

(40) =觀測=, 氣象觀測支所(123상단). '觀測'의 복합어.

(41) 廣告. 小僧入用トノ廣告ヲ 見テ/使喚兒가所用이라ᄂᆞᆫ廣告를 보고(66상단). 이 밖에도 廣告(124상단, 162상단, 188상단, 263상단)의 용례가 더 있다.

(42) 鑛物(204하단).

(43) 鑛山(189상단-하단, 204하단). 다만, '鑛山'은 '礦山'(99상단-하단)으로 표기되기도 하였다.

(44) 鑛業-, 鑛業權(204하단). '鑛業'의 파생어.

(45) 敎科-, 敎科書(142상단, 183상단-하단). '敎科'의 파생어. =敎科-, 國定敎科書 (142상단). '敎科'의 복합어.

(46) 敎師(137하단, 152상단). 『한영』 '교ᄉᆞ 敎師 A teacher. See 션싱'.

(47) 敎員. 近頃學部デハ 敎員ノ志願者ヲ 募集イタシマス/近日學部에셔ᄂᆞᆫ 敎員의 志願者를 募集ᄒᆞ옵니다(99하단).

(48) 敎義. 猶太國ハ一神敎ヲ以ツテ猶太敎ト 云ヒマスガ耶蘇敎舊約全書ガ ソノ 敎義デアリマス/猶太國은 一神敎로써 猶太敎라ᄒᆞᄂᆞᆫ딗 耶蘇敎舊約全書가 그 敎義이올시다(93상단-하단). 이때의 '敎義'는 '敎法, 敎理'와 같은 뜻이다.

(49) 敎場. 敎場ガ狹イデス/敎場이 좁습니다(138상단). '敎場'의 의미는 『한영』의 '교 쟝 敎場 A drillground'로 알 수 있다. '학교의 운동장'이나 '군사훈련을 위한 연병 장'이라는 뜻이다.

(50) 校舍. 校舍ヲ 新築シテ 生徒ヲ 募集シマシタ/校舍를 新築ᄒᆞ고 生徒를 募集 ᄒᆞ얏습니다(151상단). 이밖에도 '校舍'(138상단)가 더 있다.

(51) 校長. 喧嘩スルト 校長ニ 叱ラレマス/쌋홈ᄒᆞ면 校長의게 걱정듯소(138하단).[74]

(52) 交附. 金ヲ 受取ツタ跡ハ 受取證ヲ 交附シナサイ/돈을밧은뒤에은('ᄂᆞᆫ' 또는 '는'의 잘못) 領受證을 交附ᄒᆞ시오(177상단).[75]

(53) 交涉. 承諾スルカ ドウカ 交涉シテ 見ナケレバ 分リマセヌ/許諾ᄒᆞᆯ지 엇덜지 交涉ᄒᆞ여 보아야 알지오(77상단), 今度ノ事ハ 間接ニ 交涉シテ戴キ度イデス/ 이번일은 間接으로 交涉ᄒᆞ야 주시오(121하단).

(54) 交換-, 交換所(259상단). '交換'의 파생어.

(55) 國權. 國權ヲ恢復シヤウト思フナラ/國權을 恢復ᄒᆞ려거든(117하단).

(56) 國旗. 家每ニ國旗ヲ交叉シテ/집마다 國旗를 交叉ᄒᆞ고(88하단).

(57) 國力. 國力ヲ發達スルニ益益熱心ニシナサイ/國力을 發達ᄒᆞᄂᆞᆫ딗 더옥熱心으 로ᄒᆞ시오(102하단).

---

74) 『한영』에는 '교쟝 敎長 A captain of a company of infantry. See 쵸쟝'처럼 한자표기가 다른 '敎長'이 나타나지만, 그 의미는 '쵸쟝 哨長 A captain of a company of soldiers. See 교쟝'으로 풀이되어 있어 예시문의 '校長'과는 달랐다.

75) 다만, 『한영』에도 같은 단어가 올라있다. '교부ᄒᆞ다 交付 To hand over; to pass along—as a warrant of arrest'. 한자표기가 '交付'로 되어있기는 하지만, 의미에는 차이가 없으므로 '交附'는 전통적 한자어일 가능성도 있다.

(58) 國民. 國民ガ奮發心ヲ起ナケレバ國ガ自然ニ衰ヘマス/國民이 奮發心을 興起
    치아니ᄒ면 나라이 自然 衰ᄒ옵니다(100하단), 國民ヲ代表シテ政府ニ勸告シマ
    シタ/國民을代表ᄒ야 政府에 勸告ᄒ얏습니다(113상단), 國民タル義務ヲ能ク
    守ラ子バナリマセン/國民된 義務를 잘직희지아니ᄒ면 안되오(120하단-121상
    단), 戰ニ出ルノハ國民タル者ノ義務デス/싸홈에 나가는 것은 國民된者의義務
    올시다(127하단).

(59) 國定=, 國定教科書(142상단). '國定'의 복합어.

(60) 國際-, 國際上. 國際上ノ問題ニ ナリマシタ/國際上問題가 되엿습니다(117상
    단), 國際上ノ關係ガ 深イカラ 抗議ヲ 提出致シマシタ/國際上關係가 깁흐니
    抗議를 提出ᄒ얏습니다(124상단-하단). '國際'의 파생어.

(61) 國債. 國債ヲ 拂フト云フ方針ヲ 持ツテイルカラ/國債를 갑는다는方針을 가
    지고 잇스니(116상단-하단).

(62) 國會. 今回ノ國會ニ 通過イタシマシタカ/今回의國會를 通過ᄒ얏습닛가(130
    하단).

(63) 軍部. 軍部ニハ 參謀局ガ アリマス/軍部에는 參謀局이 잇소(98상단-하단). 이때의
    '軍部'는 당시의 官制로서 신생의 고유명사이다. 『한영』 '군부 軍部 The War Office'.
    軍部=, 軍部大臣(64하단).

(64) 軍隊(85하단, 121상단).

(65) 軍人(110하단, 118상단-하단, 118하단, 121하단, 125상단, 128상단).

(66) 軍艦(101상단, 123하단, 251하단-252상단, 252하단, 254상단, 255상단-하단,
    255하단).

(67) 軍港-, 軍港地(124상단). 『한영』 '군항 軍港 A military port'. '軍港'의 파생어.

(68) 勸業=, 勸業模範場. 水原ニハ 勸業模範場ヲ 設ケマシテ/水原에는 勸業模範
    場을 설시ᄒ고(123하단). 이밖에도 勸業模範場(185하단)이 더 나온다. '勸業'의
    복합어.

(69) =規則, 證明規則(134상단). '規則'의 복합어.

(70) 金魚. コノ池ニ 金魚ガ 井マスガ 中々美シイデス/이못에 金魚가 잇는듸 딕단히 곱
    습니다(196하단). '金魚'는 '금붕어'의 뜻이다.

(71) 機械(189하단). 다만, 그 표기가 '긔계'(189상단)처럼 국문으로도 나타난다. '機械'
    라는 語形이 국어에 정착하기까지의 과정에 대해서는 宋敏(1999d) 참조.

(72) 氣管. 息ノ通ウ管ヲ 氣管ト 申シマス/숨이通ᄒ는구멍을 氣管이라 ᄒ옵니다
    (209하단). 이밖에도 氣管(211하단)이 더 나타난다.

(73) 氣候. 昨今ハ 氣候ガ 俄ニ 冷クナリマシタ/어제오날은 氣候가 卒然히 치워젓
    습니다(86하단). 이밖에도 같은 의미로 쓰인 '氣候'(90상단, 184상단)가 더 있
    다.76)

---

76) 한편, 『한불』에는 '긔후 氣候 Santé(*honorif.*) Force et santé, 긔톄후 氣體候 Santé (*honorif.; style épist.*)'가 나타

(74) 記事. コノ記事ハ 文章ガ ヨク 出來テヲリマス/이記事는 글이 잘 되엿습니다
(262상단). 이때의 '記事'는 '신문기사'의 뜻이다.

(75) 記臆-, 記臆力. 記臆力ガ ナイカラ 學ンダモノヲ 皆忘レテ仕舞ヒマシタ/記
臆力이 업스니 비혼것슬('을'의 잘못) 다 니저바리옵니다(155상단). '記臆'의 파생
어. 다만, '기억력'의 '-억-'이 '-臆-'으로 되어 있으나, 『한불』, 『한영』에 다같이 '긔
억ᄒᆞ다 記憶'으로 나타난다. 단, '記臆力/才調'로 대역된 경우도 있다. 彼人ハ 記
臆力ガ 無イデス/뎌사름은 才調가 업습니다(139상단).

(76) =技師, 專門技師. 專門技師ヲ 四五人 雇テ 測量ニ 着手シマシタ/專門技師를
四五人 雇用ᄒᆞ야 測量에 着手ᄒᆞ얏습니다(171하단). '技師'의 복합어.

(77) 紀念-, 紀念碑(120상단-하단), 紀念會(88하단). '紀念'의 파생어. 『한불』 '긔념
記念 Penser, réfléchir, rappeler à sa pensée. ‖Mettre un peu, assaisonner
légèrement'. 다만, 한자표기가 '記念'으로 되어있어 용례의 '紀念'과는 다르다.

(78) 紀元-, 紀元前. 耶蘇ノ生レタ處ハ 猶太國ベ子ヘム村デスガ 紀元前四年デア
リマス/耶蘇의誕生ᄒᆞᆫ곳은 猶太國베네헴村인듸 紀元前四年이올시다(94상단).
'紀元'의 파생어.

(79) 汽笛(255상단). 汽笛ガ 鳴ルト/汽笛이 우ᄂᆞᆫ 찍에(255상단).

(80) 汽車(165상단, 253하단, 255상단), 汽車(252하단). 그밖에 汽車/火車(255하
단), 汽車/火車(255하단), 汽車/輪車(253하단), 汽車/鐵道(261하단)와 같은 대
역도 나타난다. 한편, 『한영』에는 '긔챠 汽車 A locomotive; a railway engine.
See 화륜거'로 나타난다. 현대국어 '汽車'의 성립과정에 대해서는 宋敏(1999c,
2000a) 참조.

(81) 落第. 彼人ハ 何時モ 落第デス/뎌사름은 언제던지 落第ᄒᆞ오(138하단-139상단).

(82) 落成-, 落成式(153상단). '落成'의 파생어. 『한영』에는 '落成式' 대신 '락셩연 落
成宴 Congratulations and feasting on the completion of a house'가 보인다.

(83) 來診. 診察料ハ 往診ニ 一圓 來診ニ 五十戔デス/診察料ᄂᆞᆫ 往診에 一圓 來診
에 五十戔이오(248하단). '往診'의 대립어.

(84) 論說. 論說ハ 言文一致デ 書イテ 下サイ/論說은 言文一致로 써주시오(263하
단). 『한영』 '론셜 論說 News; matters under discussion. (ᄒᆞ다). See 연셜'.

(85) 農學. 專門科ニハ 何ヲ 御研究ナサル 目的デスカ 農學ヲ 研究シヤウト 思ヒ
マス/專門科에ᄂᆞᆫ 무엇을 研究ᄒᆞ실目的이오닛가 農學을 研究ᄒᆞ랴고 홉니다(142
하단).

(86) 賴信-, 賴信紙. 私ハ 電報ヲ 打チ度イデス 賴信紙ヲ 一枚 下サイ/나ᄂᆞᆫ 電報
를 놋코십습니다 賴信紙를 ᄒᆞᆫ쟝 주시오(257상단). '賴信'의 파생어. '賴信紙'는

나며, 『한영』에는 '긔후 氣候 Seasons; times. See 절긔, Health; strength. (Hon.) See 긔톄'가 나타나나, 그 의미
는 '건강' 또는 '계절'로서, 편지로 어른에게 안부를 묻는 인사말로 풀이되어 있어 예시문의 '氣候'와는 뜻이
다르다. 두 사전의 '氣候'가 전통적 의미를 나타낸다면, 예시문의 '氣候'는 '日氣'를 뜻하고 있어 의미의 변화가
있었음을 보여준다. 실제로, 일본어 쪽 '氣候'는 국어 쪽에서 '日氣'(84상단, 216상단)로 대역된 사례도 있다.

'電報를 신청하는 用紙'를 뜻한다.

(87) 擔保. コノ家ヲ 擔保トシテ 金ヲ 借リルコトニ イタシマセウ/이집을 擔保로 ᄒ야 돈을 엇게ᄒ겟소(179하단).

(88) 當局-, 當局者. 當局者間ニ/當局者間에(113상단). '當局'의 파생어.

(89) 當籤. 江南彩票ニ當籤シテ 一等八十萬圓ヲ 貰ヒマシタ/江南彩票에 當籤되여 一等八十萬圓을 탓습니다(181하단).

(90) 代表. 全權公使ハ 自國ノ政府ヲ 代表シテ/專('全'의 착오인 듯)權公使ᄂᆞᆫ 自國 政府를 代表ᄒ야(109상단-하단).

(91) 動物(26하단, 197상단). '植物'의 대립어. 『한영』 '동물 動物. Opp. 식물'.

(92) 登錄=, 登錄訴狀. 代書所ヲ 設ケテ 登錄訴狀等ヲ 取扱ヒマス/代書所를 설시 ᄒ고 登錄訴狀等을 處理ᄒ옵니다(133하단). '登錄'의 복합어.

(93) 馬車(256하단). 『한영』 '마챠 馬車. A horse cart; a foreign carriage'.

(94) 望遠鏡(233상단). 다만, 『한영』에는 '만리경 萬里鏡 A myriad *li* glass—a telescope. (씌우다). *See* 원시경'으로 나타난다.

(95) 賣買(180상단). 전통적으로 이 단어는 '買賣'로 표기되는 것이 보통이었다. 『한불』 '미매ᄒ다 賣買', 『한영』 '미매ᄒ다 買賣. *See* 흥정ᄒ다'.[77] =賣買, 土地賣買 (180상단). '賣買'의 복합어.

(96) 面會. 事務ヲ 取ル時ニハ 人ト 面會スルコトモ ナイデス/事務를 볼썌에ᄂᆞᆫ 남 과面會ᄒᄂᆞᆫ일도업소(79상단).[78]

(97) 免官. 地方官ガ 人民ヲ 虐待スルト 政府カラ 免官サセマス/地方官이 人民을 虐待ᄒ면 政府에서 免官식히옵니다(121상단).

(98) =模範-, 勸業模範場(123하단, 185하단). '模範'의 복합어.

(99) 謀殺=, 謀殺未遂. 謀殺未遂ノ首犯者ヲ/謀殺未遂의 首犯者를(129하단-130상 단). '謀殺'의 복합어.

(100) 募集(99하단, 151상단, 171상단).

(101) 目的(115하단, 142하단, 143상단, 171하단).

(102) 誣告=, 誣告反坐律. 誣告反坐律ヲ 犯シタモノヲ/誣告反坐律을 犯흔者를 (130하단). '誣告'의 복합어.

(103) 文法(262상단). 신생한자어로서의 '文法'에 대해서는 宋敏(2000a) 참조.

(104) 文章(262상단, 263상단). 의미변화에 따른 '文章'의 성립과정에 대해서는 宋敏 (2000a) 참조.

(105) 文才. 非常ニ文才ニ富デ居ル人デス/大端히 文才가 만흔사ᄅᆞᆷ이올시다(145하단).

---

77) 『한불』과 『한영』은 '賣'와 '買'의 결합이 반대로 되어있다. 이 경우 '賣買'보다는 '買賣' 쪽이 전통적인 표기방식이다. 따라서 『한불』의 '賣買'보다는 『한영』의 '買賣' 쪽이 전통적 표기방식을 보이고 있다. 현대국어에서 '買賣'가 '賣買'로 바뀐 것은 일본어의 영향을 받은 결과로 추정된다.

78) 한편, 『한불』에 '면회 面會 Conseil municipal de l'arrondissement', 『한영』에도 '면회 面會 A township council'로 나타나기는 하나, 양쪽이 모두 다 '面議會'와 같은 '해당지구의 議會'를 뜻하므로 예시문의 '面會'와는 뜻이 다르다.

(106) 問題(117상단-하단, 125상단). 다만, '演題/問題'(111상단)라는 대역도 나타난다.

(107) =物産=, =物産會社. 三井物産會社(158하단-159상단). '物産'의 복합어.

(108) =未遂, 謀殺未遂(129하단-130상단). 예시문은 '謀殺='참조. '未遂'의 복합어.

(109) 民事. 裁判所ニハ 判事及ビ檢事ガ アリマシテ 民事刑事ヲ 裁判シマス/裁判所에는 判事와檢事가 잇셔서 民事刑事를 裁判ᄒ옵니다(133상단). '범죄사건'을 뜻하는 '刑事'의 대립어.

(110) 博士. 先日 渡韓シタ 米國有名ナ博士ハ 二ケ月間京城ニ 滯在スルサウデス/日前渡韓ᄒ 米國有名ᄒ博士ᄂᆫ二個月 셔울셔 逗留ᄒ다ᄒ오(71상단).79)

(111) 發刊. 新聞ヲ 發刊以來/新聞을 發刊ᄒᆫ以來로(264상단).

(112) 發見(57상단, 267하단). 위에 나온 개화기의 신생한자어 (24)發明 참조.

(113) 發起. 京城內紳士達ノ發起デ 親睦會ヲ ヤルサウデス/京城內紳士들의發起로 親睦會를 ᄒ다하오(67상단).

(114) 發達(102하단, 109상단, 114하단, 170하단, 186상단, 267상단).

(115) 發布. 先月 移民條例ガ 發布サレマシタ/去月에 移民條例가 發布되엿습니다(131하단-132상단).

(116) 發表(99상단-하단, 115상단, 115상단-하단, 134상단). '發表'의 의미변화에 대해서는 宋敏(2000a) 참조.

(117) 方法. 處置ノ方法ヲ/處置ᄒᆯ方法을(75상단). 이밖에도 方法(97하단, 123하단, 185상단, 185하단, 248하단-249상단)이 더 있다.80) 한편, '方法/믠드ᄂᆫ法'으로 대역된 경우도 있다. 料理ヲ 拵エル 方法/飮食 믠드ᄂᆫ法(223상단).

(118) 方針(54하단, 70상단, 116상단-하단, 117하단). 『한영』'방침 方針 Guiding rules; laws'.

(119) 放還. 警察署デ 說諭ヲ 受ケテ 放還サレタデス/警察署에셔 說諭를밧고 放還되엇소(114상단). 다만, '放還/放送'으로 대역되기도 하였다. 酒ニ醉フテ 人ヲ毆打シタモノデスカラ 說諭ヲ 與ヘテカラ 直グ放還シマシタ/술이醉ᄒ여셔 사름을毆打ᄒᆫ者이기로 說諭ᄒᆫ後 卽時放送ᄒ얏습니다(131하단).

(120) 賠償-. 賠償金(120상단). '賠償'의 파생어. 『한영』'비상 賠償 Reparation; blood money. See 벌금'.

(121) 配置(99상단, 244하단). 『한불』에는 '빈치ᄒ다 排置', 『한영』에도 '빈치ᄒ다 排

---

79) 『한불』에 '박ᄉ 博士 Nom d'une haute dignité, 박ᄉ 博學士 Savant', 『한영』에도 '박ᄉ 博士 The royal astrologer; the king's sorcerer. A wise man; a scholar'가 있으나, 그 의미는 관직명 또는 학자로 풀이되고 있어 어느 쪽이나 전통적인 한자어임을 나타낸다. 그러나 예시문의 '박사'는 대학의 '학사, 석사'에 대립되는 최고 학위를 뜻하기 때문에 의미변화를 겪은 신생한자어에 속한다.

80) 다만, 『한영』에도 '방법 方法 Means used to ward off evil—as spirits, sickness etc. An infallible law; an unfailing sign. See 묘법'이 나타나지만, 그 의미는 '망령이나 질병과 같은 재앙을 쫓는 수단, 틀림없는 법칙, 틀림없는 조짐'처럼 풀이되어 있어 '手段, 方途, 方式'으로 쓰인 예시문의 '方法'과는 의미가 다르다.

置. To arrange; to set in order; to provide before hand. *See* 비포ㅎ다'가 보이는
데, 한자표기는 '排置'로 되어있으나, 의미는 '配置'와 같은 것으로 풀이되어 있다.

(122) 伯爵. 日俄戰爭時分ノ內閣總理大臣ハ 伯爵桂太郎デシタ/日俄戰爭時節의
內閣總理大臣은 伯爵 桂太郎이얏습니다(121하단). '伯爵'은 본래 중국어에서
유래한 한자어. 고려 공민왕 때 五爵位의 세 번 째에 '伯爵'이 있었으나, 예시문의
'伯爵'은 개화기에 새로 일본어에서 재차용된 결과로 간주된다.

(123) 法務=, 法務補佐官(99상단). '法務'의 복합어. 『한영』. '법무 法務 Affairs per-
taining to law; law'.

(124) 法廷(129상단-하단). 『한영』. '법뎡 法庭 A court—where offenders are tried;
a magistrate's court. *See* 관뎡'.

(125) 辨濟=, 辨濟期限(131하단). '辨濟'의 복합어.

(126) 辯護-, 辯護士(131상단). '辯護'의 파생어. '判事, 檢事'의 대립어.

(127) 別莊. 景色ノイイ處ニ 別莊ヲ 構ヘテ/景致됴흔곳에 別莊을 비포ㅎ고(232하
단-233상단). '構ヘテ'에 나타나는 '構'의 경우, 현대일본어 표기로는 '構'이다.

(128) 兵隊. 巡査ト 兵隊ハ イツモ 制服ヲ 着テ井マス/巡査와 兵隊ᄂ 항샹正服을
닙고잇소(114하단). 다만, '兵隊/兵丁'(36상단, 128하단), '兵隊/兵士'(101상단,
117하단)로 대역된 경우도 있다. 당시의 국어로는 '兵隊'보다 '兵丁, 兵士'가 더
자연스러웠던 것으로 보인다.[81]

(129) 病院. 病院ニハ 看護婦ガ 居リマス/病院에ᄂ 看護婦가 잇습니다(246하단),
病院デハ 凡ノ患者ヲ 收容シテ 治療サセマス/病院에서ᄂ 왼긋 病人을 收容
ㅎ야 治療식히옵니다(247하단). 『한불』 '병원 病院 Hopital, hospice pour les
malades', 『한영』 '병원 病院 A hospital; a room where the sick are cared
for'. 『한불』에 '病院'이 나타나는 점이 의외로 빠르기는 하나, 당시에는 아직 '病
院'이 국어단어로서는 자리를 잡지 못했던 것으로 보인다.[82]

(130) 報告(111상단-하단, 123상단).

(131) 步兵(115하단-116상단). 예시문은 '工兵' 참조. 『한불』 '보병 步兵 Piéton; fan-
tassin; soldats d'infanterie', 『한영』 '보병 步兵 Infantry; foot-soldiers. *Opp.*
마병'. 그러나 뜻풀이로 보면 『한영』에서는 그 의미가 축소되었음을 알 수 있다.

(132) =補佐-, 法務補佐官(99상단). '補佐'의 복합어.

---

81) 다만, '兵士'가 반드시 자연스러운 국어단어였는지는 의문이 따르기도 한다. '兵士/軍士'(126하단)처럼 일본어
쪽의 '兵士'를 국어에서는 오히려 '軍士'로 대역한 경우도 있기 때문이다. '兵/군사'(111상단), '兵/軍士'(126상단)
와 같은 대역어로 볼 때 '兵士'보다는 '軍士'가 더 자연스러운 국어단어였을 가능성도 보인다.

82) '病院'이라는 신생한자어가 국내문헌보다 서양인들이 편찬한 사전에 먼저 나타나는 이유는 그들이 고국에서부
터 '病院'이라는 존재를 알고 있었기 때문일 것이다. 그러나, '病院'이라는 단어가 국어에 자연스럽게 쓰일 수
있게 된 시기는 20세기 이후로 추정된다. 그러한 근거로서 李鳳雲·境益太郎(1895), 『單語連語日話朝雋(京城,
漢城新報社)에는 일본어 쪽의 '病院'이 '병보ᄂ집'(23a)이라는 대역으로 나타난다. 한편, '病院'에 대해서는 이전
에 宋敏(1998, 2002a)으로 약간의 논의를 시도한 적이 있으나, 미흡한 점이 많기 때문에 이전 논의를 보완해
본 것이 宋敏(2002b)이다.

(133) 普通=, 普通學校(151상단). '普通'의 복합어.

(134) 本店. 本店ハ 京城ニ 置イテ 支店ハ 各地方ニ 設ケマシタ/本店은 京城에두고 支店은 各地方에 設置ᄒ얏습니다(179하단). '支店'의 대립어.

(135) 不動産. 不動産デモ 抵當ニ 取リマスカ/不動産이라도 典當을 잡습닛가(159하단). '動産'의 대립어인 동시에 파생어. 다만, 『獨習日語正則』에 신생한자어 '動産'이라는 용례는 나타나지 않는다.

(136) 不公平. アイツハ イツモ 不公平ナコトヲ 云フカラ 人ニ 憎マレマス/그쟈는 흥샹 不公平ᄒ말을ᄒ니남의게 뮈옴을밧습니다(81하단). '公平'의 파생어.

(137) 不服. 漢城裁判所デ 不服シテ 平理院ニ 控訴シマシタ/漢城裁判所에서 不服ᄒ고 平理院에 申訴하얏습니다(133하단).

(138) 副署. 勅令ヲ以テ 法律ヲ 發表スル時ニハ 各大臣ガ 副署イタシマス/勅令으로써 法律을 發表ᄒᆯ時에ᄂᆫ 各大臣이 副署ᄒ옵니다(134상단).

(139) 師團-, 師團長(100상단-하단, 100하단). '師團'의 파생어.

(140) 師範=, 師範學校(152상단). '師範'의 복합어.

(141) 事件(97하단-98상단, 117상단, 131상단). 단, '事件/事故'(156하단-157상단, 261하단)의 대역으로 나타나는 수도 있다.

(142) =事變. 北淸事變ノ起ツタノハ/北淸事變은(115하단). '事變'의 복합어.

(143) 事業(49상단, 60하단-61상단, 180하단, 181상단, 184상단). =事業, 殖産事業(142하단-143상단), 郵便電信事業(260하단), 拓殖事業(171하단). 이때의 '事業'은 자본주의 개념을 나타내는 단어로서 '영리를 추구하는 기업'과 비슷한 뜻이다.[83]

(144) 司法. 立法行政 司法ハ 國ノ三大權デハ アリマセンカ/立法行政司法은 나라의 三大權이아니오닛가(121상단). '立法, 行政'의 대립어.

(145) 私人=, 私人團體/私人團體(97상단). '私人'의 복합어. '公人團體'의 대립어. 단, '-體'와 '-軆'가 혼용되고 있다.

(146) 算術(137상단, 183하단). 『한영』 '산슐 算術. See 수학'.

(147) 商法. 商法ニ 依テ 各々 組織ガ 違ヒマス/商法을 依ᄒ야 各々 組織이 다릅니다(168하단).

(148) 商業(177상단). 商業=, 商業視察(158상단). 다만, '商業/쟝사'(172하단-173상단, 177하단-178상단)로 대역된 곳도 있다.

(149) 商店(177하단, 182상단).

(150) 商品(174하단-175상단).

(151) 商況(178상단, 182하단).

(152) 生徒(135하단, 152하단, 186상단). 『한영』 '싱도 生徒. See 학도'. 다만, '生徒/

---

83) 『한불』에 '스업 事業 Affaire; chose; événement. Fonction; affaire propre; profession', 『한영』에도 '스업 事業. See 공업'이 나타나기는 하나 그 의미는 매우 넓고 일반적이었던 것으로 풀이되어 있다.

學徒'(151상단-하단)로 대역된 곳도 있다.

(153) 生存競爭. 今ハ 生存競爭ノ時代デスカラ 何ノ事業デモ一ツ見事ニ遣ツテ見マセウ/지금은生存競爭ㅎㄴ時代이오니 무슨事業이든지 한번보암즉이ㅎ여보옵시다(60하단-61상단). '生存'의 복합어. 『한불』, 『한영』에 다같이 '싱존ㅎ다 生存'가 나타나기 때문에 '生存'은 전통적 한자어에 속하나 '競爭'은 보이지 않는다. '生存競爭'의 성립과정에 대해서는 宋敏(2000e) 참조.

(154) 石盤. 石盤ヲ 拭イデ 置キナサイ/石盤을 씨셔 두시오(136상단). 이때의 '石盤'은 '書板'과 같은 의미인데, 『한영』에는 '셕판 石板 A stone slate; a stone tablet'로 나타난다.

(155) 石油(158하단). 『한영』 '셕유 石油, 셕유등 石油燈. See 람푸'.

(156) 石炭-, 石炭酸. 室內ヲ 奇麗ニ 掃除シテカラ 石炭酸デ 消毒シナサイ/집안을 씻긋ㅎ게 쓸고 石炭酸으로 消毒ㅎ시오(241상단), 腫物ニ 膿ガ 溜ツテ井マスカラ 切ツタ 後ニ 石炭酸デ 能ク 洗ツテ 下サイ/腫處에 고름이 드럿스니 破腫ㅎ後에 石炭酸으로 잘 씨서 주시오(245하단). '石炭'의 파생어. 단, '石炭'은 전통적 한자어.84)

(157) 石灰-, 石灰質(205상단). '石灰'의 파생어. 단, '石灰'는 전통적 한자어. 『한영』. '셕회 石灰 Stone lime; cement'.

(158) 宣告. 有期徒刑ニ 宣告シタ 處ガ 特赦ニ 依ツテ 放釋サレタデス/有期徒刑에 宣告ㅎ엿더니 特赦로 因ㅎ야 放釋되엿소(130하단).

(159) 船便. 今度ノ船便デ 荷物ガ 到着シマシ(이 자리에 'タ'가 빠진 듯)カラ/이번 船便으로 짐이 왓스니(256상단). 『한영』 '션편 船便. See 빙편'.

(160) 歲入. 歲出ガ歲入ヨリ 多クテハ/歲出이 歲入보담 만하셔ㄴ(112상단). 歲出(112하단). 다만, 『한영』에 '셰입 歲入'은 있으나 '歲出'은 보이지 않는다.

(161) 消毒(241상단, 248하단-249상단). 용례는 '石炭-'참조.

(162) 消防, 消防-. 火事ガ アル時ニハ 消防組ガ 噴水器ヲ 持ツテ 消防ニ 從事シマス/火災가 잇슬쎄ㄴ 消防組가 噴水器를 가지고 消防에 從事ㅎ옵니다(123상단-하단). '消防組'는 '消防'의 파생어.

(163) 小說. 寂シイ時ニハ 小說ホド 面白イモノハ アリマセン/젹ㅅ홀쎄ㄴ 小說쳐럼 ㅈ미잇ㄴ 것은 업습니다(266상단), 寂イ時ニハ 小說デモ 心ヲ 慰メマス/寂ㅅ홀쎄ㄴ 小說이라도 ㅁ음을 위로ㅎ오(267상단). 여기에 나타나는 '小說'이 전통적 의미를 나타내는지 현대적 의미를 나타내는지는 확실하지 않다. 그러나, 당시에는 이미 전통적 '小說'과는 다른 문학작품으로서의 '小說'이 이미 알려져 있었을 가능성도 있다.85)

---

84) 실제로 『한불』과 『한영』에는 다같이 '셕탄 石炭'이 나타난다.

85) 전통적 의미를 나타내고 있다면 『한불』에 '쇼셜 小說. Petite parole. Bavardage; cancan; nouvelle sans fondement; nouvelle fausse; conte; rumeur; bruit fâcheux'처럼 풀이된 '사소한 이야기, 객설, 잡담, 근거 없는 소문, 거짓 소문, 꾸민 이야기, 소문, 딱한 이야기'나 『한영』에 '쇼셜 小說 Small talk; gossip. A story book—in

(164) 訴訟(129하단, 133하단).

(165) 訴狀(132하단). =訴狀, 登録訴狀(133하단). '訴狀'의 복합어. 예시문은 '登録' 참조.

(166) 少將. 日本ノ軍人共ガ 少將以上ノ將官ヲ 呼ブ時ニハ 閣下ト云ヒマス/日本 軍人들이 少將以上의將官을 불을 찌는閣下라 ᄒ옵니다(118하단). 『한영』 '쇼 쟝 少將 A major-general. *See* 즁쟝; 대쟝'.

(167) 速力(255상단-하단).

(168) 速成-, 速成科(152하단). '速成'의 파생어. 다만, 『한영』에는 '속셩속패ᄒ다 速 成速敗'가 나타날 뿐이다.

(169) 手術(248상단-하단, 249상단).

(170) 首犯-. 首犯者(129하단-130상단). '首犯'의 파생어.

(171) 首府. 京城ハ 韓國ノ首府デアッテ/京城은 韓國首府인듸(27하단).

(172) 授業(151상단). 授業=, 授業時間(142상단). '授業'의 복합어.

(173) 需要(178상단). '供給'의 대립어. 예시문은 '供給' 참조.

(174) 收容. 監獄署ハ 凡ノ犯罪者ヲ 收容スル處デアリマス/監獄署는 온갖犯罪人 을 收容ᄒᄂ곳이올시다(100상단), 病院デハ 凡ノ患者ヲ 收容シテ 治療サセ マス/病院에서는 왼ᄌ 病人을 收容ᄒ야 治療식히옵니다(247하단).

(175) 收入(113하단-114상단).

(176) 收穫-, 收穫物(186하단). '收穫'의 파생어. 다만, '收穫/秋收'(184하단)로 대역 된 곳도 있다. 收穫-, 收穫高/秋收額(186상단).

(177) 輸入(158상단, 160상단, 161하단). '輸出'의 대립어.

(178) 輸出(160상단, 186상단-하단). '輸入'의 대립어. 輸出-, 輸出品(159상단, 182하 단). 輸出入(160상단). 이들은 '輸出'의 파생어.

(179) 時間, 分, 秒(83하단). 時間(74상단, 78하단, 79하단, 142상단, 146하단, 256하단). =時間, 授業時間(142상단). '時間'의 복합어.

(180) 時計(78상단, 204상단, 235상단, 238하단, 235상단-하단, 238하단, 243상단). 『한 영』 '시계 時計. *See* 시표, 시표 時鏢. *See* 시계, 시죵 時鍾. *See* ᄌ명죵'. '時計'가 국어에 차용되기까지의 과정에 대해서는 宋敏(2000d) 참조. -時計, 金時計(234상단 -하단). '時計'의 파생어. =時計, 目醒時計(79하단). '時計'의 복합어.

(181) 時代(33상단, 60하단-61상단, 106상단, 108하단-109상단).

(182) 施政=, 施政改善(115하단). '施政'의 복합어.

(183) 視察(57하단, 106하단-107상단, 185상단). =視察, 商業視察(158상단). '視察'의 복 합어.

(184) 植物(26하단). 動物의 대립어. 『한영』 '식물 植物. *Opp.* 동물'.

(185) 殖産=, 殖産事業(142하단-143상단). '殖産'의 복합어.

---

the character. *See* 야ᄉ'처럼 풀이된 '작은 이야기, 화제꺼리, 이야기 책'에 해당할 것이다.

(186) 訊問-. 警務廳ニハ 訊問課ガアリマシテ 凡ノ罪人ヲ審査シタ結果 調書ヲ
拵ヘテ 罪人ト共ニ 裁判所ヘ 送リマス/警務廳에ᄂᆞᆫ 訊問課가잇셔셔온갓罪人
을 審査ᄒᆞᆫ結果로 調書를민드러 罪人과갓치 裁判所로 보닉옵니다(134하단).
'訊問'의 파생어.

(187) 信用(77하단-78상단, 169상단, 173상단).

(188) 實力(104상단).

(189) 實施. 實施スル 期限ハ 何時頃ナルカ 未ダ分リマセン/實施ᄒᆞᆯ期限은 언제가
될지 아직 알슈업소(134상단).

(190) 實業-, 實業家(79상단). '實業'의 파생어.

(191) 實地. 只ダ 本バカリ 見テ 研究シタ處ガ 實地ノ經驗ガ ナケレバ 駄目デス/
다만 칙만보고 研究ᄒᆞ얏슬지라도 實地經驗이 업스면 쓸듸업소(157상단-하단).

(192) 實行(115하단, 134상단). 다만, '實行/實施'(118하단)로 대역되기도 하였다.

(193) 失敗. 商賣ニ 失敗シテ 身代限迄 致シマシタ/쟝사에 失敗ᄒᆞ고 판셰음싯지
ᄒᆞ엿습니다(180상단). 그러나, 똑같은 문장의 '失敗'가 국어에서는 '良貝'로 대역
된 경우도 있다. 商賣ニ 失敗シテ 身代限迄致シマシタ/쟝사에 良貝ᄒᆞ여서 판
셰음싯지ᄒᆞ엿습니다(174하단). 이처럼 일본어 '失敗'는 국어로 다르게 대역된 경
우가 더 많다. '失敗'가 당시의 국어단어로서는 자연스럽지 못했기 때문일 것이다.
이점에 대해서는 뒤에 나올 일본어의 간섭에 대한 국어의 저항 중 '失敗' 항목
참조.

(194) 審査. 凡ノ罪人ヲ審査シタ結果/온갓罪人을 審査ᄒᆞᆫ結果로(134하단).

(195) 心臟-, 心臟病(248하단). '心臟'의 파생어. 이때의 심장은 '臟器'를 뜻한다. 다
만, 『한영』에 '심쟝 心腸. See ᄆᆞ음'이 있으나 그 한자표기가 다르다.

(196) 按摩. 日本ノ盲人ハ 琴ヲ引カ按摩ヲスルノガ 常デス/日本판슈ᄂᆞᆫ 거문고를
쯧던지 按摩를 ᄒᆞᄂᆞᆫ것이 常事올시다(38상단).

(197) 藥劑-, 藥劑士. 藥ヲ 調劑スル者ヲ 藥劑士ト 申シマス/調劑ᄒᆞᄂᆞᆫ者를 藥劑
士라 ᄒᆞ오(251상단-하단). '藥劑'의 파생어.

(198) 洋服(165하단, 188상단, 216상단, 218상단-하단, 219상단, 221상단, 221하단,
222하단). 『한영』 '양복 洋服'.

(199) 洋行. 私ノ弟ハ 二三年前ヨリ 洋行シテオリマス/닉아ᄋᆞᄂᆞᆫ 二三年前브터 洋
行ᄒᆞ옵니다(35상단). '洋行'은 '西洋行' 곧 '西洋에 가는(또는 간) 일'을 뜻한
다.[86]

(200) 漁業(175상단-하단).

---

86) 그러나, '洋行'에는 또 다른 뜻이 있다. 국어에서는 '주로 외국과 무역거래를 하는 서양식 商社'를 뜻하지만,
본래의 중국어에서는 '중국에 와있는 외국인 商社나 商店'을 뜻한다. 이 경우 발음은 [yángháng]이다. 이때의
'洋行'은 『한영』에도 '양항 洋行 A foreign mercantile firm; a western hong'으로 나타난다. 뜻풀이에 보이는
hong은 중국어 行[háng](職業, 장사)의 音寫形으로 '商館, 洋行'이란 뜻이다. 결국, 국어에서 '商社'라는 의미로
쓰이고 있는 '洋行'의 발음은 『한영』에 보이는 대로 '양항'이 올바르다 할 것이다.

(201) 言文=, 言文一致. 論說ハ 言文一致デ 書イテ 下サイ/論說은 言文一致로 써
주시오(263하단). '言文'의 복합어.

(202) 旅行. 脚絆ハ 旅行スル時ニ ハメマシタラ 便利ナモノデアリマス/行纏은 旅
行홀 쎄에 치면 便利흔것이올시다(220하단). 이밖에도 旅行(241상단)이 더 있다.

(203) 軟骨. 節々ニ 軟骨ガ 多ケレバ 運動スルニ 苦シクアリマセヌ/마듸마다 軟
骨이 만흐면 運動ᄒᆞᄂᆞᆫ듸 힘들지안이ᄒᆞ오(213상단). '軟骨'의 의미변화에 대해서
는 宋敏(2000a) 참조.

(204) 研究(142하단, 150상단, 150하단, 157상단-하단). 다만, '研究/講究'(75상단)나
'研究/工夫'(154상단-하단, 155상단)로 대역되기도 하였다.

(205) 演壇. 演壇ニ 登ツテ 演說ヲ ウマク遣リマスレバ/演壇에 올나 演說을 잘ᄒᆞ면(50
하단).

(206) 煉瓦-, 煉瓦造/煉瓦製(232하단). '煉瓦'의 파생어.

(207) 鉛筆(135하단). 『한영』 '연필 鉛筆'. 鉛筆-. 鉛筆畵/鉛筆그림(137하단).

(208) 聯合=, 聯合演說會(111상단). =聯合=, 萬國聯合端書/萬國聯合葉書(257하
단). '聯合'의 복합어.

(209) 列車(254하단). =列車, 二番列車(252하단). 一番列車(253상단). 貨物列車
(254하단). '列車'의 복합어.

(210) 熱帶=, 熱帶地方. 熱帶地方ニハ 蟒蛇ガ 多イサウデス/熱帶地方에ᄂᆞᆫ 大蟒이
만탑데다(194하단). '熱帶'의 복합어. '寒帶地方'의 대립어. 『한영』 '열듸 熱帶'
참조. '熱帶, 溫帶, 寒帶'의 출현과정에 대해서는 宋敏(2001e) 참조.

(211) 厭世=, 厭世主義(50상단). '厭世'의 복합어.

(212) 營業. 理事廳カラ 料理業ノ鑑札ヲ 貰ツテ 營業致シマス/理事廳에서 料理業
의 認許를 엇어서 營業ᄒᆞ옵니다(177하단).

(213) 影響. 米作ノ 豊凶ハ 商賣ニ 影響ヲ 及スコトガ 多イデス/米作의豊凶은 쟝
사에 影響되ᄂᆞᆫ일이 만습니다(176상단).

(214) 往診(248하단). '來診'의 대립어. 예시문은 '來診' 참조.

(215) 外科. ソノ御醫者樣ハ 外科ニハ 上手デス/그의원은 外科에ᄂᆞᆫ 一手올시다
(248하단), 總テノ外科ニハ 手術ヲ 施シマス/왼ᄌᆞ 外科에ᄂᆞᆫ 手術을 施行ᄒᆞ
오(249상단). 다만, 『한영』에는 '외과 外課 External treatment—as of boils
ect. Opp. 뇌과'와 '뇌과 內科 Internal treatment—of disease. Opp. 외과'가 나
타나는데, '內科'의 한자표기로 판단할 때 '外課'의 '課'는 '科'의 착오인 듯하다.

(216) 外交-, 外交家(155상단). '外交'의 파생어. 外交=, 外交問題(119하단). '外交'의 복합어.

(217) 外套(167하단, 220상단, 221상단-하단).

(218) 料金. 小爲替ハ 一口 五圓迄デスガ 料金ハ 三錢デス/小爲替ᄂᆞᆫ 一度에 五圓
ᄭᆞ지인듸 料金은三錢이오(258상단).

(219) 料理. コノ料理ニハ/이料理에는(229상단), コノ料理ハ淡泊デ/이料理ᄂᆞᆫ 淡
泊ᄒᆞ야(229상단). 한편, 일본어 '料理'가 국어로는 다르게 대역된 경우도 많다.

'料理'가 당시의 국어단어로서는 자연스럽지 못했기 때문일 것이다. 이점에 대해서
는 뒤에 나올 일본어의 간섭에 대한 국어의 저항 중 '料理' 항목 참조.

(220) 曜日, -曜日. 今日ハ 何曜日デスカ/오날은 무슴曜日이오닛가(140하단). 金曜
日. 金曜日ヂヤ アリマセンカ/金曜日이 아니오닛가(140하단). 『한영』'금요일
金曜日 Friday'. 土曜日. 朝鮮ノ軍隊ハ 土曜日每ニ 演習ヲ ヤリマス/朝鮮軍
隊는 土曜日마다 演習을ᄒ옵니다(85하단). 『한영』'토요일 土曜日 Saturday'.
'土曜日, 日曜日'의 출현에 대해서는 宋敏(1988, 2001a) 참조.

(221) 郵船(258하단). 郵船=, 郵船會社(258하단). '郵船'의 복합어.

(222) 郵送(259상단).

(223) 運送(172하단, 253하단, 254하단).

(224) 運輸=, 運輸會社(176상단-하단). '運輸'의 복합어.

(225) 運轉-, 運轉士/運轉手. 汽車ノ運轉士ニ ナリマシタ/輪車의 運轉手가 되엿습니다
(253하단). 여기서는 일본어 쪽의 '運轉士'가 국어에서 '運轉手'로 대역되었음을 보여
준다. '運轉'의 파생어. 의미변화에 따른 '運轉'의 성립에 대해서는 宋敏(2000a) 참조.

(226) 原告. 訴ヲ 起ス人ヲ 原告ト云ヒマス/訴訟을 提起ᄒᄂ스름을 原告라ᄒ옵니
다(133상단), 債權者ハ 原告トナリ 債務者ハ 被告トナッテ 法廷デ 裁判イ
タシマス/債權者는 原告가되고 債務者는 被告가되여 法廷에서 裁判ᄒ옵니다
(129상단-하단). '被告'의 대립어. 『한불』'원고 元告 Accusateur, qui intente
un procès. ‖Défendeur dans un procès, accusé'. 다만, 그 의미는 '고소인(원
고), 피고'를 동시에 뜻한다고 되어있다. 『한영』'원고 原告 An informer—as in
case of murder; a prosecutor. *See* 원척, 원척 原隻 The first informer—in a
lawsuit. *See* 원고'. 이때의 의미는 '고발인, 검사(원고)'로 풀이되어 있어 『한영』에는
'原告'의 의미축소가 반영되어 있는 것으로 해석된다.

(227) 月給(70하단). 『한영』'월급 月給 Monthly wages. *See* 삭하', '삭하 朔下. *See*
월급'. 月謝(142상단, 152상단).

(228) 委任(131상단). 委任-, 委任狀(131상단).

(229) 委員(106하단, 119하단). 委員-, 委員會(97상단, 107하단). '委員'의 파생어. =
委員, 全權委員(109하단), 調査委員(124상단). =委員-, 銓考委員會(97상단,
107상단-하단). '委員'의 복합어.

(230) 有利. 牧畜モ 有利ナ 事業デセウ/牧畜도 有利ᄒ 事業이지오(184상단).

(231) 留學(58하단-59상단, 143하단-144상단, 153하단, 156하단). 留學-, 留學生
(154하단). '留學'의 파생어.

(232) 音樂=, 音樂學校(150상단). '音樂'의 복합어. 단, '音樂'은 전통적 한자어.

(233) 應接, 應接間/應接室. 其處ハ 應接間デス/거긔는 應接室이오(235하단). 일본
어 쪽의 '-間'이 국어에서는 '-室'로 다르게 나타난다. '應接'의 파생어.

(234) 義捐-, 義捐金. 義捐金ヲ 集メテ 學校ヲ 設ケマシタ/義捐金을 모하서 學校
를 設立ᄒ얏습니다(151하단). '義捐'의 파생어.

(235) 議事-, 議事錄(119하단). ‘議事’의 파생어.

(236) 議案(98상단, 115상단).

(237) 議會(130상단-하단). =議會, 帝國議會(122상단-하단). ‘議會’의 복합어.

(238) 醫學(143상단). 醫學- 또는 醫-, 醫學校(150하단). ‘醫學’ 또는 ‘學校’의 파생어.

(239) 理科. 午後ニハ 理科ヲ 學ビマス/午後에는 理科를 비홉니다(137상단).

(240) 移民=, 移民條例(131하단-132상단). ‘移民’의 복합어.

(241) 人口(27하단, 117상단). 人口=, 人口戶數(98상단).

(242) 人夫. 人夫達ガ 重荷ヲ 擔イテ/人夫들이 무거온짐을 메이고(38하단).

(243) 人身=, 人身解剖術(150하단). ‘人身’의 복합어.

(244) 引力. 地球ト太陽ハ 引力ガアルト云ヒマス/地球와太陽은 引力이 잇다ㅎ옵니다(18상단).

(245) 引致. 加害者ヲ 引致シテ 取調ベマシタ處ガ/加害者를 引致ㅎ야 査實흔즉(129하단). 다만, ‘引致/被捉’(132상단)으로 대역되기도 하였다.

(246) 立法(121상단). ‘行政, 司法’의 대립어. 예시문은 ‘司法’ 참조.

(247) 入學(138하단, 148상단). 의미변화에 따른 ‘入學’의 성립에 대해서는 宋敏(2000a) 참조.

(248) 資格. ソノ人ハ 其レ丈ノ資格ガアルカ知ラヌ/그ᄉ롬은 그만흔資格이잇는지 모로겟다(73상단).

(249) 資金(108하단, 181상단).

(250) 資本(159상단, 162하단, 169상단, 180하단).

(251) 自治-, 自治制(112상단). ‘自治’의 파생어.

(252) 作用. 化學ノ作用/化學의 作用(190상단), 蒸汽ノ作用/蒸汽의作用(255하단). 다만, ‘作用’이 자연현상을 나타낼 때에는 국어에서 ‘造化’로 대역되기도 하였다. 月ノ作用/太陰의造化(28하단-29상단), 暴風ノ作用ラシイ/暴風의造化인가보다(30상단).

(253) 雜報-, 雜報欄(265상단). ‘雜報’의 파생어. 『한영』 ‘잡보 雜報 Miscellaneous items—of news’.

(254) 雜貨-, 雜貨店(183상단). ‘雜貨’의 파생어. 다만, ‘雜貨店/雜貨廛’(162하단)으로 대역되기도 하였다.

(255) 將官. 日本ノ軍人共ガ 少將以上ノ將官ヲ 呼ブ時ニハ 閣下ト云ヒマス/日本軍人들이 少將以上의將官을 불을 찍는閣下라 ㅎ옵니다(118하단). ‘將官’의 의미는 ‘將軍 官職’을 나타낸다. 『한영』 ‘쟝관 將官 Underlings holding military office. *See* 샹관’.[87]

---

87) 이때의 의미는 ‘軍職에 있는 下級部下’로 풀이되어 있어 잘 이해가 되지 않으나, ‘샹관’을 보라고 되어있는 점으로 볼 때 ‘上官’의 동의어로 생각된다. 실제로 『한영』에는 ‘샹관 上官 High offices; “your honor;” “your worship.” *Opp.* 하관’이 나타나기 때문에 그 의미가 ‘高位官職 또는 그들을 직접 부를 때 쓰이는 呼稱임을 알려 준다.

(256) 財源. 通信機關ハ 郵便電信等デ 莫大ノ 財源デス/通信機關은 郵便電信등 속인되 莫大호 財源이올시다(261상단).

(257) 裁可(98상단, 115상단).

(258) 裁縫(167상단).

(259) 裁判(129상단-하단, 133상단).『한영』에도 '지판 裁判'이 보인다. 裁判-, 裁判所(99상단, 100상단, 131하단, 132하단-133상단, 133하단, 134하단). '裁判'의 파생어.『한영』'지판소 裁判所'.

(260) 銓考(107상단-하단), 銓考=, 銓考委員會(97상단, 107상단-하단). '銓考'의 복합어.

(261) 全權=, 全權公使(109상단-하단). 용례는 '=公使' 참조. 全權委員(106하단). '全權'의 복합어. 단,『한불』'전권대신 全權大臣'.『한영』'전권대신 全權大臣. See 흠ᄎ'.

(262) 專賣-, 專賣權(181상단). '專賣'의 파생어.

(263) 專門-, 專門科(142하단). '專門'의 파생어. 專門=, 專門技師(171하단). '專門'의 복합어.

(264) 澱粉. 撤里失爾酸 二分五厘卜 澱粉 二匁ヲ 散藥ニシテ/撤里失爾酸 二分五厘와 澱粉 二錢重을 散藥으로ᄒ야(250상단-하단).

(265) 戰鬪-, 戰鬪艦(114상단). '戰鬪'의 파생어.

(266) 電線(257하단-258상단).『한영』'뎐션 電線. A telegraph line, 뎐션줄 電線 A telegraph wire. See 뎐긔션'.

(267) 電信(260상단). =電信=, 郵便電信事業(260하단). '電信'의 복합어. 다만, '電線/電信'의 대역도 보인다. 海底電線/海底電信(259하단).

(268) 電車(141상단, 146하단).

(269) 電話. 交換所ニ 電話ヲ 掛ケテ/交換所에 電話를 ᄒ여(259상단).

(270) 點眼-, 點眼水. 眼病ガ 酷イカラ 點眼水ヲ 一瓶頂戴/眼疾이 대단ᄒ니 점안수를 ᄒ병 주시오(249하단). '點眼'의 파생어.

(271) 政府(97하단, 98상단, 102하단, 103하단, 107하단, 108하단, 109상단-하단, 113상단, 115상단, 118하단, 121상단, 122하단, 125상단, 126상단, 144상단).『한영』'정부 政府. See 의정부'.

(272) 政治(100하단, 101상단-하단, 103하단, 142하단). 政治-, 政治家(115상단). '政治'의 파생어.『한영』'정치 政治, 정치학 政治學, 정치상 政治上'.

(273) 製造(114상단, 254상단, 255하단). =製造-, 活字製造所(176상단). '製造'의 복합어.

(274) 提出(75상단-하단, 98상단, 115상단, 124상단, 132하단).

(275) 條例(131하단-132상단). =條例, 移民條例(131하단-132상단). '條例'의 복합어.

(276) 條約(106하단, 114하단).

(277) 調査(98하단). 調査=, 調査委員(124상단). =調査-, 貿易調査表(160상단). '調査'의 복합어.

(278) 調書. 罪人ヲ審査シタ結果 調書ヲ 拵ヘテ/罪人을 審査ᄒ結果로 調書를믿드러(134하단).

(279) 調印(106하단, 119하단).

(280) 調劑(251상단-하단). 단, 藥ノ調劑法/製藥法(247하단).

(281) 租稅. 全國租稅ノ收入ハ/全國租稅의收入은(113하단-114상단).

(282) 造幣-, 造幣局(110상단). '造幣'의 파생어.

(283) 照會. 當該官廳ニ 照會シテ/當該官廳에 照會ᄒ야(97하단). 『한영』 '죠회 照會 Official documents relating to subjects of other countries. (붓치다)'.

(284) 卒業(35하단, 138하단, 152하단, 156하단-157상단). 卒業-, 卒業生(152상단). '卒業'의 파생어. 『한영』 '졸업ᄒ다 卒業 To complete studies or practice. *See* 성공ᄒ다, 졸업싱 卒業生 A graduate—of college, 졸업쟝 卒業章 A diploma given on the successful completion of studies. (맛다)'. 다만, '卒業章'은 현대국어 한자표기로 '卒業狀'이다.

(285) 宗教(92하단, 94상단). -宗派, 新宗派(93하단).[88] '宗派'의 파생어.

(286) -週間. 一週間丈/一週間만(60하단), 一週間ハ/一週間은(84상단), 一週間以上/一週間以上을(141상단), 一週間ニ/一週間에(142상단), 一週間ニ/一週間동안에(142상단), 往復二週間ハ/往復二週間은(164하단).

(287) 注文. 東京ニ注文シマス/東京으로 注文합니다(164하단). 반면에, 일본어 '注文'은 국어로 다르게 대역된 경우가 더 많다. '注文'이 당시의 국어단어로서는 자연스럽지 못했기 때문일 것이다. 이점에 대해서는 뒤에 나올 일본어의 간섭에 대한 국어의 저항 중 '注文' 항목 참조.

(288) 注射. 淋病ナラ 次醋酸鉛水ヲ 以テ 尿道ニ 注射シナサイ/痲疾이면 次醋酸鉛水로 써 腎莖에 注射ᄒ시오(249하단-250상단).

(289) =主義. 厭世主義(50상단), 鎖國主義(110상단). '主義'의 복합어.

(290) 株式(168하단). 株式=, 株式會社(177하단). '株式'의 복합어.

(291) 竣工(138상단), 단, '竣工/畢役'(190상단, 242상단)으로 대역된 곳도 있다.

(292) 中隊. 一個中隊ノ騎兵ヲ 派遣シマシタ/一個中隊의騎兵을 派遣ᄒ얏소(120하단).

(293) 地球(18상단, 23상단, 29상단). 『한영』 '디구 地球. *See* 세계, 지구샹 地球上 *See* 텬하'.

(294) 地券(159하단-160상단). '家券'의 대립어. 용례는 '家券' 참조.

(295) 地理-, 地理學(76상단). '地理'의 파생어. 단, '地理'는 전통적 한자어.

(296) 地方=, 地方小學校(152상단), =地方, 三南地方(24상단, 123상단), 寒帶地方

---

88) 다만, 『한불』에는 '종파 宗派. Fils aîné, branche aînée d'une famille', 『한영』에는 '종패 宗派 The oldest branch of a clan or family. *See* 지패'가 나타나지만, 그 의미는 '宗家'에 해당한다. 따라서 여기에 보인 '新宗派'의 '宗派'와는 의미가 다르다.

(26상단), 南韓地方(106하단-107상단), 熱帶地方(194하단). '地方'의 복합어. 地方-, 地方官(121상단, 126하단). '地方'의 파생어. 『한영』 '디방관 地方官. *See* 토쥬관'.

(297) 地位(65상단, 112상단). 『한영』 '디위 地位. *See* 쳐디'.

(298) 地質. 三南ノ地質ハ 米國産ノ木綿モ 適當デアリマス/三南의地質은 米國産의綿花도 適當ㅎ오(187상단).

(299) 支配-, 支配人(171상단, 179하단). '支配'의 파생어.

(300) =支所, 測候支所(110하단), 氣象觀測支所(123상단). '支所'의 복합어.

(301) 支店(179하단). '本店'의 대립어. 용례는 '本店' 참조.

(302) 志願-, 志願者(99하단). '志願'의 파생어.

(303) 診斷-, 診斷書(251상단). '診斷'의 파생어.

(304) 診察-, 診察料(248하단). '診察'의 파생어.

(305) 進水-, 進水式(255상단). '進水'의 파생어.

(306) 徵兵(105상단). 『한영』 '징병ㅎ다 徵兵 To levy troops'.

(307) 懲役(129하단-130상단, 132상단). 『한영』 '징역ㅎ다 懲役 To set a prisoner to hard labor'.

(308) 差遣. 外國ノ大使ガ 來ル時ニハ 陛下カラ勅使ヲ 差遣シテ歡迎イタシマス/外國大使가 올ᄯᅢ에ᄂᆞᆫ 陛下ᄭᅴ읍셔勅使을('를'의 잘못) 差遣ㅎ야 歡迎ㅎ옵니다(110하단).

(309) 車掌. 車掌ト 云フモノガ/車掌이라ᄂᆞᆫ者가(67하단).

(310) 參謀-, 參謀局(98상단-하단). '參謀'의 파생어. 다만, 『한영』에는 '참모관 參謀官'이 올라있다.

(311) 創業=, 創業時代(108하단-109상단). '創業'의 복합어. '創業'의 의미변화에 대해서는 宋敏(2000a) 참조.

(312) 債權-, 債權者(129상단-하단, 133하단). '債權'의 파생어. 『한영』에 '債權'은 나타나지 않으나 그 대신 '채급, 채급ㅎ다 債給. *See* 방채ㅎ다, 채급장ᄉᆞ 債給者'는 올라있다. '債權者'는 '債務者'의 대립어.

(313) 債務-, 債務者(129상단-하단, 133하단). '債務'의 파생어. '債務者'는 '債權者'의 대립어.

(314) 彩票. 江南彩票ニ當籤シテ 一等八十萬圓ヲ 貰ヒマシタ/江南彩票에 當籤되여 一等八十萬圓을 탓숩니다(181하단). 『한불』, 『한영』에는 나타나지 않는다.[89]

89) '彩票'란 '福券'에 해당하는 중국어로서 일종의 賭博券인데, 일본에서는 富鬮[tomi-kuzi]=富籤[tomi-kuzi]の札[huda]=富札[tomi-huda]라고 불렀다. 많은 사람에게서 돈을 걷은 후, 抽籤을 거쳐 當籤된 사람에게 큰 돈을 몰아줌으로써 요행의 이익을 얻게 하는 놀음이었다. 과거 일본에서 행해진 방식은 主催者가 배포한 패를 사게 한 후, 정해진 기일에 買入者를 모아놓고, 각자가 가진 패와 동일한 기호가 적힌 패를 섞어 상자에 넣은 채, 위에서 날카로운 기구로 푹 내리 찔러, 거기에 걸려나온 패와 동일한 기호의 패를 가진 사람을 당첨자로 정했다. 그 때문에 거기에 참여하는 일을 '富를 산다(富をかう)'고 했으며, 추첨하는 일을 '富를 찌른다(富をつく)'

(315) 拓殖=, 拓殖事業(171하단), 拓殖會社(171하단). '拓植'의 복합어.

(316) 天井. 天井ヲ 仰イテ('デ'의 잘못인 듯) 見ルニ 蜘蛛ノ網ガ 張ツテアリマス/
天井을 치어다보니 검의줄을 쓰럿습니다(234하단). 국어 쪽의 '天井'은 일본어를
차용한 결과임이 분명하다.90)

(317) 聽診. 御醫者樣ハ 打診ト 聽診ガ 上手デス/의원은 打診과 聽診이 一手올시
다(248하단). '打診'의 대립어.

(318) 體操(137상단), 軆操(156상단), 軆操/體操(211상단). '體'와 '軆'가 混用되었다. 『한
영』에는 '톄조 體操 Manual excercise—military drill. See 긔예'처럼 나타난다.

(319) 逮捕. 逮捕スル 爲メ/逮捕ᄒ기爲ᄒ야(107하단). 다만, 일본어 쪽의 '逮捕'가 다
르게 대역된 경우도 있다. 逮捕シテ 來マシタ/잡아왓습니다(125하단), 逮捕サ
レタサウデス/被捉되엿다ᄒ오(174상단). 이처럼 '逮捕'가 국어에서 그때그때
다르게 대역된 것은 '逮捕'가 국어단어로는 자연스럽지 못했기 때문일 것이다.

(320) 招待-, 招待狀(72상단). '招待'의 파생어. 다만, '招待狀/請帖'(77하단)의 대역도 보
인다.

(321) 追悼-/追掉-. 追悼會/追掉會(64상단-하단). '追悼'의 파생어. 일본어 쪽의 한자
표기 '追悼'의 '悼'가 국어에서는 '掉'로 나타나지만 이는 착오였던 것으로 판단된
다. '悼'에는 '슬퍼한다'는 뜻이 있으나 '掉'에는 그러한 뜻이 없기 때문이다.

(322) 祝辭(77상단-하단). 『한영』 '츅샤ᄒ다 祝辭 To give thanks—in prayer'.

(323) 祝意. 祝意ヲ 表シマス/祝意를 表ᄒ옵니다(77하단).

(324) 出頭. 出頭スル樣ニ 告示ヲ 御出シナサイ/出頭ᄒ게 告示를 닉시오(77상단),
三日以內ニ出頭サセナサイ/三日以內로 出頭케ᄒ시오(111하단).

(325) 出發. 明日出發スル積リデス/明日出發홀터이오(100상단).

(326) 出帆. 滊船ノ出帆スル 時間ハ/輪船의 出帆ᄒᄂ時間은(256하단).

(327) 出張. 地方ヲ 視察スル 爲メ 隔月ニ 出張致シマス/地方을 視察ᄒ기 爲ᄒ야
ᄒ 둘건너 出張하옵니다(57하단).

고 하였다. 그리고 當籤者는 얼마쯤을 다른 사람에게 베풀게 하는 것이 규칙이었다. 金澤庄三郎(1936, 新訂
314版), 『廣辭林』(三省堂) 'とみ'[富] 項 참조.

90) 그렇게 볼 수 있는 근거는 다음과 같다. 『한불』에는 다음과 같은 표제어가 나타난다. '텬쟝 天藏. La voûte
de ciel; plafond, grenier, voûte. 입=Ip—, *Palais de la bouche, la voûte du palais*'. 그 의미는 '天障, 곡식창고,
둥근 天障으로 풀이되어 있으며, 거기에 다시 '입=(텬쟝)'이 추가되어 있다. 한편, 『한영』에는 다음과 같이
나타난다. '텬쟝 天藏 The roof of the mouth', 그리고 '텬쟝 天幛 The ceiling. See 반ᄌ, 반ᄌ 天障 The ceiling.
See 텬쟝. 맨앞 쪽의 '텬쟝'은 『한불』처럼 '天藏'이라는 한자표기로 되어있다. 여기서는 그 의미를 '입천장'으로
풀이하였다. 다음으로 '天幛'은 '반ᄌ'(현대국어로는 '반자')와 같은 의미로 풀이되어 있는데, 다만, '반ᄌ'를 나타
내는 한자표기는 '天障'으로 되어 있다. 결국, 『한영』에는 '天幛'과 '天障'이 모두 '반ᄌ'의 의미로 풀이되어 있다.
그러나 『한불』의 '天藏'이나 『한영』의 '天幛'은 다같이 잘못된 것이다. 이들은 모두 『한영』에 나타나는 '天障'
한가지 표기로 충분하다. 왜냐하면 국어의 '입천장'에 나타나는 '천장'은 '반자의 겉면'을 뜻하는 '天障'과 語源이
같기 때문이다. 결국, 일본어 '天井'에 대응되는 국어 단어는 '天障'이라고 할 수 있다. 아마도 『獨習日語正則』
의 저자인 鄭雲復은 이 '天障'이라는 국어단어를 몰랐을 것이다. 그 때문에 일본어 '天井'을 국어에 그대로 가져
다 썼겠지만, 그것이 결과적으로는 일본어의 차용이 된 것이다.

(328) 測量(106상단, 171하단). 『한영』 '측량ᄒ다 測量 To sound; to fanthom; to calcu-late'. 測量-, 測量隊(106상단). '測量'의 파생어.

(329) 測候=, 測候支所(110하단). '測候'의 복합어.

(330) 輜重-, 輜重兵(115하단-116상단). '輜重'의 파생어. 단, '輜重'은 전통적 한자어. 예시문은 '工兵' 참조.

(331) 打診(248하단). '聽診'의 대립어. 예시문은 '聽診' 참조.

(332) 托送. コノ小包ヲ托送致シマス/이小包를 托送ᄒ겟소(259하단). 다만, 현대 국어 한자표기로는 '託送'이다.

(333) 探偵. 刑事ハ 曲者ヲ 探偵スル役目デス/刑事ᄂᆫ 殊常之人을 探偵ᄒᄂᆫ 소임 이오(104하단), 秘密ニ 探偵スルモノガ アッテ/秘密히 探偵ᄒᄂᆫ者가 잇서 (111상단), 敵情ヲ 探偵シテ 來マシタ/敵情을 探偵ᄒ고 왓습니다(111하단 -112상단).[91]

(334) 土地=, 土地建物證明規則/土地家屋證明規則(134상단), 土地賣買(180상단), 土地所有者(243상단). '土地'의 복합어.

(335) 討伐(103상단), 討伐-, 討伐隊(105하단). '討伐'의 파생어.

(336) 通過. 今回ノ國會ニ 通過イタシマシタカ/今回의 國會를 通過ᄒ얏습닛가(130 하단).

(337) 通商=, 通商機關(252상단). '通商'의 파생어. 『한불』 '통샹ᄒ다 通商 Etre en relation de commerce, faire le commerce ensemble'. 『한영』 '통샹ᄒ다 通商 To have commercial intercourse with. *See* 긔항ᄒ다'.

(338) 通信=, 通信管理局(260하단), 通信機關(260상단). '通信'의 복합어. 『한불』 '통신ᄒ다 通信 Etre en rapports par lettres, communiquer par lettres. ‖Se fréquenter, se voir, communiquer, être en rapport, avoir des rapports avec'. 『한영』 '통신 通信 To send a note to inform; to be in communication with— by telegraph, 통신되다 通信 To have connection by telegraph'.

(339) 通譯(55상단, 66상단).

(340) =通帳, 貯金通帳(258상단). '通帳'의 복합어. 의미에 따라서는 '通帳/外上冊'과 같은 대역도 나타난다. 通帳ヲ 拵テ 下サイ/外上冊을 민다러 주시오(164상단- 하단).

(341) 通知-, 通知書(111하단). '通知'의 파생어.

(342) 通學(153상단).

(343) 通貨. 現今ノ 通貨ハ 第一銀行券デ アリマス/現今의 通貨ᄂᆫ 第一銀行券이 올시다(179하단).

(344) 特使. 特使ハ先月ノ下旬ニ歸リマシタ/特使ᄂᆫ 去月금음쎄 갓슴니다(118상단).

---

91) 다만, 『한불』에는 '탐지ᄒ다 探知, 탐지군 探知軍', 『한영』에는 '탐지ᄒ다 探知. *See* 탐문ᄒ다, 탐지군 探知軍. *See* 렴탐군'이 있을 뿐이다.

(345) 特赦(105상단, 130하단).

(346) 特約-, 特約店(162상단). '特約'의 파생어.

(347) 派遣(103하단, 107하단-108상단, 120하단).

(348) 販路. 韓國ニ 販路ヲ 廣メ度イデス/韓國에 販路를 넓히고십삽니다(162상단).

(349) 販賣(108하단).

(350) 判事(132하단-133상단). 고려시대부터 있었던 관직명이지만 구한말에는 법부에 두었던 관직. '檢事, 辯護士'의 대립어로서는 신생한자어에 속한다. 예시문은 '檢事' 참조.

(351) 砲兵(115하단-116상단). 예시문은 '工兵' 참조.

(352) =表記, 價格表記(259하단). '表記'의 복합어. 예시문은 '價格=' 참조.

(353) 被告(129상단-하단). '原告'의 대립어. 예시문은 '原告' 참조.

(354) 被害-, 被害者(129하단). '被害'의 파생어. 단, '被害/貽害'(20상단), '被害者/受害ᄒ者'(24상단)와 같이 전혀 다른 대역도 나타난다.

(355) 下宿-, 下宿屋(145하단, 146상단). '下宿'의 파생어.

(356) 學科. 總ノ學科ヲ 試驗シタ 結果 成績ハ 如何デスカ/온갖學科를 試驗ᄒ 結果의 成績은 엇더ᄒ옵닛가(152하단). 의미는 '敎科目'.

(357) 學校(13하단, 135하단, 149하단, 150상단, 151상단, 152상단, 153상단, 183상단-하단). 의미는 '국가제도로서의 신식 교육기관'.『한영』'학교 學校' 참조. =學校, 普通學校(151상단), 小學校(152상단), 中學校(152상단), 高等學校(138하단), 官立學校(142상단), 商業學校(143상단), 師範學校(152상단), 音樂學校(150상단), 醫學校(150하단), 農林學校(186상단). '學校'의 복합어.

(358) 學徒(151하단).『한영』'학도 學徒. See 싱도'.[92] 참조.

(359) 學齡. 君ノ 弟ハ 學齡ニ 成リマシタロウ/兄의아오는 學齡이 되엿지오(147하단).

(360) 學問(74상단, 149하단-150상단, 151하단, 153상단, 154상단, 154하단), 新規ナ 學問/新學問(155하단).『한불』'학문 學文. Écirture ou caractères chinois. Science, talent, connaissance des caractères chinois'.『한영』'학문 學問'. 참조.

(361) 學事(106하단).

(362) 學友(144상단-하단).

(363) 學位(144상단).

(364) 學資(154하단).

(365) 寒暖計. 今日ノ朝ハ 寒暖計ガ 八度マデ下リマシタ/오날아츰은 寒暖計가 八度ᄭ지 ᄂᆞ려ᄌ습니다(44하단).

(366) 寒帶=, 寒帶地方. 寒帶地方ニハ 草木ノ生ヘルコトガ デキナイデス/寒帶地方에는 草木이늘 슈업습니다(26상단).『한영』'한듸 寒帶'. '熱帶地方'의 대립어.

---

92) 이때까지 '學生'은 '學徒, 生徒'와는 의미가 달랐다.『한영』'학싱 學生 One dying without rank; a deceased scholar. Opp. 유학'. 곧, 그 의미는 '벼슬없이 죽은 선비'를 가리킨다.

'寒帶, 溫帶, 熱帶'의 출현과정에 대해서는 宋敏(2001e) 참조.

(367) 鑑('艦'의 잘못)隊/艦隊(25하단).

(368) 抗議. 抗議ヲ 提出致シマシタ/抗議를 提出ᄒ얏습니다(124상단-하단).

(369) 港灣(23하단). 단, '港灣/開港場'(24하단)의 대역도 있다.

(370) 海關-, 海關稅(165상단). '海關'의 파생어. 『한영』 '회관 海關. See 세관'. '海關'
은 '稅關'에 대한 중국어.

(371) =解剖-, 人身解剖術(150하단).[93] '解剖'의 복합어.

(372) 行囊(258상단).

(373) =行商. 內地行商(176하단-177상단). '行商'의 복합어.

(374) 行星(17상단). 『한영』 '힝셩 行星 The planets—in contrast to the fixed stars'
참조.

(375) 行政(121상단). '立法, 司法'의 대립어. 예시문은 '司法' 참조.

(376) 刑法(132상단).

(377) 刑事. 刑事ハ 曲者ヲ 探偵スル役目デス/刑事는 殊常之人을 探偵ᄒᄂ 소임
이오(104하단). 이때의 '刑事'는 '경찰직'이다.

(378) 刑事. 裁判所ニハ 判事及ビ檢事ガ アリマシテ 民事刑事ヲ 裁判シマス/裁
判所에ᄂ 判事와檢事가 잇셔셔 民事刑事를 裁判ᄒ옵니다(132하단-133상단).
이때의 의미는 '刑事事件'이다. '民事'의 대립어. 예시문은 '民事' 참조.

(379) 護送. 各地方カラ 火賊ヲ促ヘテ 警務廳ニ護送シテ 來マス/各地方에셔 火賊
을 잡아셔 警務廳으로護送ᄒ야 옵니다(116하단-117상단). 이때는 '범죄자를 감
시하면서 데려간다'는 뜻이다. 『한영』 '호송ᄒ다 護送 To send as an escort'.[94]
이 의미는 '보호하면서 보낸다'로서 예시문의 '護送'보다는 일반적이고 넓은 뜻으
로 풀이되어 있다.

(380) 貨物(254하단). 단, '貨物/物貨'(172하단, 253하단), '物品/物貨'(174하단)와
같은 대역도 있다. 貨物=, 貨物列車(254상단-하단). '貨物'의 복합어.

(381) 貨幣(110상단).

(382) 華氏. 今日ハ寒暖計ガ 華氏十五度マデ 下リマシタ/오늘은寒暖計가 華氏十
五度ᄭ지 ᄂ렷가('려갓'의 오식)습니다(92상단).

(383) 活用. 活用ガ 出來ナケレバ 駄目デス/活用이 못되면 쓸ᄃ업소(155하단).

(384) 活字(176상단, 267하단). 活字=, 活字製造所(176상단). '活字'의 복합어.

(385) 活學. 活學ヲ ヤッタ 人デス/活學을 ᄒ 사ᄅᆷ이오(145하단). '活學'의 의미는

---

93) 다만, 『한불』에 '회복ᄒ다 解腹 Accoucher'라는 단어가 있으나, 그 의미는 '解産하다'여서 '解剖'와는 다르다.
『한영』에도 '회복ᄒ다 解腹. See 몸풀다'가 나타나지만 '몸풀다'로도 알 수 있는 바와 같이 그 의미는 '解産하다'
로서 『한불』과 같아 '解剖'와는 전혀 다르다.

94) 그 이전인 『한불』에도 '호송ᄒ다 護送 Congédier les hôtes en leur fournissant tout ce dont ils ont besoin
pour le voyage'가 없는 것은 아니지만, 그 의미는 '여행에 필요한 일체를 주고 손님을 내보낸다'는 뜻이어서
예시문이나 『한영』의 '護送'과는 다른 듯하다.

미상.95)

(386) 會合(16하단).

(387) 會話(155하단).

(388) 訓令(106상단-하단).

(389) 訓示(99상단). 단, 『한불』에는 '훈명 訓命'이 나타난다.

(390) 勳章. 戰場ニ出テ 敵兵ヲ 澤山 生擒マシタラ 勳章ヲ 載キマス/戰場에 나가
        셔 敵兵을 만히 사로잡으면 勳章을 밧습니다(127하단).

(391) 徽章. 帽子ノ徽章ハ 李ノ花ヲ 型取ッタノデ アリマス/帽子의徽章은 李花를
        摸形한것이올시다(200상단).

(392) =休暇, 暑中休暇(139상단). 寒中休暇(89하단).96) '休暇'의 복합어.

(393) 休刊(90상단).

(394) 休日(85상단, 141상단).

(395) 休職(119하단).

(396) 希望-, 希望者(77상단). '希望'의 파생어.

(397) 犧牲(120상단, 126하단). 신생한자어로서의 '犧牲'에 대해서는 宋敏(2000a) 참조.

이처럼 일본어 원문에 나타나는 二音節 한자어 중에는 그 어형과 의미가 똑같은 상태로
국어대역문에 나타나는 경우가 많은 것이다. 물론, 이들 二音節 한자어가 모두 신생어에 속
한다고 단정하기는 어렵다. 그중에는 국어의 전통적 한자어가 포함되어 있을 가능성이 없지
않기 때문이다. 그러나 적어도 위에 제시된 二音節 한자어들은 대역자료라는 조건을 고려할
때 일본어의 간섭으로 국어에 수용되었을 가능성을 안고있다. 특히 국어의 전통적 한자어에
의미의 추가나 개신과 같은 변화가 뒤따른 경우에는 그 원인이 일본어의 간섭에 있다고 보아
야 할 것이다. 실제로 그중에는 더러 『한불』이나 『한영』에 어형은 같으나 의미가 다르게
풀이되어 있는 경우도 있다. 이들은 전통적 한자어형에 일본어의 의미가 새로 간섭을 일으
키면서 의미상의 개신을 겪은 신생어로 추정된다.97) 나아가 二音節 한자어의 기반 위에서
이차적으로 생성된 파생어와 복합어의 대부분은 신시대의 문화를 대변하고 있는 신생한자어

---

95) 국어나 일본어 사전에 보이지 않는 이 '活學'은 '活計나 生計를 위한 공부' 정도의 의미가 아니었을까 짐작될
    뿐이다.

96) 『한불』에 '休暇'는 없으나 '휴유 休由. Permission, licence congé pour les soldats ou les employés. Absence
    temporaire avec permission. =밧다 *Recevoir un congé*'는 나타나는데, 그 의미는 '군인이나 피고용인에게 임시로
    내주는 말미'로 풀이되어 있다.

97) 때로는 일본어와 국어단어가 漢字 한 두 글자에서만 서로 다르거나, 漢字結合이 뒤집힌 경우도 있는데, 이는
    일본어형이 국어단어로서 자연스럽지 못했기 때문에 자연스러운 국어대응형으로 바꾸어 對譯한 결과로 풀이
    된다. 반면, 일본어 단어에 대응되는 국어단어가 따로 있을 때에는 당연히 국어단어가 선택되었다.

들이기 때문에, 일본어의 어형과 의미가 거의 그대로 국어에 수용되었을 가능성이 더욱 크다. 대역자료의 특성상 원문의 간섭이 어렵지 않게 이루어졌다고 볼 수 있기 때문이다.

일본어와 국어의 대역어 중에는 유동성을 보이는 경우도 많다. 가령, 일본어 쪽의 '記憶力, 方法, 放還, 兵隊, 事件, 商業, 生徒, 船便, 研究, 引致, 作用, 竣工, 招待狀, 被害者, 貨物' 등은 그 어형이 그대로 국어에 수용되기도 하였으나, 다른 한편으로는 '記憶力/才調, 方法/민드는法, 放還/放送, 兵隊/兵丁 또는 兵士, 事件/事故, 商業/쟝사, 生徒/學徒, 船便/빈편, 研究/講究 또는 工夫, 料理/飮食, 引致/被捉, 作用/造化, 竣工/畢役, 招待狀/請牒, 被害者/受害흔者, 貨物/物貨'와 같은 대역으로 달리 나타나기도 한다. 특히, '失敗, 料理, 注文'의 경우, 일본어와 국어의 대역이 동일하게 나타나는 사례보다 '失敗'는 '逢敗'나 '良貝' 또는 '랑픽', '料理'는 '飮食', '注文'은 '맛초-'나 '긔별ᄒ-'처럼 다르게 대역된 사례가 오히려 훨씬 더 많다. 이것은 일본어 쪽 어형이 당시의 국어단어로는 부적절했기 때문이었으리라고 해석된다. 이러한 의미에서 일본어와 같은 어형으로 나타나는 국어단어는 신생한자어에 속하며, 다른 어형으로 나타나는 국어단어는 전통적 한자어나 국어단어에 속할 가능성이 매우 크다. 아울러, 동일한 일본어 단어인데도 국어의 대역형으로는 일본어와 같을 때와 다를 때가 번갈아 나타났다는 사실은 일본어에서 비롯된 신생한자어가 국어에 수용되는 과정에서 抵抗이 있었음을 알려주는 증거가 될 것이다. 이러한 저항은 일부 接辭用 한자형태소의 대역에서도 드러나기 때문에 이점에 대해서는 뒤에서 다시 논의할 예정이다.

나. 接辭用 漢字形態素

개화기 이래 새로운 문물제도를 소화하기 위한 방편으로 신조어의 필요성이 커지자 일본어에서는 상당수의 개별적인 한자형태소가 接辭用으로 널리 활용되었다. 적지 않은 한자형태소가 接頭辭나 接尾辭로 전용되면서 수많은 파생어와 복합어가 생긴 것이다. 그 결과 二音節 한자어와 한자형태소 한 개의 결합에 의한 三音節 파생어가 허다하게 나타났는데, 그 영향은 고스란히 개화기의 국어에도 파급되었다. 다시 말해서 개별적인 한자형태소를 국어의 造語法에 활용하는 방식에도 일본어의 간섭이 있었다는 뜻이다.

국어의 경우, 단어기능을 갖지 못한 개별한자는 의존형태소에 속하나, 이들도 파생어 형성에는 중요한 구실을 수행한다. 개중에는 접두사도 더러 있지만, 그 대부분은 접미사로 활용되었는데 이러한 파생어 형성은 개화기를 거치면서 더욱 다양한 모습으로 발전하였다. 일본어 학습과 같은 과정을 통하여 국어에 대한 일본어의 간섭이 한층 더 커졌기 때문일 것이다. 『獨習日語正則』의 대역문에도 그러한 실상이 잘 반영되어 있다.

먼저, 파생어 형성에 활용된 한자형태소로서 국어에 간섭을 일으킨 접두사는 다음과 같다.

(1) 假-. 假事務所(105하단). 일본어의 ‘假’[kari]는 훈독되는 漢字形態素에 속한다.
(2) 金-. 金時計(234상단-하단).
(3) 未-. 未墾地/末(‘未’의 잘못)墾地(185상단-하단).
(4) 不-. 不公平(81하단), 不動産(159하단).
(5) 小-. 小爲替(258상단). 단, ‘爲替’만은 ‘환’(260상단)으로 대역되었다. 小學校(152 상단).
(6) 新-. 新宗派(93하단). 新規ナ學問/新學問(155하단).
(7) 中-. 中學校(152상단).

다음으로 파생어 형성에 활용된 한자형태소로서 국어에 간섭을 일으킨 접미사는 다음과 같다.

(1) -家. 田地等ヲ 澤山持ツテ井ルモノヲ 朝鮮デハ 財産家ト云ヒマス/田持등속을 만히 가지고잇는쟈를 朝鮮셔는 財産家라 ᄒ옵니다(65상단). 예시문의 설명만 본다면 ‘-家’는 국어의 전통적 조어성분처럼 보이기도 한다. 그러나, ‘實業家(79상단), 政治家(115상단), 外交家(155상단)’ 등은 거의가 일본어의 간섭으로 국어에 들어온 신생어일 것이다. 한편, ‘有志家/有志者(149하단)’처럼 일본어 쪽의 ‘-家’가 국어에서는 ‘-者’로 달라진 경우도 있다.
(2) -官. 地方官(97상단, 107상단-하단, 121상단, 126하단), 補佐官(99상단), 參與官(99하단), 警務官(100상단), 牧民官/牧民之官(116상단).
(3) -課. 訊問課(134하단).
(4) -科. 專門科(142하단), 尋常科(146하단, 151상단-하단), 高等科(151상단-하단), 速成科(152하단), 外科(248하단).
(5) -舘. 圖書舘(156하단).
(6) -敎. 一神敎(92하단-93상단, 93상단), 多神敎(92하단-93상단, 94상단), 耶蘇敎(93상단, 94상단), 猶太敎(93상단), 韋陀敎 婆羅門敎 佛敎 印度敎(93하단), 回回敎(94상단), 儒敎(94하단).
(7) -國. 半島國(25상단), 猶太國(94상단), 共和國(102상단).
(8) -局. 造幣局(110상단), 質屋/典當局(174상단-하단), 郵便局(257상단, 258상단, 258하단, 260상단, 261하단), 通信管理局(260하단), 參謀局(98상단-하단).

(9) -軍. 駐箚軍(112하단).

(10) -權. 三大權(121상단), 獨立權(122하단), 專賣權(181상단), 鑛業權(204하단).

(11) -券. 株券/株式券(159하단-160상단), 家券(159하단-160상단), 地券(159하단-160상단), 第一銀行券(179하단).

(12) -金. 賠償金(120상단), 報酬金(131상단), 義捐金(151하단), 寄附金(151하단-152상단), 月謝/月謝金(152상단), 申込金/申請金(170하단), 所持金(182상단), 罰金(214하단). 단, 所得金/所得(154하단-155상단).

(13) -器. 噴水器[ponpu](123상단). 한자어형으로 표기되어 있으나 음독은 외래로 되어 있다. 단, '如露/噴水器(203상단-하단)' 참조.

(14) -內. 京城內(67상단), 東大門內(189하단), 漢城府內(118상단). 단, 漢城內/漢城안(112상단). 韓國內(260하단), 全國內(260하단).

(15) -黨. 革命黨(119상단, 127상단).

(16) -隊. 守備隊(101하단), 討伐隊(105하단), 測量隊(106상단).

(17) -臺. 氣象臺(122하단).

(18) -欄. 雜報欄(265상단). 이때의 '欄'은 현대국어의 한자표기 '欄'과는 차이를 보인다.

(19) -力. 記臆力(155상단), 生産力(184상단).

(20) -料. 診察料(248하단).

(21) -錄. 議事錄(119하단).

(22) -文. 法律文(133상단).

(23) -物. 天産物 人造物(111하단), 抵當物/典當物(159하단-160상단), 僞造物(173하단-174상단), 農産物(186상단-하단), 收穫物(186하단), 鑛物(204하단), 汚穢物(208상단-하단), 毛織物(219상단), 滋養物/補氣物(225상단-하단). 단, 滋養物/補養 흘 것(209상단). 飾物/粧飾物(236하단), 建築物(242상단).

(24) -發. 伯林發(260하단-261상단).

(25) -犯. 竊盜犯(130상단), 國事犯(130하단).

(26) -法. 登用法(103상단-하단), 刑法(132상단), 商法(168하단), 調劑法/製藥法(247하단).

(27) -兵. 守備兵(107하단), 騎兵 步兵 砲兵 工兵 輜重兵(115하단-116상단), 斥堠兵(114상단).

(28) -病. 心臟病(248하단).

(29) -部. 東北部(25상단), 內部(98상단, 99하단), 軍部(98상단-하단), 外部(98하단), 法部(99상단, 132상단), 度支部(99상단), 農商工部(99하단, 189상단-하단, 204하단), 學部(99하단).

(30) -婦. 看護婦(245하단, 246하단).

(31) -費. 生活費(74하단).

(32) -碑. 紀念碑(120상단-하단).

(33) -士. 辯護士(131상단), 藥劑士(251상단-하단). 경우에 따라서는 '-士/-手'. 運轉

士/運轉手(253하단).

(34) -師. 印判師(188상단), 理髮人/理髮師(188하단).

(35) -社. 新聞社(234상단).

(36) -舍. 寄宿舍(145하단).

(37) -産. 米國産ノ木綿モ 適當デアリマス/米國産의綿花도 適當ㅎ오(187상단).

(38) -上. 事務上(101상단), 衛生上(222상단), 職務上(108하단), 國際上(117상단, 124상단-하단).

(39) -賞. 優等賞(138하단).

(40) -商. 骨董商(182하단-183상단).

(41) -生. 官費生(144상단), 三年生(146하단), 一年生(146하단), 卒業生(152상단), 留學生(154하단).

(42) -書. 請求書/請願書(75상단-하단), 通知書(111하단), 敎科書(142상단, 183상단-하단), 寸法書/見樣書(215상단), 診斷書(251상단). 단, 受取書/領收證(176하단).

(43) -署. 監獄署(100상단), 警察署(114상단, 132상단). 단, 警察署/警察廳(100상단).

(44) -石. 金剛石(203하단-204상단, 218상단, 240하단), 花岡石(205하단).

(45) -線. 哨兵線(114상단), 支線(172하단), 京義線(256상단).

(46) -稅. 海關稅(165상단).

(47) -所. 裁判所(99상단, 131하단, 132하단-133상단, 134하단), 假事務所(105하단), 測候支所(110하단), 交番所(118상단), 代書所(133하단), 製造所(176상단), 交換所(259상단), 印刷屋/印刷所(263상단, 265상단-하단).

(48) -水. 點眼水(249하단).

(49) -術. 人身解剖術(150하단), 劍術(156상단, 157상단), 柔術(167상단).

(50) -式. 觀兵式(104상단), 落成式(153상단), 進水式(255상단).

(51) -室. 應接間/應接室(235하단), 治療室(248상단-하단).

(52) -心. 奮發心(100하단).

(53) -語. 英吉利語[igirisugo]/英語(153하단), 英語(155하단), 外國語(155하단). 단, 日本語/日本말(150하단, 154상단-하단).

(54) -業. 商業(158상단), 事業(171하단, 180하단, 181상단, 184상단), 漁業(175상단-하단), 料理屋/料理業(177하단), 農業(123하단, 184상단, 185상단, 185하단).

(55) -外. 本給ノ外/本俸外에(126상단), 東大門外ニ/東大門外로(141상단).

(56) -院. 中樞院(98상단), 衆議院(111상단, 115상단), 貴族院(115상단), 平理院(131상단, 133하단), 孤兒院(156상단).

(57) -園. 幼稚園(147하단).

(58) -日. 誕生日(33상단, 94하단).

(59) -者. 傍聽者(50하단, 131상단), 請負者/都給者(54하단), 購讀者/購覽者(56하단), 勞働者(64상단), 戰死者(64상단-하단), 有志者(72상단, 151하단-152상단), 단, 有志家/有志者(149하단), 志願者(99하단), 當局者(113상단), 債權者(129상

단-하단, 131하단, 133하단), 債務者(129상단-하단, 133하단), 加害者 被害者
(129하단), 首犯者(129하단-130상단), 土地所有者(243상단).

(60) -長. 師團長(100상단-하단), 學務局長(106하단-107상단), 隊長(118상단-하단),
校長(138하단).

(61) -狀. 招待狀(72상단), 委任狀(131상단).

(62) -場. 開港場(24하단, 25하단), 勸業模範場(123하단, 185하단), 敎場(138상단),
擊劒場(156상단), 停車場(164상단, 253상단).

(63) -的. 永久的(53상단), 競爭的(101상단). 이렇게 '-的'은 일찍부터 국어에 차용된
듯하다. '-的'의 출현에 대한 논의는 宋敏(1985) 참조. 단, '灰殼的[haikara-teki]
ノ 飾物/시테의 粧飾物(236하단)'.

(64) -前. 紀元前(94상단), 維新前(103하단).

(65) -店. 特約店(162상단), 支店(162상단, 179상단-하단), 雜貨店(183상단). 단, 雜
貨店/雜貨廛(162하단), 商店(177하단, 182상단), 本店(179상단-하단), 陶器屋/
陶器店(181상단), 散髮屋/理髮店(210상단), 飮食店(227상단).[98]

(66) -艇. 水雷艇(252상단).

(67) -制. 自治制(112상단).

(68) -組[-kumi/-gumi]. 消防組(123상단). 단, '一組[iqkumi]/흔 벌(166상단)'와 같은
대역도 있다.

(69) -座. 京城座(63상단).

(70) -罪. 侮辱罪(130상단-하단), 重罪 輕罪 違警罪(133상단).

(71) -酒. 日本酒(224상단), 朝鮮酒(224상단).

(72) -中. 世界中(23하단), 太平洋の中/太平洋中(27상단), 一年中(88하단), 信者ノ
中/信者中(94하단), 忌中(95상단), 學友ノ 中デ/學友中에(144상단-하단), 留
學生ノ中デ/留學生中에(154하단).

(73) -證. 受取書/領受證(176하단), 收取證/領受證(177상단).

(74) -地. 所在地(76하단), 共有地(120상단), 軍港地(124상단), 未墾地/未('未'의 잘
못)墾地(185상단-하단), 一等地(240상단).

(75) -紙. 新聞紙(240상단-하단).

(76) -質. 石灰質(205상단).

(77) -車. 汽鑵車/機關車(254상단).

(78) -廳. 警務廳(116하단, 132상단, 134하단), 理事廳(177하단).

(79) -彈. 爆裂彈/爆發彈(127상단). 단, 爆烈彈/爆發藥(119상단)도 있다.

(80) -坪. 一坪(240상단). 面積單位에 數量詞로 쓰이는 '-坪[tubo]'는 일본어에서 훈
독된다.

---

98) 다만, 자립형태소로 쓰인 일본어 '店[mise]은 국어에서 '전'으로 번역되었다. 菊ノ造花ヲ 店ノ先ニ 仰山 列ベテ
置イタノヲ 御覽ナサイ/人造菊花를 전압헤 만히 벌여노흔것을 보시오(178상단).

(81) -表. 貿易調査表(160상단).

(82) -品. 輸出品(159상단, 182하단), 食料品(161상단), 商品(174하단-175상단), 工藝品(190상단), 重要品(254상단).

(83) -學. 地理學(76상단), 農學(142하단), 醫學(143상단), 語學(155상단).

(84) -艦. 軍艦, 戰鬪艦, 巡洋艦, 海防艦, 砲艦(252상단), 旗艦(254하단).

(85) -貨. 補助貨(178하단).

(86) -會. 追悼會/追掉會(64상단-하단), 送別會(66하단), 親睦會(67상단), 博覽會(73상단-하단), 紀念會(88하단), 委員會(97상단, 107상단-하단), 歡迎會(103상단), 聯合演說會(111상단), 運動會(139하단, 151하단).

일본어에는 이처럼 한자형태소가 접두사나 접미사처럼 전용되는 경우가 많은데, 여기서 생성된 파생어들은 처음 한동안 그 어형과 의미 그대로 국어에 수용되었다. 이렇게 수용된 일본어의 파생어들이 국어에 빠르게 확대되자 거기에 포함된 接辭用 한자형태소들은 점차 국어조어법에도 유입되어 독자적인 파생어 생성으로 발전되기에 이르렀다. 그만큼 이들 接辭用 한자형태소들은 일본어의 간섭으로 국어에 차용된 결과라고 볼 수 있다. 다만, 그 과정에서 일부의 한자형태소는 국어에 막바로 수용되기 어려웠음을 보이기도 한다. 말하자면 일본어의 간섭에 대한 국어의 저항이 여기에도 보이는 것이다. 이 점에 대해서는 바로 다음 장에서 다시 구체적으로 논의할 예정이다.

4. 日本語의 干涉에 대한 國語의 抵抗

지금까지의 논의를 통하여 개화기의 국어에는 광범위한 일본어의 간섭이 있었음을 알게 되었다. 그 범위는 수많은 二音節 한자어에 걸쳐 있었으며, 造語用 한자형태소에 의한 이차적 派生語와 複合語에까지 확산되어 있었다.

개화기의 국어에 대한 일본어의 간섭은 形態論的 層位에 그치지 않고 統辭論的 層位로까지 확산되었는데, 그전에 形態論的 層位에서 먼저 살펴야 할 측면이 남아있다. 그것은 광범위하게 확산되었던 일본어의 간섭과는 대립되는 측면으로, 국어의 전통적 한자어 중에는 일본어의 간섭에 맞서 한동안 抵抗을 보인 것들도 상당히 많았다는 사실이다. 막강한 세력으로 밀려드는 일본어의 간섭에 대하여 국어의 전통적 한자어나 고유어가 보여준 그러한 저항은 『獨習日語正則』에도 구체적으로 반영되어 있다. 전통적인 국어의 한자어나 일반 고유어가 일본어의 간섭에 일방적으로 밀리기만 한 것은 아니었음을 보여 주는 사실이 아닐 수 없다.

여기서 일본어의 간섭에 저항을 보인 전통적 국어의 실상을 좀더 구체적으로 살펴보도록 하겠다. 일본어에 대한 국어의 저항은 일본어를 기준으로 볼 때 音讀 한자어에 주로 나타난다. 그러나 訓讀 한자어라고 해서 예외는 아니다. 다만, 그 강도를 따져 본다면 訓讀 한자어 쪽이 조금 약할 뿐이다. 이에 여기서는 그 실상을 音讀 한자어와 訓讀 한자어로 구분하여 정리하기로 한다.

1) 音讀 漢字語에 대한 抵抗

현대국어라면 다음에 나타나는 일본어는 어형상으로나 의미상으로 국어에도 자연스럽게 쓰일 수 있는 단어들이다. 그러나 이들은 『獨習日語正則』(1907)의 국어 대역문에 일본어와는 다른 어형으로 나타난다. 이들은 한동안 일본어에 저항했던 국어의 전통적 한자어나 고유어들로 해석될 수 있을 것이다. 앞쪽이 일본어, 뒤쪽이 국어를 나타낸다.

(1) 脚絆/行纏. 脚絆ハ 旅行スル時ニ ハメマシタラ 便利ナモノデアリマス/行纏은 旅行ᄒᆞᆯ씨에 치면 便利ᄒᆞᆯ것이올시를('다'의 잘못)(220하단).
(2) 感情/情誼. 日韓人間ニ 感情ヲ惡クシテハ イケマセン/日韓人間에 情誼를 損傷케ᄒᆞ여셔ᄂᆞᆫ 안되옵니다(173상단).
(3) 鑑札/認許. 理事廳カラ 料理屋ノ鑑札ヲ 貰ツテ 營業致シマス/理事廳에셔 料理業의 認許를 엇어셔 營業ᄒᆞ옵니다(177하단). 현대 국어에서는 '營業 鑑札'과 같은 법률 용어에 '鑑札'이 쓰이고 있다.
(4) 傑作/名作. 其中ニハ傑作モ アリマス/其中에ᄂᆞᆫ 名作도 잇습니다(145하단).
(5) 缺勤/缺席. 一日モ 缺勤シタコトガ アリマセンカラ/ᄒᆞ로라도 缺席ᄒᆞᆯ일이 업스니(70하단).[99] 한편, 일본어 '欠席'에 국어 '缺席'으로 대응된 경우도 있다. '결석'의 '결-'에 대한 한자표기가 일본어와 국어에서 서로 다른 점이 주목된다. 欠席/缺席(141상단).
(6) 缺乏/絶乏. 各地方ニハ 補助貨ガ 缺乏シテ/各地方에셔ᄂᆞᆫ 補助貨가 絶乏ᄒᆞ여(178하단).

---

99) 여기서는 일본어 '缺勤'에 대한 번역어로 국어 '缺席'이 쓰이고 있으므로 당시에는 두 단어간에 동의관계가 성립했던 것으로 볼 수 있다. 그러나 현대국어의 '缺勤'과 '缺席'은 동의어가 아니다. '缺勤'에 대한 반의어는 '出勤'이나 '缺席'에 대한 반의어는 '出席'이기 때문이다.

(7) 景氣/시세. コノ頃商賣ノ景氣ハ 全ク詰リマセン/이사이 쟝사시세는 아조 볼것업습니다(181상단-하단). 이에 대하여 일본어 '不景氣'는 국어 대역문에 '時勢, 시세(가) 업다'로 나타난다. 不景氣デゴザイマス/時勢가 업습니다(158상단), 不景氣デス/시세업습니다(173하단).

(8) 計畫/計策. ドウイウ計畫ヲ 立テテ 宜イカ 判リマセヌ/엇던計策을 세우('워'의 잘못)야 됴흘는지 알슈업소(109하단). 한편, 일본어 '計畫スル'가 국어 대역문에는 '經營ㅎ-'로 나타나기도 한다. 農業ヲ 計畫スル 積デ/農業을 經營홀터인故로(185상단).

(9) 拷問/刑訊. 警察署デ 罪人ヲ 拷問スルハ 酷イデス/警察署에셔 罪人을 刑訊ㅎ는것슨 殘酷ㅎ오(132상단).

(10) 故障/事故. 鐵道ニ 故障ガ 出來ル 時分ニハ/鐵路에 事故가 잇슬쩌에는(172하단).

(11) 棍棒/棒子. 棍棒ヲ 持ツテ/棒子를 가지고(65하단).

(12) 控所/申訴. 平理院ニ 控訴シマシタ/平理院에 申訴ㅎ얏습니다(133하단).

(13) 交際/相從, 交接. 相變ハラズ 御交際ヲ御願ヒ申シマス/종종 相從ㅎ시기 바라옵니다(42하단), 日本語ヲ 研究シテモ 始終日本人ト 交際セ子バ 言葉ガ 進ミマセヌ/日本말을 工夫ㅎ야도 항상 日本사롬과 相從을 아니ㅎ면 말이 늘지아니ㅎ옵니다(154상단-하단). 다만, 日本語 '交際'가 국어 대역문에서는 '交接'으로 나타나기도 한다. 外國人ト 始終交際シテ井ルカラ/外國人과 항상交接ㅎ니(77하단). 어느 경우에나 일본어 '交際'는 국어에 수용되기 어려운 단어였음을 보여준다.[100]

(14) 購讀者/購覽者. 本社ノ新聞ハ 大イニ 好評ヲ 得マシタカラ 購讀者ガ 日ヲ逐フテ 增加致シマス/本社新聞은 크게소문이 낫으니購覽者가逐日增加ㅎ옵('니다'의 訛脫이 있는 듯)(56하단).

(15) 構內/안. 先達度支部ノ構內ニ 火事ガ 起リマシタガ/거번 度支部안에셔 불이 낫는듸(99상단).

(16) 極東/東洋. 浦鹽斯德ハ 露西亞ノ極東於ケル 唯一ノ 港灣デ/海參威는 露國의 東洋第一開港場인듸(24하단).

(17) 金融/錢政. 金融ガ 餘程 切迫シテ 居リマス/錢政이 大端히 貴ㅎ옵니다(159하단), 近頃 金融ハ ドウデスカ/이사이 錢政은 엇더ㅎ오닛가(171하단), 金融ガ 切迫デ 商賣人ハ 非常ニ 困ツテ居マス/錢政이 極難ㅎ여 商賈들이 非常히 민망ㅎ게 지닉옵니다(172상단), 金融ガ 切迫テ(デ의 잘못인 듯) 物價ガ 俄ニ 下落シマシタ/錢政이 極難ㅎ야 物價가 갑작이 써러졋습니다(180하단).

(18) 給料/月給. 給料ガ 廉ケレバ/月給이 薄ㅎ면(120하단).

(19) 當選/被薦. 衆議院ノ議員ニ 當選シマシタ/衆議院議員에 被薦되엿습니다(111

---

[100] 그 대신, '交際'가 일본어 '付合フ[tuki-ahu]'의 대역어로 국어에 쓰인 사례는 있다. ソノ人トハ 未ダ 付合ツテ[tuki-aq-te] 見タコトガアリマセン/그스롬과는 아즉 交際ㅎ야본일이업습니다(65하단). '交際'가 국어에 수용되기 시작한 모습을 보여주는 사례가 아닐까 한다.

상단).

(20) 道具/器具. 古イ 道具等ヲ 賣リマス/녯적 器具等屬을 파옵니다(183상단), 色々ナ道具ヲ 拵ヘマス/各色 器具를 믄드옵니다(189상단), 鐵ハ 凡ノ器械や 道具ヲ 拵ヘルノニ 必要ナモノデス/鐵은옷갓器械와 器具를 믄드ᄂᆞᆫ딘 요긴ᄒᆞᆫ것이오(204상단), 金武力板デ 拵ヘタ道具モ 少クナイデス/양텰판으로 믄든器具도 적지안슴니다(205하단), 色ナ 道具ヲ 拵ヘルニハ/각색 器具를 ᄆᆞ드ᄂᆞᆫ딘(238상단), 護身ノ道具トシテ/護身ᄒᆞᄂᆞᆫ 器具로(242상단), 凡ノ道具ノ配置ハ/온갓器具의配置ᄂᆞᆫ(244상단-하단). 단, '汁物'로 대역된 경우도 있다. 家ノ道具ガ 多ウゴザイマス/家用汁物이 만슴니다(239하단).

(21) 物品/物貨. 商賣ト 云フモノハ 物品ノ 上場ヲ 見テ 機敏ニ 遣ラナケレバ イケマセヌ/쟝사라 ᄒᆞᄂᆞᆫ것은 物價時勢를 보아셔 敏捷히 ᄒᆞ지아니면 안되오(174하단).

(22) 配達夫/分傳人. 配達夫ハ 方方 廻リナガラ 新聞ヲ 配リマス/分傳人은 各處로 도라ᄃᆞ기면셔 新聞을 分傳ᄒᆞ옵니다(260하단).101)

(23) 負擔/擔當. 收穫ヲ 半分シテ 地租ハ 地主ガ 負擔シマス/秋收를 半分ᄒᆞ고 結稅ᄂᆞᆫ 田主가 擔當ᄒᆞ오(184하단).

(24) 負債/빗. 山口ハ 負債ガ 澤山出來テ 逃タサウデス/山口ᄂᆞᆫ 빗을 만히 져서 逃亡ᄒᆞ얏답데다(173상단).

(25) 分配/分排. 地主ト 小作人トノ間ニ 利益分配ハ 何云フ 習慣ガ アリマスカ/田主와 作人間의 利益分排ᄂᆞᆫ 엇던 習慣이 잇슴니가(184하단). 단, 한자 표기가 서로 달리 나타난다.

(26) 盆栽/花盆. 盆栽ノ花ガ 萎レ掛ルカラ/花盆의꼿이 마르기시작ᄒᆞ니(203상단-하단).

(27) 不具/癈人. 不具ニ ナッテ仕舞ヒマシタ/癈人이되고 마럿슴니다(208하단-209상단).

(28) 費用/經費, 浮費. コノ學校ハ 費用ガ 續カナイカラ/이學校ᄂᆞᆫ 經費가 不足ᄒᆞ니(152상단-하단), 費用ガ 易ク 成リナリマセウ/浮費가 들 들겟소(175하단).

(29) 非常ニ/非常히(62상단, 172상단, 227하단-228상단, 247상단), 非常이(101하단). '非常'은 본래 전통적 한자어인 데다가, 『한불』에는 '비샹ᄒᆞ다 非常', 『한영』에도 '비샹ᄒᆞ다 非常. See 비범ᄒᆞ다'처럼 나타나기 때문에, 그 부사형 '非常히/이'가 국어에 쓰일 수 있었음은 당연한 일이다. 다만, 일본어 '非常ニ'가 국어로는 '大段히(51하단, 153상단), 大端히(145하단), ᄃᆡ단히(62하단, 196하단, 210하단), 대ᄃᆞᆫ히(246상단), 대단히(249하단)'로, 일본어 '非常ナ'가 국어로는 '大段ᄒᆞ(26상단-하단)'처럼 대역된 사례도 있기 때문에, 일본어 '非常ニ'에 대응되는 국어는 '非常히'보다 오히려 '대단히'가 자연스러웠던 것으로 추정된다.

(30) 削除/添削. コノ原稿ヲ 削除シテカラ 印刷屋ニ 御廻シ下サイ/이原稿를 添削

---

101) 같은 예문의 동사 配リマス/分傳ᄒᆞ옵니다(260하단)로 볼 때에도 일본어 '配る'[kubaru](나누어 주다, 배포하다, 배달하다)를 국어에서는 '分傳'이라는 어형으로 번역하고 있음을 알 수 있다.

ᄒᆞ여셔 印刷所에 닉여주시오(265상단-하단).

(31) 相談/相議, 論議. 今急ニ 相談スルコトガ アリマスカラ/지금急히相議홀일이잇
    슨니(70상단), 家ヲ建テルカラ 大工樣ニ 幾 カカルカ相談シテ 見テ 下サイ/집
    을 짓겟스니 木手의게 얼마나 들지 相議ᄒᆞ야 보아 주시오(188상단), 相談ガ 未ダ
    纏リマセンカラ/議論이 아직 合一치못ᄒᆞ니(72상단).

(32) 上陸/下陸. 乘組員ハ 皆 無事ニ 上陸シマシタ/船人은 다 無事히 下陸ᄒᆞ얏습니
    다(255상단).

(33) 書類/文書. 官署ニ出ス書類ニハ/官廳에보닉ᄂᆞᆫ文書에ᄂᆞᆫ(97상단-하단).

(34) 書齋/書室. 書齋ニ 這入ッテ 本ヲ 讀ンデ居リマス/書室에 드러가셔 冊을 보고
    잇소(266상단-하단).

(35) 稅金/稅錢. 稅金モ 掛リマスカラ/稅錢도 드니(169상단).

(36) 洗濯/쌜닉. 爺ハ山へ柴苅ニ 婆ハ 川へ洗濯ニ各各 出テ 往キマシタ/녕감은 뫼
    에 나무븨러 로파ᄂᆞᆫ 닉에 쌜닉ᄒᆞ러 각각 나ᄀᆞᆺ습니다(39하단).

(37) 素養/工夫. 漢文ノ素養ガ ナイカラ/漢文工夫가 업스니(264하단).

(38) 小作人/作人, 半作人. 地主ト 小作人トノ間ニ 利益分配ハ/田主와 作人間의
    利益分排ᄂᆞᆫ(184하단), 朝鮮ニハ田地ヲ持ッテ居ルモノガ 小作人ヲ置イテ 收
    穫物ノ半分ヲ 納サセマス/朝鮮셔ᄂᆞᆫ 田地를 가진者가 半作人을 두고 收穫物의
    折半을 打作ᄒᆞ옵니다(186하단).

(39) 水害/水災. 水害ヲ 被タ處ハ 凶作デス/水災를 밧은곳은 凶年이오(159하단).

(40) 承諾/許諾. 承諾スルカ ドウカ 交涉シテ 見ナケレバ 分リマセヌ/許諾홀지 엇
    덜지 交涉ᄒᆞ여 보아야 알지오(77상단), 快ク承諾シテ 下サッタカラ/快히 許諾
    ᄒᆞ셧스니(81상단).

(41) 始末/경위, 結尾. 斯云フ始末デハ 時時苦情ガ 起ルカラ/이러흔경위면 미양 난
    쳐흔일이싱길터이니(62상단), 當局者間ニ 色色議論ガ 起リマシテ 未ダ 始末ガ
    ツキマセヌ/當局者間에 各色議論이 니러나셔 아직 結尾가안낫소(113상단).

(42) 時日/歲月. 時日ヲ 延引スルバカリデ/歲月을 遷延홀ᄯᅳ름이오(86하단).

(43) 時候/졀긔. 時候ノ變リ目ニハ 病氣ヲ シ易イカラ/졀긔가 밧괼씩ᄂᆞᆫ 病나기 쉬오
    니(211하단).

(44) 失策/낭픽. 前後ヲ 顧ズ 無闇ニ 遣ッタカラ 實際失策ヂャ/前後를 不顧ᄒᆞ고
    함부로ᄒᆞ엿스니 춤 낭픽로다(80상단). 일본어 '失策'은 바로 다음의 (45)에 나타나
    는 일본어 '失敗'와 함께 국어로는 '낭픽'로 대역되었음을 보여준다.

(45) 失敗/逢敗, 良貝,[102) 랑픽. 앞에서 본대로 일본어 '失敗'가 국어에 그대로 쓰인 경

---

102) 이 단어의 경우, 『한불ᄌᆞ뎐』에 '낭픽되다 狼敗'로 나타나나, 『한영』에는 표제어로 나타나지 않는다. '낭픽'에
    대한 『한불ᄌᆞ뎐』의 한자표기가 현대국어의 '狼狽'와는 다르나, 그 뜻은 '失敗'와 같았던 것으로 보인다. 표제어
    '실픽ᄒᆞ다 失敗'에 'faire un 낭픽'라는 풀이가 추가되어 있기 때문이다. 한편, 『獨習日語正則』에 나타나는 특
    이한 한자표기 '良貝'(또 다른 어형 '랑픽'는 '良貝'의 발음에서 나온 듯하다)의 유래에 대해서는 알 길이 없으
    나, 어원적으로는 전통적 한자어 '狼狽'로 소급될 것이다.

우는 단 한 번에 그쳤을 뿐, 나머지는 모두 일본어와 다른 어형으로 나타난다. 儲ガ
少イ代リニ 失敗[siqpai]ガナイデセウ/남는거시 적은딕신에 逢敗가 업지오(158
하단). 世間ノ 事ヲ 誤解シテヲルカラ 事每ニ 失敗[sikuzi]リマス/世間事를
誤解ᄒ닛가 每事를良貝ᄒ오(81하단), 商賣ニ 失敗[siqpai]シテ 身代限迄致シ
マシタ/쟝사에 良貝ᄒ여셔 판세음신지ᄒ엿습니다(174하단).103) 商賣ニ 失敗
[siqpai]致シマシタカラ/장사에 랑픽ᄒ얏스니(178하단). '失敗'는 일본어에서 音
讀되기도 하고 訓讀되기도 하는데, 어느 경우건 국어에서는 보통 다른 어형으로 대
역된 것이다. 일본어의 '失敗'가 국어에서는 오히려 '失敗'가 아닌 '逢敗, 良貝, 랑
픽'로 더 많이 대역되었다는 사실은 중요한 의미를 가진다. 왜냐하면 일본어 '失敗'
의 대역어로 쓰인 '逢敗, 良貝, 랑픽'는 일본어의 간섭에 한동안 저항했던 국어의
전통적 단어들이기 때문이다. 요컨대 일본어에서 비롯된 것으로 보이는 '失敗'가 국
어에 정착된 것은 그후의 일일 것이다. 한편, 일본어에 나타나는 훈독 한자어 '狼狽
[urotahe]'에 대해서는 '慌忙'이라는 국어 대역이 나타난다. 狼狽デドウスルコト
ヲ 知ラナイデス/慌忙ᄒ야 엇지ᄒ줄을 아지못ᄒ오(52상단).

(46) 案內/引導. ドウカ 御案內ヲ 願ヒマス/아모죠록 引導ᄒ시기를 바라옵니다(47
하단).

(47) 愛嬌/嬌態. 奇麗ニ 化粧シタカラ 愛嬌ガアリマス/곱게 단장ᄒ얏스니 嬌態가
잇습니다(38상단).

(48) 年末/歲末. 年末('末'의 잘못)ニハ イツモ 忙シウゴザイマス/歲末('末'의 잘못)
에는 흥샹 분주ᄒ옵니다(91하단-92상단), 年末ニ ナッタカラ 各商店ノ 勘定ヲ
セ子バナリマセン/歲末이 되엿스니 各商店의 셰음을 아니ᄒ면안되겟소(177하
단), 年末ニハ 商賣人ガ 金錢ヲ 悉皆取立ルニ 極デ('テ'의 잘못인 듯) 繁忙デス
/歲末에는 쟝사ᄒ는스름이 金錢을 다 收合ᄒ는딕 極히 奔忙ᄒ오(179하단-180
상단). 다음에 나타나는 (59)의 '月末'에 대해서도 국어 대역에는 '月終'이 쓰이고
있어 현대 국어와는 다른 모습을 보이고 있다.

(49) 演題/問題. 各團體ガ聯合演說會ヲ設ケテ 法律ニ 關スル演題デ 時時演說スル
サウデス/各團體가 聯合演說會를 設施ᄒ고 法律에關ᄒ問題로 間間演說ᄒ다
ᄒ오(111상단).

(50) 營業/生涯. 公ハ何ノ營業ヲナサイマスカ/老兄은 무슨生涯를 하시옵닛가(50하
단).

(51) 例年/平年. 例年ノ收穫高ニ 較べテ 見マスレバ/平年秋收額에 比ᄒ여보면(186

---

103) 다만, 똑같은 문장의 '失敗'가 국어에 그대로 옮겨진 경우도 있다. "商賣ニ 失敗シテ 身代限迄 致シマシタ/쟝
사에 失敗ᄒ고 판세음신지 ᄒ엿습니다(180상단)". 이 때의 국어에 나타나는 '失敗'는 일본어에서 차용된 것으
로 해석된다. 그런데, 『한불즈뎐』에는 '실픽ᄒ다 失敗'가 '낭픽'와 동의어로 풀이되어 있을 뿐만 아니라, 한자
표기는 다르나 『한영즈뎐』에도 '실패ᄒ다 失牌'가 나타나기 때문에 '失敗'를 일본어라고 단정할 수는 없다.
그러나 일본어 '失敗'가 국어에서는 오히려 '逢敗, 良貝, 랑픽' 등으로 대역되는 일이 많았다는 사실은 일본어
에서 비롯된 '失敗'가 당시의 국어단어로는 자연스러운 존재가 아니었음을 말해준다.

상단).

(52) 外出/出入. 祖父ハ 今年八十五歳ニナリマスガ 自由ニ 外出モ 出來マセンデ
ス/祖父는 今年八十五歳가 되는디 任意로 出入도 못ᄒ옵니다(33하단-34상단,
246상단).

(53) 尿道/腎莖. 尿道ニ 注射シナサイ/腎莖에 注射ᄒ시오(249하단-250상단).

(54) 要領/경위. 御前ノ云フコトハ 丸デ 不得要領ダ子/네가ᄒ는말은 도모지 참경위
를 알슈업다(52하단).

(55) 料理/飲食. 앞에서 본대로 일본어 '料理'가 국어에 그대로 쓰인 경우는 한 두 번뿐
이고 나머지는 거의 '飲食'이라는 대역으로 나타난다. 料理ヲ 拵ヘル 方法ヲ/飲食
민드는法을(223상단), 日本料理ハ 淡泊シテ 好イデス/日本飲食은 淡泊ᄒ여
둇스외다(224하단), コノ料理ヲ/이飲食을(226상단), コノ料理ハ/이飲食은(234
상단), 洋食ニハ/洋料理는(242상단). 결국, 일본어 '料理'의 대역어로 쓰인 '飲食'
은 일본어의 간섭에 한동안 저항했던 전통적 국어단어 중의 하나라고 할 수 있다.
요컨대 일본에서 비롯된 '料理'가 국어에 정착된 것은 그후의 일일 것이다. 단, '飲
食店'(227상단)은 두 언어에 공통으로 나타나며, '料理屋/料理業(177하단)으로
대역된 경우도 있다. 한편, 『한불』에는 '뇨리 科('料'의 잘못)理 Compter et
gouverner. ‖Supputer la gain. Revenu; gain; manière de gagner sa vie', 『한영
』에도 '료리ᄒ다 料理 Food; fare. See 음식, 료리ᄒ다 料理 To manage; to con-
trol; to put in order'가 나타나지만 그 사이에는 의미변화가 있었음을 보여준다.
『한불』에는 '음식을 조리한다'는 뜻이 없었는데, 『한영』에 와서는 '음식'이라는 새
로운 뜻이 추가되었음을 보여주기 때문이다. '料理'의 의미변화에 대해서는 宋敏
(2000a) 참조.

(56) 運搬/移運. コノ荷物ヲ 荷車デ 運搬スレバ/이짐을 구루마로 移運ᄒ면(175하단).

(57) 運賃/運送ᄒ는浮費. 運賃ガ 餘計ニ 掛リマス/運送ᄒ는浮費가 더 드옵니다(160
상단).

(58) 運轉/運用. 資本ノ 運轉ガ 利キマスカラ/資本의運用을 마음디로 ᄒ닛가(159상단).

(59) 月末/月終. 御得意ノ 御方ニハ 勘定ヲ 月末ニ 戴キマス/단골兩班의게는 細音
을 月終에밧습니다(164상단), 月末ニハ 必ズ 勘定致シマス/月終에는 期於히 세
음 ᄒ옵니다(173상단).

(60) 誘拐/誘引. 人ノ妻ヲ 誘拐シテ 逃ゲタモノヲ 直捕縛イタシマシタ/有夫女를
誘引ᄒ야 逃亡흔者를 곳捕縛ᄒ얏습니다(130상단).

(61) 唯一/第一. 浦鹽斯德ハ 露西亞ノ極東ニ於ケル 唯一ノ港灣デ/海参威는 露國
의 東洋第一開港場인디(24하단).

(62) 流行スル/時體로 닙다, 時體다. 近頃ハ 日本ノ絹物モ 流行[ryukau]シマス/近
來는 日本絹屬도 時體로 입습니다(161하단), 近頃ハ 縞ガ 流行[ryukau]シマス/
近來는 줄잇는 것이 時體올시다(166하단). 다만, '流行[haya]ル/셩ᄒ다'와 같은
대응을 보일 때도 있다. 夏ニナルト 田舍ノ方デハ 蚊遣ガ非常ニ 流行マス/녀름

('름'의 잘못)이되면 村落에셔는 모긔불('불'의 잘못)이 비샹이셩ᄒ옵니다(89상단).

(63) 音調/口音. 君ノ日本語ハ 音調ガ 日本人トチツトモ 異ラナイ/자네日本말은 口音이 일본사름과 죠곰도 다르지아니ᄒ데(150하단).

(64) 衣裳/衣服. 雨ニ逢ヒマシテ 衣裳ガ 皆濕レマシタ/비를 맛나셔 衣服이 다저졋습니다(219하단).

(65) 意匠/心巧. コノ畵ハ 餘程 意匠[isyou]ヲ 凝シテ井マス/이그림은 미오 心巧가 드럿습니다(263하단).[104]

(66) 利子/利息, 邊利. 利子ガ 高ク ナツテ 返濟ガ ナカナカ 難クナリマシタ/利息이 만하져셔 돈갑기가 아죠어렵게 되엿습니다(174상단), 利子ノ高イノニハ 實ニ 閉口デス/邊利가 빗싼것은 춤 긔막혀('히'의 잘못인 듯)오(181상단).

(67) 一切ノ/왼갓. 米ノ外 一切ノ食料品モ/쏠밧게는 왼갓食料品이(161상단).

(68) 一割/拾一條. 折角 然オツシヤイマスカラ 一割ヲ 引キマセウ/못처럼 그러케 말숨ᄒ시니 拾一條[105]減ᄒ겟습니다(163하단). 二割/十分之二. 今年ハ 豐年デスカラ 例年ノ收穫高ニ 較ベテ 見マスレバ 二割程 增加致シマシタ/今年은 豐年이니 平年收穫額에 比ᄒ여보면 十分之二가 增加ᄒ얏습니다(186상단). 이로써 십분률을 나타내는 일본어 한자형태소 '-割'은 당시까지의 국어에 차용되지 않았음을 보여준다.

(69) 賃銀[106]/雇價. 賃銀ハ一日 幾位デセウカ/雇價는 一日에 얼마나 되오릿가(184하단).

(70) 入港/드러오다. 仁川ニ入港シマシタ/仁川에드러왓습니다(123하단).

(71) 磁石/指南鐵. 磁石ガ ナイカラ/指南鐵이 업스니(27상단).

(72) 滋養物/補養ᄒ 것, 補氣物. 滋養物ヲ 食ツテ 適當ナ運動ヲ スルカラ/補養ᄒ 것을 먹고 適當ᄒ運動을 ᄒ니(209상단), 牛乳ト 鷄卵ハ 滋養物トシテ 食ヒマス/牛乳와 鷄卵은 補氣物로 먹습니다(225상단-하단).

(73) 自由-/任意-, 임의. 洋服ヲ 着レバ 體ガ 窮屈デ 自由ニ ナリマセン/洋服을 입으면 몸이 거복ᄒ여셔 任意롭지 안소(221상단), 祖父ハ 今年八十五歲ニナリマスガ 自由ニ 外出モ 出來マセンデス/祖父는 今年八十五歲가 되는듸 任意로 出入도 못ᄒ옵니다(33하단-34상단), 官署ニ 使ハレルヨリモ 私人團體ノ方ヘ 使ハレル方ガ 樂デ 體ガ 自由デス/官廳에셔 벼슬ᄒ는것보담 私人團體에셔 從

---

104) '意匠'의 본래 의미는 '착상, 깊이 생각함'이었으나 명치시대에 영어 design의 역어가 되어 '장식적 고안, 취향'의 의미로 바뀌었다(惣鄕正明·飛田良文1986: 13).

105) 이 때의 '十一條'는 문자 그대로 '10분의 1'을 나타낸다. 그러나 현대 국어에서는 '십일조'가 기독교에서 '수입의 십분의 일을 교회에 바치는 것'이란 뜻으로만 쓰이고 있다. 따라서 용례에 나타나는 당시의 의미는 현대 국어와 다르다. 다만, 그 한자 표기는 '十一租'가 옳으나 '十一條'로 표기되더라도 같은 뜻으로 통한다.

106) 일본어 '賃銀'은 '賃金'으로도 표기되는데 현대국어에 쓰이고 있는 '임금'은 '賃金' 쪽을 차용한 결과라고 할 수 있다. 한편, 『獨習日語正則』에는 일본어 '賃金'도 나타난다. 이에 대한 국어 대역도 '賃金'이다. "京義線ノ 賃金モ 愈々 安クナルサウデス/京義線의 賃金도 츠츠 싸진다지오(256상단)". 다만, 이 때의 '賃金'은 '車費'라는 뜻이다.

事ᄒᆞᄂᆞᆫ것이 편안ᄒᆞ고 임의럽소(97상단). 한편, 言葉ガ 分ラナクツテ 万事不自由デス/말을 몰나셔 萬事가不便ᄒᆞ니(65하단), 日本ノ着物ハ 袖ガ 廣クテ 運動スルニハ 不自由デス/日本옷은 소ᄆᆡ가 넓어셔 運動ᄒᆞᄂᆞᄃᆡᄂᆞᆫ 不便ᄒᆞ오(221하단)처럼 일본어 '不自由'에 대해서는 '不便'으로 번역되어 있다. 造語用 한자형태소 '不-'의 대역에 대해서는 宋敏(2002a) 참조. 한편, '任意'는 勝手ナ/任意의(59상단), 御隨意ニ/任意로(75하단)와 같은 대역어로 쓰이기도 하였다.

(74) 帳簿/置簿. 後デ 公ノ 帳簿ト 引合セテ 見マセウ/잇다가 당신의置簿와 맛추아 보옵시다(173하단), コノ帳簿ヲ 見テ 精筭シテ 下サイ/이치부를 보고 精筭ᄒᆞ야 주시오(182상단). 한편, '帳面/치부'와 같은 대역도 나타난다. 今ハ持合セガ ナイカラ 帳面ニ 付ケテ置イテ 吳レヌカ/지금은 가진 돈이 업스니 치부에 달어 두게 (181하단).

(75) 材料/감. 今日ハ 新聞ノ材料ガ 何モアリマセヌ/오날은 新聞감이 아모것도 업습니다(265하단).

(76) 抵當/典當. 確ナル抵當物ガ 無ケレバ 貸シマセン/確實ᄒᆞᆫ 典物이 업스면 放債 아니ᄒᆞᆸ니다(159하단), 家ヲ 抵當ニ 入レテ 金ヲ 借リタ 處ガ/집을 典當 잡히고 돈을 썻더니(174상단).107) 한편, 抵當物/典物, 典當物과 같은 대역도 나타난다. 確ナル抵當物ガ 無ケレバ/確實ᄒᆞᆫ 典物이 업스면(159하단), 抵當物/典當物. 家 券 地券抔ガ 抵當物ニ成リマス/家券 地券 ᄯᅩ흔거시 典當物이 되옵니다(159하단-160상단).

(77) 制服/正服. 巡査ト 兵隊ハ イツモ 制服ヲ 着テ井マス/巡査와 兵隊ᄂᆞᆫ 항샹正服을 닙고잇소(114하단).

(78) 從來/由來. 從來ノ舊慣ダカラ 一朝一夕ニ 變更スルコトガ デキマセン/由來 舊慣이니 一朝一夕에 變更ᄒᆞᆯ슈가 업습니다(119하단), 從來ノ惡政ヲ 改良セ子バナリマセン/由來의 惡政을 改良치아니ᄒᆞ면안되오(124하단).

(79) 株金/股金. 株金ハ 一株ニ 幾何デスカ/股金은 一股에 얼마오닛가(168하단). 또한, 數量詞로서의 '-株' 역시 국어에서는 '-股'로 대역되었다. 一株/一股(168하단, 169상단), 三四十株/三四十股(170하단), 七八千株/七八千股(171단).108)

(80) 周期/周年, 一周期/一周年. 明日ハ 丁度開業ノ一周期ニ 當ル日デ/來日은 ᄶᅩᆨ 開業ᄒᆞᆫ 一周年이 되ᄂᆞᆫ 늘인故로(88하단).

(81) 注文/맛초-, 긔별ᄒᆞ-. 앞에서 본대로 일본어 '注文'은 국어에 단 한번 그대로 쓰였을 뿐 나머지는 모두 다르게 대역되었다. 活字ガ 足ラナケレバ 江川活字製作所ニ

---

107) 다만, 일본어 '質'도 국어에서는 '典當'으로 대응된다. "質/典當. 時計ヲ 質ニ入レテ 酒ヲ飮ム奴ガ アルカ/時計를 典當잡혀셔 술을먹ᄂᆞᆫ단말이냐(78상단), 質屋/典當局. 韓國ニ 來タ日本人ハ 質屋ヲ 設ケタ 者ガ 多イデス/韓國에 온 日本ᄉᆞ름은 典當局을 設立ᄒᆞᆫ者가 만습니다(174상단~하단)".

108) 이처럼 수량사로서의 한자형태소 '-株'는 국어에 나타나지 않으나 '株式/株式(168하단), 株式會社/株式會社(177하단), 株券/株式券(159하단~160상단)'과 같은 대역에서는 국어에도 '株式'이 나타난다. 수량사로서의 '-株'에 대해서는 宋敏(2002a), 또는 다음에 나올 接辭用 한자형태소에 대한 저항 '-株' 항목 참조.

ゴ注文ナサイ/活字가 不足ᄒ면 江川活字製作所에 맛초시오(176상단), 仕立ヲ
上手ニスル 所へ 注文シテ下サイ/바느질 잘ᄒᄂᆫ듸 맛초어 주시오(215하단),
色々ナ菓子ヲ 注文シテ 來イ/各色菓子를 맛초어오ᄂ라(228하단), 東京ニ 注文
シタ 品物ガ 未ダ 參リマセンガ ドウイフ譯デセウ/東京에 긔별호('ᄒ'의 잘못인
듯)物品이 아직도 오지안이ᄒ니 엇지된 ᄭᆡ닭인지오(181하단). 결국, 일본어 '注文'의
대역으로 쓰인 '맛초-, 긔별ᄒ-'는 일본어의 간섭에 한동안 저항했던 전통적 국어단어의
또 다른 사례가 된다. 요는 일본어에서 비롯된 '注文'이 국어에 정착된 것은 그후의 일일
것이다.

(82) 註釋/註解. 四書五經ノ註釋ハ 宋ノ 朱子ト云フ 人ガ 附ケタモノデ アリマス/
    四書五經의註解ᄂᆫ 송나라 朱子라ᄒᄂᆫ 사람이 ᄂᆡ인것이올시다(265하단-266상단).

(83) 住所氏名/居住姓名. 官署ニ出ス書類ニハ 住所氏名ヲ 明カニ 御記シナサイ/
    官廳에보ᄂᆞᆫ文書에ᄂᆞᆫ 居住姓名을 分明히쓰시오(97상단-하단). 현대 국어에서라
    면 이 경우의 '居住' 자리에는 '住所'가 자연스럽게 쓰일 수도 있다.

(84) 注意/操心, 조심. コノ江ハ 淺イ處ト 深イ處ガアリマスカラ 注意シテ 渡ツテ
    御出ナサイ/이江은 엿흔곳과 깁흔곳이 잇스니 操心ᄒ여 건너 가시오(23상단), 此
    頃ハ 僞造物ガ 多イデスカラ 御注意ナサイマセ/近日은 僞造物이 만흐니 操心
    ᄒ시오(173하단-174상단), 反物ヲ 裁チマス時ニハ 寸法ト 違ハヌ樣ニ 注意シ
    テ 下サイ/衣服次을('를'의 잘못) 마를씩에 見樣과 틀니지안케 操心ᄒ여 주시오
    (215상단-하단), 斯云フ始末デハ 時時苦情ガ 起ルカラ 以後注意セ子バ イケ
    ナイヨ/이러ᄒ경위면 미양 난쳐ᄒ일이싱길터이니 以後조심ᄒ지아니ᄒ면 안되겟네
    (62상단), 執務ノ時間ニ 喫烟ヲ 禁ズルト云フ 張紙ガ シテアルカラ 注意シナ
    サイ/執務ᄒᄂᆞᆫ時間에 吸烟을 禁ᄒ다ᄂᆞᆫ 告示가 잇스니 조심ᄒ시오(78하단).109)
    일본어 '注意'는 한번도 국어에 나타나지 않음이 주목된다.

(85) 遲刻シチヤ/늦게가셔ᄂᆞᆫ. 遲刻シチヤ 可マセン/늦게가셔ᄂᆞᆫ 못쓰겟소(137하단).
    이때의 '遲刻'은 '학교에 늦는다'는 뜻이다.

(86) 脂肪/기름. 豚ノ肉ニハ 脂肪ガ 多クテ 體ニ ヨクアリマセヌ/도야지고기는 기
    름이 만ᄒ셔 몸에 리치안소(229상단).

(87) 職工/工匠. 私ノ店ニハ 職工ガ 皆 東京カラ 來テ 居リマス/우리젼에는 工匠이
    다 東京셔 와잇습니다(166하단).

(88) 眞相/實狀. 其眞相ニ 立チ入ツテ 見ルト 丸デ 違ヒマス/其實狀을 ᄭᅵ여본즉
    아조다르옵니다(76하단).

(89) 請求書/請願書. コノ請求書ニ 正當ナ理由ヲ 說明シテ 提出スルヤウニ 言ヒ
    付ケテ 下サイ/이請願書에 正當ᄒ 理由를 說明ᄒ야 提出ᄒ게 말ᄒ야 주시오
    (75상단-하단).

---

109) 반면, 국어의 '操心'은 일본어 '用心'의 대역어로 쓰인 경우도 있다. "氣候ノ變目デスカラ 御用心ナサイ/換節
    되ᄂᆞᆫ ᄯᅢ오니操心ᄒ시오(43상단)". 일본어의 경우 '用心'과 '注意'는 동의어에 속한다.

(90) 滯在/逗留. 先日 渡韓シタ 米國有名ナ 博士ハ 二ケ月間京城ニ 滯在スルサウデス/日前渡韓혼 米國有名혼博士는二個月間 셔울셔 逗留혼다ᄒ오(71상단).110)

(91) 草稿/草紙. 草稿ノ儘ニ/草紙디로(265상단).

(92) 推測/斟酌. 支配人ハ 未定デスガ 多分國友タ(タ의 잘못인 듯)ロウト 推測シマス/支配人은 未定ᄒ얏스나 아마 國友인줄노 斟酌합니다(171상단).

(93) 祝日/名日. 一月一日ハ 一年中第一ノ祝日デスカラ/一月一日은 一年中第一名日이니(88상단-하단). 이 뒤에 나오는 '節句/名日' 참조.

(94) 出勤/仕進. 來月カラハ 隔日ニ出勤スルサウダカラ/來月브터는 ᄒ로걸너 仕進혼다ᄒ니(89상단), 每日午前十時頃出勤致シマス/每日午前열점쯤 仕進ᄒ옵니다(91상단), 每日遲ク 出勤スレバ 事務上ニ 差支ガアルカラ/每日늦게 仕進ᄒ면 事務上에 妨害가되니(101상단).

(95) 出願/請願. 農商工部ニ 出願スル者ガ 多イデス/農商工部에 請願ᄒ는者가 만습니다(99하단).

(94) 親切-/多情-. アノ御方ハ 何時モ 親切ニシテ吳レマス/져량반은 언제든지 多情시럽게구옵니다(71하단).111)

(96) 品行/行實, 힝실, 行爲. 品行ノ惡イ 者ハ 酷ク誡メテ下サイ/行實이 스나온놈은 嚴히경계ᄒ야주시오(52상단), 品行ノ 惡イ 生徒ニハ 退學ヲ 命ジマス/힝실이 사나온 生徒에게는 退學을 命ᄒ옵니다(152하단), 品行ガ 惡ケレバ 大イニ 叱ッテ下サイ/行爲가不正ᄒ면 크게 ᄭ지져 주시오(73상단).

(97) 必要-/必要-, 所用, 要緊-, 요긴-. コンナニ寒イ 處ニハ 溫突モ必要デス/이런치운곳('곳'의 잘못)에는 溫突도 必要ᄒ오(44하단-45상단), 人民ガ ナケレバ 政府ヲ 設ル必要ガ アリマセヌ/人民이업스면 政府를 設立홀 必要가 업습니다(97하단). 한편, 必要ナラ/所用이되면. 是非 必要ナラ 調べテ 上ゲマセウ/不可不所用이되면 調査ᄒ야 드리리다(78상단). 단, 必要/要緊, 요긴. 木ハ 家ヲ 造タリ 色ナ 道具ヲ 拵エルニハ 一番 必要ナモノデス/나모는 집을 짓던지 各色 器具를 믄드는딕는 第一 要緊혼것이오(238상단), 新聞雜紙ハ 人ノ智識ヲ 發達サセルニ 必要ナモノデス/新聞雜誌는 사름의 智識을 發達케ᄒ는딕 要緊혼것이오(267상단), 鐵ハ 凡ノ器械ヤ 道具ヲ 拵ヘルノニ 必要ナモノデス/鐵은온갓器械와 器具를 믄드는딕 요긴혼것이오(204상단), 鐵道ハ 通商機關デ 一番 必要ナモノデスカラ/鐵道는 通商機關으로 第一 요긴혼것이오니(252상단), 必要ナ 處ハ 見易イ 樣ニ 朱デ 標ヲ 付ケテ 置キナサイ/요긴ᄒ는 보기쉽게 朱墨으로 標를 ᄒ여두시오(266하단). 이처럼 일본어 '必要-'가 국어에서는 오히려 '要緊-, 요긴-'으로 더 자주 나타난다. 그만큼 '必要-'라는 어형이 당시의 국어로는 아무래도 부

---

110) 이 '逗留'는 본래 '逗遛'로 표기되었다. 실제로 『龍飛御天歌』에는 "逗遛 謂軍行頓止 稽留不進也"(권四 20뒤, 제24장 註), 『한불』에는 '두류ᄒ다 逗遛', 『한영』에도 '두류ᄒ다 逗遛'로 나타난다.

111) '親切'은 『한불』에 나타나기 때문에 전통적 한자어라고 할 수 있으나, 위의 대역으로 판단할 때 일본어 '親切'에 대응되는 국어단어로서는 '親切'보다 오히려 '多情'이 의미상 자연스러웠던 것으로 보인다.

자연스러웠던 것이 아닌가 생각된다.

(98) 含嗽水/양치약. 咽喉ガ 痛イカラ 含嗽水デ 始終 嗽ヒシマス/인후가 앏흐셔 양치약으로 항샹 양치ᄒ옵니다(246하단).

(99) 港灣/開港場. 浦鹽斯德ハ 露西亞ノ極東ニ於ケル 唯一ノ 港灣デ/海參威ᄂᆞᆫ 露國의 東洋第一開港場인ᄃᆡ(24하단), 단, 開港場/開港場. 朝鮮全國ニハ 開港場ガ 八ケ所アリマスガ/朝鮮全國에ᄂᆞᆫ 開港場이 八個所 잇ᄂᆞᆫᄃᆡ(25하단).

(100) 解釋/說明. コノ文章ノ意味ヲ 一遍 解釋シテ 下サイ/이글意味를 한번 說明ᄒ여 주시오(263상단).

(101) 玄關/마루. 日本ノ婦人ハ 御客樣ガ 見エルト 玄關マデ 出迎マス/日本婦人은 손님이 오시면 마루ᄭᅡ지 나와영졉ᄒ옵니다(37상단).

(102) 現金/卽錢, 直錢. 現金デナケレバ 買ヘマセン/卽錢이 아니면 실('살'의 잘못)슈업소(167하단). 何卒現金ヲ 御願ヒ申シマス/아모죠록 直錢을 늬시오(170상단), 私ノ店デハ 現金ヂヤナケレバ 賣リマセヌ/늬젼에셔ᄂᆞᆫ 直錢이아니면 팔지안소(179상단).

(103) 洪水/漲水. 漢江ニ 洪水ガ 出マシタ/漢江에 漲水가낫샵니다(43하단), 또한, 大水[oho-midu]/漲水. 今度三南地方ニハ 大水ノ爲〆/이번三南地方에ᄂᆞᆫ 漲水로ᄒ여(24상단).

(104) 化粧/단장. アノ女ハ 白粉ヲ 付ケテ 奇麗ニ 化粧シタカラ 愛嬌ガアリマス/뎌계집은 粉을 발나 곱게 단장ᄒ얏스니 嬌態가 잇습니다(38상단).

(105) 患者/病人. 病院デハ 凡ノ患者ヲ 收容シテ 治療サセマス/病院에셔ᄂᆞᆫ 왼갓 病人을 收容ᄒ야 治療식히옵니다(247하단).

(106) 效力/效驗. 幾何熱心ニ 遣ツテモ 效力ノ無イノニハ 閉口致シマシタ/아모리 열심히ᄒ야도 效驗이업ᄂᆞᆫᄃᆡᄂᆞᆫ 긔가믹히옵니다(57상단).

(107) 希望/所望. 希望ノ通ニ 世話シテ下サイ/所望ᄃᆡ로 周旋ᄒ야주시오(58상단).

이 중에서도 특히, '拷問/刑訊, 交際/相從 또는 交接, 金融/錢政, 當選/被薦, 道具/器具, 物品/物貨, 配達夫/分傳人, 費用/浮費, 非常-/ᄃᆡ단히 또는 非常히, 相談/相議 또는 論議, 洗濯/ᄲᅡᆯ늬, 小作人/作人 또는 半作人, 失敗/逢敗 또는 良貝 또는 랑픽 또는 失敗, 案內/引導, 營業/生涯, 外出/出入, 料理/飮食 또는 料理, 流行-/時體로 닙다 또는 時體다 또는 셩ᄒ다, 自由-/任意-, 注意/操心, 또는 조심, 注文/맛초- 또는 긔별ᄒ- 또는 注文, 滯在/逗留, 出願/請願. 品行/行實 또는 힝실, 必要-/所用 또는 要緊- 또는 必要-, 玄關/마루,[112) 現金/卽錢 또는 直錢, 化粧/단장, 希望/所望과 같은 대역은 주목되는 존재들이다. 여기에는 국어의 전통적 한자어나 고유어 또는 신조어도 포함되어 있기 때문이다. 더구나 일본어 '交際, 非常-, 失敗,

---

112) 일본어 '玄關'이 국어에서 '마루'로 대역되었다는 사실은 주목된다. 한옥에는 '玄關'에 해당하는 구조가 없기 때문에 여기에 해당하는 말을 구태여 찾는다면 '마루'밖에 없는 것이다.

料理, 注文-, 必要-'는 어쩌다 한 두 번 아니면 몇 번 정도만 국어에 쓰인 일이 있을 뿐, 상대적으로는 훨씬 적게 나타나며, 일본어 '自由-, 流行-, 注意'는 아예 국어에 나타나지도 않는다. 이로써 이들이 국어에 간섭을 일으킨 과정에도 단계가 있었음을 알 수 있다. 현대 국어를 기준으로 할 때 위에 예시된 일본어의 대부분은 결국 개화기 이후의 국어에 수용되었으나, 한동안 저항을 보였던 전통적 국어단어들은 그후 입지가 매우 허약해지거나 소멸의 길로 접어들었다.

다음에 보이는 일본어도 현대국어에서는 거의 대부분이 그대로 국어단어처럼 쓰일 수 있는 것들이다. 그러나 『獨習日語正則』(1907)에서는 이들 일본어도 전통적 국어단어로 대역되고 있어 국어의 저항이 광범한 영역에 걸쳐있었음을 보이고 있다. 그 실상의 일부를 가나다 순으로 들어보이면 다음과 같다. 예문은 필요하다고 생각될 때에만 내세우기로 한다.

(ㄱ행) 街道/沿道(25상단). 加勢/助力(58상단). 格別/別노히(148하단). 勘定/細音.113) 御得意ノ 御方ニ八 勘定ヲ 月末ニ 戴キマス/단골兩班의게ᄂᆞᆫ 細音을 月終에밧습니다(164상단). 隔月ニ/ᄒᆞᆫ 둘건너(57하단). 景色/景致(23하단, 25하단, 28상단, 44상단, 90상단-하단, 209하단, 232하단-233상단). 高慢/교만. 高木ハ 高慢ニシテ/高木은 교만ᄒᆞ고(56하단). 苦悶シテ/익쓰고(62하단-63상단). 故意ニ/부러(63상단). 穀物/곡식(19하단). 恐迫/威脅(132하단). 工夫/計策(62하단). 恐縮/惶感(42상단). 罫紙/인찰지(265상단).114) 絞罪/絞刑(132하단). 天主敎會堂/天主會堂(59상단). 口論/言詰. 酒ヲ飮ムト 直グ人ト 口論ヲ始メマス/술을먹은즉 곳 남과 言詰을 시작ᄒᆞ옵니다(61하단). 卷紙/周紙. 卷紙ト 狀袋ヲ 持ツテ來イ/周紙와 封套를 가져오ᄂᆞ라(262하단), 捲紙/周紙. 捲('券'의 잘못인 듯)紙ハ 机ノ引出ノ中ニ アリマス/周紙ᄂᆞᆫ 冊床설합가온ᄃᆡ 잇소(263하단). 劇烈/猛烈(90하단). 近所/近處(182하단-183상단). 機敏/敏捷(174하단). 期限マデハ/限定前에ᄂᆞᆫ(60하단). 喫烟/吸烟(78하단, 116상단).

(ㄴ행) 落着/結尾(71상단). 內外/안팟. 男女合セテ 百人內外デセウ/男女合ᄒᆞ여셔 百名안팟이지오(58상단-하단).

(ㄷ행) 當分ノ間/ᄒᆞᆫ동안(105하단).115) 當時/近日(158상단). 當地/여긔(158하단). 當直/當番. 今晩ハ 誰ノ當直デスカ/오늘밤은 뉘當番이오닛가(69상단). 大膽/당돌(111하단-112상단). 大名/諸侯. 大名ノ家ニハ/諸侯의집에는(37하단).116) 大

---

113) '셰음'이라는 고유어를 한자어로 잘못 인식한 데서 나온 표기이다. 그러나 실제로는 '셰음(173상단, 177하단, 182상단)'처럼 올바르게 표기된 쪽이 오히려 더 많다.

114) 『한불』에는 '인찰 引箚'이라는 표제어에 'Trait dans une page de livre, encadrement en filet un livre'라는 풀이가 나타난다. 그러나 '인찰지'의 올바른 한자표기는 '印刷紙'일 것이다.

115) 현대 국어에는 '當分間'으로 나타난다.

捷/勝戰(25하단-26상단). 盜難/盜賊(105하단). 道樂スル/난봉부리다(71상단). 道理/經緯. 人ヲ 打ツノハ 善クナイコトダカラ 能ク道理ヲ 云フテ 聞カセナサイ/남을 치는 것은 됴치아니흔일이니 잘 經緯를 말흐야 들니시오(53상단). 途中デ/길에서, 路上에서. 阿部様ニハ 先刻途中デ 逢ヒマシタ/阿部公은 앗가 길에셔 맛낫습니다(48상단), 意外ニ 途中デ 出逢マシタカラ/意外에 路上에셔 맛낫스니(48하단-49상단). 到着/왓스니. 荷物ガ 到着シマシタカラ/짐이 왓스니(256상단). 頭領/首領. ソノ頭領ニ ナル 奴ヲ 捕ヘテ/그首領되는 놈을잡아셔(119상단-하단).

(ㅁ행) 盲人/판슈(38상단). 明瞭/分明. 望遠鏡デ 見レバ 幾位遠クテモ 明瞭ニ見エマス/望遠鏡으로 보면 아모리 멀드리도 分明히 보이옵니다(233상단). 名刺/名啣. 名刺ハ 印刷屋ニ 往ツテ 拵ヘサセナサイ/名啣은 印刷所에 가셔 문들게 흐시오(263상단). 謀叛/叛逆(103상단). 木綿/白木, 綿花, 무명. 木綿 麻 紬類ノ外何モ アリマセン/白木 布 綿紬等屬外에는 아모것도 업습니다(161하단), 米國産ノ木綿モ 適當デアリマス/米國産의綿花도 適當흐오(187상단), 木綿デ 着物ヲ 拵ヘレバ 丈夫デス/무명으로 옷을 지으면 튼튼흐오(216상단).[117] 無禮/失禮(40하단).[118] 無慘/慘酷(106하단). 文句/귀절(264하단).

(ㅂ행) 返濟/돈갑기, (돈을) 갚다. 利子ガ 高クナツテ 返濟ガ ナカナカ 難クナリマシタ/利息이 만하져서 돈갑기가 아죠어렵게 되엿습니다(174상단), 借金ヲ 返濟シナイ場合ニハ/債錢을 갑지아니흐는 境遇에는(133하단). 百姓/농부. 百姓ノ子ハ 幼イ時ヨリ 田ヲ 耕シタリ肥料ヲ 施シタリスル方法ヲ ヨク辨ヘテ/農夫의 주식은 어려실쩍 브터 논을 갈던지 거름을 쥬는方法을 잘 알어셔(185상단). 繁昌/繁盛. 豊年ノ爲ニ 商況ハ 到ル處 繁昌デアリマス/豊年신둙에 商況은 到處에繁盛흐오(182하단). 辨濟期間/勘報期限. 借金ノ 辨濟期間ガ 過ギタノデ/債錢의 勘報期限이지느스니(131하단). 別嬪/美人. 脣ニ チョイト 臙脂ヲ 付ケタガ ナカナカ 別嬪ヂヤ/입살에 잠간 연지를 발낫는덕 아조 美人이로구나(209하단). 報酬金/酬勞金(131상단). 普通/通常에(249하단). 本給/本俸(126상단). 附近/近處(29상단).

(ㅅ행) 朔風/北風(90하단). 算盤/數板(137상단). 筭盤/珠筭(182상단). 相場/時勢,

---

116) '大名'은 일본의 고유 문화를 나타내는 단어인데 여기서는 '諸侯'로 번역되었다. 그러나, 독자적인 제도나 문물을 소개할 경우, 해당 단어를 번역하지 않고 간접화법식으로 인용하는 수도 있다. 가령, "日本ニハ 昔シ 大名ト云フ者ガアツテ 諸國ニ割據シテ居リマシタ/日本에는 넷적에大名이라흐는 것이셔諸國에割據흐야 이엿습니다(108상단), 馬ヲ御スル人ヲ 馬丁或ハ別當ト云ヒマス/말어거흐는사름을 馬丁이나 別當이라 흐옵니다(38하단), 韓國軍隊ノ下士ハ 日本軍隊ノ伍長トイフモノニ當ルデセウ/韓國軍隊의下士는 日本軍隊의伍長이라 흐는것과 相當흐지오(121상단)"의 국어대역문에 나타나는 '大名, 馬丁, 別當, 伍長' 등이 그러한 사례에 속한다. 이들은 차용어가 아니고, 타국의 제도나 문물을 소개하는 과정에서 자국어에 일시적으로 쓰인 경우로서 훗날 차용어가 될 수 있는 잠재적 어형이라고 볼 수 있다.

117) 결국, 일본어 '木綿'에 대해서는 그때그때 '白木, 綿花, 무명'과 같은 국어가 대응되고 있는 셈이다.

118) 『한불』에는 '무례흐다 無禮'가 있으니 '無禮'는 국어에서도 통용된 전통적 한자어라 할 수 있다.

시세. 物品ノ 上場ヲ 見テ/物貨時勢를 보아셔(174하단), 大豆ノ上場ハ ドウ
デスカ/콩시세는 엇더하오닛다(182상단). 書面/편지(63하단). 旋風/廻風(21상
단). 成效/成功(81상단-하단). 細工/手工(189하단). 燒失/燒盡(28하단). 始終
/恒常(47상단), 항샹(77상단, 77하단, 246상단), 흥샹(79하단), 항상(154하단,
207하단). 失敬/失禮. 先日ハ 失敬致シマシタ/日前은 失禮ㅎ얏습니다(80상
단). 室內/집안. 室內ニ 汚穢物ガ アリマスレバ/집안에 汚穢物이 잇스면(208
상단-하단), 室內ヲ 奇麗ニ 掃除シテカラ 石炭酸デ 消毒シナサイ/집안을 찟
긋하게 쓸고 石炭酸으로 消毒ㅎ시오(241상단).

(ㅇ행) 安堵/安全. 人民共ガ 安堵シテ 居リマス/百姓들이 安全히 지닙니다(126하
단). 安置/奉安. 日本カラ 佛像ガ 到着シマシテ 京城本願寺ニ 安置シマシ
タ/日本서 佛像이 到着ㅎ야 京城本願寺에 奉安ㅎ얏습니다(84하단-85상단),
御寺ニハ 佛像ヲ 安置シマス/절에는 부쳐님을 奉安ㅎ옵니다(93상단). 愛想/
接待. 何ノ 御愛想モゴザイマセン/아모接待도업습니다(41하단). 養生/調攝.
體ノ養生/몸調攝(211하단). 言語同斷デス/참말못되오(64상단). 緣談/婚姻말
(50하단). 煙突/烟筩(252하단). 十時/열졈. 每日午前十時頃ニ 勤致シマス/每
日午前열졈쯤 仕進ㅎ옵니다(91상단). 用心/操心(43상단). 위의 '注意/操心, 조
심' 참조. 用意/準備. 豫メ 用意シテ 置カナケレバ(バ의 잘못인 듯)ナリマセ
ヌ/미리 準備ㅎ여 두지안으면 안되오(48상단-하단).

(ㅈ행) 殘酷デ/끔찍ㅎ야셔(15상단). 節句/名日. 五月ノ絶句ニハ 鯉ヲ 揚ゲテ 祝ヒ
マス/五月名日에는 鯉魚를달아셔 祝賀ㅎ읍('옵'의 잘못)니다(193하단). 切迫/
貴ㅎ-, 極難ㅎ-. 金融ガ 餘程 切迫シテ 居リマス/錢政이 大端히 貴ㅎ옵니다
(159하단), 金融ガ 切迫デ 商賣人ハ 非常ニ 困ツテ 居マス/錢政이 極難ㅎ여
商賈들이 非常히 민망ㅎ게 지니옵니다(172상단), 金融ガ 切迫テ(デ의 잘못인
듯) 物價ガ 俄ニ 下落シマシタ/錢政이 極難ㅎ야 物價가 갑작이 써러졋습니다
(180하단). 定刻ノ通リ/時間딕로. 皆様ハ 定刻ノ通リ 御出下サルコトヲ 御
願ヒ申シマス/여러분은 時間딕로 오시기를 바라옵니다(67상단-하단), 定刻ニ
/定흔時間에. 宴會ノ招待狀ヲ 受ケマシタカラ 定刻ニ行カ子バナリマセヌ/
宴會의 招待狀을 바닷스니 定흔時間에 가야ㅎ겟습니다(72상단), 時間ノ通リ/
時間딕로. 丁度來客ガアリマシテ 時間ノ通リニ上リマセンデシタ/맛춤 來
客이잇셔셔 時間딕로 오지못ㅎ얏습니다(74상단), 時刻ノ通リ/時間딕로. 時刻
ノ通リ來ナクチヤ 都合ガ 惡イカラ/時間딕로 아니오면 形便이안되엿스니(69
하단). 地租/結稅. 收穫ヲ 半分シテ 地租ハ 地主ガ 負擔シマス/秋收를 半分
ㅎ고 結稅는 田主가 擔當ㅎ오(184하단). 持參シテ/가지고와셔(67하단). 盡力
/힘쓰-. 出來丈 盡力致シマス/되도록 힘쓰겟소(41하단).

(ㅊ행) 借金/債錢(131하단, 133하단). 단, '借金/빗'과 같은 대역도 나타난다. 借金ヲ
返サナイ爲ニ 訴狀ヲ 提出シタサウデス/빗을갑지아니호 신둙에 訴狀을提出
ㅎ엿다ㅎ오(132하단). 天氣/日氣, 일긔. 天氣ガ 曇ツテ/日氣가 흐려셔(18하

단), 好イ御天氣デゴザイマス/됴흔日氣올시다(43상단), 天氣ガ寒イカラ/日氣가 치우니(213하단), 今日ハ結構ナ御天氣デゴザイマス/오늘은 훌늉흔일긔 올시다(91상단), 天氣ガ寒クナル/일긔가 치워지면(91하단). 鐵砲/銃(39상단, 237하단), 鐵砲/총(235상단). 晴天/됴흔日氣(46상단). 親類/親戚(37상단).

(ㅍ행) 爆烈彈, 爆裂彈/爆發藥. 頻ニ爆烈彈ヲ投込ミマス/자조爆發藥을 던지옵니다(119상단), 爆裂彈ヲ投ゲ込ムコトガ度度アリマス/爆發藥을 더지는일이 번번이 잇습니다(127상단).

(ㅎ행) 下落/써러지-. 金融ガ切迫テ(デ의 잘못) 物價ガ俄ニ下落シマシタ/錢政이 極難ㅎ야 物價가 갑작이 써러졋습니다(180하단). 旱魃/가물(19하단).

일본어의 대역어로 쓰인 전통적 한자어나 고유어 중에는 주목되는 것들이 많음을 여기서도 찾을 수 있다. '勘定/細音, 機敏/敏捷, 喫烟/吸烟, 落着/結尾, 當直/當番, 盲人/판슈, 辨濟期間/勘報期限, 報酬金/酬勞金, 相場/時勢 또는 시세, 旋風/廻風, 細工/手工, 燒失/燒盡, 安置/奉安, 十時/열점, 定刻ニ/定흔時間에, 持參シテ/가지고와셔, 下落/써러지-, 旱魃/가물'과 같은 사례가 거기에 속한다. 이로써 개화기에는 일본어의 간섭에 대한 국어의 저항이 상당한 세력으로 지속되었음을 보여준다.

2) 訓讀 漢字語에 대한 抵抗

이번에는 단어를 구성하고 있는 개별형태소 모두가 훈독되거나, 그 일부가 훈독되는 경우를 정리하기로 한다. 여기에 나타나는 일본어 또한 현대국어라면 어형상으로나 의미상으로 국어단어와 다름없이 쓰일 수 있는 것들인데 당시에는 그렇지 않았음을 보여 준다. 곧 일본어와는 다른 전통적 국어어형이 대역어로 한동안 쓰이면서 일본어의 간섭에 저항한 모습을 보이고 있는 것이다.

(1) 價値[ne-uti]/값. 教育ノ價値ハ/教育의갑슨(145상단).
(2) 建物[tate-momo]/家屋. 土地建物證明規則ハ/土地家屋證明規則은(134상단).
(3) 絹物[kinu-mono]/緋緞, 비단, 絹屬. 絹物ハ/緋緞은(161하단), 裏ガ絹物デスカラ/안이 비단이니(219상단), 日本ノ絹物モ/日本絹屬도(161하단). 반면, '絲織, 毛織'은 차용되었다.
(4) 見本[mi-hon]/看色. 見本ヲ持テ來マセウ/看色을 가지고 오리다(167상단).
(5) 屆出[totoke-dasi]/告發, 申告. 屆出シマシタ/告發ㅎ얏습니다(105하단), 當該官署ニ屆出シマス/當該官廳에 申告ㅎ옵니다(107상단), 屆ヲ出シナサイ/申告ㅎ시오(258상단-하단).

(6) 大水[oho-midu]/漲水. 大水ノ爲メ/漲水로ᄒ여(24상단).

(7) 貸出[kasi-dasi]/放債. 銀行デ 貸出スデセウ/銀行에서 放債ᄒ겟지오(159하단).

(8) 突然[ikinari]/瞥眼間. 出拔ニ 一人ノ曲者ガ出ルカラ突然捻ジ伏テ 漸ヤク取リ 押ヘタガ逐逃シテ 仕舞ツタ/不意에 殊常ᄒ놈 ᄒ나히 나오기로 瞥眼間 휘둘너 걱구러쳐셔 겨오 잡앗다가 終乃 노노('노'가 잘못 중복된 듯)쳣('쳐'의 잘못인 듯)버렷소(68하단).

(9) 麥粉[mugi-ko]/밀가로. 菓子ハ 麥粉デ 拵ヘマス/菓子ᄂ 밀가로로 ᄆᆞᆫ드옵니다(224하단).

(10) 買上ゲル[kahi-ageru]/買收ᄒ다. 京釜鐵道モ 日本政府デ 買上ゲマシタカラ/京釜鐵道도 日本政府에서 買收ᄒ얏스니(122하단).

(11) 密語イテ[sasayaite]/귀속을 ᄒ고. 何事カ密語イテ 居リマス/무슨말인지 귀속을 ᄒ고 잇소(60하단).

(12) 白粉[o-siroi]/紛. アノ女ハ 白粉ヲ 付ケテ 奇麗ニ 化粧シタカラ/뎌계집은 粉을 발나 곱게 단장ᄒ얏스니(38상단).

(13) 蜂蜜[hati-mitu]/淸蜜. 其代リ 蜜蜂ヲ 使ツテ 居リマシダ(タ의 잘못인 듯)/그 ᄃᆡ신에 淸蜜을 먹엇습니다(224하단).

(14) 小賣[ko-uri]/散賣. 小賣ハ 致シマセン/散賣ᄂ 아니ᄒ옵니다(162하단).

(15) 受取[uke-tori, uke-toru]/領受, 밧다. 明日頃 受取リニ 行マセウ/ᄂᆡ일씀 領受ᄒ러 가겟소(256상단), 粗末('末'의 잘못)ナ 物デスガ 何卒受取ツテ下サイ/변변치아니ᄒ 物件이나 밧으시기를 바라옵니다(54하단).

한편, '受取書[uketorisyo], 受取證[ukerorisyau]/領受證'와 같은 대역도 나타난다. コノ受取書ニ 公ノ印ヲ 捺シテ 下サイ/이領受證에 老兄에圖章을 찍어주시오(176하단), 金ヲ 受取ツタ跡ハ 受取證ヲ 交附シナサイ/돈을밧은뒤에은('ᄂᆞᆫ 또는 '는'의 잘못) 領受證을 交附ᄒ시오(177상단).[119]

(16) 水泡[midu-awa]/물거품. 水泡ノ樣ニ 直グ 消エテ仕舞ヒマシタ/물거품ᄀᆞᆺ치 곳스러졋습니다(24상단).

(17) 場所[ba-syou]/處所. 灌漑ノ乏イ處ニハ 豫メ 水ヲ溜メテ置ク場所ヲ 設ケテ 旱魃ノ備ヲ シナケレバ イケマセン/灌漑가 不足ᄒ곳에ᄂ 미리 물을 뎌츅ᄒᄂ 處所를 민들어셔 旱魃의防備를 ᄒ지아니ᄒ면 안되오(187상단), 凡テノ道具ノ配置ハ 皆 場所ヲ 定メテ 置クンダヨ/온갓器具의配置ᄂ 다 處所를 定ᄒ야 둘것이다(244하단).

(18) 張紙[hari-gami]/告示. 張紙ガ シテアルカラ 注意シナサイ/告示가 잇으니 조심ᄒ시오(78하단).

(19) 地主[ti-nusi]/田主. 地主ト 小作人トノ間ニ 利益分配ハ/田主와 作人間의 利益分排ᄂ(184하단).

(20) 織物[ori-mono]/필육. 朝鮮デ 出來ル 織物ハ 何ナモノガ アリマスカ/朝鮮셔

---

119) 다만, 이 때의 '領受證'에 대한 현대국어 한자표기는 '領收證'이다.

나는 필육은 엇던 것이 잇습닛가(161상단).

(21) 請負者[uke-ohi-sya]/都給者. 彼等ハ 皆請負者ノ連中ダカラ/그사름들은 다 都給者의一派닛가(54하단).

(22) 取扱ヒ[tori-atukahi]/處理. 代書所ヲ 設ケテ 登錄訴狀等ヲ 取扱ヒマス/代書所를 설시ᄒ고 登錄訴狀等을 處理ᄒ옵니다(133하단), 郵便取扱規則ヲ 辨子バナリマセヌ/郵便處理ᄒᄂ規則을 아지못ᄒ면 안되오(258하단).

(23) 取調ベテ[tori-sirabete]/査實ᄒ야(119상단-하단), 加害者ヲ 引致シテ 取調マシタ處ガ/加害者를 引致ᄒ야 査實ᄒ즉(129하단), 先日 捉ヘタ强盜ヲ 取調ベマスト/前日 捕縛ᄒ强盜를 査實ᄒ즉(131하단), 人ヲ 恐迫シテ 金ヲ 奪取ツタ者ハ 酷ク取調ベテ 下サイ/사름을 威脅ᄒ야 돈을奪取ᄒ은者ᄂ 嚴히 査實ᄒ야 주시오(132하단).

(24) 取締リマス[tori-simarimasu]/監檢. 憲兵ガ 軍人ヲ 嚴重ニ取締リマス/憲兵이 軍人을 嚴重히監檢ᄒ옵니다(110하단), 此頃宮中雜輩ノ取締ハ嚴シイモノデス/이사이 宮中雜輩의 監檢은 嚴ᄒ옵니다(120상단).

(25) 打開ケテ[uti-akete]/너놋코, 펴너놋코. 何モ 隱サズニ 打開ケテ オ話シナサイ/아모것도 隱諱치마르시고 너놋코 말솜ᄒ시오(53하단), ソウ隱サズニ 打開ケテ 云フテ 下サイ/그리隱諱치말고 펴너놋고 말솜ᄒ시오(57하단).

(26) 品切[sina-gire]/物件이 동나-. 品切ニ ナッテ 價段ガ 俄ニ 上リマシタ/物件이 동나셔 갑이 갑죽이 올낫습니다(170상단).

(27) 荷物[ni-motu]/짐. 荷物ハ 郵便ト 違ヒマシテ 遲レマス/짐은 郵便과 달나셔 더 듸옵니다(164하단-165상단), コノ荷物ヲ 荷車デ 運搬スレバ/이짐을 구루마로 移運ᄒ면(175하단), ソノ荷物ハ 肩ニ 擔イデ 行ケバ/그짐은 억개에 메이고 가면(208하단), 荷物ハ 悉皆 倉ニ 入レテ下サイ/짐은 왼통 고간에 너어 주시오(239상단), 端艇デ 荷物ヲ 波止場ニ 運ビマス/三板으로 짐을 埠頭에 옴기옵니다가('가'는 잘못 덧붙여진 글자임)(252상단), 荷物ハ 停車場ニ 卸シマシタ/짐은 停車場에 부렷습니다(253상단), 今度ノ船便デ 荷物ガ 到着シマシタカラ/이번船便으로 짐이 왓스니(256상단).

　여기서도 일본어의 간섭에 저항한 국어의 전통적 한자어나 고유어를 찾을 수 있다. '見本/看色, 貸出/放債, 蜂蜜/淸蜜, 小賣/散賣, 場所/處所, 地主/田主, 織物/필육, 請負者/都給者, 取扱/處理, 荷物/짐'과 같은 대역에서 그러한 사실을 확인할 수 있다. 그런데 위에 예시된 일본어의 대부분은 개화기 이후 현대국어에 그대로 수용되었다. 그 결과 국어의 전통적 한자어 중에는 '看色, 放債'처럼 폐어화의 길을 걸은 사례도 적지 않다. 한자로 표기되는 일본어형들은 얼핏 한자어처럼 인식되기 쉬운 데다가 특별한 이질감이나 저항감을 불러일으키지 않기 때문에 서서히 국어에 수용될 수 있었던 것이다.

3) 接辭用 漢字形態素에 대한 抵抗

앞 장에서 본대로 개화기의 일본어에는 接辭用 한자형태소에 의한 파생어가 많이 나타나는데 이들은 대거 국어에 거의 그대로 차용되었으나 일부는 일본어와 다르게 대역된 경우도 있다. 말하자면 接辭用 한자형태소 중에도 일본어의 간섭에 대한 국어의 저항이 부분적으로 있었음을 뜻한다. 다음과 같은 사례를 통하여 그러한 실상의 일부를 파악할 수 있다.

(1) '-高[-daka〈-taka]/-額'. 今年ハ 豊年デスカラ 例年ノ收穫高ニ 較ベテ 見マスレ バ/今年은 豊年이니 平年秋收額에 比ᄒ여보면(186상단). 일본어 '收穫高'에 쓰인 접미사 '-高'가 국어에서는 '-額'으로 대치되었다.

(2) '-等/-等' 또는 '-等/-等屬, -等地, -들'. 복수접미사 '-等'은 국어에 '-等'으로 대역되기도 하였으나 모두가 그런 것은 아니었다. 우선, '-等/-等'으로 똑같이 나타나는 경우. 汽車滊船等ハ/火車汽船等은(255하단), 巡査等ガ/-等이(100상단), 地理歷史等ガ/-等이(183하단), 硫酸鐵等ガ/-等이(250하단-251상단), 水雷艇等ガ/-等이(251하단-252상단), 違警罪等ノ/-等의(133상단), 主事等ヲ/-等을(107상단-하단, 133하단), 御宮等ニ/-等에(93상단), 城津等デス/-等이오(25하단). 이에 대하여 '-等/-等屬, -등속'으로 대역된 경우. 着物等ハ/衣服等屬은(219하단), 斥堠兵等ガ/-等屬이(114상단), 牛皮等ガ/-等屬이(159상단), 田地等ヲ/-등속을(65상단), 團扇等ヲ/부치등속을(189하단), 郵便電信等デ/-등속인딕(261상단), 牛皮等デアリマス/-等屬이올시다(182하단). 다만, 지명 뒤에서는 '-等/-等地'로 대역된 경우도 있다. 京城 平壤等ニ/京城 平壤等地에(110하단), 横須賀 佐世保 吳等デアリマス/横須賀 佐世保 吳等地올시다(255하단). 또한, 직업을 나타내는 명사 뒤에서는 '-等/-들'로 대역되기도 하였다. 政治家等ハ/政治家들은(115상단), 書生等ハ/書生들은(149하단). 그러나 '城鎭等' 또는 '巡査等, 主事等'처럼 일본어에 나타나는 '-等'이 그대로 국어에 옮겨진 사례도 있으므로 지명이나 직업을 나타내는 명사라 해서 동일한 기준으로 해석될 수 있는 것은 아님을 알 수 있다. 요컨대 일본어 접미사 '-等'은 국어대역에서 유동성을 보이는 것이다.

(3) '-類/-類' 또는 '-類/-等屬'. 일본어 '-類'가 국어에서 '-類'로 대역된 경우. 穀類ノ/穀類의(20상단), 金巾類ノ/洋木類의(158상단), 獸ノ類デアリマス/즘싱의類올시다(196하단-197상단). '-等屬'으로 대역된 경우. 野菜類ハ/野菜等屬은(161상단), 紬類ノ外/綿紬等屬外에ᄂ(161하단). 그러나 '軒端等ニ/첨하긋 ㅊ흔딕(198상단)'처럼 전혀 다른 대역도 있다. 이들을 통해서 일본어 접미사 '-類' 또한 국어대역에서는 유동성을 보임을 알 수 있다.

(4) '滿-/쪽-'. 滿五歲ニ 成リマシタ/쪽다섯살 되엿습니다(147하단). 일본어 '滿五歲'에 포함된 접두사 '滿-'이 국어에서는 '쪽-'으로 대치되었다.

(5) '無-/의역형식'. 無責任ノコトヲ/당치안은 말을(74하단). '責任'은 『한불』에 이미
나타나는 단어이기 때문에 전통적 한자어라고 할 수 있다. 그런데도 그 파생어인 '無
責任'은 국어에 수용되지 못하고 의역으로 처리되었다.

(6) '-匁[-monme<-匁目]/-兩重'. コノ小包ハ 正味 二百三十匁('匁'의 잘못) 有リマ
ス/이小包는 實量 二十三兩重이 되오(261하단).

(7) '不-/不-' 또는 '不-/의역형식. 不公平ナコトヲ 云フカラ/不公平흔말을ᄒ니(81하
단), 不動産デモ 抵當ニ 取リマスカ/不動産이라도 典當을 잡습닛가(159하단).
여기에 보이는 바와 같이 일본어 '不-'의 파생어 가운데에는 '不公平, 不動産'처럼
국어에 그대로 수용된 사례도 더러 있으나 똑같은 유형의 파생어가 모두 그런 것은
아니었다. 오히려 의역형식으로 국어에 나타나는 경우가 더 많기 때문이다. 不健康デ
スガ/健康치못ᄒ나(34상단). 不景氣デゴザイマス/時勢가 업습니다(158상단).
不經濟デス/經濟가 못되오(45상단), 不經濟デセウ/히롭소(222상단). 不自由デ
ス/不便ᄒ오(65하단, 221하단). 證據不充分デ/證據가 不明ᄒ야(129하단). 결국,
'不-'의 파생어 가운데에는 국어에 쉽게 수용될 수 없는 것들이 많았음을 보여준다.

(8) '-本/-冊'. 小說本ガ 机ノ上ニ 置イテアルカラ/小說冊이 冊床우에 노혀잇스니
(264상단).

(9) '-屋/-屋' 또는 '-屋/-房, -所, -業, -匠, -店, -전, -집'. 일본어에는 훈독으로 쓰이는
'-屋'의 파생어가 많은데, 그중에서 국어에 수용된 경우는 '下宿屋(145하단, 146상
단)'뿐이고 나머지는 모두 다른 방식으로 나타난다. 仕立屋/裁縫房(215상단), 印刷
屋/印刷所(263상단, 265상단-하단), 料理屋/料理業(177하단), 指物屋/小木匠
(241하단), 陶器屋/陶器店(181상단), 散髮屋/理髮店(210상단), 瀨戶物屋/사긔전
(242하단), 吳服屋/드틈전(216하단), 材木屋/쟝목전(242하단). 菓子屋/菓子집
(228하단), 寫眞屋/寫眞집(188하단), 二階屋/二層집(232하단), 平屋/평집(237상
단). 이처럼 일본어 '-屋'의 파생어 또한 그때그때 국어로 '-房, -所, -業, -匠, -店,
-전, -집' 등으로 옮겨져 다양한 모습을 보인다.

(10) '-服/-옷'. 私ハ 朝鮮服ガ 好デス/나는 朝鮮옷을 조하ᄒ오(218하단).

(11) '-用/-件'. 防寒用トシテ 一ツ 拵へマセウ/防寒件으로 ᄒ나 민듭시다(168상단).
일본어 '防寒用'에 쓰인 접미사 '-用'이 국어에서는 '-件'으로 대치되었다.

(12) '-人/-人' 또는 '-人/-사름'. '-人/-人'의 경우. 西洋人(58상단, 221상단), 日韓人
(61상단), 外國人(69하단), 犯罪人(100상단), 支配人(171상단, 179하단). '-人/-
사름'의 경우. 外國人/外國사름(148하단), 日本人/日本사름(150하단, 154상단-
하단), 支那人/淸國사름(187상단, 217하단-218상단, 264하단), 毛唐人/西洋사
름(212상단), 朝鮮人/朝鮮사름(226상단, 226하단).

(13) '-揃[-sorohi]/-벌'. 此ノ 寸法ヲ 持テ 往ツテ 洋服ヲ 一揃 誂へテ 來イ/이見樣
을 가지고가셔 洋服 흔벌 맛초고 오ᄂ라(218하단).

(14) '-組[-kumi]/-벌' 또는 '-組/-벌'. 消防組(123상단). 다만, '-組'가 다른 형태로 대
역된 것도 있다. フロッコート一組[iqkumi]ヲ宜ク 仕立テ下サイ/후록코ー트 흔

벌 잘 지어 주시오(166상단).

(15) '-造[-dukuri⟨-tukuri]/-製, -집'. 煉瓦造ノ二階屋ヲ 建テマシタ/煉瓦製의二層
집을 지엇습니다(232하단), 煉瓦造ノ瓦葺ノ平屋デス/벽돌집에 기와덥흔 평집이
오(237상단). 일본어 '煉瓦造'의 접미사 '-造'가 국어에서는 한번은 '-製'로, 또 한
번은 '-집'으로 나타난다. 어느 경우건 일본어 접미사 '-造'의 파생어는 국어에 부자
연스러운 존재였음을 알려준다.

(16) '-製/-所産'. コノ時計ハ 銀側デアルケレドモ 瑞西製デアリマス/이時計는 銀
싹지오만은 瑞西所産이올시다(238하단). 일본어 '瑞西製'에 포함된 접미사 '-製'가
국어에서는 '-所産'으로 대치되었다. 바로 위에 '煉瓦造/煉瓦製'와 같은 대역이 나타
나므로 접미사 '-製'가 국어에 쓰일 수 없었던 것은 아니었겠으나 아무래도 부자연스
러운 접미사였던 것으로 보인다. 반면에 일본어 접미사 '-産'은 국어에도 그대로 나타
난다. 米國産ノ木綿モ 適當デアリマス/米國産의綿花도 適當ㅎ오(187상단).

(17) '-株[-kabu]/-股'. 일본어 株式(168하단), 株式會社(177하단)는 국어에 그대로 수
용될 수 있었으나 일본어의 數量詞로 쓰인 '-株'는 국어에서 '-股'로 대역되었다.[120]
一株에 五十圓デスガ/一股에 五十圓이나(169상단), 私モ 三四十株 買ヒマセウ
/나도 三四十股 사겟습니다(170하단), 最早 七八千株를 募集シマシタ/발셔 七
八千股를 募集ㅎ얏습니다(171상단).

(18) '-側[kaha/-gaha⟨-kaha]/-쪽지'. コノ時計ノ側ハ 白銅デセウ/이時計쪽지는 白
銅이오(204상단). 銀側/銀싹지. コノ時計ハ 銀側デアルケレドモ/이時計는 銀
싹지오만은(238하단).

(19) '-割[-wari]/-條, -分之數'. 十分率을 나타내는 일본어 接尾辭 '-割'은 국어에 다
음과 같은 의역으로 나타난다. '一割/拾一條'(163하단), '二割程/十分之二'(186
상단).

(20) '-夾[-basami⟨-hasami]/-틀'. 新聞ガ 來タラ 新聞夾ニ 直グ 夾ンデ置ケ/新聞
이 오거든 新聞틀에 곳 씨여두어라(244상단).

이처럼 접두사 '不-', 접미사 '-等, -類, -屋, -人, -組' 등에 의한 파생어들은 국어대역에서
유동성을 보이며, 그 중에서도 특히 접두사 '滿-, 無-', 접미사 '-高, -用, -造, -株, -割' 등에
의한 파생어는 국어대역에 아예 나타나지 않는다. 그들이 유동성을 보이거나 국어에 나타날
수 없었던 이유는 당시의 국어단어로서 자연스럽지 못했음을 뜻한다. 다시 말해서 현대국어
같으면 '不景氣, 不自由, 不充分, 無責任, 一割, 二割' 또는 '收穫高, 防寒用, 朝鮮人, 煉瓦造,
一株' 등의 경우, 국어단어로서도 그다지 문제가 되지 않는다. 이들이 각기 '時勢가 없다,

---

120) 일본어 '株'[kabu](數量詞일 때에는 '-株'), '株式'[kabu-siki], '株券'[kabu-ken]은 중국어 '股'[gǔ](數量詞일 때에는
'-股'), '股子'[gǔzi], '股份'[gǔfèn], '股票'[gǔpiào] 등에 해당한다. 결국, 국어에 數量詞로 쓰인 '-股'는 곧 중국어에
서 나온 것이다.

不便ᄒ다, 不明ᄒ다, 당치않은, 拾一條, 十分之二'와 같은 의역형식이나 '收穫額, 防寒件, 朝鮮사ᄅᆷ, 煉瓦製, 一股'처럼 일본어와는 다른 접미사로 대역된 것은 국어로서 자연스러웠기 때문이었을 것이다. 이러한 사례들 또한 일본어의 간섭에 대한 국어의 저항을 나타내는 셈이다. 나아가 이러한 저항은 번역차용의 일부에 속하는데 여기에 대해서는 바로 다음 장에서 좀더 종합적으로 논의하게 될 것이다.

5. 借用의 類型과 그 內容

일반 문장에 비하여 대역 문장에서는 언어상의 간섭이 일어나기 쉽다. 그렇게 시작된 간섭의 결과가 점차 국어에 정착되기에 이르렀다면 이는 借用으로 간주될 수 있다. 이러한 의미에서 『獨習日語正則』(1907)의 국어 문장에도 간섭을 통한 차용이 많이 나타난다.

편의상 여기서는 차용의 유형을 直接借用, 外來語 起源의 日本語를 통한 借用, 文字를 통한 借用, 飜譯借用, 統辭層位의 飜譯借用으로 나누어 그 내용을 정리하겠다. 마지막 유형을 제외하고는 모두가 형태론적 층위의 차용에 속한다. 또한, 모든 유형의 차용에는 일본어의 간섭이 다양한 모습으로 개입되어 있으나, 번역차용에는 특히 일본어의 간섭에 대한 국어의 저항이 전면적으로 반영되어 있으며, 통사층위의 번역차용에는 일본어의 간섭과 그에 대한 국어의 부분적인 저항이 함께 나타난다.

1) 直接借用

일본어를 원래 발음대로 국어에서 썼다면 이는 직접차용에 해당된다. 여기에는 다음과 같은 것들이 보이는데 주로 일본의 의식주와 같은 전통문화나 문물을 나타내는 단어들이다.

   (1) 가스리 ← 飛白[kasuri]. 飛白ノ浴衣デ ステツキヲ 振リ廻シナガラ/가스리浴衣에다 개화장을 두르면셔(219하단). 일본어 '飛白'는 '무늬를 넣어 짠 織物'.

   (2) 구루마 ← 車[kuruma]. コノ荷物ヲ 荷車デ運搬スレバ/이짐을 구루마로 移運ᄒ면(175하단). 일본어 '荷車'[ni-guruma〈-kuruma]는 '짐수레'.

   (3) 남비 ← 鍋[nabe]. 土鍋ヲ 買ツテ 來イ/土남비를 사셔오ᄂ라(242하단). 일본어

‘土鍋’[do-nabe]는 ‘흙으로 빚은 냄비’.

(4) 다々미 ← 疊[tatami]. 疊ヲ 敷イタラ 部屋ガ チョット 奇麗ニ ナリマシタ/다々미를 싸닛가 방이 좀 씨긋 ᄒ게 되엿소(240하단). 일본어 ‘疊’는 ‘일본식 돗자리’ 또는 ‘그 방’.

(5) 사시 ← 匙[sazi]. 洋食ニハ 匙ト庖丁ガ 入リマス/洋料理ᄂ 사시와 칼이 所用이오(242상단). 일본어 ‘匙’는 ‘숟가락’.

(6) 오로시 ← 颪[orosi]. 山ヨリ吹キ下ス風ヲ 颪ト 云ヒマス/산에셔 부러니려오ᄂᆞᆫ바름을 오로시라 ᄒ옵니다(18상단). 일본어 ‘颪’는 ‘산에서 내리부는 바람’.

(7) ᄒ가마 ← 袴[hakama]. 日本人ハ 袴ヲ 禮服トシテ 穿キマス/日本人은 ᄒ가마를 禮服으로 닙습니다(217상단). ‘袴’는 ‘일본식 겉바지’

(8) ᄒ오리 ← 羽織[haori]. 夏羽織ハ 大方 絽デ 拵ヘマス/여름ᄒ오리는 太牛이나 亢羅로 믠드옵니다(217상단). ‘夏羽織’[natsu-baori <-haori]의 ‘羽織’는 ‘일본식 겉저고리’

일본어를 통한 直接借用은 극히 제한적으로밖에 이루어지지 않았다. 이 점은 국어에 차용된 일본어 기원의 수많은 한자어와 좋은 대조적 차이를 보인다. 일반적으로 차용은 처음 한 동안 저항감이나 거부반응을 일으킨다. 그런데도 앞에서 본대로 일본식 한자어가 국어에 아주 자연스럽게 간섭을 일으키거나 차용될 수 있었던 배경에는 오랜 세월에 걸쳐 중국어에서 차용된 한자어가 국어에 살아있기 때문이다. 한자어는 그만큼 자연스러운 형태론적 기반을 국어에 구축하였다고 볼 수 있다.

2) 外來語 起源의 日本語를 통한 借用

다음에 보이는 단어들은 그 대부분이 일찍이 일본어에 정착된 서양어 기원의 외래어로서[121] 지금도 본적지의 발음에 가깝게 읽히는 것들인데, 이들 가운데 상당수는 개화기 이후 일본어와의 접촉을 통하여 직접 또는 번역방식으로 국어에도 차용되기에 이르렀다. 『獨習日語正則』에는 그러한 역사적 과정이 잘 반영되어 있다.

(1) 가방 ← 鞄[kaban]〈中國語 夾板[ka-pan], 江戶시대의 차용어. 皮デ 拵ヘタ鞄ハ 丈夫デ 永ク モテマス/가족으로 믠든가방은 튼々ᄒ여 오릭 가지옵니다(237하단).

(2) 俱樂部 ← 俱樂部[kurabu]〈영어 club, 明治시대의 차용어. 昨夜日本人俱樂部デ

---

121) 이들의 語源에 대해서는 楳垣實(1944, 1972)를 주로 참고하였다.

送別會ヲ 開キマシタ/어제밤 日本人俱樂部에셔 送別會를 여럿습니다(66하단-67 상단), 日本人俱樂部へ 玉突キニ イツタダロウ/日本人俱樂部에 알굴니러 굣나 보다(239하단).

(3) 金剛石 ← 金剛石[daiyamondo]〈영어 diamond, 明治시대의 차용어. アノ人ハ 金 剛石ノ指輪ヲ 嵌メテ 居ルガ 餘程金持ラシイ/뎌사룸은 金剛石반지를 쎳스니 아 조 富者인가보다(203하단-204상단), アノ人ハ 金剛石ノ 指輪 ヲハメテ 井ルガ 餘程 金持ラシイ/뎌사룸은 金剛石指環 씨엿스니 아조富者인가보다(218상단), 단, '金剛石'이 일본어에서 [kongouseki]로 음독된 경우도 있다. コノ指環ハ 金剛石デ アリマス/이반지ᄂᆞᆫ 金剛石이올시다(240하단).

(4) 개화쟝 ← ステッキ[suteqki]〈영어 stick, 明治시대의 차용어. 飛白ノ浴衣デ ステ ッキヲ 振リ廻シナガラ/가스리浴衣에다 개화쟝을 두르면서(219하단).

(5) 暖爐 ← 暖爐[sutobu]〈영어 stove, 明治시대의 차용어. 暖爐デモ 焚ケバ 凌ゲマス/ 暖爐라도 퓌면 지닐만ᄒᆞ오(45상단).

(6) 短銃 ← 短銃[pistoru]〈네델란드語 pistool, 江戶시대의 차용어. 〈영어 pistol, 明治 시대에 再借用. 護身ノ道具トシテ 短銃ヲ 買ツテ置キマシタ/護身ᄒᆞᄂᆞᆫ 道具로 短銃을 사셔 두엇습니다(242상단).

(7) 羅紗 ← 羅紗[rasya]〈포르투갈語 raxa, 江戶시대의 借用語. 羅紗ノ 厚イモノガ 宜イデセウ/羅紗의돗터온것이 됴켓지오(168상단), 此ノ洋服ハ 表ハ 羅紗デ 裏ハ 絹デス/이洋服은 거죽은 羅紗오 안은 비단이오(216상단).

(8) 噴水器 ← 噴水器[ponpu][122]〈네델란드語 pomp, 江戶시대의 차용어. 〈영어 pump, 明治시대에 再借用. 火事ガ アル時ニハ 消防組ガ 噴水器ヲ 持ツテ 消防ニ 從事 シマス/火災가 잇슬ᄲᅵᄂᆞᆫ 消防組가 噴水器를 가지고 消防에 從事ᄒᆞ옵니다(123상 단).

(9) 盂蘭盆 ← 盂蘭盆[u-ra-bon][123]〈梵語 ullambana, 고대중국어 표기 '盂蘭盆'을 통 한 차용어. 日本デハ 舊ノ 七月十五日ヲ 于蘭盆ト云ヒマス/日本셔ᄂᆞᆫ 陰曆七月 十五日을 于蘭盆이라 ᄒᆞ옵니다(86하단-87상단).

(10) 肉汁 ← 肉汁[soqpu]〈영어 soup, 江戶시대의 차용어. 鷄ノ 肉汁ヲ 拵ヘテ下サイ /鷄肉汁을 ᄆᆞᆫ드러 주시오(224하단).

(11) 담비[124] ← 烟草[tabako]〈일본어 タバコ 煙草〈포르투갈語 tabaco, tabacco〈스페

---

122) 이때의 '噴水器'는 분명한 한자어인데도 실제로는 외래어로 읽도록 독음표시가 달려있다. 일본어에 자주 나타 나는 이러한 외래어 읽기는 그 한자표기를 통하여 완전한 한자어처럼 국어에 차용된다. 바로 위에 보이는 '俱樂部', 아래에 보이는 '肉汁' 등이 그러한 실례에 속한다. 한편, '噴水器'는 국어 쪽에서 '如露[zyo-ro]'(203상단 -하단)의 대역어로 쓰이기도 하였다. '如露'는 '如雨露[zyo-u-ro]'에서 나온 축약형이다.

123) 불교에서 나온 儀式으로 음력 7월 15일 조상의 영혼에 供物을 올리고, 그것을 餓鬼에게 베풀어 조상의 명복을 빌고 괴로움을 구하는 일.

124) 이 말은 일찍이 申維翰의 『海游錄』(1719-20)에 '淡麻古'라는 표기로 나타난다(宋敏1986: 43). "我國所謂南草 本自東萊倭館而得來 俗諺呼爲淡麻古 卽倭音多葉粉之訛也 倭人所呼亦如我國諺 而其義則取多葉草 而細粉故 云爾"(『海游錄』「聞見雜錄」). 이때의 '담마고'(淡麻古)가 '담바고〉담비〉담배'와 같은 변화를 거쳐 현대국어에

인語 經由〈南아메리카/西인도諸島의 하이티, 카프리(아라와크 Arawak語族) 等地
에서 쓰인 土語 tabako(뜻은 파이프), 室町시대의 차용어. 酒 烟草等ハ 體ノ害ニ
ナリマスカラ/술 담븨는 몸에 히로오니(208상단), 烟草ヲ 澤山 呑ミマスト 體ノ
害ニナリマス/담븨를 만히먹으면 몸의害가 되옵니다(223하단).

(12) 람푸 ← 洋燈[rampu]125)〈네델란드語 lamp, 江戶시대의 차용어. 洋燈ノ帆屋ヲ 奇
麗ニ 磨ヶ/람푸의 燈皮를 정ᄒ게 닥거라(233하단).

(13) 류리126) ← 硝子[garasu]〈네델란드語 glas, 江戶시대의 차용어. 〈영어 glass, 明治
시대에 再借用. 水晶ハ 硝子ニ 似テ居ツテ 無色透明デス/水晶은 류리와 비슷ᄒ
야 무색투명ᄒ오(205상단).

(14) -浬, -哩 ← ノット[noqto]〈영어 knot, 明治시대의 차용어. 軍艦ノ速力ハ 一時間
ニ 二十二ノットデス/軍艦의速力은 ᄒ시간에 二十二浬올시다(255상단-하단).
海程デ 何哩程 アリマセウカ/水路로 멋리나 되오릿가(254상단).

(15) 세비로 ← 背廣[sebiro]127)〈영어 civil clothes, 明治시대의 차용어. 脊廣ノ 三ツ揃
ハ 幾何シマスカ/세비로 우아릭ᄌᆺ기쎠셔 얼마합닛가(166상단).

(16) 비누128) ← 石鹼[syabon]〈포르투갈語 sabão, 江戶시대의 차용어. テウズヲ 使フ
カラ 石鹼ト 楊枝ヲ 持ツテ 御出デ/소세를 흘터이니 비누와 니솔을 가져오나라
(243하단).

(17) 三板129) ← 端艇[booto]〈영어 boat, 明治시대의 차용어. 端艇デ 荷物ヲ 波止場
ニ 運ビマス/三板으로 짐을 埠頭에 옴기옵니다가('가'는 잘못 덧붙여진 글
자)(252상단).

(18) 石灰130) ← セメント[semento]〈영어 cement, 明治시대의 차용어. 壁ノ上塗ハ セメ
ントデス/壁의ᄉᆞ벽은 石灰올시다(237하단).

(19) 속옷 ← 襦袢[zyuban]〈포르투갈語 gibão, 江戶시대의 차용어. 汗ガ 流レテ 襦袢
ガ 穢クナリマシタ/쏨이 흘너셔 속옷이 더럽게되엿습니다(206하단), 汚レタ 襦
袢ヲ 久ク 着テ ヲレバ 衛生上ニ 甚ダ 善クアリマセン/더러운 속옷을 오릭 닙
고 잇스면 衛生上에 ᄃᆡ단히 둇치안소(222상단).

(20) 시테('테'의 잘못)의 ← 灰殼的[hakara-teki]〈영어 high-collar, 明治시대의 차용어.
灰殼的ノ 飾物ハ 要リマセヌ/시테의 粧飾物은 쓸ᄃᆡ 업습니다(236하단).

(21) 洋木, 西洋木 ← 金巾[kanakin]〈포르투갈語 canequim, 室町시대의 차용어. 時節

이어진 것으로 추정된다.

125) 당시에는 '蘭灯'으로 표기되었으나, 그 후 明治시대에 영어 lamp가 再借用되면서 '洋燈'으로 표기되기에 이르
렀다.

126) 다만, 국어의 '류리'(琉璃)는 고대에 이미 중국어에서 차용된 전통적 漢字語에 속하기 때문에 개화기의 일본어
에서 借用된 어형이 아니다.

127) 선원의 제복에 대한 평복. 요코하마(橫濱)에 상륙한 선원들이 쓰던 말로 추정된다.

128) 다만, '비누'는 전통적 국어단어로 借用語가 아니다.

129) 국어의 '三板'은 중국어 '三板船'에서 나온 文字 借用이다.

130) 단, '石灰'는 전통적 한자어에 속한다.

柄 金巾類ノ 輸入ガ 殖ヘマシタ/철을쏘('쏘'의 잘못)차 洋木類의 輸入이 느럿슴니다(158상단), 金巾ヲ 一尺買ツテ 風呂敷ニシマセウ/西洋木을 흔자사셔 보즈기를 ᄒᆞ겟소(237상단).

(22) 洋墨 ← インキ[inki]〈네데란드語 inkt, 江戶시대의 차용어. インキ壺ノ盖ヲ 掛ケナカツタカラデセウ/洋墨瓶의쑤생을 아니덥헛스닛가 그럿치(141하단).[131] 이에 대하여 일본어 '赤インキ'(빨간 잉크)는 국어에 '赤墨'으로 나타난다. 赤インキ ト ペンヲ 出シテ下サイ/赤墨과 鐵筆을 너여 주시오(149상단).

(23) 洋墨瓶 ← インキ壺(141하단). 예문은 바로 위의 '洋墨' 참조.

(24) 양텰판 ← 金武力板[buriki-ita]〈네델란드語 blik, 江戶시대의 차용어. 金武力板デ 拵ヘタ道具モ 少クナイデス/양텰판으로 민든器具도 적지안습니다(205하단).

(25) 禮帽 ← シルクハツト[sirukuhaqto] ← 영어 silk hat, 明治시대의 차용어. シルクハットモ アリマスカ/禮帽도 잇습닛가(167상단).

(26) 外套 ← 二重マント[nizyu-manto]〈프랑스語 manteau, 江戶시대의 차용어.[132] コノ二重マントハ 表ガ 毛織デ 裏ガ 絹織デスカラ 隨分 丈夫デセウ/이外套는 거족이 毛織이오 안이 비단이니 미오 튼ᄉᆞᄒᆞ겟소(219상단).

(27) 雨具 ← 合羽[gaqpa]〈포르투갈語 capa, 室町시대의 차용어. 雨ガ 降リサウデスカラ 合羽デモ 持ツテ オ出ナサイ/비가 올듯ᄒᆞ니 雨具라도 가지고 가시오(220상단).

(28) 죳기 ← チョツキ[tyoqki]〈네델란드語 jak, 明治시대의 차용어, 〈英語 jacket, 明治시대에 再借用. チョツキハ 兩前ニシテ下サイ/죳기는 雙줄단추로 ᄒᆞ야 주시오(167하단). '죳기'는 脊廣ノ 三ツ揃ハ 幾何シマスカ/세비로 우아리죳기쪄셔 얼마합닛가(166상단)처럼 나타나기도 한다.

(29) 酒精 ← アルコール[arukooru]〈네델란드語 alcohol, 江戶시대의 차용어. 蟲齒ノ 藥ハ 結麗阿曹篤 アルコール等デアリマス/蟲齒의藥은 結麗阿曹篤 酒精等이오(251상단).

(30) 鐵筆 ← ペン[pen]〈네델란드語, 영어 pen, 明治시대의 차용어. 赤インキ/赤墨. 赤インキト ペンヲ 出シテ下サイ/赤墨과 鐵筆을 너여 주시오(149상단). 鐵筆딕 ← ペン軸. ペン軸ハ 入ラヌノデスカ/鐵筆딕는 안쓰시겟습닛가(149상단).

(31) 漆 ← 塗粉[penki]〈네델란드語 pek, 江戶시대의 借用語. 塗師屋ガ 來タカラ 塗粉ノ剝ゲタ處ニ 靑塗粉ヲ 塗ツテ 貰ヒマセウ/漆匠이 왓스니 漆벗은곳에 靑漆을 발나달나겟소(188하단).

(32) 下服 ← 下衣[zubon]〈프랑스語 jupon, 明治시대의 차용어. 雨ニ 逢ツテ 下衣ガ 濡レタカラ/비를 맛나셔 夏服이 저젓스니(216하단).

(33) 海霧 ← ガス[gasu]〈네델란드語 gas, 江戶시대의 차용어. 〈英語 gas, 明治시대에

---

131) 이에 대하여 インク[inkul는 明治시대 이후에 영어 ink를 차용한 어형이다.
132) 德川幕府 末葉에 군사교련용 복장으로 진해졌다고 한다.

再借用. ガスノ爲メニ 航海ガ 困難デセウ/海霧싯돎에 行船ᄒ기가 어렵겟소
(253하단-254상단).[133]

(34) 후란넬 ← フランネル〈영어 flannel, 明治시대의 차용어. コノ フランネルハ 羊
ノ毛デ 織ツタ 物デス/이 후란넬은 羊의털노 짠것이오(192하단).

(35) 후록코ー트 ← フロッコート[huroqkooto]〈영어 frock-coat, 明治시대의 차용어. フ
ロツコートー組ヲ宜ク 仕立テ下サイ/후록코ー트 ᄒ벌 잘 지어 주시오(166상단).

여기에 나타나는 것처럼 일본어에는 일찍이 포르투갈어, 네델란드어, 영어와 같은 서양어를 비롯하여 중국어에서 들어온 차용어가 많다. 그 중에는 원어의 발음에 따라 읽히는데도 그 표기가 한자로 이루어졌기 때문에 일견 한자어처럼 보이는 경우도 적지 않다. 따라서 이들은 보통 발음이 아닌 한자표기로 국어에 차용된다. '俱樂部, 暖爐, 短銃, 羅紗, 噴水器, 肉汁'과 같은 차용어[134]가 그들이다. 이들은 한자어처럼 보이지만 사실은 서양어 기원의 차용어들이다. 이들이 국어에 차용되면서 한자어처럼 굳어지고 만 것이다. 결국, 일본어의 발음에 따라 국어에 차용된 외래어로는 '가방, 람푸, 세비로, 춋기, 후란넬, 후록코ー트' 정도에 한정되어 있을 뿐이다.

한편, 영어 stick에 해당하는 단어를 '개화장'으로, high-collar 곧, '최신의 유행이나 멋'을 뜻하는 단어를 '시테('테'의 잘못)의', 다시 말하면 '時體에 맞는'으로 수용한 것은 가히 기발한 飜譯借用이라 할만한 존재로서 주목된다. 그밖에도 독자적인 번역차용이나 그에 유사한 방법으로 일본어를 국어에 받아들인 사례도 있다. '속옷, 양털판, 禮帽, 外套, 雨具, 鐵筆' 따위가 모두 그렇다. 반면에, '류리, 비누, 石灰, 漆, 下服, 海霧' 등은 전통적인 국어어형을 이용하여 일본어에 나타나는 서양어 기원의 외래어를 국어식으로 소화한 사례들이다. 이들도 일본어의 간섭에 대한 국어의 저항이라고 볼 수 있다.

---

133) 江戶시대에 네델란드語 gas에서 최초로 차용된 일본어 'ガス'의 의미는 '氣體'였다. 그 후 明治시대에 英語 gas에서 再借用된 일본어 'ガス'의 의미는 '석탄 가스'로 달라졌다. 따라서 예문의 'ガス'는 江戶시대의 의미로 쓰인 셈이다.

134) 이 중 '俱樂部, 羅紗'만은 그 한자표기에 원어의 발음이 반영되어 있다. 그 때문에 한자어의 형식을 갖추고 있으면서도 원어의 발음으로 읽히는 다른 사례와 구별되어야 할 것이다. 일본어의 경우, '背廣, 襦袢'과 같은 외래어에도 실상은 원어의 발음이 숨어있다. 따라서 이들은 한자어처럼 보이는 서양어 기원의 외래어에 속한다.

3) 文字를 통한 借用

차용어 중에는 한자로 표기되는 일본어 特有의 일반단어나 고유명사가 마치 전통적 한자어처럼 국어에 정착된 사례들도 있다. 이들이 국어단어로 쓰일 때에는 일본어에서 음독되거나 훈독되거나 상관없이 모두 국어식 한자음으로 읽힌다. 이들은 대역문을 통하여 국어에 차용된 결과이기 때문에 문자차용에 속한다. 여기에 그 내용을 정리해 본다. 다만, 한자로 표기되더라도 훈독되는 일본어에는 괄호 속에 그 발음을 달아둔다.

(1) 假名[ka-na]. 日語ヲ 研究シヤウト 思ヘバ 假名ヲ 先ニ 御習ヒナサイ/日語를 工夫ᄒ려ᄒ면 假名을 몬져 닉히시오(155상단). '假名'은 '日本文字'.

(2) 閣下. 日本ノ軍人共ガ 少將以上ノ將官ヲ 呼ブ時ニハ 閣下ト云ヒマス/日本軍人들이 少將以上의將官을 불을 찍는閣下라 ᄒ옵니다(118하단). 이때의 '閣下'는 概念紹介用 引用語로 쓰였을 뿐 차용어에 속하지는 않는다.

(3) 關白. 日本ハ 維新前ニ 關白ト云フモノガ アリマシテ/日本은 維新前에 關白이라ᄒ는것이잇셔셔(103하단). '關白'은 '명치유신 이전 일본의 최고위 관직'. 이 '關白' 또한 概念紹介用 引用語이다. 『한영』에는 '관백 關伯'이 보인다.

(4) 觀測ル[hakaru]/觀測ᄒ다. 氣象臺ハ 氣象ヲ 觀測ル處デアリマス/氣象臺는 氣象을 觀測ᄒ는곳이올시다(122 하단). 일본어 '觀測'은 훈독으로 표시되어 있다.

(5) 交番-, 交番所. 漢城府內ニハ 巡檢ノ交番所ガ 五十個所位アリマス/漢城府內에는 巡檢의交番所가 五十處나 되옵니다(118상단). '交番所'는 '派出所'.

(6) 金鵄勳章. 今度ノ戰爭ニ 出タモノハ 悉ク金鵄勳章ヲ ブラサゲテ 大ヒニ威張リマス/이번쏘홈에 나간者는 왼통金鵄勳章을 느려차고 크게 威張ᄒ옵니다(102상단).[135] '金鵄勳章'은 帝國主義 시절 일본의 '武功勳章'.

(7) 貴族院. 日本デハ 政府ノ議案ヲ 貴族院ト 衆議院ニ 提出シテ/日本에셔는 政府議案을 貴族院과 衆議院에 提出ᄒ야(115상단). '貴族院'은 명치시대 국회 兩院制度의 하나. '衆議院'의 대립어.

(8) 毛織[ke-ori](219상단), 毛織物[ke-ori-mono](219상단).

(9) 目醒時計[me-zamasi-tokei]. 私ハ 朝睡坊デ 仕方ガ ナイカラ目醒時計ヲ 枕許ニ 置イテ 始終起ル時間ヲ 定メテ 置キマス/나는 아츰잠으로 홀수가업셔셔 目醒時計를 베긔밋헤노코 ᄒ샹니러나는時間을 定ᄒ여두옵니다(79하단). '目醒時計'는 '자명종'.

(10) 班毛[madara]. 豹ノ皮ハ 班毛ガ アリマス/표범의가족은 班毛가 잇습니다(192하단). 여기에 보이는 '班'은 '斑'의 잘못임. '斑毛'는 '얼룩털'.

(11) 絲織[ito-ori]. コノ服ハ 絲織デス/이衣服은 絲織이오(218 하단).

---

135) '金鵄'는 일본신화에서 神武天皇이 長髓彦(ながすねひこ)를 정벌할 때 활에 앉았다는 금빛 소리개라고 한다.

(12) 杉[sugi]ノ木[ki]/杉木. 朝鮮ニハ 杉ノ木ガ 少ナイデス/朝鮮에는 杉木이 적습니다(203상단).

(13) 書取[kaki-tori]/書取. 書取ガ 一番 難シイデス/書取가 第一 어렵습니다(137하단). '書取'는 '받아쓰기, 베껴쓰기'.

(14) 暑中休暇. 暑中休暇ニハ 田舍へ往キマセウ/暑中休暇에는 싀골갑시다(139상단). '暑中休暇'는 '三伏 더위 休暇'. '暑中'은 '寒中'과 대립관계를 이룬다.

(15) 小包[ko-dutumi](259하단, 261하단).

(16) 手當[te-ate]/手當金. 本給ノ外手當ガ 二十圓程下リマス/本俸外에 手當金이 二十圓씀닉립니다(126상단). 국어에서는 '手當-金'처럼 '-金'이라는 접미사가 추가되었다.

(17) 時雨[sigure]. 秋ニ 降ル雨ヲ 時雨ト 云ヒマス/マ을에 오는비를 時雨라ㅎ옵니다(20하단). '時雨'는 '늦가을에서 겨울에 걸쳐 내리는 비'. 概念紹介用 引用語.

(18) 神社. 日本ニハ 神社 御宮等ニ 神主ガアリマス/日本에는 神社 宮閣等에 神主가잇소(93상단). '神社'는 일본의 '傳統的 寺院'이다.

(19) 葉書, 端書[ha-gaki]/葉書(257하단). 繪葉書(257하단). '葉書[ha-gaki]'는 일본어에서 훈독된다.

(20) 霰[mizore]. 雪ト雨ガ 交ツテ 降ルノヲ 霰ト 云ヒマス/비와 눈이 셕겨닉리는 것을 霰이라 ㅎ옵니다(20상단-하단). '霰'는 '진눈깨비'. 개념소개용 引用語.

(21) 浴衣[yukata]. 飛白ノ浴衣デ ステツキヲ 振リ廻シナガラ/가스리浴衣에다 개화장을 두르면셔(219하단). '浴衣'는 여름 또는 목욕 후에 입는 '무명 홑옷'.

(22) 威張ル[ibaru]/威張ㅎ다. 眼中無人デ 大ヒニ 威張マス/眼中無人으로 크게 威張ㅎ읍니다(59하단), 金鵄勳章ヲ ブラサゲテ 大ヒニ 威張リマス/金鵄勳章을 느려차고 크게 威張ㅎ옵니다(102상단-하단). '威張ル'는 '뽐내다, 으시대다'.

(23) 柔術. 柔術ハ 身ヲ 護ルニ 必要ナモノデス/柔術은 몸을 보호ㅎ기에 요긴ㅎ것이오(157상단). '柔術'은 '柔道'.

(24) 人力車(256하단). 道ガ 惡イカラ人力車ニ 乘ツテ 御出ナサイ/길이 사나오니 人力車를 틋고 가시오(154하단). 단, '車[kuruma]/人力車'(154하단)로 대역된 경우도 있다.

(25) 日附[hi-duke]印. 書狀ニ日附印ヲ 押サナケレバ/편지에 日附印을 찍지아니면(258상단).

(26) 霖雨[naga-ame]. 夏ニ永ク續ク雨ヲ 霖雨ト 云ヒ/녀름에 오릭오는비를 霖雨라ㅎ고(20하단). '霖雨'는 '장마'. 개념소개용 인용어.

(27) 朝顔[asa-gao]. 朝顔ハ 美シイ 花デス/朝顔은 고흔 쏫이오(201상단). '朝顔'은 '나팔꼿'.

(28) 衆議院. 衆議院ノ議員ニ 當選シマシタ/衆議院議員에 被薦되엿습니다(111상단). '貴族院'의 대립어. 또하나의 예시문은 '貴族院' 참조.

(29) 眞鍮. 眞鍮ノ井/眞鍮딕덥(204상단). '眞鍮'는 '놋쇠'.

(30) 茶碗(181상단), 茶椀(230하단). 다만, '茶碗/茶鍾'(266상단)으로 대역되기도 하였
다. 반면, 『한불』, 『한영』에는 다같이 '차관 茶罐'만 나타날 뿐이다.

(31) 天長節(85상단, 88상단). 제국시대에 축일로 지정되었던 '일본천황의 생일'.

(32) 剃刀[kami-sori]. 剃刀デ 髭ヲ 剃リマシタ/剃刀로 슈염을 싹것습니다(209상단).
'剃刀'는 '面刀'.

(33) 寒中休暇(89하단). 寒中休暇ニハ 義州邊ヘチョット 往カウト思ヒマス(89하
단). '寒中'은 '소한부터 대한 사이의 추위, 한겨울'. '暑中'의 대립어.

(34) 橫[yoko]文字. 英文ヲ 橫文字ト 云ヒマス/英文을 橫文字라 ㅎ옵니다(262하단). '橫
文字'는 '서양문자, 로마자'. 개념소개용 인용어.

마치 한자어인 것처럼 국어문장에 쓰인 이들 단어는 본래부터 국어에 쓰여왔던 어형이
아니기 때문에 개중에는 '交番所, 時雨, 朝顏'처럼 그 의미를 얼른 이해하기 어려운 것, '甕,
書取, 威張'처럼 일본어에서 훈독되는 데다가, 국어의 단어목록에는 포함되지 않았던 것들도
있다. 나아가 일본어에서 훈독되는 '毛織, 毛織物, 目醒時計, 班('斑'의 잘못)毛, 絲織, 杉木, 小
包, 手當金, 葉書, 浴衣, 日附印, 霖雨, 剃刀' 등도 한자어인 것처럼 국어에 차용되었다. 표기
만 한자로 되어 있을 뿐 실상은 훈독되는 고유일본어까지도 한자어처럼 국어문장에 차용될
수 있었던 것은 그 조건이 대역문이라는 특성 때문이었다.

한편, 일본어에서 한자로 표기되는 외래어나 그 混種語, 또는 飜譯語는 한자표기 그대로
국어에 수용되었다. 특히, 서양어에서 유래한 약품명에 그러한 사례가 많다.

외래어 또는 혼종어. 結麗阿曹篤[keriosooto](251상단), 苦味丁幾[kumitinki] (247
상단), 急性婁麻質斯[rumatisu](250하단), 撒里失爾酸曹達[zarisirusansooda](250상
단), 安知必林[antsipirin](250상단), 安質歇貌林[antsibepurin](250상단), 沃度加里
[yoodokari](249하단), 華攝林[waserin](250하단-251상단). 한자어. 硫酸鐵(250하단
-251상단), 次醋酸鉛水(249하단-250상단).

일본어 원문의 한자표기를 국어문장에 그대로 받아들인 또 하나의 유형이 개화기의 중국
이나 일본에서 널리 쓰인 외국, 특히 서양의 지명이나 인명과 같은 고유명사라고 할 수 있다.
이러한 고유명사의 경우, 일부를 제외하고는 원칙적으로 원문의 일본식 한자표기를 국어에
서도 그대로 따르고 있다. 괄호 속에 발음을 표시한 것은 원문에 독음이 달려 있는 경우를
나타낸다.

高索克[kosaku](112하단-113상단), 歐羅巴(30상단-하단), 獨逸(30하단), 馬德里得 (30하단-31상단), 盤谷(30하단), 白拉塞(30하단-31상단), 伯林(30하단), 白耳義(30하단), 佛蘭西(30하단). 단, 佛蘭西/法國(143하단-144상단)과 같은 대역도 있다. 西班牙 (30하단-31상단), 瑞西(238하단), 聖彼得堡(30하단), 蘇士[suesu](23하단), 亞米利加 (30상단-하단), 阿弗利加(30상단-하단), 亞細亞(30상단-하단), 埃及(92하단), 耶蘇 (94상단), 英吉利(30하단-31상단), 倫敦(30하단-31상단), 里斯本(30하단-31상단), 印度(93하단), 波羅的[parutiku]艦隊(25하단), 巴里(30하단), 葡萄牙(30하단-31상단), 下爾加塔(30하단), 濠太利亞(30상단-하단), 華盛頓(30하단-31상단, 117하단), 希臘 (94상단).

약간의 경우에는 일본어식 한자표기를 따르지 않기도 했는데, 그것은 해당 고유명사 표기에 전통적으로 쓰여온 관례가 따로 있을 때였다. 가령, '支那/支那'(93하단)처럼 일본식을 따른 경우도 없지 않지만, 그밖에는 '支那/淸國'(25상단, 26상단, 30하단, 148하단-149상단, 161하단, 259하단), '支那人/淸國사름'(217하단-218상단)처럼 '支那/淸國'으로도 나타난다. 또한 '露西亞/露西亞'(30하단), '露國/露國'(119상단, 127상단)으로 나타나기도 하지만, '露西亞/露國'(24하단, 124하단), '露西亞/俄國'(112하단-113상단)처럼 다른 대역도 있다. '浦鹽斯德[urazihosutoku]/海參威'(24하단), '浦鹽[uraziwo]/海參威'(80하단)도 마찬가지다. 이들이 일본어식을 따르지 않은 것은 일찍부터 국어에 정착된 중국어식 고유명사 표기가 있었기 때문이다.

4) 飜譯借用

飜譯借用이란 결국 일본어의 간섭에 대한 국어의 저항을 뜻한다. 일반단어에 나타나는 국어의 저항에 대해서는 바로 앞 장에서 이미 그 윤곽을 정리한 바 있으므로 이번에는 주로 일본의 전통적 문물을 나타내거나 일본어 특유의 단어들에 대한 飜譯借用을 정리해 보기로 한다. 다만, 여기서 말하는 飜譯借用이란 개념은 엄밀한 의미를 나타내는 것이 아니다. 일본의 전통문화에서 나온 형태론적 층위의 독특한 단어들 가운데 전통적 국어단어로 의역된 사례를 여기에 따로 모아보았을 뿐이기 때문이다. 여기에는 일본식 한자어와 고유어가 모두 포함된다.

(1) 客主 ← 問屋[tohi-ya]. 着實ナ 問屋ニ 逢ツテ 取引致シマシタカラ/着實흔 客主를 맛나 흥셩ᄒ엿더니(173하단), 着實ナ 門屋ト 取引シマシタカラ/着實흔 客

主와 흥셩ᄒ엿더니(180하단).

(2) 去來, 흥셩, 與受 ← 取引[tori-hiki]. 當地デハ 誰ガ取引ヲ 大クヤツテ 居リマス
ヵ/여긔셔는 누가 거래를 크게ᄒ닛가(158하단), 着實ナ 問屋ニ 逢ツテ 取引致シ
マシタカラ 餘程儲カリマシタ/着實흔 客主를 맛나 흥셩ᄒ엿더니 듸단히 利남앗
습니다(173하단), 着實ナ 問屋ト 取引シマシタカラ 隨分 儲カリマシタ/着實흔
客主와 흥셩ᄒ엿더니 미오 리남겻습니다(180하단).136) 商賣ヲ スルニハ 信用ハ
無論 取引ヲ 明カニ セ子バ イケマセヌ/쟝사를 ᄒᄂ듸는 信用은 無論ᄒ고 與
受를 分明히 아니ᄒ면 안되옵니다(173상단).

(3) 金줄 ← 金鎖[kin-gusari]/. 金鎖ノ時計ガ 懷中カラ ビカビカシマス/金줄時計
가 懷中에서 번젹번젹 ᄒ옵니다(238하단).

(4) 기쟝쎡 ← 黍團子[kibi-dango]. 辨當ハ 黍團子デモ ヨカラウ/뎜심은 기쟝쎡이라
도 둇치(228상단).

(5) 나막신 ← 下駄[geta]. 下駄ノ 花緒ガ 切レテ 步クコトガ 出來マセヌ/나막신코
줄이 ᄯᅳᆫ어져셔 거를슈가 업습니다(217하단), 道ガ 惡イカラ 下駄ヲ 履イテ 御往
キナサイ/길이 사나오니 나막신을 신고 가시오(242상단-하단).

(6) 니솔 ← 楊枝[yauzi]. テウズヲ 使フカラ 石鹼ト 楊枝ヲ 持ツテ 御出デ/소세를
ᄒᆯ터이니 비누와 니솔을 가져오나라(243하단).

(7) ᄶᅡ기쟝이 ← 掏摸[suri]. 日本ニハ 掏摸ガ 多イサウデス/日本에는 ᄶᅡ기쟝이 만타
ᄒ오(39하단).

(8) 뎜심 ← 辨當[bentou]. 辨當ハ 黍團子デモ ヨカラウ/뎜심은 기쟝쎡이라도 둇치
(228상단), 重箱ニ 辨('辨'의 잘못)當ヲ 入レテ下サイ/饌盒에 뎜심을 너어 주시오
(229하단).

(9) 都賣 ← 卸賣[orosi-uri]. 私ノ方デハ 卸賣ノ外 小賣ハ 致シマセン/우리집에셔는
都賣外에 散賣는 아니ᄒ옵니다(162하단).

(10) 燈皮 ← 帆屋[ho-ya]. 洋燈ノ帆屋ヲ 奇麗ニ 磨ケ/람푸의 燈皮를 졍ᄒ게 닥거라
(233하단).

(11) 綿紬 ← 紬[tumugi]. 木綿 麻 紬類ノ外何モアリマセン/白木 布 綿紬等屬外에
는 아모것도 업습니다(161하단), コノ紬ハ 何尺 アルカ/이綿紬는 몃자나 되는지
(222상단).

(12) 物件, 물건 ← 品物[sina-mono]. 此頃ノ市場ニハ 品物ガ 拂底テ(デ의 잘못)ス/
이사이市場에는 物件이 동낫습니다(172상단), 商賣人ハ 安イ品物ヲ 買ツテ 高
ク賣捌キマス/商賈는 헐흔物件을 사셔 빗사게 파옵니다(178하단-179상단), 此
品物ノ 價ハ 幾何デスカ/이물건갑은 얼마오닛가(175상단), 雜貨店ニ 往ツタラ
ドンナ 品物デモ 自由ニ 買ヘルデス/雜貨店에가면 아모런 물건이라도 임의로 사

---

136) 이때의 '흥셩'은 『한불』에 나타나는 '흥졍ᄒ다 興成, 흥졍군 興成軍'의 '흥졍'과 같은 말이다. 다만, 『한불』에서
는 '興成'을 '흥졍'으로 읽고 있어 그 독법이 특이하다. 이로 미루어 볼 때 '興成'은 어쩌면 한자어가 아닐 가능
성도 있을 것이다.

옵니다(183상단), 郵送トハ 品物ヲ 郵便デ 送ルコトデス/郵送이라는 것은 물건을 郵便으로 보니는말이오(259상단), コノ品物ハ 價格表記 ニシテ 送リマセウ/이물건은 價格表記로 ᄒ야보니겟습니다(259하단).

(13) 미쟝이 ← 左官[sakan]. 左官ヲ 呼ンデ 壁ヲ 塗リマセウ/미쟝이를 불너셔 벽을 발으겟소(188상단), 壁ガ 壞レタカラ 左官ヲ 呼ンデ 塗ラセナサイ/벽이 문어젓스니 미쟝이를 불너셔 바르게ᄒ시오(241상단).

(14) 方席 ← 座蒲團[zabudon]. 座蒲團ガ 無ケレバ 痛イカラ 膝ヲ オクズシナサイ/方席이 업스면 앏흐니 편안히 안즈시오(214상단).

(15) 封緘 ← 締切[sime-kiru]. 書狀ニ 日附印ヲ 押サナケレバ 行囊ニ入レテ 締切ルコトガ 出來 マセヌ/편지에 日附印을 씩지아니(이 다음 자리에 'ᄒ'가 빠진 듯)면 行囊에 너어셔 封緘ᄒ지못ᄒ옵니다(258상단).

(16) 埠頭 ← 派止場[hato-ba]. 端艇デ 荷物ヲ 波止場ニ 運ビマス/三板으로 짐을 埠頭에 옴기옵니다가('가'는 잘못 덧붙여진 글자임)(252상단).

(17) 噴水器 ← 如露[zyo-ro].137) 盆栽ノ花ガ 萎レ 掛ルカラ 如露デ 水ヲ 掛テ吳レ/花盆의꼿이 마르기시작ᄒ니 噴水器로 물을 쏴려고(203상단-하단).

(18) 社長 ← 頭取[tou-tori]. 頭取ハ 誰デスカ/社長은 누구시오닛가(171상단).

(19) 使喚兒, 使喚, 아히/小僧[ko-zou]. 小僧入用トノ廣告ヲ 見テ 參ツタノデゴザイマス/使喚兒가所用이라는 廣告를 보고 왔는듸(66상단), 小僧ガ 一人入用デスガ/使喚을ᄒ나 엇어야ᄒ겟스나(68하단-69상단), 小僧ニ 持タシテ 上ゲマセウカ/아히게 들녀다 드리오릿가(163하단).

(20) 산적 ← 鋤燒[suki-yaki]. コノ肉ハ 胡麻ノ油ヲ 入レテ 鋤燒ニシテ下サイ/이고기는 춤기름을 너어셔 산적을ᄒ야주시오(231상단).

(21) 雙줄단추 ← 兩前[ryou-mahe]. チョツキハ 兩前ニシテ 下サイ/죳기는 雙줄단추로 ᄒ야 주시오(167하단).

(22) 소 ← 餡[an]. 餡ハ 小豆デ 拵ヘマス/소는 팟으로 ᄆᆞ드옵니다(226상단).

(23) 松魚脯 ← 鰹節[katuo-busi]. 鰹節ヲ 飯ノ菜ニシテ 御覽ナサイ/松魚脯로 밥반찬을ᄒ야 보시오(227하단).

(24) 씨름군 ← 相撲取リ[sumahu-tori]. 相撲取リハ 體ガ 大キクテ 力ガ强イデス/씨름군은 몸이 壯大ᄒ고 힘이셰오(73하단).

(25) 新品 ← 新柄[sin-gara]. 新柄ガ 澤山 着キマシタ/新品이 만히 왔습니다(167상단).

(26) 알굴니러 ← 玉突ニ[tama-tsuki-ni]. 日本俱樂部へ 玉突ニ イツタダラウ/日本俱樂部에 알굴니러 굿나보다(239하단).138)

---

137) 일본어 '如露'는 포르투갈語 jorro(洪水, 突進, 激流) 또는 jarra(물그릇, 花瓶)의 借用이라는 說도 있으나, '如雨露[zyo-u-ro]의 축약형이라는 설도 있다. 한편, 일본어 '噴水器(123상단)'는 'ポンプ[ponpu]'로 읽히는 경우도 있어 '如露의 의미로 국어에 나타나는 '噴水器'와는 그 뜻이 다르다. 각주(122) 참조.

138) 일본어 '玉突キ'는 현대국어의 '撞球'에 해당하는 말이다.

(27) 洋靴 ← 靴[kutu]. 西洋人ハ 靴ヲ 履タ儘デ 座上ニ 上リマス/西洋人은 洋靴를 신은딕로 자리 우에 올나옵니다(221상단).

(28) 演劇 ← 芝居[siba-wi]. 何時カ 京城座ヘ芝居見ニ 往キマセウ/언제던지 京城座에 演劇보러 가옵시다(63상단).

(29) 預置 ← 預ケ入レ[aduke-ire]. 銀行ト云フモノハ 金ノ貸借 預ケ入レヲ 業ト 爲ス處デアリマス/銀行이라ᄒᆞᄂᆞ거슨 돈의貸借와預置로 業을삼ᄂᆞᆫ딕올시다(178 하단).

(30) 外國에셔온/舶來[hakurai]ノ. 品ハ 舶來ノ上等デゴザイマス/品은 外國에셔온 上等이올시다(163상단).

(31) 요술 ← 手品[te-zina]. 其中ヲ 覗イテ 見ルト一人ノ男ガ 手品ヲ 遣ツテ井マス /그안을넘겨다 본즉 ᄒᆞ놈이 요술을 ᄒᆞ고잇소(81상단).

(32) 우아리좃기써셔 ← 三ツ揃[mitu-sorohi]. 脊廣ノ 三ツ揃ハ 幾何シマスカ/셰비로 우아리좃기써셔 얼마합닛가(166상단).

(33) 郵票 ← 切手[kiqte]. 手紙ヲ 書イテ 郵便デ 出セバ 屹度 三錢 切手ヲ 御貼リナサイ/편지를 써셔 郵便으로 보닉면 긔어히 三錢郵票를 부치시오(261상단-하단).

(34) 衣服次 ← 反物[tan-mono]. 贈物ニスル 反物ダカラ 一寸好ノヲ 買ツテ 來テ 吳レヨ/선사ᄒᆞᆯ衣服次이니 좀 됴흔 것을 사오나라(175하단), 反物ヲ 裁チマス時ニ 寸法ト 違ハヌ樣ニ 注意シテ 下サイ/衣服次을('를'의 잘못) 마를씩에 見樣과 틀니지안케 操心ᄒᆞ여 주시오(215상단).

(35) 지짐이 ← 油揚[abura-age]. コノ肉ヲ 油揚ニ シテ下サイ/이고기를 지짐이로 ᄒᆞ여주시오(225상단).

(36) 찬통 ← 罐詰[kwan-dume].139) 罐詰ハ 種々 アリマス/찬통은 여러가지 잇소 (228하단). 松茸ハ 罐詰ニシタノガ モット 旨イデス/松茸ᄂᆞᆫ 찬통으로ᄒᆞᆫ거시 더 맛잇소(230상단).140)

(37) 饌盒 ← 重箱[zyuu-bako]. 重箱ニ辨('辨'의 잘못)當ヲ 入レテ 下サイ/饌盒에 뎜심을 너어주시오(229하단).

(38) 草鞋 ← 草履[zouri]. 草履ハ 旅行スル時 穿バ 便利デス/草鞋ᄂᆞᆫ 旅行ᄒᆞᆯ씩 신으면 便利ᄒᆞ오(241상단).

(39) 縮紗 ← 縮緬[tiri-men]. 吳服屋ニ 往ツテ 小切ノ 縮緬ヲ 買ツテ來イ/드틈젼에 가셔 絶尺縮紗를 사오ᄂᆞ라(216하단).

(40) 취ᄒᆞ여 ← 借リ入レテ[kari-irete]. 人ノ金ヲ 借リ入レテ 商業ヲ營ミマス/남의 돈을 취ᄒᆞ여 쟝사를 경영ᄒᆞ옵니다(177하단-178상단).

(41) 코줄 ← 鼻緒[hana-wo]. 下駄ノ 鼻緒ガ 切レテ 步クコトガ 出來マセヌ/나막신

---

139) 오늘날은 '缶詰' 또는 '罐詰'와 같은 한자표기로 쓰인다.

140) 단, "肴ハ 牛ノ 罐詰デモ 宜シイデス/안쥬ᄂᆞᆫ 쇠고기라도 됴습니다(224상단)"처럼 '牛ノ 罐詰'가 '쇠고기'로 번역된 경우도 있으나, 이는 아마도 '쇠고기 찬통'의 잘못인 듯하다.

코줄이 싄어저셔 거를슈가 업습니다(217하단).

(42) 토쟝국 ← 味噌汁[miso-siru]. 夕飯ノ菜ニハ 味噌汁デモ 宜シィ/져녁안반에는 토쟝국이라도 둇타(230상단).

(43) 판셰음 ← 身代限[sin-dai-kagiri]. 商賣ニ 失敗シテ 身代限迄致シマシタ/쟝사에 良貝ᄒ여셔 판셰음싄지ᄒ엿습니다(174하단), 商賣ニ 失敗シテ 身代限迄 致マシタ/쟝사에 失敗ᄒ고 판셰음싄지 ᄒ엿습니다(180상단). 국어의 '판셰음'은 한자어로 '出判하다'에 해당한다.141)

(44) 표 ← 手形[te-gata]. コノ 手形ヲ 銀行ニ 持ツテ往ツテ 金ヲ 受取ツテ コイ/이 표를 銀行에 가지고가셔 돈을차자 오ᄂ라(179상단).

(45) 票 ← 切符[kiqpu]. 滊車ニ 乘ルナラバ 切符ヲ 御買ヒナサイ/滊車를 타랴면 票를 사시오(254하단).

(46) 喊吶之聲 ← 勝鬨[kati-doki]. 敵陣ヲ 突貫シテ 勝鬨ヲ擧ゲマシタ/敵陣을 衝突ᄒ야 喊吶之聲을 지르옵니다(121하단-122상단).

(47) 合襟 ← 詰襟[tume-eri]. 詰襟ハ 上下デ 幾何デスカ/合襟은 上下에 얼마오닛가(166상단), 私ハ 詰襟洋服バカリ 着マス/나는 合襟洋服만 닙습니다(219상단).

(48) 火爐 ← 火鉢[hi-bati]. 火鉢ニ 炭ヲ 入レテ下サイ/火爐에 숫을 너어 주시오(45상단), 火鉢ノ火ガ 消エタカラ/火爐의불이 써졋스니(233하단).

(49) 환 ← 爲替[kawase]. 金ヲ持テ 郵便局ニ 往テ 爲替ヲ 組ンデコイ/돈을 가지고 郵便局에 가셔 환을 부치고 오ᄂ라(260상단).142)

이들 가운데에는 주목되는 飜譯借用이 포함되어 있을 뿐 아니라, 전통적인 국어단어가 번역어로 활용된 경우도 많다. 가령, 국어의 '金줄, 기쟝썩, 싸기쟝이, 松魚脯, 雙줄단추, 알굴니러, 우아리솟기쎠서, 찬통, 코줄, 토쟝국, 合襟'과 같은 新造語形들은 각기 일본어 특유의 '金鎖, 黍團子, 搯摸, 鰹節, 兩前, 玉突ニ, 三ツ揃, 罐詰, 鼻緒, 味噌汁, 詰襟'에 대한 飜譯借用이다. 여기서는 이질적인 일본문화를 국어로 소화하려 했던 당시의 열의가 엿보인다. 또한, '나막신, 덤심, 都賣, 燈皮, 미쟝이, 산젹, 소, 지짐이, 판셰음'과 같은 단어는 각기 일본어 '下駄, 辨當, 卸賣, 帆屋, 左官, 鋤燒, 餡, 油揚, 身代限'에 대한 의역인데, 여기서는 전통적인 국어어형을 최대한 활용하려 했던 지혜와 노력이 엿보인다. 이러한 유형의 번역차용 또한 일본어의 간섭에 대한 국어의 저항임이 분명하다 할 것이다.

---

141) 이 단어가 『한불ᄌ뎐』과 『한영ᄌ뎐』에는 다 같이 '츌판ᄒ다 出板'으로, 『한영ᄌ뎐』에는 다시 '거판ᄒ다, 츌판나다, 패가ᄒ다, 판솀, 판혬' 등으로 나타난다. 이들의 뜻풀이에 대해서는 각주(60) 참조.

142) 단, '小爲替'는 국어에서도 그대로 쓰였다. "小爲替ハ 一口 五圓迄デスが/小爲替는 一度에 五圓싄지인되(258상단)".

5) 統辭層位의 飜譯借用

飜譯借用은 형태론적 구성에 그치지 않았다. 『獨習日語正則』(1907)에는 관용구와 같은 통사론적 구성에도 直譯體 飜譯借用이 나타난다. 국어를 기준으로 본다면 이들 신생의 표현 또한 飜譯借用에 속하기 때문에 이 자리에 그 일부를 뽑아 덧붙여 두기로 한다.

직역체 번역차용이란 句나 節과 같은 통사적 구성에 대한 번역과정에 흔히 나타나는 방식이다. 일본어에 나타나는 관용구가 국어에 직역체로 번역된 사례는 상당수에 이르지만 그 일부를 예시해 보면 다음과 같다.

(1) 公判을 開ᄒ다. 公判ヲ 開ク時ニハ/公判을 開ᄒᆯ時ᄂᆫ(131상단).
(2) 구름이냐 山이냐. 雲カ山カ逃ゲテ 往ツテ仕舞ヒマシタ/구름이냐山이냐ᄒ고 도 망ᄒ여가고 마럿습니다(62하단).
(3) 돈을 奪取ᄒ다. 金ヲ 奪取ツタ者/돈을奪取ᄒᆫ者(132하단).
(4) 方針을 取ᄒ다. 方針バカリ 取ツテ井マス/方針을 取ᄒ옵니다(54하단).
(5) 事件이 니러나다. 事件ガ 起ツタラシイネ/事件이 니러낫나보다(117상단).
(6) 訴訟을 닐으키다. 訴訟ヲ 起シマシタ/訴訟을 닐으켯습니다(129하단). 訴訟ヲ 起 シマス/訴訟을니르키옵니다(133).
(7) 손이 밋지 못하다. 手ガ及バヌカラ/손이밋지못ᄒ니(58상단).
(8) 順風에 돗을 달다. 帆前船ガ 順風ニ 帆ヲ掛ケマシタラ 蒸滊ノ樣ニ 早イデス/帆 船이 順風에 돗을달면 蒸汽船쳐름 ᄲᅡ르오(20하단), 帆前船ハ 順風ニ 帆ヲ 掛ケタ ラ/風帆船은 順風에 돗을달면(256상단).
(9) 勝利를 得ᄒ다/勝戰을 ᄒ다. 戰爭ニ 出テ 勝利ヲ 得マシタカラ/싸홈에 나가셔 勝利를 得ᄒ얏스니(125상단). 단, 敵ノ彈丸ガ 雨霰ノ 樣ニ飛ンデ 來ル 中デモ 搆ワズ 前進シテ勝利ヲ 得マシタ/敵陣의彈丸이 비와우박갓치 나라오ᄂᆫ中이라도 關係치아니ᄒ고前進ᄒ야 勝戰을ᄒ얏습니다(126하단-127상단).
(10) 懲役에 處ᄒ다. 懲役三年ニ 處シマシタ/懲役三年에 處ᄒ얏습니다(129하단-130상 단), 十年ノ 懲役ニ 處セラレタサウデス/十年懲役에 處ᄒ엿다ᄒ오(132상단).
(11) 衝突이 니러나다. 衝突ガ 起リマス/衝突이 니러나옵니다(115상단).
(12) 칼을 느러쓰리다. 刀ヲブラサゲテ/칼을느러쓰리고(128상단).
(13) -아/-어 두다. 石盤ヲ 拭イテ 置キナサイ/石盤을 씨셔 두시오(136상단).
(14) -아/-어 주다. 食べサセテ下サイ/먹여주시오(15하단). 日掩ヲシテ下サイ/遮陽 ᄒ야 주시오(16하단). 단, 見セテ下サイ/뵈시오(13하단), 聞カセテ 下サイ/듯게 ᄒ시오(15상단).
(15) -아/-어 보려 ᄒ다. 世話シテ 見ヤウト 思ヒマス/쥬션ᄒ야보려 ᄒ옵니다(57상단).

여기에 나타나는 국어의 동사구들은 각기 일본어에 관용적으로 나타나는 동사구를 직역한 결과로 보인다. (9)에서처럼 일본어 동사구 '勝利ヲ得マシタ'가 국어에서는 '勝利를 得ㅎ다'와 '勝戰을 ㅎ다'처럼 때에 따라 서로 다르게 번역된 경우가 그러한 사실을 뒷받침해 준다. 곧, '勝利를 得ㅎ다'가 일본어의 간섭을 받은 직역체 동사구에 속한다면, '勝戰을 ㅎ다'는 독자적인 의역체 표현일 것이다. 이때의 직역체가 일본어의 간섭에서 나온 결과라면 의역체는 일본어의 간섭에 대한 부분적인 저항의 흔적으로 풀이된다.

반면에, (13)-(15)와 같은 '-아/-어 -(두-, 주-, ㅎ-)다'형 복합동사는 중세국어를 비롯한 개화기 이전의 국어에도 분명히 쓰인 바 있기 때문에 이들 복합동사를 일괄적으로 일본어의 간섭이라고 단정짓기는 어렵다. 그러나 이 유형에 속하는 복합동사는 개화기 이후의 국어에 더욱 다양한 모습으로 나타난다. 실제로, (14)의 일본어 복합동사 '-シテ下サイ[site-kudasai]'는 국어로 '-아/-어 주시오'와 '-ㅎ시오' 두 가지로 번역되고 있는데, 이때의 '-아/-어 주시오'는 직역체임에 반하여 '-(ㅎ)시오'는 의역체에 해당한다. 이 경우, 직역체인 '-아/-어 주시오'가 국어에서도 자연스럽게 쓰일 수 있게 된 계기는 개화기부터 시작된 일본어의 간섭과 무관하지 않으리라고 추정된다. 비록 '-아/-어 -(두-, 주-, ㅎ-)다'형 복합동사가 그 이전부터 국어에 쓰여왔다고 할지라도 개화기 이후 그 종류와 용법이 더욱 확대된 것은 일본어와의 접촉을 통한 간접적 간섭으로 해석되기 때문이다. 이처럼 개화기 이후의 국어는 통사층위에서도 직접적이건 간접적이건 일본어의 간섭을 받은 것으로 해석된다. 위에 보인 동사구의 번역차용은 바로 그 일부가 될 것이다.

통사층위의 동사구 가운데에는 일본어의 간섭을 받지 않은 사례도 적지 않다. 일본어의 관용구에 대응되는 관용구가 국어에 독자적으로 발달되어 있을 때에는 일본어의 간섭이나 영향을 받을 이유가 없었기 때문이다. 결국, 다음과 같은 국어의 관용구는 일본어 관용구와 관계없이 국어의 독자적인 표현이 대역표현에 쓰인 것으로 판단된다.

(1) 거문고를 쯧다/琴ヲ引ク. 日本ノ盲人ハ 琴ヲ引クカ按摩ヲスルノガ 常デス/日本판슈는 거문고를 쯧던지 按摩를 ㅎ는 것이 常事올시다(38상단).
(2) 계집의게 쌔지다/女ニ 惚レル. 女ニ 惚レテ/계집의게 쌔져셔(154상단).
(3) 屈服하다/頭ヲ 下ゲル. 頭ヲ下ゲルモノ/屈服ㅎ는 者(74상단).
(4) 귀가 어둡다/耳ガ 遠イ. 耳ガ 遠クテ/귀가 어두워셔(15하단).
(5) 길이 사납다/路ガ 惡イ. 路ガ 惡ク成リマシタ/길이 사나와졋습니다(11하단).
(6) 돈겨 오다/歸ツテ來ル. 歸テ來マセウ/돈겨 오겟소(12상단), 歸テ 來マス/돈겨옴

니다(14상단). 이에 대하여 '歸ル'는 '오다'로 대역되었다. 冬ニ 歸リマシタ/겨울에 왔습니다(12하단), 何時頃ニ 歸リマスカ/몃시쯤에 오겟삽니가(13하단).

(7) 닻을 놓다/錨ヲ 卸ス. 大キナ 蒸汽船ガ 這入ッテ 錨ヲ 卸シマシタ/큰 蒸汽船이 드러와셔 닷을 노앗습니다(252상단).

(8) 大砲놓다/大砲ヲ 打ツ. 大砲ノ打ツ音/大砲놋는 소리(113하단).

(9) 圖章을 찍다/印ヲ 捺ス. 印ヲ 捺シ/圖章을 찍어(175하단, 176하단).

(10) 무지게가 써치다. 虹ガ立チマシタ/무지게가새쳣소(17상단).

(11) 불이 나다/火事ガ 起ル. 火事ガ 起リマシタガ/불이 낫는듸(99상단).

(12) 비가 오다/雨ガ 降ル. 雨ガ 降リマシタ/비가 왔습니다(10하단), 雨ガ 降リマス/비가 옵니다(11상단), 雨ガ 降リマセウ/비가 오겟소(11상단), 雨ガ 降リマシタカラ/비가 왓스니(11하단), 雨ガ 降リマスカラ/비가 오니(11하단).

(13) 事故가 있다/事故ガ 起ル. 鐵道ニ 事故ガ 起ッテ/鐵道에 事故가 잇셔셔(261하단).

(14) 事務를 보다/事務ヲ 取ル. 事務ヲ 取ル時ニハ/事務를 볼씩에는(79상단).

(15) 사진(을) 박(히)다/寫眞ヲ 取ル. 寫眞取リニ/寫眞박히러(66상단-하단), 寫眞ヲ 一枚ツヽ取ラウデハ ゴザイマセンカ/寫眞을 혼쟝씩박지안으랴오(188하단).

(16) 샹고되다/參考ニ ナル. 後ノ參考ニ ナレルモノハ/後日샹고될것은(79하단).

(17) 賞을 타다/賞ヲ 貰フ. 優等賞ヲ 貰ヒマシタ/優等賞을 탓습니다(138하단), 江南彩票ニ當籤シテ 一等八十萬圓ヲ 貰ヒマシタ/江南彩票에 當籤되여 一等八十萬圓을 탓습니다(181하단).

(18) 소문이 나다/好評ヲ 得ル. 大イニ 好評ヲ 得マシタカラ/크게소문이 낫스니(56하단).

(19) 술을 먹다/酒ヲ 飮ム. 酒ヲ飮ムト/술을먹은즉(61하단).

(20) 자물쇠를 채우다/錠ヲ 卸ス. 錠ヲ 卸シテアルカラ/즈물쇠를 치왓스니(236상단).

(21) 裁可를 蒙하다/御裁可ヲ 經ル. 御裁可ヲ 經マシタラ/裁可를 蒙ᄒ면(115상단).

(22) 典當을 잡히다/抵當ニ 入レル. 抵當ニ 入レテ/典當을 잡히고(174상단).

(23) 電報를 놓다/電報ヲ 打ツ. 電報ヲ 打チ度イデス/電報를 놋코십습니다(257상단), 電報ヲ 打ッテ 來イ/電報를 놋코 오느라(259상단).

(24) 電話를 하다/電話ヲ 掛ケル. 電話ヲ 掛ケテ/電話를 ᄒ여(259상단).

(25) 죽다/最後ヲ 遂ゲル. 最後ヲ遂ゲマシタカラ/죽엇스니(106하단).

(26) 편지를 부치다/手紙ヲ 出ス. 手紙ヲ 出シ度イデスガ/편지를 부칠터인듸(257상단).

(27) 해가 쪼이다/日ニ 當ル. 日ガ當リマスカラ/히가 쪼이니(16하단).

(28) 환을 부치다/爲替ヲ 組ム. 爲替ヲ 組デコイ/환을 부치고 오느라(260상단).

(29) 興을 돋우다/興ヲ 添ヘル. 興ヲ添ヘマス/興을 도돕니다(53하단).

여기에 나타나는 국어의 동사구를 일본어와 대조해보면 재미있는 차이가 보인다. 우선, 국어의 '屈服하다, 샹고되다, 소문이 나다, 죽다'는 각기 일본어 동사구 '頭ヲ 下ゲル, 參考ニ ナル, 好評ヲ 得ル, 最後ヲ 遂ゲル'에 대한 대역인데, 이들 양자간에는 의미상의 有緣性이 전혀 보이지 않는다. 이때의 국어표현은 일본어 동사구의 의미와는 아무런 관계가 없이 의역된 것들이기 때문이다. 적어도 개화기에는 이들이 아직 일본어 관용구의 간섭을 받지 않았음을 보여준다.[143]

국어와 일본어간에는 동사에 차이를 보이는 경우도 있다. '거문고를 쯧다/琴ヲ引ク(켜다), 계집의게 싸지다/女ニ 惚レル(홀리다), 귀가 어둡다/耳ガ 遠イ(멀다), 길이 사납다/路ガ 惡イ (나쁘다), 돈겨 오다/歸ツテ(돌아) 來ル, 닷을 놓다/錨ヲ 卸ス(내리다), 大砲놓다/大砲ヲ 打ツ(쏘다), 圖章을 찍다/印ヲ 捺ス(누르다), 무지게가 쌔치다/虹ガ立ツ(서다), 불이 나다/火事ガ 起ル (일어나다), 비가 오다/雨ガ 降ル(내리다), 事故가 있다/事故ガ 起ル(일어나다), 事務를 보다/事務 ヲ 取ル(잡다), 사진(을) 박(히)다/寫眞ヲ 取ル(잡다), 賞을 타다/賞ヲ 貰フ(받다), 술을 먹다/酒 ヲ 飮ム(마시다), 자물쇠를 채우다/錠ヲ 卸ス(내리다), 裁可를 蒙하다/御裁可ヲ 經ル(거치다), 典當을 잡히다/抵當ニ 入レル(넣다), 電報를 놓다/電報ヲ 打ツ(치다), 電話를 하다/電話ヲ 掛 ケル(걸다), 편지를 부치다/手紙ヲ 出ス(내다), 환을 부치다/爲替ヲ 組ム(짜다), 興을 돋우다/興 ヲ 添ヘル(더하다)'. 이들을 놓고 볼 때 적어도 한동안은 일본어의 간섭이 동사구의 내면적 구성요소로까지는 번지지 않았음을 보여주는 사례들이라고 할 수 있다.[144]

요컨대 개화기에는 국어의 동사구와 같은 관용구에도 일본어의 간섭이 나타났지만, 그에 대한 국어의 저항 또한 부분적으로 지속되었음을 알 수 있다.

6. 결 어

개화기의 일본어 학습서인 鄭雲復의 『獨習日語正則』(1907)에는 상당한 분량의 국어어휘가

---

143) 현대국어에서는 '머리를 숙이다, 참고가 되다, 호평을 얻다, 최후를 맞다'가 국어표현으로서도 전혀 부자연스럽지 않다. 이들은 개화기 이후 어느 시기에 일본어 관용구의 간섭을 받은 결과로 추정된다.

144) 현대국어에서는 이들 대부분이 '머리를 숙이다, 닻을 내리다, 대포를 쏘다, 돌아오다, 사고가 일어나다, 호평을 얻다, 전보를 치다, 전화를 걸다, 최후를 맞다'처럼 일본어 동사구와 같은 표현으로 쓰일 수도 있다. 이들은 곧 일본어의 간섭을 받은 결과임을 나타낸다.

나타나는데, 이들을 어휘사적, 문화사적 관점에서 살펴본 결과 다음과 같은 사실을 알게 되었다.

1) 開化期의 新生漢字語

일본어와 국어의 對譯으로 이루어진 이 학습서에는 신생한자어가 많이 포함되어 있다. 신생한자어란 개화기 무렵부터 새로운 어형이나 의미로 국어에 모습을 드러내기 시작한 단어를 뜻하는데, 그 성립배경에는 일본어의 간섭이 있었던 것으로 추정된다. 실제로『獨習日語正則』에 쓰인 국어단어로서 惣鄕正明·飛田良文(1986)에 '명치시대의 말'로 올라있는 신생한자어는 다음과 같다.

間接. 經濟. 經驗. 警察署. 空氣. 共和國. 觀兵式. 交通. 國事犯. 機關(通商=, 通信=). 氣象(-臺, =觀測支所). 內閣(=總理大臣). 勞働者. 多神敎, 一神敎. 團體, 團體. 代議政體. 大學校. 圖書館. 獨立國, 獨立權. 妄想(架空=). 民權. 博覽會. 反射. 發明. 寫眞(-집). 商標. 生産力. 生活. 世界. 鎭國(=主義). 巡査. 新聞(-紙, -社). 紳士. 握手. 演說(-會, -ᄒ다). 演習. 優勝劣敗. 郵便(-局). 運動(-會). 衛生(-上). 維新. 銀行. 義務. 議員(衆議院=). 印刷(-所). 一般(=人民). 日曜日. 自由港. 雜誌. 財政. 電報. 停車場. 帝國(=議會). 祭日. 組織. 蒸汽, 水蒸氣. 蒸汽船, 滊船, 汽船. 進步. 處分. 處置. 鐵道. 總理大臣(內閣=). 出版. 態度. 合衆國. 憲兵. 顯微鏡. 化學. 活動寫眞. 會社(物産=, 株式=). 會議.

이들 중 '顯微鏡'은『한불ᄌ뎐』(1880)과『한영ᄌ뎐』(1897)에는 함께 올라있으나, '警察署, 空氣, 內閣, 大學校, 獨立國, 民權黨, 寫眞, 商標, 世界, 巡査, 新聞, 握手, 郵便局, 銀行, 電報, 停車場, 滊船(=汽船), 總理大臣, 合衆國, 化學, 會社, 會議院은『한영ᄌ뎐』에 비로소 나타나며, 그밖의 단어들은『獨習日語正則』에 이르러서야 그 모습이 드러난다. 이러한 신생한자어가 국어에 확산되기 시작한 것은『한영ᄌ뎐』이 간행된 19세기 말엽을 전후한 시기이며, 그 흐름은 통감부 시대에 해당하는 20세기 초엽으로 이어졌는데, 그 어형이나 의미는 주로 일본어에서 차용된 것으로 추정된다.『한영ᄌ뎐』에는 일본어의 영향이 적지 않게 포함되어 있는데다가, 당시의 對譯자료인『獨習日語正則』에서는 일본어의 간섭이 자연스럽게 이루어지면서 그 결과는 차용으로 이어졌을 것이기 때문이다.

2) 그 밖의 新生漢字語

가. 二音節 漢字語, 그 派生語와 複合語

『獨習日語正則』에 나타나는 국어단어 중에는 惣鄕正明·飛田良文(1986)에 등록되어 있지 않더라도 개화기의 신생한자어로 판단되는 二音節 한자어나 거기서 이차적으로 발전한 派生語와 複合語도 많다. 이들 또한 일본어의 간섭결과로 추정되기 때문에 여기서는 우선 二音節 한자어의 일부를 들어보기로 한다.

閣議. 監獄. 健康. 建議. 檢事. 譴責. 經營. 競爭. 階級. 工兵. 工事. 公園. 公判. 官報. 廣告. 鑛山. 國權. 國旗. 國力. 國民. 國債. 國會. 軍部. 軍艦. 記事. 汽車, 汽車. 論說. 農學. 代表. 動物. 望遠鏡. 目的. 文法. 文章. 文才. 民事. 博士. 發刊. 發見. 發達. 發表. 方法. 伯爵. 法廷. 別莊. 病院. 本店. 事件. 事業. 司法. 商法. 商業. 商店. 商品. 商況. 石油. 宣告. 船便. 歲入. 消毒. 消防. 訴訟. 訴狀. 速力. 手術. 首府. 授業. 輸入. 輸出. 時間. 時計. 時代. 視察. 植物. 信用. 失敗. 審査. 洋服. 洋行. 漁業. 言文 一致. 旅行. 軟骨. 研究. 鉛筆. 列車. 營業. 往診. 外科. 料金. 料理. 曜日. 郵船. 郵送. 運送. 原告. 委任. 委員. 留學. 議案. 議會. 醫學. 理科. 引力. 立法. 入學. 資格. 資金. 資本. 作用. 財源. 裁可. 裁縫. 裁判. 銓考. 澱粉. 電線. 電信. 電車. 電話. 政府. 政治. 條例. 條約. 調査. 調書. 調印. 調劑. 租稅. 照會. 卒業. 宗敎. 注文. 注射. 株式. 竣工. 地球. 支店. 懲役. 差遣. 車掌. 彩票. 天井. 體操. 體操. 逮捕. 出頭. 出發. 出張. 測量. 打診. 託送. 探偵. 討伐. 通過. 通譯. 通貨. 特使. 特赦. 派遣. 販路. 販賣. 判事. 砲兵. 被告. 學科. 學校. 學徒. 學齡. 學問, 學事. 學友. 學位. 學資. 寒暖計. 艦隊. 港灣. 行星. 行政. 刑法. 刑事(경찰직). 刑事(형사사건). 貨物. 貨幣. 華氏. 活字. 會合. 會話. 訓令. 訓示. 勳章. 徽章. 休刊. 休日. 休職. 犧牲.

개화기에 나타나는 신생한자어들은 기본적으로 二音節 구성이 많다. 이들 중에는 『한불ᄌᆞ뎐』에 이미 올라있는 것들이 있는가 하면, 『한영ᄌᆞ뎐』에 와서야 비로소 나타나는 것들도 있고, 『獨習日語正則』에 이르러 그 모습을 드러내는 것들도 많다. 그런데, 『獨習日語正則』에만 나타나는 二音節 한자어들은 물론이려니와 『한불ᄌᆞ뎐』이나 『한영ᄌᆞ뎐』에 올라있는 것들 중에도 신생한자어로 추정될만한 것들이 적지 않은데, 이들 또한 일본어의 간섭에 의한 신생어로 판단된다. 어느 것이나 개화기에 유입된 새로운 文物制度나 신문명의 개념을 나타내고 있는 단어들이기 때문이다.

여기서 주목되는 사실은 일본어와 국어의 대역 중에 유동성을 보이는 경우도 많다는 점이다. 가령, 일본어 '記憶力, 方法, 放還, 兵隊, 事件, 商業, 生徒, 船便, 研究, 引致, 作用, 竣工, 招待狀, 被害者, 貨物' 등은 국어에 그대로 쓰이기도 하였으나, 한편으로는 '記憶力/才調, 方法/믿드ᄂ法, 放還/放送, 兵隊/兵丁 또는 兵士, 事件/事故, 商業/쟝사, 生徒/學徒, 船便/빈편, 研究/講究 또는 工夫, 料理/飮食, 引致/被捉, 作用/造化, 竣工/畢役, 招待狀/請牒, 被害者/受害흔者, 貨物/物貨'와 같은 대역으로 달리 나타나기도 하는 것이다. 특히, '交際, 非常-, 失敗, 料理, 注文-, 必要-'의 경우, 일본어형과 국어가 동일하게 나타나는 경우는 한 두 번에 그친 반면 다르게 나타나는 사례가 오히려 훨씬 많다. 그것은 일본어 쪽 어형이 당시의 국어단어 로서는 부적합했기 때문이었으리라고 해석된다. 동일한 일본어 단어가 국어에 허용되기도 하고 거부되기도 했다는 사실은 일본어에서 나온 신생한자어가 국어에 수용되는 과정에서 抵抗이 있었음을 알려주는 증거가 된다.

나. 接辭用 漢字形態素

二音節 한자어가 다시 하나의 接辭와 결합되면 三音節의 파생어로 발전한다. 여기에는 접두사에 의한 파생어와 접미사에 의한 파생어가 있는데, 접두사는 접미사에 비하여 生産性 이 크게 떨어진다. 여기에 쓰인 접사용 한자형태소는 다음과 같다.

接頭辭: 假-. 金-. 未-. 不-. 小-. 新-. 中-.
接尾辭:
名詞性 접미사: -家. -官. -課. -科. -館. -敎. -國. -軍. -權. -券. -金. -器. -黨. -隊.
　　　　　　 -臺. -欄. -料. -力. -文. -物. -發. -犯. -法. -兵. -病. -部. -婦. -費.
　　　　　　 -碑. -士. -師. -社. -舍. -産. -賞. -商. -生. -書. -署. -石. -線. -稅.
　　　　　　 -所. -水. -術. -式. -室. -心. -業. -藥. -屋. -院. -人. -日. -者. -長.
　　　　　　 -狀. -場. -前. -店. -艇. -制. -造. -座. -罪. -酒. -證. -地. -紙. -車.
　　　　　　 -表. -品. -學. -艦. -貨. -會.
副詞性 접미사: -內. -上. -外. -的. -中.

여기서 생성된 三音節 한자어의 일부를 들어보이면 다음과 같다.

（ㄱ행） 加害者. 看護婦. 監獄署. 開港場. 建築物. 見樣書. 警務官. 競爭的. 警察署.
　　　　 孤兒院. 工藝品. 公有地. 共和國. 觀兵式. 官費生. 鑛業權. 敎科書. 交番所.
　　　　 交換所. 購覽者. 國事犯. 軍港地. 貴族院. 機關車. 紀念碑. 紀念會. 寄附金.

氣象臺. 寄宿舍. 記憶力.
(ㄴ행) 落成式. 勞働者. 農産物.
(ㄷ행) 多神教. 當局者. 代書所. 都給者. 陶器店. 圖書館. 獨立權. 東北部. 登用法.
(ㅁ행) 侮辱罪. 毛織物. 未墾地. 米國産.
(ㅂ행) 博覽會. 傍聽者. 賠償金. 辯護士. 報酬金. 補助貨. 補佐官. 不動産. 奮發心.
噴水器. 不公平.
(ㅅ행) 師團長. 三大權. 生産力. 生活費. 消防組. 所在地. 所持金. 速成科. 送別會.
水雷艇. 守備隊. 守備兵. 輸出品. 收穫物. 巡洋艦. 食料品. 訊問課. 新聞社.
新聞紙. 申請金. 實業家. 尋常科. 心臟病.
(ㅇ행) 耶蘇教. 藥劑士. 永久的. 領受證. 汚穢物. 外交家. 外國語. 料理業. 優等賞.
郵便局. 運動會. 月謝金. 違警罪. 委員會. 委任狀. 僞造物. 韋陀教. 幼稚園.
猶太教. 猶太國. 留學生. 飮食店. 應接室. 議事錄. 義捐金. 理髮師. 理髮店.
印度教. 印刷所. 人造物. 印判師. 一年生. 一等地. 日本酒. 一神教.
(ㅈ행) 自治制. 雜報欄. 雜貨店. 粧飾物. 財産家. 裁判所. 典當局. 典當物. 專賣權.
專門科. 戰死者. 戰鬪艦. 窃盜犯. 點眼水. 停車場. 政治家. 製藥法. 製造所.
朝鮮酒. 造幣局. 卒業生. 株式券. 駐箚軍. 重要品. 衆議院. 中樞院. 地理學.
地方官. 支配人. 志願者. 診斷書. 進水式. 診察料.
(ㅊ행) 參謀局. 參與官. 債權者. 債務者. 斥堠兵. 天産物. 請願書. 招待狀. 哨兵線.
追掉會. 測量隊. 治療室. 親睦會.
(ㅌ행) 誕生日. 討伐隊. 通知書. 特約店.
(ㅍ행) 婆羅門教. 評理院. 爆發彈. 被害者.
(ㅎ행) 下宿屋. 海關稅. 海防艦. 革命黨. 花岡石. 歡迎會. 回回教.

이들 모두가 일본어에서 생성되어 국어에 차용되었다는 뚜렷한 근거는 물론 없다. 개중에는 '見樣書, 購覽者, 都給者, 應接室'처럼 일본어에서는 허용되기 어려운 파생어도 포함되어 있기 때문이다. 그러나 이들 역시 造語法上으로는 일본어 영향을 받은 결과로 이해된다. 따라서 나머지 파생어의 대부분은 '孤兒院, 貴族院, 勞働者, 毛織物, 幼稚園, 衆議院'처럼 일본어에서 직접 생성되어 국어에 차용된 것들로 추정된다. 대역자료의 특성상 그러한 간섭이나 차용이 쉽게 이루어진 것이다.

二音節 한자어가 다시 한번 다른 二音節 한자어나 접사용 한자형태소와 결합되면 四音節 또는 그 이상의 복합어나 파생어로 발전한다. 이들의 일부를 모아보면 다음과 같다.

價格表記. 假事務所. 高等學校. 官立學校. 國定敎科書. 軍部大臣. 勸業模範場. 氣象觀測支所. 農林學校. 登錄訴狀. 萬國聯合葉書. 謀殺未遂. 貿易調査表. 物産會社.

法務補佐官. 辨濟期限. 普通學校. 師範學校. 私人團體. 商業視察. 商業學校. 生存競爭. 鎖國主義. 授業時間. 殖産事業. 言文一致. 聯合演說會. 熱帶地方. 厭世主義. 外交問題. 郵船會社. 郵便電信. 郵便電信局所. 郵便電信事業. 運輸會社. 音樂學校. 移民條例. 人身解剖術. 貯金通帳. 銓考委員會. 全權公使. 全權委員. 專門技師. 第一銀行券. 調査委員. 株式會社. 創業時代. 拓殖事業. 土木建築. 土地所有者. 通商機關. 通信管理局. 通信機關. 寒帶地方. 海底電信. 貨物列車. 活字製造所.

여기에 보이는 四音節 또는 그 이상의 파생어나 복합어는 당시의 새로운 문물이나 제도와 관계되는 신생한자어로서, 이들이 국어에 쓰이게 된 배경에는 일본어의 간섭이 있었다고 볼 수밖에 없다.

개화기에 이루어진 일본어의 간섭은 국어의 어휘체계에 개신과 변화를 불러일으켰다. 『獨習日語正則』에 나타나는 일련의 어휘를 통하여 그러한 사실의 일단을 확인할 수 있다.

시장경제 관계: 供給, 需要.
국가의 三大權: 立法, 行政, 司法.
軍艦의 종류: 戰鬪艦, 巡洋艦, 海防艦, 砲艦, 水雷艇, 旗艦.
법률, 소송관계: 債權者, 債務者. 代書所, 登錄. 加害者, 被害者. 民事, 刑事. 原告,
　　　　　　　 被告. 判事, 檢事, 辯護士.
별의 종류: 火, 水, 木, 金, 土, 流星, 行星, 彗星.
열차의 종류: 列車, 機關車, 客車, 貨物列車.
陸軍의 兵科: 騎兵, 步兵, 砲兵, 工兵, 輜重兵.
財政관계: 歲入, 歲出.
製藥法: 水藥, 丸藥, 散藥, 膏藥.
진찰의 종류: 往診, 來診, 打診, 聽診.
회사의 종류: 株式, 合名, 合資.

3) 日本語의 干涉에 대한 國語의 抵抗

이상으로 개화기의 국어에는 광범위한 일본어의 간섭이 있었음을 알게 되었다. 그러나 일본어의 간섭이 일방적으로 이루어진 것만은 아니다. 국어의 전통적 한자어나 고유어 중에는 일본어의 간섭에 맞서 한동안 抵抗을 보인 것들도 상당히 많았기 때문이다. 그중에서도 특히 다음과 같은 대역에 드러나는 국어단어는 주목되는 것들이다.

일본어의 音讀 한자어에 대한 국어의 저항:

拷問/刑訊. 交際/相從, 交接. 金融/錢政. 當選/被薦. 配達夫/分傳人. 費用/浮費. 非常-/딘단히, 非常히. 相談/相議, 論議. 洗濯/쌜닉. 小作人/作人, 半作人. 失敗/逢敗, 良貝, 랑픠, 失敗. 案內/引導. 營業/生涯. 外出/出入. 料理/飮食, 料理. 流行-/時體로 닙다, 時體다, 셩ᄒ다. 自由-/任意-. 注意/操心, 조심. 注文/맛초-, 긔별ᄒ-, 注文. 滯在/逗留. 品行/行實, 힝실. 必要-/所用, 要緊-, 必要-. 玄關/마루. 現金/卽錢, 直錢. 化粧/단장.

여기에는 국어의 전통적 한자어나 고유어에 더러는 신조어도 포함되어 있다. 더구나 일본어 '交際, 非常-, 失敗, 料理, 注文-, 必要-'는 어쩌다 국어에 쓰였을 뿐, 상대적으로는 훨씬 적게 나타나며, 일본어 '流行-, 自由-, 注意'는 국어에 아예 나타나지도 않는다. 전통적인 국어단어들이 일본어의 간섭에 맞서 어떻게 저항했는지를 잘 보여주는 사례라고 할 것이다.

이밖에도 일본어의 간섭에 저항한 국어단어 중에는 음미해 둘 가치가 있는 전통적 어형들이 많다. '機敏/敏捷. 喫烟/吸烟, 落着/結尾, 當直/當番, 盲人/판슈, 辨濟期間/勘報期限, 報酬金/酬勞金, 相場/時勢 또는 시세, 旋風/廻風, 細工/手工, 燒失/燒盡, 安置/奉安, 十時/열점, 定刻二/定ᄒ時間에, 持參シテ/가지고와셔, 下落/떠러지-, 旱魃/가믈'과 같은 사례가 거기에 속한다. 이로써 개화기에는 일본어의 간섭에 대한 국어의 저항이 상당한 세력으로 지속되었음을 보여준다.

일본어의 訓讀 한자어에 대한 국어의 저항. 여기서는 특히 '見本/看色, 建物/家屋, 貸出/放債, 蜂蜜/淸蜜, 小賣/散賣, 場所/處所, 地主/田主, 織物/필육, 請負者/都給者, 取扱/處理, 荷物/짐'과 같은 대역이 주목되는데, 이때의 국어단어는 일본어의 간섭에 맞서 저항한 전통적인 어형들이기 때문이다.

일본어의 接辭用 한자형태소에 대한 국어의 저항. 여기서도 접두사 '不-', 접미사 '-等, -類, -屋, -人, -組' 등은 국어대역에서 유동성을 보이며, 특히 접두사 '滿-, 無-', 접미사 '-高, -用, -造, -株, -割' 등은 국어대역에 아예 쓰인 일도 없다. 이들 또한 일본어의 간섭에 대한 국어의 저항을 나타내는 사례들인 셈이다.

4) 借用의 類型과 그 內容

끝으로 『獨習日語正則』에는 몇 가지 유형의 차용이 나타나는데 그 방식은 直接借用, 外來

語 起源의 日本語를 통한 借用, 文字를 통한 借用, 飜譯借用, 統辭層位의 飜譯借用으로 구분된다. 이중에서도 특히 번역차용에는 일본어의 간섭에 대한 국어의 저항이 다양한 모습으로 반영되어 있으며, 통사층위의 번역차용에는 일본어의 간섭과 그에 대한 국어의 부분적인 저항이 함께 나타난다.

直接借用:
가스리 ← 飛白. 구루마 ← 車. 남비 ← 鍋. 다々미 ← 疊. 사시 ← 匙. 오로시 ← 颪. ㅎ가마 ← 袴. ㅎ오리 ← 羽織. 이들은 일본의 의식주와 같은 전통문화나 문물을 나타내는 단어들이다.

外來語 起源의 日本語를 통한 借用:
가방 ← 鞄〈中國語 夾板[ka-pan]. 俱樂部 ← 俱樂部〈영어 club. 개화쟝 ← ステッキ〈영어 stick. 暖爐 ← 暖爐〈영어 stove. 短銃 ← 短銃〈네델란드語 pistool, 〈영어 pistol. 羅紗 ← 羅紗〈포르투갈語 raxa. 噴水器 ← 噴水器〈네델란드語 pomp, 〈영어 pump. 肉汁 ← 肉汁〈영어 soup. 람푸 ← 洋燈〈네델란드語 lamp. 류리 ← 硝子〈네델란드語 glas, 〈영어 glass. -浬, -哩 ← ノット〈영어 knot. 세비로 ← 背廣〈영어 civil clothes. 비누 ← 石鹼〈포르투갈語 sabão. 三板 ← 端艇〈영어 boat. 石灰 ← セメント〈영어 cement. 속옷 ← 襦袢〈포르투갈語 gibão. 시테('톄'의 잘못)의 ← 灰殼的〈영어 high-collar. 洋木, 西洋木 ← 金巾〈포르투갈語 canequim. 洋墨 ← インキ〈네델란드語 inkt. 양털판 ← 金武 力板〈네델란드語 blik. 禮帽 ← シルクハット ← 영어 silk hat. 外套 ← 二重マント〈프랑스語 manteau. 雨具 ← 合羽〈포르투갈語 capa. 죳기 ← チョッキ〈네델란드語 jak, 〈英語 jacket. 酒精 ← アルコール〈네델란드語 alcohol. 鐵筆 ← ペン〈네델란드語 pen. 漆 ← 塗粉〈네델란드語 pek. 下服 ← 下衣〈프랑스語 jupon. 海霧 ← ガス〈네델란드語 gas, 〈英語 gas. 후란넬 ← フランヌル〈영어 flannel. 후록코―트 ← フロック코―ト〈영어 frock-coat.

일본어에는 한자로 표기되는 서양어 기원의 외래어가 많은데 이들은 한자어처럼 국어에 차용되는 것이 보통이다. '俱樂部, 暖爐, 短銃, 羅紗, 噴水器, 肉汁'과 같은 사례가 거기에 속한다. 결국, 원래의 발음대로 국어에 차용된 외래어로는 '가방, 람푸, 세비로, 죳기, 후란넬, 후록코―트' 정도가 있을 뿐이다. 한편, '개화쟝, 시테('톄'의 잘못)의'와 같은 사례는 가히 기발한 飜譯借用으로서 주목된다. 독자적인 번역차용도 많다. '속옷, 양털판, 禮帽, 外套, 雨具, 鐵筆' 따위가 그렇다. 반면에, '류리, 비누, 石灰, 漆, 下服, 海霧' 등은 전통적인 국어어형을 통하여 서양어 기원의 외래어를 국어식으로 소화한 사례들이다. 이들 또한 일본어의 간섭에 대한 국어의 저항이라고 볼 수 있다.

文字를 통한 借用:

假名. 閣下. 關白. 交番所. 金鵄勳章. 貴族院. 毛織, 毛織物. 目醒時計. 班('斑'의 잘못)毛. 絲織. 杉木. 暑中休暇. 小包. 手當金. 神社. 葉書. 霙. 浴衣. 人力車. 日附印. 霖雨. 朝顔. 衆議院. 眞鍮. 天長節. 剃刀. 寒中休暇. 橫文字. 이중 '毛織, 毛織物, 目醒時計. 班('斑'의 잘못)毛, 絲織, 杉木, 小包, 手當金, 葉書, 霙, 浴衣, 日附印, 霖雨, 朝顔, 剃刀' 등은 일본어에서 훈독되는 것들인데 국어에는 한자어처럼 차용되었다.

飜譯借用:

客主 ← 問屋. 去來, 흥성, 與受 ← 取引. 金줄 ← 金鎖. 기쟝쩍 ← 黍團子. 나막신 ← 下駄. 니솔 ← 楊枝. 싸기쟝이 ← 掏摸. 뎜심 ← 辨當. 都賣 ← 卸賣. 燈皮 ← 帆屋. 미쟝이 ← 左官. 方席 ← 座蒲團. 封緘 ← 締切. 埠頭 ← 派止場. 噴水器 ← 如露. 社長 ← 頭取. 산적 ← 鋤燒. 雙줄단추 ← 兩前. 소 ← 餡. 松魚脯 ← 鰹節. 씨름군 ← 相撲取リ. 新品 ← 新柄. 알굴니러 ← 玉突ニ. 洋靴 ← 靴. 演劇 ← 芝居. 外國에셔 온/舶來ノ. 요술 ← 手品. 우아릭좃기쎠셔 ← 三ツ揃. 郵票 ← 切手. 衣服次 ← 反物. 지짐이 ← 油揚. 찬통 ← 鑵詰. 饌盒 ← 重箱. 草鞋 ← 草履. 縮紗 ← 縮緬. 코줄 ← 鼻緒. 토쟝국 ← 味噌汁. 판셰음 ← 身代限. 표 ← 手形. 票 ← 切符. 喊吶之聲 ← 勝鬨. 合襟 ← 詰襟. 火爐 ← 火鉢. 환 ← 爲替.

주목되는 飜譯借用으로는 '金줄, 기쟝쩍, 싸기쟝이, 松魚脯, 雙줄단추, 알굴니러, 우아릭 좃기쎠셔, 찬통, 코줄, 토쟝국, 合襟'과 같은 新造語形을 들 수 있으며, 이질적인 일본문화를 국어로 소화하기 위하여 '나막신, 뎜심, 都賣, 燈皮, 미쟝이, 산적, 소, 지짐이, 판셰음'과 같은 전통적 국어단어를 활용한 점도 돋보인다. 이와같은 번역차용에는 일본어의 간섭에 대한 국어의 저항이 잘 드러나 있는 셈이다.

統辭層位의 飜譯借用:

公判을 開ᄒ다 ← 公判ヲ 開ク. 구름이냐 山이냐 ← 雲カ山カ. 돈을 奪取ᄒ다 ← 金ヲ 奪取ツタ. 方針을 取ᄒ다 ← 方針バカリ 取ツテ. 事件이 니러나다 ← 事件ガ 起ツタ. 訴訟을 닐으키다 ← 訴訟ヲ 起シマス. 손이 밋지 못ᄒ다 ← 手ガ及バヌ. 順風에 돗을 달다 ← 順風ニ 帆ヲ 掛ケマシタ. 勝利를 得ᄒ다 ← 勝利ヲ 得マシタ. 懲役에 處ᄒ다 ← 懲役三年ニ 處シマシタ. 衝突이 니러나다 ← 衝突ガ 起リマス. 칼을 느러쓰리다 ← 刀ヲブラサゲテ. -아/-어 두다 ← -シテ 置キナサイ. -아/-어 주다 ← -シテ 下サイ. -아/-어 보려 ᄒ다 ← -シテ 見ヤウト 思ヒマス.

이때의 국어 동사구들은 각기 일본어의 관용적인 동사구를 직역한 결과로 보인다. 특히 일본어 동사구 '勝利ヲ得マシタ'는 두 가지 방식으로 번역되었는데 '勝利를 得ᄒ다'가 직역체라면 '勝戰을 ᄒᆞ다'는 의역체에 해당한다. 이때의 직역체가 일본어의 간섭에서 나온 결과라면 의역체는 일본어의 간섭에 대한 저항의 흔적으로 풀이된다. 일본어 복합동사 '-シテ下サイ' 또한 국어로는 '-아/-어 주시오'와 '-ᄒᆞ시오'처럼 두 가지로 번역되고 있는데, 이때의 '-아/-어 주시오'는 직역체인 반면, '-(ᄒᆞ)시오'는 의역체에 해당한다. 이러한 직역체 '-아/-어 주시오'가 국어에 자연스럽게 쓰일 수 있게 된 계기는 일본어와의 접촉을 통한 간접적 간섭에서 비롯된 것으로 해석된다.

통사층위의 동사구 가운데에는 일본어의 간섭을 받지 않은 사례도 적지 않다.

> 거문고를 뜯다/琴ヲ引ク. 계집의게 ᄲᅡ지다/女ニ 惚レル. 屈服하다/頭ヲ 下ゲル. 귀가 어둡다/耳ガ 遠イ. 길이 사납다/路ガ 惡イ. 돈겨 오다/歸ッテ來ル. 닻을 놓다/錨ヲ 卸ス. 大砲놓다/大砲ヲ 打ッ. 圖章을 찍다/印ヲ 捺ス. 무지게가 ᄲᅥ치다/虹ガ立チマシタ. 불이 나다/火事ガ 起ル. 비가 오다/雨ガ 降ル. 事故가 있다/事故ガ 起ル. 事務를 보다/事務ヲ 取ル. 사진(을) 박(히)다/寫眞ヲ 取ル. 샹고되다/參考ニ ナル. 賞을 타다/賞ヲ 貰フ. 소문이 나다/好評ヲ 得ル. 술을 먹다/酒ヲ 飮ム. 자물쇠를 채우다/錠ヲ 卸ス. 裁可를 蒙하다/御裁可ヲ 經ル. 典當을 잡히다/抵當ニ 入レル. 電報를 놓다/電報ヲ 打ッ. 電話를 하다/電話ヲ 掛ケル. 죽다/最後ヲ 遂ゲル. 편지를 부치다/手紙ヲ 出ス. 해가 쪼이다/日ニ 當ル. 환을 부치다/爲替ヲ 組ム. 興을 돋우다/興ヲ 添ヘル.

국어의 '屈服하다, 샹고되다, 소문이 나다, 죽다'는 일본어 동사구와 아무런 의미상의 有緣性을 보이지 않는다. 그 나머지는 국어와 일본어가 동사에 차이를 보이는 것들이다. 이들을 놓고 볼 때 적어도 한동안은 일본어의 간섭이 동사구의 내면적 구성요소로까지는 번지지 않았음을 알 수 있다. 요컨대 개화기에는 국어의 동사구와 같은 관용구에도 일본어의 간섭이 나타났지만, 그에 대한 국어의 저항 또한 부분적으로 지속되었음을 알 수 있다.

5) 맺는 말

결론적으로 개화기의 국어에 대한 일본어의 간섭은 다양하고 광범하게 이루어졌다. 그 결과 국어의 어휘체계, 특히 한자어체계는 일본어의 간섭을 통한 차용으로 적지 않은 변화를 겪기에 이르렀다. 그러나 국어가 일방적인 간섭과 차용으로 몰리기만 했던 것은 아니다. 국어의 저항 또한 상당한 세력을 과시하기도 했는데, 여기에는 국어의 전통적 단어가 활용될 수 있었기 때문이다. 다만, 일본어의 간섭에 대한 국어의 저항은 오래 지속될 수 없었다. 한동안이나마 저항에 참여했던 국어의 전통적 단어들조차 밀려드는 일본어의 간섭으로 그 입지가 점차 약해지지 않을 수 없었기 때문이다.

요컨대, 개화기에 시작된 일본어와 국어의 접촉은 일본어의 간섭을 불러왔고 그 결과 신문명을 나타내는 한자어가 다양한 모습으로 국어에 차용되었다. 이에 따라 국어의 한자어체계에도 개신과 변화가 뒤따르게 되었으며, 그 여파는 현대국어로 이어졌다. 이러한 의미에서 개화기에 시작된 근대화의 물결은 국어의 어휘체계 변화에도 가히 혁명적인 위력을 발휘했다고 말할 수 있다.

참고문헌

宋 敏(1985), 派生語形成 依存形態素 "-的"의 始原, 『于雲朴炳采博士還曆紀念論叢』, 高麗大 國語國文學研究會: 285-301.
_____(1986), 朝鮮通信使의 日本語 接觸, 『語文學論叢』 5, 국민대 어문학연구소.
_____(1988), 朝鮮修信使의 新文明語彙 接觸, 『語文學論叢』 7, 국민대.
_____(1989), 開化期 新文明語彙의 成立過程, 『語文學論叢』 8, 국민대.
_____(1992), 開化期의 語彙改新에 대하여, 『語文學論叢』 11, 국민대.
_____(1998), 開化期 新生漢字語彙의 系譜, 『語文學論叢』 17, 국민대.
_____(1999a), 開化初期의 新生漢字語 受容, 『語文學論叢』 18, 국민대.
_____(1999b), [어원탐구] 신생한자어의 성립배경, 『새국어생활』 9-2, 국립국어연구원.
_____(1999c), [어원탐구] 한자어 '汽船, 汽車'의 연원, 『새국어생활』 9-3.
_____(1999d), [어원탐구] '器械'에서 '機械'가 되기까지, 『새국어생활』 9-4.
_____(2000a), 開化期 國語에 나타나는 新文明 語彙, 『語文學論叢』 19, 국민대.
_____(2000b), 明治初期における朝鮮修信使の日本見聞, 『第121回 日文研フォーラム』, 國際日本文化研究センター.
_____(2000c), [어원탐구] '經濟'의 의미개신, 『새국어생활』 10-1.
_____(2000d), [어원탐구] '時計'의 차용, 『새국어생활』 10-2.
_____(2000e), [어원탐구] '生存競爭'의 주변, 『새국어생활』 10-3.
_____(2000f), [어원탐구] '大統領'의 출현, 『새국어생활』 10-4.
_____(2001a), 개화기의 신생한자어 연구(1), 『語文學論叢』 20, 국민대.
_____(2001b), [어원탐구] '自由'의 의미확대, 『새국어생활』 11-1.

_____(2001c), [어원탐구] '寫眞'과 '活動寫眞, 映畫, 『새국어생활』 11-2.

_____(2001d), [어원탐구] '合衆國'과 '共和國', 『새국어생활』 11-3.

_____(2001e), [어원탐구] '熱帶, 溫帶, 寒帶'의 출현, 『새국어생활』 11-4.

_____(2002a), 개화기의 신생한자어 연구(2), 『語文學論叢』 21, 국민대.

_____(2002b), [어원탐구] '병원'의 성립과 정착, 『새국어생활』 12-1.

_____(2003), 개화기의 신생한자어 연구(3), 『語文学論叢』 22, 국민대.

馬西尼 著, 黃河清 譯(1997), 『現代漢語詞滙的形成』─十九世紀漢語外來詞硏究, 上海: 漢語大詞典出版
　　社. [원서명] Masini, F.(1993), *The Formation of Modern Chinese Lexicon and its Evolution toward
　　a National Language: The Period from 1840 to 1898*, Journal of Chinese Linguistics, Monograph
　　Series No. 6, Berkeley: Univerisity of California.

劉正埮・高名凱・麥永乾・史有爲(1984), 『漢語外來詞詞典』, 上海辭書出版社.

楳垣實(1944), 『增補日本外來語の硏究』, 靑年通信出版部.

_____(1972), 『增補外來語辭典』, 東京堂出版.

齋藤毅(1977), 『明治のことば』, 講談社.

佐藤亨(1983), 『近世語彙の硏究』, 櫻楓社.

_____(1986), 『幕末・明治初期語彙の硏究』, 櫻楓社.

鈴木修次(1981), 『文明のことば』, 廣島: 文化評論出版.

惣鄕正明・飛田良文(1986), 『明治のことば辭典』, 東京堂出版.

槌田滿文(1983), 『明治大正新語流行語』, 角川書店.

廣田榮太郎(1969), 『近代譯語考』, 東京堂出版.

出處 〈原題=開化期의 新生漢字語 硏究(1)(國民大 어문학연구소(2001. 2.), 『語文學論叢』 20: 33~77.〉
　　　　〈原題=開化期의 新生漢字語 硏究(2)(國民大 어문학연구소(2002. 2.), 『語文學論叢』 21: 53~95.〉
　　　　〈原題=開化期의 新生漢字語 硏究(3)(國民大 語文學硏究所(2003. 2.), 『語文學論叢』 22: 1~34.〉
　　　　* 본고는 위의 논문 세 편을 한데 연결시키고, 수정 보완이 가해진 내용으로 재차 발표된 바 있는데, 아래
　　　　　편저의 '硏究'라는 항목이 그것임.
　　　　〈片茂鎭・韓世眞・金眞瓊[공편](불이문화사, 2005. 3.), 『開化期의 日語學習書 『獨習日語正則』─解題・索引・硏
　　　　　究・原文─』: 517~630(재록).〉